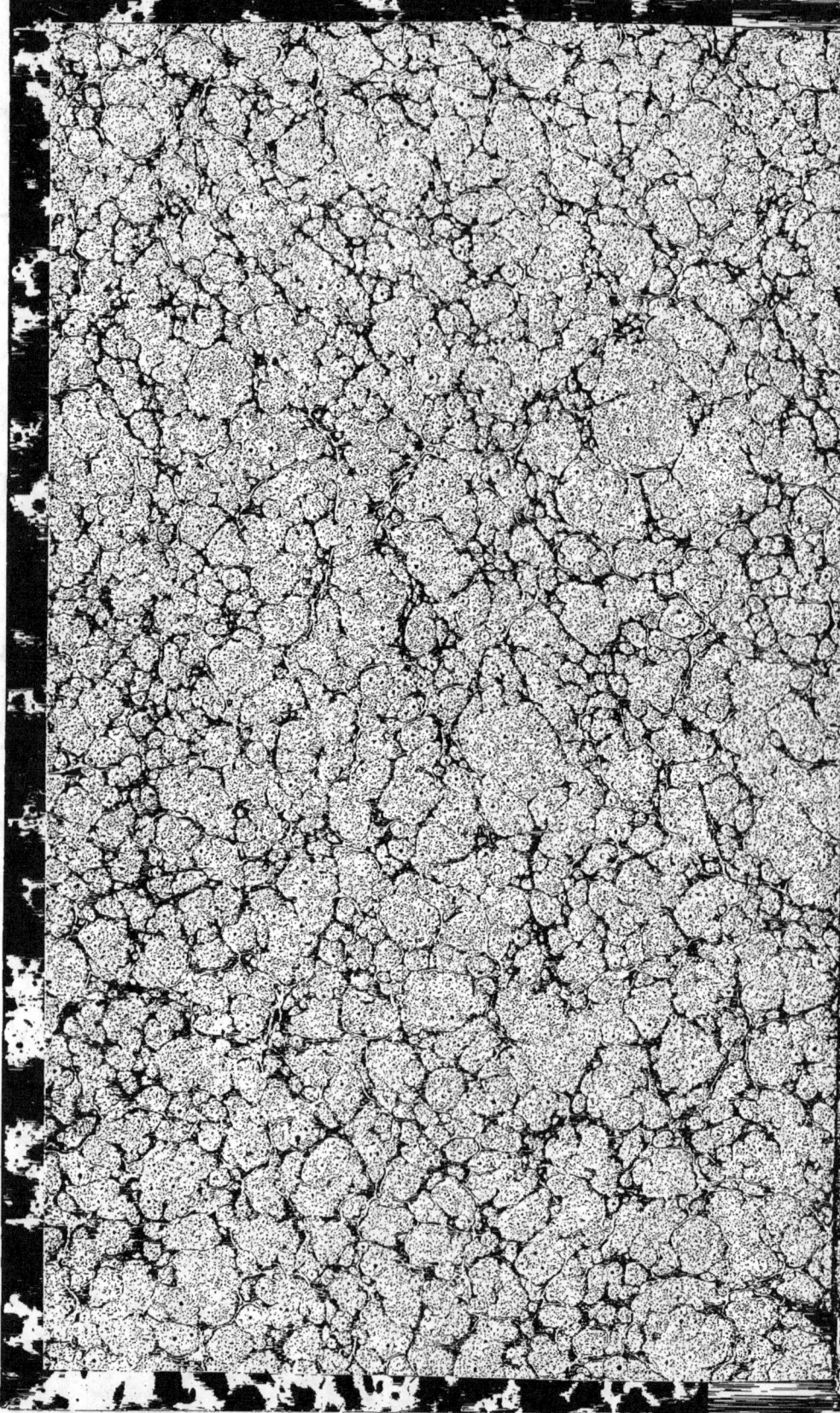

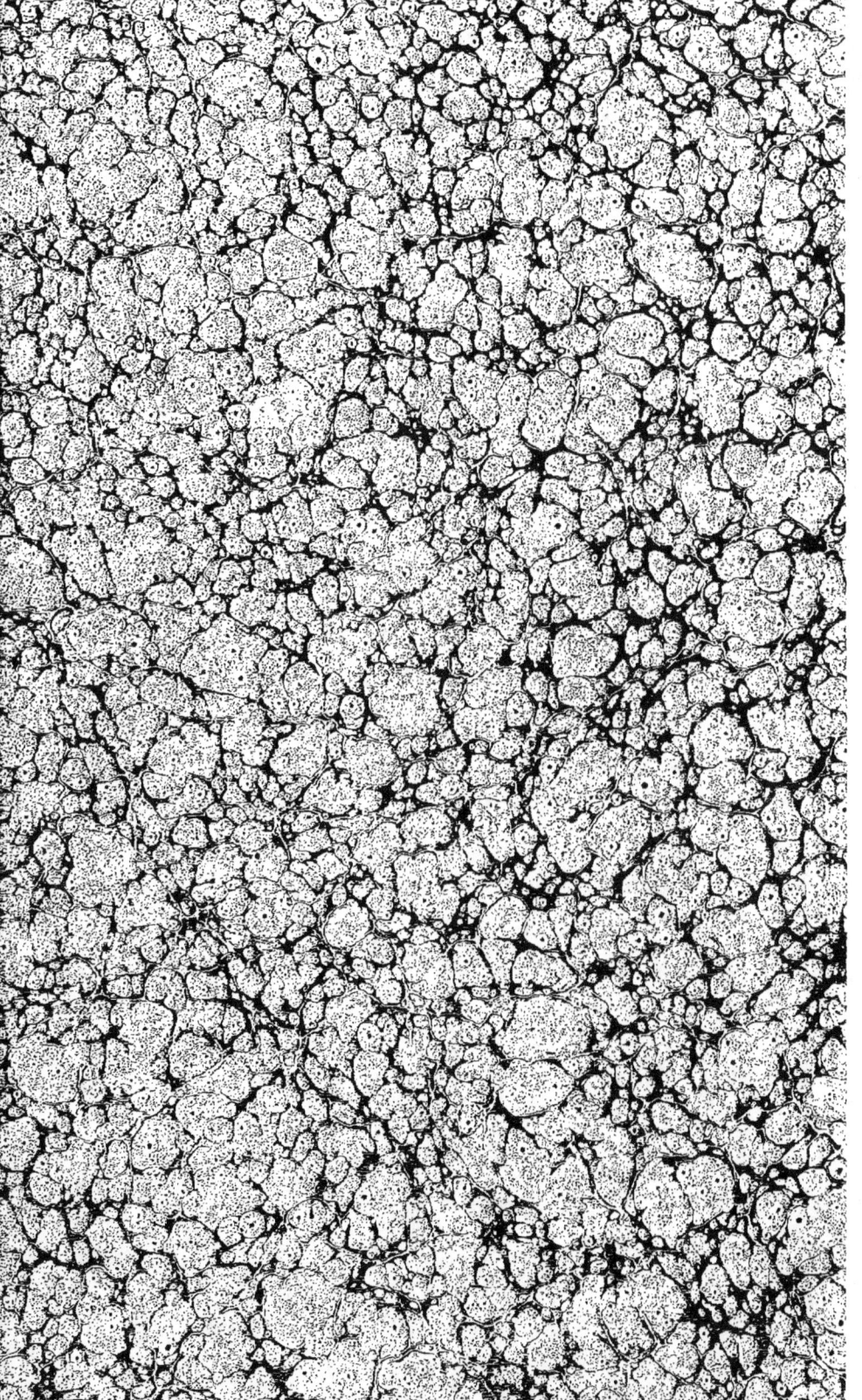

12088.B.
S.A.

DICTIONNAIRE
DE
L'INDUSTRIE
MANUFACTURIÈRE,
COMMERCIALE ET AGRICOLE.

B—CAM.

ON SOUSCRIT AUSSI A PARIS CHEZ :

BACHELIER, LIBRAIRE, QUAI DES AUGUSTINS, N° 55.
CARILIAN GŒURY, LIBRAIRE, QUAI DES AUGUSTINS, N° 41.
HUZARD, LIBRAIRE, RUE DE L'EPERON, N° 7.
RENARD, LIBRAIRE, RUE SAINTE-ANNE, N° 71.

DANS LES DÉPARTEMENTS :

AGEN. Bertrand. Chairou et Cie.
AIX. Aubin.
ALTKIRCH. Bohrer.
AMIENS. Allo, Caron-Vitet.
ANGERS. Launay.
ARRAS. Topino.
AUXERRE. Gallot-Fournier, Marie.
BAYONNE. Bonzom, Gosse, Lemathe.
BEAUVAIS. Caux-Porquier.
BESANÇON. Bintot.
BEZIERS. Cambon.
BORDEAUX. Gassiot fils aîné, Lavalle, Teycheney.
BOULOGNE-SUR-MER. Leroy-Berger.
BOURG. Bottier.
BREST. Come fils aîné, Hébert, Lefournier et Despériers.
CHARTRES. Garnier.
CAEN. Manoury.
CAMBRAI. Girard.
CLERMONT-FERRANT. Thibaud - Landriot, Weysset.
COLMAR. Reiffinger.
DIJON. Lagier, Tussa.
DÔLE. Joly.
GRENOBLE. Prudhomme.
LE MANS. Belon, Pesche.
LILLE. Malo, Vanackère.
LIMOGES. Ardillier.

LYON. L. Babeuf, Bohaire, Maire.
MARSEILLE. Camoins, Chaix, Masvert, Mossy.
MELUN. Leroy.
METZ. Juge, Thiel, Vᵉ Devilly.
MÉZIÈRES. Blanchard-Martinet.
MONTAUBAN. Rethoré.
MONTPELLIER. Castel, Sevalle.
MULHOUSE. Tinus. Risler.
NANCY. Senef, Vidart et Julien.
NANTES. Buroleau, Forest, Lebourg, Sebire.
NIORT. Robin.
PERPIGNAN. Lasserre.
RENNES. Molliex, Hamelin, Vatar.
RIOM. Thibaud-Landriot.
ROUEN. Edet, Ed. Frère, Legrand.
SAINT-BRIEUX. Prud'homme.
SAINT-MALO. Carruel.
SAINTE-MARIE-AUX-MINES. Marchal.
SOISSONS. Arnoult.
STRASBOURG. Février, Levrault.
TOULON. Bellue, Laurent.
TOULOUSE. Dagalier, Senac.
TOURS. Mame, Moisy.
TROYES. Laloy.
VALENCIENNES. Lemaître.
VANNES. Delamarzelle aîné.
VERSAILLES. Limbert.

ET A L'ÉTRANGER :

AMSTERDAM. G. Dufour et comp.
BARCELONE. Lasserre.
BERLIN. Hirschwald.
BRUXELLES. Tircher, Perichon, Leroux.
DUBLIN. Hodges et Smith, Leckie.
EDIMBOURG. Clark, Maclachlan et Stewart.
FLORENCE. Piatti, Ricordi et Cie.
GAND. H. Dujardin. J. Delhoungue.
GÊNES. Yves Gravier.
GENÈVE. Cherbuliez, Collin et comp.
GLASCOW. Reid, et Cᵉ.
HEIDELBERG. Groos.
LAUSANNE. M. Doy.
LEIDE. Luchtmans, Van derhoch.
LEOPOLD. Kunh et Millikouski.
LIÉGE. Desoer. Collardin.
LÉIPSIC. Michelsen, Léopold Voss.

LISBONNE. Martin frères, Rolland et Semiond.
MADRID. Denné et Cie.
MILAN. Dumolard et fils.
MODÈNE. Vincenzi Geminiano et comp.
MONS. Leroux.
MOSCOU. Vᵉ Gautier et fils.
NEW-YORK. Ch. Behr.
PALERME. Ch. Beuf, J-B. Ferrari.
PÉTERSBOURG. Bellizard et comp., G. Graeffe.
PHILADELPHIE. Ch. Behr.
ROME. Merle, L. Romanis.
TURIN. Joseph Bocca, P.-J. Pic.
VIENNE. Rohrmann et Schweigerd.
WARSOVIE. E. Gluksberg.
WILNA. Th. Glucksberg.

PARIS.—IMPRIMERIE D'HIPPOLYTE TILLIARD,
Rue de la Harpe, n° 88.

DICTIONNAIRE

DE

L'INDUSTRIE

MANUFACTURIÈRE,

COMMERCIALE ET AGRICOLE.

OUVRAGE
ACCOMPAGNÉ D'UN GRAND NOMBRE DE FIGURES
INTERCALÉES DANS LE TEXTE ;

PAR MM.
A. BAUDRIMONT, BLANQUI AINÉ, COLLADON,
CORIOLIS, D'ARCET, PAULIN DESORMEAUX, DESPRETZ,
FERRY, H. GAULTIER DE CLAUBRY,
GOURLIER, Th. OLIVIER, PARENT-DUCHATELET, SAINTE PREUVE,
SOULANGE BODIN, A. TREBUCHET, ETC.

TOME DEUXIÈME.

CONTENANT 67 FIGURES.

A PARIS,
CHEZ J. B. BAILLIÈRE,
LIBRAIRE DE L'ACADÉMIE ROYALE DE MÉDECINE.
RUE DE L'ÉCOLE-DE-MÉDECINE, N° 13 BIS.
A LONDRES, MÊME MAISON, 219, REGENT STREET;
1834.

DICTIONNAIRE

DE

L'INDUSTRIE MANUFACTURIÈRE,

COMMERCIALE ET AGRICOLE.

B.

BABEURRE ou LAIT DE BEURRE. (*Agriculture.*) Sérosité qui reste après que la crême a été battue et convertie en beurre. On doit être fort attentif à n'en laisser aucune partie dans le beurre; car cette sérosité contribue promptement à son altération. C'est par des lavages à grande eau, et sur-tout à eau courante, que l'on parvient à l'en débarrasser.

Soulange Bodin.

BAC. (*Technologie.*) Dans diverses industries on donne ce nom à des réservoirs destinés à renfermer des liquides, et qui reçoivent des dispositions particulières, suivant l'usage auquel ils doivent servir. Beaucoup de détails deviendraient nécessaires si on voulait traiter dans un article spécial, de la construction et des usages des bacs : on trouvera dans des articles particuliers ce qui est relatif à leur emploi. *V.* particulièrement les articles Alun et Blanchiment.

BAC. (*Mécanique.*) Bateau servant à traverser, entre deux points fixes, une rivière, un canal ou tout autre espace d'eau de peu de largeur. Son mouvement est dirigé par une corde attachée soit sur les deux bords, soit au milieu du passage : dans le dernier cas, l'ensemble du bateau et de la corde qui le retient et le dirige, porte ordinairement le nom de *traille*. On choisit entre les deux systèmes de direction et de mouvement, d'après la vitesse du courant, la longueur du trajet et quelques autres circonstances locales; mais la forme du bateau n'est déterminée que par des considérations d'une autre nature, et par lesquelles nous devons commencer.

Un bac doit satisfaire aux conditions suivantes : 1° facilité d'embarquer et de débarquer les diverses sortes de charges que l'on y mettra; 2° tirer peu d'eau; 3° présenter une grande solidité : ajoutons que les abords doivent être préparés pour que les voitures y arrivent aisément, malgré les variations de la hauteur des eaux qui déplacent les points de départ et d'arrivée. De la première condition on déduit immédiatement que les deux extrémités du bateau remplissant les mêmes fonctions, elles ne peuvent différer de forme ni de grandeur. Un bac est essentiellement partagé par le milieu en deux parties égales et symétriques. De plus, comme il donne passage à des voitures qui ont à le parcourir dans toute sa longueur, ses deux côtés doivent être parallèles. Ainsi, le plan de cette sorte d'embarcation est réduit à la figure rectangulaire. On voit aussi clairement que pour placer commodément plusieurs voitures ou d'autres charges sur une surface donnée, il convient que cette surface soit aussi plane que l'on pourra, et que dans tous les cas, elle doit être engendrée par une droite horizontale perpendiculaire à la direction d'entrée et de sortie. Quant aux deux côtés, des motifs d'économie détermineront à les faire plans et verticaux. Examinons de la même manière ce qui résulte de la seconde condition, sans perdre de vue la première lorsqu'il s'agira de fixer définitivement la figure du fond du bateau.

Les voitures chargées descendent dans le bac par une pente qu'il faut rendre praticable : le mieux serait de continuer cette même inclinaison jusqu'au fond, en sorte que l'embarquement se fît sans changer le mouvement de descente. Mais comme le bac peut arriver à divers points du chemin qui amène les voitures, il est évident, à la seule inspection de la *fig.* 175, A, que cette continuité de pente ne peut avoir lieu. La ligne *ab* représente l'inclinaison du chemin; *cd* est le dessous du bac, et *ek* le plancher sur lequel il s'agit d'amener les voitures. Tout ce que l'on peut faire, c'est de disposer l'extrémité *dg* du bateau parallèlement au chemin, afin de pouvoir en approcher le plus possible. Mais comme il reste nécessairement un intervalle, on place à l'extrémité du bac un tablier *gh*, mobile en *g*, et qui s'applique en *h*

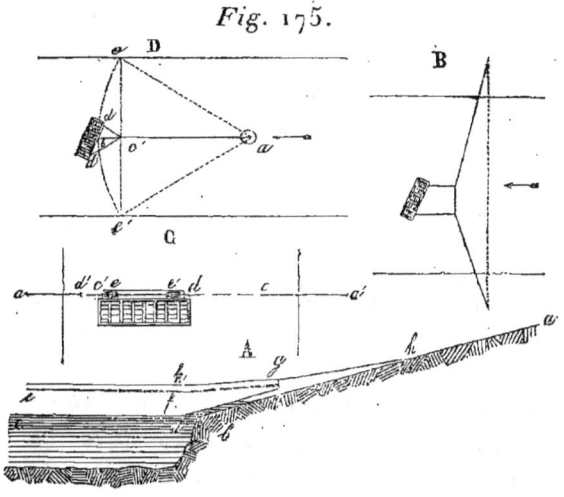

Fig. 175.

sur le chemin. Comme l'angle *gha* est nécessairement moindre que deux angles droits, la vitesse de la descente est un peu modérée, et on peut la ralentir encore en continuant à diminuer la raideur de la pente de *g* en *k* où se termine la descente sur le plancher *ef*. Ainsi, la coupe longitudinale d'un bac doit être un trapèze dont les deux côtés divergents sont parallèles de part et d'autre au chemin qui amène les voitures. Ces données étant fixées, c'est à l'aide du calcul que l'on pourra satisfaire à la fois aux deux conditions du moindre tirant d'eau et de la solidité. Si l'on se bornait à suivre la routine des constructeurs, une partie du bois que l'on emploierait ne servirait qu'à rendre le bateau plus lourd et plus immergé. Pour les méthodes de calcul applicables à la construction dont il s'agit, *voy.* les mots Bois (force des) et Construction.

La corde attachée aux deux bords du canal parcouru par un bac, peut être plongée dans l'eau ou suspendue au-dessus. L'une et l'autre méthode a ses avantages et ses inconvénients. Si le bac est placé sur une rivière dont le courant soit rapide, on profite de l'action de ce courant pour conduire l'embarcation d'un bord à l'autre, en le disposant obliquement, et le retenant dans cette position par deux cordes de longueur inégale attachées à des poulies qui glissent sur le cable tendu d'un bord à l'autre, B. Dans ce cas, il faut que le cable s'élève au-dessus de l'eau; et si on ne le porte pas à une grande hauteur, il gêne le passage des barques pourvues d'un mât. Si la rivière est large, comme la flèche de la courbure ne peut être augmentée, il faut que la tension devienne très grande, et le câble d'autant plus gros et plus cher, sans que sa résistance utile soit accrue. Les cordes plongées dans l'eau, ne peuvent convenir que pour traverser des eaux stagnantes ou d'un cours très lent. C suffit pour faire connaître ce mode de direction : le câble attaché aux points a et a', plongé dans l'eau en c et c', émergeant en d et d', passe sur les poulies e e' fixées au bord du bac, et dont la gorge est creusée de manière à contenir plus que le demi-diamètre du cordage. Le conducteur tenant ce câble avec les mains, pousse le fond de la barque avec ses pieds, et la met en mouvement.

Lorsque le câble directeur est attaché au milieu du passage, en supposant que le courant soit assez fort pour mettre le bateau en mouvement et le transporter d'un bord à l'autre, le système de direction prend la forme représentée par D : c'est la meilleure construction des trailles. Une des extrémités du câble est fixée en a, et l'autre en b, au milieu du bateau. On le soutient, s'il est nécessaire, par des flotteurs placés assez près l'un de l'autre pour que toute la corde soit hors de l'eau. En un point c de cette corde, pris à une distance de b à peu près égal à la longueur de la barque, on attache les cordeaux cd et cd', qui vont s'enrouler sur deux rouets en d et d' ; ils servent à faire osciller la barque autour du point b, à varier son inclinaison par rapport au courant, à la maintenir telle que le mouvement ait le degré de vitesse qu'il peut prendre, et à diriger la barque perpendiculairement aux bords lorsqu'elle atteint les points d'arrivée e ou e'. Pour que toutes les manœuvres s'exécutent avec facilité, il suffit que l'angle e, a, e' n'excède pas 60°, et que par conséquent $ab=ee'$, largeur de la rivière. Ainsi, dans ce système, la longueur du câble directeur est réellement moindre que lorsqu'on l'attache sur les deux bords ; de plus, comme il n'est tendu que par l'action du courant contre la barque, il n'a pas besoin de résister à une traction aussi forte que celle qu'il éprouve dans le système représenté par B. A cet égard, les trailles sont donc préférables aux bacs ordinaires, dans tous les lieux où l'on peut choisir entre ces deux dispositions ; et quand même il ne s'agirait que d'un établissement provisoire et passager, tel que celui d'un bac destiné à suppléer momentanément au passage d'un pont que l'on répare, il serait encore très facile de se procurer, au milieu de la rivière, un point d'attache assez ferme : une ancre suffirait.

Sur le Rhône, on a continué l'usage des cordes tendues entre les deux bords du fleuve, quoiqu'il ait donné lieu à plus d'un accident. Sur le Pô, le point d'attache est au milieu, et la navigation du fleuve n'en éprouve aucune gêne. Pour établir cette sorte d'amarre au milieu des eaux, on suit depuis long-temps un procédé qui a peut-être donné l'idée des cônes de la rade de Cherbourg. On prépare, en effet, une enveloppe de perches liées entre elles par des branches entrelacées; on lui donne la forme d'un cône tronqué dont la hauteur surpasse un peu la profondeur de l'eau; on la met à la place qu'elle doit occuper, on l'y retient jusqu'à ce qu'elle soit remplie de pierres que l'on y jette : on se procure ainsi, à peu de frais, un ancrage assez solide et assez durable pour le service auquel on le destine. Cette pratique ne peut être imitée dans les pays du Nord, où les débâcles annuelles culbuteraient et entraîneraient des ouvrages même d'une construction plus solide. On essaierait peut-être aussi vainement de poser ces cônes sur les sables mouvants du fond de la Loire; mais plusieurs autres rivières de France les admettraient sans difficulté. Ferry.

BACHE. (*Mécanique.*) On nomme ainsi un réservoir en forme de caisse en bois ou en métal, destiné à contenir de l'eau, quel que soit l'usage qu'on en veut faire pour une machine ou un appareil. C'est donc à l'article de ces machines et de ces appareils que l'on trouvera les détails relatifs aux *Baches* qui leur sont adaptées.

BACHE. (*Agriculture.*) Serre basse, vitrée sur toute sa partie supérieure. Cette sorte de construction est intermédiaire entre les serres proprement dites et les couches surmontées de coffres recouverts de châssis où l'on cultive des primeurs. Une bache bien faite doit donc être composée de châssis vitrés mobiles, placés à volonté, à l'aide de chevrons présentant un plan incliné, sur une maçonnerie renfermant un espace plus ou moins étendu et profond, intérieurement disposé pour des cultures qui, en certaines circonstances, ont besoin d'être tenues à l'abri des vicissitudes de température. On voit, par cette définition, que si les baches sont, en horticulture, d'un usage journalier, leur emploi n'est pas moins utile pour l'agriculteur éclairé, qui veut accélérer au printemps et entretenir, pendant l'hiver, la végétation de certaines plantes, racines, arbres et arbrisseaux nouveaux et encore rares dont l'introduction en grand est sollicitée par leurs qualités connues, mais qui ont encore besoin d'être soumis à l'observation. A tout corps de ferme bien organisé, devrait donc être jointe une bache qui serait comme le complément des constructions qui en doivent faire partie, et qui procurerait aussi, en certains jours, au cultivateur et à sa famille quelques produits alimentaires dont ses fatigues ou ses privations habituelles augmenteraient encore l'agrément. Cette amélioration dans la condition des fermiers et des petits propriétaires faisant valoir, aurait cela de particulier et d'avantageux, qu'obtenue seulement par le travail, elle fortifierait les esprits par la nécessité de l'observation et par l'emploi des bonnes méthodes, et réfléchirait ainsi sur les champs des lumières circonscrites jusqu'ici dans le potager.

Une bache peut être construite avec ou sans fourneaux; elle peut être assez élevée pour qu'on y pratique un sentier, au moyen duquel l'ouvrier pourra y travailler à couvert, ou assez basse pour être traitée absolument comme une couche. On peut rapporter dans les banquettes encaissées qu'elle abrite, des terres composées, de la terre de bruyère, du fumier, du tan, des feuilles; y forcer des légumes et des fruits; y élever des champignons; y marcotter des plantes; y faire germer des graines dont on veut promptement savoir les qualités, etc. L'hiver, on accote de fumier ou de feuilles la partie des murs qui s'élève au-dessus du sol, et l'on recouvre les châssis de paillassons, de feuilles, de litière longue et fraîche, suivant les ressources locales et l'intensité du froid. Il faut leur donner de l'air autant qu'on le peut, et profiter des temps doux, pour y entretenir, durant la mauvaise saison, une grande propreté. Lorsqu'en été on ne se sert plus des châssis, on a soin de les abriter sous un hangar sec et aéré.　　　　　　　　　　　　　　　　　SOULANGE BODIN.

BADIGEON. (*Technologie.*) Les constructions en pierre conservent peu de temps la teinte qu'elles présentaient primitivement. Diverses variétés de pierres d'appareil sur-tout éprouvent très rapidement une forte altération, et après un temps plus ou moins long, il est devenu nécessaire de leur rendre leur couleur primitive, ce que l'on fait ordinairement en grattant à vif leur surface. Mais cette opération offre des inconvénients immenses en détruisant, ou altérant au moins à un très haut degré les formes et les proportions d'une grande partie des ornements que présentent les constructions monumentales. Exécuté sur des parties en pierres dures, ce grattage est excessivement coûteux; sur les parties en pierres tendres, il l'est moins, mais il a un inconvénient plus grand encore que celui d'altérer les proportions et les formes des ornements : exposées à l'air, les surfaces extérieures de ces variétés de pierres se durcissent, et forment une espèce de croûte conservatrice, que le grattage fait nécessairement disparaître, au grand préjudice des constructions.

Dans plusieurs pays, par exemple en Belgique et en Hollande, on peint l'extérieur des maisons à l'huile; cette couche de matière, inattaquable par l'eau, résiste assez long-temps, mais elle est fort coûteuse.

Après avoir gratté la surface des murs altérés par l'action du temps, on fait particulièrement usage, à Paris et dans beaucoup d'autres localités, d'une espèce de peinture, connue sous le nom de badigeon, qui se compose de chaux et de recoupes de pierres délayées dans l'eau, à laquelle on mêle une certaine quantité d'alun. Ce badigeon est aussi appliqué par les maçons, immédiatement après l'exécution des ravalements en plâtre, principalement afin de faire disparaître les différences de tons que produit l'emploi de fournées différentes. Appliqué à la brosse, cette peinture adhère assez fortement; mais délayée peu à peu par l'eau, elle abandonne bientôt, au moins par parties, les murs sur lesquels on l'avait fixée, et les laisse dans un état plus désagréable pour la vue, qu'ils n'étaient auparavant, et la nécessité de la renouveler vient apporter une nouvelle source de détérioration pour les ornements : ajoutons que ce badigeon forme une couche assez épaisse, et rend alors plus ou moins *flous* les détails de sculpture.

Plusieurs procédés peuvent être employés pour diminuer, sinon détruire complétement ces inconvénients. Nous allons les énumérer avec les détails convenables pour mettre à même de profiter de leur application.

Guyton de Morveau a parfaitement étudié les causes de l'altération des matériaux de construction : la pierre calcaire, dure et à grains fins, susceptible de se polir, n'est point altérable; mais celle qui est peu compacte, d'une texture lâche et inégale et remplie de cavités, éprouve de plus ou moins rapides dégradations suivant son degré de dureté. Une espèce d'araignée, appelée *sénocle*, y dépose ses œufs et y étend sa toile sur laquelle vient bientôt se fixer la poussière qui forme des taches, dont l'étendue s'accroît ensuite rapidement. Les revêtements en plâtre et le badigeon commun, s'en recouvrent également : ce sont particulièrement les joints, les refends et les angles rentrants sur lesquels l'altération commence. Les *lichens* y prennent bientôt racine, et alors le mal s'accroît avec beaucoup de rapidité.

Pour qu'un badigeon soit réellement préservateur, il faut qu'il résiste à l'eau, adhère à la pierre sans s'écailler, soit assez consistant pour boucher exactement les pores, assez liquide pour s'étendre en forme de lavis, et glacer pour ainsi dire également toutes les parties saillantes et rentrantes, sans former d'épaisseur dans les angles, et sans amortir les ressauts, et qu'il donne à cet agrégat de grains grossiers, la surface lisse des pierres polissables dans lesquelles il paraît que les insectes ne peuvent se nicher.

La peinture au fromage est sans contredit l'une des meilleures comme une des plus économiques de tous les badigeons dont on peut faire usage; son emploi ne présente aucune difficulté, et les preuves positives, acquises sur sa durée, laissent difficilement concevoir comment on n'en a pas fait jusqu'ici un usage plus général : il en est souvent ainsi des meilleures choses dont l'expérience prouve tous les avantages, et qu'on laisse infructueuses, pour s'attacher à l'emploi de moyens qui ne peuvent leur être comparés en aucune manière.

En 1755, Bachelier avait appliqué sur trois colonnes de la cour du Louvre, un badigeon dont il n'avait pas fait connaître la composition; deux de ces colonnes étaient exposées au midi et l'autre à l'ouest. En 1809, ces colonnes se faisaient remarquer par le ton de couleur uniforme qu'elles avaient reçu, et qui tranchait avec le gris obscur et l'aspect terreux des parties voisines.

Une commission de l'Institut, guidée par quelques indications de M. Bachelier fils et de M. d'Arcet, et par l'analyse de la matière détachée des colonnes par le grattage, fit un grand nombre d'expériences qui la conduisirent à en retrouver la composition : elle est d'une telle simplicité qu'aucun obstacle ne peut s'opposer à son emploi. La commission a appliqué diverses compositions sur des parallélipipèdes et des dalles de pierre des carrières des environs de Paris, de qualité différente pour la dureté et la densité. Il est résulté de cette série d'expériences :

1° Que toutes les compositions dans lesquelles on a fait entrer de l'eau contenant de l'alun, tachaient les doigts et s'en allaient à l'eau.

2° Que le fromage le plus avantageux est celui qui est le mieux débarrassé du beurre et du sérum, comme M. d'Arcet l'avait déjà remarqué, et que le *fromage à la pie* desséché pouvait encore être employé, quoique moins avantageusement que le fromage frais bien égoutté, et que la peinture au lait ne résiste pas à l'eau.

3° Que le mélange de fromage avec la chaux ne donne qu'une pâte qui adhère faiblement, même à la pierre à gros grains, et qui ne s'attache pas au papier.

4° Que le plâtre cuit qui, à petite dose, facilite l'union de la chaux et du fromage, rend la pâte dure et caillebottée quand il est en trop grande proportion.

5° Que le *blanc d'Espagne* ne peut être employé qu'à l'intérieur.

6° Que l'on peut facilement imiter le ton de la pierre avec un peu d'ocre.

La quantité de fromage dépend de l'état dans lequel on le prend, et ne peut être déterminée que par le degré de consistance; mais un quart du poids des matières solides convient pour un fromage récemment égoutté.

La commission s'est arrêtée au dosage suivant, qui lui a donné d'excellents résultats : chaux vive 28, plâtre cuit 12, céruse 10.

On éteint la chaux dans le moins d'eau possible, et on passe à un tamis peu serré; on la broie avec le fromage en consistance de pâte molle; on ajoute le plâtre cuit et la céruse, et on broie exactement à la mollette en ajoutant un peu d'eau pour former une bouillie un peu épaisse que l'on délaie au moment de s'en servir pour l'appliquer à la brosse.

M. d'Arcet avait depuis long-temps émis l'idée qu'il pourrait devenir très utile de préparer le mélange de chaux et de fromage dans des pays où ce dernier corps est très abondant, et d'en faire des pains ou des trochisques que l'on transporterait facilement dans tous les lieux : il suffirait de les tenir dans des vases bien fermés pour qu'ils n'absorbent pas l'acide carbonique de l'air.

Carbonnell avait employé, en Espagne, un mélange de sérum du sang et de chaux pour peindre l'extérieur des maisons. Ce composé résiste bien au frottement et à l'eau; mais il est moins solide que le badigeon Bachelier. Il offre, en outre, un grand inconvénient : si le sérum a déjà commencé à éprouver une altération putride, la peinture s'écaille et tombe en poussière.

Guyton de Morveau avait pensé que l'on pourrait faire usage de biphosphate de chaux dont on imprégnerait la pierre, et que l'on y décomposerait ensuite au moyen de l'eau de chaux, de sulfate de fer, de zinc, de magnésie, d'alumine; ou que l'on décomposerait également avec de l'eau de baryte, ou enfin de tartrates ou d'oxalates solubles que l'on transformerait en sels de chaux par double décomposition. Une observation de M. d'Arcet prouve jusqu'à quel point un semblable moyen pourrait conduire au résultat désiré : de l'eau de strontiane fut répandue par accident sur la pierre filtrante d'une fontaine, en quelques instants l'action fut telle que la pierre ne permit plus à l'eau de la traverser. M. Desfossés avait cru arriver au même résultat en imprégnant la pierre d'acide sulfurique et d'eau de baryte; mais il est évident que l'emploi des sulfates ou phosphates terreux serait bien préférable, puisqu'ils portent à la fois dans les pores de la pierre deux composés insolubles. Les sulfates de fer et de manganèse employés en quantités convenables donneraient le moyen d'imiter facilement le ton de la pierre.

Malheureusement le baryte coûte beaucoup trop cher pour

qu'on puisse l'employer en grand, quoique le procédé de MM. Anfrye et d'Arcet pour l'obtenir (*V*. BARYTE), puisse le fournir à très bas prix ; mais leur fabrique a cessé depuis longtemps d'exister.

Lorsque la pierre a éprouvé par l'action du temps une forte altération, il est possible de la blanchir sans grattage, en la lavant avec un acide. M. Chevallier a proposé l'emploi de l'acide hydrochlorique ; mais, outre qu'il attaque fortement la surface, le sel qui se forme alors est déliquescent, et à moins d'un lavage fait avec un grand soin, il en pourrait rester dans les pores de la pierre, qui faciliterait beaucoup sa propension à se salir en l'entretenant humide ; et l'acide du commerce contenant toujours beaucoup de fer, l'oxyde se dépose sur la pierre et lui donne une teinte jaune qui est quelquefois assez foncée.

L'acide sulfurique offre plus d'avantages : employé à 3 ou 4° il ne produit pas sensiblement d'effervescence, et forme un sulfate insoluble qui se dépose dans les pores de la pierre. On rend son emploi beaucoup plus avantageux encore en y associant de la colle ; par exemple, pour 100 parties d'eau, 8 de colle de Flandre et de 10 à 40 d'acide sulfurique à 66°. Cette liqueur, appliquée tiède au pinceau, ne donne d'effervescence que dans le premier moment ; le second coup de pinceau n'en produit plus. M. d'Arcet a observé que sur des carreaux de plâtre de revêtement d'une maison faits à neuf, cette composition a donné lieu à la dessiccation immédiate du badigeon ordinaire qu'on y a appliqué, tandis que sur les autres parties le badigeon est resté *mouillé* plusieurs jours.

On peut encore, comme l'a fait aussi M. d'Arcet, produire dans les pores de la pierre un savon insoluble, en l'imprégnant d'abord de dissolution d'alun, et passant ensuite dessus une dissolution alcoolique de savon, ou *vice versâ* ; mais ce procédé, qui peut offrir des avantages majeurs dans beaucoup de circonstances, ne pourrait être généralement employé, par la dépense que l'on serait obligé de faire. Cependant, en se servant de savon de résine ou de graisses les plus communes, on peut encore opérer économiquement dans beaucoup de circonstances ; on pourrait peut-être mieux encore faire usage des eaux de savon qui ont servi au lavage du linge et au travail des draps, et qui sont encore perdues dans la plupart des localités.

S'il s'agissait, dans des réparations, de mettre en harmonie de ton, des pierres nouvelles avec d'autres, on y parviendrait sans difficulté en les mouillant avec une dissolution de sulfate de chlorure ou d'acétate de manganèse, jusqu'à ce qu'on ait atteint le ton désiré,

Avec une dissolution faible de sulfate et une de noix de galle,
Avec l'acétate de plomb et l'acide hydro-sulfurique.

La dissolution de brou de noix, dans l'ammoniaque, produirait les mêmes effets.

Enfin, on pourrait aussi se servir d'une dissolution de suie dans l'eau chaude; mais cette teinte n'a pas de solidité : c'est celle qui, après la révolution de juillet, a été employée pour recouvrir le dôme du palais de l'Institut, lorsque l'on a été obligé, par la résistance du peuple, de discontinuer le grattage commencé, et qu'on a voulu redonner à cette portion du bâtiment, le ton de toutes les autres parties.

Lorsqu'il s'agit d'imprégner des murs de substances propres à les préserver de l'humidité, différents moyens peuvent être mis en usage. Nous en traiterons au mot ENDUITS HYDROFUGES, et nous nous occuperons, dans le même article, des moyens d'enduire les conduites d'eau et les bois, et nous traiterons au mot PEINTURE des divers procédés pour peindre au fromage, qui pourraient être si avantageusement substitués à la peinture à l'huile.   H. GAULTIER DE CLAUBRY.

BAGACE. *V*. SUCRE.
BAGUE. *V*. FORGE.
BAGUETTE. *V*. FUSIL.
BAIE. (*Construction.*) Ouverture de porte ou de croisée.

Quant à la forme, les baies sont presque toujours rectangulaires, quelquefois carrées ou à peu près carrées, rarement plus larges que hautes, très souvent plus hautes que larges. Assez ordinairement elles ont en hauteur à peu près le double de leur largeur; quelquefois aussi elles sont cintrées par le haut; parfois, enfin, les baies de croisées forment un demi-cercle, et plus rarement un cercle entier.

On peut considérer, dans les baies ordinaires, trois parties bien distinctes, savoir : 1° la partie inférieure qui est presque toujours horizontale, et qui prend le nom de *seuil* pour les portes, et d'*appui* pour les croisées ; 2° les deux parties latérales, qui sont presque toujours verticales, et auxquelles on donne les noms de *montants*, *piédroits*, *dosserets*, etc. ; 3° et enfin, la partie supérieure qu'on désigne, lorsqu'elle est droite et ordinairement horizontale, sous les noms de *traverse*, *linteau*, *poitrail*, *plate bande*, etc., et qui, lorsqu'elle est cintrée, prend le nom d'Arc.

Le mode de construction de ces différentes parties, varie suivant le mode de construction même du Mur, du Pan de bois ou de la Cloison où la baie est établie.

Dans un mur construit en pierre, ordinairement ces différentes parties sont elles-mêmes toutes construites en pierre.

Dans un mur construit en moellons, en briques ou en autres matériaux de ce genre, ces différentes parties peuvent aussi être toutes de même construction que le surplus du mur ; mais quelquefois aussi, pour plus de solidité ou de propreté, on les établit en pierre, ou du moins l'on emploie cette matière, soit pour le seuil ou appui seulement, soit aussi pour les dosserets.

Dans l'un et l'autre cas, leur établissement n'a rien de particulier, si ce n'est en ce qui concerne la partie supérieure, pour laquelle nous renvoyons aux mots Arc et Plate-bande.

Dans un *pan de bois* (ou forte cloison en charpente remplie en maçonnerie), la baie est formée ordinairement par deux *poteaux* et une traverse supérieure ou *linteau* en bois ; et il y a de plus, s'il s'agit d'une croisée, un *appui* aussi en bois qu'il est bon de recouvrir par un appui en pierre, pour en éviter la prompte destruction par le séjour de l'eau. Enfin, dans les cloisons, soit en menuiserie à claire voie et maçonnée, soit toute en menuiserie, les baies (qui, dans ce cas, sont presque toujours des baies de porte, parce que ces cloisons ne s'emploient guères qu'à l'intérieur) sont formées par des *huisseries* composées de deux *poteaux* ou *montants*, et d'un *linteau* ou *traverse*.

Comme les cloisons, et même les pans de bois, ont toujours une épaisseur assez peu considérable, on place ordinairement les portes et les croisées à fleur d'une de leurs faces et presque toujours à fleur de la face intérieure lorsqu'il s'agit d'un pan de bois *de face*, c'est-à-dire qui forme la face même d'un bâtiment. S'il s'agit au contraire d'un pan de bois *de refend* ou d'une cloison de distribution, c'est d'après la disposition des lieux qu'on juge à fleur de quelle face il convient le mieux de placer la porte ou la croisée. Dans tous les cas, on pratique ordinairement sur cette face, une feuillure pour loger l'épaisseur de la porte ou croisée, ou des bâtis ou dormants dans lesquels elle est ferrée. Le surplus de la face d'épaisseur prend ordinairement le nom de *tableau*.

Quand la baie est dans un mur, on adopte quelquefois la même disposition; mais souvent aussi on divise l'épaisseur du mur en deux parties, dont une plus faible (à peu près le tiers du mur) qui forme également le *tableau*, et une plus forte qui forme ce qu'on appelle l'*embrasement*. On place alors la feuillure destinée à recevoir la porte ou la croisée, entre le tableau et l'embrasement, et l'on donne à l'embrasement de l'obliquité, afin de faciliter l'ouverture de la porte ou croisée un peu plus que d'équerre. Cette disposition s'emploie particulièrement pour les murs de face, en plaçant le tableau à l'extérieur, et elle a alors l'avantage d'abriter suffisamment la porte ou la croisée de la pluie, d'utiliser à l'intérieur une partie de la profondeur de l'embrasement, et sur-tout d'en profiter pour une partie du développement de la partie ouvrante. On peut de plus y loger des *volets* quand il s'agit d'une croisée à l'intérieur de laquelle il est nécessaire de placer cette espèce de fermeture; et, à cet effet, on les *brise* ordinairement en deux ou trois parties, pour ne pas excéder la profondeur des embrasements.

Au besoin, nous entrerons dans quelques autres détails aux différents mots que nous avons soulignés. Gourlier.

BAIL. (*Économie industrielle. — Location mobilière.*) On appelle *bail*, la convention en vertu de laquelle un propriétaire concède, pour un temps plus ou moins long et moyennant certaines conditions déterminées à l'avance, la jouissance de sa propriété mobilière ou immobilière. Le bail porte différents noms, selon qu'il se rattache au loyer d'un fonds de terre, d'une maison ou d'un objet mobilier. Un bail peut être consenti par écrit ou verbalement; seulement dans ce dernier cas, la preuve par témoins ne saurait être admise, s'il n'y a pas eu commencement de jouissance. En cas de contestation, la loi accorde le serment au propriétaire qui est cru sur sa parole, à moins que le locataire ne demande une expertise pour faire apprécier à sa juste valeur le taux de la location. Lorsqu'il n'y a pas de clause contraire, tout locataire peut sous-louer ou même céder son bail.

Le preneur de toute location est tenu de se servir avec soin de la chose louée, et d'en payer le prix aux époques convenues, après l'avoir garnie, si c'est une maison, d'un mobilier convenable, et si c'est une terre, des instruments nécessaires à son exploitation. Le propriétaire doit, de son côté, entretenir la chose louée en état de servir aux usages du locataire, et lui en assurer la jouissance paisible. Le bail cesse par suite du congé que les parties doivent se donner en temps utile, c'est-à-dire dans les délais prescrits par l'usage, ou par l'expiration du terme prévu dans le contrat écrit. La mort du propriétaire ou du locataire ne change rien aux dispositions du contrat de louage, qui demeure obligatoire pour leurs héritiers. En cas de vente de la chose louée, le locataire ne peut être congédié avant l'expiration de son bail, si ce bail a une forme authentique, c'est-à-dire s'il a été enregistré en temps utile. Si cette précaution n'a pas été prise, le nouvel acquéreur peut renvoyer son locataire en lui signifiant le congé dans les délais d'usage.

Les réparations dites *locatives,* c'est-à-dire celles qui n'ont pas pour but la conservation des constructions fondamentales de la maison, sont à la charge du locataire; les dernières appartiennent au bailleur. C'est la distinction à établir entre les uns et les autres, qui amène souvent de graves discussions entre les propriétaires et les preneurs, discussion que nos lois de privilége décident presque toujours en faveur de la propriété. Aussi les citoyens ne sauraient-ils prendre trop de précautions, toutes les fois qu'ils acceptent de grandes locations. Il est essentiel pour eux d'exiger *un état des lieux* rédigé contradictoirement avec le propriétaire, de manière qu'en cas de dissentiment, ils ne soient pas livrés sans défense à l'arbitraire du juge, attendu que lorsqu'il n'existe pas d'état des lieux, la déclaration du propriétaire suffit. Il y a sans doute une foule de circonstances dans lesquelles un locataire de mauvaise foi pourrait abuser de l'absence d'un document authentique, mais on ne saurait nier que dans l'état actuel de la législation, toutes les faveurs ne soient pour le propriétaire et toutes les rigueurs pour le locataire.

Ainsi, en vertu de l'usage légal qui permet au bailleur de considérer exclusivement comme sa garantie, tous les meubles qui garnissent la location du preneur, il peut se trouver que des employés de celui-ci se soient établis avec leurs meubles et à titre onéreux, dans une partie de la maison qu'il occupe. N'est-il pas déplorable que ces employés soient exposés à voir saisir leurs meubles en cas de déconfiture du locataire principal, qui leur comptait le logement comme partie du salaire? Sans doute, il pourrait exister une véritable connivence entre le débiteur et les employés pour frustrer le propriétaire de ses droits, et l'on répondra que ceux-ci ont toujours la faculté de se mettre à l'abri par un inventaire signifié au propriétaire et reconnu par lui : mais en général, le locataire se trouve beaucoup trop, en France, à la discrétion du bailleur, et cette partie de notre législation subira quelque jour d'importantes réformes.

Les termes de location pour les maisons, à Paris, commencent ordinairement avec les mois de janvier, avril, juillet et octobre. Un délai de faveur est accordé jusqu'au 8 ou jusqu'au 15 de chacun de ces mois, soit pour le paiement du loyer, soit pour le déménagement. Tout locataire qui abandonne sa location avant l'expiration de son terme ou de son bail, est tenu d'en payer au propriétaire le prix intégral, sous peine de saisie et de dommages-intérêts. Le bailleur ne peut, de son côté, déloger son locataire, même sous prétexte d'occuper lui-même ses propres bâtiments.

On appelle bail emphythéotique, celui dont la durée s'étend à quatre-vingt-dix-neuf ans, et substitue ainsi le locataire au propriétaire pour un temps extrêmement long. On a beaucoup vanté ces sortes de concessions, auxquelles on attachait l'idée d'un très grand avantage; mais l'expérience a prouvé que ces longs baux dépouillaient le propriétaire immédiat de la plupart des agréments de la propriété, sans les transmettre au fermier. Il en résulte presque toujours des procès d'autant plus difficiles que le droit est plus ancien de part et d'autre, et que les parties contractantes n'existent plus. Blanqui aîné.

BAIL. (*Agriculture.*) Je n'ai à considérer ici le bail que dans ses rapports avec l'agriculture, sur laquelle personne ne met en doute qu'il ne puisse exercer l'influence la plus décisive, et en même temps la plus diverse, suivant sa forme et sa durée. Le bail à ferme a d'abord en lui-même cela d'avantageux, qu'il rapproche autant que possible l'habitant non propriétaire de la terre qui doit nourrir pareillement l'habitant qui la possède et l'habitant qui ne la possède pas, et qu'en l'intéressant personnellement à la plus grande production du sol, il concourt puissamment à cette amélioration soutenue et progressive du sol qui, seule fonde solidement, à la longue, la prospérité des nations. Le bail à ferme sera donc d'autant meilleur, d'autant plus juste, d'autant plus favorable à la propriété et à la société générale, que tous les droits du propriétaire y étant équitablement exposés et garantis, il offrira plus d'avantages à celui qu'un acte scellé par les lois met passagèrement à sa place. Or, plus cette condition passagère pourra être prolongée; en d'autres termes, plus la fiction de propriété pourra subsister entre les mêmes mains, et plus l'homme laborieux, et ordinairement pauvre, qui en jouira, animé par l'espérance, fera d'efforts et s'imposera de sacrifices pour atteindre son but, celui de recueillir, au bout d'une longue et pénible carrière, toute la masse de légitimes bénéfices qui sont comme les intérêts composés d'un capital, où les fatigues du corps, les inquiétudes de l'esprit, les privations de toute espèce, et la presque abnégation de soi-même, seront entrés dans une plus forte proportion encore que les avances de bestiaux et d'argent. Car voilà le capital que tout bon fermier doit apporter en entrant dans une ferme, et dont l'habile et consciencieux maniement peut seul préparer vers la fin de sa vie, à sa famille, quelque aisance, et à lui-même quelque repos.

Malheureusement, il faut le dire, le plus grand nombre des propriétaires n'est pas composé de ceux qui jettent d'abord un œil de bienveillance et d'équité sur le fermier, et qui, voyant sagement en lui le véritable instrument de leur propre fortune, songent moins à grossir le prix du fermage qu'à consolider et à accroître les moyens que le preneur doit avoir de le leur payer. Ces moyens ne peuvent être que dans les résultats d'une bonne culture, et celle-ci repose elle-même en très grande partie sur les conventions des baux. La plus importante est la fixation de leur durée; car ce n'est qu'à la faveur de la durée de son bail que le fermier se détermine à faire aux terres les améliorations dont elles sont susceptibles, comme d'entreprendre des défrichements, des desséchements, des transports de terre; de faire des plantations et des prairies; d'introduire certaines formes d'assolement dont le profit est plus grand au bout de la seconde révolution que de la première. L'intérêt du bailleur est ici semblable à celui du preneur, à celui de la population tout entière. Nos lois restreignent à neuf ans la durée des baux contractés par les tuteurs, les usufruitiers et les administrateurs temporaires, et ne laissent qu'aux propriétaires absolus la faculté d'en faire un plus long. Ils doivent être disposés à en profiter quand ils ont pour fermier un homme honnête, intelligent et solvable. En Angleterre, les contrats embrassent souvent non-seulement une plus grande série d'années que chez nous, mais quelquefois même deux ou plusieurs générations. Le fermier alors a tout le temps convenable pour le recouvrement de ses avances, et il n'hésite plus à se livrer à des améliorations dont il ne doit recueillir le fruit que dans un temps reculé, mais dont les effets durables restent en définitive au propriétaire du fond. On doit être convaincu, en effet, que si, dans le règlement des rapports qui lient ensemble le propriétaire et le fermier, celui-ci doit être tenu, à l'expiration de sa jouissance, de remettre le fonds au moins en aussi bon état qu'il l'a reçu; il doit, d'un autre côté, avoir toutes les facilités possibles d'en tirer le meilleur produit pendant sa possession. Et pour produire d'une façon plus décisive l'état de choses qui les lui donne, des agriculteurs éclairés, en Angleterre, ont été jusqu'à proposer un surcroît de taxe sur les revenus des baux à court terme. Il est important aussi de ne point imposer au fermier de ces charges particulières qu'il ne peut souvent remplir qu'au détriment de ses travaux courants de culture; et pour lui laisser toute liberté dans ses opérations, il vaut bien mieux que le propriétaire retienne à lui ces diverses charges, consistant ordinairement en transports, réparations, plantations et clôtures, puisqu'en définitive le prix principal du fermage devra se trouver augmenté de tout ce dont il eût bien fallu le diminuer en compensation de semblables corvées, quelque détour qu'on eût pu prendre pour éluder cette compensation. Soulange Bodin.

BAIL. (*Construction.*) Les locations, soit seulement pour habitations, soit sur-tout pour des exploitations industrielles, donnent souvent lieu, en ce qui concerne les bâtiments, à des contestations aussi fâcheuses pour les propriétaires que pour les locataires. Nous croyons donc devoir ajouter ici, sous ce point de vue particulier, quelques notions relatives aux précautions qu'il est utile aux uns et aux autres d'apporter à la rédaction des baux, ainsi qu'aux droits et obligations qui peuvent en résulter pour eux.

Il est d'abord extrêmement important de désigner avec clarté et précision, dans le bail, ce en quoi consiste l'objet loué, surtout quand il s'agit, non pas d'un immeuble entier ou d'une portion d'immeuble bien distincte, mais de la location partielle d'un corps de logis, ou bien encore d'un seul étage, ou d'une portion d'étage.

Dans ces différents cas, on devra donner une description sommaire, mais pourtant suffisamment explicative, d'abord de l'ensemble de la location, et ensuite de ses différentes parties. Il ne pourra qu'être utile que cette description soit établie par un architecte, ou par un autre constructeur bien au fait des termes techniques; et si la nature ou la disposition des lieux s'opposait à ce qu'il fût facile de rendre cette description claire, on ne devrait pas hésiter à l'accompagner d'un plan figuratif.

On évitera ainsi les difficultés qui pourraient résulter du défaut de clarté ou d'exactitude qu'apportent quelquefois à ces indications, ou les parties contractantes elles-mêmes, ou les notaires et autres personnes chargés de la rédaction des baux. Cette désignation ne peut, du reste, dispenser de la description plus détaillée, qu'on appelle État de lieux, et dont nous exposerons, en son lieu, l'importance dans l'intérêt du propriétaire ainsi que du locataire.

Voyons maintenant quels sont les droits et les devoirs de l'un et de l'autre, aux termes du *Code civil* (tit. VIII, chap. II, *du Louage des choses*) :

Le bailleur doit d'abord *délivrer la chose en bon état de réparations de toute espèce* (art. 1720). Observons à ce sujet qu'on insère ordinairement dans les baux une formule, en quelque sorte consacrée, par laquelle le preneur s'engage *à prendre les lieux dans l'état où ils se trouvent, déclarant les bien connaître et en être content.* Cette clause pouvant dispenser le propriétaire de se conformer à l'article que nous venons de citer, il est d'un grand intérêt pour le locataire de n'y consentir qu'après s'être assuré qu'il n'a pas à réclamer des réparations plus ou moins importantes, ou sous les réserves et restrictions qui peuvent être nécessaires.

Le bailleur doit, en outre, *entretenir les lieux en état de servir à l'usage pour lequel ils ont été loués* (art. 1719), et le preneur doit, de son côté (art. 1728), *user des lieux loués en bon père de famille, et suivant la destination qui leur a été donnée par le bail, ou, à défaut de convention, suivant celle présumée d'après les circonstances, et ce, sous peine de résiliation du bail* (art. 1729). *Le preneur d'un bien rural*, par exemple, *est tenu d'engranger dans les lieux à ce destinés par le bail* (art. 1767). Il y a donc intérêt, d'une part, pour le propriétaire, de spécifier autant que possible au bail la destination des différentes ou, au moins, des principales parties de la location, afin de s'assurer le droit d'empêcher qu'elles ne soient affectées à des usages plus ou moins nuisibles, et, d'autre part, pour le locataire, de s'opposer à toute spécification qui serait susceptible de devenir préjudiciable à l'usage qu'il pourrait lui être nécessaire de faire des lieux, ou même de se faire accorder à ce sujet les facilités dont il préjugerait avoir besoin.

D'après l'art. 1723, *le bailleur ne peut, pendant la durée du bail, changer la forme des choses louées.* Cette obligation importe en effet essentiellement à la réalisation des avantages que le preneur a pu se promettre de la location, en raison de la convenance des lieux par rapport à l'usage qu'il comptait en faire, et elle doit s'entendre non-seulement des lieux mêmes, mais même de leurs attenants. Ainsi, j'ai loué telle portion que ce soit d'une maison ayant entrée par une porte cochère; il ne peut être loisible au propriétaire, sans mon consentement, de transformer cette porte en une porte bâtarde, qui ne permettrait plus de faire entrer des voitures dans l'intérieur. J'ai loué un appartement dont un certain nombre de pièces donnent sur une cour peu spacieuse, mais entourée de bâtiments assez peu considérables pour y laisser pénétrer la clarté qui m'est nécessaire; j'ai dès lors le droit de m'opposer à ce qu'on diminue cette clarté par des constructions additionnelles.

Nulle obligation formelle n'est imposée à ce sujet au locataire; et, par conséquent, il semble au premier coup d'œil que rien ne s'oppose à ce qu'il fasse, pendant la durée de sa location, tel changement, telle modification, addition ou suppression qui peut lui être nécessaire ou convenable. Mais cette faculté est nécessairement restreinte dans des bornes assez étroites, d'abord par l'obligation de se conformer à l'art. 1728 précité; il doit, en outre, sur-tout ne rien faire qui puisse altérer la solidité ou même l'aspect des constructions, ni sur-tout s'opposer à l'obligation dont nous parlerons tout-à-l'heure, *de rendre les lieux dans l'état où ils ont été reçus.*

Aux termes des art. 1720 et 1724, *le bailleur est tenu de faire, pendant la durée du bail, toutes les réparations nécessaires, autres que les locatives; et le preneur de souffrir les réparations urgentes et qui ne pourraient se différer jusqu'à la fin du bail, quelques inconvénients qu'elles lui causent, et quoiqu'il soit privé, pendant qu'elles se font, d'une partie de la chose louée. Mais si ces réparations durent plus de quarante jours, le prix du bail sera diminué en proportion du temps et de la partie de la chose louée dont il aura été privé; et si ces réparations sont de telle nature, qu'elles rendent inhabitable ce qui est nécessaire au logement du preneur et de sa famille, il pourra faire résilier le bail.* On déroge souvent à ces articles en insérant au bail l'obligation, pour le preneur, de souffrir les réparations de toute nature, quelque puissent être leur importance et leur durée; mais il est prudent de ne souscrire une pareille obligation, qu'après s'être assuré qu'elle ne pourra pas devenir trop préjudiciable.

L'art. 1721 rend le bailleur garant envers le preneur *de tous les vices ou défauts de la chose louée qui en empêcheraient l'usage, quand même le bailleur ne les aurait pas connus lors du bail, ainsi que des pertes qui pourraient en résulter pour le preneur.* Ainsi, après un enménagement ou un emmagasinement dans des bâtiments qu'on avait jugés d'une solidité convenable, si l'on reconnaît qu'ils sont au contraire d'une solidité insuffisante, le propriétaire doit non-seulement les faire consolider, mais encore indemniser le locataire des pertes et frais que cela pourra lui occasioner.

D'un autre côté, suivant les art. 1722 et 1741, *le contrat de louage se résout par la perte de la chose louée; et si, pendant la durée du bail, la chose louée est détruite en totalité par un cas fortuit, le bail est résilié de plein droit. Si elle l'est seulement en partie, le preneur peut, suivant les circonstances, demander ou une diminution de prix ou la résiliation même. Mais dans l'un ou dans l'autre cas, il n'y a pas lieu à dédommagement.* Par cas fortuits, on doit entendre tout ce qui est indépendant de la volonté du propriétaire, ou de la disposition et du mode de construction des bâtiments loués. Tels seraient par exemple : le feu du ciel, une inondation, une invasion, un alignement ordonné par l'administration et qui s'oppose à la reconsolidation des bâtiments, etc., etc. On voit dès lors combien il importe à un locataire d'examiner, à l'avance, si l'immeuble sur lequel il a jeté ses vues n'est pas plus ou moins exposé à quelques inconvénients de cette nature.

Le preneur est astreint par les art. 1732, 1733 et 1755, à la réparation *des dégradations ou pertes qui arrivent pendant sa jouissance, à moins qu'il ne prouve qu'elles ne proviennent pas de sa faute, ou de celle des personnes de sa maison, ou de ses sous locataires, ou qu'elles ne soient occasionées par vétusté ou force majeure.* Au mot RÉPARATIONS, nous ferons connaître la distinction à établir entre celles qui sont à la charge du propriétaire, comme étant de *gros entretien*, et celles *locatives* ou à la charge du locataire.

Le preneur est également responsable, d'après les art. 1733 et 1734, de *l'incendie, à moins qu'il ne prouve qu'il est arrivé par cas fortuit, force majeure ou vice de construction, ou que le feu a été communiqué par une maison voisine; et, s'il y a plusieurs locataires, tous sont solidairement responsables, à moins qu'on ne prouve que l'incendie a commencé dans l'habitation de l'un d'eux, auquel cas celui-ci seul en est tenu; ou que quelques-uns ne prouvent que l'incendie n'a pu commencer chez eux, auquel cas ceux-ci n'en sont pas tenus.*

Enfin, aux termes des art. 1730 et 1731, à l'expiration du bail, *s'il a été fait un état des lieux, le preneur doit les rendre tels qu'il les a reçus suivant cet état, excepté ce qui a péri ou a été dégradé par vétusté ou force majeure ; et s'il n'en a pas été fait, il est présumé les avoir reçus en bon état de réparations locatives et doit les rendre tels, sauf la preuve du contraire.* Sous ce rapport, le locataire est donc plus intéressé encore que le propriétaire à ce que cet état des lieux soit dressé en temps utile.

GOURLIER.

BAINS. (*Technologie.*) Dans diverses opérations on place les vases que l'on veut échauffer dans un vase rempli d'un liquide ou d'une substance en poudre destinés à lui transmettre la chaleur : l'eau et le sable sont le plus habituellement employés ; mais on fait aussi quelquefois usage d'huile ou de métaux. Ces divers bains ont pour but de régulariser la température, et de rendre par là plus facile et moins sujette à des inconvénients la conduite des opérations.

Les bains de substances liquides ou susceptibles de le devenir, offrent avec ceux de matières solides cette différence très importante, qu'une fois le liquide arrivé à son point d'ébullition, la température reste la même tant qu'il y a du liquide dans le vase. Cependant les corps qui peuvent éprouver par la chaleur une altération qui change leur point d'ébullition, comme les huiles et les métaux ou alliages dont le point d'ébullition n'est pas connu, offrent des températures variables, et qui vont toujours en s'élevant, quoique pour ces derniers, on puisse maintenir la température au même point, en ayant soin d'y garder constamment une portion de la matière elle-même non fondue.

Le bain d'eau ou bain-marie ne donne jamais que $100°$ centigrades quand on emploie l'eau pure ; mais on peut en élever la température jusqu'à 115 ou $118°$, en y ajoutant divers sels, particulièrement du chlorure de calcium ou muriate de chaux ; mais alors on ne peut toujours faire usage des mêmes vases, par exemple de ceux en cuivre, parce qu'ils sont attaqués par ces sels.

Le bain d'huile est rarement employé à cause de l'odeur infecte qu'il développe, tandis que le bain de sable est très fréquemment mis en usage par la commodité de son emploi, non comme moyen de donner une température fixe, mais pour faire agir plus uniformément la chaleur sur des vases sans avoir à craindre leur trop rapide abaissement de température ou l'action trop vive du combustible qu'on placerait dessous.

Dans les ateliers, beaucoup d'opérations ne pourraient être conduites convenablement si on opérait au feu direct; elles deviennent extrêmement faciles à diriger au moyen du bain de sable : le chlore est plus particulièrement dans ce cas, pour les bains métalliques. *V.* Alliages fusibles et Trempe.

H. Gaultier de Claubry.

BAINS. (*Hygiène.*) Les bains, soit qu'on les considère sous le rapport de la salubrité, soit qu'on les envisage comme servant à la propreté et aux jouissances corporelles, ont été recherchés par les hommes de tous les temps et de tous les pays. L'histoire nous montre l'emploi fréquent que les Égyptiens, les Grecs et les Romains en faisaient autrefois; et si nous nous en rapportons aux relations des voyageurs modernes, nous verrons qu'à l'époque actuelle, les peuples des pays froids, tels que les Russes, les Finlandais, les Norwégiens et autres, ne diffèrent pas des Turcs, des Égyptiens modernes, des Persans, des Indous, sous le rapport du goût prononcé qu'ils ont pour les bains. Ce goût n'est-il pas partagé par les peuples des pays tempérés, comme le prouve ce qui se pratique à cet égard, en Italie, en Allemagne, en France et en Angleterre?

Cette universalité de goût et d'usage, indique assez le besoin que les peuples, réunis en société, ont d'ablutions régulières et faciles. Sous ce rapport, les bains et tout ce qui les concerne, rentrent dans le domaine de l'industrie, soit qu'on les considère comme moyen de salubrité pour les ouvriers et les industriels eux-mêmes, soit qu'on indique les conditions que doivent présenter et réunir les appareils divers, destinés à donner à ces bains les conditions réclamées par les mœurs, les habitudes des populations, et leurs différents besoins.

Nous ne devons donc pas nous occuper ici des bains sous le rapport de leur emploi dans les maladies, et sous celui des effets variables qu'ils peuvent avoir, suivant leur composition et les nombreux degrés de température qu'il est possible de leur donner : ces détails appartiennent aux ouvrages de médecine, et nous y renvoyons ceux qui, par leur position, ont besoin d'y avoir recours.

Mais ce qui intéresse tout le monde, et ce que nous devons faire remarquer, c'est qu'ils sont aussi efficaces pour prévenir certaines maladies que pour en guérir d'autres lorsqu'elles se sont manifestées. Tous les médecins, et en particulier ceux qui s'adonnent d'une manière spéciale à l'étude des maladies de la peau, remarquent avec satisfaction, que la diminution de la gravité et de la fréquence de ces affections dégoûtantes, marche depuis trente ans chez notre population pauvre et ouvrière, dans une proportion qui se trouve en raison de la diminution du prix des bains, et par conséquent des moyens d'en faire usage.

Non-seulement les bains agissent par eux-mêmes dans ces sortes de maladies, mais ils ont de plus un effet secondaire et indirect qui n'est pas moins avantageux. N'est-il pas évident qu'ils amènent nécessairement une plus grande propreté dans le linge de corps, et par suite dans tous les objets qui nous touchent et qui nous entourent : un individu dont le corps est net, pourra-t-il se revêtir d'un vêtement qui le souillera de nouveau? Celui qui est propre sur lui, souffrira-t-il la malpropreté dans l'intérieur de son ménage? Et par suite inévitable, la propreté du logis n'amènera-t-elle pas la propreté de toutes les autres parties de la maison et de ce qui l'entoure? Avantage inappréciable non-seulement pour quelques familles d'une population, mais pour la population tout entière.

Il est donc du devoir de l'administration de favoriser, autant que possible, la multiplicité des bains et les moyens d'en faire usage. Pour cela une des premières conditions à remplir, est d'amener partout une grande abondance d'eau, et de la donner au plus bas prix possible; c'est un moyen sûr de conquérir la popularité, et de s'attirer la reconnaissance de tous les habitants d'un pays. Sous ce rapport les empereurs romains peuvent nous servir de modèles : c'est moins pour la boisson que pour l'usage des bains qu'ils firent construire tant d'aqueducs, et ces vastes édifices dont les ruines attestent la splendeur et excitent notre admiration. L'histoire nous apprend que l'inspection des bains était une des principales fonctions des Édiles, et qu'ils avaient soin d'en maintenir le prix à un taux si minime que tout le peuple pouvait en jouir; elle nous montre encore que dans les fêtes publiques, les bains donnés gratuitement étaient mis au rang des largesses du gouvernement, comme les distributions de comestibles et les représentations théâtrales le sont encore parmi nous en pareilles circonstances.

Nous venons de dire que, pour multiplier les bains et propager leur usage parmi le peuple, il suffisait de mettre l'eau à la portée des habitants des villes, et de la leur donner au plus bas prix possible. Pour mettre en évidence cette proposition, il suffit de citer ce qui s'est passé à Paris, à partir de 1780 jusqu'à nos jours.

En 1780 tous les établissements de bains publics existant dans Paris, ne contenaient ensemble que deux cent cinquante baignoires.

En 1789 le nombre de ces baignoires s'était élevé à trois cents, et il resta à peu près le même pendant tout le temps de la révolution et de l'empire.

En 1813 il s'éleva rapidement à cinq cents.

De 1817 à 1831 il s'est formé dans Paris trente-sept établissements nouveaux contenant onze cents baignoires.

Enfin, en 1832, on comptait à Paris, soixante-dix-huit maisons de bains, renfermant deux mille trois cent soixante-quatorze baignoires en place.

C'est à partir de la même époque 1817, que les bains portatifs ou à domicile, se sont établis dans Paris, et se sont à l'instant multipliés d'une manière remarquable. Sur les soixante-dix-huit maisons de bains dont nous venons de parler, on en compte cinquante-huit qui en portent au-dehors, et qui ont pour ce seul objet mille cinquante-neuf baignoires mobiles. Ainsi, en comptant les bains sur bateaux qui ne figurent pas dans ces calculs et qui emploient trois cent trente baignoires, on voit que dans l'espace de quarante ans, le nombre des baignoires nécessaires aux besoins journaliers de la population de Paris, a plus que décuplé, puisqu'il est aujourd'hui de trois mille sept cent soixante-dix-huit.

On trouvera des détails plus étendus et plus circonstanciés sur les bains de Paris, dans un Mémoire de M. Girard. *Annales d'Hygiène et de Médecine légale*, T. VII, p. 1re.

Si nous n'étions pas circonscrits dans des limites aussi étroites que celles d'un article de Dictionnaire, nous ferions ici l'histoire de la distribution de l'eau dans l'intérieur de Paris, et nous y démontrerions que chaque nouvel établissement de bains correspond à celui d'une nouvelle conduite, soit de l'eau de la Seine, soit de l'eau de l'Ourcq, et que la progression des unes a toujours répondu à la progression des autres : quelle preuve plus évidente des besoins d'une population, et quelle leçon pour ses administrateurs! Nous ajouterons que ces établissements ont presque tous prospéré, car on n'en compte que deux qu'il ait fallu fermer : quelle est la branche d'industrie qui puisse en dire autant!

L'effet de cette multiplication des établissements de bains, a produit une diminution notable dans leur prix, suite inévitable de la concurrence : aujourd'hui on peut, pour 75 centimes, se procurer un bain; mais ce prix est-il assez abaissé pour la population de Paris? Non assurément; on en a la preuve dans l'empressement que tous les convalescents mettent à demander un bain chaque fois qu'ils sortent de l'hôpital, et sur-tout par le concours, véritablement curieux, des indigents, aux bains gratuits de l'hôpital Saint-Louis; car dans l'énumération des bains de Paris, nous n'avons pas parlé de ceux qui se trouvent dans les hôpitaux. On dirait que cette population a deviné ses besoins, et qu'un sentiment intime la porte vers ce qui lui est nécessaire. Il faut donc que l'administration redouble d'efforts et multiplie les sacrifices pour amener une nouvelle réduction dans le prix des bains; ce qu'elle obtiendra aisément par l'extension de la distribution des eaux de l'Ourcq, par le bon marché auquel elle les donnera, et sur-tout en tirant parti des eaux chaudes qui proviennent des machines à vapeur, et qui se jettent en pure perte sur le pavé des rues. On a peine à concevoir l'étendue des avantages que l'on procurerait à notre population pauvre et ouvrière par l'emploi de cette eau chaude, non-seulement pour les bains, mais encore pour le lavage du linge et une infinité d'autres usages domestiques.

Nous voudrions qu'à la fin de chaque semaine, et particulièrement le dimanche, chaque homme du peuple pût, à l'aide de quelques sous, se procurer un bain. Dans l'intérêt de leur force matérielle, qui fait leur unique richesse, nous désirerions qu'il fût possible à ces hommes d'avoir recours à ce moyen salutaire, chaque fois que des travaux excessifs ou trop long-temps prolongés, une longue immersion de tout le corps, ou de quelques-unes de ses parties dans l'eau froide, une marche forcée, ou des mouvements inaccoutumés, leur procurent ce sentiment de fatigue que tout le monde connaît. Cette fatigue, chez les ouvriers, est souvent portée à un tel degré, qu'elle les met dans la nécessité de rester inactifs pendant quelques jours, ou de luter péniblement contre le malaise, en produisant à peine la moitié ou le quart de la force qu'ils doivent à ceux qui les emploient.

Il n'est pas de salle dans les hôpitaux de Paris, qui ne renferme toujours quelques-uns de ces hommes qui, pour se remettre, n'ont besoin que de repos et de nourriture. Ceux qui leur donnent des soins ont appris par expérience qu'un bain chaud de quelques heures était plus efficace pour les rétablir qu'un repos de plusieurs jours sans l'emploi de ce moyen simple; aussi le réclament-ils avec empressement lorsqu'ils ont intérêt à reprendre promptement leurs travaux. Quel est l'homme du monde qui n'ait ressenti le bien-être que procure le bain à la suite d'un long voyage? Quel est l'homme de cabinet qui ne s'en soit bien trouvé après des veilles long-temps prolongées? Quelle est la garde-malade qui n'en ait reconnu l'utilité après avoir passé de suite un grand nombre de nuits? Qu'on juge d'après cela si des manufacturiers qui emploient un grand nombre d'ouvriers, et qui ont chez eux des machines à vapeurs, méritent d'être excusés, lorsqu'ils ne procurent pas à ces hommes et à leurs familles les moyens d'employer un produit dont ils ne tirent aucun profit.

Comme, dans nos climats, la température habituellement froide, nous met, pendant la majeure partie de l'année, dans l'impossibilité de prendre des bains en pleine rivière, nous nous sommes particulièrement étendus sur l'action et l'emploi des bains chauds; cependant les bains de rivière, lorsqu'on peut les supporter, et que la température de l'eau et de l'air les rend agréables, étant pour le moins aussi utiles que les bains chauds, nous ne devons pas les passer sous silence.

Ces bains, sur-tout lorsqu'on les prend en s'exerçant à la nage, ont un effet tonique et fortifiant, particulièrement utile aux jeunes gens livrés à des études ou à des travaux sédentaires. Il est donc du devoir de l'administration d'en favoriser l'usage, et de les mettre à la portée de toutes les classes de la société, en évitant, comme on le fait à Paris, par des constructions particulières, les dangers des submersions, et se mettant par là dans la possibilité d'interdire aux baigneurs tous les autres points de la rivière.

Parlerons-nous ici des précautions utiles pour prendre le bain, de la température que l'eau doit avoir, de la nature et de la composition de cette eau, des soins relatifs aux linges que l'on emploie en sortant du bain, des dispositions corporelles qui rendent leur usage utile ou pernicieux, etc.; etc.? Mais pour exécuter ce projet, il faudrait, comme nous l'avons dit plus haut, rentrer dans le domaine de la médecine, et sortir de celui dans lequel nous devons nous circonscrire. Nous croyons en avoir dit assez pour faire comprendre l'importance des bains, et montrer que leur étude intéresse au même degré, le médecin qui les conseille, l'administrateur qui les favorise, et l'ingénieur qui les exécute. PARENT DUCHATELET.

BAINS. (*Economie industrielle.*) L'usage des bains chauds augmentant chaque jour, et le prix auquel ils sont livrés s'abaissant par suite de la concurrence, il est d'une grande importance pour tous les établissements de ce genre de réunir les conditions les plus favorables d'économie qui s'accordent avec une bonne direction.

Si nous voulions traiter ce sujet avec l'étendue qu'il comporte, nous sortirions des bornes que nous impose la nature de cet ouvrage : nous nous arrêterons seulement aux détails nécessaires pour rendre cet article véritablement utile. Nous aurons à examiner successivement les bains ordinaires, les étuves humides, les étuves sèches, et celles destinées aux fumigations. Nous parlerons des trois dernières à l'article FUMIGATION, nous occupant seulement ici des bains de liquides.

Les baignoires sont habituellement construites en cuivre étamé; les bains sulfureux seuls exigent des baignoires en bois ou en zinc qui ne sont point ou fort peu attaqués par le sulfure; du reste, on pourrait, pour les bains ordinaires, se servir de vases de toute espèce; le cuivre est plus particulièrement employé à cause de la facilité avec laquelle on le travaille. On a cependant quelquefois fait usage de cuir, qui offre l'avantage d'un poids moins considérable, mais qui s'altère facilement, et se trouve mis en peu de temps hors de service : on l'emploie cependant encore quelquefois pour les bains portatifs.

La forme des baignoires peut varier à l'infini; elle est ordinairement ovoïde, ce qui diminue un peu la quantité d'eau nécessaire pour donner un bain, et c'est la seule considération qui puisse influer sur cette disposition.

Les bains peuvent être donnés dans un local destiné à cet usage, ou dans les maisons particulières : dans ce dernier cas ils peuvent être fixes ou portatifs. Nous examinerons successivement ces diverses conditions.

Etablissement de bains. Le nombre des baignoires varie suivant les localités et le besoin : elles peuvent être placées à un ou à plusieurs étages; dans tous les cas, le réservoir d'eau chaude doit toujours être établi à la partie supérieure, pour qu'il desserve toutes les parties de l'établissement. Nous n'avons pas à nous occuper de la disposition des tuyaux qui servent à conduire l'eau; mais un point d'une grande importance est le mode d'échauffement, qui doit être le plus économique possible.

L'eau peut être échauffée, soit directement, soit par le moyen de tuyaux de chaleur qui circulent dans les réservoirs, soit enfin par l'action de la vapeur.

Le chauffage direct s'opère ordinairement par le moyen de chaudières construites sur les mêmes principes que celles qui sont destinées à la production de la vapeur; nous nous occuperons au mot CHAUDIÈRE des meilleures dispositions à leur donner; et à l'article CHAUFFAGE nous étudierons la question sous le point de vue de la quantité de chaleur développée par les divers combustibles, et de la disposition des fourneaux.

Un tuyau unique dans lequel se rendent les produits de la combustion, ne procure pas une élévation suffisante de température : à son entrée dans le réservoir, il doit se diviser en huit ou dix conduits, présentant ensemble la section du premier, sans cela l'air ne serait pas assez refroidi, et l'on perdrait une partie de l'effet utile qu'il peut procurer.

On peut augmenter de beaucoup le tirage du fourneau, et la quantité d'eau chauffée, en établissant un tirage par le moyen d'un ventilateur, pour des bains placés sur la rivière, on peut mettre cet appareil en mouvement presque sans aucuns frais en établissant une petite roue à eau sur le devant du bateau. M. Pelletan a imaginé d'injecter dans le tuyau conducteur de la fumée, un petit jet de vapeur qui occasione un tirage considérable; mais la dépense de cette quantité de vapeur surpasse les avantages qu'on en peut tirer.

La température de l'eau dans le réservoir, doit être de 80 à 88°. Chaque bain consomme cent soixante-quinze kilog. d'eau. Pour un établissement dans lequel on devrait chauffer cent bains par heure, il faudrait deux cent vingt-six kilog. de houille, en supposant que celle-ci pût donner six fois autant de vapeur, ou cinq cent quinze kilog. de bois desséché à l'air. Dans un établissement où l'on donne de quatre à cinq cents bains par jour, on a brûlé, pour cent soixante-dix mille bains, quatre cent cinquante-neuf voies de houille, ou $3^k 22$ par bains, terme moyen.

Dans un appareil qui a été construit par M. Lemare, et qui est employé dans plusieurs établissements de bains, la quantité d'eau chauffée, est beaucoup plus considérable. Celui qu'il a présenté à la Société d'encouragement, renferme deux mille litres d'eau; il a fallu moins de deux heures et trente-trois kilog. de houille, pour y porter l'eau à l'ébullition. C'est, en opérant en grand, le plus économique de tous ceux qui aient encore été établis. Cet appareil pesait près de mille kilogrammes, et coûtait, avec sa soupape et ses ajutages, 2,000 fr. A mesure que le nombre de bains devient moindre, la dépense augmente dans une proportion très-rapide en raison du capital de l'appareil. L'avantage de l'appareil de M. Lemare, est de n'exiger aucune construction; il porte avec lui son fourneau; et quand il a servi quelque temps, il suffit d'enlever un certain nombre de boulons pour le démonter, et alors le nettoyage s'en fait avec la plus grande facilité. On peut aussi le transporter facilement en le démontant, et en moins d'une heure il peut être mis en état de marcher.

Cet appareil consiste en deux cavités qui enveloppent un foyer dont les conduits de fumée font trois ou quatre révolutions au milieu de la masse d'eau; de telle sorte que la presque totalité de la chaleur se trouve absorbée, et que la fumée est très peu élevée en température. Nous aurons occasion de parler de nouveau de cet appareil à l'article Chaudière.

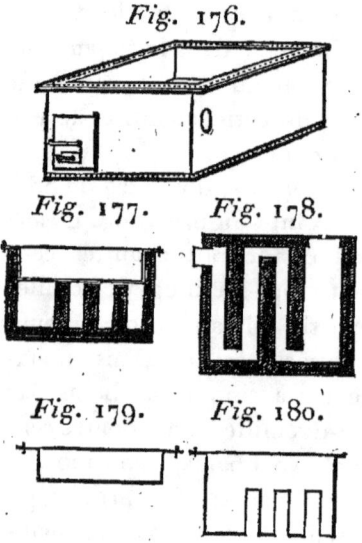

Fig. 176.

Fig. 177.   Fig. 178.

Fig. 179.   Fig. 180.

Fig. 176. Élévation de l'appareil.

Fig. 177. Plan à la hauteur des carneaux.

Fig. 178. Coupe perpendiculaire à l'axe du foyer.

Fig. 179. Cuve ou vase inférieur.

Fig. 180. Vase formant la double enveloppe et les carneaux.

Dans un très grand nombre de circonstances on pourrait chauffer sans frais l'eau destinée aux bains, si on se trouvait à côté d'une usine dans laquelle il y aurait des fourneaux développant une grande quantité de chaleur qui n'est pas utilisée : de très simples dispositions suffiraient pour en profiter. Mais un moyen plus généralement applicable serait de faire usage de l'eau de condensation des machines à vapeur, qui se trouve habituellement perdue. Rien ne serait plus simple que de la recueillir, et en supposant qu'il fallût une certaine quantité de combustible pour la porter à un degré plus élevé, ou la conserver à la température qu'elle offrait en sortant du condenseur, toujours est-il que la proportion en serait extrêmement minime.

L'eau une fois élevée à la température convenable, il faut la conserver le plus possible en cet état; rien n'est plus facile quand on dispose d'un foyer ou d'un conduit de fumée; mais on peut encore parvenir à ce but au moyen d'un réservoir disposé de manière que la déperdition de chaleur soit à peine sensible : l'un des moyens qui peut conduire aux résultats les plus avantageux consisterait à envelopper le réservoir d'une couche d'air qui ne pût se renouveler : pour cela on se servirait d'une double caisse complétement fermée, et ayant quelques centimètres de plus, dans toutes ses dimensions, que le réservoir lui-même ; un couvercle joignant exactement au moyen de bandes de lisière étant placé à la surface, l'eau se conserverait pendant plusieurs heures sans éprouver de refroidissement sensible.

On ne peut employer le chauffage direct de l'eau au moyen de la vapeur, à cause du bruit extrêmement violent que produit cette vapeur lorsqu'elle commence à se condenser; mais on a quelquefois appliqué le chauffage indirect, en faisant circuler la vapeur au travers d'un serpentin qui passait dans l'intérieur du réservoir d'eau chaude, et faisant servir l'eau condensée elle-même ; mais ce moyen n'a pas produit des résultats très économiques.

Bains à domicile. Pour les bains à domicile, le moyen le plus simple consiste à chauffer l'eau au moyen d'un fourneau placé sous la baignoire, et dont le tuyau s'élève verticalement de manière à échauffer une petite caisse destinée à renfermer le linge. M. Bizet a construit une baignoire de ce genre, qui offre beaucoup d'avantages, mais que sa complication rend d'un prix trop élevé pour le plus grand nombre de cas. Cependant, à cause de l'utilité qu'elle peut avoir, par la facilité qu'elle offre pour donner des douches et des bains de vapeurs, nous la décrirons au mot Douches.

Depuis quelques années l'usage s'est établi de porter des bains à domicile : l'eau est transportée dans des tonneaux que l'on peut rendre susceptibles d'en conserver long-temps la chaleur en les disposant comme nous l'avons indiqué précédemment avec une enveloppe d'air.

Dans les établissements de bains il est nécessaire d'avoir une étuve dans laquelle on tienne du linge constamment chaud : au lieu d'employer un fourneau et du combustible exprès pour cet usage, on peut facilement obtenir la température nécessaire en faisant passer dans une caisse où l'on renferme le linge, le tuyau qui sort de l'appareil où l'on échauffe l'eau ; sa température est toujours au moins de 200°, et bien suffisante pour chauffer l'étuve.

Lorsque l'on administre des bains d'eau sulfureuse, l'odeur désagréable qui se dégage fatigue beaucoup les malades : on peut détruire entièrement cet inconvénient en fermant exactement la baignoire au moyen d'un couvercle qui laisse seulement passer la tête, et qui porte un morceau d'étoffe qu'on lie légèrement autour du cou, et y établissant avec de l'air chaud une ventilation qui entraîne au dehors et conduise dans la cheminée la buée et les gaz odorants. Ce moyen a été employé dans l'établissement des Néothermes.   H. GAULTIER DE CLAUBRY.

BAINS. (*Construction.*) Les bains antiques, les *Thermes*, que les Romains sur-tout ont élevés en si grand nombre, et avec une telle magnificence, dans toutes les parties de l'Italie et dans les divers pays soumis à leur domination, formaient en quelque sorte, à eux seuls, une classe particulière de constructions qui avaient leurs données spéciales, en raison de l'étendue que devaient présenter leurs différentes parties, presque toutes destinées à contenir une population nombreuse, et à recevoir les atteintes de la chaleur et de l'humidité, séparées ou réunies.

Il doit en être à peu près ainsi des bains des divers peuples orientaux de l'époque actuelle, principalement des Turcs et des Russes. Nous n'avons, du reste, que des données assez vagues sur la disposition et la construction de ces édifices.

La création d'établissements plus ou moins analogues serait sans aucun doute le moyen le plus sûr et le plus économique d'arriver à ce que, conformément au vœu exprimé à si juste titre dans un des articles précédents (BAINS, *Hygiène*), les ouvriers, les artisans, et en général toutes les personnes de la classe peu aisée, puissent, dans toutes les saisons de l'année, se procurer un bain à peu de frais.

Un établissement de ce genre existe déjà depuis plusieurs années dans Paris, à l'île des Cygnes. Dans une longue galerie couverte, un bassin, revêtu en plomb, reçoit des eaux légèrement échauffées, provenant de la pompe à feu voisine, et donne le moyen de se livrer en toute saison aux plaisirs du bain et de la natation. Mais, probablement par suite de l'éloignement où cet établissement est placé, ainsi que du prix encore trop élevé du droit d'entrée, il ne paraît pas qu'il ait été jusqu'ici aussi goûté du public qu'on devait s'y attendre. Il y a lieu de penser que, plus rapproché du centre de la capitale, et établi daprès des données qui permissent de le mettre à la portée d'un plus grand nombre d'individus, un semblable établissement aurait, au contraire, un grand succès; et si, par spéculation ou par philanthropie, un nouvel essai de ce genre était tenté, on ne saurait trop désirer qu'il fût favorisé et aidé même par l'administration.

Dans l'état actuel des choses, la disposition et la construction de la plupart des bains rentrent à peu près dans les données communes aux autres sortes de bâtiment. Cependant, quelques réflexions à ce sujet ne seront peut-être pas sans utilité.

Nous ne nous arrêterons pas à ce qui concerne les bains froids établis dans le sein même des rivières, au moyen de bateaux sur lesquels on forme, en cloisons de planches, les galeries, cabinets et dépendances nécessaires à leur exploitation. Leur construction rentre nécessairement, d'une part dans l'art du *Constructeur des bateaux*, et de l'autre dans ce qui se rapporte à la *menuiserie*, etc.

Les *bains chauds* aussi établis sur bateaux sont d'une construction plus solide, plus durable, qui exige aussi le concours du *maçon*, etc., et qui rentre ainsi dans celle des *bains ordinaires* dont nous allons parler.

La disposition de ces bains exige deux divisions bien distinctes, une pour chaque sexe, et composées de galeries ou corridors de communication, et des cabinets de bains même. On doit y comprendre une ou plusieurs pièces de réunion, une lingerie, une étuve, les fourneaux, chaudières et réservoirs d'eau chaude et froide, de vastes séchoirs, des bûchers et autres dépendances.

Bien que les chances d'incendies qui peuvent résulter de la présence des appareils de chauffage nécessaires, puissent être considérées comme de beaucoup diminuées par la possibilité de disposer au besoin d'une quantité d'eau assez considérable pour arrêter promptement les progrès du feu, il n'est pas moins prudent d'adopter un mode de construction qui y donne moins de prise; ainsi, les murs en maçonnerie et principalement en briques devront, autant que possible, être préférés aux pans de bois et cloisons en charpente ou menuiserie, d'autant plus qu'ils sont en même temps moins susceptibles d'être détériorés, soit par les filtrations d'eau qui pourraient résulter de l'altération de quelques conduits, soit par l'humidité que produit naturellement la buée, etc., etc.

Sous ces différents rapports, de légères voûtes en briques seront avantageusement substituées aux planchers composés de bois et de maçonnerie, et même aux planchers en fer et en poteries que des filtrations inaperçues pourraient détruire, ou au moins altérer. Aux mots PLANCHER et VOUTE, nous aurons soin d'indiquer avec quelques détails ce mode de construction si utile et si usité en Italie, et même dans le Midi de la France.

Quelque désirable qu'il soit d'éloigner de ces sortes de constructions les matériaux susceptibles d'être détruits par le feu ou l'eau, ce serait aller contre les indications de l'hygiène, et contre les goûts et les besoins de l'époque actuelle, que d'établir le sol des cabinets de bain autrement qu'en bois. Seulement on devra n'y employer, autant que possible, que du chêne ou quelque autre bois dur; et afin d'éviter l'action de l'humidité et des variations de température, ce bois devra être refendu en frises étroites et bien réunies les unes aux autres à rainures et languettes. Il sera bon, avant la pose, de peindre le dessous, soit à l'huile bouillante, soit en grosse peinture à l'huile, soit enfin au moyen de goudron; le dessus devra être encaustiqué et entretenu avec soin. *V.* PLANCHER et PARQUET.

Pour les enduits à l'intérieur des cabinets de bain, les progrès faits récemment dans la connaissance et l'emploi des mortiers hydrauliques, permettraient sans aucun doute de les substituer au plâtre, et l'on pourrait probablement alors se dispenser de la peinture à l'huile que cette dernière matière exige indispensablement pour ne pas être immédiatement détruite par l'humidité.

Ces différentes indications, principalement applicables aux établissements de bains chauds qui existent dans la plupart des villes un peu importantes, et qu'il est si désirable d'y voir se multiplier, le sont aussi plus ou moins aux salles ou appartements de bain qui font quelquefois partie des habitations des particuliers aisés, sauf les modifications que peuvent y nécessiter ou le rapport de cette partie de l'habitation avec le surplus, ou le degré plus ou moins grand de richesse, d'élégance et de recherche qu'on peut désirer y apporter. Peut-être dirons-nous quelques mots à ce sujet, en parlant des Habitations.

Il en est de même, soit des salles de bain qui doivent nécessairement être établies dans les *hospices* et *hôpitaux* (sauf les dispositions spéciales qui peuvent être requises dans l'intérêt de l'art de guérir), soit de celles qu'il est bon d'établir également dans tous les édifices destinés à réunir une population nombreuse, tels que les *collèges*, les *prisons*, etc.

Enfin, nous devons mentionner ici les établissements de bains d'eaux minérales comme pouvant réclamer, indépendamment des dispositions générales ci-dessus indiquées, des dispositions particulières qui ne sauraient être précisées qu'en raison de la nature spéciale de chaque établissement. Nous devons dire que la France possède quelques établissements de ce genre qui rappellent jusqu'à un certain point la grandeur des *Thermes antiques*. Le *Choix d'édifices construits en France* (que nous publions avec nos collègues Biet, Grillon et Tardieu, chez L. Colas) en contient quelques exemples dont les plus remarquables sont ceux du Mont-Dore dans le Puy-de-Dôme, de Vichy dans l'Allier, etc. La capitale peut citer aussi les bains de Tivoli, et ceux construits plus récemment sous le nom de *Néothermes*.

Quant aux particularités qui concernent les Fourneaux, Chaudières, Réservoirs, etc., nous ne pouvons que renvoyer à ces différents mots. Gourlier.

BAINS PUBLICS. (*Administration.*) Les établissements de bains publics ne sont soumis à aucun réglement général. On a pensé avec raison qu'il convenait de les laisser entièrement à la surveillance des autorités locales qui pouvaient toujours prescrire les mesures que réclamaient la salubrité, la sûreté et la morale publique. Ces conditions varient d'ailleurs à l'infini suivant la disposition des localités, l'importance de l'établissement et le quartier dans lequel il est situé ; mais le plus généralement, l'administration fait seulement vérifier par des hommes de l'art, si les fourneaux et les tuyaux qui les desservent sont placés conformément aux réglements et ne présentent aucun danger d'incendie; si l'écoulement des eaux sur la voie publique n'éprouve aucun obstacle, et si toutes les dispositions sont prises pour que la séparation des sexes soit convenablement observée, et pour que les maisons voisines ne puissent rien voir de ce qui se passe dans ces établissements.

Les dispositions qui précèdent sont ordinairement prescrites à tous les établissements de ce genre, soit qu'ils distribuent des bains d'eau naturelle, soit qu'ils donnent des bains d'eaux minérales. Mais ces derniers sont assujétis à des formalités plus particulières, que nous allons indiquer. D'après l'ordonnance royale du 18 juin 1823 portant réglement sur les eaux minérales, les bains minéraux sont soumis à une autorisation préalable, délivrée par le ministre de l'intérieur, aujourd'hui par le ministre du commerce, et à l'inspection de docteurs en médecine qui surveillent principalement la salubrité des eaux, leur qualité, les différents traitements auxquels elles sont appliquées, et le résultat qu'elles ont produit. Toutefois cette surveillance ne concerne que les bains minéraux pris aux sources. Quant aux bains minéraux pris hors des sources, notamment à Paris où ils existent en grand nombre, l'office des inspecteurs se borne à vérifier l'origine des eaux, et à s'assurer qu'elles proviennent, soit directement des sources, soit de l'officine d'un pharmacien, soit d'une fabrique autorisée.

Les baignoires en cuivre se détériorant facilement par le contact des eaux minérales, sont proscrites de ces établissements, et, sont utilement remplacées par des baignoires en bois ou en zinc qui ne sont pas susceptibles d'être attaquées par ces eaux. Ces dispositions sont toujours indiquées par l'administration qui prescrit en outre, sur-tout quand les salles de bains sont basses et étroites, de les ventiler suffisamment pour que les gaz qui se dégagent des eaux minérales et sur-tout des eaux de Barèges, puissent s'échapper facilement. Les eaux provenant des bains médicinaux, de Barèges, etc., répandent, sur-tout pendant les chaleurs, des odeurs fort incommodes, pour les voisins et même pour les personnes qui fréquentent le quartier. Pour faire disparaître ces inconvénients, l'administration a ordonné, à Paris, que ces eaux soient toujours mêlées à une grande quantité d'eau simple, et cette mesure a produit d'excellents résultats. Les bains de vapeur et autres, imités de l'étranger, tels que les bains indiens, égyptiens, russes, etc., et dont le nombre se multiplie chaque jour, ne sont point l'objet de mesures autres que celles que nous avons indiquées ci-dessus. Mais tout établissement de bains qui fait usage de chaudière à vapeur, est soumis, en ce qui concerne cet appareil, aux formalités prescrites par les ordonnances sur les machines et chaudières à vapeur.

Indépendamment des bains dont nous venons de parler, il en existe un grand nombre montés sur bateaux et auxquels s'appliquent en partie les réglements concernant la navigation et la police des bateaux stationnaires. Ces bains, de même que les écoles de natation, que l'on doit mettre au nombre des bains publics, doivent être autorisés par l'autorité municipale. A Paris, les écoles de natation sont entourées de planches et fermées depuis le fond de la rivière jusqu'à son niveau, par des perches en forme de grilles qui empêchent les baigneurs de passer dehors; de distance en distance, il est planté des pieux contre lesquels sont tendues des cordes pour la sûreté et la commodité des baigneurs, et elles sont entourées à l'intérieur d'un filet toujours tendu et assez fort pour les empêcher de passer sous les bateaux. Ces dispositions sages et bien entendues préviennent des accidents que l'on aurait à déplorer fréquemment. Il serait à désirer qu'elles fussent également observées dans les différentes villes où il existe des établissements de cette nature. ADOLPHE TRÉBUCHET.

BALAI, BALAYURE. (*Agriculture.*) Ustensile qui sert nonseulement à nettoyer tous les lieux qui, dans l'exploitation de la ferme, doivent être tenus propres, mais aussi à ramasser les grains provenant du battage, les feuilles tombées des arbres, et les immondices des chemins fréquentés par les bestiaux.

On fait des balais de plusieurs formes et de diverses matières. Les plus usités dans les campagnes sont faits avec des brindilles de bouleau, des branches de bruyère, des panicules de seigle et de roseau, des tiges de jonc et de sparte, etc., suivant les localités. Ceux de bouleau sont préférables, à prix égal. Pour fabriquer ces derniers, on coupe l'extrémité des branches de bouleau lorsqu'elles ne sont plus en sève, et on en réunit assez pour faire une botte de trois à quatre pouces de diamètre (au plus), ayant soin de placer les plus longues au centre : on lie fortement cette botte, vers son extrémité avec deux liens, séparés entre eux, d'osier ou de mancienne; et on coupe nettement avec la serpe les bouts qui dépassent d'un pouce le dernier lien. On aura soin, avant de confectionner les balais, de laisser d'abord dessécher les brindilles de bouleau, et de les mettre ensuite tremper vingt-quatre heures dans l'eau. Ce procédé empêche le bois de se retirer et les liens de se détacher. Pour s'en servir, on fait entrer de force, au milieu de la tête du balai, un manche ou bâton de six pieds de long. On fait un très grand commerce de ces balais dans les pays plantés en bouleaux.

Dans la pénurie d'engrais que l'agriculture éprouve, on voit avec peine le mépris que l'on fait des *balayures*, c'est-à-dire des diverses ordures que le balai ou la main ramasse dans les maisons, dans les cours et ailleurs. Si, au lieu de les jeter, on les accumulait, dans quelque coin, avec les épluchures de cuisine, les herbes des potagers, les produits des sarclages, des ratissages, des dépotages, les déblais des bûchers, etc., on en retirerait un excellent terreau, propre sur-tout à ameublir les terres destinées aux semis et aux repiquages. J'en parle par expérience; et l'on peut voir, dans le jardin de Fromont, le parti que je retire de ces ordures prétendues, dont mes voisins souillent la voie publique. Soulange Bodin.

BALANCE DU COMMERCE. (*Commerce. — Économie politique.*) La balance du commerce est une vieille chimère à laquelle on sacrifie depuis plusieurs siècles, dans l'espoir d'une prospérité qu'elle éloigne au lieu de l'activer. On est convenu d'appeler de ce nom la différence qui existe entre les importations et les exportations, et l'on suppose que la balance est favorable à un peuple, toutes les fois qu'il a exporté plus de marchandises qu'il n'en a importé. Dans le cas contraire, on dit qu'il a la balance contre lui. Au mot d'exportation s'attache l'idée de la richesse et du gain; à celui d'importation, l'idée de pauvreté. Voilà l'erreur fondamentale : essayons de prouver en quoi elle consiste.

Quand un négociant envoie des marchandises dans l'étranger, il est payé en espèces ou bien en marchandises du pays. S'il espère pouvoir gagner sur les marchandises de ce pays, en les revendant dans le sien, il en achète, et se les fait expédier. Supposons qu'il s'agisse d'un fabricant de chapeaux français, qui envoie ses produits au Brésil : il obtiendra en échange, des piastres ou des bois de teinture. S'il rapporte de piastres, les partisans de ce qu'on nomme *la balance*, diront qu'elle a été favorable à la France, parce que la France a vendu des chapeaux et fait ses retours en argent. Si au contraire le chapelier a reçu du bois de teinture en retour de ses chapeaux, la balance, dit-on, cesse de nous être favorable.

L'absurdité de ce raisonnement dépend de l'erreur où sont ceux qui croient que le bénéfice d'une nation se compose uniquement du solde qu'elle reçoit en espèces, comme si la France gagnait 24 fr., par exemple, sur un chapeau, parce que ce chapeau est vendu 24 fr. à l'étranger. Il n'en est pas ainsi, assurément; le négociant qui envoie en Angleterre pour 20,000 fr. d'eau-de-vie, expédie une marchandise qui représentait en France la valeur de 20,000 fr. : s'il la vend 25,000 fr. à Londres, le bénéfice est seulement de 5,000 fr., quoique la France ait reçue pour 25,000 fr. de métaux précieux. Et dans le cas où la négociant français ferait acheter des machines avec le prix de son eau-de-vie, et les revendrait en France pour 28,000 fr., il y aurait bénéfice de 8,000 fr. au lieu de 5,000 pour lui et pour son pays, quoiqu'il n'y fût point entré de numéraire. Le profit d'une nation, la véritable balance favorable de son commerce ne se compose donc que de l'excédant de la valeur reçue sur la valeur envoyée, sous quelque forme que ces deux valeurs soient sorties ou entrées.

On voit donc qu'il importe fort peu que les rentrées s'opèrent en numéraire ou en marchandises, pourvu que l'on reçoive plus qu'on ne donne. En général, il est toujours beaucoup plus avantageux de faire des retours en marchandises, et le commerce est d'autant plus lucratif que la somme des importations l'emporte sur celle des exportations. C'est justement le contraire de ce que souhaitent à leur pays les hommes peu éclairés qui attribuent au numéraire je ne sais quelle vertu particulière, comme si les bénéfices qu'on fait sur la vente des marchandises apportées de l'étranger n'étaient pas aussi réels que les retours en numéraire. Comment se ferait-il, depuis qu'on a la prétendue balance contre soi, que l'on continue à trafiquer avec profit, et que tout le numéraire ne se soit pas échappé? Un économiste distingué a fait à ce sujet une hypothèse assez plaisante, et qui nous semble la meilleure réfutation de cette vieille erreur. « Je suppose, dit-il, qu'un navire parte du Hâvre avec un chargement estimé à 100,000 fr., et qu'il opère ses retours en une cargaison de coton du prix de 120,000 fr. Nous voilà menacés d'avoir la balance contre nous pour 20,000 fr. au moins; mais tout-à-coup et à mesure que le navire approche du port, une tempête le force de jeter à la mer la moitié de sa cargaison : aussitôt la balance nous redevient favorable, puisque nous échappons à une importation dont la tempête vient de nous délivrer. » BLANQUI aîné.

BALANCES. (*Mécanique.*) Dans nos relations commerciales, dans nos travaux de fabrication, comme dans nos recherches scientifiques, nous avons souvent besoin de mesurer le poids des corps. Cette mesure s'effectue en comparant ces poids avec d'autres poids fixés d'avance par la loi, et qui servent de terme constant de comparaison. Ceux dont on se sert en France depuis quarante ans sont en rapport avec les dimensions de la terre, de telle sorte qu'on pourra toujours les vérifier et les reconstruire exactement dans l'avenir. Le kilogramme ou la double livre actuelle est en effet le poids de la masse d'eau pure, prise à son maximum de densité, que contiendrait un cube qui aurait de côté la quatre cent millionième partie de la circonférence de la terre en passant par les pôles. Tous les poids qui font partie de notre système de mesures forment une série décimale qui influe favorablement sur la simplicité des calculs. Ainsi le gramme est la millième partie du kilogramme; et le décigramme, le centigramme et le milligramme sont, comme l'indiquent leurs noms, le dixième, le centième et le millième du gramme lui-même.

On appelle *balances* les appareils destinés à mesurer le poids des corps. Leur construction a été poussée assez loin pour que l'on puisse aujourd'hui estimer jusqu'à des milligrammes, alors même que les corps sur lesquels on opère pèsent un kilogramme,

BALANCES.

c'est-à-dire qu'on apprécie jusqu'à des millionièmes de la masse des substances.

Les balances diffèrent suivant l'usage qu'on en fait dans le commerce, dans les manufactures, ou dans les laboratoires. Souvent la masse énorme des marchandises qu'on doit peser avec le secours de ces appareils, exige qu'ils aient une grande solidité, et alors on sacrifie à cette qualité, un peu de l'exactitude et de la promptitude dans les indications.

Dans les recherches scientifiques, ce qu'on veut avant tout, c'est l'exactitude. Dans certaines opérations, telles que l'essai des monnaies, la promptitude dans les indications est une des conditions premières. Ces diverses conditions ne peuvent pas toujours être satisfaites toutes à la fois. Plus une balance est forte et massive, plus les frottements et l'inertie nuiront à sa sensibilité.

Pour mettre nos lecteurs à même de bien comprendre l'emploi et la construction des balances, il est nécessaire de rappeler d'abord quelques principes de mécanique.

Supposons une barre posée transversalement et en équilibre sur le tranchant d'un couteau; on pourra, en pressant sur elle, d'un côté ou d'un autre, lui imprimer un mouvement de rotation dont l'axe sera le tranchant de ce couteau. Si une force F *fig.* 181, est appliquée en un point quelconque de cette barre, elle produira un effet différent, suivant que sa direction passera plus ou moins près de l'axe de rotation. Si *c* est le couteau, F*m* la di-

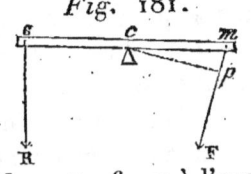

Fig. 181.

rection de la force employée, la distance de cette force à l'axe sera la ligne *cp* abaissée perpendiculairement de *c* sur la direction F*m*; si on exerce en *s* de l'autre côté du couteau une pression *s*R, pour paralyser l'action de la force F et empêcher la rotation de la barre, il faudra que cette pression R soit d'autant plus énergique que la distance *cp* sera plus grande. Cette distance *cp* s'appelle *bras de levier*. Dans le cas particulier où la force serait perpendiculaire à la direction de la barre que nous supposons droite, le bras de levier se mesurerait sur la longueur de la barre elle-même; dans tous les autres cas, on ne saurait, sans erreur grave, les confondre ensemble. L'effet de la force est proportionnel à la longueur du bras, de sorte que pour mesurer cet effet, il faut toujours multiplier l'intensité propre de la force par la longueur du bras. Ainsi un poids de deux livres, agissant à l'extrémité d'un bras de trois pieds, produira trois fois autant d'effet que le même poids agissant à un pied seulement de distance de l'axe, ou six fois autant qu'une seule livre à un pied.

Le poids d'un corps se compose des poids partiels de toutes les particules qui gravitent chacune vers le centre de la terre. Toutes ces forces qui agissent simultanément, produisent l'effet d'une force unique, résultante de toutes les autres, qui dans quelque sens qu'on tourne le corps, passe toujours par un point central qu'on appelle le *centre de gravité*. D'où suit que toutes les fois qu'on soutiendra ce point, le corps se maintiendra en équilibre, et que sous le point de vue de la pesanteur, ce corps tout entier est représenté par son centre de gravité. Parmi les situations dans lesquelles le corps peut se trouver, il en est de telles, que le centre de gravité est aussi bas que possible, et qu'en dérangeant le corps, ce centre ne peut que remonter; alors comme ce centre tend toujours à descendre, le corps revient à sa position première, qui est dite *position d'équilibre stable*. Telle est la position d'un pain de sucre posé sur sa base.

Il est un autre état d'équilibre que l'on appelle *instable*, parce que pour peu qu'on dérange le corps de sa position, il n'y revient plus. Telle est la situation d'une épée portée sur sa pointe : c'est qu'alors le centre de gravité est plus élevé qu'il ne l'est dans les positions voisines que peut prendre le corps, et comme ce centre tend toujours à descendre, le retour à la position première devient impossible.

Supposons un corps quelconque, une barre métallique, par exemple, traversée en son milieu par un couteau dont le tranchant soit perpendiculaire aux deux larges faces de la barre : si en tournant le tranchant du couteau par en bas, on le fait porter sur des plans d'appui (d'une matière très dure), on pourra supposer que le centre de gravité de l'appareil est au-dessous du tranchant du couteau. Alors si on écarte la barre de sa position d'équilibre, le centre de gravité tournant autour du tranchant comme axe, décrira un arc de cercle, et montera pour redescendre ensuite par l'effet de la pesanteur. Dans ce mouvement de descente, le centre de gravité dépassera la position la plus basse qu'il occupait dans l'état d'équilibre, remontera de l'autre côté en vertu de la vitesse acquise, puis redescendra et fera ainsi osciller la barre comme oscille le pendule régulateur d'une horloge.

Dans ce *mouvement pendulaire*, chacune des molécules de la barre tournera autour de l'axe commun de rotation qui est le tranchant du couteau, et décrira un arc de cercle d'un rayon plus ou moins grand, suivant son éloignement de l'axe. Or, on démontre en mécanique que chacune de ces particules tend à se mouvoir plus ou moins rapidement autour de l'axe, selon qu'elle en est moins ou plus éloignée. Forcées de se mouvoir d'un mouvement commun, elles se contrarieront mutuellement; les plus éloignées de l'axe seront entraînées par les plus voisines, et celles-ci seront rallenties par les premières. Il y aura donc nécessairement des molécules intermédiaires qui ne seront ni rallenties ni accélérées, et qui oscilleront exactement comme si elles étaient seules. Ces particules qui sont situées nécessairement à la même distance de l'axe, sont ce qu'on appelle des centres d'oscillation, et se trouvent toujours au-dessous du centre de gravité. Plus elles sont loin de l'axe, et plus le mouvement pendulaire est lent.

Après avoir posé ces notions préliminaires, passons à l'explication des balances.

Balance ordinaire. La balance ordinaire se compose d'une barre de métal ou *fléau*, que traverse par le milieu et perpendiculairement à sa longueur, un *couteau* prismatique en acier trempé. L'arête ou le tranchant de ce couteau étant dirigé par en bas porte sur la surface d'une *chape*, qui est ordinairement en acier trempé. Il faut concevoir que le couteau peut être divisé géométriquement en deux parties égales par un plan passant par l'arête, et que ce couteau est emboîté dans le fléau de manière à ce que ce plan milieu divise aussi le fléau en deux parties parfaitement symétriques, et par conséquent d'un égal poids. Aux deux extrémités du fléau sont suspendus, par le moyen de tiges, de chaînes, ou de cordes, deux plateaux destinés à porter, l'un les matières à peser, l'autre le contre-poids. Cette suspension s'opère de diverses manières qu'il serait trop long de décrire; celles-là doivent être préférées qui diminuent l'étendue des contacts et les frottements. Souvent ce sont deux couteaux qui traversent le fléau en tournant leur tranchant vers le haut et sur lesquels reposent les crochets d'acier auxquels sont appendus les plateaux.

Dans tous les cas il faut que chacun des plateaux se meuve librement et se place de telle manière que son centre de gravité particulier se trouve toujours verticalement au-dessous de l'arête du couteau qui le supporte, quelle que soit la position horizontale ou inclinée que prenne le fléau, en sorte qu'on puisse toujours supposer que tout le poids des plateaux, chargés ou vides, est appliqué à l'arête même des couteaux extrêmes.

Les balances bien construites présentent les caractères suivants : 1° quand les bassins sont vides, le fléau prend de lui-même une direction horizontale; 2° quand les deux bassins sont chargés de poids égaux, le fléau prend la même direction; 3° quand un des poids l'emporte sur l'autre, le fléau penche du côté du premier.

Examinons quelles sont les conditions nécessaires à cet état de choses : 1° si le centre de gravité du fléau et des bassins était sur l'arête même du couteau milieu, ce centre serait toujours soutenu, quelle que fût la direction du fléau ; donc celui-ci prendrait indifféremment toutes les situations. Si ce centre de gravité était supérieur à l'arête du couteau, il ne pourrait être soutenu que dans le cas unique où il serait placé verticalement au-dessus de cette arête, et pour peu qu'on vînt à déranger l'appareil, ce centre, passant à droite ou à gauche, tomberait pour ne plus se relever; ainsi le fléau pencherait par son propre poids. Mais si le centre de gravité est au-dessous de l'arête du couteau, il ne pourra que remonter quand on dérangera le fléau, et il tendra toujours à revenir à la verticale qui passe par l'arête. Ce retour s'accomplira par une suite d'oscillations pendulaires, comme on l'a vu précédemment. Plus le centre de gravité sera éloigné de l'arête, plus la balance oscillera lentement.

2° Pour que des poids égaux mis dans les plateaux se fassent équilibre, il faut (voyez ce qui a été dit précédemment sur les bras de levier) que les arêtes des couteaux extrêmes où les poids sont appliqués, soient à égale distance de l'arête du couteau milieu.

3° Pour que la moindre différence dans les poids fasse pencher la balance du côté du plus fort des deux, il suffit d'observer les conditions que nous venons d'énumérer, et d'éviter les frottements des points d'appui; mais ce n'est pas assez qu'il y ait inclinaison, il faut encore qu'elle soit très sensible. Or, le fléau chargé de ses plateaux, est comme un pendule dont le centre de gravité tendant toujours à descendre et à faire reprendre au fléau sa direction horizontale, paralyse en partie l'effet de l'inégalité des poids. Il faut donc pour que l'inclinaison soit sensible et prompte, que le centre de gravité soit peu au-dessous de l'arête du couteau milieu. Plus ce centre de gravité est près de cette arête, plus le centre d'oscillation s'en rapproche aussi (*v.* ci-dessus), et plus la balance oscille rapidement.

Il est une autre circonstance qui influe beaucoup sur la sensibilité de la balance : c'est la *situation de la ligne qui passe par les arêtes des couteaux extrêmes*. Les poids dont ces derniers sont chargés, étant censés appliqués sur ces arêtes en *i* et *m*, agissent comme une seule force résultante qui s'exercerait en un point K de cette même ligne.

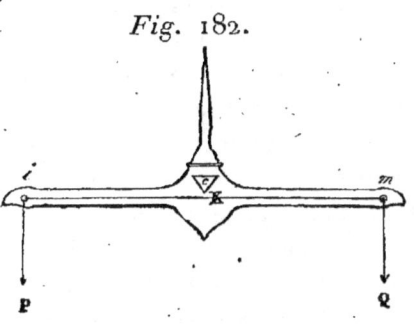

Fig. 182.

Si cette ligne *i m*, *fig.* 182, passe au-dessous de l'arête *c* du couteau médian, et par conséquent au-dessous du centre de gravité du fléau que nous avons supposé presque confondu avec *c*, la résultante K fera descendre le centre de gravité et produira un ralentissement du mouvement pendulaire de la balance qui, comme on le dit vulgairement, deviendra paresseuse.

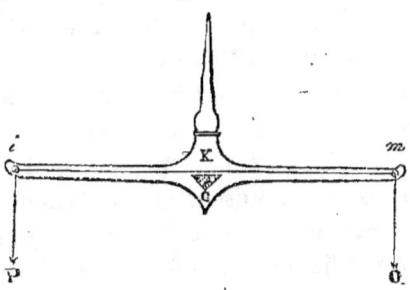

Fig. 183.

Si la ligne des points de suspension des plateaux passe au-dessus de l'arête *c* du couteau médian, la résultante des poids s'appliquera en un point K au-dessus de *c*, *fig.* 183; et en se composant avec le poids du fléau et des plateaux, qui est plus bas que c (v. ci-dessus.), elle produira une résultante totale qui se rapprochera de c, et tendra à rendre la balance plus sensible. Mais il arrivera souvent que les poids seront si lourds, comparativement au fléau et aux plateaux, que le point d'application de la résultante totale dépassera même c, et alors il y aura équilibre instable. V. pl. 44 et pl. 46.

Si, enfin, la ligne qui passe par les arêtes des couteaux extrêmes passe aussi par celle du couteau milieu c, *fig.* 184, le

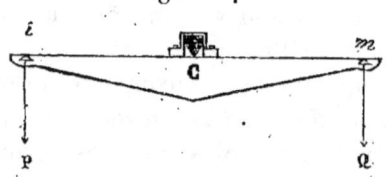

Fig. 184.

centre de gravité général qui, par l'effet des poids, tend à se rapprocher de cette ligne, ne pourra jamais l'atteindre, ni, à plus forte raison, la dépasser. C'est donc là a direction qu'il faut donner à cette ligne des points de suspension des plateaux.

Il faut remarquer, au reste, que plus les plateaux sont chargés, plus les frottements des couteaux sont grands, et plus la balance devient paresseuse. Le poids du fléau et des plateaux produisent le même effet, mais il est de toute nécessité de proportionner la force de l'appareil aux poids que l'on veut mesurer, afin d'éviter les flexions et les déformations qui rendraient la balance vicieuse.

Le lecteur peut comprendre maintenant combien de difficultés présente la fabrication des bonnes balances. Ces appareils sont nécessairement d'un prix élevé, et il est peu d'artistes qui se soient rendus célèbres dans ce genre.

L'arête des couteaux est ordinairement adoucie, et elle ne présente qu'un angle de 60° environ, pour ne pas pénétrer dans les surfaces opposés. Un artiste Suédois, célèbre par son habileté dans la construction des balances, Gahn, opposait aux trois couteaux du fléau, des tablettes d'agate ou de pierre à fusil. Quelques autres artistes préfèrent l'acier, parce que, disent-ils, l'humidité et par suite la poussière s'attachent plus facilement à l'agate et produisent un frottement plus considérable.

Ordinairement la ligne des arêtes des couteaux est comprise dans la hauteur du fléau : les fabricants se contentent de régler la direction de cette ligne, à l'aide d'une règle, ou bien en faisant passer un fil tendu par les deux points extrêmes. Gahn a indiqué une autre méthode que l'on suit habituellement en Suède pour les balances de précision. La face supérieure de son fléau est plane, et les arêtes des trois couteaux viennent se présenter à fleur de cette face (*v. fig.* 184). Nous renverrons au sixième volume de la *Chimie* de Berzélius les personnes qui désireraient de plus amples détails sur les balances construites d'après le système de l'artiste que nous venons de citer.

On ne peut se borner, comme le font beaucoup de fabricants, à s'assurer, à l'aide d'un compas, que les deux couteaux extrêmes sont à égale distance du couteau médian ; on ferait facilement, en suivant un pareil moyen, des erreurs d'un vingtième d'once et de plus encore : on ne peut s'en rapporter, pour cette vérification, qu'à des pesées faites avec soin.

Souvent les fabricants corrigent, par la flexion des bras ou à coups de marteau, le défaut de rectitude de la ligne des couteaux ; mais ce tâtonnement est long, et il expose à changer la longueur des bras. Souvent aussi ils corrigent, en martelant ou à l'aide de la lime, l'inégalité des bras du fléau, mais alors on court le risque d'altérer la rectitude de la ligne des couteaux.

Les fléaux sont le plus souvent en acier martelé à froid ; mais ce métal est plus altérable que le laiton, par les émanations des laboratoires de chimie.

M. Berzélius a imaginé, pour rendre les bras égaux, d'arquer les extrémités du fléau et de les rapprocher plus ou moins du centre, au moyen de deux vis. Les pas de ces deux vis sont différents, de sorte qu'on peut opérer, avec leur aide, des changements de longueur à peine sensibles. Ce procédé rappelle la vis micrométrique double de M. de Prony. Les balances de cette forme auxquelles on donne dix-huit pouces de fléau, pèsent jusqu'à deux cent cinquante grammes, et sont sensibles au milligramme. Leur prix est de 300 francs environ.

La *fig.* 185 donnera à nos lecteurs une idée de la balance de Berzélius. On peut distinguer les vis qui servent à corriger la longueur des bras malgré la petitesse des proportions du dessin. Elles n'ont pas ici de têtes à boutons, mais de petites têtes carrées qui s'adaptent au besoin à une clé. C'est ainsi que les fait

BALANCES.

M. Fortin fils. Une vis que l'on voit au-dessus du fléau dans la direction du couteau médian, permet d'éloigner plus ou moins le centre de gravité de la balance, de l'axe de ce couteau, suivant la charge que l'on met dans les plateaux.

Fig. 185.

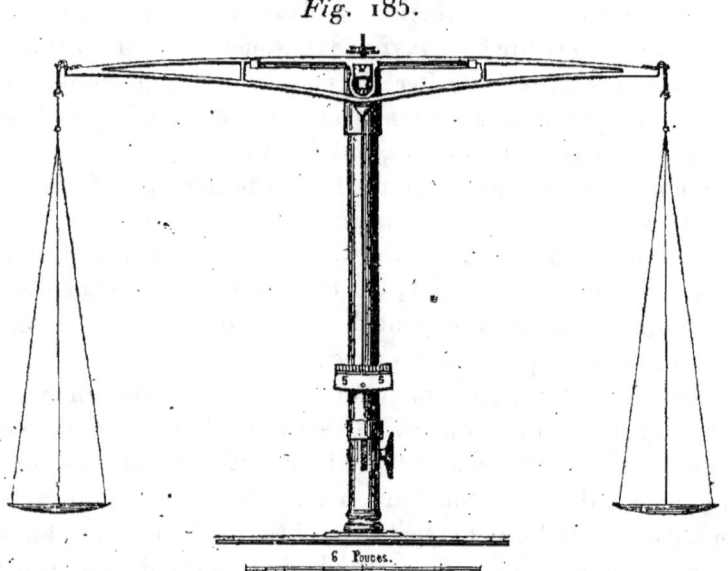

Il n'est pas un étudiant de faculté, pas un élève de collége, pas un homme voué aux recherches scientifiques qui ne connaisse la balance qui porte le nom du célèbre Fortin : aussi, croyons-nous pouvoir nous dispenser d'en retracer ici le dessin, et d'en donner une description détaillée. Nous nous bornerons à mentionner les résultats des expériences faites par M. Colladon, l'un de nos collaborateurs, avec trois balances de Fortin appartenant, la première à l'École Polytechnique, la seconde à l'École des Mines, et la troisième au Cabinet de Physique de la ville de Genève.

Le temps d'une oscillation de cette balance chargée de quelques grammes, est d'environ douze secondes; le milieu de l'amplitude des oscillations, coïncide avec le point de repos, ce qui indique que les couteaux sont parfaitement construits. Si l'on charge chaque plateau d'un kilogramme, un poids d'un milligramme produira un mouvement sensible sur l'aiguille, et fera varier la position d'équilibre d'un demi-degré environ.

Les balances de Fortin coûtent, avec les poids et la cage dont on les enveloppe pour les protéger contre les émanations des laboratoires, la poussière et les vents, la somme de 800 francs.

Qu'on se serve de la balance de Fortin ou de toute autre, il y aura toujours à craindre quelque différence dans la longueur des bras du fléau. Borda a indiqué un procédé pour éviter les erreurs qui résultent de cette différence. Ce procédé est applicable à toutes les balances, pourvu qu'elles soient sensibles, et s'appelle la *double pesée*. Il consiste à équilibrer le corps mis dans un des plateaux, par un contrepoids quelconque, puis à remplacer ce corps par des poids égaux qui fassent aussi équilibre au contrepoids. Placés dans les mêmes circonstances que le corps auquel on les a substitués, ils représenteront exactement son poids.

On pourrait suivre un autre procédé qui offrirait, comme le précédent, l'avantage de la substitution, et se réduirait à une seule pesée. Supposons que la balance ne doive servir que pour des poids de un kilogramme et au-dessous : dans une expérience préalable, on mettrait dans un des plateaux un kilogramme, et dans l'autre un contrepoids suffisant pour l'équilibre. Puis, toutes les fois qu'on aurait un corps à peser, on le mettrait dans le premier plateau, et on verrait quel poids il faudrait lui ajouter pour équilibrer le contrepoids constant. La différence entre ce complément et un kilogramme, serait le poids du corps.

M. Bockoltz a imaginé une balance d'essai qui a été approuvée par la Société d'Encouragement. Comme elle est peu connue, nous croyons devoir la représenter ici, *fig.* 186. Dans cette balance qui, à égale sensibilité, est bien moins coûteuse que les balances ordinaires d'essai, il n'y a qu'un seul côté du fléau qui supporte un bassin P; l'autre côté est chargé d'un contrepoids fixe A, tel que la balance ne peut être en équilibre que lorsque le bassin est chargé d'un poids constant, par exemple, deux cents grammes. On place le corps à peser dans le bassin : ce corps doit peser, d'après notre supposition, moins de deux cents grammes. On ajoute dans le même bassin, ou dans un bassin supérieur, les poids nécessaires pour mettre la balance en équilibre. Supposons qu'il ait fallu ajouter trente grammes, le poids du corps est alors 200 — 30, ou cent soixante-dix grammes.

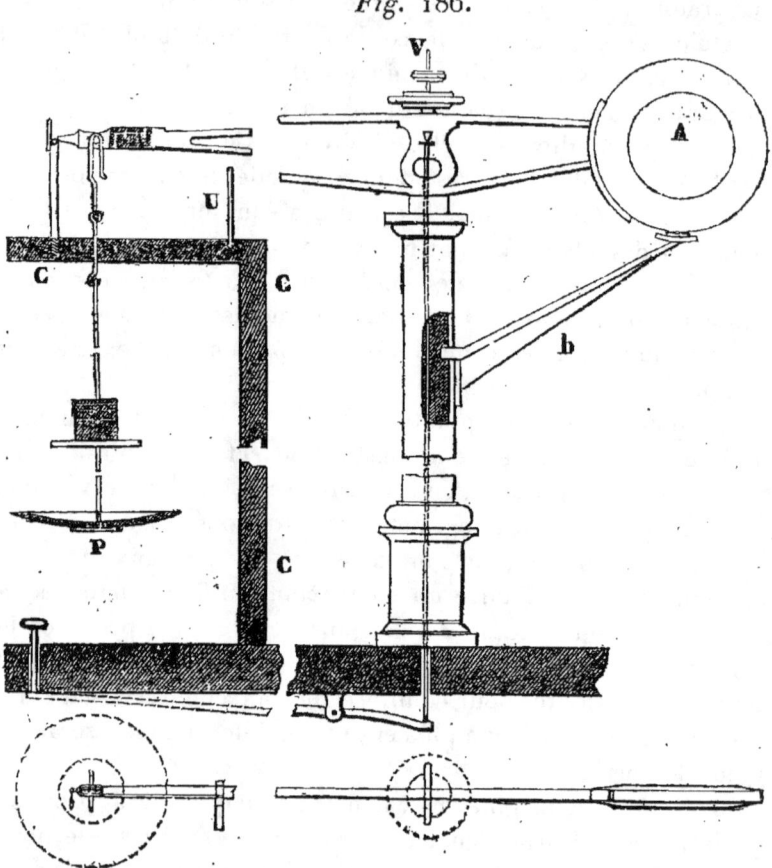

Fig. 186.

Cette balance extrêmement ingénieuse a, dit-on, tous les avantages des bonnes balances ordinaires et d'essai, construites par Fortin, Gahn ou autres habiles artistes. Elle peut être établie à moitié prix, parce que toutes les difficultés de fabrication pour obtenir deux bras de levier parfaitement égaux et mettre les trois couteaux en ligne droite, disparaissent dans cette nouvelle construction. Déjà d'habiles chimistes l'ont adoptée, et en sont parfaitement satisfaits. Nous donnons ci-dessus, *fig.* 186, le dessin d'une balance de cette espèce ; elle a été construite par M. Deleuil, et n'a coûté, avec la cage et les poids, que 260 fr. Le fléau est en laiton et s'altère moins facilement que ceux d'acier dans les laboratoires ; en outre, la pression totale sur le couteau médian étant constante, la sensibilité de la balance est toujours la même.

U et b sont des supports sur lesquels s'appuie le fléau, quand on ne se sert pas de la balance ; alors par un mécanisme particulier la chappe du couteau s'abaisse. Cette chape est portée par une pièce en laiton qui glisse dans l'intérieur de la colonne, et est elle-même conduite par une tige que soulève au besoin un levier placé sous la tablette de la balance. Ce levier est mis en jeu par un bouton que l'on voit au dessous du plateau.

Une paroi CCC en verre, sépare la partie où est le plateau du reste de l'appareil qui est constamment enfermé dans une cage en verre, et qui, par-là, se trouve préservé de l'action des émanations dans les laboratoires.

Les indications que fournissent les aiguilles dans les balances ordinaires sont ici remplacées par celles que donne l'extrémité du fléau, dont un point vient s'arrêter devant un repaire, quand le plateau est chargé des deux cents grammes.

Il est superflu de faire remarquer que toutes les bonnes balances doivent être pourvues, comme celle qu'on vient de décrire, d'un appareil destiné à ne faire porter les couteaux que pendant les pesées. Il faut tout à la fois, abaisser la *chape* et faire porter les plateaux sur la tablette, afin de ne fatiguer ni le couteau médian ni ceux des extrémités. En produisant ces mouvements d'abaissement ou d'élévation, on doit éviter les transitions brusques, les chocs qui déplaceraient les points de suspension.

La plupart des balances sont pourvues d'une aiguille dont l'axe est perpendiculaire à la ligne des points d'appui. Cette aiguille à laquelle on donne une grande longueur, parcourt un arc de cercle divisé, sur lequel on marque le point où elle doit s'arrêter quand le fléau sera en équilibre. En la voyant osciller, on peut juger d'avance si elle s'arrêtera sur ce point, et se dispenser d'attendre que son mouvement pendulaire ait cessé. V. la balance de Berzélius, *fig*. 185, pag. 50.

Malgré la précision et la délicatesse de leurs indications, les balances d'essai ne peuvent donner des mesures exactes qu'autant qu'elles sont maniées par de bons observateurs. Il n'est pas inutile de rappeler à nos lecteurs les précautions que demandent les pesées dans les recherches scientifiques.

Il convient de placer dans le plateau de gauche le corps à peser et de réserver celui de droite pour les poids, afin que la main droite puisse placer et changer ceux-ci plus commodément.

Quand on aura à peser un corps en poudre, il faudra le peser dans le vase où il devra être traité au sortir de la balance. Si on le pesait dans un papier ou dans un vase intermédiaire, une partie de la matière resterait attachée aux parois de ce dernier et diminuerait le poids.

Il est souvent nécessaire d'éviter que l'atmosphère de la balance ne soit différente de celle du lieu où le corps sera soumis aux réactions chimiques; l'absorption d'une plus grande quantité d'humidité, ou, en sens inverse, un commencement de dessication, sont les suites de ce changement d'atmosphère, et produisent des erreurs dans l'évaluation des poids.

On doit éviter que les rayons du soleil ne viennent frapper subitement la balance pendant les pesées, l'inégale dilatation qu'éprouvent les parties de cet appareil rendant nécessairement ses indications inexactes.

Il existe un moyen prompt et commode pour abréger les tâtonnements qui accompagnent toujours les pesées. On met le corps dans un des plateaux, et on fait glisser sur le fléau, de l'autre côté, un fil de métal ployé en forme d'un ∩ et d'un poids connu d'avance, jusqu'à ce qu'il fasse équilibre au corps. Si le bras du fléau est divisé en parties égales, le point où devra s'arrêter le fil curseur indiquera approximativement le poids de ce corps. On procédera alors à la pesée définitive.

Nous traiterons plus tard des ROMAINES SIMPLES ET COMPOSÉES, des PONTS A BASCULES, des ROMAINES A CADRANS, employées dans le commerce de fil de coton, des PESONS A RESSORTS. SAINTE-PREUVE.

BALANCIER. (*Mécanique.*) Ce mot a deux acceptions différentes : tantôt il désigne un mécanisme destiné à produire, par un mouvement alternatif, une forte pression à des intervalles très rapprochés, et d'autres fois, on donne ce nom à une pièce de machine qui reçoit de la force motrice un mouvement de *balancement* autour d'un axe pour le transmettre, le modifier ou le transformer. Prenons d'abord ce mot dans le premier sens; et comme c'est dans les ateliers de monnayage que les balanciers sont employés le plus en grand et de la manière la plus profitable, considérons ces machines dans les hôtels des monnaies.

Dans la fabrication des monnaies, on a pour but d'obtenir des pièces de métal parfaitement égales; l'art n'atteindra sa limite que lorsque ses procédés procureront sûrement et constamment cette parfaite égalité. Afin d'en approcher autant qu'il est possible, il faut d'abord que les métaux soient bien affinés et que les proportions de l'alliage soient scrupuleusement observées. Ayant obtenu l'homogénéité de la matière, il s'agit de satisfaire aux conditions d'égalité géométrique, et c'est alors que les machines dont on fait usage doivent opérer avec une extrême précision. Le métal est mis d'abord sous la forme de lames dont l'épaisseur est réglée par l'écartement des cylindres du laminoir; tant que cette mesure ne variera pas, il est évident que les lames seront uniformément épaisses; et comme on a soin d'empêcher qu'elles ne prennent de l'écrouissement, leur pesanteur spécifique est aussi invariable. Dans cet état, on les soumet à l'action d'un *emporte-pièce* qui les découpe en pièces cylindriques de même base et de même hauteur, et par conséquent de même poids; c'est ce qu'on nomme les *flans*. Lorsque ce travail est terminé, celui du *balancier* commence. La fonction de ce mécanisme est d'imprimer l'*effigie* sur une des faces de chaque flan, et l'*écusson* sur l'autre, empreintes qui sont faites en même temps, et par une seule pression. Pour que cette opération ait un plein succès, sans trop fatiguer les *matrices* d'effigie et d'écusson entre lesquelles le flan est posé, il est nécessaire que le métal soit aussi compressible que le comporte sa nature modifiée par l'alliage; c'est par cette raison que les flans ne doivent avoir, avant de passer sous le balancier, aucun écrouissement, quelque faible qu'il puisse être. Mais plus les pièces de monnaie acquièrent de dureté par cette dernière pression, plus elles sont en état de résister au frottement et aux diverses causes de déperdition de matière qu'elles éprouvent en circulant: il convient donc à la bonne fabrication des monnaies, que les balanciers agissent avec une grande énergie. Un excès de la force motrice appliquée à cette machine est plutôt utile que nuisible, pourvu que les matrices soient en état de résister, car ces instruments

86   BALANCIER.

ne sont pas du nombre de ceux qu'il est permis de prodiguer. Comme l'effet doit être produit dans un temps très-court, c'est d'une *force vive* qu'on a besoin; une percussion devient inévitable, mais afin que les matrices puissent la soutenir long-temps, il faut que le choc ne soit fait qu'avec une vitesse extrêmement petite, et par conséquent c'est par la grandeur de la masse que l'on peut obtenir la quantité de mouvement nécessaire. L'espace que la force motrice modifiée par le mécanisme doit parcourir utilement n'est que la somme des profondeurs des deux empreintes, et très souvent, il est au-dessous d'un millimètre; pour les plus grandes pièces, la vitesse de percussion peut être réduite à quatre ou cinq millimètres par seconde. Voyons comment cette lenteur apparente se concilie avec la grandeur de l'effet produit.

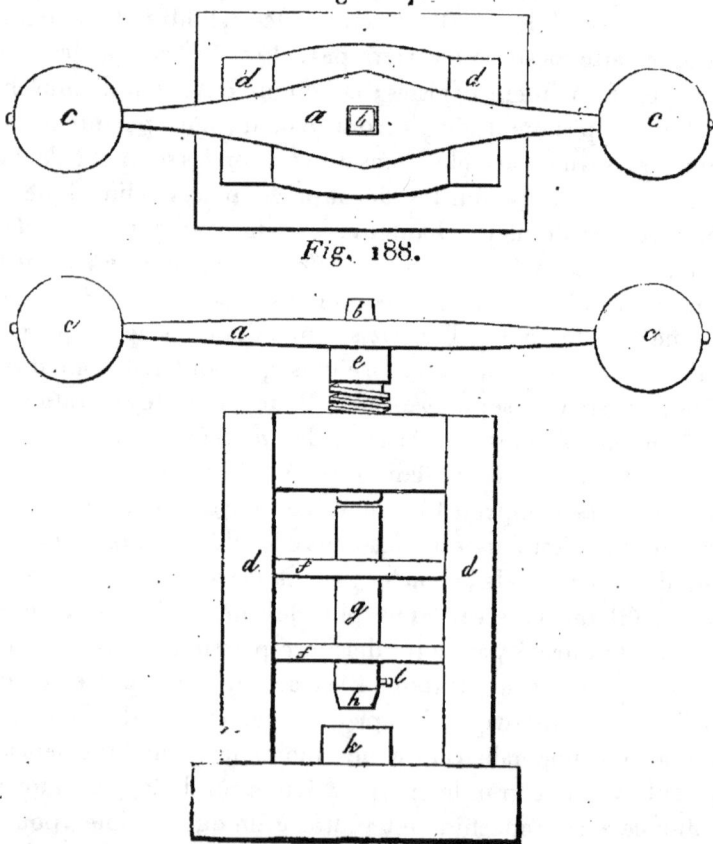

Fig. 187.

Fig. 188.

La *fig.* 187 est le plan du mécanisme qui consiste en un

levier auquel on donne spécialement le nom de *balancier*, une vis mobile dans un écrou fixe, une presse, une *tige* que la vis fait mouvoir de haut en bas, et qui porte à son extrémité inférieure la matrice d'effigie. La matrice d'écusson est fixée au bas de la presse. La *fig.* 188 est l'élévation de tout l'assemblage.

a balancier. Il est armé à ses deux extrémités de cordes ou courroies pour le faire mouvoir à bras d'hommes. *b* est ce qu'on nomme la *clé* du balancier; c'est une partie du corps de la vis *e* limée carrément, et qui entre dans un trou de même dimension percé dans le balancier. Les masses sphériques *c* portent très improprement le nom de *contrepoids du balancier*; la véritable fonction de ces masses est analogue à celle des volants dans les machines; elles sont un réservoir de force vive qui continue l'action de la force motrice dans le temps où elle cesse d'être appliquée. On les fait ordinairement en plomb, afin que leur volume soit moindre, à poids égal, que si elles étaient d'un métal plus léger; mais leur place est beaucoup plus influente sur l'effet produit, que la matière dont elles sont faites. Plus elles sont éloignées de l'axe de la vis, plus la pression qu'elles exercent devient énergique, à masse égale. On gagnerait à les reculer au-delà du point d'attache des courroies; on pourrait alors diminuer leur poids, et par conséquent la pression exercée par les filets de la vis sur l'écrou, et le frottement qui en résulte.

La lettre *d* indique la presse dans le plan et dans l'élévation. L'écrou est encastré dans la tête de cette pièce dont toutes les parties doivent être assemblées très solidement. Pour apprécier la résistance dont il faut les rendre capables, jusqu'au moment où l'empreinte est terminée, et la force vive totalement absorbée, supposons que le bras de levier *bc* soit de deux mètres, et que chacune des masses *c* pesant cent kilogrammes ait pris une vitesse de deux mètres par seconde, on aura donc une force vive $= 200^k \times 2^m = 400^k$ animés d'une vitesse d'un mèt. par seconde, si le pas de vis est cinq centimètres, la force de pression exercée par la tête de la vis sera de $\dfrac{4{,}400 \times 355 \times 100}{113 \times 5} = 100{,}530^k{,}97$: et si on retranche de cette force ce qui est absorbé par les frottements et autres résistances que toute machine doit surmonter, il restera tout au moins une pression de 75,000 kilogrammes. Il est donc important d'appliquer ici les connaissances acquises sur la force des bois et des métaux, et de choisir le mode d'assemblage qui met le mieux à profit la résistance de ces matériaux. Remarquons aussi que la forme du levier aa ne devrait pas être telle qu'on l'a représentée dans les *fig.* 187 et 188, et qu'elle est, en effet, dans les hôtels des monnaies : nous verrons plus loin comment on parvient à concilier, dans sa construction, l'inflexibilité qui lui est nécessaire et la légèreté qu'il est bon de lui laisser.

Dans la *fig.* 188, g est la *tige* du balancier. Cette pièce est carrée, et dirigée dans son mouvement par les platines de conduite f qu'elle traverse. Elle porte à son extrémité inférieure une des matrices qui est ordinairement celle d'effigie. En général, il faut mettre en dessus la matrice qui doit faire l'empreinte la plus profonde, et réserver pour le dessous celle dont le travail ne s'étend ni sur une aussi grande surface, ni aussi avant dans l'épaisseur du flan. La position de cette matrice est représentée en k et l'autre en h; celle-ci est arrêtée au bout de la tige g, au moyen d'un boulon qui passe dans l'intérieur, et d'une clavette dont le bout est représenté en l.

La quantité de force vive consommée pour *frapper* une pièce est en raison directe de la dureté du métal, de la surface des empreintes, du carré de leur profondeur, et en raison inverse du carré du temps de l'impression. Ainsi, lorsqu'on a besoin d'accélérer le travail, il ne suffirait pas d'augmenter la force motrice dans le rapport du nombre de pièces à frapper dans un temps donné : s'il fallait, par exemple, doubler le produit des vingt-quatre heures de la journée, une force quadruple serait nécessaire, et cependant l'écrouissement des pièces resterait le même. On en découvrira facilement la raison si l'on considère que les molécules déplacées sur les deux faces des pièces ont à se mouvoir avec une vitesse doublée, et en surmontant des résistances qui sont proportionnelles à cette même vitesse.

Les vis des balanciers sont à filets carrés, afin que le frottement y soit réduit au *minimum*. Si la machine est destinée à produire une très forte pression, un pas de vis de peu de hauteur donnerait le moyen de l'obtenir sans mettre en mouvement de très grandes masses, diminuerait le nombre des accidents en affaiblissant les chocs nuisibles, prolongerait certainement la durée des matrices, etc. Ces avantages méritent bien que l'on cherche à se les assurer, s'ils ne sont pas incompatibles avec la célérité du travail qui, dans certains cas, peut exiger des pas de vis d'une assez grande hauteur. Le diamètre de la vis est une autre dimension qui provoque aussi les recherches de l'ingénieur. A la rigueur, l'effet de la machine peut ne pas changer, quel que soit ce diamètre; mais s'il était trop petit, la vis ne résisterait pas à la torsion, et si on la grossissait outre mesure, ce serait une dépense superflue. Cependant il vaut mieux supporter quelques frais de plus, et préférer les grosses vis à celles qui n'excéderaient pas les mesures qu'exige la solidité. Pour le même pas de vis, la solidité des filets augmente comme le diamètre du cylindre sur lequel ils sont appliqués; on peut diminuer leur saillie à mesure qu'ils ont plus de longueur, et les vis d'un grand diamètre et à filets peu saillants sont précisément celles que l'on exécute avec le plus de perfection.

On voit que la construction d'un balancier n'est pas un problème aussi simple qu'on serait disposé à le croire, et que chacune des parties constitutives de cette machine donne lieu à des recherches, à des calculs qui trouveront leur place aux articles qui les réclament. Nous renverrons donc au mot Vis ce qui est relatif à cette pièce essentielle de tant de mécanismes divers; au mot Presse, les calculs de celle qu'on emploie dans les ateliers de monnayage, et au mot Construction des machines, le résumé des expériences sur la force des matériaux. Passons maintenant à ce qu'on nomme *balancier* dans les machines d'un autre genre, et prenons pour exemple celui d'une machine à vapeur. C'est encore un levier qui balance autour d'un axe, mais sa position est changée ainsi que sa fonction.

Dans la plupart des machines à vapeur, le piston reçoit un mouvement de va et vient suivant une droite verticale, et le communique à l'une des extrémités du balancier qui le transporte au-delà de son axe pour l'employer à la production de l'effet. Si la force de la machine est de cent *chevaux*, équivalante à la traction qui serait exercée par sept cents hommes agissant de concert sur le même point et dans la même direction, on pense bien qu'il faut un levier d'une grande solidité pour résister à un tel effort. Afin de n'avoir pas à redouter que cette pièce essentielle vînt à rompre, les constructeurs la firent d'abord d'une grosseur énorme : c'étaient des poutres du poids de plusieurs milliers de kilogrammes, chargées d'armatures en fer, masse dont il fallait produire et arrêter le mouvement à chaque oscillation, et qui absorbait en pure perte une partie notable de la force motrice. Éclairés depuis par la théorie de la résistance des solides, les ingénieurs se sont attachés à alléger les balanciers, et en général toutes les pièces mobiles des mécanismes de va et vient, à leur donner une forme et des dimensions qui leur assurent une solidité plus que suffisante, avec une grande économie de matière. Au lieu d'employer des pièces carrées, comme avaient fait les premiers constructeurs, ils ont augmenté la dimension dans le sens de l'effort aux dépens de celle qui lui est perpendiculaire; ils ont multiplié les vides aux lieux où la continuité n'était pas nécessaire, afin d'employer la matière qui eût rempli ces vides à fortifier des parties plus exposées à la rupture. Ces changements ont fait obtenir un autre avantage qu'on ne cherchait point, mais qui n'est pas à dédaigner; les formes sont devenues plus gracieuses : on a reconnu que l'art des machines peut satisfaire à certaines convenances dont l'œil est juge; que le sentiment du beau peut aussi diriger les constructions mécaniques, lorsque les conditions essentielles ont été remplies complètement, et avant tout.

Ainsi, les recherches relatives à la forme des balanciers ne sont pas terminées par le calcul seulement, l'imagination peut y prendre part; mais cette faculté n'est pas, dans le mécanicien, celle qui guide le pinceau du peintre; elle aime la régularité, donne la préférence aux formes les plus simples à tout ce qui plaît aux yeux, parce que l'intelligence en est satisfaite.

Si un levier était sans pesanteur, ou s'il agissait dans un plan horizontal, comme le balancier des monnaies, la forme de son contour serait une parabole, pour que la résistance fût égale dans toute sa longueur, en supposant d'ailleurs que son épaisseur ne variât point, et que la matière en fût homogène. Mais lorsque le balancier doit se mouvoir dans un plan vertical, comme l'exige l'emploi de cette pièce dans presque toutes les machines à vapeur, on ne peut se dispenser de tenir compte de la pesanteur, et la courbe d'égale résistance n'est plus une parabole, quoiqu'elle en diffère peu. Sans se donner la peine d'exécuter cette courbe rigoureusement, on lui substitue un arc de parabole ou d'ellipse, ou même de cercle qui passe par trois points donnés par le calcul, l'un au milieu, et les deux autres aux extrémités (*v.* l'article Courbe d'égale résistance, où ce calcul est exposé). La substitution d'une courbure circulaire à celle que la formule analytique aurait donnée, simplifie beaucoup la construction, sur-tout lorsque les balanciers doivent être en fonte de fer : la confection des modèles est plus facile, ainsi que celle du moule, et les pièces moulées sont toujours mieux faites lorsque le mouleur n'a pas manqué de moyens de vérifier la correction des formes qu'il exécutait. C'est d'après ces considérations que l'on a construit le balancier dont la *fig.* 189 est le plan, et la *fig.* 190 l'élévation. Dans le plan, on voit que les deux pièces de fonte aa, dont on n'a représenté qu'une partie jusqu'à la ligne xx, sont réunies par des entretoises b, dont on voit les écrous dans l'élévation. Ces pièces sont planes d'un côté, et de l'autre elles sont renforcées sur les bords et dans le milieu ; le reste de la surface doit être plan, et parallèle à la face intérieure. L'assemblage de ces deux plaques de fonte, est le *balancier* dont l'axe est représenté en c dans le plan, et dont l'élévation montre les renforts dans cette partie qui doit être capable de la plus grande résistance, et qui est nécessairement affaiblie par un trou carré pour l'insertion du corps de l'axe que l'on voit en d dans le plan. D'autres axes, tels que e et e', chargés de diverses fonctions dans les mouvements que la machine doit exécuter, sont traités de même que celui du balancier, et leur assemblage est plus ou moins renforcé en raison de leur grosseur, de leur place et de l'effort qu'ils ont à faire. Tous ces axes, destinés à transmettre le mouvement dans le plan du balancier, doivent être rigoureusement perpendiculaires à ce plan ; il a donc fallu se donner les moyens de les amener à cette situation, et de les y fixer : voilà ce qui introduit une assez grande complication dans les détails des pièces d'un assemblage qui paraît très simple lorsqu'il est formé. L'exemple que nous mettons sous les yeux de nos lecteurs, ne leur est pas offert comme un modèle qu'il faille imiter dans tous les cas ; il y a sans doute plusieurs

BALANCIER.

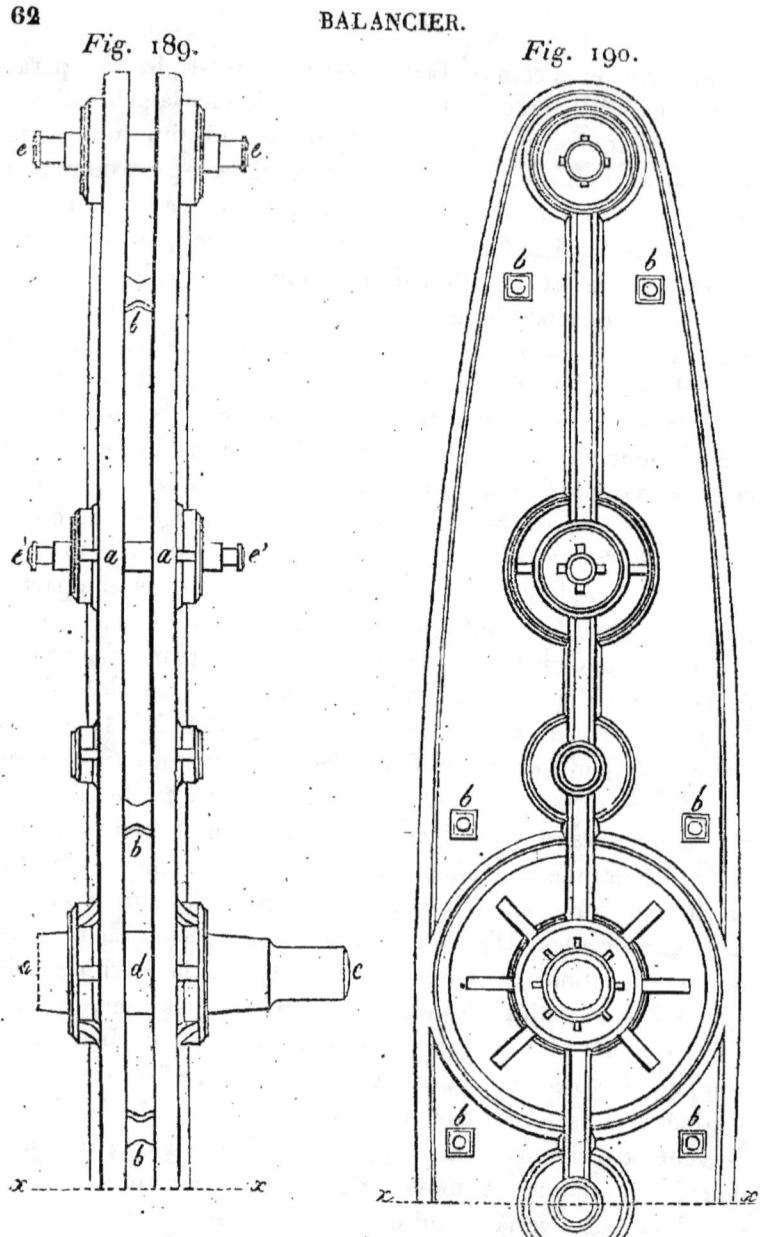

Fig. 189. Fig. 190.

autres manières de faire aussi bien : notre but a été seulement d'indiquer dans quel cas le constructeur de machines peut choisir entre des formes plus ou moins agréables à l'œil, et quelques considérations qui peuvent le guider dans ce choix.   FERRY.

BALCON. (*Construction.*) Autrefois, moins attentif à procurer à l'intérieur des appartements l'agrément qui peut résulter de la vue de l'extérieur, on établissait généralement les croisées à un espacement plus grand, et souvent aussi à une largeur moins considérable qu'on ne le fait à présent; de plus, on élevait, presque toujours leurs soubassements à *hauteur d'appui*, c'est-à-dire à trois pieds au moins au-dessus du sol intérieur.

A présent, presque toujours, pour les pièces qui réclament quelque agrément, on n'élève le soubassement qu'à une hauteur moins considérable; mais alors il est indispensable de prendre les précautions nécessaires pour que les personnes qui s'approchent de la croisée, ne courent pas le risque de se précipiter au dehors.

Quelquefois on se contente de placer dans les *tableaux* (*v.* Baie) une ou plusieurs *barres d'appui*, soit en bois, soit en fer.

Mais, lorsque la hauteur à remplir est un peu considérable, on y place ordinairement un *balcon*, c'est-à-dire un remplissage à jour, quelquefois seulement en bois, quelquefois aussi en pierre, en terre cuite, etc., et le plus souvent en fer forgé ou fondu.

Ce n'est que dans les constructions les plus médiocres qu'on établit ces remplissages seulement en bois, par la raison qu'il ne peut que difficilement satisfaire aux conditions de solidité nécessaires. Dans ce cas ils se composent ordinairement de deux traverses, haute et basse, et de montants peu espacés, ou de croisillons qui ne laissent également entre eux que des vides peu considérables.

La pierre, la terre cuite et les autres matériaux analogues, peuvent procurer une solidité convenable. L'*appui*, ou la partie supérieure du balcon, doit presque nécessairement être en pierre. Les remplissages peuvent être formés par des Balustres (*v.* ce mot); quelquefois aussi on les établit au moyen d'espèces de *tuiles* demi-circulaires, qui forment des compartiments assez agréables.

Mais ces sortes de matériaux ont le grave inconvénient de ne laisser que peu de vide, ce qui est diamétralement opposé au but qu'on se propose en établissant des balcons; et, sous ce rapport, comme sous tous autres, le fer est certainement la matière la plus convenable.

Le fer forgé offre sur-tout une grande solidité, et la manière dont on l'emploie pour cette destination, est analogue à celle que nous avons indiquée pour le bois. Le fer carré est à peu près indispensable pour les encâdrements et les principaux compartiments, comme s'assemblant d'une manière plus solide; mais, pour les remplissages, le fer rond a l'avantage d'être moins pesant, à résultat égal.

Le fer fondu offre l'avantage de pouvoir procurer, à peu de frais, des balcons ornés de compartiments diversifiés, plus ou moins riches. Mais on sait qu'à grosseur égale il offre moins de solidité, et par cette raison il est prudent de placer, autant que possible, ces compartiments dans des cadres en fer forgé.

La dénomination de *balcon* s'applique encore aux espèces de platte-formes extérieures qu'on établit quelquefois en saillie au-devant d'une ou de plusieurs croisées pour qu'on puisse y prendre l'air ou y jouir plus complétement encore de la vue extérieure.

Dans des constructions simples, par exemple dans des bâtiments ruraux, ces balcons peuvent être établis tout en bois au moyen d'un fort plancher en madriers, porté soit sur de simples corbeaux, soit sur des consoles, soit encore sur les extrémités prolongées des solives intérieures qui, se trouvant ainsi en bascule, offrent des supports très sûrs et très convenables.

Quelquefois aussi, tout en établissant également la platte-forme en bois, on fait les supports en fer, ou bien encore en pierre.

De bonne pierre dure, non destructible à l'eau, à la gelée, etc., convient toujours mieux pour la plate-forme même. Elle peut également être posée sur des supports en bois ou en fer; mais il est aussi plus convenable de les établir en pierre, en forme de consoles ou d'encorbellements. Quelquefois même, on donne pour points d'appui aux balcons, des colonnes montant de fond.

Dans tous les cas, on conçoit que cette platte-forme doit être entourée d'un appui qui peut être établi, suivant les cas, soit en bois, soit en fer, soit en pierre, etc., et des différentes manières que nous avons indiquées pour les premières espèces de balcons dont nous avons parlé.

Dans tous les cas aussi, le dessus de ces appuis, ainsi que le dessus des balcons placés au droit des croisées, doit se trouver à environ un mètre (un peu plus de trois pieds) au-dessus du sol.

On conçoit que la construction des balcons saillants demande toujours à être établie avec soin, afin d'offrir toutes les garanties de solidité et de durée nécessaires. Mais de plus, lorsqu'ils sont placés sur la voie publique, ils sont astreints, principalement sous le rapport de leurs dimensions et de la hauteur à laquelle ils doivent être placés, à certaines conditions dont nous parlerons d'une manière générale au mot SAILLIE.

Disons toutefois, dès à présent, à l'égard des balcons saillants en particulier, qu'indépendamment des conditions auxquelles l'administration les astreint dans l'intérêt général, comme toutes les autres constructions en saillie sur la voie publique, ils ne sont, en outre, autorisés qu'après enquête auprès des voisins, en raison des réclamations qu'ils pourraient avoir à y opposer, comme pouvant permettre d'une manière qui leur serait plus ou moins désagréable, ou même nuisible, d'étendre la vue dans l'intérieur de leur habitation. On peut voir, à ce sujet, dans le *Recueil des lois et réglements de voiries*, par DAVENNE (Paris, 1824), un édit royal de décembre 1607, une ordonnance du bureau des finances, du 1er avril 1807, et enfin, une ordonnance du roi, du 24 décembre 1823. GOURLIER.

BALEINE. *V.* BLANC DE BALEINE, FANONS et PÊCHE.

BALISTIQUE. (*Tir des Armes.*) La balistique est la science qui enseigne les principes du tir : elle traite principalement du jet des bombes. Nous nous étendrons peu sur cette partie qui appartient à l'art militaire ; mais nous donnerons quelques détails pratiques sur le tir des armes usuelles.

Dans le tir on doit considérer la chasse et la direction des projectiles.

On chasse les projectiles en les soumettant pendant quelques instants à un violent mouvement, et les abandonnant ensuite à eux-mêmes ; on obtient ce mouvement au moyen de bras, de ressorts, d'air comprimé ou de solides qui peuvent, en devenant instantanément aériformes, augmenter de volume d'une manière considérable.

Nous ne nous occuperons que de ce dernier genre de chasse qui appartient aux armes dites à feu.

Une arme à feu se compose essentiellement du *canon* qui est une pièce métallique forée dans toute sa longueur, et fermée à une extrémité au moyen d'une pièce que l'on nomme *culasse*. Vers la culasse se trouve une ouverture très étroite qui est la *lumière*.

Personne n'ignore que c'est avec la poudre de tir, qui est un mélange intime de nitre, de soufre et de charbon, que l'on charge les armes à feu. Cette poudre s'enflamme avec une grande rapidité, produit des gaz dont l'expansion, considérablement augmentée par la haute température qui a lieu au moment de l'inflammation, chasse le projectile avec une grande vitesse.

La ligne que parcourt le mobile qui sort d'une arme, se nomme *trajectoire*. Tant que le mobile est maintenu par les parois du canon, il décrit une ligne droite (s'il est de *calibre*); mais aussitôt qu'il les quitte, il commence à décrire une ligne courbe, à moins que la trajectoire ne soit verticale.

La courbe décrite par le mobile est déterminée par l'action de la pesanteur qui agit constamment sur lui.

Un corps abandonné à lui-même parcourt, en tombant, des espaces qui sont comme les carrés des temps, c'est-à-dire qu'un corps qui, dans sa chute, parcourt un certain espace dans un temps donné, en pourra parcourir un quadruple dans un temps double, et un neuf fois plus grand dans un temps triple, etc. Ce qui fait que dans chaque temps, l'espace parcouru est comme la progression arithmétique des nombres impairs 1, 3, 5, 7, 9, etc.

Supposons un projectile tiré horizontalement : il est soumis à deux mouvements : celui qui est produit par l'explosion de la poudre, et celui qui est déterminé par l'action de la pesanteur. Ne pouvant les suivre tous deux à la fois, il prend une direction moyenne qui est une parabole, en admettant que l'espace parcouru par le mobile soit le même dans des temps égaux; mais ce n'est point tout-à-fait ainsi que la chose a lieu : la résistance de l'air fait que les espaces qui seraient parcourus horizontalement vont en diminuant. D'où il résulte que la trajectoire est un peu plus courbe qu'une parabole.

Lorsqu'un projectile est tiré dans la direction verticale et en s'éloignant du centre de gravité de la terre, les espaces qu'il parcourt sont en raison inverse des carrés des temps employés à son ascension. De sorte que, si, dans un temps donné, l'espace parcouru est comme 9; dans les temps suivants, il est comme 7, 5, 3, 1. Enfin, il s'arrête et retombe en parcourant des espaces qui sont comme les carrés des temps; d'où il suit que le projectile, à l'instant où il revient à la hauteur de la bouche du canon, a la même vitesse qu'il avait en la quittant.

Si un mobile est tiré dans une direction intermédiaire aux lignes verticale et horizontale, il s'élève rapidement; mais sa force ascensionnelle diminue constamment; bientôt elle est nulle et il retombe.

Puisqu'un projectile, tiré dans toute autre direction que la verticale, décrit une courbe, pour qu'il atteigne un but il faudra que la charge de poudre soit telle qu'elle puisse le chasser assez rapidement pour qu'il baisse d'une manière insensible, ou bien que l'on tire au-dessus de ce but. Mais avant de nous occuper de la direction des projectiles, nous allons dire un mot de la portée des armes à feu.

La portée d'une arme à feu dépend de l'alésage du canon, de sa longueur, de la densité du projectile, de son volume, de la nature de la poudre, de sa quantité, de la forme de la culasse, de la direction de la lumière, et du pointage.

Un canon doit être d'un diamètre intérieur égal dans toute sa longueur. Cela est plus difficile à obtenir pour les fusils que pour les pièces d'artillerie; car, quelle que soit la bonté de l'acier dont est fait l'alésoir, il est impossible qu'il ne diminue pas un peu par l'usage; et si l'on fore un canon, celui-ci est nécessairement plus large à une extrémité qu'à l'autre. Quelque petite que soit cette différence, elle existe et est très nuisible pour la portée de l'arme, sur-tout si c'est la bouche qui a été alésée la première; la balle devient libre vers cette extrémité, se trouve moins soumise à l'influence de la poudre, et ne conserve pas sa direction; aussi est-il bon de toujours aléser les canons de fusils en commençant par la culasse. C'est sans doute à cause de cette différence dans le diamètre du canon, que certains fusils écartent plus ou moins lorsqu'on les tire avec du plomb.

Les projectiles n'étant soumis à l'influence de la poudre que dans l'intérieur des canons, il arrive que la portée des armes est d'autant plus grande que ceux-ci sont plus longs; mais cependant cela n'a lieu que dans certaines limites; car le frottement, dans de très longs canons, détruit bientôt l'action de la poudre et diminue la portée. Il est donc une certaine longueur que l'on ne peut dépasser. La plus grande longueur des canons est environ cent cinquante fois leur diamètre (1).

La densité des projectiles est pour beaucoup dans leur portée; car la résistance de l'air a moins d'influence sur ceux qui sont plus pesants. Pour les fusils on ne substitue la fonte ou le fer au plomb que lorsque l'on ne peut s'en procurer, ou bien quand on veut entamer des corps durs sur lesquels s'aplatirait ce dernier métal : le fer détruit rapidement les canons par le frottement qu'il leur fait éprouver. La fonte, vu sa dureté, sa fusibilité et son bas prix, ne peut être remplacée par aucun corps connu, lorsqu'il s'agit de l'action des canons. Si le projectile est exactement de calibre, c'est-à-dire, s'il entre à frottement dans le canon, il subira toute l'influence de la poudre, ira aussi loin que possible et sans se dévier. Dans le tir du canon, il faut choisir des boulets bien homogènes, car ceux qui ne le sont pas se dérangent toujours de leur direction.

Pour que la poudre soit bonne, il faut que les proportions soient telles, qu'à la potasse près, toutes les parties qui la constituent puissent être complétement gazéifiées; il faut qu'elle soit assez dure à sa surface pour qu'elle ne s'égrène pas, et que l'inflammation puisse se communiquer rapidement dans toute sa masse, sans cependant être instantanée; car, dans ce cas, elle agirait *localement*, comme les poudres fulminantes, et ferait *crever* l'arme (*v.* POUDRE). La portée des armes varie avec la quantité de poudre que l'on emploie; mais un excès est inutile; car les parties très éloignées de la lumière sortent du canon sans avoir été enflammées, comme on peut s'en assurer en les recevant sur un papier au sortir de l'arme. Une grande quantité de poudre

---

(1) On rencontre de pareilles proportions dans les fusils appelés *Canardières*.

contenue dans une arme, ne s'enflammerait entièrement qu'autant que le projectile serait adhérent dans le canon. La résistance qu'il opposerait ferait que l'inflammation aurait le temps de se communiquer partout. Dans ce cas, l'arme *crève* ordinairement.

Bien des arquebusiers attachent une grande importance à la forme de la culasse : les uns la font plate, d'autres la creusent coniquement. On ne doit lui donner cette forme que lorsque la lumière parvient dans le canon par le milieu de la culasse même, sans quoi l'inflammation de la poudre ne serait pas régulière, et l'arme repousserait. Les militaires qui désirent que la baguette du fusil résonne bien dans le canon, font arrondir la culasse en la rendant convexe.

La lumière doit toujours être placée près de la culasse, et n'avoir d'ouverture que celle qui est nécessaire pour l'inflammation de la poudre, sans quoi elle laisserait sortir une partie des gaz; ce qui diminuerait la chasse du projectile. Elle gagne aussi beaucoup à être recouverte et fermée à l'instant de l'explosion, et c'est un des avantages que les armes à piston ont sur les armes à pierre.

L'expérience et la théorie démontrent que c'est sous un angle de 45° que la course des projectiles est la plus grande pour une charge donnée; au-dessus et au-dessous de cet angle; l'amplitude du jet décroît de quantités égales pour des différences égales : ainsi, la portée d'un mortier sera la même sous des angles de 60 ou de 30°, qui sont chacun éloignés de 15°, de 45°. Sous un angle de 15°, la course est la moitié de ce qu'elle est lorsqu'on tire *à toute volée*, c'est-à-dire à 45°. Lorsqu'on veut détruire des édifices, les mortiers qui, à 45° tireraient trop loin, sont pointés sous de plus grands angles, afin que la bombe monte aussi haut que possible, et que par sa chute accélérée elle acquière une vitesse considérable; mais si l'on tire sur des troupes, les mortiers doivent être pointés sous des angles inférieurs à 45°, pour que le trajet des bombes soit moins visible, plus rapide, et que l'on ne puisse les éviter facilement.

Les canons sont généralement renforcés vers la culasse pour leur donner de la solidité, parce que c'est là que se fait l'explosion. Mais la partie externe et supérieure du canon servant de ligne de mire, il en résulte que cette ligne et l'axe du canon forment un angle dont le sommet très aigu, est à une certaine distance de la bouche de l'arme. De sorte que si l'on ajuste un but, le projectile passera par-dessus, si l'on suppose que le projectile marche continuellement dans la direction de l'axe de l'arme; mais s'il n'en est point ainsi, le projectile baisse, et bientôt il revient couper la ligne de mire.

Si le but se trouve à la distance où la trajectoire coupe la ligne de mire pour la deuxième fois, il sera donc atteint quoique le projectile n'ait point parcouru cette ligne de mire. C'est ce que l'on peut obtenir de plusieurs manières : 1° en faisant varier la charge comme les distances, ce qu'un habile tireur détermine en peu de temps avec une mesure à capacité variable, bien graduée (1) : cette manière de charger est usitée par les meilleurs tireurs; 2° en changeant la hauteur du premier point de mire qui se trouve communément fixé sur la culasse ou un peu plus avant sur le canon. Pour cela, le point de mire est à charnière ou à coulisse; on le lève pour tirer à de grandes distances, et on le baisse pour tirer plus près. La forme du premier point de mire varie considérablement; tantôt c'est une seule ligne ou sillon tracé sur une pièce de métal, tantôt c'est une entaille faite dans une lame verticale, tantôt c'est un cône foré dont la base est placée en face de l'œil du tireur; tantôt c'est une simple ouverture dont la forme varie. Tous ces points de mire sont bons pour tirer à la cible et en plein jour; mais s'il s'agissait de tirer sur des objets mobiles et peu éclairés, il faudrait employer le premier seulement, car les autres masquent le but pendant une certaine partie de sa course, et le rendent tout-à-fait invisible; sans cela, ils seraient préférables pour ceux qui n'ont pas une grande habitude du tir. Le point de mire, situé à l'extrémité des canons, peut être aussi modifié : pour tirer sur une ligne verticale, on lui donne une forme dont la coupe est triangulaire; mais pour tirer à une hauteur déterminée, il est bon de lui donner la forme d'un T.

---

(1) Ces sortes de mesures se font ordinairement avec un tube métallique, dans lequel se meut un cylindre gradué, que l'on arrête avec une vis de pression.

3° Enfin, lorsque les points de mire et la charge sont invariables, comme cela a lieu pour bien des pièces d'artillerie, on est forcé d'ajuster au-dessus ou au-dessous du but, selon sa distance. Lorsque l'on vise un but situé à l'endroit où la trajectoire coupe la ligne de mire pour la deuxième fois, cela s'appelle tirer de *but-en-blanc*. S'il est plus éloigné, il faut ajuster par-dessus; s'il est plus près, il faut ajuster plus bas, jusqu'à ce que sa distance soit celle où la ligne de mire est coupée par la trajectoire pour la première fois, distance à laquelle il n'est même plus besoin d'ajuster pour causer du dommage.

Les canons des armes de tir ayant à peu près la même épaisseur partout, on leur ajuste une *hausse* portant le premier point de mire vers la culasse. Mais les fusils de guerre qui sont destinés à tirer à toutes sortes de distances imprévues, ont la ligne de mire et l'axe du canon à peu près parallèles; on augmente leur portée par une forte dose de poudre.

Les mortiers n'ont point de ligne de mire et se pointent d'une toute autre manière : les bords de leurs bouches sont perpendiculaires à leur axe, et c'est en plaçant sur cette bouche un niveau à quart de cercle divisé, et portant un fil à plomb, qu'on en détermine l'inclinaison.

Leur direction se détermine en plaçant, dans le même plan, le but, un fil à plomb, et le mortier qui est intermédiaire; il porte, sur sa partie antérieure, une ligne qui, formant un angle avec le fil à plomb, donne facilement la direction. Nous ne nous étendrons pas davantage sur le tir des armes de guerre; mais nous dirons un mot sur celui de la carabine et du pistolet.

Pour tirer la carabine à droite, on la saisit de la main gauche, à une hauteur telle qu'en la plaçant horizontalement elle s'y tienne en équilibre; on l'arme de la main droite; le pied gauche est porté en avant pour étendre la base du corps; on applique la crosse à l'épaule par-dessous l'habit, si c'est possible, on ferme l'œil gauche; on incline la tête à droite et un peu en avant, et on pose la joue sur la crosse pour maintenir la tête dans une position fixe; alors il faut cesser de respirer pour éviter le mouvement de la poitrine; on fixe le but; on élève la ligne de mire au-dessus, et l'index étant en contact avec la détente par la deuxième articulation, on l'appuie graduellement sur celle-ci pour que, en abaissant, la ligne de mire et le but venant à coïncider, on n'ait plus besoin que d'un faible effort pour abattre le chien : on évite ainsi l'usage des doubles détentes.

Pour tirer le pistolet, on le saisit de la main gauche en l'empoignant par le canon dont on tient l'ouverture en l'air, crainte d'accident ; on l'arme de la main droite qui le retient ensuite à elle seule ; on appuie la sous-garde sur le doigt médian, de manière que le canon emporte un peu la crosse par son poids, et que le pouce ait besoin de faire un très léger effort pour la maintenir. Étant tourné vers le but, on avance légèrement le pied droit, et l'on couche en joue en tenant le bras plié sous un angle de quatre-vingt-dix à cent degrés environ. Pour ajuster, le poignet étant à hauteur de la joue, on porte la ligne de mire au-dessus du but, et on l'incline légèrement et lentement sans respirer ; lorsque l'on découvre le but, ou bien lorsqu'on sent qu'on va l'apercevoir, on appuie, progressivement et sans se presser, sur la détente avec l'extrémité digitale de la première phalange de l'index, pour n'avoir plus qu'un effort insensible à faire lorsque la ligne de mire coïncide avec le but.

Ces dernières précautions sont indispensables, à moins d'une rare conformation dans le poignet, qui permette de ne les point observer. Si on lâche la détente d'un seul coup, on imprime à l'arme un mouvement qui fait tirer bas ; si l'on se sert de la dernière phalange de l'index, le doigt, en appuyant sur la détente, entraîne l'arme et fait tirer à droite du but.

Il est des personnes qui, pour tirer de la main droite, avancent le pied gauche et tournent presque le flanc du même côté vers le but. Cette position qui fait que le bras peut s'appuyer sur la poitrine jusqu'au coude, lui donne plus de fermeté. Elle permettrait même aussi de fixer l'arme en appuyant la main sur la joue ; mais pour cela il faut être sûr que cette arme ne recule pas, sans quoi, ne pouvant aller en arrière, elle se relèverait, et le chien pourrait venir frapper dans l'œil du tireur.

Il est des tireurs qui, pour ajuster un but, placent la ligne de mire au-dessous de lui, et l'élèvent lentement jusqu'à ce qu'ils le tiennent en joue. Cette manière de tirer a de l'avantage sur la précédente, parce que s'ils tirent sur un ennemi, l'arme, venant à partir, il pourrait recevoir la balle avant qu'on ait visé le but. Ce qui ne pourrait avoir lieu dans le premier cas.

Lorsqu'on a tiré avec des armes à pierre et des armes à piston, c'est alors qu'on apprécie la supériorité de celles-ci. Avec les premières on s'aperçoit que, dès l'instant où le chien est abattu, il s'écoule un temps assez long avant que le coup ne parte; tandis qu'avec les dernières, l'effet est instantané. Ce qui est un avantage immense; car lorsqu'on vise un but, il est très difficile de rester en position quoiqu'on prenne toutes les précautions pour cela : le cœur se contractant donne à chaque fois une impulsion qui fait osciller l'arme; aussi les tireurs, par habitude ou par réflexion, saisissent ce mouvement et lâchent le coup au passage. A. BAUDRIMONT.

BALIVEAU. (*Agriculture.*) Le baliveau est un arbre réservé dans la coupe des bois taillis, pour le laisser croître en futaie.

Ces réserves reçoivent l'empreinte du marteau du propriétaire; d'où le mot de martelage.

On les distingue, suivant leur ancienneté,

En baliveaux de l'âge,

Baliveaux modernes,

Baliveaux anciens.

Les premiers ont l'*âge du taillis* à couper. On les prend, autant que possible, dans les plus beaux chênes de brin ou semence. Pris sur souches, ils sont sujets à se gâter. A défaut de chêne, on prend le hêtre, le frêne ou le châtaignier.

On appelle *modernes* les baliveaux ayant deux ou trois âges d'aménagement des taillis. On les choisit entre les plus beaux des arbres réservés dans les deux dernières exploitations.

Les *anciens* sont les arbres réservés sur les taillis au-dessus de trois âges. On les prend parmi les plus beaux, les plus vigoureux et les plus sains des modernes.

Ces arbres, dont les anciennes ordonnances ont prescrit le nombre par arpent, doivent être, autant que possible, également espacés sur toute la superficie du bois.

Mais les futaies sur taillis ne présentent des avantages que lorsque le sol, les essences et l'âge d'aménagement s'y prêtent; autrement elles sont plus nuisibles que profitables, et la ruine des taillis en est la conséquence.

C'est toutefois un point qui a été vivement controversé, et qui a eu pour partisans la plupart des officiers des anciennes maîtrises, et pour détracteurs, Réaumur, Buffon, Duhamel, Rosier, c'est-à-dire les naturalistes et les physiciens les plus célèbres de leur siècle.

Mais si l'on détruisait toutes les futaies sur taillis, on serait privé, pour les constructions, de ressources que l'on ne pourrait pas retrouver dans les futaies pleines, quelque extension qu'on pût leur donner. Ces futaies, dont il faut attendre les produits pendant trois siècles, ne conviennent qu'au gouvernement et aux plus grands propriétaires; il faudrait leur consacrer les meilleurs terrains. Leur administration par éclaircie, que Hartig regarde comme la meilleure manière d'exploiter les bois, offre des lacunes de jouissances irréparables pour le propriétaire actuel; et tout en regardant la gestion théorique des futaies pleines, comme parvenue au plus haut point de perfection, elle semble à de bons esprits impossible à admettre dans la pratique; et ils pensent qu'en proportionnant convenablement le nombre des réserves, les produits des bois taillis de la France concourreront puissamment, avec ceux des arbres isolés et d'alignement et des futaies pleines qu'il sera possible d'établir, à élever les ressources au niveau des besoins.

M. Plinguet, dans son *Manuel de l'Ingénieur forestier*, s'élève fortement contre la réserve des baliveaux sur taillis, et après avoir reproduit les raisonnements de Réaumur et de Buffon, il compare l'état actuel des forêts du Morvan, province qui avait pu se soustraire à l'exécution de l'ordonnance de 1669 en ce qui touche la réserve des baliveaux, avec celui des bois du Roi, de la forêt d'Orléans, où le seul moyen, suivant lui, d'arrêter les effets d'une rapide décadence, serait de renoncer immédiatement à toute réserve et d'exploiter à coupe blanche. Il proscrit sur-tout l'usage de marquer des baliveaux sur souche, et fait remarquer que Hartig lui-même, sur l'autorité duquel s'appuient les partisans des baliveaux sur taillis, a dit en propres termes, qu'il ne faut les laisser qu'à la grosseur nécessaire pour porter de la semence, sans leur donner le temps de prendre trop de surface; que quand les besoins exigent absolument qu'on élève quelques futaies sur taillis, on doit choisir, par arpent, cinq à six tiges au plus, d'une belle venue et peu garnies de branches; qu'on diminuera dans la même proportion, le nombre des autres baliveaux; et que si on laissait subsister en même temps un certain nombre de gros chênes avec d'autres arbres épais et branchus, il en résulterait pour le taillis un dommage considérable et toujours croissant. Cette recommandation est diamétralement opposée à l'ordonnance de 1669, et à ce que persiste à vouloir le nouveau code forestier.

M. Noirot, en convenant que les grands arbres vivent nécessairement aux dépens des petits, donne des règles pour l'aménagement des futaies sur taillis, et pour la conversion d'un taillis en futaie pleine. L'aménagement dépend de la position de la forêt et de la valeur relative de la futaie dans la localité; et des calculs comparatifs auxquels il se livre, il résulte que le produit, pendant deux siècles, d'un taillis sous futaie aménagé à vingt-cinq ans dans un sol passable, est bien supérieur à celui d'une haute futaie qui n'est point éclaircie et d'une futaie sur taillis.

Soulange Bodin.

BALLE. (*Art militaire.*) Projectile en plomb lancé par une arme à feu portative. On emploie le plomb pour faire les balles, par plusieurs raisons; 1° parce qu'il est le plus pesant des métaux facilement fusibles; 2° parce qu'il est facilement fusible; 3° parce qu'il est mou et facile à manipuler. Nous examinerons séparément chacun de ces trois motifs. Un colonel d'artillerie a proposé de substituer le fer au plomb pour la fabrication des balles : cette innovation était basée sur l'économie; et comme certains officiers soutiennent encore qu'elle devrait être adoptée, il convient de démontrer que, sous tous les rapports, elle était contraire à l'économie, indépendamment des autres considérations qui doivent la faire rejeter. L'étendue de la portée, la justesse du tir, dépendent de deux principes : la pesanteur du projectile et son calibre relativement au calibre du canon de l'arme. Plus on obtiendra de pesanteur sous un volume donné, plus la portée sera grande, et aussi plus elle sera juste; mais cette seconde condition dépend aussi du calibre, ainsi qu'on va le voir : nous ne la considérons ici que comme subsidiaire. Or, une balle de plomb pesant plus qu'une balle de fer, sera chassée avec plus de force et portera plus loin qu'une balle de fer. Relativement au second principe, le calibre, il est reconnu que le tir sera d'autant plus juste que le canon sera parfaitement droit et que le projectile y entrera plus juste. Pour que le projectile remplisse toujours exactement la capacité du canon, n'importe dans quelle position on le présente, il faut qu'il soit absolument sphérique, condition qu'on n'obtiendrait pas avec la fonte de fer; et qu'on n'obtiendrait qu'à grands frais avec le fer forgé, qu'on obtient très aisément avec le plomb. Enfin, le fer fondu et même le fer forgé, qui est plus doux, en frottant contre la paroi du canon, rayerait profondément ce canon, en détruirait le dressage intérieur, lui ferait perdre son exacte rondeur, et cette détérioration mettrait promptement l'arme hors d'usage; ce qui occasionerait des frais surpassant de beaucoup la différence en moins dans le prix de la matière du projectile. Indépendamment de cette différence, la main-d'œuvre pour obtenir des balles exactement rondes en fonte de fer grise ou en fer forgé, serait tellement considérable, que, loin de présenter aucune économie, cette fabrication serait bien plus dispendieuse. Bien avant cette proposition, les boucaniers avaient fait une autre épreuve; ils chargeaient leurs gros fusils de seize à la livre avec des balles d'étain d'une once, prétendant que l'étain était plus dur pour percer la peau dure des taureaux sauvages. On est revenu de cette erreur : il a été reconnu que la balle de plomb portait plus loin et plus juste, et qu'elle produisait autant d'effet.

Le *plomb* doit donc être préféré, *parce qu'il est le plus pesant des métaux facilement fusibles*; mais comme il pèse d'autant plus qu'il est plus épuré, on ne doit employer pour la fabrication des balles que du plomb bien métallique. Un grave inconvénient se présente dans cette fabrication, et qui ôte quelquefois beaucoup de poids au projectile, c'est que, lors du refroidissement, il se forme à l'intérieur de la balle des cavités, des soufflures; il est rare qu'on ouvre une balle sans en trouver, sur-tout si l'on multiplie les plans de section. Cet inconvénient ne vient pas du moule, mais, en supposant le plomb bien épuré, du degré de chaleur qu'il a lorsque la balle est coulée. Si le plomb est très chaud, ces cavités causées, soit par le retrait, soit par le rayonnement du calorique, seront plus nombreuses ou plus considérables. D'une autre part, si le plomb n'est pas assez chaud, il est pâteux, moins adhérent, moins compacte, la fusion s'opère mal, les moules sont imparfaitement remplis, et les balles ne sont point rondes. Il faut donc saisir un degré intermédiaire que l'expérience seule peut indiquer; il est prudent, d'ailleurs, pour parer à ces soufflures, d'ajouter à la fonte un peu de charbon de bois réduit en poudre, de la résine ou même du suif; mais avec toutes ces précautions, nous devons le dire, il est encore difficile d'obtenir des balles sans soufflures.

Le plomb doit être aussi préféré, *parce qu'il est facilement fusible.* Cette qualité rend la fabrication plus aisée et moins dispendieuse. Des balles en fonte de fer, ou même en cuivre, exigeraient des appareils compliqués dont on se passe dans la fabrication des balles en plomb.

Enfin, *parce qu'il est mou et facile à manipuler.* Dans l'état actuel de la fabrication, les balles ne peuvent servir immédiatement après leur sortie du moule; il faut qu'elles soient rognées, ébarbées, roulées, avant d'arriver à cette forme parfaitement sphérique qui est, comme on l'a vu, une des conditions de la justesse du tir. Lorsque les balles ne sont point rondes, parce que les deux coquilles du moule n'étaient pas juxta-posées lors de la coulure, le vice est radical; ces balles ellipsoïdes doivent être rejetées; mais lorsqu'elles ont seulement un jet saillant et des bavures, c'est à les enlever entièrement que sont destinées les opérations ultérieures dont nous venons de parler. Le jet, on le rogne avec des cisailles: cette opération exige de l'attention et de l'habitude; car si le jet est coupé trop loin, il reste beaucoup à faire à la râpe; s'il est coupé trop près, en dedans du périmètre, il reste un méplat sur la balle qui détruit sa sphéricité. Plus le jet est petit, plus il est facile d'en opérer la section; mais la réduction du diamètre du trou par lequel s'introduit le métal en fusion, a des limites qui sont encore laissées au libre arbitre de la pratique. Si, pour éviter les inconvénients d'un jet fort, ce diamètre est trop réduit, le métal s'introduit difficilement dans le moule, et le premier entré se fige avant que la capacité soit remplie; ce qui occasione des rayures que le baril à ébarber ne peut faire disparaître. Il serait bien à désirer qu'à la suite d'expériences bien faites, on constatât quelle doit être la grandeur relative de l'orifice du trou d'introduction.

On vient d'inventer un *rogne-queue* qui coupe les jets en arrondissant et en suivant la courbe de la balle, mais toutefois en prenant les balles une à une, ce qui est encore une opération longue et qui doit occasioner une grande perte de matière. De notre côté, nous avons également fait des tentatives, et nous sommes parvenu, après bien des essais, à construire un moule qui peut recevoir quarante balles et *couper tous les jets sphériquement et d'un seul coup*, sans aucune déperdition de matière : ce moule a subi une épreuve dans les ateliers du gouvernement à Vincennes, en présence du capitaine d'artillerie conducteur des travaux, et il résulte de son attestation, que les balles en sortant du moule étaient parfaitement sphériques, et que, selon le dire des ouvriers fondeurs eux-mêmes, un seul homme pouvait avec cet ustensile fabriquer en un jour plus de douze mille balles prêtes à être mises en usage.

Nous ne parlons point des tentatives qui ont été faites pour fabriquer les balles au découpoir. Cette méthode aurait offert l'avantage d'éviter les cavités ; mais cette manipulation aurait occasioné une grande perte de matière et plus de main-d'œuvre ; on n'aurait eu que des cylindres ou des sphéroïdes, et il aurait fallu des refontes multipliées des planches percées, qui auraient été cause de déchets considérables. Cette méthode devait être et a été rejetée. D'ailleurs, en définitive, c'est la sphère qui est la plus pesante, puisque c'est elle qui contient le plus de matière.

Revenons à la description de la méthode qui est encore maintenant suivie. Après avoir coupé le jet par la tangente, l'ouvrier donne un coup de râpe pour arrondir sa section qui est plate, et en même temps il enlève les bavures, s'il y en a. Après cette opération, les balles sont roulées dans un baril à ébarber où elles finissent par s'arrondir entièrement.

On conçoit que toutes ces opérations seraient plus longues et plus dispendieuses si elles étaient pratiquées sur un métal dur.

Le calibre des fusils de guerre, c'est-à-dire, le diamètre de la bouche du canon est de $0^m,0174$ (7 lig. 9 points, ancienne mesure). A la rigueur, les balles devraient avoir le même diamètre ; mais il n'en est point ainsi, d'abord parce que les balles ne se mettent point nues dans le canon, mais enveloppées par le papier de la cartouche, et ensuite parce que l'intérieur du canon s'encrassant après un certain nombre de coups tirés, il deviendrait impossible d'y introduire le projectile. On a donc dû diminuer le diamètre de la balle, et jusqu'à présent il n'y a encore rien d'irrévocablement fixe à cet égard. Les uns ont prétendu que cette différence entre les diamètres devait être de très peu de chose, parce que la balle en sortant devait décrasser le canon; les autres ont prétendu qu'au contraire, dans le froissement, il restait du plomb à la paroi du canon, et que ce plomb renouvelé à chaque coup et joint aux résidus nitreux, tendait à diminuer le calibre du canon. Nous ne prendrons point parti dans cette controverse appuyée de chaque part par de bonnes raisons. Nous dirons seulement ce qui a été fait, et encore sans remonter plus loin que les premières guerres de la révolution. En 1792, le diamètre des balles fut réduit de $0^m,0166$ (7 lignes 4 points) qu'elles avaient avant, pesant alors $0^k 489$ (la livre) les dix-huit, à $0^m,016$ (7 lignes 1 point) pesant $0^k,489$ (la livre) les vingt. D'après cette réduction, la balle a plus de jeu, et le soldat peut tirer un bien plus grand nombre de coups sans être contraint de nettoyer son arme.

Indépendamment de ces balles, on en coule d'autres plus fortes qui servent à l'épreuve des armes à feu portatives. Celles du fusil de munition et du pistolet de cavalerie sont du poids de trente-deux au kil. Celles avec lesquelles on essaie les canons des pistolets de cavalerie légère et de gendarmerie sont des cinquante-deux au kil.

On a fait, en 1814, des expériences qui ont été conduites avec tout le soin possible par des officiers distingués : il en est résulté que le modèle adopté en 1792, moins fort, comme on l'a vu, que celui qui était en vigueur avant cette époque, produisait moins d'effet et que la justesse du tir était aussi bien moins grande, puisque la justesse des balles de vingt au demi-kil. était à celle des balles de dix-huit au demi-kil., comme 36 est à 89. On a aussi remarqué qu'après cent coups tirés, on chargeait encore très facilement avec ces balles de dix-huit; mais malgré ces expériences, il est probable qu'il sera toujours avantageux de maintenir le modèle de vingt; car les expériences ont été faites avec des poudres de trois mille à trois mille quatre cents grains au gramme, et lorsqu'on a voulu employer des poudres de guerre de trois à quatre cents grains au gramme, on n'a pu charger que quarante coups sans nettoyer l'arme, et l'on n'a jamais pu passer cinquante coups.

On appelle *balles forcées* celles qu'on fait entrer dans l'arme en les poussant de force, soit avec des baguettes en acier faites exprès, et par l'action de la main, soit en ayant recours aux chocs répétés d'un corps dur. Dans ces cas, le canon est rayé intérieurement en hélice. Le but qu'on se propose en se livrant à ce surcroît de travail, de fabrication d'une part, et de chargement de l'autre, est d'ajouter à la portée et à la justesse du tir. Il est douteux encore que ces deux effets avantageux soient le résultat de cette augmentation de dépense et de travail; il est toujours certain que l'effet obtenu en mieux ne compense pas la lenteur des chargements, et que cette méthode peut être bonne pour les armes de luxe, mais qu'à la guerre, sauf des cas rares et exceptionnels, elle serait désavantageuse. On fait des rayures en hélice, afin que la balle tourne sur elle-même en sortant du canon et conserve cette impulsion tout le long de son trajet. On pense avec raison qu'en tournant ainsi sur elle-même, elle suivrait une ligne directe; ce mouvement de révolution rapide sur elle-même devant compenser les défauts de sphéricité ou d'homogénéité; mais il est très probable que cet effet n'a pas lieu, même dès le premier coup, parce que la balle est chassée avec trop de promptitude, et qu'elle franchit les filets de l'hélice au lieu de suivre ses contours, et d'ailleurs ces filets sont bientôt enduits, comblés, par la crasse, et leur effet devient nul. Quant au plus d'effet devant résulter de la pression du projectile dans le canon, des expériences ont démontré que relativement à la portée on est dans l'erreur. Dans certains canons brisés, la balle est logée dans un tonnerre d'un plus grand diamètre que celui de la bouche; elle n'en peut sortir qu'en s'alongeant : on croirait qu'alors cette *balle lingotée*, comme on la nomme, doit porter beaucoup plus loin. Eh bien, l'expérience a démontré le contraire. Les conditions si simples d'un canon parfaitement droit et cylindrique recevant librement une balle absolument sphérique sont celles qui promettent et qui donnent les résultats les plus assurés. La partie de force expansive de la poudre qui est employée à vaincre la résistance offerte par le projectile est perdue pour son effet utile de portée, et le recul de l'arme est inutilement plus dur.   Paulin Desormeaux.

BALLE. (*Imprimerie.*) On donnait autrefois ce nom au large tampon sur lequel on étendait l'encre et avec lequel on reportait cette encre sur les caractères. Maintenant on a remplacé les balles par des rouleaux ou des cylindres qui produisent un bien meilleur effet sous le rapport du temps employé et sous celui de l'exécution. Nous renvoyons donc aux mots Imprimerie, Rouleaux.

BALLE. (*Paume.*) On donne aussi ce nom à ce projectile innocent que nous avons tous fait bondir entre nos mains pendant les jours de notre adolescence. Nous avons peu de choses à dire sur ce sujet qui ne soit connu. Les balles destinées à être lancées par la raquette ou la batte, sont plus dures et plus lourdes que celles qui se jouent à la main : on les fait avec du vieux drap coupé par bandes, ce sont les balles de *chiffes* : elles sont *balles à l'eau*, quand on mouille le drap pour l'amollir et afin qu'il prenne mieux le contour : on ne doit pas mouiller ce drap avec de l'eau pure, mais y mettre un peu de farine afin qu'elle forme une colle très claire, ou bien encore casser un œuf ou deux qu'on mêle bien dans cette eau. Ces balles sont ensuite ficelées et recouvertes de drap, elles sont trop dures pour être poussées à la main. Les balles ordinaires à la main doivent être élastiques, d'une pesanteur moins grande que les balles à l'eau; mais être cependant plus lourdes que les balles de chiffes qu'on fabrique pour les enfants : elles sont recouvertes de peau. Une bonne balle d'écolier se fait de plusieurs manières, d'abord en chiffe et laine, toute en laine, et en élastique couvert de laine. Les premières sont sujettes à être trop légères; aussi après avoir taillé le bouchon qui forme le noyau, a-t-on soin d'y mettre quelques grains de plomb. Lorsqu'on veut que la balle soit *à répétition*, on passe un tuyau de plume dans ce bouchon et on met plusieurs grains de plomb dans ce tuyau : ces grains forment une espèce de grelot qui se fait entendre lorsque la balle est en mouvement. Après avoir mis, à l'entour du bouchon, des bandelettes de drap, bien serrées, on recouvre ce drap d'une couche de laine filée et à longs poils, qu'on empelotonne avec soin, afin de conserver la sphéricité. Cette laine qui est élastique, donne du rebond à la balle et empêche qu'elle ne fasse mal à la main dans les *prises de volée*. Lorsqu'on fait la balle toute en laine filée, elle est plus pesante, elle rebondit mieux : enfin, si on met un fond de gomme élastique, on doit couper la gomme par bandes étroites, et ne pas trop la tirer en l'empelotonnant, parce qu'alors on lui ôte du ressort. On doit, à l'aide d'épingles, fichées dans le bouchon, répartir bien également la gomme tout autour du liége. Une balle toute en gomme élastique serait dure et rebondirait trop : on recouvre toujours le fond élastique d'une certaine quantité de laine filée. Quant à la couverture des balles, elle se fait de deux manières; l'une employée pour les balles communes : c'est celle en trois morceaux, deux ronds et une zône, l'autre plus estimée et réservée pour les bonnes balles, c'est celle en deux morceaux alongés, plus larges dans leurs extrémités arrondies, que dans leur milieu, où se trouve un rétrécissement également arrondi. Ces deux morceaux rentrent l'un dans l'autre et recouvrent la balle par une disposition que tout le monde connaît et qui serait longue à décrire. Lorsqu'une balle est bien recouverte, il ne doit se trouver aucun pli, aucune *lâche* sur la peau qui doit être également tendue partout; ce à quoi on parvient à l'aide d'épingles, en tirant la peau pour la faire prêter et en taillant les morceaux moins grands qu'il ne le faudrait au premier aperçu.

Le diamètre des balles est laissé au libre arbitre du constructeur, entre certaines limites dont on ne s'écarte guères : une grosse balle est dure à jouer, une balle trop petite fait mal à la main et se rattrappe difficilement. Les balles couvertes avec une peau épaisse et plucheuse, ne sont pas estimées, la peau de gants est la plus propre à cet usage. P. D.

BALLE. (*Commerce*.) Nom donné à une quantité de marchandises réunies et ficelées sous une même enveloppe : on dit aussi *ballot*, mais pour signifier une balle moins grosse. De ces mots est venu le verbe *emballer*, mettre en balles, et le substantif *emballeur*, celui qui emballe. Un bon emballeur est celui qui fait tenir le plus de marchandises possible dans une balle, et qui place cette marchandise de manière à ce qu'elle ne soit point détériorée dans le transport. Certaines marchandises sont d'un emballage très difficile : il en est, telles que le coton et la lain qui exigent une grande force de compression; aussi, dans ce cas encore, la mécanique est-elle venue au secours de nos forces souvent insuffisantes, et, aux États-Unis, on a inventé une machine à emballer qui rend de grands services au commerce, en ramenant à un volume donné des denrées qui, autrefois, à poids égal, occupaient beaucoup d'espace. Or, il est à remarquer que dans le fret des bâtimens, cette considération entre pour beaucoup dans la détermination du prix, et que le tonneau est plus ou moins cher selon le poids spécifique des marchandises. *Voy*. BATEAUX.

BALLON. *V*. AÉROSTATS.

BALUSTRADE, BALUSTRE. (*Construction*.) Un *balustre* est une espèce de petite colonne, d'un profil plus ou moins contourné, soit en bois, soit en pierre, en marbre ou en terre cuite, soit en fer, en cuivre, etc. (1), et toujours de peu de hauteur, n'étant jamais employé que pour remplissage de *balcons*, de *rampes*, ou de soubasements à hauteur d'appui.

On conçoit que, sous le rapport de la forme, les balustres sont susceptibles des profils les plus diversifiés. On peut toutefois considérer ces variations comme rentrant dans deux espèces principales, savoir : ceux qui ne sont qu'à une seule *panse* (on appelle ainsi la partie la plus large du balustre), et ceux qui sont à *double panse*, ou composés, sur leur hauteur, de deux parties semblables l'une à l'autre; ces derniers ont, sur les premiers, l'avantage d'être ordinairement d'un aspect plus agréable et plus svelte.

Dans tous les cas, un balustre étant ordinairement cylindrique dans toutes ses parties, à l'exception d'un socle carré par le haut et par le bas, il peut presque toujours être exécuté ou au moins terminé au tour, ce qui est en même temps moins coûteux, et d'une exécution plus correcte. C'est en effet ainsi que sont toujours exécutés les balustres en bois, en terre cuite, en fer forgé; ceux en pierre, en marbre, etc., sont ordinairement dégrossis polygonalement par des tailles successives, et ensuite terminés sur le tour. On termine également sur le tour, après la fonte, ceux en fer fondu, en cuivre, etc., etc.

---

(1) On en a même exécuté récemment, pour l'ornement de quelques boutiques, en cristal fondu et taillé.

Une *balustrade* est un appui ou soubassement composé d'un socle ou *plinthe*, d'un nombre plus ou moins considérable de *balustres*, de deux montants ou petits piliers rectangulaires aux extrémités, et quelquefois de montants de division, et enfin d'un couronnement ou tablette d'appui, qui, ainsi que le socle, sont souvent ornés de moulures.

On conçoit que les balustres peuvent être d'une matière, et le surplus de la balustrade d'une autre.   Gourlier.

BANANIER, *Musa.* (*Agriculture.*) Cette plante croît naturellement dans l'Inde et en Afrique, et elle y est aussi cultivée, ainsi qu'en Amérique, où elle a été transportée des îles Canaries. Elle a pour racines un gros bulbe obtus, d'où s'élève jusqu'à vingt pieds et plus, une tige tendre et herbacée, grosse comme la cuisse. Quand cette tige a fructifié, elle périt, mais de nombreux rejetons la remplacent. Ce fruit, nommé *Banane*, dans l'espèce à fruit long, est appelé aussi *Plantanier* et *Figue banane* dans l'espèce à fruit court, offre, sous une peau assez rude, une chair courte, d'une saveur douce et agréable. Il faut le cueillir en juin, avant sa maturité. On le mange rarement cru, presque toujours on le fait cuire sous la cendre ou au four, ou dans l'eau avec de la viande salée. Ainsi préparé, il est très sucré, très nourrissant, et d'une digestion facile. On convertit aussi les bananes en une poudre nutritive, qui se conserve long-temps saine et bonne, et dont on peut faire une bouillie agréable et nourrissante.

Les bananes sont des fruits depuis long-temps naturalisés à Alger; et comme quelques essais ont déjà prouvé qu'ils pourront être aisément transportés de cette colonie à Paris, en conservant toute la saveur qui les distingue dans les pays chauds, nos marchands de comestibles trouveront probablement à en faire un débit avantageux, lorsque notre art culinaire se sera occupé de les faire contribuer aux délices de nos tables.

Mais le bananier présente un autre degré d'utilité. Dans les Indes et en Amérique, on retire des gaînes de ses feuilles des filaments analogues à ceux de la filasse de chanvre, dont on fait, suivant leur degré de finesse, des cordages ou des toiles. Le procédé pour retirer ces filaments est fort simple; il suffit de diviser les gaînes des feuilles avec des peignes de fer, dont les dents soient de divers degrés de grosseur et de finesse. En quelques instants la filasse est préparée. Par le rouissage on l'obtient un peu plus belle.

Le plus intéressant de tous les bananiers, sous le rapport des qualités textiles, est l'espèce nommée *Abaca*, qui est cultivée en grand pour ce produit à Manille et aux îles Philippines, et que les botanistes appellent *Musa textilis*.

J'ai donné, dans les *Annales de l'Institut horticole de Fromont*, tome III, l'histoire, la culture et la préparation économique de l'*Abaca*. L'introduction de cette plante dans l'agriculture d'Alger pouvant devenir d'un grand intérêt pour notre industrie, j'en reprendrai ici le résumé.

La culture du *Musa textilis* n'est pas plus difficile que celle de ses congénères. La plante demande sur-tout un bon sol, riche en humus, frais et même humide. On place les hampes à douze pieds de distance l'une de l'autre en quinconce régulier. On donne à la surface du sol des binages fréquents; on répand de temps en temps au pied de chaque souche, du fumier consommé ou du terreau de feuilles.

La coupe des tiges mûres se fait pour l'ordinaire tous les huit à dix mois, et au moment où la grappe de fleurs commence à se montrer. Ce laps de temps suffit pour donner aux fibres toute la perfection qu'elles doivent avoir. Ensuite on sépare et l'on enlève les couches ou gaînes qui forment la tige, et on les coupe en bandes de la largeur de la main, que l'on suspend à une perche. On les divise avec une espèce de carde ou peigne de bambou, jusqu'à ce qu'il ne reste que la fibre ou filasse; on lave ensuite cette filasse à grande eau, et on la porte au marché pour la vendre, sans aucune autre préparation. Tel est le procédé employé dans la province de Manille, à deux cents milles à l'E.-S.-E. de Camarénia. Les Malais, indépendamment du rouissage dans l'eau, étendent les tiges de la plante, après les avoir fendues longitudinalement en deux, sur un sol humide, à l'ombre de quelques grands arbres. Ils les retournent de temps en temps pendant quelques jours, jusqu'à ce que le tissu cellulaire soit détruit en partie ou en totalité; après quoi, ils jettent le tout dans l'eau, pour en retirer les fibres propres et bien séparées. On veille à ce que les hampes ne restent pas trop long-temps au rouissage, de peur que les fibres, mêlées au tissu cellulaire en putréfaction, ne soient détruites ou considérablement affaiblies. Un autre procédé consiste à écraser ou broyer en quelque sorte les tiges de la plante encore fraîche pour en désunir le tissu cellulaire et en briser complétement les utricules, de sorte qu'il ne reste plus de la hampe qu'une masse de filasse qu'on nettoie, lave et sèche ensuite : le tout s'exécute dans la même journée et en peu d'heures. Les fibres extraites de cette manière conservent une finesse et une blancheur plus grandes que par les autres procédés.

L'*Abaca* est pour les Philippines un article de commerce important, non-seulement par l'excellent cordage qu'on en fabrique dans le pays et par le drap qu'on en obtient, et qui est semblable au gros drap que les Chinois tirent d'autres espèces de plantes filamenteuses, mais aussi à raison des exportations considérables qui se font de la filasse elle-même depuis douze à quinze années. Le défaut des cordes de bananier est dans la grande raideur qu'elles contractent par les temps pluvieux, et qui provient de la grossièreté des brins avec lesquels on les fait; mais une meilleure fabrication leur donnerait probablement la souplesse des cordes de chanvre. Du reste, les cordages prennent et conservent très bien le goudron, et on les emploie avec avantage pour toutes espèces d'agrès maritimes. Les fibres des couches intérieures ne sont employées qu'à la fabrication des gazes dont on se sert pour faire des moustiquaires, des rideaux de fenêtres, des voiles de femmes et des mouchoirs. Les chemises, les corsets et les pantalons dont s'habillent les *Malais* et les *Malaises*, sont confectionnés avec les fibres presque extérieures des hampes de l'abaca. Ces étoffes durent très long-temps, supportent parfaitement bien la lessive, et conviennent d'autant mieux dans les pays chauds qu'elles sont extrêmement fraîches et d'une grande légèreté. La consistance et la raideur des fils de l'*Abaca*, même tels qu'on les obtient actuellement, les rendent propres à une foule d'usages, tant dans l'ameublement que dans l'équipement militaire; et le fertile territoire d'Alger pourrait bientôt en produire assez pour suffire à tous les besoins de notre industrie et de nos arts.

Le fruit de l'*Abaca* ne se développe jamais complétement; il avorte souvent à l'état d'ovaire, et quelquefois la plante atteint son degré de développement sans produire de fleurs ; c'est surtout ce caractère qui la fait distinguer de ses congénères et des nombreuses variétés dont le fruit est si généralement estimé. On obtiendrait peut-être du *Musa sapientum* et de ses variétés, des fibres d'une force égale à celles de l'*Abaca*, en retranchant les régimes ou fleurs aussitôt qu'elles paraissent. Par ce procédé, on détournerait les sucs nourriciers de la route primitive, en les faisant refluer vers les parties extérieures des tiges qui, augmentant de volume, acquerraient une plus grande ténacité : l'expérience mérite d'être tentée.   SOULANGE BODIN.

BANCS A TIRER. *V.* TIREUR D'OR.

BANQUES. (*Économie politique.—Commerce*). On appelle *banques*, des institutions de crédit public ou privé, destinées à fournir des capitaux au travail. Leur création est de beaucoup postérieure à l'invention du papier-monnaie, et ne date que de l'époque où le commerce et l'industrie ont commencé à recevoir de grands développements en Europe. Le système des banques était par conséquent aussi inconnu aux anciens que le papier-monnaie ; mais celui-ci s'est répandu bien avant l'usage des banques, et il a dû contribuer à en faire naître la première idée (1). Cette idée a été le résultat des besoins croissants de toutes les industries, et de la nécessité où les producteurs se sont trouvés d'accorder des crédits pour faciliter l'achat et la revente de leurs produits.

Les banques sont partagées en deux grandes classes, connues sous le nom de *banques de dépôt* et de *banques de circulation* ou *d'escompte*. Les premières reçoivent de l'argent et donnent leurs billets en échange, tandis que les secondes reçoivent des billets et donnent de l'argent. Toutefois, la différence qui les distingue n'est pas tellement tranchée qu'il faille l'adopter à

---

(1) M. Storch, *Économie politique*, tom. IV, parle de l'introduction du papier-monnaie à la Chine vers la fin du treizième siècle, et il déclare avoir en sa possession un assignat chinois qui lui a été apporté du pays par un voyageur russe. Le même écrivain ajoute qu'en Turquie les collecteurs de certaines impositions délivrent des quittances aux contribuables qui les ont acquittées, et que ces papiers ont cours comme le numéraire. Un exemplaire de ces titres se trouve également entre les mains de l'auteur.

la lettre, car il n'y a pas de banque de dépôt qui ne fasse en même temps l'office d'une banque d'escompte, et réciproquement. Mais la désignation de banques de dépôt appartient plus spécialement à celles qui reçoivent les fonds des particuliers en échange de titres susceptibles de circulation, et la dénomination de banques de circulation est plus particulièrement réservée à celles qui émettent des billets payables en espèces. On donne d'ailleurs plus généralement le nom de banques d'*escompte* à celles qui escomptent les effets des particuliers sans leur remettre du papier-crédit en échange.

Il existe encore des établissements analogues aux banques, tels que les *Monts* d'Italie et notre *Mont-de-Piété*. Ces établissements remplacent par du numéraire ou par du papier, les objets de consommation qu'on leur confie, moyennant un intérêt plus ou moins élevé. Ils se soutiennent par un prélèvement qui dégénère trop souvent en usure, et qu'on serait tenté de flétrir, si les frais de gestion n'étaient pas très considérables et les chances de dépréciation très nombreuses parmi les produits qui sont donnés en nantissement. Les *monts* et les *dépôts* sont destinés, comme on voit, aux particuliers non commerçants qui peuvent disposer de quelques effets mobiliers; les possesseurs d'immeubles ont eu, pendant un certain temps, une banque semblable qui existe encore, quoique très languissante, sous le nom de *caisse hypothécaire*. Les seules banques de dépôt ou plutôt celles de circulation conviennent au commerce, et peuvent lui rendre de véritables services; ce sont aussi les seules qui feront le sujet de cet article. Voyons sur quels principes elles sont établies.

Tout le monde sait qu'il existe dans la société industrielle une foule de capitaux sans emploi, tandis que d'un autre côté beaucoup de bras demeurent inoccupés faute de fonds pour leur assurer des salaires. Une banque est un asile ouvert à ces capitaux, où l'esprit d'industrie vient les chercher pour en faire l'usage le plus favorable à la production. La conséquence la plus avantageuse de leur établissement est de faciliter l'échange d'une valeur existante contre une valeur à venir, et de forcer le producteur à crédit de travailler pour acquitter sa promesse. En même temps les banques contribuent à la circulation des produits sans l'intermédiaire de l'or et de l'argent, ce qui restreint l'emploi de ces métaux précieux, et en assure l'abondance malgré leur rareté apparente ou réelle.

Mais ces avantages du crédit n'existent qu'autant que la monnaie est d'or ou d'argent, et que son cours se rapproche davantage de sa valeur vénale. Ils diminuent ou disparaissent même entièrement si la monnaie éprouve des variations dans son poids et dans son titre. C'est ce qui dut faire sentir de bonne heure aux négociants la nécessité d'avoir une monnaie à laquelle ils pussent rapporter toutes les valeurs, naturellement mobiles, que la marche des affaires jetait dans la circulation. L'institution des banques leur en fournit le moyen, particulièrement les banques de dépôt qui ont précédé toutes les autres, et qui ont donné un si grand essor à la civilisation en multipliant les éléments de la production, et les facilités offertes au travail. On stipula que ces banques ne donneraient et ne recevraient de monnaies qu'à un taux fixe, basé sur une valeur exacte reconnue à la monnaie qu'elles prenaient en dépôt. Or, comme les premières banques de cette nature furent établies à Venise, à Gênes, à Amsterdam, c'est-à-dire dans des villes entièrement vouées au commerce étranger, et que les monnaies étrangères étaient de valeurs tout-à-fait différentes, le premier soin des fondateurs fut de ne recevoir ces monnaies qu'à titre de lingots. Chaque négociant déposa dans la banque nouvelle, soit en monnaie de l'État, bonne et valable, soit en pièces étrangères admises comme lingots, une valeur quelconque exprimée en monnaie nationale ayant le titre et le poids voulus par la loi. En même temps la banque ouvrait un compte à chaque déposant, et passait au crédit de son compte la somme ainsi déposée. Lorsqu'un négociant voulait faire un paiement, il lui suffisait, sans toucher au dépôt, de transporter le montant de la somme ou d'une portion de la somme, de son compte de banque au compte d'une autre personne. De cette manière les transports de valeurs ont pu se faire perpétuellement par un simple transfert sur les livres de la banque.

La monnaie courante, exposée dès lors à toutes les chances de dépréciation, soit par le frottement, soit par la cupidité, soit par la mobilité des lois, dut perdre de sa valeur toutes les fois qu'elle se trouva en concurrence avec la monnaie de banque. De là l'agio ou la différence de valeur qui s'établissait à Amsterdam, par exemple, entre l'argent de banque et l'argent courant, au point que celui-ci perdait communément quatre à cinq pour cent. Les lettres de change stipulées payables en une monnaie aussi invariable, se négocièrent beaucoup plus avantageusement que les autres, et c'est ainsi que le cours du change est demeuré si long-temps favorable aux places qui possédaient des banques de dépôt. On ne retirait d'ailleurs jamais ces dépôts, parce qu'il eût été désavantageux de se faire rembourser une monnaie sûre et entière en une autre essentiellement variable et dégradée. Le bénéfice de ces banques se composait d'un droit qu'elles prélevaient sur chaque transfert et sur quelques opérations compatibles avec le but de leur institution, telles que prêts sur dépôts de lingots et bijoux précieux.

On conçoit aisément que la solidité de ces sortes de banques dépend entièrement de leur respect inviolable pour les dépôts confiés. A Amsterdam, ces dépôts étaient sous la garde des quatre bourgmestres de la ville, et ils furent religieusement respectés depuis 1609 jusqu'en 1672, époque à laquelle les armées de Louis XIV s'étant avancées jusqu'au cœur du pays, on dut partager entre les déposants le trésor de la banque. On le trouva, en effet, intact; mais lorsqu'en 1794, à l'approche des Français, il fallut recommencer la même opération, on s'aperçut que le dépôt avait été entamé pour divers prêts faits à la ville d'Amsterdam ou à la compagnie des Indes, et les fonds remplacés par des engagements auxquels on ne put faire honneur. Dès ce moment la banque perdit toute faveur, et depuis lors elle a cessé d'exister sur ses antiques bases. Toutes les banques contemporaines avaient été fondées, depuis celle de Venise, d'après le même système. Elles effectuaient les paiements des déposants par des transferts sur leurs livres, et quoiqu'elles ne rendissent d'autre service au commerce que de lui épargner les frais de transport de l'argent, les erreurs de compte et la perte du temps, elles ont pourtant contribué d'une manière bien puissante au développement de la richesse et de la civilisation européennes.

On ne tarda pas à s'apercevoir, néanmoins, que leur action

était bornée, puisqu'elle ne pouvait s'étendre au-delà du montant des espèces versées dans la caisse des dépôts. C'est alors que naquirent les banques d'escompte ou de circulation destinées à jouer un rôle si important dans les fastes du commerce et de l'industrie. Il y avait long-temps qu'on s'était aperçu que les lettres de change étaient acceptées en paiement du travail ou des produits, quoiqu'elles ne consistassent qu'en une simple promesse. En effet, le banquier qui émet son papier sur la place, s'en sert comme de monnaie, et il peut se faire un revenu de sa promesse de payer, comme du paiement même, si elle est acceptée. Il accroît ainsi sa fortune et par suite la fortune de l'État. En outre, le papier qu'il a créé lui coûte infiniment moins que des métaux précieux, quoiqu'il lui rende les mêmes services, et il est beaucoup plus commode à transporter et à faire circuler. Ces faits essentiels une fois reconnus, pourquoi une association n'aurait-elle pas tenté ce qui réussit si bien à de simples particuliers?

Ainsi s'établirent les banques de circulation et d'escompte, et c'est aux Anglais qu'appartient l'honneur d'être entrés les premiers dans cette carrière brillante et hasardeuse. Heureux s'ils ne s'étaient jamais écartés des vrais principes du crédit, et s'ils n'avaient fait un instrument de ruine de cet admirable moyen de fortune et de prospérité! Avant de résumer l'histoire de ces banques, exposons succinctement les bases sur lesquelles elles reposent. Ainsi que nous l'avons dit plus haut, une lettre de change, un billet à ordre en passant successivement entre les mains de plusieurs personnes qui se les transmettent par la voie de l'endossement, sont considérés comme une véritable monnaie et servent tous les jours à effectuer des paiements. Il suffit qu'on ait la confiance d'être soldé à l'époque indiquée, et en monnaie ayant cours. Toutefois, l'époque du paiement étant plus ou moins éloignée, et quelques chances plus ou moins à craindre, la valeur des billets à ordre et des lettres de change ne saurait être absolument égale à la somme que ces effets représentent. Voilà pourquoi leurs acquéreurs retiennent ordinairement sous le nom d'*escompte*, un intérêt dans lequel se confond ordinairement la prime exigée en raison de la méfiance qu'on peut avoir sur la solidité du billet. Un billet dont le paiement n'est point assuré, n'est reçu que moyennant la déduction d'un plus fort escompte.

Maintenant, supposez une réunion de capitalistes possesseurs d'une somme considérable, et présentant toutes les garanties désirables, soit par leur mise sociale, soit par l'intervention du gouvernement dans l'organisation de leur société. Il est évident que ces capitalistes inspireront une entière confiance, et que s'ils émettent des billets payables au porteur, à vue, en espèces, ces billets auront la même valeur que la monnaie, puisqu'on aura à chaque instant la certitude de pouvoir les convertir en numéraire. Supposez encore que dès lors ces négociants proposent au commerce d'escompter ses effets à des conditions favorables ; personne ne doute qu'ils ne réalisent des bénéfices proportionnés au montant de leur capital. Mais ces bénéfices, s'ils se bornaient à l'exploitation du fonds social, seraient très limités, et même ils pourraient être presque entièrement absorbés par les frais d'administration. Loin de là, la banque au lieu de remettre des espèces aux négociants dont elle escompte le papier, leur donne ses propres billets payables à vue à la volonté du porteur, et faisant l'office de monnaie. Il lui suffit donc d'avoir dans ses coffres la quantité de numéraire nécessaire pour le paiement de ces mêmes billets dont on peut lui demander le remboursement. Or, l'expérience a prouvé que, sauf les cas généralement assez rares de crises financières et de bouleversements politiques, la proportion du numéraire nécessaire était du tiers au quart du capital, et d'après ce calcul, on émet trois ou quatre fois plus de signes qu'on n'a de capitaux. Les crises politiques, même les plus graves, n'ont pas ébranlé le crédit de la banque de France, et quoique le taux de ses actions éprouve presque journellement des mouvements de hausse et de baisse, la valeur de ses billets n'a jamais essuyé le plus léger échec.

En partant de ce fait, que la proportion du numéraire aux billets émis pouvait être sans danger du tiers ou du quart, les banques de circulation ont pu, comme des négociants forts de leur crédit, opérer sur des capitaux fictifs trois ou quatre fois plus considérables que le montant de leur fonds social. Elles ont réellement augmenté les valeurs monétaires en circulation, et fourni de nouveaux éléments à la production. Leur action a été semblable à celle qu'aurait pu exercer l'introduction en numéraire d'une somme égale à l'excédant de leurs billets sur leurs écus. La monnaie métallique en a été dépréciée, et cette dépréciation n'ayant pas lieu dans l'étranger avec la même énergie, une partie du numéraire des pays de banque a été exportée et a amené des retours. Ces retours opérés soit en marchandises, soit en matières premières, peuvent être considérés comme de véritables richesses acquises au moyen du papier émis par les banques, c'est-à-dire comme des conquêtes dues à l'intelligence et à l'habileté commerciale de leurs auteurs.

Tel est le principal avantage des banques de circulation. Il consiste uniquement dans la faculté d'émettre du papier ayant valeur de monnaie et en faisant toutes les fonctions. Sans cette faculté, les banques de circulation n'auraient aucune supériorité sur les banques de dépôt, et leur action serait bornée à l'importance de leur capital. Mais c'est précisément de ce pouvoir d'émettre des billets au porteur, lorsqu'il n'est pas contenu dans de sages limites, que dérivent tous les périls auxquels les banques de circulation sont exposées. C'est pour en avoir abusé, que la banque d'Angleterre a été plus d'une fois obligée de suspendre ses paiements, et qu'elle a exposé la Grande-Bretagne à d'effroyables commotions. Nous aurons tout à l'heure occasion de le prouver par l'histoire même de cette banque, si mal connue en France, et qui est aujourd'hui l'institution financière la plus colossale des Deux-Mondes. Il suffit d'ailleurs, pour en juger, d'examiner le mode d'opérer qui caractérise les banques de circulation.

La compagnie de la banque ne va pas chez les négociants pour leur demander leur papier. Mais elle leur dit : « Vous avez un effet de commerce que j'escompterai, moyennant un intérêt de cinq ou quatre pour cent par an, et à la place de votre effet, vous aurez mon billet qui vaut de l'argent comptant. » Si ce billet vient au remboursement, la banque paie au moyen des fonds qu'elle tient en réserve pour cet objet, et elle recouvre, au jour de l'échéance, l'avance qu'elle a faite. L'essentiel pour elle est de n'escompter que du papier sûr, car il est facile de prévoir que si tous les débiteurs qu'elle s'est créé en escomptant ne payaient pas leurs engagements à l'échéance, elle ferait faillite de toute la somme représentant les billets au porteur émis par elle en sus de son capital social. C'est ce qui est arrivé à la banque d'Angleterre pour avoir fait au gouvernement des avances que celui-ci n'a pas pu rembourser en temps opportun. Ses billets n'ont plus été des billets de confiance ; ils ont eu un cours forcé. Le gouvernement ne pouvant lui fournir les moyens de les payer, l'en a dispensée.

Toute banque émettant des billets de confiance, si elle est bien administrée et indépendante du pouvoir, ne fait courir presque aucun risque au porteur de ses billets. Le plus grand malheur qui puisse leur arriver, en supposant qu'un défaut absolu de confiance fasse venir tous ses billets à la fois à remboursement, est d'être payés en bonnes lettres de change à courte échéance, avec bonification de l'escompte, c'est-à-dire d'être payés avec ces mêmes lettres de change que la banque a achetées au moyen de ses billets. Si la banque a un capital à elle, c'est une garantie de plus. En général, des billets au porteur trop multipliés déprécient toujours la monnaie, et lorsqu'ils dépassent les besoins du commerce, ils reviennent continuellement pour être remboursés, et obligent les banques à faire des frais dans le but de ramener dans leurs caisses un argent qui en sort sans cesse : c'est le tonneau des Danaïdes. On pourrait dire, pour résumer tous les devoirs d'une banque sagement gouvernée, qu'elle ne doit escompter que des billets revêtus de plusieurs bonnes signatures pour ne point faire banqueroute, et les accepter seulement à courte échéance pour n'être pas exposée à suspendre ses paiements.

Un examen rapide de l'organisation des principales banques de dépôt et de circulation, nous permettra d'apprécier les avantages et les imperfections de chacune d'elles, ainsi que les services qu'elles ont rendus à la société industrielle. Nous y procéderons par ordre chronologique, en commençant par les banques de dépôt, et en finissant par les banques de France et d'Angleterre auxquelles leur immense influence nous a déterminé à consacrer les détails les plus étendus. La plupart de ces détails sont le résultat de nos recherches et de nos études personnelles en Angleterre, et nous espérons que leur grande importance nous en fera pardonner la longueur.

Banques de dépôt. — *De la banque de Venise ou de Saint-Marc.* La première banque qui ait existé en Europe est celle de Venise. L'oligarchie de cette république la fonda en 1171, pour subvenir aux frais de ses guerres en Orient. Un emprunt forcé fut levé sur les citoyens les plus opulents, pour lequel le gouvernement garantit une rente perpétuelle de quatre pour cent. Les prêteurs créèrent une chambre qu'ils chargèrent du soin de recevoir les intérêts et de les distribuer. C'est cette chambre qui forma, par la suite, la banque de Venise, dont les opérations consistaient à effectuer le paiement des lettres de change, et des contrats entre particuliers. En 1423, ses revenus s'élevaient à près de 5,000,000 de francs. Quoique établie sans fonds, s'il faut en croire les récits un peu vagues des historiens, ses inscriptions jouissaient d'un tel crédit que son argent de banque l'emportait de beaucoup sur la monnaie courante. Ce qui est certain, c'est qu'elle exporta, comme de nos jours l'Angleterre, la plus grande partie de son numéraire, et le remplaça par des signes au crédit desquels son gouvernement mystérieux et terrible finit par intéresser tous les citoyens. L'invasion des Français, en 1797, frappa du même coup la république et la banque. Elle a cessé d'exister depuis cette époque.

Banque de Gênes ou de Saint-Georges. — La banque de Gênes, autre république commerçante, date de 1407, et fut établie sur le plan de celle de Venise sa rivale. Les guerres que cet état eut à soutenir, le forcèrent de recourir à des emprunts à rente constituée. Le paiement en ayant été assigné sur certaines propriétés domaniales, ces propriétés furent administrées par une corporation de huit individus choisis parmi les prêteurs : c'est leur réunion qui a donné naissance à la banque de Saint-Georges. Cette banque n'était qu'une caisse d'emprunts hypothéqués sur des propriétés publiques, dont l'administration a laissé de glorieux souvenirs de bon ordre et de désintéressement. Plus tard, le conseil de régence de la banque se composa de cent actionnaires qui exerçaient toujours la plus sévère surveillance sur les affaires de l'établissement. Même après le bombardement de la ville, en 1684, la proposition de violer les propriétés de la banque fut rejetée avec énergie, tant il paraissait dangereux d'ébranler le crédit public. Au reste, la banque de Saint-Georges est beaucoup plus remarquable pour avoir fourni à la république un moyen de régulariser ses recettes et ses dépenses, que pour les services, mal déterminés d'ailleurs, qu'elle peut avoir rendus aux citoyens et au commerce du pays. Elle a également cessé d'exister.

De la banque d'Amsterdam. — C'est la plus fameuse banque de dépôt des temps modernes : elle a eu pour but principal de faciliter les transactions commerciales des particuliers plutôt que les affaires financières du gouvernement. Sa fondation remonte à l'année 1609; elle était obligée d'avoir dans ses coffres une somme égale au montant de ses reconnaissances négociables. Nous avons dit comment la sécurité, inspirée par ce dépôt, contribua à donner au papier de la banque une valeur supérieure à celle des monnaies courantes. Son capital originaire fut composé de ducatons d'Espagne. C'était une monnaie d'argent que l'Espagne avait fait frapper pour soutenir la guerre contre la Hollande, et que le cours du commerce avait fait refluer dans les pays qu'elle devait servir à combattre. La banque affectait de ne pas prêter la plus légère partie de ses fonds, et de garder dans ses caisses, pour chaque florin dont elle donnait crédit, la valeur d'un florin en espèces. Lors de la fameuse crise de 1794, quand on apprit que ce grand dépôt, réputé inviolable avait été violé par un détournement de plus de 10,000,000 de florins, prêtés à l'insu des propriétaires, l'argent de banque d'Amsterdam, qui avait porté un agio de cinq pour cent, perdit aussitôt plus de quinze pour cent sur la monnaie courante, et cette baisse inouie signala la décadence d'un établissement qui avait brillé du plus vif éclat pendant près de deux siècles. Une banque nouvelle a été établie dans ce pays, en 1814, sous le nom de *banque des Pays-Bas*, et sur les mêmes bases que celle d'Angleterre. Elle fut investie, à cette époque, du droit exclusif d'émettre des billets au porteur, pendant vingt-cinq ans. Son capital primitif, de 5,000,000 de florins, a été doublé en 1819; le roi Guillaume en possède à peu près la dixième partie en qualité d'actionnaire. Les affaires de la *banque des Pays-Bas* sont administrées par un président, un secrétaire, cinq directeurs choisis tous les six mois, et qui peuvent être indéfiniment réélus.

Banque de Hambourg. — Fondée en 1619, sur le plan de celle d'Amsterdam, la banque de Hambourg forma son trésor d'écus d'Allemagne. Depuis 1759 jusqu'en 1769, elle eut beaucoup à souffrir des désordres occasionés par l'irruption des mauvaises monnaies dont l'Allemagne fut inondée pendant la guerre de sept ans. Elle statua, en 1770, qu'elle aurait deux caisses, l'une consacrée au dépôt des écus, et l'autre à celui des lingots d'or et d'argent; mais depuis 1790, la banque n'a accepté que des lingots d'argent, et cette résolution a donné à sa monnaie la valeur la plus invariable qui existe maintenant en Europe. Au reste, la banque de Hambourg est aujourd'hui l'un des établissements les mieux administrés. Son organisation est plus parfaite que ne l'était celle de la banque d'Amsterdam; la plus grande publicité préside à toutes ses opérations. La ville est responsable du sort des dépôts qui lui sont confiés. On peut les vendre aux enchères, si les déposants négligent pendant un an et six semaines de payer le léger intérêt d'environ un demi pour cent qu'ils doivent pour frais de garde de leurs lingots. Après la vente, si le montant n'est pas réclamé dans l'espace de trois ans, il en est fait don aux pauvres. La réunion de la ville d'Hambourg à l'empire français n'avait porté aucune atteinte au crédit de sa banque; mais en 1813, un corps d'armée commandé par le maréchal Davoust, ayant été chargé de la défense de cette ville, alors assiégée, cet officier supérieur fit saisir dans la nuit du 4 au 5 novembre, les fonds de la banque qui s'élevaient à la somme de 7,489,343 marcs de banque, dont le remboursement a dû être opéré par la France à l'occasion de la liquidation des créances étrangères.

Banque d'Angleterre. L'empire britannique possède un grand nombre de banques, soit à Londres, soit dans les comtés, en Écosse et en Irlande. Ces banques diffèrent toutes entre elles par leur organisation et par les limites dans lesquelles elles sont obligées d'opérer. Nous les étudierons les unes après les autres, en commençant par la banque dite d'*Angleterre* qui est leur souche commune et leur plus sûr appui.

La banque d'Angleterre est tout à la fois une banque de dépôt, d'escompte et de circulation. Elle fut fondée le 21 juillet 1694, d'après le projet de William Patterson, gentilhomme écossais, avec un capital de 1,200,000 livres sterling, équivalant à 30,000,000 de francs, fournis par douze mille actionnaires. Les principales clauses de la charte de concession portaient que l'administration de la banque serait confiée à un gouverneur, un sous-gouverneur, et à vingt-quatre directeurs, qui devaient être élus chaque année, du 25 mars au 25 avril, parmi les actionnaires de la compagnie. Nul ne pouvait devenir sociétaire sans être citoyen ou naturalisé anglais; le gouverneur devait posséder au moins quarante actions de 100 livres sterling, le vice-gouverneur trente, et chaque directeur vingt actions du fonds social. Les actionnaires électeurs des membres du gouvernement de la banque, ne pouvaient voter sans posséder au moins cinq actions. Quatre assemblées générales devaient être tenues, chaque année, pendant les mois d'avril, juillet, septembre et décembre, et plus souvent, au besoin, sur la réquisition de neuf actionnaires ayant titre d'électeurs. Il était interdit à la corporation de s'occuper d'autre spéculation que du commerce des lettres de change, et des matières d'or ou d'argent. Elle était autorisée à faire des avances sur dépôt de marchandises, et à vendre celles-ci pour se couvrir, dans les délais voulus, de ses engagements.

La charte de la banque ne lui fut accordée, dans le principe, que pour onze années; son privilége fut prolongé en 1697, trois ans après sa fondation, et en 1708, l'établissement ayant prêté au gouvernement une somme de 400,000 livres sterling (10,000,000 de francs) pour le service public, son privilége exclusif fut continué jusqu'en 1743. La banque a ainsi obtenu, par une suite de condescendances envers le gouvernement, la prolongation de ce même privilége jusqu'en 1833, époque à laquelle il a été renouvelé par le parlement, après une discussion mémorable. La seule modification qui ait été faite en faveur du régime libre, sur la proposition du chancelier de l'échiquier, a consisté à permettre l'établissement de banques de *dépôt*, dans la sphère d'action de la banque d'Angleterre, laquelle jouit seulement du monopole de l'*émission* des billets. Le monopole avait pris naissance en 1708, par l'acte qui interdisait à toute corporation composée de plus de six associés de se livrer aux opérations de banque. Le capital primitif fut successivement élevé à 14,553,000 livres sterling (environ 365,000,000 de francs), et prêté à l'état qui en paie trois pour cent d'intérêts. Cette somme forme aujourd'hui une dette permanente, et elle est entièrement distincte des fonds que la banque continue d'avancer au trésor sur les billets de l'échiquier ou autres effets, avances qui se sont élevées jusqu'à 30,000,000 sterling (750,000,000 de francs) en 1814.

Aussi le crédit de la banque d'Angleterre a-t-il été ébranlé plus d'une fois par suite de ses relations avec le gouvernement. Déjà, en 1745, lors de l'expédition du prétendant, une panique sérieuse ayant fait affluer ses billets au remboursement, la banque fut obligée de payer en pièces de douze sous pour gagner du temps. Pendant les terribles émeutes de 1780, son trésor courut encore beaucoup de risques, et c'est même depuis cette époque qu'on y a établi une forte garde de nuit. Enfin, en 1793, un grand nombre de banques particulières ayant suspendu leurs paiements, le contre-coup s'en fit ressentir d'une manière fâcheuse au crédit de la banque. Mais c'est sur-tout en 1797, quand les Français tentèrent leur expédition en Irlande, que l'alarme devint générale et profonde; il fut démontré que la banque ne possédait plus à cette époque que 30,000,000 environ en espèces, tandis qu'elle avait plus de 200,000,000 de billets exigibles en circulation; le fameux Pitt crut pouvoir échapper au danger en obtenant du parlement un acte qui autorisait la banque à suspendre ses paiements en numéraire. C'était décréter la banqueroute au lieu de la subir; mais il est juste de reconnaître que les Anglais manifestèrent dans cette circonstance un rare dévouement à leur patrie en atténuant par tous les moyens possibles les conséquences désastreuses de la mesure que le gouvernement venait de prendre. Cet acte de restriction régit pendant vingt-cinq ans la circulation de l'Angleterre, et ne cessa qu'en 1819 sur la proposition de sir Robert Peel, auquel on doit le bill célèbre pour le retour aux paiements en numéraire.

Cette période de vingt-cinq ans est assurément la plus curieuse de l'histoire financière de l'Angleterre. C'est, en effet, un spectacle digne d'observation que celui de la banque d'Angleterre, continuant d'émettre des billets de circulation après sa banqueroute qui devait leur ôter tout crédit, et les multipliant, si j'ose dire, à outrance, comme s'ils eussent acquis chaque jour une valeur plus grande! Tout l'or de l'Angleterre semblait avoir disparu, tant il y avait d'avantage à l'exporter en présence de la dépréciation croissante des signes monétaires ; et les rapports de la douane de Dunkerque et de Gravelines prouvent qu'il en vint en France, seulement vers cette époque, au moyen de la fraude, pour plus de 180,000,000 de francs. La banque fut obligée de créer des billets de 1 et de 2 livres sterling. On ne vit plus partout que de la monnaie de papier, tandis que l'or anglais soudoyait sur le continent les coalitions contre la France. Mais en même temps que les insulaires faisaient sortir leur or, ils se livraient à une production vraiment colossale, encouragée par la multiplication du papier de crédit (1). Ils exploitaient avec ardeur leurs machines à vapeur et à filer, et ils inondaient l'Europe de leurs marchandises qu'on payait en numéraire toujours revendu par eux avec avantage. Ce phénomène remarquable a donné à penser qu'un état pouvait devenir très florissant sans espèces métalliques autres que celles qui sont nécessaires aux appoints et aux transactions domestiques de la vie.

Pendant la grande tourmente occasionée en Angleterre par les guerres de l'empire, l'émission des billets de banque ou *bank-notes* s'est élevée à des sommes très considérables, et ce n'est même pas sans secousses que la banque est revenue aux

---

(1) Voici l'explication que donne de ce phénomène un habile économiste anglais, M. Th. Tooke : « Quand on augmente, dit-il, par des billets de confiance ou un papier quelconque, la masse des monnaies, c'est ordinairement en faisant des avances au gouvernement ou aux particuliers, ce qui augmente la somme des capitaux en circulation, fait baisser le taux de l'intérêt, et rend la production moins dispendieuse. Il est vrai que l'augmentation de la masse des monnaies en fait décliner la valeur, et que lorsque ce déclin se manifeste par le prix élevé où montent les marchandises et les services productifs, des capitaux plus considérables nominalement ne le sont plus en réalité ; mais ce dernier effet est postérieur à l'autre : les intérêts ont baissé avant que le prix des marchandises ait haussé, et que les emprunteurs aient fait leurs achats. D'où il suit qu'une monnaie dont la masse s'accroît et dont la valeur diminue graduellement, est favorable à l'industrie.

paiements en espèces, en vertu de l'acte parlementaire de 1819, dû à sir Robert Peel. Mais à peine elle respirait de cette longue agitation, lorsque la crise de 1825, occasionée par la déconfiture de la plupart des banques de province, a nécessité de sa part des sacrifices nouveaux qu'elle a su faire, il faut le dire, avec le plus heureux à propos. Loin de restreindre ses escomptes, elle les a augmentés d'un tiers en les portant de 17 à plus de 25,000,000 de livres sterling. Toutefois on fut obligé de modifier une des clauses de la charte de concession, en limitant aux établissements compris dans un rayon de soixante-cinq milles la prohibition imposée aux banques de se former avec plus de six associés. Des succursales de la banque de Londres s'établirent en même temps à Liverpool, à Manchester, à Birmingham, à Bristol; mais elles ne paraissent pas avoir eu beaucoup plus de succès que les succursales aujourd'hui défuntes de notre banque de France. Nous expliquerons bientôt les relations des banques de province anglaise avec la banque centrale, et il sera facile au lecteur de voir en quoi elles diffèrent de celle-ci, soit par la nature de leurs services, soit par les conditions de leur organisation.

L'histoire de la banque d'Angleterre prouve que cette institution célèbre, après avoir commencé comme celles de Venise et de Gênes, par être un simple mont-de-piété au service du gouvernement, n'est arrivée que successivement, et l'on pourrait dire à force de tâtonnements et de vicissitudes, au véritable but de toute banque importante. Sans cesser d'être fidèle à son association avec le crédit public dont elle était inséparable par le seul fait de son existence, et par les capitaux qu'elle lui avait fournis, elle comprit bientôt que tous ses efforts devaient tendre à faire circuler les effets du crédit commercial sans le concours et l'intervention de la monnaie. Le problème était difficile à résoudre, puisqu'elle n'offrait d'autre garantie que les capitaux qu'elle avait dans les fonds publics, eux-mêmes déjà fort dépréciés. Les banques précédentes avaient toujours opéré en monnaie réelle équivalente et même supérieure au titre de la monnaie ordinaire. Comment s'affranchirait-elle de cette nécessité impérieuse sans laquelle tout crédit paraissait impossible? C'est l'éternel honneur de la banque d'Angleterre d'avoir trouvé le moyen de s'y soustraire en créant un papier payable à volonté et espèces courantes, sans être obligée d'avoir ces espèces en réserve pour faire face aux paiements. Cette propriété des banques n'avait pas encore été soupçonnée, au moyen de laquelle on prélève un intérêt réel sur des capitaux fictifs, en fournissant des aliments au travail et des placements aux moindres valeurs. C'est une découverte qui peut passer pour une révolution, et qui est appelée à changer quelque jour la condition du genre humain, si elle est appliquée dans de sages limites.

La banque d'Angleterre est chargée d'une infinité de fonctions financières pour lesquelles elle reçoit un salaire ou une commission. C'est elle qui est chargée du paiement de la dette de l'Etat, et qui fait au trésor l'avance de l'impôt territorial et de celui sur la drêche, dont elle n'est quelquefois remboursée qu'après deux ou trois ans (1). « Elle est moins un établissement commercial, dit Smith, qu'une grande machine politique ; elle est le puissant levier au moyen duquel l'Angleterre a remué le monde, et règne en souveraine sur plus de cent millions de sujets. » Cependant, quand on pense que la seule falsification de ses billets a coûté la vie *à plus de cinq mille condamnés*, et que des vols de sept à huit millions ont été commis à ses dépens, tels que celui du caissier Astlett, en 1803 ; lorsqu'on songe enfin qu'il suffirait d'une invasion pour renverser de fond en comble cet édifice artificiel de la prospérité anglaise, on se demande si les avantages d'un tel système doivent l'emporter sur ses nombreux inconvénients. Que sera-ce donc s'il est question des banques de province ?

Des banques de province en Angleterre. — Les banques provinciales anglaises sont des sociétés en nom ; elles ne peuvent pas avoir plus de six associés, qui répondent solidairement des en-

---

(1) La banque reçoit de l'échiquier, pour la perception des taxes, le paiement des arrérages de la dette publique, etc., une commission annuelle qui s'élève à 260,000 liv. sterl. (6,500,000 fr.). L'escompte des billets lui procure environ 160,000 liv. sterl. par an, formant, avec la commission payée par l'échiquier, un total de 420,000 liv. sterl., ou 10,500,000 fr. Cette somme compose le profit que les actionnaires de la banque tirent, chaque année, des rapports qui existent entre leur établissement et le trésor.

gagements de la banque sur la totalité de leur fortune. Le nombre de ces banques était limité dans de justes proportions avant la suspension des paiements de la banque d'Angleterre, en 1797; mais dès que cette banque put émettre des billets sans être forcée de les rembourser en espèces, il s'établit dans les provinces de nouvelles banques d'escompte en quantité considérable, au point qu'on en compta plus de mille. La principale obligation imposée à ces banques était d'échanger au besoin leurs billets contre des billets de la banque de Londres, les seuls qui eussent par la loi le privilége de servir de monnaie. Le profit des banques de province se compose sur-tout de l'intérêt habituel qu'elles prélèvent sur les billets qu'elles escomptent, et ensuite d'une commission variable, tantôt sur les dépôts qu'on leur confie, tantôt sur les emprunteurs qui dépassent leurs crédits sur ces dépôts. Les banques de ce genre, quand elles sont sagement administrées et garanties par des fortunes solides, peuvent rendre de grands services en facilitant la production et en offrant de bons placements aux capitaux inactifs; mais le peu de responsabilité qu'elles ont toujours présenté, les a rendues plus fatales qu'utiles à l'industrie anglaise. Leurs nombreuses banqueroutes en 1792, 1814, 1815, 1816 et 1825 ont même produit des résultats plus désastreux que la chute du système de Law. Il suffit de dire que c'est à l'extrême légèreté qu'elles ont mise à répandre leurs billets, que l'Angleterre a dû la plupart des crises qui ont désolé son commerce aux époques que nous venons de citer. Ces banques n'acquerront une solidité véritable que lorsqu'elles seront tenues d'échanger leurs effets contre du numéraire. Si cette condition leur avait été imposée avant la catastrophe de 1825, on n'aurait pas vu cette production exagérée à laquelle les débouchés ont manqué en Amérique et dans le reste du monde, et dont le compte se solda un beau jour par dix mille faillites, parmi lesquelles figurent cinquante-neuf banques de province, sur près de sept cents qui existent aujourd'hui.

Des banques d'Écosse. — L'acte de 1708, qui défendait les associations de plus de six personnes pour l'établissement d'une banque, n'ayant pu s'étendre jusqu'en Écosse, un certain nombre de négociants de ce pays se réunirent en sociétés composées d'un très grand nombre de commanditaires. Ainsi fut établie la banque d'Ecosse par acte du Parlement, en 1695. Son capital formé d'abord de cent mille livres sterling, a été successivement porté à la somme de 1,500,000 livres (37,500,000 fr.) où il est aujourd'hui. Les associés commanditaires ne sont responsables que jusqu'à concurrence du montant de leurs mises. La banque royale, autre banque écossaise, fut fondée en 1727 au capital de 151,000 livres sterling, lequel s'est élevé depuis, comme celui de la *Banque d'Ecosse*, à 1,500 mille livres sterling. Ce qui distingue principalement ces banques des banques provinciales anglaises et de la grande banque de Londres, c'est qu'elles eurent de tout temps la faculté d'émettre des billets au porteur, même pour la somme de vingt schellings, tandis qu'en Angleterre, la banque n'a jamais eu le droit de lancer des billets au-dessous de cinq livres (125 francs), sauf l'époque exceptionnelle de 1797, à la faveur du bill de Pitt, rapporté vingt-cinq ans plus tard. Malgré cette facilité d'émettre des billets de vingt schellings, les banques d'Ecosse ont éprouvé beaucoup moins de désastres que toutes les autres. En 1793 et en 1825, tandis que les banques anglaises étaient bouleversées de fond en comble, aucune banque écossaise ne suspendit ses paiements. Cette grande stabilité est due au soin extrême que les Ecossais ont toujours eu de n'encourager aucune banque, à moins qu'elle ne fût composée d'actionnaires parfaitement solvables, et aussi à la facilité que donnent leurs lois pour arriver à l'expropriation des débiteurs. Les banques d'Ecosse reçoivent des dépôts de dix livres sterling (250 francs); quelquefois de sommes moindres, et elles en paient un intérêt. Cet intérêt varie suivant les circonstances; il était de quatre pour cent en 1826, et de deux et demi pour cent seulement en 1831. Le montant des dépôts était d'environ cinq cents millions de francs à la même époque, appartenant en grande partie à des pêcheurs, à des domestiques, à des ouvriers. Les petites sommes au-dessous de dix livres sont reçues dans des caisses de prévoyance qui en paient l'intérêt aux déposants, et il est très rare qu'au bout de l'année ceux-ci ne puissent arriver jusqu'aux banques.

Les banques ouvrent souvent des crédits aux dépositaires pour une somme qui dépasse leur mise, soit sous la simple garantie de leur signature, soit sous la caution de deux ou trois personnes agréées par elles; et le débiteur a la faculté de s'acquitter par petites portions, ce qui lui rend un grand service. Mais quelque utiles qu'aient été les banques d'Ecosse, comme dépositaires des économies des classes inférieures, sous d'autres rapports elles ont rendu de plus importants services au public, par les encouragements qu'elles donnent à l'esprit d'entreprise. Leurs directeurs sont forcés par les considérations les plus puissantes à chercher des moyens sûrs de placer les capitaux qu'ils ont dans leurs mains. Or, ces placements ne peuvent se faire que parmi les hommes qui, possédant une réputation intacte d'intégrité et d'industrie, manquent des capitaux nécessaires pour les entreprises qu'ils ont à conduire. Les banquiers ne sont pas moins empressés de découvrir des individus semblables pour leur prêter, que les hommes de trouver des capitaux à emprunter. Ce sont ces épargnes d'une part, et ces encouragements donnés à l'industrie, de l'autre, qui ont été la cause déterminante des progrès que l'Ecosse a faits dans les voies de la richesse pendant les soixante dernières années. Avant l'établissement du système actuel de banque dans ce pays, ses habitants n'avaient aucun dépôt sûr où ils pussent placer leurs petites économies. Il en résultait qu'elles étaient accumulées sans aucun avantage, ni pour les possesseurs, ni pour le pays en général. Sous l'action du système actuel, chaque schelling, au contraire, qu'un membre économe de la communauté peut épargner, passe immédiatement dans les caisses d'une banque locale, qui trouve de suite le moyen d'en faire un emploi également certain et lucratif. Si l'on compare le capital de l'Ecosse à celui de l'Angleterre, il paraîtra sans doute bien peu considérable; mais la rapidité avec laquelle il circule compense l'infériorité de son chiffre. En effet, sous le système des dépôts et des crédits, une étendue quelconque de terrain peut être tout aussi bien cultivée avec les deux tiers et même avec la moitié du capital nécessaire chez les nations qui ne jouissent pas de cet avantage. Il est clair aussi que sous ce système, le capital doit être plus également réparti : en Ecosse, l'excédant du fermier riche passe sans délai dans le réservoir de la banque, pour se diriger ensuite dans les mains de son voisin moins opulent, qui a besoin d'un secours momentané. Les classes laborieuses peuvent ainsi se convaincre qu'il n'y a que leur indolence et leur mauvaise conduite qui les empêchent de parvenir à la considération et à la richesse. Le désir d'améliorer leur position provient naturellement de la facilité qu'elles ont d'y réussir. Quelle leçon pour la France, et combien il me serait aisé de démontrer à quel point l'Ecosse nous est supérieure en tout ce qui concerne l'organisation du travail!

Des Banques d'Irlande. — Il existe aujourd'hui huit banques en Irlande, le seul pays du monde où l'émission des billets-crédit ait été poussée jusqu'à l'extravagance. Une banque nationale y fut établie en 1783. Cette banque a suivi la fortune de celle de Londres et a suspendu, comme elle, ses paiements en 1797. Des cinquante banques qui exploitaient le pays en 1804, quarante-deux ont fait faillite, sans parler du grand nombre de celles que la même année a vues naître et mourir. Tous ces établissements ont succombé à cause de l'exagération de leurs émissions de papier, et il est très probable qu'ils ne réussiront complètement qu'en adoptant le plan des banques d'Ecosse, si éminemment favorable à l'accumulation et au meilleur emploi des capitaux. Le capital de la grande banque d'Irlande était de 15 millions de francs en 1783; il a été porté à 75 millions depuis 1821, et il est aujourd'hui encore au même taux ainsi que la loi l'a décidé pour la banque d'Angleterre. Nulle banque de plus de six actionnaires ne peut s'établir dans un rayon de cinquante milles de Dublin, ni tirer sur celle d'Irlande pour moins de douze cents francs et à moins de six mois de date. Celle-ci tire sur la banque de Londres à vingt jours, et n'accorde ni comptes courants, ni intérêt sur des dépôts. Elle escompte au taux de cinq pour cent. Au reste, à dater de 1828, le papier d'Irlande a été assimilé à celui de la Grande-Bretagne, qui avait sur le premier, avant cette réforme, un avantage d'environ huit pour cent.

Banque des Etats-Unis. — La banque des Etats-Unis a été autorisée en 1816. Son capital est de 35 millions de dollars, divisés en 350,000 actions de cent dollars chacune. Sept millions ont été fournis par la nation, et le reste couvert par des souscriptions particulières, ou par différentes corporations. La banque n'émet pas de billets au-dessous de cinq dollars, et ces billets sont remboursables en espèces à présentation. Elle escompte les effets de commerce et fait des avances sur dépôts de lingots, à raison de six pour cent. Son administration est confiée à vingt-cinq directeurs; sept d'entre eux, y compris le président, constituent le bureau. Le siége principal de la banque est à Philadelphie; mais depuis le mois de janvier 1830, vingt-deux succursales ont été établies en différents lieux de l'union. Il existait, avant la fondation de la banque des Etats-Unis, un grand nombre de banques locales : toutes ces banques du sud et de l'est firent faillite en 1814, et il paraît d'après des rapports officiels que dans l'espace de vingt ans, de 1811 à 1830, environ cent soixante-cinq autres banques éprouvèrent le même sort. Aujourd'hui, il n'y a plus de banques particulières proprement dites dans les Etats de l'Union; elles ont toutes été soumises à des règles légales. Je bornerai là ces détails : les lecteurs désireux d'en avoir de plus circonstanciés, les trouveront dans un rapport du ministre des finances (M. N. Crawfurd) au congrès américain, et dans un écrit de M. Albert Gallatin sur le papier monnaie et le système de banque des Etats-Unis, publié à Philadelphie en 1831.

De la Banque de France. — Après les orages de notre première révolution et la grande perturbation que ces orages apportèrent dans nos finances, plusieurs tentatives furent faites par les négociants pour relever le crédit expirant. Les banquiers de Paris ouvrirent en l'an VI une *Caisse des comptes courants* pour leurs besoins particuliers; d'autres industriels établirent presque en même temps une caisse de commerce pour l'escompte des lettres de change de ses actionnaires, et les fabricants, dans le même but, fondèrent un comptoir commercial pour se procurer des fonds destinés à soutenir leurs usines. Tous ces établissements créés sur une faible échelle et mal harmonisés entre eux, ne produisirent pas les résultats qu'on en avait espéré; mais ils signalèrent tout à la fois le besoin qu'on avait d'institution de crédit et les moyens essentiels de parvenir à leur entier développement. La loi du 14 avril 1803 supprima tous ces comptoirs, excepté la caisse des comptes courants, assez mal administrée à cette époque, et à laquelle Napoléon, alors premier consul, fit donner le titre plus pompeux de *Banque de*

France. La nouvelle institution absorba toutes les autres. Son capital fut composé de 45,000 actions de 1,000 francs chacune, soit de 45,000,000 francs. L'intérêt de l'argent était alors de trois pour cent par mois; on se proposait de le faire baisser, et sur-tout d'avoir un établissement qui prît le papier du gouvernement et facilitât ses opérations. Aussi, tandis qu'il faisait ses grands préparatifs pour la campagne d'Austerlitz, Napoléon exigea que la banque lui avançât vingt millions en ses billets au porteur contre des délégations fournies sur les receveurs-généraux. On se récria beaucoup dans le temps contre cette mesure qui eut, en effet, pour résultat de mettre la banque *naissante* dans un grand embarras et qui la réduisit à suspendre ses paiements; mais bientôt la victoire d'Austerlitz, en facilitant à l'empereur les moyens de rembourser, lui rendit le crédit dont elle n'a cessé, depuis, de jouir. Napoléon avait prévu avec une admirable justesse tout le parti que le gouvernement pourrait tirer de cette institution, et l'opération qu'on lui reprocha d'avoir imposé dans le temps à la banque de France, celle-ci l'exécute tous les jours avec un grand profit pour elle, en escomptant les *bons royaux*. Néanmoins, soit que la banque, telle qu'elle était alors constituée, ne répondît pas aux vues du chef de l'Etat, soit qu'il voulût prévenir les embarras où lui-même l'avait jetée, il fit rendre la loi du 22 avril 1806, qui sert encore aujourd'hui de base à son organisation, et en vertu de laquelle son capital fut porté à 90 millions. Une portion du dividende, provenant des bénéfices, devait être mise en réserve, et ce fonds de réserve employé en effets publics, dans le but d'en soutenir le crédit.

La discussion de la loi eut lieu, suivant l'usage, dans le sein du Conseil-d'Etat, et Napoléon y prit une part très active. Les paroles remarquables qu'il prononça dans cette circonstance ont été recueillies par un témoin oculaire. Nous croyons qu'elles appartiennent de droit à l'histoire de la banque, et nos lecteurs nous sauront gré de reproduire en entier, pour leur instruction, ce document fort peu connu.

« Je consens, dit Napoléon, à ce que le chef de la banque soit appelé gouverneur, si cela peut lui faire plaisir, car les titres ne coûtent rien.

» Je consens également à ce que son traitement soit aussi

élevé qu'on voudra, puisque c'est la banque qui doit payer; on peut le fixer, si on veut, à 60,000 francs. Quant à la proposition d'exiger que le gouverneur soit hors des affaires, je pense que quelque parti qu'on prenne, on empêchera difficilement les chefs de la banque d'abuser de la connaissance qu'ils auront des opérations du gouvernement et du mouvement des fonds.

» Ainsi, dans la dernière crise de la banque, après que le conseil des régents eût décidé d'acheter des piastres, plusieurs régents sortirent, firent acheter des piastres pour leur compte et les revendirent deux heures après à la banque avec un gros bénéfice.

» Je distingue dans la banque trois pouvoirs :
» Celui des deux cents actionnaires qui composent le comité;
» Celui du conseil, composé des régents et autres ;
» Celui du gouverneur et de ses deux suppléants.
» Il faut que la loi d'organisation se compose de titres correspondants à ces trois pouvoirs.

» Je ne conçois clairement, dans les opérations de la banque que l'escompte, et j'attribue la dernière crise de cet établissement, la plus forte qu'on ait éprouvée depuis Law, à ce que l'escompte a été mal fait. Un même banquier a eu la faculté de se faire escompter jusqu'à sept ou huit millions, tandis qu'aucune maison ne devrait avoir un crédit plus fort que neuf cent mille francs ou un million; on devrait sur-tout s'interdire d'escompter les billets de circulation; la crise a été fort heureusement attribuée à de prétendues demandes que le gouvernement aurait faites à la banque pour les dépenses de l'armée; cette idée a fait prendre patience; mais le fait est que le gouvernement n'avait pas pris un sou à la banque. La banque n'appartient pas seulement aux actionnaires, elle appartient aussi à l'Etat, puisqu'il lui donne le privilége de battre monnaie. L'assemblée des plus forts actionnaires n'est qu'un corps électoral semblable aux colléges électoraux composés des plus imposés. Rien ne serait plus funeste que de les considérer comme propriétaires exclusifs de la banque, car leurs intérêts sont souvent en opposition avec ceux de l'établissement. L'action dont ils sont porteurs a pour effet de les intéresser à cet établissement, comme un titre de propriété foncière intéresse les membres du collége électoral au bien de l'Etat; mais elle ne leur donne pas toujours l'intelligence de leurs intérêts; il arrive même souvent que l'intérêt de l'actionnaire n'est pas celui de l'action.

» Je veux que la banque soit assez dans la main du gouvernement, et n'y soit pas trop. Je ne demande pas qu'elle lui prête de l'argent, mais qu'elle lui procure des facilités pour réaliser, à bon marché, ses revenus, aux époques et dans les lieux convenables. Je ne demande en cela rien d'onéreux à la banque, puisque les obligations du trésor sont le meilleur papier qu'elle puisse avoir. Les placements sur un gouvernement quelconque sont toujours meilleurs que les placements sur quelque banquier que ce soit; une grande révolution capable d'entraîner la banqueroute de l'Etat est un événement qui ne se répète qu'après deux ou trois siècles, et cette banqueroute entraîne toujours celle des particuliers; mais ceux-ci font banqueroute bien plus fréquemment.

» Il n'y a pas en ce moment de banque en France; il n'y en aura pas de quelques années, parce que la France manque d'hommes qui sachent ce que c'est qu'une banque. C'est une race d'hommes à créer.

» Il faut mettre dans l'administration de cet établissement une classe d'hommes étrangère à la banque. Il y a des cas où soixante mille francs seront trop peu pour le gouverneur : c'est par l'argent qu'il faut tenir les hommes à argent.

» En stipulant que le portefeuille du gouverneur et celui des sous-gouverneurs seront exclus de l'escompte, on peut se dispenser de leur demander le serment de renoncer aux affaires. »

L'administration de la banque de France a conservé la forme qui lui fut donnée sous le règne de Napoléon. Ses affaires sont dirigées par un gouverneur et deux sous-gouverneurs nommés par le chef de l'Etat, mais qui ne peuvent agir, dans tout ce qui est relatif aux intérêts de la compagnie, sans l'agrément de quinze régents et de trois censeurs nommés par l'assemblée générale des actionnaires. Les opérations de cet établissement consistent essentiellement dans l'escompte des lettres de change sur Paris. Tout le monde n'est pas admis à présenter des effets à l'escompte. Il faut être inscrit pour cela sur une liste dont on ne peut faire partie, sans avoir été agréé par les régents. Cette liste est renouvelée tous les mois, et les billets ne sont reçus qu'autant qu'ils portent les signatures de trois maisons solidairement garantes les unes des autres. Aussi les faveurs de la banque ne sontelles accordées qu'à cinq ou six cents maisons de commerce, et il en résulte un véritable monopole qui contribue de nos jours presque exclusivement à la fortune de ceux qu'on appelle les gros banquiers. En effet, le taux de l'escompte de la banque étant fixé pour eux à quatre pour cent, ils acceptent le papier du petit commerce à six pour cent, plus une commission, et ils l'envoient immédiatement à la banque qui leur en donne la valeur en ses billets équivalents au numéraire. Ces industriels deviennent ainsi les intermédiaires obligés de toute négociation de lettres de change, et ils réalisent des bénéfices dont tout le poids retombe sur les fortunes secondaires, au grand détriment de la prospérité générale.

La banque est tenue, par la loi de son institution, d'ouvrir des comptes courants à tous les négociants qui veulent la charger de leurs recettes et de leurs paiements. Elle ne peut exiger aucune espèce de commission pour ce genre de service, dont elle ne supporte les frais qu'au moyen du profit qu'elle retire des capitaux remis entre ses mains et des billets qu'elle met en circulation pour remplacer ces capitaux à mesure qu'ils lui sont demandés. On assure que le service des comptes courants coûte à la banque environ six cent mille francs par an, c'est-à-dire les deux tiers de ses frais d'administration. Cette énorme dépense ne surprendra point ceux qui savent que la banque tient aujourd'hui plus de quinze cents comptes courants ouverts par débit et crédit, et soldés tous les soirs. Il a été fait à ce sujet une remarque qui prouve combien de capitaux demeurent improductifs, faute de placements sûrs et avantageux, c'est que les soldes de comptes qu'on laisse entre les mains de la banque *et dont elle ne paie aucun intérêt*, s'élèvent généralement à plus de cinquante millions. Ils ont plus d'une fois dépassé soixante millions. De pareils faits démontrent avec évidence la nécessité d'un système de banque plus favorable aux progrès du travail; car il est certain que si des sommes aussi considérables que le dépôt de la caisse des comptes courants languissent sans emploi, la faute en est à l'organisation vicieuse de nos moyens de circulation, plutôt qu'au peu de besoin du travail.

La preuve certaine que la banque pourrait être plus hardie dans ses escomptes, c'est que depuis sa fondation elle n'a rien perdu par suite de faillites; et quand même elle courrait quelques risques, l'intérêt provenant de ses escomptes suffirait toujours pour les couvrir. Au reste, cette banque privilégiée a donné tous les six mois de bons revenus à ses actionnaires; elle leur a distribué en 1820 une somme de 200 francs par action, et elle avait en 1823 dans ses caisses un excédant de plus de neuf millions de francs de bénéfices à leur distribuer encore. Aussi est-il généralement reconnu aujourd'hui que la banque de France pousse la prudence jusqu'à la parcimonie, et qu'elle est infidèle à l'esprit, sinon à la lettre de son institution. « L'utilité d'une compagnie qui avance de l'argent sur des effets, a dit un célèbre économiste, n'est pas autant de venir au secours des gens riches, de ceux qui ont de gros capitaux, beaucoup de moyens de les accroître et de vastes ressources pour parer à des besoins momentanés, que de venir au secours des négocians embarrassés, qui présentent dans leur probité, leur prudence, ou la nature de leurs affaires, des garanties raisonnables sans être d'une sûreté parfaite. *De quelle utilité serait pour le commerce maritime, une compagnie d'assurances qui ne voudrait jamais assurer que les bâtimens qui ne courent point de danger!* C'est par les pertes que fait une telle compagnie qu'elle se rend utile pourvu toutefois que ses pertes soient surpassées par ses bénéfices; et la banque de France aurait donné une bien plus haute idée de ses services, si parmi les réserves énormes qu'elle a distribuées à ses actionnaires, elle eût eu quelques pertes à leur faire supporter. »

Les besoins du commerce ont fait supposer qu'il serait avantageux d'établir des banques dans les départemens, et en effet, trois ordonnances royales interprétatives de la loi du 22 avril 1806, autorisèrent en 1817, 1818 et 1819 la création d'une banque dans chacune des villes de Rouen, de Bordeaux et de Nantes. Mais ces banques n'étaient que des succursales de celle de Paris, et elles n'ont rendu aucun des services qu'on en espérait. Peu d'années après, celles de Rouen et de Nantes avaient cessé d'exister, et il ne reste aujourd'hui que la banque de Bordeaux dont l'action est presque nulle sur le commerce de cette grande cité. C'est le système général qu'il faut refondre pour le rendre applicable aux mœurs et aux besoins des populations. Personne n'ignore que la banque de France n'émettant que des billets de 500 francs et de 1,000 francs, son papier ne circule guère hors de Paris, parce qu'indépendamment de la sûreté du remboursement, on en recherche encore la facilité. Or, cette facilité qui consiste sur-tout à se procurer de la monnaie à volonté, n'existe pas généralement hors des très grandes villes, et en réalité hors de la capitale. Peut-être donc aurait-il convenu que la banque eût le droit de répandre des billets au-dessous de 500 francs. On les aurait employés dans les transactions avec plus d'abondance, et la circulation en eût absorbé de plus fortes sommes, au grand avantage de la production.

Quelle que soit la puissance politique actuelle des grands propriétaires de capitaux, nous croyons que le moment n'est pas loin où il faudra qu'ils songent sérieusement à un changement de système dans le mode actuel de répartition des instruments du travail. Les banques deviendront ce qu'elles doivent être, des institutions destinées à procurer, *au plus bas prix possible*, les matériaux de la production aux producteurs; elles réduiront le prix de leurs escomptes; elles se feront abordables au pauvre comme au riche, en allégeant l'industrie du poids énorme qui l'écrase, c'est-à-dire de l'usure, cette vieille lèpre féodale. Le gouvernement qui est responsable du bonheur de tous, ne laissera pas long-temps aux mêmes conditions, entre les mêmes mains, le privilége de ces banques qui appartiennent à l'Etat, comme disait si justement Napoléon, puisque c'est l'État qui leur accorde, dans l'intérêt général et non dans leur intérêt particulier, le droit de battre monnaie. Alors s'accomplira la fusion si désirable des intérêts du capitaliste et de ceux de l'ouvrier; la paix entre le travailleur et le bailleur de fonds, entre le pauvre et le riche, ce grand et difficile problème de nos jours.

Blanqui aîné.

BANQUEROUTE. *V.* Faillite.

BANQUIER. (*Commerce.*) On appelle *Banquiers*, les négociants qui font le commerce des lettres de change, et qui trafiquent des matières d'or et d'argent. Le bénéfice de leur profession se compose de l'intérêt qu'ils prélèvent sur les fonds prêtés par eux, et d'une commission ou prime pour les diverses opérations auxquelles ils se livrent. Un banquier paie à Paris pour un débiteur établi dans les départements, moyennant un léger salaire, et il reçoit, pour le compte de ses correspondants, des sommes sur lesquelles il prélève une autre commission. Il escompte les lettres de change, et prête sur dépôts de lingots. A Londres, les soixante-dix seuls banquiers qui existent dans cette capitale, sont les dépositaires de presque tout le numéraire de la ville. Les marchands et les propriétaires fonciers leur confient le dépôt de leurs espèces ou de leurs billets, *sans intérêt*, et ne les réclament qu'au fur et à mesure de leurs besoins. Pendant tout le temps que ces fonds demeurent entre les mains des banquiers, ceux-ci en retirent un profit qui leur sert à payer leurs frais de bureau. Les banquiers de Londres rendent donc aux particuliers les mêmes services que la *caisse des comptes courants* de la banque de France rend aux négocians de cette ville.

Ainsi, à Londres, le marchand qui veut acquitter un mémoire remet à son créancier un *draft* ou assignation sur son banquier. Le créancier ne va pas recevoir lui-même le montant de cette assignation, mais il la remet à son propre banquier qui tous les jours envoie un de ses commis dans un lieu de réunion appelé *clearing house*, où viennent également les commis de ses confrères; là, ces individus se balancent leurs comptes respectifs et font en deux heures avec un léger appoint, ce qu'il faudrait des monceaux d'or et des milliers de commis pour achever complétement d'une autre manière. Plus de cent vingt millions sont ainsi payés chaque jour, au moyen d'un très-petit nombre de *clerks* ou commis, sans qu'on déplace plus de deux ou trois millions en espèces.

Les banquiers français ne sont pas dépositaires, comme ceux de Londres, de tous les fonds de leurs commettans ou correspondans. Leurs principaux profits se composent du produit des escomptes. Ceux de Paris, par exemple, ont un crédit ouvert à la banque de France où leur signature fait admettre, sous l'escompte de quatre pour cent, le papier qu'ils présentent. Or, ce papier ils l'escomptent eux-mêmes à raison de cinq ou six pour cent à des correspondants qui n'ont point de crédit à la banque, et ils retirent ainsi un bénéfice de un ou deux pour cent, par cela seul qu'ils donnent leur garantie. Les banquiers français se font habituellement intermédiaires entre l'État qui emprunte et les particuliers qui prêtent, en se chargeant des emprunts publics dont ils revendent les actions avec profit sur le marché de la Bourse. Malheureusement, ils ne se contentent pas toujours des bénéfices qui résultent pour eux d'opérations réelles sur les fonds publics; ils se livrent à des opérations fictives, qui sont de véritables jeux de hasard, dont nous avons parlé au mot AGIOTAGE et qui produisent tour à tour des fortunes scandaleuses et des ruines indignes de pitié. BLANQUI AÎNÉ.

BARATTE. (*Agriculture.*) La baratte est un vaisseau en bois dans lequel se meut un instrument également en bois, qui sert à battre la crème qu'on y met, pour en extraire le beurre.

Il y a plusieurs sortes de barattes. Les plus simples et les moins chères sont en même temps les meilleures.

Leurs dimensions varient suivant l'importance de la laiterie.

La plus commune consiste en un long vaisseau fait en douves, plus étroit par en haut que par en bas, muni d'un couvercle mobile, traversé par un bâton, qui est terminé par un morceau de bois rond et plat, percé de plusieurs trous. Cette pièce est la batte proprement dite. C'est en soulevant et en abaissant pendant un certain temps le bâton et la batte que le petit-lait se sépare de la crème. Plus long-temps et plus vite le beurre est battu, et meilleur il est. On le lave ensuite à grande eau, en le pétrissant pour en enlever toute la sérosité. Cet instrument suffit pour une laiterie fournie par un petit nombre de vaches.

Mais dans les grandes laiteries, comme en Belgique, en Hollande, en Suisse, etc., il faut des instruments plus expéditifs et d'une plus grande dimension.

Le principal est la baratte flamande. C'est une barrique assujettie sur un chevalet solide, intérieurement garnie par un moulinet à quatre ailes, que l'on fait mouvoir à l'aide d'une manivelle, et qui communique le mouvement à toute la masse du lait contenue dans la barrique. Les Suisses, les Francs-Comtois, les habitants de certains cantons des Vosges, construisent leurs barates sur le même principe que les Belges et les Hollandais.

8.

Elles sont supportées sur une espèce d'échelle à peu près semblable à celle qui soutient la meule d'un remouleur, dont elles ont la forme.

Les Anglais ont aussi varié beaucoup la forme de leurs barattes. Outre les barattes communes à bâton refoulant et celles en forme de barriques, ils ont la baratte de Devonshire qui fonctionne d'après les principes de la baratte en baril et la baratte foulante de Lancashire. La première, *fig.* 191, est un excellent instrument sur une grande échelle. Sa forme est un segment de cercle, et son avantage est de pouvoir, quand le beurre est fait, enlever le couvercle *a*, pour sortir la batte en moulinet *b*, après avoir retiré l'axe sur lequel elle se meut au moyen de la manivelle *c*. Dans la seconde, qui n'est pas moins expéditive, *fig.* 192, l'ouvrier, debout sur les leviers *ab*, porte alternativement de l'un à l'autre tout le poids de son corps, et au moyen de la corde *cd*, entortillée autour du manche de la batte, il l'élève et l'abaisse tour-à-tour, en lui faisant faire chaque fois un mouvement de rotation qui, en se combinant avec le mouvement perpendiculaire, accélère la formation du beurre.

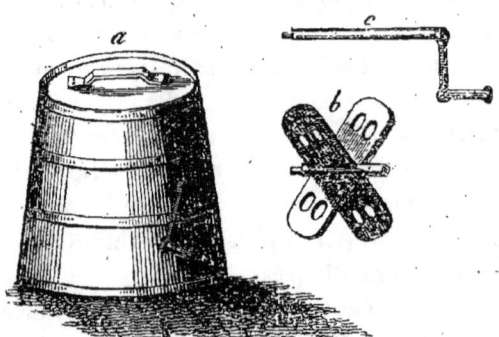

Fig. 191.

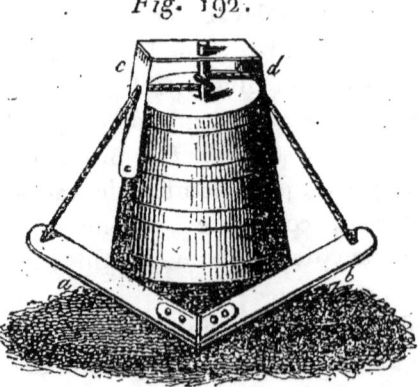

Fig. 192.

Un ingénieur anglais, M. Wallance de Libberton, a imaginé une baratte double, que l'on peut faire manœuvrer à l'aide d'un balancier; mais il paraît qu'elle n'est pas sortie du muséum de la Société d'agriculture de la Haute Écosse, où le modèle en est déposé, non plus qu'une autre qui est mise en mouvement par un moulin à vent.

Il va sans dire que les plus grands soins de propreté doivent être apportés dans l'entretien des barattes, tant intérieurement qu'extérieurement, si l'on ne veut pas s'exposer à voir le beurre contracter un mauvais goût. SOULANGE BODIN.

BARBACANE. (*Construction.*) Petite ouverture haute et étroite, qu'on réserve dans les *murs de revêtement* pour donner une issue aux eaux dont s'imbibent les terres que ces murs soutiennent, et éviter qu'en se rassemblant en quantité considérable derrière ces murs, elles ne parviennent à les renverser.

On les établit à environ deux ou trois mètres de distance horizontale, et on n'en pratique ordinairement qu'un rang dans le pied du mur. Si l'on jugeait que plusieurs rangs fussent nécessaires, il faudrait que chaque barbacane d'un rang répondît au milieu de l'espace entre deux barbacanes du rang au-dessus ou au-dessous.

Chaque barbacane s'établit en construisant dans toute l'épaisseur du mur deux *dosserets* d'à peu près un demi-mètre de hauteur, laissant entre eux un vide d'à peu près cinq à dix centimètres d'ouverture. On a soin de placer par le haut et par le bas deux pierres un peu longues qui en forment en quelque sorte le SEUIL et le LINTEAU (*v.* BAIE). On peut aussi remplacer l'une ou l'autre de ces pierres par un petit ARC. GOURLIER.

BAR ou BARD, BARDAGE, BARDEUR. (*Construction.*) On appelle en général BAR ou BARD, une civière ou brancard qu'on emploie au transport à bras de diverses sortes de fardeaux.

Quoique le bard soit généralement assez peu employé dans les constructions, sur-tout pour le transport de la pierre de taille, on appelle particulièrement BARDAGE, le transport des pierres dans l'étendue des ateliers de construction, depuis l'endroit où elles ont été taillées jusqu'à *pied d'œuvre*, c'est-à-dire jusqu'à l'endroit où elles doivent être posées, ou jusqu'à la machine à l'aide de laquelle on doit en opérer le montage, lorsqu'elles ne doivent être posées qu'à une certaine élévation au-dessus du sol; et BARDEURS, l'espèce d'ouvriers qui exécutent ordinairement ces transports.

Ces *bardeurs* doivent nécessairement posséder un assez grand degré de force, et sur-tout l'habitude de manœuvrer les pierres taillées avec l'adresse et les soins convenables, de façon à n'en point écorner ou *épaufrer* les angles, etc., etc. A cet effet, ils emploient des coussinets en paille sur lesquels ils posent les pierres, ou avec lesquels ils en garnissent les arrêtes au droit des *pinces* ou leviers en fer, et des cordages dont ils se servent pour les manœuvrer. Ces ouvriers sont ordinairement payés, à Paris et dans les autres grandes villes, de 2 à 2 fr. 50 c. pour une journée de dix heures de travail. Ils opèrent presque toujours par *équipe* ou *bretellée* de deux, quatre ou six hommes, sous la conduite particulière d'un ouvrier plus expérimenté et un peu plus payé, qui prend le nom de *pinceur*, comme s'occupant plus particulièrement de diriger, au moyen de la pince, les mouvements de la pierre, etc.

Un *bard* est composé ordinairement de deux barres parallèles qui en forment les côtés, légèrement courbées dans leur longueur, qui est d'environ deux mètres (à peu près six pieds), façonnées en forme de poignées à chacune de leurs extrémités, et réunies dans leur partie intermédiaire en environ soixante-dix centimètres (vingt-six pouces) de longueur, et à à peu près soixante-cinq centimètres (deux pieds) l'une de l'autre, par cinq traverses qui forment l'*embarrure* ou l'espèce de plateau sur lequel on pose les fardeaux à transporter.

Ce bard doit nécessairement être manœuvré au moins par deux hommes, chacun d'eux se plaçant entre les extrémités qu'il supporte à la main, et de plus à l'aide de bretelles pour le crochet desquelles des talons sont réservés aux poignées.

Pour des fardeaux plus pesants ou plus volumineux, on emploie des bards qui ont environ le double de largeur des précédents, au moyen d'une barre intermédiaire parallèle à leurs côtés, et formant aussi poignées à ses deux extrémités. Ces bards doivent dès lors être portés au moins par quatre hommes, dont deux à chaque extrémité.

Mais le nombre des hommes peut d'abord être porté à six dans le premier cas, et huit dans le second, en en plaçant un au-dehors à chaque côté de chaque extrémité.

Enfin, dans ces différents cas, au moyen d'une barre mobile

qu'on passe transversalement sous le bard, on peut encore y placer deux hommes de plus.

Le nombre des hommes employés simultanément à transporter des fardeaux sur un bard, peut donc varier de deux à dix.

Quand ces fardeaux sont de nature à pouvoir être maniés facilement, et à ce que l'on puisse aisément compléter le poids que le nombre d'hommes employés peut porter; que de plus, le chemin à parcourir est commode, et peu long; enfin, que l'opération peut se faire dans des circonstances ordinaires et sans sujétions particulières, on peut à peu près utiliser la totalité de la force dont les hommes sont généralement susceptibles étant ainsi employés.

C'est, par exemple, ce qui a lieu ordinairement dans le transport des matériaux de petites dimensions, comme les moellons, les meulières, les pavés, etc., pour lesquels on emploie quelquefois le bard ou d'autres ustensiles à peu près de même nature, tels que des espèces de brancards à coffres, etc.

On trouve facilement des hommes qui portent, à dos ou à bras, de soixante-quinze à cent kilogrammes, et même beaucoup plus, sur-tout quand il ne s'agit que d'un effort peu prolongé; mais il est à peu près admis, en mécanique, que, moyennement, et pour un travail continu, un manœuvre transportant ainsi un fardeau, et revenant à vide en prendre un autre, ne peut porter que cinquante kilogrammes avec une vitesse d'un tiers de mètre par seconde, et que cet effort n'ayant rien d'extrêmement fatigant, il peut facilement le supporter pendant les dix heures de durée de son travail journalier effectif.

Comme généralement les matériaux de construction, de la nature de ceux dont nous nous occupons en ce moment, pèsent moyennement à peu près deux mille kilogrammes le mètre cube, on peut conclure de ce qui précède que, dans les circonstances ci-dessus indiquées, la journée de travail d'un bardeur représente le transport de trois cents mètres cubes de pierre à un mètre de distance, ou ce qui revient au même d'un mètre cube à trois cents mètres, et que par conséquent le transport d'un mètre cube à un mètre de distance équivaut à environ la 300ᵉ partie de cette journée, et coûterait en conséquence à peu près sept à huit millimes. Il sera facile d'après cela d'établir la valeur totale d'un transport en raison du cube total et de la longueur du chemin à parcourir, en ayant soin toutefois d'ajouter la valeur du chargement et du déchargement qui dépend tout-à-fait de la nature des objets à transporter, du plus ou du moins de soins qu'ils nécessitent, etc., etc.

Il y a encore à prendre garde que les indications qui précèdent ne se rapportent qu'au cas où les hommes employés au transport se trouvent tous dans les brancards, et que ceux qui pourraient être employés auxiliairement sur les côtés, étant placés désavantageusement, ne porteraient qu'environ moitié de ce que porteraient les précédents. Aussi n'en emploie-t on pas ordinairement ainsi pour les transports dont nous venons de parler, et ne le fait-on généralement que pour des objets dont un seul bloc forme un volume et un poids assez considérables.

Mais, dans ce dernier cas, et sur-tout lorsqu'il s'agit d'objets d'une forme, d'une grandeur et d'un poids déterminés, dont l'ordre de transport est en outre fixé par des besoins de service; enfin, lorsque ce transport doit se faire dans des circonstances plus ou moins particulières telles, par exemple, que celles dans lesquelles se fait presque toujours le bardage des pierres taillées, il est à peu près impossible qu'il n'y ait pas beaucoup de temps et de force perdus; et il est par conséquent indispensable d'y avoir égard dans l'appréciation de ces sortes de travaux.

Au surplus, ainsi que nous l'avons déjà indiqué, ce n'est que fort rarement, et en quelque sorte par exception, qu'on se sert du bard pour le bardage. On ne l'emploie guère que dans les ateliers peu considérables ou peu étendus, où, dans ceux plus importants, pour les transports de quelques pierres peu volumineuses, telles qu'un appui de croisée, etc., etc.

Dans ces circonstances mêmes, il serait possible d'obtenir des résultats plus économiques, en faisant transporter les pierres à dos. Cela est peu d'usage à Paris; mais il paraît que cela se pratique dans un certain nombre de villes commerçantes où les *bardages* se font ordinairement par des *porte-faix* ou *porte-pièces*, employés généralement au transport de diverses sortes de fardeaux.

Si j'en crois des notes qui m'ont été fournies à ce sujet, ces ouvriers, aussi forts qu'adroits, portent ainsi, avec une grande facilité, des pierres d'un volume considérable, et se réunissent au besoin deux à deux, ou même en plus grand nombre, pour les porter à l'épaule. S'agit-il, par exemple d'une pierre assez longue? ils en suspendent chaque extrémité, au moyen d'un cordage, à une barre transversale à chaque extrémité de laquelle un homme se place, ce qui en porte le nombre à quatre. Faut-il, avec ce fardeau, parcourir un chemin incliné ou un escalier? on maintient la pierre dans une position à peu près horizontale, en tenant le cordage de l'une des extrémités plus court, etc.

Le transport à dos d'homme ou à l'épaule, a généralement cela de commode, qu'il peut servir, non-seulement au bardage proprement dit, mais encore au *montage*, sans éviter de remanier la pierre à plusieurs reprises. Aussi l'emploie-t-on presque partout pour des travaux peu importants, et sur-tout pour des pierres d'un volume peu considérable.

Je ne m'arrêterai pas aux poids extraordinaires que, d'après les indications de personnes dignes de foi, les *porte-pièces* dont j'ai précédemment parlé parviennent à porter, par la raison que ce sont-là des exceptions dont on ne peut tirer des inductions générales, et que d'ailleurs il est probable qu'on ne les obtient que momentanément, ou que du moins la durée effective d'un travail journalier de ce genre est extrêmement restreint, ainsi qu'il en est nécessairement de celui des *forts* que nous voyons travailler dans nos marchés, sur nos ports, etc.

Mais on sait qu'il est admis, en mécanique, qu'un homme transportant un fardeau sur son dos, et revenant à vide en prendre un nouveau, peut moyennement porter soixante-cinq kilogrammes avec une vitesse d'un demi-mètre par seconde, et produire ainsi un travail effectif de six heures par jour. Par conséquent, en circonstances ordinaires, la journée de travail d'un bardeur ainsi employé, représenterait le transport d'environ trois cent cinquante mètres cubes de pierres à un mètre de distance, ou d'un mètre cube à trois cents mètres, et celui d'un mètre cube à un mètre de distance ne reviendrait dès lors qu'à environ six ou sept millimes. On devrait nécessairement, pour ce moyen de transport comme pour tout autre, prendre en considération les différentes circonstances particulières qui pourront se présenter; mais celui-ci offrirait en outre, sur le précédent, l'avantage que, quel que soit le nombre d'hommes employés simultanément à porter le même fardeau, leur force serait à peu près également complétement employée.

On obtiendra, du reste, des résultats plus avantageux encore en faisant usage d'un moyen de roulage quelconque.

Ainsi, l'on sait qu'à l'aide d'une brouette, un homme peut moyennement porter soixante kilogrammes avec une vitesse d'un demi-mètre par seconde, et que, toujours en supposant qu'après avoir porté son fardeau à une certaine distance, il revienne à vide en chercher un autre, il pourra supporter ce travail pendant dix heures par jour. Dès lors une journée de travail, abstraction faite de toutes circonstances particulières, représentera le transport d'un mètre cube de pierres à cinq cent quarante mètres; et celui d'un mètre cube à un mètre de distance, ne revient plus qu'à une dépense d'à peu près quatre à cinq millimes.

Malheureusement, les brouettes ordinaires sont, en général, assez mal disposées, et n'offrent pas, à beaucoup près, tous les avantages de commodité, de solidité dont elles seraient susceptibles, et qu'il paraît, par exemple, que les Anglais ont su leur donner. Elles ne peuvent d'ailleurs suffire qu'à des fardeaux peu considérables. On se sert depuis long-temps, avec avantage, dans différentes industries, d'une espèce de grande brouette appelée *diable*, d'environ un mètre et demi de longueur, deux tiers environ de largeur entre brancards, et un demi-mètre seulement du côté des roues, qui ont un tiers de mètre de diamètre. Il paraît qu'on l'a également employée avec succès dans quelques constructions en la faisant manœuvrer, soit par des bardeurs, dont un dans les brancards, et deux placés latéralement au moyen de bricolles, soit même en y attelant un cheval. On peut ainsi transporter, dans le premier cas, environ un tiers de mètre cube de pierre, et dans le deuxième, environ deux mètres cubes; mais l'absence de renseignements positifs sur ce moyen de bardage m'empêche de présenter, à son égard, des aperçus corrélatifs à ceux qui précèdent.

Mais, dans toutes les constructions un peu importantes, la

presque totalité des bardages est faite au moyen de charriots bas, à deux roues, munis en avant d'une flèche garnie de traverses en plus ou moins grand nombre, au droit desquelles les bardeurs se placent pour opérer le tirage. Les dimensions de ces charriots varient à peu près ainsi qu'il suit :

Les plus petits ont une plate-forme d'un mètre de longueur sur quatre-vingt centimètres (à peu près deux pieds et demi) de largeur; les roues ont un demi-mètre (dix-neuf pouces) de diamètre; la flèche a deux mètres de longueur, et est garnie d'une seule traverse; ils ne peuvent donc être tirés que par deux hommes. Ensuite viennent les charriots à quatre hommes, dont la flèche, garnie de deux traverses, a trois mètres environ de longueur, la plate-forme un mètre et demi, et les roues soixante-cinq centimètres (deux pieds); puis, les charriots à six hommes, garnis de trois traverses à la flèche, qui a trois mètres soixante-cinq centimètres (plus de onze pieds) de longueur; la plate-forme a environ un mètre soixante centimètres (cinq pieds) de longueur.

On employait autrefois des charriots à huit hommes, mais on y a presque généralement renoncé à cause de l'embarras qui résultait de la longueur de la flèche.

A chacun de ces charriots est toujours attaché, indépendamment du nombre de *bardeurs* que nous venons d'indiquer, le *pinceur* qui, pendant le roulage, agit, non en tirant, mais en poussant, et ne peut guère être considéré que comme produisant moitié seulement des résultats qu'on peut obtenir des premiers.

Le mouvement de bascule que la plate-forme peut exécuter sur l'axe des roues, offre le grand avantage de faciliter le chargement ainsi que le déchargement de la pierre, en mettant l'extrémité inférieure de cette plate-forme au niveau du sol ou du tas, un peu plus élevé, sur lequel la pierre devrait être prise ou déposée. Néanmoins, en raison de l'impossibilité d'amener toujours le charriot à entière proximité des points de départ ou d'arrivée, et de la nécessité qui en résulte souvent d'approcher les pierres à bras, de celle d'assujétir la pierre ou les différentes pierres dont se compose le chargement sur la plate-forme, ou de diverses autres difficultés, le chargement et le déchargement ont toujours assez d'importance dans ce mode de bardage. On peut moyennement les considérer comme équivalant ensemble, pour chaque mètre cube de pierre, à environ six ou huit heures de bardeur (à peu près de 1 fr. 50 c. à 2 fr.)

Quant au *roulage* même, si l'on admettait, comme entièrement applicables, les données admises en mécanique, on considérerait chaque homme comme pouvant tirer cent kilogrammes ou cinq centièmes de mètre cube, avec une vitesse d'un demi-mètre par seconde, et suffire à dix heures effectives de ce travail par jour; d'où l'on concluerait qu'une journée de travail représente le transport de neuf cents mètres cubes à un mètre de distance, ou celui d'un mètre cube à neuf cents mètres, et que par conséquent le transport d'un mètre cube ne vaut, par chaque mètre de distance, que la neuf centième partie de cette journée, ou environ deux à trois millimes seulement.

D'après des remarques faites avec soin sur des travaux considérables, et qu'on a bien voulu me communiquer, il paraîtrait que généralement les bardeurs tirent ordinairement une charge plus considérable, mais que d'un autre côté ils mettent proportionnellement plus de temps à parcourir un espace donné, soit parce qu'ils ne peuvent opérer le tirage qu'avec moins de vitesse qu'on ne le suppose, soit sur-tout par suite des pertes de temps inévitables dans ces sortes d'opérations pour la recherche des morceaux dans l'ordre où ils doivent être posés, etc., etc.

Mais, toute compensation faite, la dépense ne paraît pas, en circonstances ordinaires, c'est-à-dire sur un chemin plat, suffisamment ferme et peu embarrassé, devoir être plus forte que celle qui vient d'être indiquée (deux à trois millimes par mètre cube transporté à un mètre de distance).

Lorsque les pierres à transporter sont d'un volume considérable, ou quand le chemin à parcourir est ou très long, ou très mauvais, etc., etc., on attèle en avant du charriot un ou deux chevaux, et l'on peut ainsi obtenir encore une certaine diminution sur la valeur du roulage; cependant cette diminution peut n'être pas considérable tant par la raison même que l'adjonction des chevaux n'a lieu que dans des circonstances défavorables, du genre de celles que nous venons de citer, que parce qu'elle nécessite l'emploi d'un charretier, et que parce qu'il faut toujours à peu près le même nombre de bardeurs, soit pour charger et décharger les pierres, soit pour diriger et surveiller la marche du charriot.

Ce n'est guère qu'avec les charriots à quatre roues que l'emploi des chevaux devient sensiblement avantageux, parce qu'alors il a lieu sans le concours des hommes, du moins quant au roulage; mais en même temps cet emploi n'a guère lieu que pour les transports de fardeaux considérables à des distances éloignées. Ces circonstances sortent nécessairement de l'objet du présent article; nous renverrons ce que nous pourrons avoir à dire à ce sujet, aux mots Fardeaux, Transports, etc.

Il est presque superflu de faire observer, en terminant cet article, que les valeurs que nous avons indiquées à l'égard des différents modes de bardage, ne sont que des données générales qui ne seraient susceptibles d'être appliquées à la rigueur, que dans les circonstances les plus favorables, et qui devront presque toujours être plus ou moins augmentées d'après une appréciation convenable des circonstances particulières dans lesquelles on opérera.

Nous devons ajouter que ces données ne comprennent que la valeur, en quelque sorte positive, du temps employé, et que, dans tous les cas, il y aurait à y ajouter d'abord les *faux frais* pour emploi et détérioration d'ustensiles, frais de conduite et surveillance et autres menues dépenses de ce genre, et ensuite *le bénéfice* auquel a droit l'entrepreneur qui fait exécuter les travaux, tant pour l'avance de ses fonds que pour la valeur de son industrie. Nous essaierons de poser également quelques principes à ce sujet aux mots Faux frais et Bénéfice, ou à celui Estimation. Gourlier.

BARDEAU. (*Construction.*) Petites planches en chêne, courtes, étroites et minces, dont on forme des couvertures dans quelques endroits, mais dont on se sert plus généralement pour couvrir les intervalles entre les solives, afin de pouvoir y étendre ensuite le plâtre ou le mortier destinés à former les aires. *V*. Aire et Couverture.

On utilise souvent à cet usage les douves des tonneaux hors de service, en les coupant à la longueur déterminée par l'espacement des solives. Gourlier.

BARILLET. (*Mécanique.*) Boîte en métal dans laquelle un ressort est roulé en spirale (*v.* Horlogerie). Dans les arts mécaniques, le barillet de grande dimension est souvent employé soit seul, soit concurremment avec d'autres ressorts pour mettre les tours en mouvement. Employé seul, on le place en arrière lorsqu'il doit faire mouvoir un tour en l'air, sur une colonne de fonte qui est implantée sur l'établi, et dont la hauteur est égale à l'élévation de la bobine de l'arbre. Il est fait lui-même en bobine et reçoit la corde qui fait quatre ou cinq révolutions autour de lui. Lorsqu'il doit faire mouvoir un tour à pointes, il doit être placé au-dessus du tour et soutenu par un support en potence. Ses avantages principaux, indépendamment de ceux qui résultent et du peu d'espace qu'il occupe, et de la facilité de son application, sont : 1° de fournir un moteur dont on peut tempérer la raideur à volonté, au moyen d'un encliquetage qui se trouve placé sur l'un des bouts de la bobine : plus le ressort sera bandé, plus il aura de force, *et vice versâ* : or, il est des circonstances où il faut de la force, et d'autres où un mouvement faible et moelleux convient davantage; 2° d'être susceptible de donner une longue course selon le nombre de tours que la corde fait autour de la boîte.

Son principal désavantage est d'être coûteux et de ne point compenser en plus d'effets utiles le plus de dépense qu'il occasione : ce défaut radical est cause qu'on ne le voit que rarement employé dans les ateliers, et qu'il est plus spécialement destiné aux amateurs et à ceux dont la perfection est le but, quelle que soit la dépense qu'il faille faire pour y parvenir.

Les ressorts de ces grands barillets coûtent très cher ; il n'y a dans Paris qu'un ou deux fabricants qui les sachent tremper convenablement; encore en perd-on beaucoup lors de cette opération difficile. Paulin Desormeaux.

BAROMÈTRE. (*Physique.*) Nous avons vu à l'article Atmosphère, qu'en vertu de sa force d'expansion, l'air tend toujours à occuper un plus grand volume; mais, comme l'air est attiré par la pesanteur vers le centre de la terre, chaque couche de l'atmosphère supporte le poids de toutes les couches supérieures, et alors il s'établit un équilibre entre ce poids et cette force d'expansion. Dans cet état de compression, l'air presse contre tous les corps avec lequel il est en contact et tend à s'ouvrir une issue. Ainsi, nous avons vu qu'il presse sur tous les points de la surface du corps de l'homme, sur celle des liquides, etc. Si donc une portion de la surface d'un liquide n'était pas en contact avec lui, si sur cette portion reposait un canal creux absolument vide, le liquide s'y éléverait, poussé par l'atmosphère qui presse partout ailleurs, jusqu'à ce que le poids de la colonne soulevée fît équilibre à la pression de l'air. Tel est le baromètre. Toricelli, disciple du célèbre Galilée, en est l'inventeur. Le liquide dont il se servit est le mercure. Au lieu de placer, comme nous l'avons supposé, sur un liquide un tube entièrement vide de toute substance impénétrable, il prit un tube de verre, fermé à l'une de ses extrémités, de longueur suffisante, le remplit de mercure, le renversa en fermant l'autre extrémité avec le doigt, et plongea cette extrémité dans un vase plein de mercure : cette même pression de l'air qui aurait fait monter le mercure dans un tube vide, soutint ce liquide dans le tube où il avait été placé d'avance. Le baromètre réduit à cet état de simplicité porte le nom de *Tube* de Toricelli. Comme le poids de la hauteur de la colonne de mercure qui demeure soulevée par la pression de l'air, doit faire équilibre à cette pression, il est bien évident que si le tube employé est plus long que la hauteur à laquelle l'air peut soulever le mercure, ce liquide s'abaissera jusqu'au point voulu, et laissera dans le haut du tube un espace vide, appelé *chambre* du baromètre, qui du moins ne sera rempli que de vapeurs émanées du mercure.

Ainsi construit, un baromètre ne serait cependant pas exact. Il reste en effet contre les parois internes du tube de verre, dans la masse du mercure lui-même, de l'air et de l'eau qui parviennent dans la *chambre*; la vapeur d'eau et l'air introduits pressent sur le mercure et le font descendre au-dessous du niveau où l'aurait maintenu la pression de l'atmosphère extérieure. Ainsi la hauteur de la colonne barométrique ne mesurerait plus exactement cette pression. Pour chasser l'air et l'eau, on emploie la chaleur; le mercure est amené jusqu'à l'ébullition dans le tube lui-même; on n'introduit d'abord que quelques pouces de mercure dans le tube, et on le soumet à l'action d'un brasier placé au-dessous; puis on remet une nouvelle portion de liquide, on chauffe de nouveau, et on remplit ainsi peu à peu le tube ; alors on laisse refroidir le mercure qui se contracte et laisse en haut du tube un vide qu'on remplit avec du mercure récemment bouilli : c'est alors qu'on le ferme avec le doigt, et qu'on le renverse dans le bain de mercure. Ce bain et le vase qui le renferme forment ce qu'on appelle la *cuvette*. On reconnaîtra que le tube est bien purgé d'air, quand, en le penchant suffisamment, la colonne de mercure viendra frapper le sommet du tube et donner un coup sec.

Comme dans l'évaluation de la pression exercée par les masses liquides en vertu de la pesanteur, on doit faire entrer la hauteur verticale et non la longueur de la colonne (*v.* Liquides), la hauteur du baromètre ne doit aussi être mesurée que verticalement. L'échelle divisée qui donne cette mesure est tracée sur ce qu'on appelle la monture du baromètre. Cette monture consiste tantôt en une planche en bois à laquelle est fixée le baromètre, tantôt en une enveloppe de métal, dans laquelle on ménage des fenêtres pour observer le niveau supérieur de la colonne barométrique. L'échelle est souvent placée sur une règle en laiton appliquée sur la monture en bois.

Nous renverrons à l'article Atmosphère, pour ce qui concerne les variations de la pression de l'air et de la colonne barométrique, et les rapports entre ces variations et les changements de temps. Il suffira de rappeler ici que la hauteur moyenne de cette colonne, à Paris, est de 755 millimètres $\frac{941}{1000}$. (Le mercure étant supposé à 0°).

Les variations de la hauteur de la colonne barométrique, affectant à la fois le niveau supérieur dans le tube et celui de la cuvette, il faut évidemment mesurer la longueur de la portion de l'échelle comprise entre les deux niveaux, sans se contenter d'observer la variation du niveau du tube, à moins que la cuvette ne soit si large que son niveau ne change pas sensiblement malgré les variations de l'autre, ou qu'on ne ramène chaque fois, à l'aide d'un mécanisme particulier, ce niveau de la cuvette à un point de départ fixe, comme l'a fait Fortin. Dans le baromètre qui porte le nom de ce célèbre constructeur, le fond de la cuvette est en peau, et on peut, à l'aide d'une vis, l'abaisser ou le soulever à volonté. On le ramène chaque fois à la hauteur du zéro de l'échelle, à partir duquel sont tracées les divisions. Pour que ce retour se fasse exactement, l'artiste fait descendre dans la cuvette une tige d'ivoire fixée à demeure, dont la pointe se trouve à la hauteur du zéro ; on reconnaît que le niveau du mercure y est parvenu, quand la pointe se rencontre avec l'image renversée de la tige d'ivoire que réfléchit le bain de mercure. Pour maintenir son baromètre dans une position où son échelle fût bien verticale, Fortin a eu soin de le suspendre par en haut, à la manière des boussoles de marine, au moyen de deux anneaux concentriques, mobiles autour d'axes qui sont perpendiculaires entre eux.

Les tubes étroits agissent pour changer le niveau de la colonne de mercure, par suite de l'attraction du verre pour le mercure, comme on l'expliquera à l'article CAPILLARITÉ. La physique apprend à estimer cette altération qui varie suivant la petitesse du diamètre intérieur du tube; mais il vaut mieux ne pas avoir à faire cette correction en employant de larges tubes, ou en recourant au moyen imaginé par M. Gay-Lussac, et que nous décrirons plus bas.

Les tubes étroits ont un autre inconvénient, c'est de rendre insensibles les variations légères de niveau dues aux nombreux et faibles changements de pression de l'air. L'adhérence du mercure contre le verre et le frottement ont, en effet, une action proportionnellement très énergique dans ces tubes. On a fait des baromètres dont le diamètre intérieur est environ de $0^m,06$; les mouvements de la colonne y sont infiniment plus prompts et plus grands.

Les molécules de mercure s'écartant de plus en plus à mesure que la chaleur augmente, on conçoit que le poids d'une colonne de hauteur donnée est d'autant moindre que cette chaleur est plus intense. Aussi ramène-t-on, à l'aide des règles tracées par la physique, la hauteur observée à ce qu'elle serait si la température était constamment celle de la glace fondante, c'est-à-dire 0° (1). Il faudrait aussi tenir compte de l'influence de la

---

(1) La correction s'effectue en divisant la hauteur observée par $\frac{t}{1 + 5550}$; t étant la température au moment de l'observation. Si la température est au-dessous de la glace fondante, on retranchera la fraction au lieu de l'ajouter.

chaleur sur l'échelle dont elle fait varier les divisions, mais on néglige ordinairement cette petite variation. Les échelles tracées sur bois en sont à peu près exemptes, mais elles varient quelquefois par l'effet de l'humidité.

Les baromètres que nous avons décrits jusqu'ici, sont dits *Baromètres à cuvettes*. On en fait aussi pour l'usage journalier et pour les observations scientifiques qui sont dits *à Syphon*, à cause de leur ressemblance avec un syphon renversé. Ils sont composés en effet d'un tube recourbé, dont les deux branches parallèles sont voisines l'une de l'autre. La plus grande qui tient lieu du tube droit des baromètres à cuvettes, est fermée par en haut. La plus petite qui sert de cuvette est ouverte à son extrémité. Si on suppose l'appareil plein de mercure et tenu dans une position telle, que les deux extrémités du tube soient en haut et le coude en bas, l'air pressera sur le niveau du mercure dans la petite branche; cette pression transmise par le mercure du coude maintiendra la colonne contenue dans sa grande branche à la même hauteur que dans un baromètre à cuvette.

Les baromètres à syphon offrent l'avantage de contenir moins de mercure et d'être plus légers; le niveau inférieur varie trop sensiblement pour qu'on puisse négliger les changements. Aussi l'observe-t-on aussi bien que le niveau supérieur, et compte-t-on la portion de la longueur de la portion d'échelle comprise entre eux, à moins que les deux branches ne soient prises parfaitement égales, comme l'a fait M. Gay-Lussac; alors, quand un niveau varie d'une ligne, l'autre varie aussi d'une ligne en sens contraire, et il suffit d'observer l'un d'eux et de doubler sa variation pour avoir celle de toute la colonne. Cet emploi de deux branches d'égal diamètre a aussi l'avantage de détruire l'effet de la *capillarité* qui agit sur un niveau comme sur l'autre, et compense alors sa propre action.

Quand on transporte les baromètres, les mouvements brusques imprimés à la colonne font choquer son niveau supérieur contre l'extrémité fermée de la grande branche, dont ces chocs peuvent occasioner la rupture. Pour éviter ces accidents, Fortin a imaginé de soulever le fond mobile de la cuvette jusqu'à ce que le niveau supérieur soit et demeure en contact avec l'extrémité du tube. Quant au niveau de la cuvette, il appuie alors contre une peau placée à la partie supérieure de cette cuvette, peau à travers laquelle passe l'air et que ne traverse pas le mercure.

Dans les baromètres à syphon communs, on atteint, mais imparfaitement, le même but, en interposant un robinet *de fer* entre le coude du tube et la partie supérieure de la petite branche. On penche le baromètre jusqu'à ce que le mercure qui descend dans la petite branche atteigne le sommet de la grande, et on ferme alors le robinet. Il est vrai que si, pendant le transport, la température s'élève par trop, le mercure emprisonné rompt le tube de verre en se dilatant.

Le baromètre à syphon de M. Gay-Lussac se transporte renversé; pendant le renversement, la grande branche s'est remplie. Pour éviter qu'un peu de mercure ne retombe dans la petite branche et qu'un peu d'air ne se loge à la place du mercure déplacé, dans la grande branche, on tient ce coude très étranglé. La *capillarité* retient en effet le mercure, excepté cependant quand les secousses sont par trop fortes. Pour suppléer à l'insuffisance de cette précaution, un artiste ingénieux, M. Bunten, a imaginé de former la grande branche de deux portions de tube; la supérieure qui par en bas se termine en pointe effilée, s'engage dans l'inférieure qui se soude à la surface externe de la première. On conçoit alors que si par hasard une bulle d'air venait à se glisser dans la grande branche, il faudrait pour qu'elle passât dans la chambre, qu'elle s'engageât dans le canal très étroit que présente la pointe effilée, et le traversât. Tout au contraire, la bulle va se loger dans l'espace compris entre la pointe et le tube enveloppant, et ne peut monter plus haut.

Nous n'entrerons pas dans les détails du procédé que l'on suit pour remplir ces baromètres à syphon. Cette opération, assez délicate, n'est pratiquée que par les artistes exercés à ce genre de travaux, et ces détails leur sont trop familiers pour qu'il soit nécessaire de les leur rappeler. Si nous avons décrit la manière de remplir un baromètre droit, c'est que tous nos lecteurs pourront pratiquer eux-mêmes cette manipulation.

Dans le baromètre à cadran, les mouvements de la colonne sont traduits par ceux d'une aiguille qui parcourt un cadran. A la surface du mercure de la petite branche, flotte un corps plus léger que le mercure, suspendu à un fil qui s'enroule sur une poulie ; cette poulie est traversée par le pivot de l'aiguille. Quand le niveau de la petite branche baisse, le corps flottant baisse avec lui, au moyen du fil fait tourner la poulie et avec elle l'aiguille. Quand, au contraire, le niveau remonte, le flotteur soulevé par lui ne tend plus le fil, et un contre-poids placé de l'autre côté de la poulie, et qui s'attache de même à un fil enroulé sur celle-ci, la fait tourner en sens contraire, et avec elle l'aiguille indicatrice. Ces baromètres, peu exacts, offrent cet avantage de rendre très sensible en raison de la longueur de l'aiguille, les variations souvent très faibles de la colonne barométrique.

Nous croyons devoir renvoyer aux traités spéciaux de physique, ceux de nos lecteurs qui seraient curieux de connaître les baromètres inventés par Descartes, Huygens, Amontons, Farenheit, Bernouilli, Cassini. Leurs défauts en ont généralement fait proscrire l'usage. Sainte-Preuve.

BAROMÈTRE. (*Agriculture.*) Je n'ai à considérer ici le baromètre que sous le rapport des indications qu'il peut offrir aux cultivateurs pour les diriger dans certains travaux. Voici les principales et les plus sûres de ces indications.

Quand le sommet de la colonne de mercure est convexe, c'est qu'il se dispose à monter, alors on doit espérer du beau temps ; si au contraire il est concave, c'est que le mercure se dispose à descendre, et on doit craindre le mauvais temps.

Quand le mercure monte au-dessus du variable, qui est le terme moyen de la pesanteur de l'air, il annonce le sec, le beau temps ; quand il descend au-dessous du terme variable, c'est un signe de pluie, de vent et de mauvais temps.

Plus le mercure monte, plus il promet de beau temps ; plus il descend, plus l'on doit s'attendre à du mauvais temps, comme pluie, neige, grand vent, tempête.

Lorsqu'il y a en même temps deux vents, l'un près de terre et l'autre dans la région supérieure de l'atmosphère, si le vent le plus bas est nord et le plus élevé sud, il ne pleuvra pas, quoique le baromètre puisse être très bas ; mais si le vent le plus élevé est nord et le plus bas sud, il pourra pleuvoir, quoique le baromètre puisse être alors très haut.

Quand le mercure monte un peu après être resté quelque

temps sans mouvement, on a lieu d'espérer du beau temps; mais s'il descend, c'est un signe de pluie ou de vent.

Dans un temps fort chaud, l'abaissement du mercure annonce le tonnerre; et s'il descend beaucoup et avec rapidité, on doit craindre l'arrivée d'une tempête.

Quand le mercure monte en hiver, c'est signe de gelée; si ensuite il descend on doit s'attendre à un dégel; mais s'il monte encore pendant la gelée, on est sûr d'avoir de la neige.

Pour peu que le mercure monte et continue à monter pendant ou après une tempête, ou une pluie longue et abondante, il y aura du calme ou du beau temps.

Toute variation brusque, rapide et considérable indique un changement de courte durée; toute variation lente et continue assure la durée du changement qu'elle présage.

Quand le mercure monte la nuit et non le jour, c'est un signe certain de beau temps.

Si le thermomètre est fixe tandis que le baromètre baisse, c'est un présage de pluie : si le baromètre et le thermomètre baissent tous deux sensiblement, c'est un signe de grande pluie.

Si, au contraire, le baromètre et le thermomètre montent sensiblement, c'est l'annonce d'un temps sec et serein.

Il n'est pas nécessaire de donner ici l'explication physique des causes qui produisent ces phénomènes; mais l'intérêt qu'a tout cultivateur de les connaître, autant que possible, à l'avance, doit l'engager à se munir d'un bon baromètre.

Soulange Bodin.

BARREAUX. *V.* Grilles.

BARYTE. (*Chimie industrielle.*) A l'état de pureté, cette substance n'a encore aucun usage dans les arts; mais plusieurs de ses sels sont employés, ou susceptibles de procurer quelques utiles applications. Nous en tracerons rapidement l'histoire.

La baryte pure est solide, poreuse, d'une couleur légèrement grisâtre, d'une saveur extrêmement caustique, infusible aux températures les plus élevées. Mise en contact avec l'eau, elle développe une chaleur très forte et forme un hydrate cristallisé; l'eau bouillante la dissout, et, à quinze degrés, en laisse déposer une partie qui cristallise. Cet hydrate, exposé à l'action de la chaleur, se fond facilement.

A l'état caustique ou hydraté, la baryte absorbe facilement l'acide carbonique de l'air et se réduit en poudre.

Il n'existe qu'un seul procédé pour obtenir cette base à l'état de pureté : il consiste à calciner le nitrate dans une cornue de porcelaine ou de grès ; mais on peut l'obtenir en grande quantité à l'état d'hydrate, en décomposant le chlorure dissous par la Potasse ou la Soude caustique, comme MM. Anfrye et D'Arcet l'ont pratiqué très en grand, et, par ce procédé, elle revient à un prix peu élevé. Mais on doit aux mêmes auteurs un procédé plus avantageux encore, et qui leur a fourni des quantités très considérables de cette substance.

Il consiste à décomposer le sulfure de barium par le moyen de l'oxide de cuivre. Dizé avait proposé de décomposer le même sulfure par l'oxide de manganèse, mais Bucholz a fait voir que ce procédé ne donnait qu'une faible proportion de baryte, et beaucoup de sulfite de cette base. L'oxide de fer ne réussit pas mieux. L'oxide de plomb se dissout en assez grande proportion dans la liqueur caustique, encroûte fortement les chaudières et rend l'opération très difficile ; celui de cuivre, au contraire, donne de très bons résultats.

On peut préparer le sulfure de barium en calcinant le sulfate avec le charbon, c'est le seul qui donne un composé pur ; mais en grand il offre beaucoup d'inconvénients. Le sulfure est en poudre quand on le retire des creusets, et le courant d'air en entraîne une grande quantité qui répand une odeur désagréable et malsaine pour les ouvriers, et il s'en oxide une partie considérable ; ou bien il faut laisser refroidir et perdre beaucoup de temps.

Sur de grandes masses il est préférable d'ajouter au mélange un sixième à un tiers de sel marin décrépité ; on chauffe dans des pots de verrerie ou dans des fours à réverbère : le sel marin détermine la fusion du mélange que l'on peut retirer immédiatement et remplacer par de nouvelles charges. Le lingot coulé n'offre à l'air qu'une surface peu étendue et n'éprouve presque aucune altération ; de manière que l'on pourrait préparer en une seule opération des masses de matières que l'on n'emploierait que beaucoup plus tard. On place le sulfure concassé dans des paniers serrés que l'on suspend à la surface des tonneaux remplis d'eau; le sel marin, en divisant la matière, la rend très facilement attaquable. On laisse déposer la liqueur, et on la porte dans des chaudières où on la fait bouillir avec de l'oxide de cuivre.

MM. Anfrye et D'Arcet se sont servis avec avantage des procédés mis en usage pour le traitement du métal de cloche. Cet alliage, composé de 70 de cuivre et 30 d'étain environ, bien oxidé au four à réverbère, était mêlé dans les chaudières avec la dissolution de sulfure; quand la liqueur précipitait en blanc le nitrate de plomb, on la versait dans des baquets, où il se formait des masses de cristaux de baryte qu'on purifiait par un lavage à l'eau froide ou par une nouvelle cristallisation.

Les sulfures étaient grillées dans le four à réverbère et servaient à traiter une nouvelle liqueur.

Si on voulait obtenir seulement quelques kilogrammes de baryte, on pourrait se servir du résidu de la distillation du sulfate, du nitrate ou de l'acétate de cuivre : le sulfure obtenu donnerait par la calcination de nouvel oxide propre à la même opération.

La baryte pure, exposée à l'action de l'oxigène à une haute température, en absorbe une grande quantité, qu'elle peut ensuite céder à l'eau sous l'influence des acides.

Sulfure de Barium. En chauffant du sulfate de baryte, seulement au milieu d'une BRASQUE de charbon, on le convertit en sulfure, qui, s'il a été préparé à une très haute température, donne avec l'eau une dissolution presque incolore. En mêlant le même sel avec un sixième de son poids de charbon et le calcinant fortement, on obtient aussi un sulfure qui est alors mêlé avec une certaine quantité de charbon, que l'on peut en séparer facilement par la dissolution et la filtration ou la décantation : ce sulfure cristallise en grande partie par le refroidissement sous forme de larges lames; il est alors hydraté.

Chlorure. Il cristallise en grandes lames carrées, contenant 14,75 p. 100 d'eau de cristallisation; 100 parties d'eau bouillante en dissolvent 78, et l'eau froide, 43. Il est indécomposable par la chaleur; il est insoluble dans l'alcool, dont il ne change pas la couleur de la flamme. On l'obtient en décomposant le carbonate ou le sulfure par l'ACIDE HYDROCHLORIQUE. Dans cette dernière opération, comme il se dégage une très grande abondance de l'Acide hydrosulfurique, dont l'action sur l'économie animale est très dangereuse, il faut avoir soin de l'enflammer à mesure qu'il se produit et de se placer sous une cheminée ou sur le vent, si on opère en plein air. On peut l'obtenir aussi en fondant ensemble 3 parties de chlorure de calcium et 2 de sulfate de baryte, et faisant bouillir quelques instants la matière pulvérisée avec de l'eau filtrée.

Nitrate. Il se présente sous forme d'octaèdres; cristallise facilement par le refroidissement d'une dissolution saturée à chaud, est insoluble dans l'acide nitrique. Il se prépare en traitant le sulfure par l'acide nitrique, et sert à obtenir la baryte pure.

Sulfate. On le rencontre dans beaucoup de localités, soit cristallisé, soit sous forme de masses, et il compose une partie considérable de la gangue d'un assez grand nombre de minerais : c'est un des corps les plus insolubles que l'on connaisse. Il forme, avec divers oxides, des composés fusibles; on s'en sert comme fondant dans quelques opérations métallurgiques. Il peut être employé avec avantage dans la fabrication du Verre, et on le fait entrer aussi dans quelques espèces de Poteries. *V.* ces mots.   H. Gaultier de Claubry.

BASE. (*Construction.*) Partie inférieure d'un mur, d'une colonne, d'un pilier, d'un piédestal etc., ordinairement plus saillante que le corps de la construction même. S'il est naturel et conforme aux lois de la construction de donner de la saillie, de l'*empatement* aux bases, aux soubassements et en général aux parties inférieures des constructions, afin de leur procurer plus de solidité en les faisant reposer sur une plus grande étendue du sol; d'un autre côté, plusieurs motifs doivent engager à ne pas excéder à cet égard une certaine mesure.

Parmi ces motifs, nous citerons sur-tout l'économie qui peut être d'autant plus interessée à ce sujet, qu'en donnant aux bases, ou aux soubassements en général, une saillie un peu considérable, on se met à peu près dans la nécessité de les orner de moulures, d'autant plus coûteuses que ces parties des constructions doivent indispensablement être exécutées en matériaux aussi durs que possible, comme devant résister en même temps à toute la pesanteur de l'édifice, à l'humidité du sol, et enfin à des chocs plus ou moins multipliés.

Enfin, ces saillies ont souvent, en outre, l'inconvénient de gêner la circulation, de réduire les passages d'entrée ou de communication, etc., etc.

Les édifices antiques, qui, pour la plupart, sont des modèles non-seulement de bon goût, mais encore de bon sens, offrent quant au sujet qui nous occupe, des exemples bons à imiter. Ainsi, l'ordre gothique grec est entièrement dépourvu de *base*. Il en est à peu près de même de l'ordre dorique romain; et dans beaucoup de circonstances, les anciens ont ou supprimé ou diminué les saillies des bases de leurs colonnes, ou du moins les angles saillants du *plinthe*, c'est-à-dire de la partie inférieure et ordinairement carrée de la base.

Nous ajouterons peut-être quelques mots sur ce sujet au mot Colonne.   Gourlier.

BASES. (*Technologie.*) On donne ce nom aux oxides, à l'ammoniaque et à diverses substances organiques qui se combinent aux acides et les saturent plus ou moins complétement. Les bases les plus énergiques sont les Alcalis. Nous aurons occasion de parler des bases les plus importantes dans un grand nombre d'articles particuliers, auxquels nous renvoyons G. de C.

BASSE. *V.* Instruments a cordes.

BASSE-COUR. (*Agriculture.*) Cour qui sert au ménage d'une maison de campagne. Cette définition *académique* est aussi claire et précise qu'elle est courte. Mais que d'idées accessoires elle emporte! Tout le *ménage des champs est là* ; c'est ce qui lie l'habitation du maître avec le domaine rural, l'intelligence agissante de l'homme avec la passive fécondité de la terre, ce qui renferme à la fois les instruments et les produits du travail, l'industrie que rien ne fatigue et le profit qui la récompense toujours! Et non-seulement la basse-cour complette la maison de campagne, mais, quand elle est bien tenue, elle en est le plus bel ornement, et son seul aspect fait naître des idées de prospérité, d'abondance et de bonheur. Rien n'indique mieux, au premier coup d'œil, l'état de l'agriculture dans chaque canton, que le plan, l'exécution et l'entretien des constructions qui la composent.

Ces constructions sont aussi variées que le comporte leur

destination, variées comme le sont eux-mêmes les travaux des champs. Quand on organise, pour la première fois, une exploitation rurale, on fait sagement de se contenter de tous les bâtiments que l'on trouve sur le terrain, en leur donnant, aux moindres frais possibles, une appropriation déterminée. C'est dans ces sortes d'entreprises sur-tout qu'il faut s'assujétir à la plus sévère économie. La terre est à la fois avide, dépensière et avare. L'économie, c'est, en esprit comme à la lettre, la loi de la maison.

Les principaux bâtiments composant la basse-cour sont, en général, les granges, les greniers, les écuries, les étables, le colombier, le poulailler, le cellier, les remises, les hangards, les toits à porcs, les serres à racines et à légumes ; à quoi il faut ajouter plusieurs réduits séparés pour la ponte, la couvée, l'engrais des oiseaux domestiques, et pour les animaux malades; des loges à chiens, une ou plusieurs fosses pour le fumier ; une ou plusieurs citernes pour les engrais liquides; et un local de facile accès pour la préparation des composts.

Quand on est dans le cas de construire une basse-cour à neuf, il faut d'abord considérer sa situation, soit dans le rapport avec l'habitation du maître ou du fermier, soit dans les rapports et dans la connexion que doivent avoir entre eux les bâtiments qui doivent la composer. Si le domaine arable a une certaine étendue, les bâtiments de l'exploitation seront d'autant mieux placés qu'ils seront plus au centre. Le voisinage d'un bon chemin vicinal ou d'une route conduisant au marché, d'une rivière, d'un ruisseau, d'une source élevée donnant de l'eau potable, d'un bouquet de bois pouvant servir d'abri, sont encore des considérations déterminantes dans le choix d'un emplacement. L'enceinte peut avoir la forme d'un carré, ou mieux d'un parallélogramme. Ses principaux bâtiments formeront les côtés de l'est, du levant et du nord ; le côté exposé au midi sera fermé par un mur auquel pourront être appuyées des constructions plus basses pour les veaux, les cochons et les poules.

Les différentes pièces destinées à loger les animaux, à serrer les produits des récoltes, à abriter les voitures, les équipages, les instruments, doivent être légèrement élevées au-dessus du sol par une couche de sable, de petits cailloux ou du mâchefer, étendue sur un plan incliné, pour la rendre plus sèche et plus saine; et il faut que celles qui renferment les animaux, soient en outre pourvues de fenêtres opposées et peu élevées, qu'on ouvre et qu'on ferme pour renouveler l'air et régler convenablement la température intérieure.

La fosse à fumier est presque toujours placée dans le milieu de la cour principale. D'abord, un pavé ou chaussée, de neuf à dix pieds de large ou plus, suivant la proportion de l'ensemble, doit être pratiqué le long des édifices pour la facilité de la circulation; ensuite, une certaine étendue de la cour, si elle est vaste, peut être enclose par un mur peu élevé et divisé en compartiments, destinés à recevoir, sur des points différents, le bétail, les charriots et les brouettes. Si la cour est petite, on laissera libre tout cet espace, dans lequel le terrain suffisamment excavé s'abaissera par une pente insensible vers le centre si le sol était naturellement uni, ou vers l'endroit le plus bas s'il ne l'était pas ; et de cette partie, naturellement ou artificiellement plus déprimée que tout le reste, prendra naissance une rigole, qui ira aboutir au réservoir de l'engrais liquide. Le fond de cette excavation ou trou à fumier, doit être rendu solide par un bon pavé ou blocage, afin de résister au poids des chars en enlevant le fumier, et d'empêcher par son imperméabilité l'absorption du liquide. Et pour empêcher autant que possible, l'excès des eaux pluviales de pénétrer dans la masse du fumier et de délayer son égouttement naturel, on entourera la fosse de rigoles ouvertes et souterraines, et l'on se débarrassera de l'eau des toits à l'aide de gouttières. Telle est l'opinion des meilleurs agriculteurs sur la situation respective de la cour, du trou à fumier et des réservoirs. Mais les trous à urines ne méritent pas moins d'attention. On peut donner le nom d'*Urinarium* à ces fosses, qui peuvent rester à l'air, mais qu'il vaut mieux couvrir, et que l'on construit près des étables et des hangards bétail, pour recevoir immédiatement les écoulements liquides de ces bestiaux, sans qu'ils soient mêlés avec l'eau de pluie. On sait par expérience qu'on peut obtenir ainsi facilement, dans toutes les fermes, une augmentation considérable de l'engrais le plus riche et le plus approprié aux terres labourables; mais comme tout excès est pernicieux, il est bon d'observer ici que le bénéfice que l'on cherche à se procurer, se convertirait en perte, si l'écoulement des urines était porté au point d'empêcher la litière d'entrer en fermentation, faute d'être suffisamment imbibée. Lorsqu'on ne conduit point le bétail à l'étable, les meilleurs agronomes pensent qu'ils ne donnent pas plus d'urine qu'il n'en faut pour convertir la paille en bon fumier ; s'il reste attaché à la mangeoire, un réservoir est essentiel. Il est même bon d'en avoir deux, afin que quand l'un est plein, l'urine y entre à l'état de fermentation putride avant d'être enlevée. On l'emploie alors soit en la répandant immédiatement sur la terre dans son état liquide, soit en la mêlant avec de la terre, de la tourbe et d'autres composts. Les réservoirs, voûtés ou en forme de puisarts, doivent être faits en maçonnerie, bien cimentés, ou entourés d'un bon corroi de glaise, afin que le liquide ne suinte pas en dehors, et l'ouverture qui donne passage au corps de la pompe doit être assez large pour qu'un homme, au besoin, enlève les immondices qui s'accumulent au fond. En Belgique, on pratique ces réservoirs dans l'épaisseur même du mur de l'habitation, de façon qu'une partie en dedans se trouve en dehors pour en avoir l'urine, et une partie en dehors pour le service de la pompe, placée le long du mur, à l'intérieur du sentier pavé qui l'environne.

Lorsque l'abreuvoir est placé dans la basse-cour, le premier soin est d'éviter que les eaux du fumier ne s'y déversent ou n'y refluent. Heureux lorsqu'on peut y faire passer des canaux d'eau vive ! S'il n'est pas alimenté par une source ou par une pompe, il sera bon d'y amener l'eau des TOITS (*v.* ce mot). A défaut d'abreuvoir, on aura une grande auge de pierre, et un puits avec pompe pour abreuver convenablement les bestiaux, et suffire aux besoins journaliers de l'exploitation. Dans les cantons privés de sources, une citerne est nécessaire pour recueillir au moins les eaux pluviales.

Nous parlerons, sous leurs noms, des ÉTABLES, des BERGERIES, des ÉCURIES, des GRANGES et autres constructions qui appartiennent plutôt à la ferme qu'à la basse-cour proprement dite. Les POULAILLERS, et l'ÉDUCATION DES VOLAILLES, méritent aussi un article à part, ainsi que la LAITERIE. Lorsque la volaille est peu nombreuse, et qu'elle se réduit à un petit nombre de poules que l'on voit s'ébattre à la porte de la grange ou sur le fumier, et que la fermière n'entretient que pour avoir des œufs, elle ne demande pas une attention bien particulière. Toutefois, dans ce cas même, il faut un abri dans lequel les différentes espèces de volatiles puissent jucher, couver, manger, être engraissées. Si cet abri est voisin du logement de la femme de basse-cour chargée d'en avoir soin, les poules s'en trouveront fort bien ; car elles viendront jucher, couver jusques dans la cheminée, et elles ne se portent jamais mieux que lorsqu'elles vivent dans la chaleur et dans la fumée. Cette observation est aussi ancienne que Columelle, et est confirmée par l'immense quantité de poulets que les habitants des campagnes élèvent ainsi au coin du feu, dans leurs chambres enfumées.

Lorsqu'on élève ensemble des dindes et des poules, il faut leur préparer des nids dans des boulins munis de couvercles à charnières, pour les tenir séparées au besoin, autrement elles se mettront deux ou trois à couver dans le même nid. Toutes doivent avoir à leur portée une cour couverte de gravier, et une pièce de gazon où elles puissent aller gratter et s'ébattre. Il ne faut pas les laisser manquer d'une eau fraîche et pure. La plus grande propreté est nécessaire, soit pour satisfaire les yeux, soit pour détruire la vermine qui les ronge. L'arrangement intérieur du poulailler d'une basse-cour est fort simple ; il ne consiste guère qu'en un certain nombre de barres de bois disposées horizontalement et par étages d'un mur à l'autre, où elles sont fixées par leur extrémité, en formant un amphithéâtre où les volailles vont se percher ; au-dessus on peut placer deux rangs de boîtes pour leurs nids ; le toit doit être lambrissé pour conserver la chaleur en hiver ; et la porte aussi élevée que le toit pour le renouvellement de l'air, doit avoir, dans le bas, une petite ouverture munie d'une trape ou volet qu'on tient ouvert, lorsqu'on ne craint ni les chiens ni les renards, chaque fois qu'on veut laisser aux poules la liberté de sortir, principalement dans les matinées d'été. Les barres en bois, ou perches sur lesquelles ces oiseaux gratteurs doivent jucher, ne doivent pas être rondes et polies, mais seulement arrondies et rugueuses comme serait une branche d'arbre. Le plancher doit être tenu sec et propre.

S'il est avantageux de tenir le poulailler rapproché de la maison, il faut au contraire tenir, autant que possible, les toits à porcs, sinon éloignés, au moins isolés des autres bestiaux de la ferme. Cependant s'il est possible de les placer à portée de la laverie, cela donnera la facilité d'y faire parvenir les eaux grasses et les épluchures, soit par un tuyau, soit autrement. Ce sont des constructions basses, du genre le plus simple, demandant seulement un lieu chaud où la truie puisse mettre bas, avec une petite cour devant, et une auge pour recevoir la nourriture. Quand ils sont à quelque distance il vaut mieux que les gens de service n'y entrent que par la basse-cour. Quoique les cochons soient en général regardés, peut-être à cause de leurs habitudes, comme des animaux sales, et même immondes aux yeux de certains peuples, il n'y en a pas qui se montrent plus sensibles au plaisir de s'étendre dans un lieu propre et bien disposé, et sur la santé, le développement et l'embonpoint desquels la propreté et l'aisance influent davantage. C'est ce que savent bien, et ce que pratiquent les éleveurs de porcs dans les montagnes de l'Auvergne. Pour tenir leurs réduits secs et propres, on aura soin de donner au plancher une pente légère qui facilite l'écoulement de l'humidité. Le toit à porcs doit aussi avoir plusieurs divisions pour tenir séparées les différentes espèces de cochons; les unes pour tenir la truie renfermée avec le verrat; les autres pour les truies pleines, où elles puissent mettre bas; d'autres enfin pour sevrer les petits, loger ceux qu'on se propose de vendre, tenir ceux qu'on se propose d'engraisser. Il ne faut pas tenir ces différentes espèces de cochons ensemble, car on a remarqué qu'ils se nourrissaient et profitaient mieux, lorsqu'ils étaient réunis par espèces et en petit nombre, que lorsqu'on mettait ensemble les grands et les petits. Il est très avantageux d'avoir de l'eau à leur portée, et de s'en servir pour laver à fond leurs cellules.

Les bâtiments qui composent la basse-cour doivent avoir entre eux des communications et des rapports, que la connaissance et le bien du service aideront à déterminer. Il faut, par exemple, que les hangards destinés à abriter les charrettes et les charrues, soient à la portée des écuries, et que les fourrages destinés à la nourriture de chaque espèce d'animaux, soient placés dans les greniers situés au-dessus des locaux qui les renferment. La bergerie sera placée dans le lieu le plus sec, le plus sain et le plus favorablement exposé. Le fournil, muni d'un bon fourneau disposé pour la cuisson économique des racines, sera assez spacieux pour qu'on puisse les y couper et les préparer le soir à la veillée, et pour qu'on puisse y faire diverses manipulations que le mauvais temps ne permettrait pas de pratiquer au-dehors. La serre aux racines demande aussi des soins. C'est là qu'on dépose ou qu'on entasse les pommes de terre, légumes, carottes, choux, betteraves et autres racines qui doivent servir à la nourriture du bétail pendant l'hiver. L'entrée doit en être assez grande pour recevoir un char chargé. Sans le secours d'une telle serre, dont la grandeur doit être proportionnée à l'étendue de l'exploitation, et qui peut être construite en forme de cave, sous quelque partie d'édifice que l'on a le plus d'intérêt à assainir, il serait non-seulement incommode, mais souvent même impossible, quand le froid devient rigoureux, de fournir aux différents animaux l'aliment salutaire qu'ils attendent; il faut avoir soin de n'y pas garder long-temps les choux, qui contractent facilement une fermentation putride qui ne permet plus de les employer. Il faut aussi veiller à ce que ce lieu soit tenu dans le plus grand état de propreté et de fraîcheur, afin que les racines n'y contractent pas une mauvaise odeur; car si les bestiaux, qui sont quelquefois très délicats dans le choix de leur nourriture, se dégoûtent une fois d'un aliment quelconque, il est rare qu'ils y reviennent avec plaisir.

Si l'on peut jeter çà et là, dans la basse-cour, quelques arbres isolés à baies raffraîchissantes ou à feuillage léger, on verra la volaille se grouper à leur pied, soit pour jouir de leur ombre pendant l'ardeur du jour, soit pour dévorer leurs fruits à mesure qu'ils tombent. Les bergers, les vachers, les charretiers et autres employés ruraux seront toujours logés le plus près possible des parties de service qui leur seront confiés; et, de sa demeure voisine, l'œil du maître surveillera, animera, fécondera sans relâche tant d'éléments de travail, de reproduction et d'aisance réunis dans un lieu que le philosophe et le citoyen voient, avec un égal intérêt, mais dont la dénomination *inconvenante et surannée*, rappelle tristement encore la déconsidération, où le noble *menage des champs* était tombé dans des temps d'ignorance et de barbarie. Soulange Bodin.

BASSE-LISSE. *V*. Tapisserie.

BASSIN. (*Construction.*) On donne ce nom à un espace vide destiné à contenir une quantité plus ou moins considérable d'eau, dont la surface est ordinairement un peu au-dessous ou à peu près au niveau du sol, quelquefois aussi un peu au-dessus.

L'étendue du bassin dépend nécessairement, en partie de la quantité d'eau qu'on veut y recueillir, en partie aussi de l'emplacement.

La profondeur doit principalement être déterminée en raison du but pour lequel le bassin est établi : si c'est pour un motif d'utilité, c'est-à-dire comme réservoir, et qu'en même temps on ne puisse disposer que d'un emplacement assez restreint proportionnellement à la quantité d'eau à y recueillir, il n'y aura aucun inconvénient à donner au bassin une assez grande profondeur, et l'on pourra même par là obtenir une certaine économie. Si, au contraire, il s'agit d'un bassin d'agrément, comme dans un jardin, au centre d'une place, etc., etc., une faible profondeur (un mètre ou trois pieds, par exemple) suffira, et sera même plus convenable, en ce qu'elle laissera à l'eau toute sa transparence et permettra d'apercevoir le fond.

En principe, la forme circulaire est préférable, tant comme aspect que sous le rapport de l'économie, attendu qu'à superficie égale, elle donne un moindre développement de constructions extérieures, et enfin, sous le rapport de la solidité, en raison de la répartition uniforme qui en résulte, soit de la poussée exercée par l'eau, de l'intérieur à l'extérieur, soit de celle exercée par les terres de l'extérieur à l'intérieur. Cependant les formes rectangulaires, et en général les formes polygonales sont également susceptibles d'être employées, en ayant attention de fortifier les angles, et même autant que possible par arrondissement et par des contre-forts extérieurs.

Le premier soin à prendre, pour la bonne construction d'un bassin, c'est de l'établir sur une plate-forme bien ferme, et sur-tout également résistante. Si le bon sol se trouve peu au-dessous de la profondeur qu'on veut donner au bassin, il sera bon de pousser la fouille jusque là, de bien dresser et battre de niveau le fond, et, enfin, de le recouvrir d'un massif plus ou moins épais de bonne maçonnerie à bain de mortier hydraulique, susceptible de s'opposer à toute filtration d'eau. Quelquefois on établit à cet effet un Corroi en glaise sous ce massif et même au pourtour des murs dont nous allons parler. Nous renvoyons à ce mot quant aux avantages et aux inconvénients qui peuvent en résulter, ainsi que quant à la manière de l'établir.

Si, au contraire, le bon sol ne se trouve qu'à une profondeur trop considérable pour qu'on doive penser à l'atteindre, on s'en dispensera par un des moyens que nous indiquerons au mot Fondation, comme susceptibles de remédier à la compressibilité du sol.

Dans tous les cas, le massif devra s'étendre sous toute l'étendue du bassin, y compris l'épaisseur des murs de pourtour, et excéder même le parement extérieur de ces murs d'au moins cinq à dix centimètres (environ deux à quatre pouces), et plus encore si le sol est mauvais. Le dessus de ce massif devra former *cuvette*, c'est-à-dire être légèrement concave, de façon à ce que le bassin soit un peu plus profond au centre qu'à la circonférence.

On élévera ensuite les murs de pourtour en leur donnant une épaisseur proportionnée, d'une part à leur hauteur, et de l'autre à la nature des matériaux dont ils devront être composés, ainsi qu'à celle du mortier qui devra y être employé.

Tant pour ces murs que pour le massif, on devra faire choix de matériaux de bonne qualité, et non susceptibles d'être détruits par l'eau ou l'humidité. Peu d'espèces de moellons calcaires peuvent y convenir; la meulière ou des briques bien cuites sont au contraire parfaitement convenables.

Il importe sur-tout de relier ces matériaux à l'aide de mortier de la meilleure qualité possible, et d'en garnir exactement tous les vides qu'ils pourraient laisser entre eux. Par ce moyen il sera possible de réduire l'épaisseur des murs, d'autant plus que, dans ces sortes de constructions, la poussée intérieure du liquide est en partie contrebutée par la poussée extérieure des terres environnantes, et réciproquement.

Il sera également très convenable d'établir ces murs et massifs en Béton partout où l'on possède les matériaux nécessaires.

Quel que soit le mode de construction employé, on doit apporter une grande attention au moyen de revêtissement du dessus du massif et du parement intérieur des murs.

Le massif peut être recouvert, soit en bons PAVÉS, soit en forts CARREAUX de terre bien cuite, soit en dalles de pierre, posées également sur bon mortier, ou bien encore sur BITUME, et surtout jointoyées avec le plus grand soin.

Mais ce qui convient le mieux pour le dessus de ce massif, ainsi que pour le parement intérieur des murs, c'est un ENDUIT en mortier hydraulique de la meilleure qualité, et établi avec le plus grand soin, ou bien aussi en bitume.

Dans tous les cas, il est fort utile de raccorder, par un fort adoucissement, la partie inférieure des murs avec le dessus du massif.

On munit ordinairement un bassin : 1° d'une bonde de décharge, placée à la partie la plus basse du fond, pour pouvoir le mettre à sec quand on veut le nettoyer ou le réparer; 2° d'un tuyau de trop plein à la hauteur à laquelle on veut régler le niveau de l'eau.

On trouvera dans le *Bulletin de la Société d'Encouragement* pour le mois d'août 1829, la figure et les détails d'exécution d'un bassin de trois mètres (neuf pieds) de diamètre, qui a été construit en briques et en ciment de Pouilly, dans le jardin de l'École des Mines à Paris, et qui a parfaitement réussi.

J'ai fait établir, et l'on a employé avec succès pour des bassins à peu près semblables, des briques dont les unes, *fig.* 193, sont

Fig. 193.   Fig. 194.

seulement cintrées, et ont leurs joints tendant au centre, et dont les autres, *fig.* 194, portent de plus, sur ces joints, des enclaves propres à augmenter considérablement la solidité.

Des moyens analogues sont sur-tout nécessaires lorsque la profondeur des bassins se trouve, en tout ou en partie, placée au-dessus du sol comme, par exemple, pour les bassins ou VASQUES de fontaines, parce qu'alors la poussée intérieure n'est plus contrebutée par la poussée extérieure. Souvent, pour obtenir une exécution plus riche et plus susceptible de décoration, on exécute ces vasques en pierres de taille, quelquefois même en marbre; mais alors, indépendamment du bon choix qu'on doit en faire sous le rapport de la dureté et de l'indestructibilité par l'eau et la gelée, il est important, d'abord de donner une assez grande épaisseur aux parois, afin qu'ils puissent résister par leur propre masse, et ensuite si la vasque est en plusieurs morceaux, ainsi que cela est indispensable pour peu que le diamètre soit grand, d'en établir les joints de réunion avec tous les soins et toute la solidité possible, soit en les agraffant au moyen de QUEUES D'ARONDE en bois ou en métal, soit encore en les cerclant extérieurement.

Il est également essentiel, pour ces sortes de bassins, et même pour ceux en contrebas ou à fleur du sol, de donner de l'évasement, du talus au parement intérieur du pourtour, afin que, dans le cas où ils n'auraient pas été mis à sec avant les gelées, ainsi qu'il est bon de le faire autant que possible, l'augmentation de volume que le liquide en éprouverait occasionât un effet moins considérable contre les parois.

On peut encore, dans les différents cas dont nous venons de parler, revêtir le fond et le pourtour du bassin en métal, (plomb, cuivre, zinc ou tôle); mais, indépendamment de ce que la plupart de ces métaux sont de nature à tenter la cupidité, ils offrent toujours plus ou moins de difficultés pour l'assemblage des différentes parties du revêtement, et surtout pour éviter les inconvénients de la dilatation ou du retrait qu'ils éprouvent en raison des variations de la température. Ces sortes de revêtements sont d'ailleurs plus applicables aux RÉSERVOIRS, à l'occasion desquels nous en parlerons.   GOURLIER.

BASSIN OPTIQUE. *V.* MIROIR et VERRES.

BASSON. *V.* INSTRUMENTS A VENT.

BATARDEAU. Digue que l'on oppose aux eaux pour les empêcher de faire irruption dans un espace que l'on veut tenir à sec. Cette digue peut être permanente ou temporaire : le premier cas s'offre rarement, et le second a presque toujours lieu dans les constructions hydrauliques de quelque étendue.

L'enceinte d'une place forte est quelquefois disposée pour des manœuvres d'eaux qui exigent la construction de batardeaux entre la partie des fossés qui doit rester habituellement à sec, et celle où les eaux sont retenues, la forme et les dimensions de ces sortes de digues sont déterminées suivant les préceptes et les règles de l'art de Vauban. L'architecture civile peut aussi employer des batardeaux dans quelques rares occasions où ces digues n'ont pas d'autre destination que de soutenir les eaux : mais ce n'est pas dans les travaux industriels que ce cas peut se présenter. Les digues que l'on construit pour le service des usines sont munies d'écluses, de vannes, de déversoirs ; leur sommet devient ordinairement une voie de communication, et par conséquent elles ne peuvent conserver le nom de *batardeaux*.

Ainsi, dans les travaux industriels, on n'a réellement besoin que de batardeaux temporaires, sorte d'ouvrages exécutés presque sans art. Si les eaux qu'il s'agit de soutenir sont stagnantes et d'un niveau constant, une double rangée de pieux enfoncés dans le terrain, soutiendra des planches entre lesquelles on battra de la terre glaise. Des claies peuvent remplacer les planches, sans qu'il en résulte aucun inconvénient. Mais s'il faut repousser des eaux courantes, sujettes à des crues subites, et si les travaux que l'on exécute doivent durer plus d'une saison, il faut que les batardeaux puissent résister aux affouillements, et les infiltrations sont plus à craindre : il est donc indispensable d'opposer aux eaux un obstacle plus solide. On mettra du côté du courant des palplanches bien enfoncées et jointives, liées entre elles et avec les planches de l'autre côté ; les couches de glaise appliquées contre le sol, seront damées fortement, et l'on ne craindra point d'exhausser le batardeau un peu au-delà du nécessaire. Au moyen de ces précautions, on ne sera plus menacé de fâcheuses interruptions, et les *batardeaux* rendront tous les services qu'on peut en attendre. Ferry.

BATEAU. (*Charpenterie.*) La construction des bateaux est l'objet d'une industrie particulière exercée par des ouvriers qui portent le nom de charpentiers en bateaux. Il y a des bateaux de toutes dimensions, de toutes formes : l'une et l'autre sont déterminées non-seulement par rapport aux canaux et rivières sur lesquels les bateaux doivent naviguer, par l'exigence des matières qu'ils doivent transférer, mais même par le caprice, le goût ou le savoir des propriétaires et des constructeurs. Cette variété dans les dimensions et les formes se retrouve encore relativement aux dénominations qui changent avec les localités. Indépendamment des bateaux plats des rivières, il y a les bateaux à quille, les chaloupes, les canots et autres petites embarcations qui servent sur les lacs profonds et dans la marine. Nous ne nous occuperons point de ces derniers qui ne sont bien faits, vu le grand nombre de surfaces gauches qui se rencontrent dans tout leur bordage, que par les charpentiers de marine, et sur des patrons qu'on nomme GABARI ; puisque même en nous restreignant à ne parler que des bateaux plats, nous serons encore obligé de passer sous silence la grande majorité des noms et des modes de fabrication, attendu que l'art du charpentier en bateaux exigerait un volume accompagné d'un atlas pour être traité dans tous ses détails. Nous ne parlerons donc que des bateaux consacrés au commerce intérieur et qui naviguent sur les canaux et les rivières, en nous renfermant même encore dans des aperçus généraux.

Les uns, ceux qui sont destinés à un long usage, ou à faire des voyages multipliés, sont construits en chêne; les autres, dits *toue* ou *sapine*, bâtis en sapin, sont assez ordinairement déchirés lorsqu'ils sont parvenus aux lieux de leur destination, sur-tout si, comme cela a lieu à Paris, le bois est plus cher dans ce lieu que dans celui du départ, et aussi, si le lieu de destination est plus bas relativement au courant du fleuve que le lieu du chargement; car alors les frais de hallage et de remonte excéderaient les frais de construction. Indépendamment de ces deux classes, les bateaux portent des noms divers, selon leur forme et leur grandeur. Les *bacs* sont de grands bateaux en carré-long employés pour le passage des rivières dans les endroits où il n'y a point de pont : ils ont une marche qui leur est particulière (*v*. BAC). Pour les autres bateaux, nous nous servirons des dénominations qui leur sont données à Paris, ne pouvant adopter celles des localités diverses. Les bateaux y arrivent des départements du nord en descendant l'Aisne et remontant la Seine; par le canal de Saint-Quentin, par celui de l'Ourcq, etc. Ils viennent des départements de l'est par la Marne; de la Bourgogne par l'Yonne, la Seine; des départements du centre et de ceux de l'ouest par la Haute-Loire, par l'Allier, la Loire-Inférieure et ses affluents, le canal de Briare, le canal d'Orléans. La Normandie envoie des bateaux de cinq espèces différentes, les *foncets*, les *écayers*, les *flettes*, les *barquettes*, les *cabotières*. Les premiers ont de quarante-quatre à soixante mètres de longueur, sur sept, huit et même neuf de largeur et deux de profondeur. Il sont faits en chêne; les quatre autres espèces vont en diminuant jusqu'aux cabotières qui sont les plus petites, mais qui sont encore de grands bateaux équipés de la même manière et avec autant de soin que les *foncets*. Les bateaux de l'Oise n'ont pas, à notre connaissance, de noms particuliers : ils sont moins grands en général que les grands bateaux normands ; leur longueur est d'environ trente-six mètres, leur largeur est de cinq mètres et leur profondeur d'un mètre et demi : ces mesures sont approximatives. On nomme *marnais*, *languettes*, *flûtes*, *lavandières*, *margota*, suivant les modifications qu'ils reçoivent dans leur forme, de grands bateaux construits en chêne et très solides. Les marnais sont grands et forts, recouverts de goudron, très larges et ayant les bordages recouverts d'un plat-bord sur lequel les mariniers font leur manœuvre : ces bateaux sont peu profonds : on les construit ainsi afin qu'ils puissent en tout temps passer sur les bas-fonds de la Marne dont le lit est irrégulièrement profond. Ils servent spécialement à apporter à Paris le charbon de bois.

Les bateaux qui arrivent dans la Seine par les canaux de l'Ourcq et de Briare sont expédiés de la Haute-Loire, de l'Allier, de Nantes ; ils sont chargés de vins, de sel, et autres denrées. Leur construction diffère de celle des bateaux normands et marnais : ils sont proportionellement plus longs, moins larges et plus profonds que ces derniers, moins soignés, moins solides : destinés à passer par des canaux, ils sont étroits afin de pouvoir marcher deux de front dans les biefs sans se gêner. Le batelet ou bachot est un petit bateau en chêne servant au passage des rivières. La *sapinette* est une petite toue en sapin, de huit à dix mètres de longueur, accompagnant les trains des grands bateaux, et destinée à leur service.

L'art du charpentier en bateaux plats est très borné relativement aux outils et ustensiles qui y sont employés, une scie passe-partout, un hacheron, marteau d'un côté, hache de l'autre, des mèches de calibres divers, la plupart du temps montées sur bois : voilà les principaux outils, sur-tout lorsqu'il s'agit de la construction des grandes sapines. Pour les grands bateaux en chêne et les batelets soignés, il faut d'autres outils, tels que hache à dresser, marteau, clous particuliers connus sous le nom de *clous à bateaux*. L'emplacement où s'élève le bâtis du bateau s'appelle le *chantier*, et on donne aussi le nom de *chantiers* aux pièces de bois sur lesquelles on établit l'ouvrage. Dans toute construction de grands bateaux, le choix des courbes, qui sont les côtes qui supportent le fond et le bordage, est la chose importante. Il ne faut pas, autant que possible, que ces courbes soient pliées par le moyen du feu. On choisit donc des bois coudés naturellement et sur-tout des embranchements, afin que la courbe ait un talon bien marqué. Le coude de la courbe n'est jamais absolument d'équerre : on se sert du feu, de l'eau, et quelquefois des deux moyens combinés, pour les amener à la cambrure nécessaire qui n'est pas tout-à-fait l'équerre, mais qui en approche. Le fond du bateau n'est pas soutenu seulement par la prolongation des courbes ; on met entre elles des lambourdes qui traversent toute la largeur moins 0^m,27 environ de chaque côté. Les courbes soutiennent le bordage après lequel elles sont assujetties au moyen de chevilles ; elles tiennent aussi par les mêmes moyens après le fond : dans ce second cas, les chevilles se mettent par dedans, les pointes saillantes en dessous : ces pointes en dessous ne sont point un défaut, elles garantissent le dessous des frottements.

Dans une construction bien entendue, les courbes ne touchent pas par leur coude extérieur l'angle intérieur du bateau : il doit toujours exister un jour assez considérable en cet endroit, et, s'il ne se rencontre pas naturellement par le défaut de jointure de la courbe, on doit le pratiquer avec l'outil ; car, c'est par ce jour, qu'on nomme *gouttière* ou *rigole*, que les eaux pluviales ou d'infiltration se réunissent en un même point, d'où ou les enlève, soit à la pompe, soit à l'écope. Le fond du bateau doit être sensiblement bombé dans le milieu afin que ces eaux se déversent sur les côtés. L'assemblage des planches qui forment le bordage doit être fait avec soin, sans quoi l'eau s'introduirait dans le bateau. C'est à l'aide d'une mousse fine, bien comprimée qu'on obtient la fermeture exacte des joints. Dans les bateaux soignés et en chêne, les joints sont doublés, c'est-à-dire, qu'après avoir inséré la mousse, on recouvre le joint avec du merrain ou avec une bande de châtaignier ; c'est une branche ouverte en deux et le même bois dont on se sert pour faire les grands cercles de cuves. On met la partie ronde où se trouve l'écorce dans l'angle du joint, on y fourre de nouveau de la mousse que l'on comprime en clouant la bande avec de longs clous à tête plate, très rapprochés entre eux. Lorsque ces joints sont ensuite enduits de goudron, ils deviennent très-solides et imperméables. Quand un grand bateau doit supporter de forts chargements, on prévient l'écartement de ses côtés au moyen de poutres transversales, mises à hauteur des bords : ces poutres lui donnent en outre la force de résister à la pression extérieure, lorsque le bateau se trouve serré entre d'autres bateaux. Toutes les diverses pièces qui entrent dans la construction du bateau ont chacune leur nom : les *liures*, les *clans*, les *rubords*, les *rables*, les *liernes*, les *hersilières*, les *soubarques*, les *bittons*, etc. etc. On les trouve toutes débitées dans les chantiers de construction.

Au milieu des grands bateaux qui remontent à la voile le courant des fleuves se trouve un bâtis quadrangulaire, au centre duquel se place le mât qui doit pouvoir se baisser et se lever à volonté. Ces mâts sont des sapins de choix, bien dressés et longs de vingt, trente et même quarante mètres : le bas est taillé en un fort tenon qui entre dans les jumelles du bâtis : ces mâts ne portent qu'une seule grande voile. L'endroit où les mariniers s'assemblent pour faire leur cuisine est situé devant la cabine et dallé d'une grande pierre qui se nomme la *carrée*. Chaque bateau, lorsqu'il ne fait point partie d'un train, est garni d'un gouvernail approprié à sa grandeur : ce gouvernail est composé de trois parties, l'*arbre*, le *timon*, la *piautre*. Dans les forts bateaux le gouvernail tient à l'arrière avec des gonds en fer et des pentures, le timon est en travers et est mu par deux cordes attachées à ses extrémités. Dans les bateaux de moyenne force, le timon assemblé d'équerre avec l'arbre est immédiatement mu à la main : dans les petits bateaux, le gouvernail n'est souvent qu'un fort aviron qu'on fait mouvoir à droite et à gauche pour conduire et pour avancer ; c'est une des allures les plus pénibles. Lorsque les bateaux ne remontent pas à la voile, on a recours au HALLAGE : on attache alors le *cabliau* ou *chabliau* à un petit mât ou bien aux *billes* à *biller*, les hommes ou les chevaux sont sur la berge où est le chemin de hallage, tirent à eux, tandis que les mariniers, soit à l'aide du gouvernail, soit à l'aide des *bourdes*, dirigent le bateau en évitant les forts courants et les bas-fonds, où ils pourraient s'engrèver. Quand les bateaux remontent en train, c'est-à-dire plusieurs ensemble, ils doivent être sur une seule file ; la corde qui les unit au bateau conducteur se nomme la commande : en descendant, ces bateaux vont par *couplage*, c'est-à-dire deux à deux de front, chaque bateau doit être muni de son ANCRE, v. ce mot.

L'été est la saison pendant laquelle les bateaux souffrent le plus : il n'est point possible d'abriter les grands trains, mais les petits bateaux d'agrément doivent être peints et tenus, autant que possible, à l'ombre. Dans plusieurs endroits on coule à fond les batelets qu'on veut conserver pendant l'été; mais cette méthode ne vaut pas une peinture épaisse et la retraite à l'ombre, parce que le bateau qui a été submergé est ensuite très sensible à l'air, et que la sécheresse y cause de grands ravages.

Le *tirant d'eau* des bateaux, c'est-à-dire la quantité dont ils plongent lorsqu'ils sont chargés, est déterminé par des réglements dont l'exécution n'est pas suivie rigoureusement. Dans beaucoup d'endroits on charge beaucoup plus les bateaux à l'instant où ils entrent dans les canaux, afin d'éviter les frais d'écluse, et de gagner deux ou trois bateaux par train : la profondeur uniforme des canaux permet de donner plus de tirant aux bateaux. Le poids dont le bateau est chargé s'exprime en *tonneaux*. Un tonneau pèse 1,000 kilogrammes, son volume est un mètre cube. Quand la marchandise est pesante, c'est-à-dire, si, comme les métaux, les pierres, les marbres, le mètre cube pèse plus de 1,000 kilogrammes, on obtient une diminution sur le fret ; si au contraire elle est légère et ne puisse se comprimer de manière à ce que le mètre cube pèse à peu près les 1,000 kilogrammes, le fret est plus cher : comme cela a lieu pour le coton, pour certains bois, pour la laine, etc. Quand la capacité du bateau est connue, on détermine facilement le poids des marchandises qu'il contient par la quantité dont il plonge, les mariniers ont une espèce de jauge en cuivre qui, descendue jusqu'au niveau de l'eau, donne, par la hauteur du rebord du bateau la quantité suffisamment approximative du chargement.

Nous ne parlerons pas des bateaux remorqueurs, dragueurs, plongeurs et autres ; ce que nous pourrions en dire serait trop bref pour être de quelque utilité : ce sont des spécialités concernant moins directement le commerce et l'industrie que nous ne devons jamais perdre de vue.   Paulin Desormeaux.

BATEAUX A VAPEUR. (*Mécanique.*) La pensée de faire avancer un bateau à l'aide de roues qui réagiraient sur le liquide, au lieu de recevoir de lui leur action, n'est pas nouvelle; on trouve dans les auteurs anciens plusieurs descriptions d'appareils de ce genre.

Les premières expériences tentées pour établir la supériorité de ce mode d'impulsion sur les rames ou autres moyens analogues, remontent à l'année 1699 ; elles appartiennent à M. du Quet (*v. Machines approuvées par l'Académie*, tome Ier). Entre cette application et la substitution d'un agent mécanique, tel que la vapeur, aux forces musculaires des hommes ou des animaux, qui, dans tous les projets devaient mettre les roues à palettes en mouvement, restait à franchir un intervalle immense.

Les Anglais, les Américains se disputaient la gloire de cette découverte; la France restait spectatrice de cette discussion, lorsque des recherches faites par le savant M. Arago, vinrent jeter un jour nouveau et inattendu sur cette controverse. Grâce à sa persévérance à explorer les rayons poudreux des bibliothèques et les vieux livres qu'ils recèlent, il a restitué à la France l'honneur d'avoir donné le jour à celui qui, le premier, conçut le projet d'appliquer la puissance mécanique de la vapeur aux mouvements des roues à palettes, pour imprimer ainsi une vitesse à un navire.

Vainement les Anglais viendront maintenant réclamer le mérite de cette féconde pensée pour leur compatriote Jonatham Hull, dont les droits à cette découverte seraient une patente prise en 1732, ou pour Patrich-Miller, qui, dans un ouvrage publié à Édimbourg, aurait indiqué, en 1787, la possibilité de faire agir, au moyen de la vapeur, des roues pour faire cheminer un bateau sur un canal.

Les descriptions si curieuses par leurs détails, par les objections prévues et discutées au sujet de l'application de la force de la vapeur aux roues à palettes pour faire avancer les navires, contenues aux pages 57, 58, 59 et 60 d'un ouvrage authentique de Papin, imprimé à Cassel, en 1695, intitulé : *Recueil de diverses pièces touchant quelques nouvelles mahines*, ne peuvent plus laisser subsister les prétentions des Anglais ou des Américains; et bien que ces deux peuples aient possédé avant nous des bateaux à vapeur, du moins il reste irrévocablement établi que la France peut s'enorgueillir d'avoir donné naissance au génie qui, le premier, en conçut l'admirable projet.

Les expériences de du Quet, bien antérieures aux patentes et ouvrages de Jonatham Hull, et de Patrick-Miller, assurent encore à notre patrie la priorité dans les essais tentés pour communiquer une impulsion à un navire au moyen de roues à palettes.

Si nous suivons les progrès de cette découverte, après avoir établi que c'était en 1695 que Papin la conçut, et avoir cité les expériences de du Quet, de 1699, nous voyons que ce fut en 1775 que Perrier construisit le premier bateau à vapeur ; que bientôt après, en 1778, M. de Jouffroy se livra à de nouvelles expériences sur le même sujet, à Baume-les-Dames. Qu'en 1781 il construisit sur la Saône un bateau dont la longueur n'était pas moindre de quarante-six mètres, et la largeur de quatre mètres et demi. Un procès-verbal, adressé à l'Académie en 1783, constate les résultats favorables obtenus par M. de Jouffroy. Son bateau, muni de deux puissantes machines, suffit pour prouver que, satisfait des ses expériences, il était passé à l'exécution en grand.

En recherchant avec impartialité, chez nos voisins, ce qui a été fait depuis Jonatham Hull et Patrich-Miller, nous trouvons les expériences de Miller, de 1791, celles de lord Sthanope, de 1795, les essais de Symington en Écosse, de 1801, nous arrivons ainsi aux tentatives, d'abord infructueuses de Fulton et de M. de Livingston, à Paris, en 1803.

La même impartialité nous fait cependant un devoir de reconnaître qu'à Fulton reste la gloire d'avoir construit, à New-Yorck, en 1807, le premier bateau à vapeur auquel on n'ait pas renoncé après quelques essais.

L'Angleterre, dont les prétentions à cette invention sont si grandes, ne posséda son premier bateau à vapeur qu'en 1812. Ce navire destiné au commerce et au transport des voyageurs, naviguait sur la Clyde ; il s'appelait la Comète. Ce ne fut qu'en 1813 qu'un second bateau à vapeur fit la traversée de Yarmouth à Norwich.

Les avantages obtenus par l'emploi de ces premiers bateaux ayant démontré les importants services que pouvait rendre ce mode de navigation, leur nombre s'est accru bientôt avec une prodigieuse rapidité.

Nous nous bornerons à ce court exposé de l'origine des bateaux à vapeur ; le but, le caractère de l'ouvrage dans lequel nous consignons ces lignes, nous impose le devoir d'arriver de suite à la description des diverses modifications et perfectionnements qu'ils ont déjà subi. Nous essaierons d'indiquer les améliorations que nous croyons qu'ils sont destinés à recevoir encore; car cette découverte, qui n'est qu'à son berceau, se dépouillera chaque jour des inconvénients que l'expérience pratique peut seule indiquer.

Pour apporter quelque méthode dans les développements auxquels nous croyons utile de nous livrer, nous rattacherons ce que nous avons à dire sur les bateaux à vapeur, à trois ordres d'idées ; nous examinerons d'abord comment jusqu'ici on a construit leur coque; nous parlerons ensuite des divers systèmes de machines à vapeur dont ils empruntent la puissance; nous décrirons enfin les diverses roues à l'aide desquelles la machine à vapeur met les bateaux en mouvement.

Sous chacun de ces points de vue, tout en décrivant très succinctement ce qui a été fait, nous hasarderons quelques réflexions personnelles sur la direction à donner aux nombreuses améliorations dont ces appareils sont encore susceptibles.

De la coque des bateaux à vapeur. Un navire à vapeur, destiné à recevoir son impulsion de la machine qu'il contient, et dont la force se développe peu au-dessus de la ligne de flottaison, devait avoir une construction différente de celui poussé seulement par l'action du vent qui exerce sa puissance sur des voiles déployées à une grande hauteur au-dessus du pont.

Les constructeurs s'aperçurent bientôt qu'il convenait de se rapprocher, pour le tracé des gabaris, des coques des bateaux à vapeur, de la forme des galères des Anciens.

Mais si tous les vaisseaux, quels que soient leurs œuvres, ont tous une tendance plus ou moins grande à se déformer suivant leur longueur; cette disposition devient bien plus sensible dans les navires à vapeur, où tout ce qu'il faut, pour imprimer une flexion à des pièces de bois, se rencontre à la fois, je veux dire l'humidité, la chaleur et le poids.

Aussi les ingénieurs, dans ces sortes de constructions, luttent avec peine contre l'arc qu'elles prennent bientôt dans le sens de leur longueur.

Le choc des lames fatigue encore les coques des navires à vapeur plus que les autres. L'impulsion que la machine imprime au bateau à vapeur lui ouvre violemment un passage au travers des vagues, tandis que le navire à voile, mu par le vent, comme la vague contre laquelle il se heurte n'éprouve à sa rencontre qu'une secousse proportionnelle à la différence de leur vitesse commune.

Frappés des circonstances défavorables auxquelles sont ainsi incessamment soumises les coques des bâtiments à vapeur, quelques constructeurs ont cru devoir employer à leur confection, des bois d'un échantillon plus fort que pour tout autre navire d'un même tonnage; ils n'ont point réfléchi que le tirant d'eau augmentant avec la solidité, cherchée dans l'emploi de bois plus gros, et par suite plus pesant, ils avaient peu ou rien gagné, puisqu'un vaisseau, présentant d'autant plus de résistance à l'action des lames, qu'il a plus de pieds dans l'eau, fatiguait par cela même davantage.

Quelques autres, mieux inspirés (et nous citerons au premier rang M. Guibert de Nantes), ont pensé que la rigidité et la solidité de la coque devait se trouver dans l'emploi mieux calculé des bois de faibles échantillons; ils ont cru, avec raison, qu'une coque de bateau à vapeur serait d'autant plus forte qu'elle serait plus légère. L'expérience a démontré la justesse de leurs prévisions; le navire léger, poussé par la lame, reçoit un choc d'autant moindre, qu'il a plutôt participé à la vitesse du flot qui le frappe. Quelque grande que soit la solidité d'une coque, l'impossibilité de céder latéralement à la violence de la masse d'eau qui la pousse, rendra bientôt vaines toutes les précautions prises pour la mettre à l'abri d'une inévitable destruction.

M. Guibert, que nous venons de mentionner, a su, en convertissant la force de résistance de ces bois en force de traction, non-seulement donner à ses coques de bateaux à vapeur, une grande solidité, tout en leur conservant une extrême légèreté; il a fait mieux: par d'ingénieuses combinaisons dans l'assemblage de ces bois, il est parvenu à éviter complétement la déformation dans le sens de la longueur.

Quelques bateaux subissent maintenant, dans leurs œuvres latérales, un rétrécissement destiné à ménager aux roues à aubes, une espèce d'encaissement. Pour bien faire comprendre cette disposition, il nous suffira de dire que le plan d'un bateau ainsi construit, offre de l'analogie avec la forme d'un violon. Ce mode, adopté pour certains bateaux de l'État, nous paraît fort vicieux; il délie le navire dans sa longueur, sans aucun avantage pour le jeu de ses machines, ou pour la rapidité de sa marche. Du reste, il n'est usité dans aucune constructions anglaises ni américaines.

Fig. 194 A. *Élévation du bateau à vapeur anglais.*

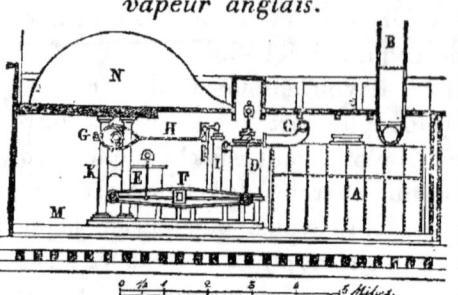

A, chaudière; B, cheminée formée d'une série de tuyaux de tôle enchâssés l'un dans l'autre, et réunis par des rivets; C, conduits à vapeur; D, cylindre à vapeur; E, E, pompe à air et à eau chaude; F, balancier transmettant le mouvement aux roues à aubes, aux pompes alimentaires et à la pompe d'eau froide; G, G, manivelle de l'arbre des roues à aubes; H, tige du régulateur transmettant le mouvement aux soupapes à vapeur; I, boîte à vapeur; K, montants du bâtis qui réunit les principales pièces de mécanisme; L, emplacement pour les chauffeurs; M, M, magasin du charbon; N, roues à aubes et soufflages.

Fig. 194 B. *Plan du même bateau.*

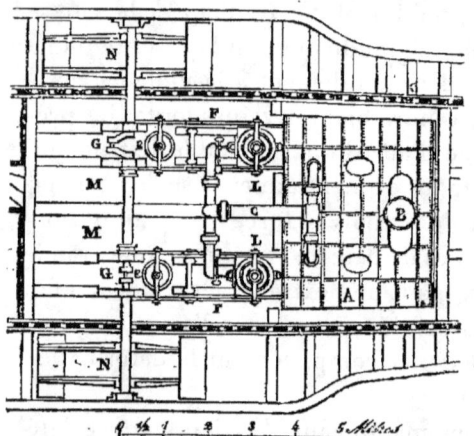

Les mêmes lettres représentent les mêmes objets dans les deux figures, dans lesquelles on n'a représenté que la partie où se trouvent les appareils moteurs et leurs accessoires.

Les bateaux à vapeur ont récemment reçu, en Angleterre, de bien grandes modifications dans leurs coques. Déjà en France, en 1818, on avait eu l'idée d'accoler deux longs bateaux réunis par un pont commun; cet accouplement permettait de placer une roue unique dans le chenal qu'ils laissaient entre eux. Renchérissant sur cette disposition, les Américains viennent, avec beaucoup de succès, de composer un bateau de la réunion de deux cônes flottants d'une grande longueur; les cônes solidement accouplés et maintenus à distance, portent un plancher sur lequel sont installés tous les emménagements, les chaudières et les machines; l'impulsion est donnée par une seule roue placée entre les deux cônes. Cette invention, ou pour mieux dire, cette tentative nouvelle, a été couronnée d'un tel succès, que la patente dont elle est devenue la base, a été vendue six cent mille dollars.

Nous pouvons dire, avec satisfaction, que la France ne sera pas long-temps devancée par l'Amérique; car nous savons qu'un mécanicien dont la hardiesse entreprenante a jusqu'ici été récompensée par une constante réussite, M. Cavé confectionne dans les vastes ateliers qu'il a improvisés au sein de la capitale, deux bateaux jumeaux d'une très grande longueur, pour n'en former qu'un bateau à vapeur à une seule roue intermédiaire. Cette construction, exécutée par lui, tout en fer, est destinée à la navigation de la Somme.

En terminant ce que nous avons à dire sur les coques, nous ne pouvons que louer la substitution de la tôle de fer au bois pour les bordages, même aussi pour les membrures. Ce mode présente à lui seul les avantages réunis de solidité, de légèreté, de durée, nous dirons plus d'économie; car, calcul fait après un service bien plus long, les débris d'un bateau en fer conservent, par rapport à sa valeur primitive, un prix bien supérieur à celui du déchirage d'une coque en bois.

Des machines à vapeur placées à bord des navires. En passant en revue les divers systèmes de machines à vapeur susceptibles d'être installées à bord des bateaux, nous ne nous proposons pas d'entrer dans la description de toutes les pièces qui composent ces machines; nous renverrons le lecteur, pour ces détails, à l'article MACHINES A VAPEUR, notre but est d'examiner si, dans tous ces systèmes, quelques-uns sont plus convenables que d'autres pour le service spécial auquel on les destine.

Jusqu'ici les machines à vapeur à basse pression, c'est-à-dire où toute la force est empruntée à la pression atmosphérique par le secours du vide, ont été les seules employées par les Anglais pour la navigation à vapeur; un bill du Parlement empêche qu'il n'en soit autrement; les Américains moins entravés dans l'essor que peut prendre leur industrie, font usage avec succès de machines à haute pression où tout l'effort est dans le ressort de la vapeur comprimée.

Les machines du célèbre Olivier Évans, sont chez eux très fréquemment employées pour les bateaux à vapeur.

La France possède des bateaux de l'un et l'autre système : entre les deux lequel choisir? Telle sera la question qu'on ne manquera pas de nous adresser. Hâtons-nous de répondre que ce n'est ni l'un ni l'autre que nous conseillerions; mais un troisième qui participe de l'un et de l'autre; nous voulons parler des machines à pression moyenne, à condensation et à détente; celles où la force élastique de la vapeur concourent avec le poids de la colonne d'air par le moyen du vide. Ce système, évidemment le plus économique en combustible, est cependant repoussé par les partisans exclusifs de la haute pression, comme plus compliqué; la routine combat contre lui en faveur des appareils à basse pression.

Abordant franchement ces deux adversaires, nous dirons aux uns que la supériorité des machines à moyenne pression, en ce qui touche l'économie, est incontestable, et que la complication de leur mécanisme, presque le même que celui des machines à basse pression, ne saurait leur être opposé; qu'elles ont encore le mérite d'un moindre volume, d'une plus grande légèreté. Nous ferons observer aux admirateurs de la simplicité des machines à haute pression, que leur machine simple en apparence, est d'un entretien beaucoup plus difficile que celle qui paraît, au premier coup d'œil, plus compliquée, puisqu'un léger dérangement dans l'ajustement suffit pour entraîner une fuite qui enlève à une machine à haute pression une partie notable de sa force, tandis qu'une semblable avarie serait long-temps insensible dans le service d'une machine à moyenne pression; la complication de la machine que l'on exagère tant, diminue bien si l'on réfléchit que l'on peut se contenter d'un seul condenseur pour deux machines, comme vient de le faire Mandslay, dans l'appareil à vapeur du bateau l'*Océan*, pour la compagnie *Cartairède*. Quant à nous, nous ne comprenons pas comment les partisans de la haute pression ont pu renoncer aux avantages de la condensation dans *un bateau* où l'eau d'injection, arrivant seule, n'exige point, pour son élévation, le service d'une pompe dont les frottements absorbent, nous l'avouons pour certaines petites machines, une partie notable de l'effet du vide.

Les machines à pression moyenne, avec un seul condenseur

pour deux machines, à détente variable, c'est-à-dire, offrant dans leur mécanisme le moyen de régler à volonté la durée de l'introduction de la vapeur dans le cylindre, nous paraissent être celles dont le principe de construction est incontestablement le plus convenable à la navigation.

Examinons maintenant si, parmi les appareils à vapeur sur ce principe, il ne convient pas de donner la préférence à ceux dont la bonne disposition évite les pertes de forces résultant de la flexion ou de la vibration des pièces, ou même celle si considérable qu'entraîne la plus légère modification dans les distances rigoureuses des éléments mécaniques qui les composent.

Deux constructeurs, l'un Anglais, l'autre Français, sont maintenant bien pénétrés de cette vérité; le premier, M. Maudslay, après avoir construit un nombre considérable de machines de bateau, suivant le système dit à grand balancier, vient d'en exécuter sur un nouveau modèle auquel il attache tant d'importance, qu'il l'a jugé digne de faire la base d'un brevet.

Ces machines du système, dit oscillant, agissent directement sur les manivelles. Le second, M. Cavé, à Paris, doit sur-tout la supériorité de ses machines à haute pression, pour bateau, à la disposition qui leur permet de rester étrangères à toutes les déformations du navire.

M. Maudslay, pour éviter entre ses machines et le navire toute solidarité, les a disposées transversalement d'un bord à l'autre; les deux machines sont séparées par leur condenseur commun. Ainsi installées, leurs plaques d'assises n'occupent, sur les carlingues que peu d'espace dans le sens de leur longueur, elles ne peuvent donc participer qu'à une très faible déformation, puisqu'elles ne reçoivent, dans la courbure générale, qu'une flexion proportionnelle à l'étendue de l'arc sur lequel elles reposent.

Mais il peut même n'en pas être ainsi, car les machines prenant leur point d'appui en elles-mêmes, et comme suspendues aux arbres des roues qu'elles doivent faire tourner, n'ont besoin de rencontrer dans la quille qu'un obstacle pour que l'action développée par elles, passe toute entière dans les arbres.

Les machines ainsi posées à bord des navires, ont un grand avantage, celui de ne pas communiquer à chaque coup de piston une vibration toujours croissante dans les carlingues et la quille; ces vibrations, insupportables pour les passagers, contribuent puissamment à ralentir la marche du bateau, et à fatiguer les assemblages de sa charpente.

Les machines de bateau doivent encore avoir quelques dispositions toutes spéciales, lorsqu'elles sont destinées à la navigation sur mer; il faut qu'elles soient munies d'un double système de pompe d'alimentation et d'exhausion : ces dernières, destinées à puiser dans la chaudière, pour la rejeter dehors, une partie de l'eau introduite par les premières, ont pour but unique de retarder la concentration de l'eau de mer, et d'empêcher ainsi les dépôts salins dans les chaudières.

Les producteurs de vapeur destinés aux bateaux, ont déjà passé par bien des formes, et cependant, il faut l'avouer, c'est encore la partie de ces appareils qui est le plus susceptible de recevoir de nombreux perfectionnements. Les Américains ont souvent employé de grandes chaudières cylindriques, dans lesquelles un tube, placé excentriquement, servait de foyer. Les Anglais semblent jusqu'ici avoir donné la préférence aux vastes chaudières carrées, dans lesquelles la flamme et la fumée circulent dans des galeries verticales, et contournées de façon à ce que leur plan offre l'aspect d'un dessin en forme de grecque.

Nous ne pouvons dissimuler les graves inconvénients que ces appareils présentent par leurs formes seules.

Outre leur poids, leur volume, la difficulté de leur nettoyage et de leur réparation, la disposition qu'elles ont continuellement de se déformer par la tension de la vapeur, fait éprouver au métal qui les compose, des résistances extrêmement variables, et les efforts que les constructeurs sont obligés de faire pour les maintenir avec des armatures intérieures, démontrent le vice inhérent à leur construction.

La préférence doit, sans contredit, être donnée aux chaudières composées de surfaces de révolution, dont les formes n'éprouvent aucunes altérations des pressions internes.

Quelques essais récents viennent d'être tentés pour modifier les chaudières des bateaux. En restant fidèles à ce principe, les novateurs ont tous pour but d'augmenter les surfaces de vaporisation tout en diminuant le poids; pour cela, dans leurs appareils, le liquide est divisé dans une série de tubes d'autant plus minces que leur diamètre est moindre. Cette disposition écarte même les dangers de l'explosion réduite ainsi à la fraction de l'appareil qui vient à se rompre ; l'eau et vapeur contenue, trouvent, il est vrai, une issue ; mais l'instantanéité de leur épanchement dans l'air étant évitée, cette explosion partielle peut, dans bien des cas, être assimilée à l'ouverture brusque d'une soupape de sûreté.

Les chaudières, de quelque système qu'elles soient, doivent être construites de façon à éviter tout danger pour le feu ; il convient de les disposer intérieurement, de telle manière que les liquides qu'elles contiennent ne puissent subitement recevoir, par les oscillations du navire, de grands mouvements. Sans cette précaution, lorsque le vaisseau roule ou est à la bande, on pourrait courir le risque de voir exposée à l'action du feu une partie des galeries abandonnées par l'eau. Les commotions que les chaudières éprouvent par les chocs du liquide qu'elles contiennent, lorsque de sages précautions n'ont pas été prises pour parer à cet inconvénient, peuvent être assez violentes pendant une grosse mer, pour rompre les joints des tuyaux qui établissent la communication entre elles et les machines ; on se trouverait ainsi privé de la jouissance des machines au moment même où on en a le plus besoin.

Pour qu'une chaudière de bateau à vapeur produise un bon effet utile, que son évaporation soit considérable par rapport au combustible brûlé, il importe de ménager le tirage des fourneaux de façon à ce que la combustion soit parfaite.

Dans la plupart des bateaux à vapeur, la densité de la fumée qui s'échappe de leurs cheminées atteste combien, sous ce rapport, la disposition de leur foyer laisse à désirer.

La hauteur des cheminées à bord des vaisseaux étant un grave inconvénient, les constructeurs doivent ménager, pendant tout le cours des circulations qu'ils font faire à la flamme et à la fumée dans leurs chaudières, des passages assez grands pour qu'il ne soit pas nécessaire de raréfier des colonnes d'une grande hauteur, pour trouver, dans la différence de leur pesanteur avec celle de l'air atmosphérique, de quoi compenser les pertes de vitesse, par les frottements dans des galeries trop étroites que parcourent les gaz résultants de la combustion.

Dans quelques bateaux, pour diminuer la hauteur d'une cheminée, toujours si embarrassante, et suppléer au tirage, on active la combustion artificiellement, soit par un ventilateur, soit par un jet de vapeur agissant comme une trombe dans la base de la cheminée : dans ce cas celle-ci peut être extrêmement réduite.

Des roues à palettes mises en mouvement par les machines à vapeur, pour imprimer aux navires une vitesse.

Comme nous l'avons dit en commençant, l'emploi des roues pour mettre un navire en mouvement, n'est pas chose nouvelle; mais la réalisation de l'ingénieuse et féconde pensée d'animer les roues par la force des machines à vapeur, étant une gloire de notre siècle, il nous sera facile de passer succinctement en revue les modifications qu'elles ont éprouvées. Nous ne dirons qu'un mot des deux autres mécanismes par lesquels on a déjà plusieurs fois, sans succès, tenté de les remplacer.

Les roues des premiers bateaux à vapeur furent tout simplement des roues à palettes, comme celles le plus généralement employées dans les usines hydrauliques. Elles furent installées à bord des navires, dans diverses positions, le plus souvent latéralement, à un tiers de la longueur en partant de l'avant, quelquefois elles divisaient le navire en deux parties égales. En Amérique, puis en France, sur la Saône et sur la Seine, certains bateaux reçurent leurs roues tout-à-fait à l'arrière; cette place assignée aux roues, ne présente dans l'effet utile aucun changement; le bateau, diminué de toute la largeur des roues, a seulement l'avantage de passer plus facilement dans les pertuis, et dans le chenal de la rivière, souvent très étroit pendant les basses eaux.

Néanmoins, le premier constructeur qui, en France, adopta cette disposition, crut faussement qu'abritées par l'arrière du bateau, les roues agiraient plus efficacement. Son erreur était grande; car si, par une disposition particulière dans les œuvres de l'arrière, que l'expérience lui indiqua, il n'avait point eu le soin d'éviter que les roues se trouvassent complétement dans le remou du navire, elles n'auraient produit sur lui aucun effet; agissant dans le remou, c'est-à-dire au milieu de cette masse d'eau à laquelle le navire a communiqué une partie de sa vitesse, leur effort eût été aussi inutile que celui que ferait un homme monté sur le train d'une voiture, dont il se fatiguerait en vain à pousser la caisse pour soulager les chevaux. Nous donnons, *fig.* 194 C, le dessin de bateau de ce genre.

B, bateau; A, cheminée; C, C, deux pièces de bois liées

ensemble pour soutenir le système; D, *a*, H, trois roues sur le même arbre, destinées à recevoir les cordes F*a* et F*b*; H et H*b*, deux roues sur le même arbre, portant les palettes I, I, I, I, I, I, et tournant alternativement, de manière que les palettes se meuvent toujours dans le même sens; G, poids.

Fig. 194 C.

À mesure que les bateaux à vapeur se sont plus répandus, les tentatives pour perfectionner leur mécanisme sont devenues plus fréquentes : les roues ont donc reçu de nombreuses modifications.

Certains constructeurs, frappés de la perte d'action opérée par le soulévement d'une quantité considérable d'eau par les aubes des roues au moment où elles en sortent, ont eu la pensée de composer chaque aube de la réunion de deux palettes mobiles sur des axes placés dans la direction des rayons. Ces palettes sont mises en mouvement sur elles-mêmes, en sens opposé, avec des vitesses semblables, et en rapport avec la révolution de la roue. Elles présentent, pendant une partie de leur immersion dans l'eau, et par suite de leur position sur une même ligne, la surface d'une aube platte; bientôt elles forment en sortant un angle semblable à celui de leur entrée, mais cependant avec cette différence qu'en entrant, la base du triangle, formé par les palettes, a d'abord rencontré le liquide, tandis qu'à leur sortie c'est le sommet de ce même triangle qui va en avant pour fendre l'eau qui ne saurait rester sur leurs surfaces alors inclinées, et que le mouvement de rotation va rendre parallèles l'une à l'autre. Cette disposition est celle, connue en Angleterre, sous la dénomination de *revolving patent padles weels*. La complication de tout ce mécanisme, dans lequel entre un très grand nombre d'engrenages, les frottements qui en résultent et qui, seuls absorbent une force plus considérable que celle dont on cherche à éviter la perte, ont bientôt fait abandonner ce système que nous avons cependant vu en action à Paris, sur le bateau en fer l'*Aaron-Manby*. Nous les avons représentées, *fig.* 194 D *et* 194 E.

Fig. 194 D. *Élévation latérale de la roue.*   *Fig.* 194 E. *Même roue vue de face.*

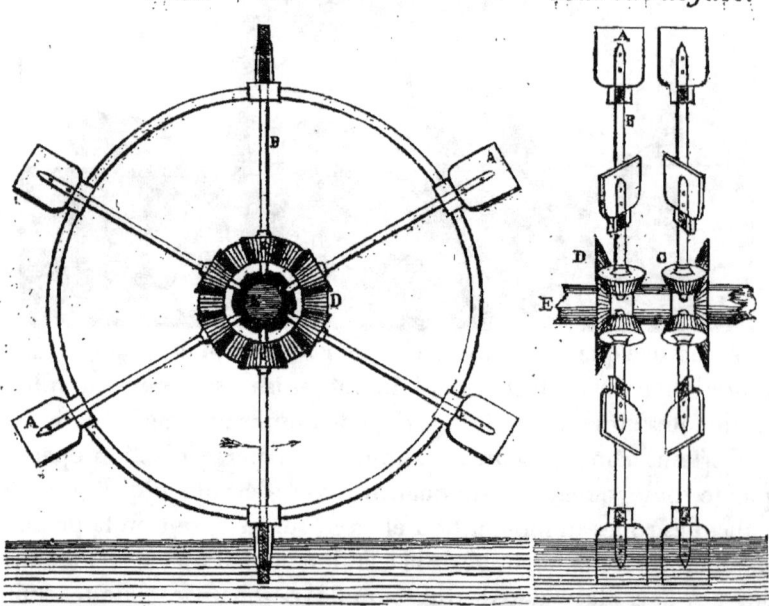

A, A, palettes de la roue; B, tige des palettes; C, C, roue d'angles servant à faire mouvoir les tiges; D, roue sur laquelle les roues CC prennent leur mouvement; E, arbre de la roue. Dans ces deux figures, les mêmes lettres indiquent les mêmes objets.

Un autre moyen d'arriver au même résultat, est mis en usage, et nous pouvons dire avec succès, par M. Cavé, dans ses bateaux : sa disposition consiste à rendre les aubes mobiles, non plus, dans le sens de l'axe des rayons de la roue, mais bien parallèlement à l'axe de la roue elle-même; des bielles, jointes à de petites manivelles qui terminent les axes de chaque aube, leur font successivement prendre la position que détermine un excentrique fixe. Placé vers le centre de rotation de tout le système, l'effet de cet excentrique est de maintenir les aubes dans une position verticale pendant une partie de leur course calculée depuis le moment où elles entrent dans l'eau jusqu'à celui où elles en sortent, et de les placer ensuite horizontalement, afin d'offrir à l'air le moins de résistance. Cette innovation de M. Cavé a un double avantage, elle évite aux roues, et par suite aux machines, les violentes secousses occasionées par les vagues à l'instant où elles viennent frapper une aube dans une position encore horizontale.

La possibilité de renverser le mouvement en variant la position de l'excentrique sur lui-même, est importante; on peut, par ce moyen, faire passer les aubes dans l'eau, alors qu'elles sont horizontales; dans ce cas, la portion de la course pendant laquelle elles sont maintenues verticales s'opère dans l'air. Ne rencontrant aucune résistance dans le liquide, l'effet de la roue, dont l'excentrique est renversé est annihilé; si l'autre roue, au contraire, en ce moment conserve toute sa puissance, le navire pourra, avec une facilité extrême, virer de bord dans un espace très circonscrit.

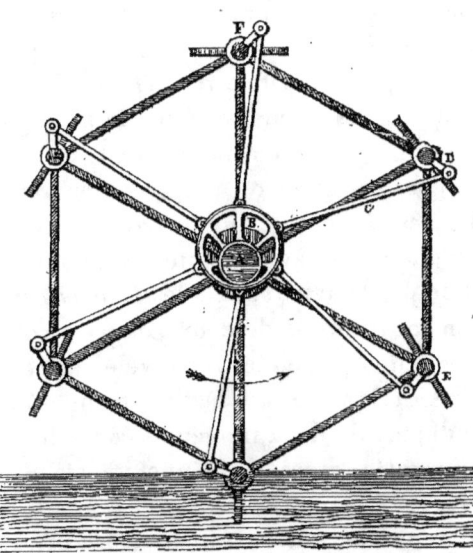

Fig. 194 F. *Élévation de la roue de M. Cavé.*

A, Excentrique; B, arbre de la roue; C, tringle servant à faire mouvoir l'une des aubes; D, E, F, aubes dans trois positions successives.

Les Américains ont mis les roues de leurs bateaux complétement à l'abri de la violence des lames par une disposition aussi simple qu'ingénieuse; ils divisent leurs aubes en les échelonnant de façon qu'une roue qui serait composée de neuf aubes de trois pieds de large, présenterait l'aspect d'une roue portant vingt-sept aubes d'un pied. Cette manière de subdiviser les aubes, et de les échelonner, évite les vibrations toujours croissantes qui sont la suite de la périodicité du choc des aubes contre les vagues en temps calme, des vagues contre les aubes pendant le gros temps. Cette disposition, imaginée en Amérique, ménage à la roue une continuité d'action; elle a été mise à exécution en France sur le bateau à vapeur l'*Ardent*, par M. Frimot, ingénieur des ponts-et-chaussées, qui s'est chargé de la construction des machines de ce navire.

Pour soustraire les roues aux chances d'avaries auxquelles elles sont exposées, on a plusieurs fois tenté de les installer au milieu même du navire; il fallait pour cela pratiquer un chenal par lequel l'eau frappée par la roue pût s'échapper; il fallait aussi éviter que la roue ne fût abritée en avant par le navire, et qu'elle ne tournât que dans un remou. Certains constructeurs anglais essayant de n'employer qu'une roue unique, donnèrent accès à l'eau vive vers la roue, par des canaux pratiqués en forme d'un *y* grec, dont les deux jambages seraient tournés vers l'arrière, tandis que la prolongation arriverait jusqu'à l'avant.

Nous savons qu'un ingénieur proposa même au ministre de la marine de France, de placer à fond de cale, dans un espace ménagé exprès, une roue dont les aubes auraient dépassé le fond du navire, pour qu'elle pût agir efficacement; il prétendait remplir le coffre dans lequel la roue aurait tourné avec de l'air sans cesse renouvelé par la machine à vapeur même qui aurait mis la roue en mouvement.

Tous ces essais ou projets amenèrent quelques constructeurs à placer leur roue unique dans un chenal pratiqué dans toute la longueur du navire; cette installation, tentée en 1818, à bord d'un petit navire appelé les *Deux Frères*, parce qu'il était réellement composé de deux coques accolées, fut bientôt abandonnée: elle vient d'être renouvelée en 1834 avec un éclatant succès en Amérique, où un navire, composé comme nous l'avons déjà indiqué, de deux immenses cônes flottants, reçoit d'une roue, intercalée entre eux, une vitesse de près de dix lieues par heure. Les *fig.* 194 G, 194 H, 194 I, représentent une vue du bateau américain, le plan de ce bateau et la coupe de l'un des cônes.

BATEAUX A VAPEUR.   169

Fig. 194 G. *Vue du bateau américain.*

Fig. 194 H. *Plan du bateau.*

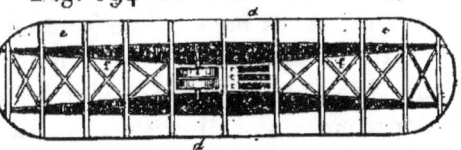

a, a, cônes; b, roue; c, c, chaudières; d, d, pont; e, e, pièces de bois maintenant l'écartement ; f, f, tirans pour maintenir les cônes.

a, a, douves, au nombre de vingt-six, *Fig.* 194 I. *Coupe de l'un des cônes.* de trois pouces et demi, auxquelles sont attachés autant de tirants b, b, boulonnés au centre en d, d, etc.

Aucun des mécanismes imaginés pour remplacer les roues à aubes, dont la supériorité sur tous les autres appareils d'impulsion est depuis si long-temps constatée par du Quet, n'a été couronnée d'assez de succès pour mériter ici une mention particulière. Cependant nous signalerons, en terminant cet article, les essais infructueux auxquels un savant distingué semble malheureusement s'être voué; nous voulons parler du projet d'imprimer une vitesse à un navire, en refoulant mécaniquement par l'arrière de l'eau aspiré à l'avant. Cette méthode, plusieurs fois expérimentée, et dont la nature nous fournit des exemples dans divers animaux, n'a eu jusqu'ici, pour résultat, que d'absorber des capitaux considérables, sans laisser en échange à ses partisans au moins la satisfaction d'avoir inventé un mode nouveau de locomotion.

Baron ARMAND SEGUIER.

BATEAUX A VAPEUR. (*Administration.*) Les bateaux à vapeur sont soumis à la législation qui traite de la police des fleuves et des rivières, et que nous examinerons au mot NAVIGATION. En outre ils sont régis, en ce qui concerne la machine qui leur sert de moteur, par des réglements particuliers qui intéressent à un haut degré la sûreté de l'équipage, celle des passagers, et la conservation des marchandises.

Ces réglements indépendants de ceux qui statuent sur les machines à vapeur en général, ont pour but d'établir des mesures uniformes pour ce genre de navigation, et d'ajouter quelques précautions à celles qui existent déjà, soit pour la police des rivières, soit pour les appareils à vapeur.

La première ordonnance qui a régi les bateaux à vapeur, est du 2 avril 1823; nous allons examiner ses dispositions et les instructions auxquelles elle a donné lieu. Conformément à l'art. 1er de cette ordonnance, les préfets doivent former, dans les départements où il existe des fleuves, rivières ou côtes sur lesquels sont ou peuvent être établis des bateaux à vapeur, une ou plusieurs commissions composées de personnes expérimentées, et présidées soit par un ingénieur en chef des ponts-et-chaussées et des mines, soit, à son défaut, par un ingénieur ordinaire.

Cette commission, dont les devoirs sont d'une haute importance en ce qu'ils intéressent à la fois la prospérité du commerce et la vie des hommes, est chargée, sous la direction du préfet, de s'assurer que les bateaux à vapeur sont construits avec solidité, particulièrement en ce qui concerne l'appareil moteur; que cet appareil est soigneusement entretenu dans toutes ses parties, et ne présente aucune probabilité d'effraction, ni aucune détérioration dangereuse. (Art. 1er, ord^{ce}. précitée.)

C'est donc seulement après cette vérification que le bateau à vapeur peut entrer en navigation. Mais il faut encore que le procès-verbal de la commission ait été reçu et approuvé par le préfet, et notifié aux propriétaires des bateaux. (Art. 2, *ibid.*)

Cette notification doit toujours être accompagnée du réglement contenant les dispositions que le préfet juge utile et convenable de prescrire au propriétaire du bateau relativement à la police de la navigation.

La commission doit visiter les bateaux à vapeur chaque trimestre, et plus souvent si elle le juge nécessaire, ou si elle en reçoit l'ordre du préfet, et consigner dans ses procès-verbaux, ses propositions sur les mesures à prendre dans le cas où l'état de l'appareil présenterait des dangers probables. (Art. 3, *ibid.*) Ces visites doivent être faites, non-seulement quand les bateaux sont en repos, mais encore quand ils sont en marche; elles doivent constater entre autres choses le mécanisme général du bateau, et si la puissance habituelle de la machine est capable de vaincre tous les obstacles que pourra présenter le trajet à parcourir. Les observations de la commission doivent porter, en outre, sur la charge et le jeu des soupapes, le jeu du flotteur, l'état des rondelles, des timbres et des manomètres, celui des robinets ou des tubes indicateurs du niveau de l'eau dans la chaudière, celui du foyer, la régularité du chauffage, celle de l'alimentation, la solidité de la chaudière et des tubes bouilleurs, leur entretien de propreté à l'intérieur, l'absence des fuites, leur influence lorsqu'elles existent, la régularité du jeu de la machine, la disposition plus ou moins favorable du local qui le renferme, l'exactitude du service, et l'exécution des conditions particulières qui ont été imposées par l'arrêté qui a accordé le permis de navigation quand la visite a lieu après ce permis.

Les bateaux à vapeur sont assujettis, pour ce qui concerne le nombre des passagers, les heures du départ, la composition de l'équipage et l'état des bâtiments, aux lois et règlements de navigation qui sont en vigueur, soit sur les côtes, soit sur les fleuves et rivières. En conséquence, quand ces bateaux sont dans le cas de naviguer dans la circonscription des arrondissements maritimes, les capitaines doivent être munis d'un permis de navigation, ou d'un rôle d'équipage; et lorsqu'ils doivent naviguer seulement dans l'intérieur, ils sont assujettis à la surveillance des officiers de port, ainsi qu'aux réglements particuliers du préfet, pour tout ce qui se rapporte à la police des départs et à la sûreté des embarcations. (Art. 4, *ibid.*) Les autorités locales peuvent donc compléter le régime de précautions, au moyen de réglements particuliers, et plusieurs préfets ont déjà usé avec succès de cette faculté. Mais pour qu'il y ait, autant que possible, uniformité dans les dispositions contenues dans les actes de ce genre, on a rappelé, dans une instruction ministérielle, les principaux points de vue auxquels il est convenable d'avoir égard dans la rédaction de ces réglements.

Conformément à cette instruction, en date du 27 mai 1830, les préfets ne doivent délivrer les permis de navigation que sous la condition expresse qu'à bord de chaque bateau destiné à recevoir des passagers, il y aura un mécanicien chargé de surveiller continuellement la machine, et ayant les connaissances nécessaires pour l'entretenir constamment en bon état s'assurer qu'elle fonctionne bien, et au besoin la réparer.

Les fonctions attribuées au mécanicien ne peuvent être confiées au chauffeur qui est tenu de se conformer aux ordres du mécanicien. Celui-ci ne doit d'ailleurs négliger aucune des mesures de précautions habituelles prescrites par l'instruction ministérielle, du 19 mars 1824, et qui doit être affichée dans le local de la machine.

Il doit sur-tout veiller à ce que l'alimentation compense à chaque instant la dépense de vapeur et toutes les pertes d'eau, et que la surface de l'eau, dans la chaudière, soit maintenue à un niveau constant et au-dessus des conduits dans lesquels circule la flamme du foyer. A cet effet, il doit leur être expressément recommandé d'adapter à chaque chaudière, indépendamment des flotteurs ordinaires, *deux tubes indicateurs* en verre, entretenus toujours en bon état, et dans l'ajustement desquels on aura égard aux effets de la dilatation.

La surveillance des soupapes est également fort importante; elles doivent être constamment tenues en bon état, de manière à ce qu'elles puissent toujours jouer librement.

Les rondelles métalliques fusibles doivent être recouvertes de couvercles non assujettis, qui puissent les conserver en bon état, les garantir de toute atteinte, et notamment les préserver de l'accès de l'eau et de tout corps étranger, de sorte qu'on ait toujours la facilité de reconnaître à la première inspection les numéros des timbres octogones dont elles sont frappées. Il importe enfin qu'il y ait dans chaque bateau des rondelles métalliques de rechange, afin de pouvoir sur-le-champ remplacer celles qui viendraient à se fondre. La même précaution doit être prise pour les manomètres.

Enfin, il doit être prescrit au mécanicien de veiller à ce que le chauffeur conduise et entretienne le feu avec la plus grande régularité.

Lorsque le bateau doit s'arrêter, le capitaine doit en prévenir d'avance le mécanicien et le chauffeur, pour que ce dernier cesse de pousser le feu. Dans le cas où le bateau étant arrêté, la colonne de mercure continuerait à monter dans le tube du manomètre, le mécanicien doit alors donner issue à la vapeur.

Enfin, si malgré les précautions qui viennent d'être indiquées, on n'avait pu empêcher la chaudière de manquer d'eau, ni ses parois de rougir en quelques points, il faudrait s'abstenir d'introduire de l'eau dans la chaudière, et d'ouvrir brusquement une issue à la vapeur par une soupape ou par un robinet de décharge.

Dans cette circonstance fâcheuse, il faudrait, avant de rétablir l'alimentation, faire suffisamment refroidir la chaudière, en cessant le feu, et en enlevant le combustible du foyer.

Quant à ce qui concerne la police des bateaux à vapeur, il doit être expressément défendu aux capitaines de faire naviguer les bateaux avec une vitesse supérieure à celle que comporte la marche régulière de l'appareil moteur, sous peine d'être *personnellement* responsables des accidents qui pourraient en résulter.

Il est utile qu'il soit ouvert, dans chaque bateau à vapeur, un registre dont toutes les pages sont cotées et paraphées par l'autorité locale, et sur lequel les passagers ont la faculté de consigner leurs observations, en ce qui pourrait concerner la marche du bateau et les avaries ou accidents quelconques.

Les registres dont il s'agit doivent être représentés aux commissions de surveillance toutes les fois qu'elles visitent les bateaux, et aux autorités chargées de la police locale dans les communes situées le long des cours d'eau, toutes les fois que ces autorités en demandent communication.

Dans chaque salle où se tiennent les passagers, il doit être placé un tableau indiquant :

1° La durée moyenne des voyages, tant en montant qu'en descendant, et en ayant égard à la hauteur des eaux ;

2° Le temps que le bateau devra stationner aux différents lieux déterminés pour les embarquements ;

3° Le nombre maximum des passagers qui pourront être reçus dans le bateau ;

4° La faculté que les passagers ont de consigner leurs observations sur le registre ouvert à cet effet dans le bateau.

Les capitaines doivent être tenus de déclarer aux autorités locales, après chaque voyage, tous les faits parvenus à leur connaissance qui pourraient intéresser la sûreté de la navigation, afin qu'il y soit pourvu, s'il y a lieu.

Enfin, les réglements particuliers doivent énoncer la pression à laquelle chaque chaudière fonctionnera habituellement, le numéro du timbre dont la chaudière est frappée, la charge des soupapes de sûreté, le degré de fusibilité de chaque rondelle de métal fusible employée, et la hauteur à laquelle le mercure se tiendra dans le manomètre par l'effet de la pression habituelle de la vapeur. Ils doivent aussi comprendre toutes les mesures d'un intérêt local que les préfets jugeraient nécessaire de prescrire pour la police de la navigation et l'énonciation des cas où le permis de navigation pourrait être retiré pendant un laps de temps plus ou moins considérable, pour cause de contravention. Il est utile que les réglements rappellent, en outre, qu'aux termes des articles 319 et 320 du Code pénal, les propriétaires de bateaux peuvent être poursuivis à raison des accidents auxquels ils auraient donné lieu par negligence, par imprudence ou par inobservation des réglements, sans préjudice des dommages-intérêts qu'ils pourraient avoir encourus.

Nous venons d'exposer les réglements et instructions principales concernant la police et la navigation des bateaux à vapeur. Quant aux machines, elles sont soumises aux réglements qui concernent les appareils à vapeur en général ; seulement celles à basse pression ont été l'objet d'une ordonnance rendue le 25 mai 1828, qui les assujettit à quelques-unes des dispositions exigées pour les machines à haute pression.

Suivant cette ordonnance, les chaudières à basse pression employées sur bateaux, c'est-à-dire, celles qui fonctionnent à une pression habituelle de deux atmosphères et au-dessous, sont, ainsi que leurs tubes bouilleurs, assujetties aux conditions de sûreté qui sont prescrites pour les chaudières et les tubes bouilleurs des machines à haute pression, par les art. 2, 3, 4 et 5, et le paragraphe premier de l'art. 7 de l'ordonnance du 29 octobre 1823, et par l'ordonnance du 7 mai 1828. (Art. 1er, ord^{ce}. précitée.)

L'usage des chaudières et des tubes bouilleurs en fonte de fer sur les bateaux à vapeur est prohibé, quelle que soit la pression de la vapeur dans les machines employées. (Art. 2, *ibid.*) Les chaudières et tubes bouilleurs en tôle ou en cuivre laminé employés sur ces bateaux, sont, d'après cette ordonnance et d'après celle du 7 mai 1828, éprouvées sous une pression *triple* de la pression à prendre comme terme de départ pour les épreuves par la presse hydraulique. Néanmoins on n'assujettit pas à ces épreuves, et par conséquent on ne timbre pas toute chaudière qui, étant terminée par des faces planes, diffère entièrement par sa forme et par sa disposition, des chaudières qui servent pour la haute pression. Ces épreuves déformeraient et altéreraient ces chaudières qui ne peuvent en outre fonctionner qu'à des pressions très basses, et qui s'élèvent au plus à une atmosphère 1/2. On prend d'ailleurs des précautions pour que ces chaudières ne fonctionnent pas à une pression plus élevée. Quant aux cylindres et enveloppes de cylindres des machines dont ces chaudières dépendent, on doit les éprouver comme à l'ordinaire.

Les cylindres en fonte des machines à vapeur à basse pression employés sur les bateaux, et les enveloppes en fonte de ces cylindres, doivent être éprouvés et timbrés, ainsi que le prescrit l'ord. du 7 mai 1828 pour les cylindres, et les enveloppes de cylindres faisant partie des machines à haute pression. (Art. 3, *ibid.*)

Les dispositions qui précèdent, et celles de l'ord^{ce}. du 2 avril 1823, sont applicables à tout bateau stationnaire dans lequel on fait usage d'une machine à vapeur (Art. 4, *ibid*). Sauf toutefois les modifications que doit nécessairement amener le défaut de navigation de ces bateaux.

En cas de contravention à ce qui leur est prescrit, les propriétaires de bateaux à vapeur peuvent encourir l'annullation du permis de navigation ou de stationnement qui leur aurait été concédé, sans préjudice des peines, dommages et intérêts qui seraient prononcés par les tribunaux. (Art. 6, *ibid.*)

Tels sont les réglements et instructions auxquels sont soumis les bateaux à vapeur. Leur examen démontre que les machines employées sur ces bateaux, sont l'objet de deux exceptions importantes, en ce que, d'abord, elles ne sont pas, comme les autres machines à vapeur, employées dans les établissements ordinaires, soumises aux réglements généraux sur les établissements classés, et en second lieu, parce que les chaudières à haute pression ne sont pas assujetties à l'art. 6 de l'ord^{ce}. royale du 29 octobre 1823, qui exige, pour les appareils à vapeur de ce genre, des murs de défense, et des locaux disposés d'une manière particulière. On conçoit, en effet, que ces dispositions étaient inexécutables sur un bateau, et par ce motif, il serait à désirer qu'on ne permît pas pour la navigation, de chaudières à haute pression, tant que les ordonnances établiront une différence aussi marquée entre la haute et la basse pression, et que l'on considérera les prescriptions de l'art. 6 de l'ord^{ce}. de 1823 comme fort importantes sous le rapport de la sûreté publique; car si les précautions exigées par cet article ont été reconnues indispensables pour les machines employées sur terre, elles doivent l'être à plus forte raison pour celles employées sur des bateaux dans lesquels une explosion entraînerait des accidents épouvantables.

Quant aux réglements sur les établissements dangereux, insalubres ou incommodes, on comprend qu'il n'y a aucune raison de les appliquer aux machines employées pour la navigation. Mais nous pensons que ces réglements pourraient être appliqués à ceux de ces appareils montés sur des bateaux stationnaires, tels que bains, blanchisseries et autres établissements formés sur la rivière. Il peut arriver, en effet, qu'ils soient voisins d'autres établissements sur la rivière, ou même de maisons bordant les quais, et être incommodes au moins par leur fumée; mais ces cas sont entièrement exceptionnels, et ne peuvent être appréciés que par l'autorité locale.

BÂTIMENT.

Ainsi que nous l'avons déjà dit, les règlements qui précèdent ont eu pour objet d'ajouter de nouvelles précautions à celles prescrites par les ordonnances et instructions qui concernent les appareils à vapeur en général. Les bateaux à vapeur sont donc soumis, en outre, sauf quelques exceptions, à ces règlements que nous examinerons dans leur ensemble au mot MACHINE A VAPEUR. ADOLPHE TRÉBUCHET.

BATIMENT. (*Construction.*) Les différents bâtiments dont un édifice peut être formé, sont susceptibles d'être désignés ainsi qu'il suit, selon leur situation ou leur composition respectives.

On appelle ordinairement *bâtiment de face* celui qui règne sur la voie publique, ou parallèlement à cette voie, au fond d'une cour, d'une avenue, d'un jardin, etc. ; *bâtiment en aile*, celui qui est élevé sur un des côtés d'une cour, d'un jardin, etc. ; etc.

Un bâtiment est *simple* ou *double* en profondeur, suivant que son épaisseur forme une seule ou deux pièces ; et *semi-double* lorsqu'il est simple dans une partie de sa longueur, et double dans le surplus.

Lorsqu'un bâtiment est double, il a toujours deux faces : il peut en être de même d'un bâtiment simple ; mais il peut aussi n'avoir qu'une face, le côté opposé n'étant formé que par un mur de dossier, commun ou non avec d'autres bâtiments.

Les extrémités d'un bâtiment isolé, double ou simple, s'appellent PIGNONS.

Les faces et les pignons d'un bâtiment sont formés par des MURS ou des PANS DE BOIS.

Les divisions intérieures ou REFENDS, soit parallèles aux faces, soit perpendiculaires, soit quelquefois obliques, sont formés par des murs, des pans de bois ou des CLOISONS.

Telles sont les principales parties verticales qui entrent dans la composition d'un bâtiment.

Les parties horizontales sont principalement les PLANCHERS qui forment les différents étages, et qui sont quelquefois remplacés par des VOUTES, sur-tout pour les CAVES et étages souterrains.

Enfin, les bâtiments sont couverts, soit en TERRASSE, c'est-à-dire par une surface presque horizontale et seulement légèrement inclinée pour l'écoulement des eaux ; soit par un Comble, c'est-à-dire par une surface à une ou plusieurs pentes toujours assez fortement inclinées.

Nous devons nous borner ici à ces indications sommaires, les différentes notions relatives à la construction des diverses parties d'un bâtiment devant trouver leur place aux articles spéciaux qui les concernent. Voir les différents mots désignés ci-dessus. Gourlier.

BATIMENTS. (*Administration.*) Nous avons fait connaître au mot *Alignement* la distinction qui existe entre la grande et la petite voirie. Nous avons vu que la première comprend les rues des communes qui servent de grande route, ou autrement les grandes routes et leurs traverses dans les communes, et que la seconde comprend les autres rues. Qu'en outre, on considère comme étant du ressort de la petite voirie, le pouvoir confié à l'autorité municipale de prévenir les embarras de la voie publique, de l'assainir, d'ordonner la démolition ou la réparation des bâtiments menaçant ruine, et de régler enfin tout ce qui concerne le péril. Nous avons exposé les réglements auxquels sont assujéties les constructions en ce qui tient aux alignements. Nous allons examiner maintenant ce qui concerne les bâtiments en eux-mêmes et les dispositions particulières dont ils sont l'objet.

Il n'existe, au sujet de la construction des bâtiments, aucun réglement d'administration générale. Ce qui les concerne est laissé aux soins de l'autorité locale qui prend à leur égard telles mesures qu'elle juge convenables, soit pour la hauteur qu'ils doivent avoir, soit pour les mesures de sûreté que nécessitent les constructions, soit pour ce qui touche au péril, et conformément à l'article 471 du Code pénal, qui confie à l'autorité municipale le soin de veiller à la liberté et à la commodité de la circulation, et à tout ce qui tient à la sûreté publique.

A Paris, ces différents réglements sont plus sévères et plus importants que partout ailleurs; et comme ils sont reproduits dans une grande partie des communes de France, nous croyons utile de les donner ici, en renvoyant à l'article Alignement, pour ce qui concerne, en cette matière, les attributions du Préfet de la Seine et du Préfet de police.

Suivant les lettres patentes du 10 avril 1783, qui sont toujours en vigueur, sauf quelques modifications que nous indiquerons, la hauteur des maisons, autres que les édifices publics, est fixée ainsi qu'il suit; savoir: dans les rues de $9^m,75$ (30 pieds) de largeur et au-dessus, à $19^m,50$ (60 pieds), lorsque les constructions sont faites en pierres et moellons, et à $15^m,60$ (48 pieds) seulement, lorsqu'elles sont faites en pans de bois. Dans les rues de $7^m,80$ à $9^m,40$ (24 à 29 pieds) de largeur, à $15^m,60$ (48 pieds), et dans les autres rues à $11^m,70$ (36 pieds) seulement.

Ces hauteurs se règlent, à partir du pavé des rues jusques et compris les corniches ou entablements, même les corniches des attiques, ou mansardes qui tiendraient lieu desdits attiques.

A partir de ces corniches ou entablements, les façades peuvent être surmontées d'un comble de trois mètres de haut pour les corps de logis simples en profondeur, et de cinq mètres de haut pour les corps-de-logis doubles. Mais déjà depuis long-temps l'usage a prévalu de donner au faîtage une hauteur égale à la demi-épaisseur du bâtiment, tellement qu'un faîtage peut avoir $5^m,80$ à $6^m,50$ (18 à 20 pieds) d'élévation, si le bâtiment a $11^m,70$ ou $13^m,00$ (36 à 40 pieds) de profondeur.

Les maisons qui excèdent les hauteurs ci-dessus et qui ont été construites antérieurement au réglement dont il est question, sont réduites lors de leur reconstruction.

L'article 6 de cette même déclaration défend de construire et d'adapter aux maisons aucun autre bâtiment en saillie et porte-à-faux, sous quelque prétexte que ce soit.

En cas de contraventions à ces diverses prescriptions, les propriétaires doivent être condamnés à 3,000 fr. d'amende, à la démolition des ouvrages, etc. Nous devons ajouter que nulle façade sur la voie publique ne peut être construite en pans de bois, à moins que le terrain sur lequel on se propose de bâtir n'ait pas moins de huit mètres de profondeur réduite; et même dans ce cas, la façade du rez-de-chaussée doit être construite en maçonnerie.

Chaque étage d'un bâtiment situé sur la voie publique, ne peut avoir moins de deux mètres trente centimètres de hauteur, mesurés entre deux planchers, quelle que soit la hauteur du bâtiment.

Les lettres patentes du 25 août 1784 ont apporté quelques modifications aux règles écrites dans celles de 1783, en fixant la hauteur des maisons à 17^m,50 (54 pieds), au lieu de 19^m,50 (60 pieds), dans les rues de 9^m,75 (30 pieds) de largeur, et à 14^m,60 (45 pieds), au lieu de 15^m,60 (48 pieds), dans les rues de 7^{m}80 à 9^{m}40 (24 à 29 pieds) de largeur.

Ces lettres reproduisent d'ailleurs les dispositions des précédentes pour la hauteur des combles surmontant les façades, et permettent à tous propriétaires de maisons et bâtiments situés à l'encoignure de deux rues d'inégale largeur, de les reconstruire, en suivant, du côté de la rue la plus étroite, la hauteur fixée pour la rue la plus large ; et ce, dans l'étendue seulement de la profondeur du corps de bâtiment ayant face sur la plus grande rue, soit que ledit corps de bâtiment soit simple ou double en profondeur ; passé cette étendue, la partie restante de la maison ayant façade sur la rue la moins large, est assujétie aux hauteurs fixées.

La jurisprudence actuelle permet cette élévation sur une étendue de quinze mètres au plus. Le reste de la façade ne peut être élevé qu'en raison de la largeur de la voie publique.

Les dispositions des réglements des 10 avril 1783 et 25 août 1784 ne s'appliquent désormais qu'aux maisons non alignées qu'on ne permet de sur-élever qu'en proportion de la largeur actuelle de la voie publique. Quant aux constructions neuves, tout propriétaire qui bâtit sur un nouvel alignement, a la faculté d'élever sa maison au maximum de hauteur, fixée dans le tableau ci-après :

LARGEUR DE LA VOIE PUBLIQUE.	MAXIMUM DE LA HAUTEUR POUR LES CONSTRUCTIONS	
	en maçonnerie	en pans de bois
10 mètres et au-dessus............	18^m,00	15^m,50
De 9^m,75 (30 pieds) à 10^m.....	17^m,50	15^m,50
De 8^m à 9^m,75...............	15^m,00	15^m.
De 7^m,78 (24 pieds) à 8^m......	14^m,60	14^m,60
Au-dessous de 7^m,78...........	11^m,70	11^m,70

Ces dimensions n'atteignent que les façades bordant la voie

publique, ou qui n'en sont pas éloignées de plus de quinze mètres; elles n'affectent pas celles qui donnent sur l'intérieur des propriétés (*Ord. roy.*, du 22 novembre 1826).

Les saillies sont à Paris l'un des objets les plus importants confiés à la vigilance de l'administration. Elles sont à la fois de la compétence du Préfet de la Seine et du Préfet de police; le premier connaît des saillies fixes, telles que balcons, pilastres, avant-corps, entablements, etc.; le second a dans ses attributions les échoppes, les étalages mobiles, les enseignes, etc. (*Voy.*) le mot ALIGNEMENT). Les saillies sont réglées par une ordonnance royale du 24 décembre 1823. Cette ordonnance défend d'établir des barrières fixes au-devant des maisons, à moins qu'elles ne soient nécessaires à la propreté et qu'elles ne gênent point la circulation; de construire des perrons en saillies; elle permet d'établir des bornes aux angles saillants des maisons formant encoignure, et porte que les grands balcons ne pourront être établis que dans des rues de dix mètres de largeur et au-dessus, et après une enquête *de commodo et incommodo*. Ces balcons ne peuvent, dans aucun cas, avoir plus de quatre-vingts centimètres de saillie, et être placés à moins de six mètres du sol de la voie publique.

Il est à remarquer toutefois qu'il n'est question ici que des balcons situés au niveau du premier étage. Au-dessus de cet étage, ils sont considérés comme corniches, et ne doivent avoir de saillie que celle qui est permise pour ces corniches par l'art. 22 de cette ordonnance.

Il est défendu d'établir des échoppes en bois, ailleurs que dans les angles et renfoncements hors de l'alignement des rues et places; il est défendu de construire des auvents et corniches en plâtre au-dessus des boutiques. Il ne peut en être établi qu'en bois, avec la faculté de les revêtir extérieurement de métal, toute autre manière de les couvrir étant prohibée.

Aucuns tableaux, enseignes, montres, étalages et attributs quelconques, ne peuvent être suspendus, attachés ni appliqués, soit aux balcons, soit aux auvents; leurs dimensions doivent être déterminées au besoin par le Préfet de police, suivant les localités.

Il peut néanmoins être placé sous les auvents des tableaux ou plafonds en bois, pourvu qu'ils soient posés dans une direction inclinée ;

Tout étalage formé de pièces d'étoffes, disposées en draperies, en guirlandes et formant saillie, est interdit au rez-de-chaussée, et ne peut descendre qu'à trois mètres du sol de la voie publique ;

Tout crochet destiné à soutenir les viandes en étalage, doit être placé de manière à ce que les viandes n'excèdent pas le nu des murs de face, et ne fassent aucune saillie sur la voie publique. (Art. 14, ord. précitée.)

Pour toutes les maisons de constructions nouvelles, aucun tuyau de poêle ne peut déboucher sur la voie publique. (Art. 15, *ibid.*)

Les tuyaux de cheminée en maçonnerie et en saillie sur la voie publique, doivent être démolis et supprimés lorsqu'ils sont en mauvais état, ou que l'on fera de grosses réparations dans les bâtiments auxquels ils sont adossés; les tuyaux de cheminée en tôle, en poterie et en grès, ne peuvent être conservés extérieurement sous aucun prétexte. (Art. 16, *ibid.*)

Les bannes doivent être placées à trois mètres au moins au-dessus du sol dans sa partie la plus basse, de manière à ne pas gêner la circulation ; leurs supports sont horizontaux; elles doivent être en toile ou en coutil, et ne jamais être établies sur châssis; leur saillie ne peut excéder un mètre cinquante centimètres. (Art. 17, *ibid.*)

Les perches et étendoirs des blanchisseuses, teinturiers, dégraisseurs, couverturiers, etc., ne peuvent être établis que dans des rues écartées et peu fréquentées, et après une enquête de *commodo et incommodo*. (Art. 18.)

Les éviers pour l'écoulement des eaux ménagères ne sont permis qu'à la condition expresse que leur orifice extérieur ne s'élèvera pas à plus d'un décimètre au-dessus du pavé de la rue. (Art. 19.)

Aucune cuvette ne peut être établie en saillie sur la voie publique pour l'écoulement des eaux ménagères des étages supérieurs. (Art. 20.)

Il n'est permis aucune construction en encorbellement, et la suppression de celles qui existent doit avoir lieu toutes les fois qu'elles seront dans le cas d'être réparées. (Art. 21.)

Les entablements et corniches en plâtre au-dessus de seize centimètres de saillie, sont prohibés dans toutes les constructions en bois, et ne peuvent être établis qu'aux maisons construites en pierre ou moellons, et encore sous la condition que ces corniches seront en pierres de taille ou en bois, et que la saillie n'excèdera, dans aucun cas, l'épaisseur du mur à sa sommité.

On peut établir des corniches ou entablements en bois sur des pans de bois. (Art. 22.)

Les gouttières saillantes, qui, suivant l'art. 23 de cette ordonnance, devaient être supprimées dans le délai d'une année, n'existent plus aujourd'hui.

Dans l'intérêt de la circulation, l'ordonnance de police du 30 novembre 1831 a prescrit, pour toutes les maisons où il n'en n'existait pas, des gouttières destinées à conduire les eaux pluviales jusqu'au pavé de la rue. On empêche ainsi l'eau des toits de tomber sur les passants.

Aucune saillie autre que celles spécifiées dans l'ordonnance de 1823, ne peut être établie.

Telles sont, en général les principales dispositions relative aux saillies sur la voie publique.; mais celles concernant les mesures de précautions à prendre pour prévenir les incendies, sont également l'objet de réglements nombreux, dont nous ne rapporterons que les plus importants.

Suivant les ordonnances de police des 26 janvier 1672, 1er septembre 1779 et 15 novembre 1781, il est expressément défendu de construire aucun manteau de cheminée en bois, ni aucun tuyau de cheminée contre les maisons en charpente et pans en bois; de percer des âtres et foyers au-dessus des solives; de faire passer aucune pièce de bois dans les tuyaux de cheminée.

Ces tuyaux doivent être construits de manière que les enchevêtrures et les solives soient à la distance d'un mètre du gros mur. Ils doivent avoir, dans l'œuvre, vingt-sept centimètres de largeur (dix pouces), sur soixante-sept à soixante-quinze centimètres de longueur (deux pieds trois à six pouces), il doit y avoir seize centimètres (six pouces) de recouvrement en plâtre sur les chevêtres, solives et autres bois. Le tout à peine de 1,000 fr.

d'amende, et de tous dépens, dommages-intérêts envers les propriétaires des maisons.

Ceux qui construisent les maisons, sont garants, pendant dix ans après la construction, des incendies que les mal-façons peuvent occasioner, ainsi que de la solidité du bâtiment.

Lorsque le péril d'une maison est reconnu, le propriétaire doit la démolir ou la réparer, en se conformant aux règlements sur la voirie, dans le cas où la maison serait sujette à reculement. Ce péril se constate toujours par des visites contradictoires. Il appartient à l'autorité locale de prescrire provisoirement telles mesures conservatrices qu'elle juge convenable. Quant aux démolitions en général, il est défendu de procéder à aucune opération de ce genre sans l'autorisation du préfet de police, qui prescrit alors toutes les mesures reconnues nécessaires dans l'intérêt de la sûreté publique. (Ordonnance de police du 8 août 1829.)

Nous ne devons point omettre de mentionner ici que lorsqu'une démolition est ordonnée par l'administration, non pour cause de péril ou de contravention aux règlements, mais pour cause d'utilité publique, on doit au propriétaire la valeur du sol et de l'édifice. Lorsque l'édifice est reconstruit pour cause de vétusté, et que la façade doit être reculée pour l'alignement, l'administration indemnise le propriétaire, du sol qu'il abandonne à la voie publique. Si au contraire la façade doit avancer, c'est le propriétaire qui paie la valeur du sol qui lui est concédé. V. au mot Expropriation.

Des règlements sages et prudents ont prévu le cas où une maison serait, pour une maison mitoyenne, la cause d'une détérioration quelconque, ou présenterait, par suite des établissements qu'elle renfermerait, des chances réelles d'incendies. Ces règlements ont cherché alors à faire disparaître ces inconvénients ou ces dangers. Ainsi, dans les maisons où se trouvent des écuries, les dépôts de fumier doivent être isolés du mur mitoyen par un contre mur ayant $21^c,5$ (8 pouces) d'épaisseur, 65^c (2 pieds) de profondeur dans les fondations et de toute la hauteur du dépôt.

Les forges, fours, fourneaux, doivent être entourés d'un vide de $16^c,25$ (6 pouces) entre le mur mitoyen et celui sur lequel ils sont construits. Ce dernier mur doit avoir $32^c,50$ (1 pied) d'épaisseur ; le vide doit exister dans toute la largeur et la hauteur, sans être bouché.

Quant aux fours des potiers de terre et autres dont le feu est très ardent, les tuyaux destinés à conduire la fumée doivent être isolés des murs mitoyens, jusqu'à la hauteur où la chaleur du feu peut monter.

La coutume de Paris exige que toutes les maisons soient pourvues de fosses d'aisances ; mais si ces fosses sont établies contre un mur mitoyen, il doit y avoir un contre mur de $32^c,50$ (1 pied) d'épaisseur ; il en est de même des puits. S'il y a puits côté, et fosse de l'autre, il doit y avoir $1^m,25$ (4 pieds) d'épaisseur en maçonnerie entre eux, compris l'épaisseur des murs de part et d'autre ; entre deux puits, un mètre suffit. Les tuyaux de chute des fosses d'aisances doivent être isolés de six centimètres au moins, des murs en pans de bois, en élévation. On fait ordinairement un contre-mur de 32^c (1 pied) d'épaisseur pour les voûtes de caves, et autres voûtes adossées à un mur mitoyen.

Le propriétaire d'un jardin ou d'un terrain cultivé, contigu à un mur mitoyen, doit y faire un contre-mur de 16_c (6 pouces) d'épaisseur, jusqu'à la profondeur des fondations du mur mitoyen et jusqu'au niveau des fondations. Le contre-mur doit être du double d'épaisseur s'il y a terres jectisses ou rapportées. Enfin, nul ne peut *faire fosse à eau ou cloaque* (puisart) plus près de deux mètres en tout sens des murs voisins ou mitoyens.

Tels sont les usages observés par la coutume de Paris, et qui sont maintenus par l'art. 674 du Code civil, ainsi que tous ceux en vigueur dans les différentes villes de France, et qui varient à l'infini suivant les localités.

Mais il existe une disposition applicable à tout le royaume, et qui est prescrite par l'ordonnance royale du 23 octobre 1823 : c'est celle qui exige que les locaux dans lesquels se trouvent des chaudières à vapeur soient à la distance de deux mètres des murs mitoyens, et isolés en outre par un mur d'un mètre d'épaisseur, ainsi que nous le verrons à l'article MACHINES A VAPEUR.

Toute permission pour travaux de grande voirie, n'est valable que pendant un an, à compter du jour de sa date. Ceux qui veulent faire exécuter, même hors la voie publique et dans l'intérieur de leurs bâtiments, des travaux de grosses constructions ou de grosses réparations, telles que voûtes de cave, fouilles, excavations, reprises de gros murs ou de murs de refend, pans de bois portant planchers, etc., travaux en sous-œuvre ou autrement, sont tenus d'en faire préalablement, et trois jours au moins avant de commencer leurs travaux, la déclaration à la préfecture du département de la Seine, et d'indiquer les noms des entrepreneurs ou ouvriers qu'ils entendent employer auxdits travaux, et les noms des architectes chargés de les diriger.

Les demandes qui ont pour objet d'obtenir la permission de bâtir, doivent toujours être accompagnées d'un plan indicatif des travaux à faire.

Les bornes de cet article nous ont forcé de choisir, au milieu de la multitude de règlements, tant anciens que modernes, de jugements et d'interprétations concernant les bâtiments, et surtout la police des constructions, ceux qui nous ont paru les plus importants et d'une application plus fréquente. La législation des bâtiments est comme celle de la voirie en général, elle demande de longs développements, et fait naître une foule de questions dont la solution n'est pas toujours facile; aussi nous aurions fréquemment été arrêtés dans le cours de notre travail, si nous n'avions trouvé des renseignements nombreux et d'une grande exactitude dans l'excellent ouvrage publié par M. Davenne, sur cette matière.   ADOLPHE TRÉBUCHET.

BATONNIER. (*Technologie.*) On nomme ainsi, à Paris, l'artisan qui s'occupe exclusivement de la confection des fauteuils, des chaises, des tabourets et échelles, et autres meubles de cette nature, faits en bois carrés et contournés. Dans la division des attributions, le tourneur en chaises ne doit faire que les bois ronds assemblés carrément à trous et tenons ronds. C'est le bâtonnier qui fait les ceintures des fauteuils et des chaises ouvragés. Il est rare qu'un bâtonnier ne soit point tourneur, et qu'un tourneur ne soit point bâtonnier ; cependant, dans la fabrication, on établit une différence entre ces deux professions. Les outils du bâtonnier ne sont pas absolument les mêmes que ceux du tourneur en chaises : il fait un usage plus fréquent de la scie à chantourner, du rabot, de la plane ; il fait des coupes et des assemblages à tenons et mortaises à fausse coupe

(v. ASSEMBLAGE), souvent fort difficiles et que le tourneur ne ferait pas. Cependant, dans les départements sur-tout, où il n'y a pas de bâtonniers, les menuisiers d'une part et les tourneurs de l'autre, se partagent l'ouvrage des bâtonniers; mais les yeux exercés reconnaissent une différence dans les résultats. Le bâtonnier consommé dans son art a un *faire* qui lui est propre. P. D.

BATTAGE, BATTEUR. (*Agriculture.*) Le battage est l'action de séparer les grains ou graines de leurs épis ou capsules.

Il existe quatre principaux modes d'égrénage des céréales.

1° Le battage au fléau ;
2° Le dépiquage par le piétinement des chevaux ;
3° L'égrénage à l'aide du rouleau ou cylindre ;
4° L'action des batteries mécaniques.

Le fléau se meut par le bras de l'homme. On s'en sert dans tout le nord de la France et dans plusieurs cantons du midi.

L'égrénage par piétinement s'opère à l'aide d'animaux dont les pieds foulent les gerbes sur des aires préparées en plein air. Il est plus usité dans le midi où il reçoit le nom de *dépiquage*.

Le rouleau est un moyen intermédiaire d'égrénage, auquel concourent la force de la bête qui le traîne, et l'intelligence de l'homme qui le dirige. Dans le département de la Haute-Garonne, le rouleau paraît avoir été substitué avec avantage au piétinement des chevaux, depuis quelques années.

Dans la batterie mécanique, la plus grande puissance d'opération est dans l'instrument même : l'intervention de l'homme n'y est que secondaire et accessoire.

Les avantages et les inconvénients des MACHINES A BATTRE ont été vivement discutés dans ces derniers temps. Nous les reproduirons sous ce mot.

Le DÉPIQUAGE proprement dit, c'est-à-dire l'égrénage à l'aide des animaux de trait, méritera aussi un article séparé.

Nous nous bornerons à parler ici du battage au fléau.

Il est certain que le battage au fléau est de tous les travaux de la ferme le plus rude et le plus nuisible à la santé des hommes qui s'y livrent, et en même temps le moins lucratif. De là, la difficulté de se procurer de bons ouvriers batteurs.

Mais il est presque une fois moins coûteux que le dépiquage.

M. de Gasparin, en signalant cet inconvénient, estime la

dépense du dépiquage presque au double de celle du battage au fléau.

Et dans ses calculs, il ne porte pas en ligne, certaines considérations générales, telles que le mauvais emploi de la force des chevaux, et dont les résultats ne peuvent cependant se résoudre qu'en un excès de dépense.

Il regarde donc positivement le dépiquage comme une opération à la fois défectueuse et coûteuse.

C'est dans le département de Vaucluse qu'il a fait ses observations. La dépense moyenne du dépiquage de l'hectolitre de grain pendant quatre années, a été, suivant lui, de 2 francs 10 centimes. Les frais de battage au fléau d'un hectolitre de blé ne seraient que d'un franc, ce qui est regardé par M. Mathieu de Dombasle comme le dix-huitième du prix vénal, et les frais d'égrénage avec deux rouleaux seulement de 91 centimes.

Mais il est un grand nombre de localités et de circonstances, où, même dans le midi, on ne peut battre qu'au fléau, et où l'on ne peut employer le fléau qu'en grange, comme dans le nord.

L'ouvrage des batteurs au fléau est presque toujours imparfait, parce que travaillant généralement à leur tâche, ils ont un grand avantage à battre imparfaitement beaucoup de gerbes, et aucun à user leurs forces à arracher le dernier grain qui résiste le plus au battage.

Suivant M. de Villelongue, cent gerbes de blé fauché pesant quatre cents kilogrammes étant rangées sur l'aire, il faut dix mille huit cent vingt coups de fléau donnés en deux cent quatorze minutes pour le simple battage : et les opérations accessoires, tels que secouage et relevage des pailles, épaillage des blés, reliage et bottelage, mesurage et portage des grains au grenier, rentrée des pailles, etc., demanderont quatre cent quarante-six autres minutes, en tout six cent soixante minutes.

Le battage au fléau est payé, dans les environs de Paris et dans les provinces de Beauce, de Brie et de Picardie, de 80 centimes à 1 franc l'hectolitre, ou du seizième au vingtième du prix vénal, porté à 16 francs, terme moyen des cinq et six dernières années. Indépendamment de l'abondance ou de la rareté des ouvriers, le prix varie aussi suivant la sécheresse ou l'humidité des grains, le mélange plus ou moins abondant des herbes parasites, le plus ou moins de blés récoltés droits ou versés, conditions qui déterminent le rendement ; mais il peut cependant être considéré comme assez rapproché de l'usage général pour servir de point de comparaison.

On pense qu'un ouvrier de bonne force peut battre, dans un jour de durée moyenne, en blé bien récolté, de soixante-quinze à quatre-vingt-cinq gerbes du poids de huit à neuf kilogrammes, lesquels peuvent être estimés rendre deux kilogrammes un quart de blé à la gerbe, ou deux cent vingt-cinq kilogrammes au cent de gerbes : ce qui équivaut à trois hectolitres au cent.

Le batteur aura donc pu livrer, en évaluant son battage à quatre-vingts gerbes, cent quatre-vingts kilogrammes de blé ou deux hectolitres quarante litres, ce qui portera le prix de la journée, en estimant le battage au fléau à 90 centimes l'hectolit., à 2 francs 16 centimes, pour une journée de douze heures, comprenant dix heures de travail effectif.

Mais ce prix de journée de 2 fr. 16 centimes n'est atteint par le batteur au fléau que par un travail rude et malsain, qui abrège ses jours, et les hommes les plus robustes conviennent seuls à cet ouvrage pénible.

De telles considérations militent fortement en faveur des batteries mécaniques qui, tout imparfaites qu'elles sont encore, présentent par elles-mêmes de très grands avantages sur l'usage du fléau, d'après les premiers essais qui ont été faits, outre celui de suppléer à la rareté des ouvriers batteurs qui se fait de plus en plus sentir. *V.* ci-après le mot BATTERIE MÉCANIQUE.

SOULANGE BODIN.

BATTAGE DES TAPIS. (*Hygiène.*) A mesure que le bien-être fait des progrès et tend à devenir plus général dans une société, on voit l'usage de certains produits prendre de l'extension, et par suite les fabriques où ils se confectionnent développer des inconvénients qui étaient restés inaperçus lorsqu'elles travaillaient peu : entre plusieurs exemples on peut citer le battage des tapis d'appartements.

Quel inconvénient peut présenter ce battage, diront certainement quelques personnes ? Aucun, assurément, si ce sont de petits tapis, et si l'on n'en bat qu'un très petit nombre ; mais lorsque ce battage se fait sur des tapis de six, huit et dix mètres en tous sens, lorsqu'on en bat par jour cent cinquante à deux cents dans le même local, lorsque cette opération se continue pendant six mois de l'année, on concevra que des plaintes aient été faites, que des procès aient été intentés, et que l'administration se soit vue dans la nécessité d'intervenir et d'interposer son autorité.

Ce n'est pas seulement la poussière qui incommode les voisins, et qui en se déposant sur les arbres, les fleurs et les légumes, leur ôte toute leur valeur : ce qui gêne le plus dans cette opération, c'est le bruit que font les ouvriers en frappant en cadence et à coups redoublés, contre des tapis tenus déployés sur un métier particulier : rien de plus monotone et de plus assourdissant que ce bruit ; et c'est contre le désagrément et l'irritation nerveuse qu'il procure, que les plaintes ont toujours été dirigées.

Depuis quelques années, plusieurs tapissiers, batteurs de tapis, qui jusqu'ici avaient été tolérés dans l'intérieur de Paris, ont été obligés d'en sortir ; d'autres qui battaient dans les quartiers retirés, derrière les habitations, ont été dénoncés et forcés d'abandonner des places en apparence très convenables : un d'eux dernièrement n'a pu s'établir dans un terrain qu'il venait d'acheter et sur lequel il avait fait bâtir de grands magasins.

C'est donc pour ainsi dire en plein champ, que ceux qui se livrent au battage, à la garde et à la restauration des tapis, devront dorénavant s'établir. Il faut, pour bien faire, que le bruit qu'ils occasionent se perde en arrivant à l'habitation la plus voisine. Quant à l'influence que peut avoir sur le sort des hommes la poussière de ces tapis, bien qu'elle soit composée de corps assez âcres et irritants, elle ne paraît pas bien dangereuse : il suffit, pour s'en convaincre, d'observer les ouvriers occupés au battage, et qui vivent dans une atmosphère épaisse de poussière, l'observation semble prouver que tout ce qui a été dit sur les propriétés nuisibles de ces poussières est beaucoup exagéré. PARENT-DUCHATELET.

BATTERIE. (*Technologie*). L'une des vingt pièces dont se compose la platine d'une arme à feu (*v.* PLATINE.) Quelques personnes ont proposé de nommer *batterie* l'ensemble du mécanisme, et de réserver le mot de *platine* pour la pièce qui porte le nom de *corps de platine* : cette dénomination, plus rationnelle, n'a pas été admise généralement, et l'on a continué à nommer *batterie* la pièce qui est aussi connue sous le nom de *couvre-feu*. C'est contre cette pièce que vient frapper la pierre du chien : elle est coudée, composée de fer et d'acier ; la partie qui recouvre le bassinet est en fer ; celle en retour d'équerre qui s'élève verticalement, et qui reçoit le choc de la pierre, est en acier trempé dur, afin qu'il résulte du choc, production d'étincelles suffisantes pour enflammer l'amorce. Cette pièce est d'une confection difficile pour le forgeron et pour l'ajusteur ; elle pivote sur la vis de batterie entre le corps de platine et le bras du bassinet. Au-dessous de l'œil qui livre passage à la vis de batterie, la *queue* de la batterie est divisée en deux branches, dont l'une, qui se nomme le *talon*, pèse sur le ressort de batterie. Cette disposition produit deux effets essentiels : d'abord, elle assure la fermeture parfaite du bassinet, et ensuite elle maintient la batterie avec une force suffisante pour que, dans le choc, elle ne soit point chassée trop rapidement, mais offre à la pierre une résistance sans laquelle elle ne ferait point feu. Le mouvement de la batterie doit être libre, mais résistant, et, après le choc, la batterie doit être entièrement renversée, et le bassinet découvert en entier. Lorsque le ressort de batterie est trop faible, le feu est faible ; il est faible encore lorsque le ressort est trop dur, parce qu'alors la batterie reste suspendue entre les deux points de contact formés par l'enfourchement de la queue, que le bassinet n'est point entièrement découvert, et que le frottement de la pierre contre l'acier, n'a pas été assez prolongé par la *chasse* de la batterie. Aussi a-t-on inventé des instruments pour peser la force des ressorts, afin de mettre en harmonie celle du grand ressort qui pousse le chien et celle du ressort de batterie qui doit résister à son effort en y cédant cependant dans une proportion donnée.

Dans le modèle de 1816, la mise d'acier des batteries des armes de guerre, est ainsi calculée : 18 au demi-kilog. pour le fusil d'infanterie ; 20 pour celui de cavalerie ; 28 pour les pistolets de cavalerie ; 36 pour les pistolets de gendarmerie. Ces mesures sont maintenues pour le modèle de 1824 ; mais la batterie éprouve une modification dans sa forme; le haut est renversé en arrière, afin que le pouce ne soit point blessé par son contact fréquent lorsqu'il s'agit d'amorcer.

La mesure ordinaire des batteries est de 0,027 à 0,030 de largeur selon les armes.

Dans les armes à procédé, la batterie est supprimée.

Paulin Desormeaux.

BATTERIE. Ce mot signifie, dans les arts, une foule d'objets complexes, dont la nomenclature n'offrirait aucun intérêt. On nomme *batterie* une usine où le fer est battu et étiré. On dit *forge* ou *feu* de batterie, pour dire un feu ou une forge moindres que ceux où l'on fait le fer.

Paulin Desormeaux.

BATTERIE ÉLECTRIQUE. Réunion de bouteilles de Leyde, ou de jarres électriques, ou de simples condensateurs sur carreaux de verre. Dans les deux premiers cas, toutes les armures intérieures communiquent entre elles par des tringles de métal, et toutes les extérieures au moyen de lames d'étain ou de plomb qui garnissent l'intérieur de la caisse en bois où l'on renferme l'appareil. La déperdition du fluide électrique libre des armures qui sont en contact avec la machine électrique, étant d'autant plus grande, que la partie de leur surface que baigne l'air est plus étendue, on doit préférer les bouteilles fermées (et surtout celles à long col) aux jarres ouvertes. Après avoir déchargé une batterie, il reste souvent une portion assez sensible de la charge : ce reste peut encore produire un effet douloureux ; on doit donc, quand la batterie est forte, opérer une seconde décharge avec l'excitateur. On dispose une batterie par cascades, quand une partie des bouteilles ou jarres est isolée, et qu'on fait passer dans une autre partie, disposée comme à l'ordinaire, le fluide qui est chassé de l'armure extérieure de la première.

On voit au Conservatoire des arts et métiers de belles batteries électriques qui proviennent du cabinet de physique de Charles, l'inventeur des aérostats à gaz hydrogène. Avec de faibles batteries on peut tuer des lapins, des oiseaux et d'autres animaux. Ceux de nos lecteurs qui habitent Paris et les villes de province où se font des cours publics de physique expérimentale, pourront juger, par leurs yeux, de la puissance des batteries électriques pour la fusion et la combustion des métaux, l'inflammation de tous les combustibles, et, en général, pour l'imitation des effets de la foudre. On a fondu ainsi des fils de fer de cinquante pieds de longueur.　　　　　　　S. P.

BATTERIE MÉCANIQUE. (*Agriculture*.) Les machines à battre le grain sont répandues et goûtées dans beaucoup de provinces de l'Angleterre, celles du nord particulièrement, et surtout en Ecosse. Il y a même, dit-on, des possesseurs de machines, entrepreneurs de battage, chez qui l'on apporte ses gerbes, comme l'on porte ses blés au moulin. Mais le transport d'objets aussi volumineux doit occasioner beaucoup d'embarras et de dépenses. M. Huzard fils a connu dans le Yorkshire, un entrepreneur de battage qui achetait des récoltes à tant la gerbe, et les battait pour son compte; il était en même temps marchand de grains. Mais dans d'autres provinces, celles du sud notamment, les machines à battre sont encore peu goûtées. Elles sont, au contraire, fort communes en Irlande, et il y en a une fabrique en grand à Dublin.

En France, M. de Villelongue a présenté, il y a quelques années, à la Société royale et centrale d'agriculture, le modèle d'une machine à battre les grains; et, à cette occasion, il a établi des calculs de comparaison entre les dépenses et les résultats du battage au fléau, et de celui qui s'exécute au moyen des machines employées jusqu'à présent; et après avoir cité aussi les résultats du travail de la machine à battre de M. Mathieu de Dombasle, il a fait voir que ces machines, bien que préférables au fléau, sont encore loin de satisfaire tous les désirs; que dans l'état actuel des choses, elles ne conviennent guères que pour les grandes exploitations, ce qui nuira beaucoup à la rapidité de leur propagation. D'un autre côté, M. Pluchet a introduit dans ses exploitations près Versailles une batterie, construite tout en bois, la même que celle dite *batterie suédoise*, à laquelle il a ajouté un tarare pour vanner les grains simultanément avec le battage; la dépense pour l'établissement de la machine et du manége peut être évaluée approximativement à 1,200 francs, toujours construite tout en bois. Les renseignements qu'il a fourni sur le travail de sa machine portent beaucoup plus sur l'avoine que sur le blé. Voisin de deux grands marchés à paille, Versailles et Paris, M. Pluchet ne peut se priver de l'avantage de vendre ses pailles, et la machine, en les brisant, les rend invendables. Mais cet inconvénient est nul pour toutes les localités où la consommation des pailles se fait à la ferme même ; aussi livre-t-il à sa machine tous les blés destinés à fournir des pailles à sa propre consommation. Elle est mue par deux chevaux. Le travail a lieu depuis le matin, six heures, terme moyen, jusqu'à une heure ou deux de l'après-midi : deux hommes, un jeune homme et un enfant, en font le service. A une ou deux heures, la machine cesse de travailler. Les deux hommes et le jeune homme, en rentrant du repas, s'occupent à ranger le grain, à séparer la partie bien vannée par le tarare adapté à la machine, de celle qui ne l'est pas suffisamment, à reprendre cette dernière au tarare, enfin à monter le grain ; l'enfant, occupé jusqu'à une heure, ne prend plus de part aux travaux de la soirée.

M. Pluchet évalue que la machine peut fonctionner à raison d'une gerbe par minute. Les résultats de l'opération sont presque identiques quant au prix du battage ; mais, outre les diverses considérations qui suffiraient pour assurer aux machines à battre, même dans leur état d'imperfection actuelle, une préférence méritée, c'est le produit plus grand, résultant d'un meilleur battage, que cet habile cultivateur ne craint pas, après de nombreuses expériences, d'évaluer du quinzième au dix-huitième, mais qu'il garantit avec certitude du vingtième en sus. Ainsi un hectolitre de blé sur vingt opère une répartition de 80 c. par hectolitre : voilà un avantage matériel qui tranche la question.

Les pailles brisées par la machine ne sont pas, il est vrai, vendables sur un marché, au moins quant à présent ; mais il est bien constant que les bestiaux préfèrent sensiblement les pailles brisées et rompues, à celles restées droites et raides après le battage au fléau, et même à celles coupées au hache-paille. Les animaux les trouvent plus douces, plus souples, et d'une mastication moins pénible.

De plus, la paille de froment, comme celle de toutes les céréales, contient dans son intérieur un parenchyme sucré, qui se trouve particulièrement au-dessus et au-dessous des nœuds. Il est abondant avant la maturité des grains ; il disparaît ou diminue beaucoup après ; on n'en trouve que peu ou point dans le blé muri et égréné sur pied. Il se trouve en plus grande quantité dans les blés du midi; il diminue en proportion de l'abaissement de la température du climat au centre et au nord. La paille est recouverte d'une espèce de gluten ou vernis, plus abondant aussi au midi qu'au centre et au nord, et qui paraît autant destiné à empêcher l'évaporation des principes sucrés qu'à les préserver de l'action des pluies. Quand ce vernis se trouve rompu avec la paille, le parenchyme sucré, sous forme de poussière, se répand sur toutes les parties de la paille écrasée, et les animaux l'appètent, la mâchent et la digèrent mieux. La paille écrasée est donc plus nourrissante que la paille entière et que la paille hachée seulement; elle convient mieux à la subsistance des animaux. C'est à la destruction de ce vernis ou gluten que l'on doit attribuer la préférence que les vaches sur-tout accordent aux pailles d'avoine qui ont été *javelées*, sur celles qui ne le sont pas.

Dans l'état actuel des choses, il est à désirer que les essais se multiplient : le résultat final est indubitable. Mais c'est en construisant beaucoup de machines, que les mécaniciens parviendront à les faire mieux et à meilleur marché ; c'est en s'en servant habituellement que les cultivateurs en reconnaîtront et indiqueront les inconvénients; qu'ils formeront des ouvriers habiles à les manœuvrer; que la connaissance du mécanisme se répandra jusque chez les artisans des villages, et que les réparations deviendront moins coûteuses et plus faciles.   Soulange Bodin.

BATTEUR D'OR. (*Technologie.*) Trois métaux, parmi le grand nombre de ceux que l'on peut employer dans les arts, jouissent de la propriété de se réduire en feuilles d'une minceur extrême, et qui peut paraître surprenante, car le souffle suffit pour les entraîner au sein de l'atmosphère, dans laquelle elles restent long-temps suspendues : ces métaux sont l'or, l'argent et le cuivre. Il serait impossible de parvenir à en obtenir des feuilles aussi minces par aucun autre moyen que par le battage ; mais si on frappait dessus directement, on ne pourrait continuer long-temps l'opération, parce qu'elles se déchireraient : on est obligé de les placer entre des feuilles d'une substance qui réunisse une faible épaisseur à une grande résistance.

La manière d'opérer est la même pour les trois métaux : l'or est beaucoup plus employé que l'argent ou le cuivre. Ces métaux, et l'or sur-tout, doivent être purs pour se laisser travailler d'une manière parfaite; la ductilité de l'or est altérée par l'alliage, même avec l'argent ou le cuivre, quoiqu'ils soient séparément aussi malléables qu'il l'est lui-même.

Le lingot d'or fondu par les moyens ordinaires, et coulé en lingotière, est recuit à une douce chaleur pour l'adoucir; on le forge ensuite en le recuisant à diverses reprises, et on le lamine pour le réduire en une lame de trois centimètres environ de largeur, sur cinq à six millimètres d'épaisseur; on le coupe par morceaux que l'on forge d'abord directement au nombre de vingt-quatre à la fois, et qu'après avoir coupé en morceaux carrés de trois centimètres, on réunit entre des feuilles de vélin et de parchemin que l'on frappe avec un lourd marteau à large panne: on coupe de nouveau les feuilles qui se sont étendues, on les réunit dans un cahier formé de feuilles de BAUDRUCHE, et on continue la percussion jusqu'à ce que l'or soit arrivé au degré de minceur voulue: on le retire alors pour le placer dans des cahiers de papier dans lesquels on le conserve. Cette brièvre description est suffisante pour faire comprendre le travail du batteur d'or, et les détails dans lesquels nous pourrions entrer en décrivant minutieusement les diverses parties de l'opération du battage, seraient insuffisantes pour conduire à la réussite celui qui voudrait entreprendre ce travail, et superflues pour ceux qui s'y livrent; ils ne pourraient être que curieux pour ceux qui attachent de l'intérêt à l'exercice des diverses professions. Nous pensons faire une chose plus utile en examinant diverses parties de l'opération sur lesquelles il est possible de donner quelques notions utiles.

La BAUDRUCHE, préparée par les boyaudiers, a besoin, pour servir au travail du batteur d'or, d'être dégraissée; ce que les ouvriers appellent *suer*: ce n'est qu'à force de servir qu'elle perd entièrement cette matière grasse. Pour l'en priver, on place ordinairement les feuilles de baudruche entre des feuilles de papier, et l'on bat le tout avec le marteau. Mais à ce moyen encore imparfait, on peut en substituer un préférable, et qui consiste à recouvrir chaque feuille de baudruche de craie en poudre impalpable, par exemple, passée au porphyre, et à comprimer à chaud un paquet plus ou moins considérable: la craie absorbe toute la graisse, et laisse la baudruche dans un état satisfaisant.

Quand la membrane a été bien dégraissée, on y passe une couche d'une liqueur composée de colle de poisson, 90 grammes; poivre blanc, 30; clous de gérofle, 15; cannelle, 15; muscade, 15; fleur de muscade, 12. On concasse le tout, et l'on fait macérer dans cinq litres de vin blanc ou dans un litre d'eau-de-vie pendant cinq à six jours; on fait bouillir ensuite pendant six heures, et, après avoir passé la liqueur au travers d'un linge, on en imprègne une éponge avec laquelle on donne à chaud deux couches aux feuilles de baudruche, en laissant sécher entre chacune, et on les presse ensuite.

La trop grande sécheresse de la baudruche nuit autant que l'humidité au travail du batteur d'or; celui-ci reconnaît le degré convenable en plaçant entre des feuilles, qu'il appelle *outil*, douze ou quatorze feuilles ou *quartiers* d'or, et donne deux ou trois coups de marteau dessus. Si le quartier est adhérent à la feuille, et qu'en ouvrant la *moulle* ou le cahier que forment les feuilles de baudruche ou de vélin, la feuille d'or soit adhérente aux deux feuilles, ce que les ouvriers appellent *sucer*, le degré de sécheresse est convenable.

La dessiccation s'opère en réunissant un certain nombre de feuilles dans une presse dont la plaque inférieure a été chauffée; mais elle n'est pas uniforme, et les feuilles du milieu sont fort différentes de celles de l'extérieur. On avait pensé que le chlorure de calcium ou muriate de chaux placés sous un même vase avec la baudruche, la dessécherait au point convenable : les essais n'ont pas procuré de résultats satisfaisants.

Les feuilles de vélin ou de baudruche sont recouvertes d'une couche de sulfate de chaux (gypse) calciné, réduit en poudre fine, et qu'on y répand au moyen d'une patte de lièvre : le sulfate de chaux est appelé par les ouvriers, *brun*; et *passer au brun*, se dit de l'opération.

Une *moulle* séchée par le muriate de chaux, ne *suçant* pas, les feuilles étaient moins lisses et moins sonores que celles que l'on avait préparées par les moyens ordinaires, et se conduisaient comme si la baudruche eût été trop humide.

Le lingot d'or fin, qui doit être battu après l'avoir forgé, et passé au laminoir comme nous l'avons dit précédemment, présente des parois très ouvertes quand il a été laminé sur les deux sens : on éviterait cet inconvénient en le laminant dans un sens seulement.

L'argent et le cuivre se travaillent par des moyens semblables.

H. GAULTIER DE CLAUBRY.

BAUDRUCHE. *V.* BOYAUDERIE.

BAUGE. *V.* TONNEAU.

BAUMES. (*Chimie industrielle.*) Les pharmacologistes ont appelé *baumes*, tantôt des produits pharmaceutiques, composés, mous ou liquides, qui servent pour le pansement des plaies, tantôt des produits qui découlent de quelques arbres. Il ne sera question que de ces derniers que l'on nomme *baumes naturels*. Ils sont solides, mous ou liquides, fusibles ou inflammables, solubles dans l'alcool, mais essentiellement caractérisés par la présence d'une huile volatile, d'une odeur très suave, et par celle de l'acide benzoïque. C'est à tort que plusieurs auteurs ont écrit que les baumes devaient leur odeur à ce dernier acide que l'on sait bien être complétement inodore à l'état de pureté ; mais il n'est pas moins très remarquable que, partout où l'on a rencontré l'odeur des baumes, on a trouvé de l'acide benzoïque.

Les baumes sont principalement employés pour parfumer ou pour aromatiser. L'un d'eux, le baume du Pérou, entre dans la confection du *taffetas* dit d'*Angleterre*. C'est du benjoin que l'on extrait la majeure partie de l'acide benzoïque du commerce.

Baume du Pérou. On en connaît de deux espèces : l'une en *coque*, l'autre *noire* ou *liquide*. La première est la plus estimée, elle découle du *Myroxylum peruiferum*, Hern., de la famille des Légumineuses. Cette espèce, telle qu'on la trouve dans le commerce, est renfermée dans des cocos ou de petites calebasses pyriformes ; elle se ramollit à une température peu élevée, et peut s'écouler alors des vases qui la renferment. Son odeur est très agréable et se rapproche beaucoup de celle de la vanille. Extrait de la coque, ce baume est jaune brunâtre, translucide, presque limpide. Il se casse facilement à la température de 10° environ ; sa cassure est lisse et brillante. Il se brise sous la dent qui le pulvérise, et bientôt devient malléable par la chaleur de la bouche. En le mâchant quelque temps, il s'émulsionne en partie, devient opaque, et ne présente pas de saveur bien appréciable, seulement son odeur se trouve bien développée : la salive ne le dissout point.

Ce baume est d'un prix assez élevé, et se trouve souvent remplacé dans le commerce par le baume de Tolu, qui est un peu moins estimé.

Il entre dans un grand nombre de parfums. Dissous dans quatre fois son poids d'alcool, et étendu sur du taffetas déjà revêtu d'une couche de colle de poisson, il constitue le *Taffetas d'Angleterre*. Un de ses principaux usages est de servir à remplacer la vanille : fraude de peu d'importance, difficile à reconnaître par des agents chimiques, à cause des petites quantités de matières qui sont employées en ce cas ; mais les personnes bien habituées distinguent facilement l'odeur de la vanille de celle du baume du Pérou.

Le baume noir du Pérou est liquide et visqueux comme un sirop; sa couleur est noir-jaunâtre en masses; sous une mince épaisseur, il paraît jaune de bistre. Son odeur est suave et beaucoup plus forte que celle du baume en coque. On dit qu'on l'obtient du même arbre par l'ébullition des jeunes rameaux, et, par suite, par l'entière évaporation de l'eau. Il est plus rare et moins estimé que le précédent.

Baume de Tolu. On a cru pendant long-temps que ce baume découlait d'un arbre de la famille des Térébinthacées; mais M. A. Richard a prouvé qu'il provenait d'une espèce très voisine de celle qui produit le baume du Pérou, espèce qu'il a appelée *Myroxylum toluiferum*. Le baume de Tolu vient dans des calebasses, presque toujours plus grandes que celles qui renferment le baume du Pérou, ou bien en masses quelquefois assez volumineuses. Il est un peu plus roux, plus dur, plus fragile et moins fusible que le précédent, auquel il ressemble sous tous les autres rapports. On les substitue l'un à l'autre.

Benjoin. Ce baume, moins aromatique que les précédents, est produit par le *Styrax benzoin*, L., de la famille des Plaqueminiers, que l'on trouve à Sumatra et aux îles de la Sonde. Il est en masses fragiles, grises jaunâtres ou blanches jaunâtres; quelquefois cette dernière espèce se trouve disséminée dans la première, et lui fait porter le nom de *Benjoin amygdalin*. Le benjoin jaunâtre, unicolore, est très rare dans le commerce et ne s'y rencontre pas constamment ; il est beaucoup plus estimé que le gris. En vieillissant il prend de la couleur, et d'opaque qu'il était, il devient translucide ; cela, probablement, en perdant de l'eau qui détruisait sa transparence par son interposition. Si la présence de cette eau seule pouvait établir la différence des prix du benjoin, on devrait préférer le gris au blanc ; mais celui-ci est constamment plus pur que celui-là.

C'est du benjoin que l'on extrait une partie de l'acide benzoïque du commerce (*v*. ACIDE BENZOÏQUE). Il entre dans la composition des *clous fumants*. Dissous dans quatre fois son poids d'alcool, et versé par goutte dans l'eau, il la rend blanche et opaque. Cette préparation porte le nom de *lait virginal* et trouve son emploi dans la toilette.

Liquidambar ou *Copalme*. On donne ce nom à un baume qui se présente assez rarement dans le commerce, mais dont le prix n'est pas très élevé. Il a la consistance d'une térébenthine, est limpide et possède une odeur très suave. Il découle du *Liquidambar styraciflua*. On ne doit pas le confondre avec le styrax liquide qui en diffère beaucoup.

Storax. Ce baume est produit par le *Styrax officinalis*, L., arbre très voisin de celui qui nous donne le benjoin. Le storax est noir ou brun noirâtre, opaque, mou et poisseux, lorsqu'il n'est pas desséché. Dans cet état, il est susceptible de se casser, mais difficilement : sa cassure est mate et grenue ; on le falsifie très souvent avec de la sciure de bois. Cette fraude se reconnaît en le traitant par l'alcool : la sciure reste sans se dissoudre. On le falsifie encore avec la colophane qui le rend plus sec : cette fraude n'est pas facile à reconnaître.

On le reçoit quelquefois enveloppé dans des feuilles de roseaux ; il porte alors le nom de *Storax calamite*.

Il entre dans les clous fumants.

Styrax liquide. Matière de consistance de miel, visqueuse, gluante, gris brunâtre, opaque, d'odeur suave, paraissant devoir son opacité à de l'eau interposée, et passant pour être obtenue par la décoction des jeunes rameaux du *Liquidambar styraciflua*. Souvent falsifié et d'un prix peu élevé, comparativement aux autres baumes. Son principal usage est d'entrer dans la préparation de l'emplâtre de *vigo cum mercurio*, qui est très usité.

Thomson a rangé le sang-dragon parmi les baumes, sans y avoir démontré d'une manière bien évidente la présence de l'acide benzoïque qui les caractérise. Les baumes paraissent plutôt caractérisés par la présence de l'huile volatile qui leur donne une odeur si suave; et le sang-dragon étant inodore, n'ayant encore été usité que comme astringent, ou comme matière colorante, rouge, on le placera dans un article spécial.

A. BAUDRIMONT.

BAZAR ou BAZARI. (*Commerce.*) On appelle ainsi, en Orient, les emplacements destinés au commerce de détail, tels que nos marchés, nos halles, nos champs de foire, etc. Les bazars sont généralement découverts, lorsqu'ils sont destinés à la vente des objets de consommation grossière, à moins que la chaleur du climat n'oblige de les mettre à l'abri du soleil par des tentures en toile ou en nattes. Ils sont construits avec un très grand soin, lorsqu'ils doivent servir au commerce des objets de prix, comme les pierreries, les bijoux, les tissus de luxe, les parfums. Plusieurs de ces bazars sont d'une rare magnificence, et reçoivent le jour par des dômes élevés et percés de fenêtres. Les gouvernements de l'Orient y entretiennent en général une police sévère, et on y trouve presque autant de sécurité et de garantie qu'en Europe. Les bazars persans passent pour être les plus remarquables de l'Orient : on cite principalement ceux d'Ispahan et de Tauris, qui sont d'immenses places où trente mille hommes pourraient être facilement rangés en bataille. L'une de ces places est entourée de douze mille boutiques, où il n'est pas rare de trouver des marchandises de toutes les parties du monde. En Égypte, outre les bazars publics, on trouve encore des *okels*, vastes bâtiments carrés qui entourent des cours intérieures, le long desquelles sont établies des corporations entières de marchands. Ainsi, il y a l'okel du riz, du sucre, l'okel des marchands de Syrie, etc. Tous ces okels ont, à l'intérieur, et donnant sur les rues, de petites boutiques de douze à quinze pieds carrés où se tient le marchand avec les échantillons de ses marchandises. Les Orientaux attachent, en général, au commerce, plus d'importance qu'on ne le croit parmi nous, et tous les voyageurs s'accordent à reconnaître que leurs bazars sont beaucoup plus remarquables que nos marchés européens, par le bon ordre qui y règne, par la politesse des marchands, et par la sûreté des transactions. BLANQUI AÎNÉ.

BEC-DE-CANNE. (*Technologie.*) Les serruriers nomment ainsi le pène mobile poussé par un ressort, et taillé en inclinant dans la partie qui sort de la serrure, qu'on fait mouvoir avec le pouce en dedans de la porte, et qui opère une fermeture en glissant sur un butoir taillé en biseau, ou même simplement sur le rebord arrondi de la gâche ; c'est ce qu'on apèle vulgairement *pène coulant*, en opposition avec le *pène dormant* qui ne peut être mu qu'à l'aide de la clé. Quand on dit une *serrure à bec-de-canne*, cela s'entend de ces petites serrures d'intérieur qui n'ont pas de pène dormant, mais seulement un bec-de-canne avec deux poignées qui donnent la facilité d'entrer et sortir. Les mots *une serrure à bec-de-canne* signifient une serrure à pène dormant garnie de plus d'un bec-de-canne, comme cela se pratique toujours pour les portes d'extérieur. On les nomme aussi à *tour* et *demi-tour* ; le demi-tour est pour ouvrir le bec-de-canne. Il est de bonne fabrication de ne point faire le biseau du bec-de-canne absolument plat, mais de l'abattre en inclinant des deux côtés, de manière à former une arête obtuse au milieu, ou un dos d'âne : par ce moyen on diminue le frottement, et la porte est plus douce à pousser, le ressort étant d'ailleurs de force égale.

PAULIN DESORMEAUX.

BEC-DE-CANNE. (*Quincaillerie*). Nom donné à une pince platte à dents à l'intérieur, dont les mords sont droits et carrés par le bout : on dit plus communément *pince platte*. P. D.

BEC DE GAZ. (*Technologie.*) L'emploi du gaz hydrogène carboné pour l'éclairage a pris, depuis une dixaine d'années, un énorme accroissement. Des tentatives plus ou moins heureuses ont été faites pour arriver à la fois à deux buts importants : obtenir le maximum de lumière en brûlant la moindre quantité de gaz possible. Nous n'avons pas à nous occuper ici des questions relatives à la production et à la purification du gaz destiné à l'éclairage ; c'est dans un article spécial que nous traiterons ce sujet. Nous devons nous borner à examiner les dispositions les plus avantageuses à donner aux becs pour obtenir les résultats désirables. Il nous semble qu'il serait peu utile de décrire tous les becs qui ont été successivement proposés ; nous devons seulement nous attacher à ceux qui offrent le plus d'avantages par leur disposition.

Quand un corps solide, comme la cire ou le suif, brûle, la température à laquelle il se trouve soumis en détermine d'abord la fusion, il se forme autour de la mèche un bain de ce liquide qui, élevé sans cesse par l'action capillaire, se vaporise et brûle en produisant une flamme plus ou moins longue, et d'un degré d'éclat particulier, suivant la nature du corps combustible, la disposition de la mèche et la manière dont l'air afflue sur la flamme. Dans la combustion de l'huile, le même effet a lieu ; et lorsque la flamme se trouve seulement enveloppée extérieurement par l'air, sa combustion est très imparfaite, la lumière dégagée peu éclatante, et il se produit de la fumée ; mais en disposant la mèche circulairement, et faisant passer au centre un courant d'air convenable, on augmente de beaucoup l'effet. Il faut que cette proportion soit déterminée convenablement, car on pourrait produire des effets opposés à ceux que l'on veut obtenir, si la quantité d'air était assez grande pour refroidir la flamme. Si, au lieu de brûler une substance solide, susceptible de se liquéfier, ou une matière naturellement liquide, on fait usage d'un gaz, il faudra, pour que celui-ci produise une lumière brillante, qu'il puisse déposer une certaine quantité d'un principe solide, qui, par sa combustion, en augmente considérablement l'éclat. Les gaz extraits de la houille ou des matières grasses ou huileuses, par l'action d'une température convenable, donnent lieu à cet effet, en raison même du carbone qu'ils peuvent déposer ; mais si la quantité est trop considérable, la flamme sera accompagnée de beaucoup de fumée qui occasionera deux inconvénients très fâcheux, une odeur plus ou moins forte qui affecte désagréablement, et un dépôt sur les verres qui en diminue, et quelquefois en détruit la transparence. Il faut, pour éviter ces inconvénients, procurer à la flamme la quantité d'air nécessaire pour brûler entièrement le carbone, mais en se tenant cependant sur la limite du dépôt de carbone. Si on n'avait qu'un seul bec à conduire, et dans des circonstances qui variassent très peu, comme dans une chambre où il y aurait à peine de mouvement de l'air, on serait peu exposé à obtenir de la fumée, tout en parvenant à peu près à la plus grande proportion de lumière possible; mais dans la plupart des localités dans lesquelles l'air est fréquemment agité, et quand un très grand nombre de becs brûlent à la fois, il faut toujours sacrifier un peu de lumière pour ne jamais avoir à craindre de fumée; et pour parvenir à ce but, il faut faire arriver un excès d'air à une température élevée sur le gaz, pour le brûler complétement en évitant le refroidissement de la flamme.

Les ouvertures par lesquelles le gaz destiné à l'éclairage s'écoulent dans l'air, peuvent être percées circulairement autour d'un anneau creux, ou sur une ligne droite comme dans les becs plats; la première disposition est la plus généralement employée; la seconde offre cependant des avantages particuliers, sur-tout à l'extérieur, en présentant une nappe de lumière qui donne beaucoup d'éclat.

On peut, avec le même bec, obtenir des effets éclairants très différents, suivant que la flamme est courte ou très longue, et l'on trouve par expérience que pour chaque forme de bec, il n'y a qu'une hauteur qui soit économique, et qui donne le maximum de lumière relativement à la moindre dépense de gaz.

La densité du gaz, variant beaucoup selon la nature des substances qui les procurent, les dimensions des ouvertures doivent être différentes; ainsi, le gaz de la houille varie de 400 à 700, l'air étant 1,000, et celui de l'huile, par exemple, de 800 à 1,100.

La dimension des ouvertures des becs peut donc exercer une grande influence sur la lumière produite. Pour un bec à simple jet, il paraît résulter d'expériences faites à Édimbourg, par Christison et Turner, qu'une ouverture de 1/28 de pouce anglais est la plus convenable; que pour un gaz de l'huile d'une densité entre 900 et 1,000, celle de 1/45 de pouce est la plus avantageuse, et que des trous plus petits ont l'inconvénient de s'éteindre facilement.

Pour des becs ronds, les diamètres des trous doivent diminuer suivant la nature du gaz, et en raison de leur nombre: pour du gaz de houille d'une densité de 600 environ, et pour un cercle de 3/10 de pouce de rayon, les trous, au nombre de dix, doivent avoir 1/32 de pouce.

Pour le gaz de l'huile, d'une densité de 900 à 1,000, s'il y a quinze trous dans un cercle semblable, leur diamètre doit être de 1/50 de pouce.

On perd moins de lumière en donnant aux ouvertures un diamètre un peu plus grand qu'il n'est nécessaire, que si elles étaient trop étroites. Mais un objet d'une grande importance est de percer les trous parfaitement semblables; si quelques-uns sont plus larges, la flamme s'élève davantage dans ce point, et quand on veut donner à la totalité la hauteur convenable on obtient de la fumée.

La distance à laquelle les trous sont percés, est un objet très important aussi : trop distants, ils donnent des flammes qui ne se réunissent pas; il faut que les flammes se pénètrent. Pour des ouvertures de 1/50 de pouce, la distance la plus avantageuse serait, d'après Christison et Turner, de 12/100 de pouce.

Lorsque le gaz brûle dans un bec circulaire au centre duquel passe un courant d'air, il faut que celui-ci soit convenablement réglé pour qu'il produise tout son effet, et que l'air qui afflue à l'extérieur de la flamme la frappe à une température très élevée; pour y parvenir on peut se servir d'un moyen qui a d'abord été mis en usage en Angleterre par Dixon, et qui tend à envelopper la flamme entre deux couches d'air égales en épaisseur et en vitesse.

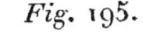

Fig. 195.

La couche d'air extérieure qui arrive, comme dans les becs ordinaires, par la partie inférieure de la galerie, passe au travers d'une fente annulaire pratiquée dans le plateau de la galerie: *l'aire de cette fente est égale à celle du tube qui donne passage au courant d'air extérieur.* Pour que l'air agisse immédiatement sur la flamme, une capsule de cuivre a, *fig.* 195 et 196, ayant la forme d'une section de sphère, enveloppe la fente annulaire par où s'introduit l'air, et le conduit au niveau et tout autour de la grille du bec,

Fig. 196.

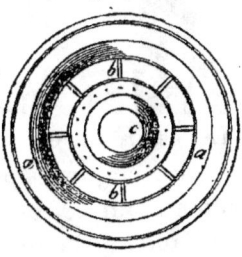

et alors la flamme se trouve en contact avec le courant d'air qui passe par la fente b.

BEC DE GAZ.

Le tube intérieur par où passe l'air, est cylindrique ; mais au niveau de la grille, il est resserré par un anneau circulaire c, dont l'angle supérieur est biselé à la hauteur de l'angle inférieur, et forme un rétrécissement en forme d'un cône tronqué qui modère la vitesse du courant d'air intérieur et le rejette autour de la flamme.

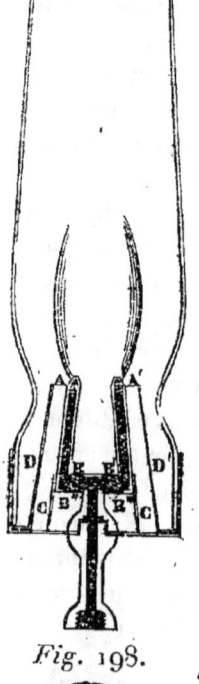

Fig. 197.

Fig. 198.

Cette disposition a présenté des avantages très marqués relativement à la consommation : un *bec de douze trous consomme moins de trois pieds cubes de gaz par heure.*

MM. Boscary et Danré ont récemment importé des becs ronds et plats de Manchester, au moyen desquels on a obtenu des résultats avantageux qui ont été constatés avec beaucoup d'exactitude par une commission de la Société d'Encouragement.

La *fig.* 197, représente la coupe du bec rond. AA', trou circulaire pour le gaz ; BB'B''B''', ouverture pour le courant d'air intérieur ; CC, cône destiné à prolonger le courant d'air intérieur et réuni au cône DD pour régulariser le courant extérieur et amener l'air en contact immédiat avec lui.

La *fig.* 198 offre la coupe du bec plat ou *bath-wings*, dont la disposition est si simple qu'elle n'exige pas de description.

Les becs ronds de MM. Boscary et Danré ont les dimensions suivantes : pour les numéros 1, 2, 3, 4, 5 et 6; 1^c,35 (6 lign.), 1^c,12 (5 lign.), 0^c,90 (4 lign.), 0^c,60 (3 lign.), 0^c,45 (2 lig.).

Les becs plats sont de grandeurs décroissantes.

Les essais ont été faits, comparativement avec des becs ronds et plats, employés pour l'éclairage de Paris, et en se servant comme point de comparaison de deux lampes de Carcel, vérifiées l'une sur l'autre. On a fait trois séries d'expériences : la première qui comprend cinq becs ronds nouveaux et le bec ordinaire de la ville a conduit à ce résultat : qu'avec le gaz de la résine,

BEC DE GAZ. 207

pour obtenir l'unité de lumière, les becs nouveaux ont produit, au maximum, une dépense de 1$^{p\,c}$,60 par heure, et le bec de la ville, 2$^{p\,c}$,11.

NUMÉROS DES BECS.	DISTANCE		Intensité de la lampe Carcel prise pour unité.	Dépense en une heure.	Dépense pour une intensité égale à la lampe Carcel.
	de la lampe.	des becs.			
BECS RONDS NOUVEAUX ET BECS ORDINAIRES.					
Gaz de la Résine.					
1	2,40	8,05	1,615	2,590	1,604
2	3,17	3,89	1,506	2,318	1,541
3	3,40	3,87	1,296	1,900	1,470
4	3,67	3,85	1,100	1,660	1,510
5	3,52	3,14	0,795	1,227	1,540
Bec de la ville. .	3,08	3,13	1,038	2,181	2,111
MÊMES BECS.					
Gaz de la Houille.					
1	2,63	3,05	1,408	3,476	2,47
2	2,69	3,05	1,286	3,034	2,59
3	2,79	3,04	1,187	3,059	2,18
Bec de la ville. .	3,34	3,18	0,906	3,272	3,61
BECS PLATS NOUVEAUX.					
Gaz de Résine.					
1	2,24	3,33	2,210	2,830	1,281
2	2,28	3,20	1,970	2,680	1,360
3	2,73	3,33	1,049	2,000	1,344
4	2,51	2,66	0,089	1,636	1,707
5	3,07	2,51	0,067	1,285	1,922
6	3,41	1,96	0,038	0,967	2,936
BECS PLATS DE LA VILLE.					
Gaz de Houille.					
Grands becs, ouvertures administratives, flammes de 0m,005 p. sur 2 p. 4 l.	2,47	3,38	1,873	4,260	2,275
Demi-becs, ouvertures administratives, flammes de 0m,10, 2 p. sur 1 p. 10 l. .	3,74	3,38	0,820	2,840	3,460

Dans la seconde série on a opéré avec les mêmes becs, en se

servant du gaz de la houille : la moyenne, pour les becs nouveaux, a été de 2^{pc},4, et 3,6 pour le bec de la ville; ce qui prouve que la supériorité des becs ne tient pas à la nature du gaz.

Six becs plats nouveaux ont été employés dans la troisième série, en se servant de gaz de résine : les numéros 1, 2, 3, ne donnent qu'une dépense moyenne d'un pied cube un tiers de gaz par heure; les numéros 3 et 4, une dépense moyenne de près de deux pieds; et le numéro 6, une dépense de près de trois pieds.

Nous aurons occasion de nous occuper de nouveau de ces résultats, en parlant des différents gaz employés pour l'éclairage; nous ne devons les considérer ici que sous le rapport de la disposition des becs. On voit facilement combien ceux de MM. Boscary et Dauré présentent d'avantages.

Dans les becs ronds, la flamme est généralement terminée par une pointe plus ou moins étendue; dans les becs nouveaux, au contraire, elle est coupée presque régulièrement, et offre un cylindre de lumière d'un grand éclat; dans les becs plats nouveaux, on observe une nappe très brillante : la forme est aussi d'une régularité remarquable.

BÊCHE. (*Technologie.*) Instrument dont la confection regarde le taillandier. La mesure ordinaire de cet instrument, que tout le monde connaît assez pour qu'il soit inutile d'en donner la figure, est de 0^m 260 ou 262 de hauteur, non compris la douille; sa largeur, en haut de la lame, est de deux décimètres; par le bas la largeur est de 0,155. Ces mesures sont celles des bêches ordinaires; les grandes bêches ont jusqu'à trois décimètres de hauteur, sur 0^m,134 de largeur par le haut, et 0,185 par le bas. On leur donne une légère courbure de 0,003 environ sur la longueur, et sur la largeur de 0,007 à 8 plus ou moins : cette voiture est d'ailleurs assez ordinairement l'effet de la trempe.

Cet instrument est composé de fer et d'acier commun, dit *acier de terre*. L'acier est soudé entre deux fers; la douille fait corps avec la lame. On trempe les bêches, et on fait revenir bleu; quelques taillandiers, vu la qualité inférieure de l'acier, ne le font revenir que gorge de pigeon. Il y a deux sortes de bêches : les unes, dont la douille est à cheval sur la lame, les autres, dont la douille est débouchée; ces dernières coûtent moins cher, et rendent moins de service; elles n'entrent pas aussi facilement dans les terres profondes. La fabrication des bêches, ainsi que celle de tous les outils à grandes surfaces et de peu d'épaisseur, demandent de grandes précautions pour la forge et la trempe. En soudant le fer avec l'acier, il ne faut point trop chauffer ce dernier, car on le détériorerait, et l'on doit veiller à ce qu'il occupe bien le milieu de l'épaisseur. En le tirant du feu, on doit avoir soin qu'il soit d'une couleur égale partout, et en le trempant il faut le descendre bien droit.

Lorsque le jardinier achète une bêche, le premier soin à prendre, c'est de la *sonner*, c'est-à-dire, de la suspendre par la douille de la main gauche, tandis que de la droite il frappe dessus avec un corps dur. Le son doit être plein, et la vibration longue. Une bêche qui ne sonne pas est pailleuse : c'est un défaut de soudure, et ce défaut, selon l'endroit où il se trouve, peut avoir de graves inconvéniens. Après avoir sonné la bêche, il doit *tâter* si elle est dure. Cette vérification se fait avec la carre d'une lime, ou mieux avec la pointe d'un burin de graveur. Si, par le bas, le burin ou la lime raient profondément, c'est qu'il n'y a pas d'acier, ou que la trempe est mauvaise; si, au contraire, au lieu de rayer, les instruments glissent sans laisser d'empreinte, c'est que la trempe est trop dure; mais ce défaut ne se rencontre pas souvent, et est d'ailleurs d'une importance moins grande que le premier; car, en supposant que la bêche s'ébrèche un peu dans le commencement de son usage, elle ne tardera pas à s'améliorer, les parties recouvertes par le fer ayant pris une trempe moins sèche. Une bêche dure n'a pas seulement l'avantage d'être plus long-temps à user, elle est encore d'un emploi plus facile. L'acier s'oxide moins que le fer; il prend un poli qui facilite son introduction; elle est plus maniable, et l'ouvrage avance davantage. Le jardinier ne saurait donc apporter trop de soins et de discernement lors de l'acquisition de cet instrument essentiel.

Le manche de la bêche se fait en frêne ou en érable; il doit être tourné, uni, avec une espèce de pomme arrondie par le haut; sa longueur, au-dessus de la douille, sera de $0^m,756$ à $0^m,810$ selon la taille de celui qui s'en servira.

Quant aux formes de la bêche, elles sont très variées; il serait peu important de les recueillir.   Paulin Desormeaux.

BÊCHE. (*Agriculture.*) Instrument d'agriculture ou de jardinage, composé d'un manche, plus ou moins long, et d'un fer large, aplati et tranchant.

La forme de la bêche varie suivant les lieux, et il est naturel de penser qu'elle a sur-tout été déterminée par la nature des sols cultivés.

Ainsi, dans les terrains pierreux et graveleux où la bêche pleine ne pourrait être que d'un difficile usage : on se sert d'une sorte de trident, représenté ci-contre, *fig.* 199. Dans quelques lieux où le labour se fait à la houe, un ouvrier, muni d'une fourche à trois dents, s'en sert pour ébranler fortement, mais sans le déplacer, le sol trop compacte, en avant de celui qui laboure, et rend ainsi l'action de la houe plus facile et plus profonde.

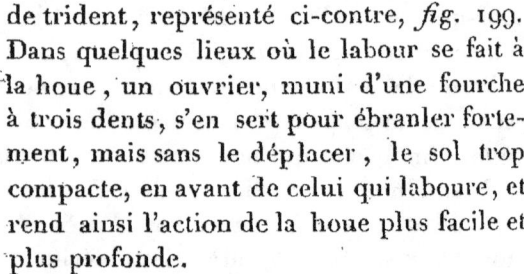

Fig. 199.

Les différentes sortes de bêches sont décrites dans la section de technologie. On a beaucoup agité la question de savoir s'il convient mieux d'employer une grande qu'une petite bêche. La force de l'homme qui manie l'instrument mérite d'être prise en considération. Une large bêche doit expédier plus de besogne qu'une bêche plus étroite; mais il ne faut pas qu'une bêche large et pesante soit mise aux mains d'un homme faible et lent. L'habitude aussi fait beaucoup. Au reste, comme le principal avantage du labour à la bêche, est la plus grande division de la terre, plus la bêche sera étroite, meilleure elle sera. Le but est toujours le même, puisqu'il s'agit de couper une tranchée de terre, de la soulever, de la retourner le dessus dessous, et si la terre n'est pas assez émiettée, de la briser avec le plat de la bêche, après en avoir grossièrement séparé les parties par quelques coups du tranchant. L'important est que la pesanteur de l'outil soit proportionnée à la force de l'ouvrier, et sa largeur à la nature du terrain dans lequel il travaille, et que le fer ne soit ni trop cassant, ni trop pliant.

De tous les labours, celui fait à la bêche est le meilleur, parce qu'il est le plus profond, le plus égal, et après celui à la pioche, le plus divisant. Aussi est-ce celui qui est le plus employé dans les jardins; il est même des pays de petite culture où on laboure à la bêche jusqu'aux champs de blé; mais alors les cultivateurs ne font point entrer en ligne de compte la dépense de leur temps. L'instant où il convient de mettre la bêche dans tel ou tel terrain, ne doit pas être abandonné au hasard, mais déterminé par un cultivateur éclairé, suivant la nature du sol et son état actuel. Un labour fait par un temps trop pluvieux et dans un sol trop humide, tend plutôt à le ramener à l'état de compacité, qu'à celui de division et d'ameublissement. C'est une des opérations rurales qu'il convient le moins de donner à faire à l'entreprise, et qui, même à la journée, exige le plus de surveillance.   SOULANGE BODIN.

BÉDANE. (*Technologie.*) Instrument servant aux menuisiers, aux charpentiers, aux serruriers, et dans quelques autres professions, à creuser des mortaises. Le bédane des menuisiers est un instrument, de fer et acier : c'est aussi celui des charpentiers; mais ordinairement ces derniers se servent de l'un des bouts de la besaiguë, qui est taillé en bédane : le bédane des serruriers est tout en acier. Il est extrêmement important de bien fixer ses idées sur le bédane, car ce terme est générique; il ne sert pas seulement à désigner l'outil dont il est ici question, mais encore l'état d'être d'une infinité d'autres outils et ustensiles. Un outil est bédane toutes les fois, quelles que soient la forme et la matière employées, qu'il est disposé de manière à ce que l'endroit où il coupe est le plus large de tout l'outil, et le sera toujours tel raccourcissement que les repassages et affûtages puissent lui faire éprouver. Le bédane est l'instrument propre au percement des mortaises : tous autres instruments les perceront moins bien et moins facilement (nous ne parlons pas des moyens mécaniques). Pour atteindre ce résultat, pour que l'instrument soit bédane, il faut une double décroissance, afin qu'il ne touche à la paroi de la mortaise, ni suivant le sens latéral, ni suivant le sens vertical. Une figure facilitera l'intelligence de cette démonstration.

Fig. 200.   *Fig.* 201.   *Fig.* 202.

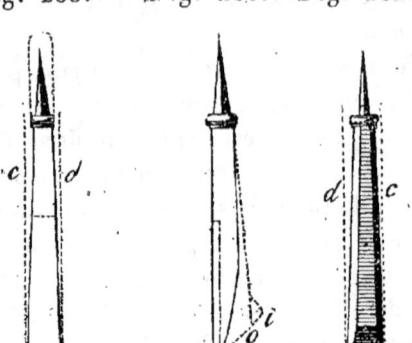

La *fig.* 200, représente un bédane, vu par devant, c'est-à-dire du côté où se trouve la mise d'acier, qui est indiquée par une ponctuée transversale. La *fig.* 201 représente le même outil, vu de profil; la mise d'acier y est également indiquée par une ponctuée verticale. La *fig.* 202 le représente, vu par derrière. En examinant attentivement ces trois aspects de l'outil, on reconnaîtra qu'il est l'application des principes que nous venons de poser; en effet, la ligne *a*, *b*, qui est le taillant, sera toujours plus large que la partie supérieure, n'importe à quelle hauteur elle se trouve située par suite des affûtages successifs; et les lignes *c*, *d*, figurant les côtés verticaux de la mortaise, ne rencontreront jamais l'outil qu'en *a*, *b*, seulement. A mesure que l'outil diminuera de longueur, il fera des mortaises moins larges; mais la décroissance ne sera pas aussi rapide que l'inspection de la figure pourrait le faire penser; nous avons été contraint, pour les rendre sensibles dans ces petites figures, de forcer les inclinaisons. En théorie, cette décroissance du devant de l'outil, devrait suffire, et les bédanes des serruriers qui n'ont qu'un, deux ou trois millimètres d'épaisseur, n'en ont pas d'autre; parce que, beaucoup de force étant déployée sur un petit outil, les frottements sont peu de chose. Dans la pratique, sur-tout pour les bédanes un peu forts, on donne une autre inclinaison, nécessaire pour éviter que les côtés de l'outil ne frottent contre les parois de la mortaise : ce qui rendrait le percement dur et mal assuré. Dans la *fig.* 202, cette inclinaison est indiquée par les deux parties ombrées, tandis que les lignes *d*, *c*, indiquent, comme dans la *fig.* 200, la diminution verticale de la face antérieure de l'outil; mais, nous le répétons, cette seconde diminution de la partie postérieure n'est pas nécessaire en théorie, et ne le serait pas dans des matières dures et non sujettes à se refouler; de même que dans certains cas, on supprime la décroissance de la face antérieure, et que l'on se contente au contraire du dégagement latéral; alors le bédane conserve sa portée de largeur dans toute sa longueur, et frotte seulement par ses angles antérieurs contre les parois de la mortaise, suivant les lignes c, d. Ces modifications sont peu importantes; mais ce qu'il était nécessaire d'établir c'était la forme radicale du bédane.

Quant à la *fig.* 201, elle est consacrée à faire connaître les changements de forme que le bédane des menuisiers a éprouvés. Autrefois il y avait des bédanes à talon dont le profil est représenté par la courbe ponctuée i; mais on avait reconnu qu'ils étaient lourds et difficiles à affuter. On a supprimé le talon i, et le bédane se terminait en o; aujourd'hui qu'on ne débouche plus les mortaises en inclinant, mais bien en retournant l'outil, et le tenant dans une position verticale, on a tout-à-fait supprimé le talon o. Et la *fig.* 200 donne le profil des bédanes actuels qui ressemblent à des ciseaux robustes, mais dans lesquels néanmoins les dégagements sont observés avec soin.

L'embase qui se remarque dans les trois figures, n'appartient pas plus aux bédanes qu'aux autres outils à manche, sur lesquels on doit frapper à grands coups de maillet; sans cette embase, la soie entrerait indéfiniment dans le manche, et le ferait fendre. La courbe ponctuée qui entoure la soie de la *fig.* 200, donne la figure des manches de bédane qu'on fait carrés, les angles abattus. Quant à ce qui concerne la trempe, la mise d'acier, l'inclinaison du biseau, nous renvoyons aux mots CISEAU et FERMOIR. PAULIN DESORMEAUX.

BÉLIER. (*Agriculture.*) C'est le mâle de la brebis. Sa tête doit être petite et bien faite; ses narines larges et évasées; ses yeux saillants, vifs et comme empreints d'audace; ses oreilles minces; son garrot bien fourni, depuis la poitrine et les épaules, mais diminuant par degré jusqu'à la jointure du cou et de la tête qui doit avoir un caractère élégant et gracieux, et être entièrement dégagée de toute peau grossière et pendante; les épaules larges et pleines, et en même temps si bien unies au garrot en avant, et à l'échine en arrière, qu'il ne s'aperçoive ni à l'un, ni à l'autre point, aucun creux ou dépression; la peau musculeuse qui recouvre les cuisses antérieures, doit descendre jusqu'au genou; les jambes doivent être droites, minces et déliées, également débarrassées de toute peau superflue et de grossier duvet laineux, depuis le genou et le jarret jusqu'en bas; la poitrine large et portée en avant, disposition qui tiendra les jambes de devant dans un écartement et un aplomb convenables; la ceinture où le coffre plein et profond, et au lieu d'un creux derrière les épaules, cette partie doit être tout-à-fait remplie; le dos et les reins doivent être larges, aplatis, droits, et les côtes s'en détacher en voûte circulaire; le ventre uni, les quartiers longs, bien fournis, avec la peau descendant jusqu'aux jarrets qui ne doivent se porter ni en dedans ni en dehors; l'intérieur de la cuisse profond, large et rempli, ce qui, joint à la largeur de la poitrine, tient les quatre jambes ouvertes et droites; tout le corps couvert d'une peau mince, et celle-ci d'une laine fine, brillante et douce.

Plus un bélier, de quelque race qu'il soit, réunira en lui de traits empruntés à cette description générale, et plus il sera près d'atteindre l'excellence des formes propres à l'animal. Mais on comprend que les caractères qui constituent en général un beau bélier, étant aussi variés que les races elles-mêmes, sont susceptibles de modifications qui laissent beaucoup de prise au caprice, aux dépens de ce qui peut constituer le vrai beau. Le croisement des races contribue aussi beaucoup à l'altération des formes. Ainsi, si l'on compare un troupeau arrivé récemment d'Espagne avec un troupeau mérinos acclimaté et perfectionné depuis un certain nombre d'années, on trouvera que la hauteur des béliers mérinos varie de 65 à 80 cent., 24 à 30 pouces; la longueur 97 à 130 cent., 36 à 48 pouces, et la grosseur de 108 à 35 cent., 40 à 50 pouces: la hauteur, prise de terre au garrot, la longueur du sommet de la tête à la naissance de la queue, et la grosseur dans la plus grande rondeur du ventre, le matin à jeun; les dimensions les plus fortes sont celles de bêtes anciennement importées; et les mérinos qui arrivent d'Espagne, sont en général petits.

Le beau bélier espagnol de race pure, a l'œil extrêmement vif, et tous les mouvements prompts; sa marche est libre et cadencée comme celle du cheval de cette contrée; sa tête est large, aplatie; carrée; son front, au lieu d'être busqué et tranchant, comme dans nos races françaises, est en ligne droite, arrondi sur les côtés, et très évasé; ses oreilles sont très courtes; ses cornes très épaisses et longues, très rugueuses, contournées en spirale redoublée; son chignon est large et épais; son cou est court; ses épaules rondes; son dos cylindrique; son poitrail large; son fanon descendant très bas; sa croupe large et arrondie; tous ses membres gros et courts.

Son corps trapu est couvert d'une laine très fine, courte, serrée, tassée, imprégnée d'un suint beaucoup plus abondant que dans les autres races; elle s'étend sur toutes les parties du corps, depuis les yeux jusqu'aux ongles; la poussière qui s'attache au suint dont la toison est remplie forme une sorte de croûte rembrunie, sous laquelle on trouve une laine blanche, frisée, dont les brins sont d'autant plus serrés qu'elle est plus fine, et qui recouvre une peau presque couleur de rose.

Dans les béliers de race bien pure, les testicules sont très gros et très pendants, et séparés par une ligne d'intersection très marquée.

On doit éviter que le bélier n'ait sur la peau la plus légère tache noire : l'expérience ayant démontré que ces taches s'étendaient dans les productions, et que quelquefois même il en provenait des agneaux tout noirs.

Les propriétaires de troupeaux ont le plus grand intérêt à se procurer les plus beaux béliers, et à les accoupler avec les plus belles brebis. En Espagne, ni les uns ni les autres ne servent à la reproduction avant trois ans, et après huit. Un bélier ne couvre jamais que quinze à vingt brebis. En France, la règle est un peu plus large. On commence à employer les béliers à la fin de leur deuxième année, qui est à peu près le dernier degré de leur accroissement; on s'en sert pour la monte jusqu'à l'âge de huit et dix ans même, et quand les individus sont vigoureux, on leur donne de trente à cinquante femelles.

Comme, en général, on a intérêt de faire naître les agneaux tous à peu près dans la même saison, on tient les béliers séparés, ou bien on les empêche de saillir les brebis jusqu'à une certaine époque, qui varie suivant le climat, l'état du troupeau, et les moyens de les nourrir. Du midi au nord de la France, le temps de la chaleur naturelle est du mois de juin au mois d'octobre. Il ne faut pas mettre un trop grand nombre de béliers avec les brebis qu'on désire faire couvrir; ils se battent entre eux, ou s'épuisent inutilement.

Trois toisons de béliers pèsent communément douze kilogrammes; il en faut quatre de moutons coupés, et cinq de brebis les plus belles pour le même poids.

Les béliers mérinos se sont vendus, à Rambouillet, de 1797 à 1808, au prix moyen de 72, 64, 60, 80, 333, 412, 243, 365, 473, 394, 444 et 605 fr. Ces prix prouvent combien les cultivateurs sentaient l'importance d'améliorer leurs races. Les Anglais, qui ont encore plus que nous cette conviction, paient souvent, pour une plus grosse somme, un seul saut de certains béliers renommés par leur beauté et la finesse de leur laine. Ils sont persuadés que c'est aux soins qu'ils se donnent depuis trois siècles pour le perfectionnement de leurs races, qu'ils doivent en partie la force et la puissance qu'ils ont acquises. Leurs laines améliorées dès les règnes de Henri VIII et d'Élisabeth, par l'introduction des mérinos, dont la différence de climat, de pâturages, de régime, a ensuite altéré les toisons, dans ce sens que si elles ont perdu quelque chose en finesse, elles ont beaucoup gagné en longueur; leurs laines, disons-nous, passent pour les plus belles de l'Europe, après celles des mérinos, et ont de plus l'avantage d'être également propres à la carde et au peigne. C'est par les croisements des races, le choix toujours sévère des plus beaux béliers et des plus belles brebis pour la multiplication, et l'importation périodique de nouveaux béliers tirés des côtes d'Afrique, que les Anglais soutiennent la supériorité de leurs laines. Les Hollandais ont à peu près, dans le même temps, relevé leurs races indigènes par des croisements avec des béliers de l'Inde. Les états du Nord de l'Europe sont aussi entrés dans ces voies d'amélioration, et s'y sont plus ou moins avancés. Nous entrerons dans le détail de ces perfectionnements, ainsi que de ceux qui ont été dernièrement obtenus ou tentés en France, au mot Brebis. Soulange Bodin.

BÉLIER HYDRAULIQUE. (*Mécanique.*) Machine pour élever une partie de l'eau d'une chute, au moyen de l'impulsion qui lui est communiquée par le reste de la masse mise en mouvement par la pesanteur. Cette machine, inventée par le célèbre Montgolfier, fut d'abord accueillie par l'incrédulité des savants. Le géomètre Bossut commença par déclarer qu'elle était impossible, et ne se rendit qu'avec répugnance lorsqu'il en vit l'effet à l'École polytechnique. Cependant l'inventeur ne l'avait annoncée qu'après l'avoir tenue assez long-temps en expérience à sa papeterie d'Annonay : aucun doute raisonnable ne pouvait lui être opposé ; il ne s'agissait plus que d'étudier les faits nouveaux qu'elle révélait, et de les faire entrer dans la théorie qui doit être l'expression des faits généralisés. Depuis que le bélier hydraulique a été construit et employé avec succès, non-seulement en France, mais en Angleterre, en Allemagne et en Italie, et que des savants en ont fait l'objet spécial de quelques-uns de leurs travaux, sa construction et ses effets sont aussi bien connus que ceux des autres machines de même destination ; en sorte qu'on a, dans tous les cas, les moyens de comparer les avantages et le prix de ces diverses manières d'atteindre le même but. Le dessin que nous mettons sous les yeux de nos lecteurs est la dernière forme que l'on ait donnée aux béliers exécutés en fonte de fer : nous indiquerons quelques corrections que l'on peut y faire, d'après les préceptes de Montgolfier. Mais comme celle que nous avons représentée a reçu la sanction de l'expérience, tant pour la production de l'effet que pour la facilité des réparations, nous avons cru devoir la conserver telle qu'elle est.

Montgolfier avait proposé de remplacer la machine de Marly par un nombre équivalent de ses béliers : si l'on avait construit seulement un de ces appareils, les arts hydrauliques se seraient enrichis de résultats décisifs, au lieu qu'on n'a pas encore assez de données pour fixer les plus grandes dimensions que l'on puisse donner aux béliers. C'est en Angleterre que le plus grand a été construit ; le *corps du bélier* avait $0^m,297$, et le *tuyau d'ascension* environ $0^m,148$.

Il serait inutile de placer ici l'explication du jeu de cette machine, et de la production de ses effets : on la trouvera dans les traités spéciaux de physique et d'hydraulique. Nous passons donc immédiatement à la description du mécanisme. Le *corps du bélier* A, *fig.* 203, est un assemblage de tuyaux en fonte de fer, unis par des brides boulonnées, placés horizontalement, et dont la

BÉLIER HYDRAULIQUE.

Fig. 203.

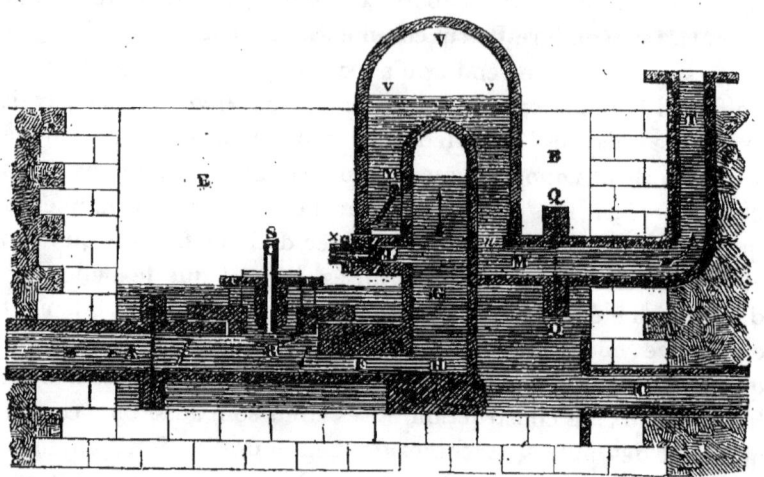

longueur surpasse la hauteur à laquelle l'eau doit être élevée. Son diamètre sera pris pour l'unité de mesure. L'extrémité par laquelle il reçoit l'eau n'est pas représentée dans la figure; elle doit être évasée pour éviter la contraction de la veine fluide à son entrée. L'autre extrémité où sont les pièces mises en jeu, est renfermée dans un réservoir en maçonnerie BB, dont l'eau sort par le canal de décharge C, que l'on peut faire aussi en fonte de fer, comme la figure l'indique, et dont l'entrée est disposée pour que la contraction n'ait pas lieu. La dernière partie des pièces qui forment le corps du bélier, réunit : 1° un prolongement des tuyaux avec le même diamètre intérieur et extérieur, jusqu'à un cylindre vertical auquel il aboutit; 2° ce cylindre dont le diamètre intérieur est de 2,33, la hauteur égale au diamètre extérieur du corps du bélier, y compris l'épaisseur d'une bride destinée à être boulonnée avec une autre pièce dont on parlera plus tard, et dont on voit la coupe en DD. Le cylindre est fermé, en dessous, par une face plane, d'une épaisseur égale à celle du corps du bélier, et ouvert en dessus; 3° au-delà de ce cylindre vertical, et sur l'axe du corps du bélier, une masse cylindrique de même diamètre s'étend de 2,14; mais l'axe de sa concavité F, est abaissé de 0,25, et son diamètre réduit à 0,5; 4° la *tête du bélier* G termine cet assemblage : c'est un tube quadrangulaire vertical, dont la capacité intérieure a pour section horizontale un carré de 1,40 de côté, et dont la hauteur est de 4,4 jusqu'à la naissance de l'arrondissement en demi-cercle, qui le termine et le ferme en dessus. Le dessous est également fermé, et on y ajoute une masse de fonte de forme arbitraire, destinée à soutenir le corps du bélier à une certaine hauteur au-dessus du fond du réservoir. Comme cette masse n'est qu'un support, la seule condition qui lui soit imposée est qu'elle ait une base plane et large. A la hauteur de 3,66 au-dessus du fond H de la capacité intérieure, la tête du bélier a traversé une zone circulaire fondue en même temps, et qui porte en dessous deux tubes L et M; l'un droit, communiquant avec la capacité GH, et dont le diamètre intérieur est de 0,4, et l'autre coudé, ouvert en N dans la zone horizontale, dont la partie horizontale aboutit à la tête du bélier, et porte à son extrémité une bride Q. Enfin, à une hauteur $= 4$, et du même côté que le tube L et le corps du bélier, on fait une ouverture carrée de 0,75 de côté. L'assemblage de toutes ces parties doit être fondu d'une seule pièce.

Les autres parties qui viennent s'assembler contre celle-ci, sont : 1° la pièce dont DD est la coupe : c'est un cylindre vertical dont la hauteur est un peu plus grande que l'épaisseur du corps du bélier, non compris ce qu'y ajoute la bride circulaire qui termine cette pièce, et dont le diamètre peut être porté jusqu'à 4,3. Le diamètre intérieur doit être, dans tous les cas, plus grand que l'unité, et peut être pris entre 5/4 et 4/3. Le diamètre extérieur est un peu moindre que 2,33, afin que la pièce entre aisément dans l'ouverture supérieure du corps du bélier jusqu'à l'arête ff. La face inférieure de cette pièce doit être dressée avec soin, et s'appliquer exactement contre celle de la *soupape d'arrêt* R. Nous indiquerons, au mot SOUPAPE, les conditions générales auxquelles ces pièces d'une très grande diversité de mécanismes doivent satisfaire, et la manière de les construire. Celle dont il s'agit est la partie la plus délicate d'un bélier hydraulique, et ne peut être bien faite qu'au moyen d'un tâtonnement pour régler son poids et sa course. L'expérience a déjà fait connaître que son poids est limité au double de celui du volume d'eau qu'elle déplace ; mais afin de pouvoir l'alléger ou la rendre plus pesante, de diriger son mouvement, et de fixer à volonté l'espace qu'elle parcourt, on y adapte une tige S, percée vers le haut d'un trou pour y passer une clavette. La manière dont son mouvement est réglé est suffisamment indiquée dans la figure, et l'ingénieur y suppléerait aisément par d'autres dispositions équivalentes.

Le tuyau d'ascension T n'est représenté que par sa première partie, composée d'une branche horizontale qui s'assemble avec le tube M, d'une verticale hors du réservoir en maçonnerie, et d'un quart de cercle qui les raccorde. Dans le modèle que le dessin représente, le diamètre intérieur de ce tuyau d'ascension est trop grand : il ne doit pas excéder 0,5, c'est-à-dire la moitié de celui du corps du bélier.

Nous avons encore à décrire deux parties essentielles, c'est la *cloche à air* V, et la *soupape à air* X. La première doit être d'une capacité suffisante pour contenir de l'air condensé qui agisse sur la surface vv de l'eau introduite, et procure un écoulement continu par le tuyau d'ascension. Son diamètre intérieur peut être de 3,5 à 3,7, et sa hauteur de 5,5, y compris la calotte sphérique dont la partie cylindrique est surmontée. On la fixe sur la zone horizontale de la tête du bélier, soit par une bride qui passe par-dessus, et qu'on arrête au-dessous de la zone, soit par tout autre moyen d'opérer une pression qui, dans certains cas, peut être très grande. En effet, si le diamètre du corps du bélier (unité de mesure) était de $0^m,2$, et si le tuyau d'ascension avait trente mètres de hauteur, la cloche aurait au moins $0^m,7$ de diamètre, et serait soulevée avec une force de onze mille cinq cent cinquante kilo., à laquelle il faudrait opposer une force au moins égale, et dirigée de haut en bas. L'air condensé se combinant avec l'eau, celui qui est contenu dans la cloche s'écoulerait totalement par le tuyau d'ascension, si on n'avait pas un moyen de le renouveler : telle est la destination de la soupape à air, dont les détails seront développés un peu plus loin.

Enfin, une troisième soupape, celle d'*ascension* Y, ferme l'ouverture carrée de la tête du bélier, et s'ouvre dans l'intérieur de la cloche pour y laisser entrer l'eau lorsque la soupape d'arrêt est fermée ; mais cette ouverture qui permet le passage de l'eau dans la tête du bélier pour arriver jusque dans la cloche, ne dure qu'un temps très court : la soupape d'arrêt retombe, l'eau du corps du bélier repasse dans le réservoir BB, et toute sa masse reprend sa vitesse. Tandis que ce changement s'opère, la soupape d'ascension s'est fermée ; mais au moment où la colonne qui remplit le corps du bélier est sur le point d'atteindre son *maximum* de vitesse, la soupape d'arrêt est entraînée par le mouvement de l'eau qui s'écoule, appliquée de nouveau contre l'orifice qu'elle ferme, et la colonne arrêtée ainsi tout-à-coup se trouve pourvue d'une force vive qui se transmet à la soupape d'ascension, la fait ouvrir, et introduit une nouvelle quantité d'eau dans la cloche.

Revenons à la soupape à air adaptée au tuyau L de la tête du bélier, et représentée par Z et Z', fig. 204. Ses parties constitutives sont un bouchon de cuivre a', dont le diamètre extérieur est un peu plus grand que l'intérieur du tuyau dans lequel il doit entrer à vis, jusqu'au $b'b'$; il est percé dans presque toute sa longueur, d'un trou dont le diamètre

Fig. 204.

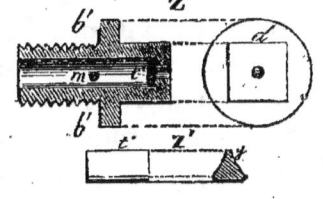

est un peu au-dessous de $0^m,22$, et dans la partie réservée à l'extrémité non vissée d'un très petit trou c', pour laisser entrer l'air. Cette partie du bouchon où se trouve le trou c' est carrée, comme on le voit en d. Dans la cavité la plus longue et la plus large, on place un petit prisme de cuivre dont t est l'élévation et g la coupe. Pour limiter l'étendue de son mouvement, on fixe en m un arrêt, et la soupape à air est faite. On la met en place en interposant une rondelle de cuir entre la bride $b'b'$, et l'extrémité du tuyau L. Lorsque la soupape Y se ferme, le petit prisme est repoussé jusqu'à l'arrêt m, et il entre une petite quantité d'air qui gagne le haut et s'y étend ; lorsque la même soupape s'ouvre, le prisme est renvoyé vers le trou c' par lequel l'eau tend à s'écouler, et que cet obstacle ferme. Il s'accumule ainsi un volume d'air au haut de la tête du bélier, et lorsque ce volume est assez considérable pour atteindre l'ouverture de la soupape d'ascension, il en entre une partie dans la cloche dont les pertes sont ainsi réparées.

Nous nous sommes borné à l'indication des capacités

relatives des différentes parties du bélier, en prenant une de ses dimensions pour unité : nous n'avons pas assigné les épaisseurs respectives, parce qu'elles dépendent à la fois de la hauteur d'ascension de l'eau, du diamètre des pièces, du nombre et de la force des coups de bélier. Il n'était pas possible d'exposer ici, avec les développements convenables, les calculs qui seront mieux placés à l'article Résistance des tuyaux.

Le diamètre du corps du bélier et l'espace parcouru par la dernière tranche qui passe par la soupape d'arrêt, donnent la mesure de l'eau *perdue* à chaque coup de la machine, et l'espace dont il s'agit est celui que l'eau doit parcourir pour approcher du maximum de vitesse que la chute peut lui donner. Dans les expériences faites jusqu'à présent, cet espace n'est guère plus grand que deux mètres, et rarement au-dessous de 1,5. En supposant qu'il soit de deux mètres, et en admettant, d'après l'observation, que l'effet utile du bélier est égal aux trois cinquièmes de la force motrice, s'il est question d'élever à une hauteur h une quantité d'eau $= n$, au moyen d'une chute $= h'$, on aura $\frac{5\,nh}{2} = 2\,h'x$, en désignant par x la section du corps du bélier.

On aura donc $x = \frac{5\,nh}{4\,h'}$; et en nommant R, le rayon de cette section, on aura $\frac{R^2\,355}{113} = \frac{5\,nh}{4\,h'}$. Quant à la longueur de cette même partie de la machine, on conseille de la faire au moins égale à la hauteur d'ascension, ce qui peut devenir embarrassant lorsqu'on veut que le bélier remplace des pompes foulantes d'une très grande force, telles qu'étaient celles de l'ancienne machine de Marly. Si Montgolfier avait eu la permission de faire quelques essais pour appliquer sa découverte à cette machine, on serait aujourd'hui beaucoup plus avancé qu'on ne peut l'être avec les résultats des expériences trop peu variées recueillies dans les ouvrages de Brunaci et d'Eytelwein, ainsi que dans les mémoires de l'inventeur. Ferry.

BENJOIN. *V.* Baumes.

BERCEAU, *V.* Voûte.

BERGAMOTTE. *V.* Huiles volatiles.

BERGER. (*Agriculture.*) C'est l'homme qui soigne les

troupeaux de bêtes à laine. L'introduction des brebis de prix, dans nos exploitations rurales, a singulièrement relevé la profession de berger; car actuellement c'est leur moindre travail que de mener le troupeau aux champs, et le détail de leurs autres occupations à la ferme, fera voir combien ils peuvent influer sur sa prospérité.

Les bergers se divisent en bergers voyageurs ou ambulants, et en bergers sédentaires. Il y a aussi en Espagne, en Italie et dans plusieurs parties de la France, ce que l'on appelle des bergers transhumans, qui tous les ans mènent en été leurs troupeaux dans les montagnes, et les amènent passer les autres saisons chez les propriétaires qui les nourrissent de fourrage réservé pour ces moments, ou dans des plages où ils trouvent de quoi vivre. Le premier soin de cette classe de bergers, est de ne point fatiguer leur troupeau par une marche forcée, d'éviter qu'ils ne commettent des dégâts sur les fonds cultivés, de veiller à ce qu'aucune bête ne s'égare ou ne se blesse, d'écarter les animaux malfaisants, de mettre les brebis à l'abri des grands orages et d'avoir l'œil sur la santé de chaque individu: devoirs qui sont communs à tous les bergers qu'on charge de conduire au loin un troupeau, ou une portion de troupeau un peu considérable. On comprend que pour les remplir convenablement, il est à désirer qu'un berger sache lire et écrire, et qu'il ne se fie pas seulement à sa mémoire. Mais ce qui caractérise particulièrement le bon berger, c'est la conduite qu'il tient lors de l'agnelage. Cette circonstance est la plus intéressante pour le propriétaire, puisqu'elle accroît son bien; un berger alors ne doit pas quitter son troupeau, et il est même utile qu'il couche dans la bergerie.

Une brebis qui met bas pour la première fois, a souvent besoin que le berger vienne à son aide.

Le plus souvent il suffit qu'il glisse ses doigts graissés de beurre ou d'huile, entre l'orifice du vagin et la tête du petit, et alors il ne doit aider la mère que quand elle fait des efforts pour pousser son agneau au dehors.

La situation naturelle du fœtus à l'époque de la mise bas, est de présenter le bout du museau à l'ouverture de la matrice. Les deux pieds de devant sont au-dessous du museau, ceux de derrière sont repliés sur le ventre, et s'étendent en arrière à mesure que l'agneau sort de la matrice. Trois mauvaises positions rendent l'agnellement difficile, la première lorsque le fœtus présente le sommet ou un des côtés de la tête, le museau étant tourné de côté ou en arrière; la seconde lorsque les jambes de devant sont pliées sous le cou, ou étendues en arrière; la troisième lorsque le cordon ombilical passe devant l'une des jambes. Dans le premier cas, le berger repousse la tête en arrière, et attire le museau vers la matrice; dans le second, il tâche de trouver les pieds de devant et de les attirer à l'ouverture de la matrice; dans le troisième, il doit rompre le cordon sans attirer le délivre qui se rompt de lui-même, dès que l'agneau est sorti; il est essentiel que tous les mouvements du berger soient très doux, de peur de blesser la mère ou l'agneau. Avant d'aller aux champs, le berger doit examiner ses brebis, et doit laisser à la bergerie celles qui annonceraient un agnellement prochain. Quand une brebis n'a point de lait, le berger donne son agneau à une autre qui a perdu le sien ou qui peut en allaiter deux: on peut encore lui faire tetter une chèvre. Si la mère ne lèche pas son agneau naissant, le berger peut l'y déterminer en jetant sur lui un peu de sel, et si elle s'y refuse il l'essuiera avec un peu de foin. Il ne doit pas négliger de traire les brebis, dont le pis engorgé est si douloureux qu'elles ne peuvent pas se laisser tetter. Il doit en pareil cas savoir appliquer des topiques relâchants, et amener à maturité les abcès laiteux qui se forment au pis. Un des plus grands mérites du berger, est d'amener à bien le plus d'agneaux possible d'un nombre déterminé de femelles.

L'affouragement d'herbes sèches doit être préparé dans les rateliers avant que les animaux n'entrent dans la bergerie. C'est au propriétaire du troupeau à régler d'ailleurs lui-même la quantité d'aliments qu'il convient de lui donner. Pendant tout le temps de la nourriture sèche, si les bêtes à laine ne paissent pas en outre des herbes humides, le berger doit les mener à l'abreuvoir tous les jours, ou disposer dans les bergeries des baquets peu profonds, qu'il remplira d'eau chaque fois renouvelée. Ces baquets sont toujours nécessaires pour les agneaux qui ne sortent pas. Quoique dans beaucoup de pays, il y ait des hommes qui vont de ferme en ferme pour châtrer les mâles inutiles à la reproduction, cependant tous les bergers doivent pouvoir faire cette opération. Il est bon aussi qu'ils sachent bien tondre. Là où le lavage à dos est pratiqué, ce sont les bergers qui le font.

Dans les petits troupeaux où l'on ne peut tenir séparés quelques beliers dont on a besoin pour la monte, le berger les empêchera de saillir les brebis hors le temps convenable ; ce qu'il obtiendra en leur mettant un tablier, morceau de toile qui placé sous le ventre descend presqu'à terre, et s'attache sur le dos par une corde ou un ruban.

Quand il y a plusieurs beliers pour la monte d'un troupeau, on a soin de ne les employer que les uns après les autres, et de leur donner tour à tour du repos.

Quand on fait parquer, le berger doit savoir à quel degré le champ a besoin d'être fumé, l'étendue qu'il doit donner à son parc, la nature du terrain, et la manière de faire fienter ses bêtes où il veut.

Il est à désirer qu'un berger soit instruit dans toutes les maladies des bêtes à laine, et plutôt encore qu'il ait l'art de les prévenir. Il peut long-temps garantir son troupeau des affections contagieuses, en le tenant soigneusement isolé. Il évitera, dans les temps humides, les pâturages mouillés qui procurent la pourriture, et, dans les temps secs et chauds, ceux qui, trop abondants en plantes aromatiques, donnent lieu à la maladie du sang, il ne doit pas laisser son troupeau en proie à la gale, dont les moyens multipliés de guérison sont à la portée de tout le monde. Il doit savoir ouvrir un dépôt à maturité, remettre une jambe cassée, panser une blessure, etc., et tenir toujours son troupeau dans un état de propreté parfaite.

Les instruments du berger sont une houlette, un fouet et un bâton ; ces instruments sont connus. Dans le Midi, les bergers ne font usage ni de la houlette, ni du fouet, parce qu'ils ont moins à garder, et parce que l'on n'y parque pas. Il doit avoir dans sa pannetière une lancette et un bistouri pour saigner ou ouvrir un dépôt, un grattoir pour détruire les boutons de gale, du fil, du linge en cas de blessures, etc.

Deux sortes de chiens sont employés à la garde des troupeaux, les uns gros, forts et vigoureux, sont destinés à écarter les animaux malfaisants : la nature et l'instinct les forment seuls et leur courage leur suffit ; les autres, petits, mais vifs, ardents et pleins d'intelligence, font mouvoir ou contiennent le troupeau, suivant la volonté du berger, et ont besoin d'une éducation particulière; c'est au berger d'ailleurs à bien étudier leur caractère, quelquefois rebelle et fantasque, pour les former peu à peu et en tirer le meilleur parti. Un bon chien doit obéir ponctuellement, ménager le bétail, et être très surveillant et même méchant au parc. Dans les pays où il y a beaucoup de cultures à conserver, un chien de berger ne dure pas dix ans, parce qu'il s'excède de travail.

Il est aisé de voir que la profession de berger, pour être bien exercée, exige de l'intelligence, du zèle et un certain degré d'instruction, auxquels doit se trouver jointe aussi la force du corps. Les propriétaires ont, en outre, un grand intérêt à ce que leurs bergers soient exempts de ces préjugés qui nuisent à tous les genres d'améliorations, et sur-tout à celle des troupeaux. L'école de Rambouillet a formé les meilleurs bergers du monde. Soulange Bodin.

BERGERIE. (*Agriculture.*) Une bergerie est un bâtiment destiné à loger des bêtes à laine : sa première qualité est d'être convenablement aérée. A cet effet, il faut pratiquer des courants qui suffisent à renouveler l'air de son intérieur, et en rendre aussi le sol très sain.

Les dimensions d'une bergerie sont subordonnées au nombre de bêtes qu'elle doit contenir ; elles doivent être calculées de manière que toutes les bêtes à laine puissent en même temps y prendre aisément leur nourriture suivant la position des crèches qu'on ne place pas partout de la même manière. Voici quelques données propres à déterminer ces dimensions.

L'expérience apprend qu'une bête à laine, en mangeant à la crèche, y tient une place d'environ quatre décimètres (douze à quinze pouces), suivant sa grosseur. En multipliant cette dimension par le nombre des bêtes, on connaîtra la longueur développée à donner aux crèches pour que chacune puisse y trouver sa place.

D'un autre côté, les crèches, y compris les rateliers, présentent ordinairement une largeur d'un demi-mètre, et la longueur moyenne d'une bête à laine, est d'environ un mètre et demi.

Ainsi, en supposant que l'on doive placer les crèches dans le sens de la longueur d'une bergerie, et en additionnant la largeur du nombre de crèches et la longueur du nombre de bêtes à laine qui pourront tenir dans la largeur de la bergerie, on trouvera définitivement, pour sa largeur totale, savoir : pour celle d'une bergerie à deux rangs de crèches et deux longueurs de moutons, quatre mètres ; pour celles à quatre rangs de crèches, un double et deux simples, huit mètres ; pour celles à six rangs de crèches, deux doubles et deux simples, douze mètres, etc.

La largeur d'une bergerie étant ainsi déterminée, et la longueur développée qu'il faudra donner aux crèches étant connue par le nombre de moutons que la bergerie doit contenir, il sera facile d'en calculer la longueur définitive.

Quant à la hauteur sous plancher ou sous voûte qu'il faut donner à ces logements, elle doit être au moins de quatre mètres pour les bergeries d'hivernage, et de trois mètres pour les bergeries supplémentaires.

Les raisons en sont :

1° Que cette hauteur de plancher contribuera à la salubrité intérieure des bergeries.

2° Qu'elle permettra de faire servir les bergeries d'hivernage à resserrer en été des voitures de fourrage ou de gerbes, et les bergeries supplémentaires à remiser en hiver les voitures et les instruments aratoires.

Par ce moyen il n'est plus nécessaire de procurer aux fermes de grande culture une aussi grande quantité de hangards qui n'avaient pas d'autre objet.

Les bergeries ouvertes sont aérées d'ailleurs par des fenêtres de trois mètres de largeur, que l'on y multiplie autant qu'il est possible ; dont les appuis sont à environ un mètre et demi au-dessus du sol, et dont la hauteur se termine au niveau du dessous du plancher dont il faut plafonner la surface lorsqu'il n'est point voûté.

On augmente encore l'activité des courants en établissant, dans la partie inférieure des murs, des crénaux ou barbacanes plus larges en dehors qu'en dedans : toutes ces précautions sont nécessaires à la conservation et à la santé des bêtes à laine, à cause de leur abondante transpiration, et du long séjour du fumier.

Pour éviter que le grand froid de l'hiver n'incommode les *portières* et leurs agneaux, il convient de fermer, pendant cette saison, toutes les ouvertures exposées au Nord, avec des paillassons, de la paille, des volets ou des planches assemblées.

On ne ferme les ouvertures du Midi que dans les temps de neige ou pendant les plus grands froids.

On ne pave point le sol des bergeries; mais pour absorber l'excédent d'urine qui s'y trouve, on rapporte quelquefois des terres, que l'on enlève quand elles en sont imprégnées, et qui deviennent pour les champs un excellent engrais.

Les bergeries étant ainsi construites, et leurs greniers supérieurs convenablement aérés, on peut y resserrer les fourrages secs destinés en hiver à la nourriture des bêtes à laine. Des trappes pratiquées dans le plancher, permettent de disposer facilement et à toute heure de ces fourrages.

Les bergeries supplémentaires des fermes de grande culture ne sont que des appentis appuyés sur les murs de clôture de l'emplacement ou enclos des meules.

Elles doivent, autant que possible, communiquer directement avec la cour de la ferme.

Ces bergeries seront tracées intérieurement par un petit mur parallèle à celui de clôture, et à la distance intérieure de quatre mètres. On donnera à la nette maçonnerie de ce mur d'appui une hauteur d'un mètre à un mètre un tiers, suffisante pour empêcher le fumier intérieur d'être desséché par un contact trop immédiat avec l'air extérieur.

Des poteaux placés de distance en distance sur le mur d'appui, et convenablement consolidés, supporteront, de ce côté, le toit de la bergerie, et l'on garnira les intervalles entre les poteaux avec des claies pour empêcher les moutons de sauter par-dessus le mur.

Les portes des bergeries d'hiver auront $1^m,62$ de largeur; elles seront coupées dans leur hauteur, et à deux battants; cette largeur est nécessaire, parce que les bêtes à laine se pressent toujours trop, soit en entrant lorsqu'elles savent qu'elles les trouveront affourragées, soit en sortant pour aller à la pâture.

Ces portes doivent s'ouvrir en dehors et non pas en dedans, et il est bon que leurs jambages soient assortis ainsi que les bouts des rateliers et mangeoires.

Dans beaucoup de fermes, il n'y a que des rateliers sans auges ou mangeoires; une partie des aliments tombe alors sur la litière, et est foulée par les pieds des animaux.

Lorsqu'on emploie des mangeoires, ordinairement les rateliers en sont séparés.

Les bons économes les ont réunis pour ne former qu'un seul corps, et de manière que les auges ou mangeoires soient au-dessous des rateliers; par cette disposition aucune partie d'aliment n'est perdue, et l'intérieur de la bergerie n'en est point obstruée. Les rateliers se composent de barreaux ou fuseaux de bois maintenus supérieurement par une traverse, et implantés inférieurement dans la mangeoire; on les incline un peu pour que les fourrages descendent à la portée des animaux. Pour gagner du terrain, et mettre plus de bêtes dans une bergerie, on ne pose pas les rateliers-mangeoires immédiatement sur le sol, mais on les élève en laissant de la place pour que les brebis ou les agneaux soient couchés à l'aise dessous.

Il ne faut pas négliger de mettre le berger à la portée de surveiller son troupeau la nuit : pour cela il faut qu'il ait une chambre qui communique dans la bergerie, ou qu'on lui en pratique une de planches en forme de soupente. Au temps de l'agnelage, il sera indispensable de tenir de la lumière dans la bergerie, dans une lanterne grillée, pour éviter les incendies. Il faut curer les bergeries de temps en temps, et l'on est averti du besoin de le faire, lorsqu'en entrant dans la bergerie on éprouve de la chaleur et une forte odeur ammoniacale.

Soulange Bodin.

BESTIAUX. (*Agriculture.*) Ce sont les quadrupèdes domestiques en général, et plus particulièrement les bêtes à cornes. *V.* Bétail.

BÉTAIL. (*Agriculture.*) On donne ce nom aux quadrupèdes que l'homme a introduits dans sa domesticité, et qu'il emploie aux divers travaux de l'agriculture ou à sa propre subsistance.

On comprend sous le nom de bétail, les taureaux, les vaches, les génisses, les veaux, les bœufs, les chevaux, les juments, les poulains, les ânes, les mulets, les béliers, les brebis, les agneaux, les moutons, les boucs, les chèvres, les chevaux, les verrats, les truies et les cochons coupés. On le distingue en gros et en menu bétail.

Nous parlerons sur-tout ici des bêtes à cornes, dénomination qu'il est d'usage de n'appliquer qu'aux taureaux, à la vache, à la génisse, au veau et au bœuf, qui toutes appartiennent à la même esèpce et qni sont aussi désignées sous le nom de bêtes bovines. On range à part la brebis, le mouton, le bélier, le bouc, la chèvre, etc., etc., quoique les animaux de ces deux genres soient aussi pourvus de cornes, et on les distingue sous le nom de bêtes à laine ou bêtes ovines.

La multiplication du bétail est à la fois la cause, l'effet et l'indice de la plus grande prospérité de l'agriculture; c'est à multiplier les bêtes à cornes qu'un cultivateur éclairé doit particulièrement s'appliquer. Pour atteindre son but, il doit chercher à rendre plus fertiles et plus productives les prairies naturelles, à proportionner les prairies artificielles aux autres cultures de la même exploitation, à semer beaucoup de choux, de raves, de betteraves, de carottes, de pommes de terre, de fèves, de pois, de vesce, de lupin, de moutarde, de chicorée, etc., suivant le pays et le terrain. A cet effet, il doit chercher à connaître la nature du sol qu'il exploite, et savoir lui appliquer les cultures qui lui conviennent le mieux. Il y a telle circonstance où il est avantageux d'avoir une plus grande quantité de moutons et de restreindre le nombre des bêtes à cornes. C'est ce qu'il doit savoir; et quand ses vues sont bien arrêtées, il doit entreprendre avec autant d'ardeur que d'assiduité, tout ce qui peut l'aider à atteindre son but.

Les soins qu'exigent les bêtes à cornes sont, en général, beaucoup moins considérables, assujettisants et compliqués que ceux qu'on est obligé de donner aux chevaux; et les maladies auxquelles elles sont exposées, sont moins nombreuses; elles ont donc le double avantage de coûter moins et de donner un profit plus assuré.

Quoique les bêtes à cornes indigènes à l'Europe puissent paître pendant presque toute l'année l'herbe des pâturages, les besoins de l'exploitation obligent de les nourrir en tout ou en partie à l'étable, et leur nourriture peut sans inconvénient être plus grossière que celle des chevaux et des moutons. A l'étable, elles se contentent de foin, de feuilles d'arbres, de paille, de racines, de grains, etc. ; mais les herbes qu'elles broûtent doivent toujours être plus longues lorsqu'elles les prennent sur le sol. En effet, n'ayant point de dents à la mâchoire supérieure, et munies d'une langue mobile et capable de s'alonger, elles prennent les herbes avec cette langue, les ramènent contre les dents de la mâchoire inférieure et les cassent en les tordant sans les couper. C'est cette circonstance qui a fait dire justement qu'elles amélioraient les prairies où elles étaient mises, tandis que les chevaux, pinçant l'herbe au collet même de sa racine, et la faisant mourir par là, les détériorent toujours ; d'un autre côté, les bêtes à cornes nuisent moins aux prairies avec leurs pieds, parce qu'elles ont toujours une marche mesurée et tranquille, et avec leur fiente, parce qu'elle ne brûle pas l'herbe comme celle des chevaux. Leur boisson doit être abondante et saine. Une vache de forte taille, nourrie pendant l'hiver de foin et d'autres substances sèches, peut boire cent livres d'eau par jour. Cette quantité doit être moindre, même en été, quand les bêtes à cornes sont dans les pâturages, et encore moindre au printemps et en automne lorsque l'herbe est fort aqueuse.

Le sel excite leur appétit et accélère leur digestion ; mais il n'est pas prouvé qu'il soit toujours et partout nécessaire.

Les produits des bêtes à cornes consistent dans leur travail ; dans leur lait et ses parties constituantes, telles que crème, beurre, fromage, etc.; dans la vente que l'on fait de ces animaux, ou de leurs parties ; enfin dans le fumier qui est si important à l'agriculture, qui rend à la terre la fécondité sur laquelle leur grande reproduction repose, et qu'on ne saurait trop chercher à augmenter.

La nature de ce fumier le rendant plus propre que celui du cheval à conserver pendant long-temps l'humidité, il en résulte qu'il convient davantage aux terres sablonneuses et crayeuses, dans lesquelles l'eau des pluies passe comme à travers un crible.

Les deux sortes de fumiers ne se suppléent donc pas toujours l'un et l'autre ; mais ils se mélangent avec succès, et sous ce double rapport, la multiplication des bêtes à cornes doit être considérée comme un moyen spécial et indéfini de richesse agricole pour certains cantons.

Il y avait autrefois chez nous beaucoup de terres en friche qui favorisaient l'augmentation du nombre des bestiaux, comme on le voit encore aujourd'hui dans plusieurs parties de l'Asie et de l'Amérique. Mais diverses causes excitèrent au défrichement des pâturages, des bois, des marais, et l'on sema tout en blé et autres céréales. Alors les bestiaux diminuèrent, et furent souvent réduits au-dessous même du besoin de l'agriculture et de la consommation. Enfin il y a environ trois quarts de siècle, on s'aperçut non-seulement que le nombre des chevaux, des bœufs, des vaches, des moutons, manquait aux besoins de l'homme, mais que la nourriture leur manquait à eux-mêmes. L'introduction des prairies artificielles vint favoriser leur multiplication et leur amélioration, et offrir aux agriculteurs le double avantage d'augmenter le nombre de leurs bestiaux, et de diminuer les labours.

Mais ce n'est pas tout de multiplier le bétail; il faut encore et sur-tout s'occuper de l'améliorer.

On y parvient par le régime et par le croisement des races.

Un de nos plus grands agronomes n'a pas craint, dans un écrit récent, de donner pour l'amélioration des races, la préférence au régime sur le croisement. Le simple agriculteur n'a point à s'occuper de la solution de cette question compliquée, qui a été l'objet de beaucoup de controverses; et il fera sagement concourir au perfectionnement de ses animaux, l'un et l'autre de ces puissants moyens, qui, dans la plupart des cas, se prêtent un mutuel et nécessaire appui. Le climat exerce aussi sur cette opération une influence qu'il faut sérieusement observer, et que l'homme est loin de pouvoir maîtriser toujours. M. Teissier, en remarquant l'énorme différence qui existe dans les bœufs, qui pèsent depuis cent jusqu'à quinze cent kilogrammes, l'a non-seulement attribuée à la qualité des pâturages, mais aussi à celle des races, et il a conseillé en même temps, et de transformer les maigres pâturages en pâturages gras ou en champs fertiles, et de choisir les plus beaux individus de la plus belle race pour les mettre sur les propriétés ainsi améliorées.

On appelle *espèces* la série des individus qui se ressemblent par le plus grand nombre de caractères essentiels, et qui se propagent avec les mêmes caractères par la génération. Ainsi, le cheval et l'âne sont deux espèces du même genre.

Les espèces varient dans certaines limites de deux manières : quelquefois ces variations se perpétuent par la génération ; d'autres fois elles ne se perpétuent pas. Les premières de ces variations forment les *races*, et les secondes les *variétés*.

Pour qu'une race se propage, il faut que le mâle et la femelle aient les mêmes caractères. L'union du mâle d'une race avec la femelle d'une autre race, produit un individu métis, qui tient de l'une et de l'autre.

On peut quelquefois créer de nouvelles races, par l'accouplement d'animaux qui ont varié par l'effet du hasard. C'est cette circonstance qui fait que les contrées qui ont peu de relation avec les autres, possèdent des races particulières plus ou moins distinctes ; et que dans chaque race même, il y a des sous-races.

Il est des caractères de races qui sont moins constants que d'autres ; par exemple, la grosseur, qui dépend principalement de l'abondance de la nourriture consommée pendant la première période de la vie de l'individu, et de l'influence du climat. Un poulain normand né dans les plaines de la Champagne Pouilleuse, quoique naissant plus gros qu'un poulain de la race du pays, ne parviendra jamais à la taille qu'il eût acquise dans les fertiles pâturages de la Normandie.

Il y a dans tous les animaux, des races plus ou moins avantageuses à propager sous des rapports différents. Un cheval normand est plus propre au tirage, un cheval limousin à la selle ; telle race s'engraisse plus facilement qu'une autre : ces différences donnent dans beaucoup de cas une valeur extraordinaire aux produits, qui ne coûtent cependant pas beaucoup plus à obtenir dans une circonstance que dans une autre. Les cultivateurs ont donc le plus grand intérêt à multiplier les races bonnes et belles, à les bien connaître, et ils se verront complétement indemnisés des avances qu'ils auront faites pour les introduire dans leurs exploitations.

On relève une race par deux moyens : ou en n'accouplant que les animaux les plus beaux et les meilleurs de la même race ;

ou en donnant aux plus belles femelles de cette même race, les plus beaux mâles de la race qui lui est supérieure. Ce second moyen s'appelle Croisement. *V.* ce mot.

En général, on ne fait presque aucune attention dans les campagnes à l'accouplement des bestiaux; et cette insouciance est une des causes qui contribuent à leur dégénération.

Le régime des bestiaux doit être nécessairement différent, suivant le parti qu'on en veut tirer. Ceux qu'on destine à l'engrais, soit pour les faire servir à la nourriture de l'homme, soit pour en tirer différentes espèces de graisses employées dans l'économie domestique, peuvent donner de grands profits, s'ils sont traités convenablement.

Il est, dans chaque espèce, des animaux dont l'organisation est plus favorable à l'engrais que les autres. La connaissance des signes qui indiquent cette organisation, est importante à acquérir. Les marchands de bœufs et de cochons, sont ceux qui la possèdent le mieux. L'expérience et l'intérêt sont leurs maîtres.

Une bonne constitution est la première qualité désirable dans les animaux qu'on veut engraisser.

Les animaux mâles qui n'ont pas été châtrés jeunes, s'engraissent plus difficilement que les autres.

C'est à cinq ou six ans pour les bœufs, et à un an et demi pour les moutons et les cochons, qu'il convient de les mettre à l'engrais; mais le parti qu'on retire du bœuf pour son travail et du mouton pour sa laine, fait qu'on ne les engraisse ordinairement qu'au double de cet âge.

C'est avec de l'herbe, des racines et des grains, qu'on engraisse exclusivement en France les animaux domestiques.

Dans l'engrais naturel, il suffit de laisser les animaux dans des enclos abondants en herbes, et où ils n'éprouvent aucun trouble. Cet engrais est le meilleur; mais il est long, et souvent incomplet, par la difficulté d'augmenter la quantité de la graisse.

L'engrais artificiel fait à l'étable avec des fourrages secs, des racines et des grains, demande plus de connaissances et de soins.

Une température chaude et régulière, l'obscurité, le silence, sont trois circonstances qu'il faut que les animaux trouvent dans les lieux où on les enferme pour les engraisser. Les cultivateurs anglais ont fait dans cet art de grands progrès. En Allemagne, les étables d'engrais sont disposées de manière à ce qu'on puisse donner à chaque animal sa nourriture, sans troubler son repos, au moyen de trous pratiqués vis-à-vis des mangeoires, et par lesquels on l'introduit. On n'entre dans l'écurie que pour renouveler la litière, et l'on n'en fait sortir les animaux qu'une fois par semaine pour enlever les fumiers.

La propreté est une condition essentielle de l'engrais à l'étable. Dans le Limousin et la Vendée, on étrille même tous les jours les bœufs qu'on y a soumis.

Dans l'engrais à l'étable on commence toujours par des herbes fraîches, des feuilles de choux, des raves qui raffraîchissent les animaux; ensuite on leur donne du foin de bonne qualité, et on entremêle cette nourriture de panais, de carrotes, de pommes de terre, de topinambours; puis en dernier, de farine d'orge, d'avoine, de sarrasin, de fèves de marais, de pois gris, de vesce, etc. : quelquefois, au lieu de faire moudre ces grains, on les fait bouillir. Un peu de sel tous les jours est encore utile pour les animaux ruminants. La boisson doit être suffisante, mais peu abondante. Dans quelques lieux on engraisse avec de la graine de lin, des marcs de bierre, des résidus de toute espèce d'huile, des châtaignes, des glands, etc. La paille et le son bien dépouillé, contiennent peu de principes nutritifs. Les farines ou grains donnés dans de l'eau tiède, le foin même trempé dans cette eau, accélèrent les digestions, mais ne doivent être donnés que dans les derniers temps de l'engrais, parce que leur usage trop prolongé affaiblirait l'estomac; il faut soutenir l'action des organes digestifs, et pour cela varier beaucoup les aliments, et en donner peu à la fois. Les veaux et les agneaux s'engraissent avec du lait donné en surabondance, et dans lequel, vers la fin, on met des jaunes d'œufs, de la farine d'orge, de pois, de fèves, etc. La propreté et une grande tranquillité sont nécessaires, comme dans les autres cas. Quelquefois on fait téter aux veaux, deux et jusqu'à quatre vaches; le plus souvent on les fait boire dans un seau.

L'éducation, l'engrais et le commerce des bestiaux sont devenus une source de prospérité toujours croissante pour certains de nos départements où l'on a donné, depuis moins d'un demi-siècle, de grands soins à l'introduction des prairies artificielles, à la bonification des prairies naturelles, à l'accumulation des eaux perdues, et à leur distribution dans les terrains disposés pour les nourrir avec profit. Ces exemples sont si décisifs, si encourageants, qu'on ne saurait trop songer à les imiter, partout où les localités s'y prêtent. L'agriculture peut retirer un jour, sous le ropport des irrigations, du forage des puits artésiens, des avantages incalculables.   Soulange Bodin.

BÉTON. *V.* Mortiers.

BETTERAVE. (*Agriculture.*) C'est de la betterave champêtre que nous avons seulement à parler ici. Le professeur Thaer la regarde comme une hybride entre la betterave rouge et la betterave blanche. Elle offre un bulbe beaucoup plus gros que l'une et l'autre, et ce bulbe, dans quelques variétés, croît en grande partie au-dessus du sol. On la cultive depuis long-temps en Allemagne et en Suisse, tant pour ses feuilles que pour ses racines ; on se sert des feuilles en guise d'épinards, et on les donne à manger au bétail ; les racines sont à la fois employées à la nourriture des bestiaux, à la distillation ou à la fabrication du sucre.

Il paraît que la betterave est originaire des parties méridionales de l'Europe. Les plus faibles gelées du printemps pouvant, dans le Nord, faire périr les jeunes plants, il faut toujours semer tard, éviter les expositions sujettes à la gelée, telles que les vallées, la lisière nord des bois, etc., et l'époque précise du semis dépend nécessairement du climat et des circonstances atmosphériques. Une terre légère, profonde, bien ameublie par les labours, est celle qui convient le mieux à cette culture. La terre destinée à la culture en grand de la betterave champêtre, doit être profondément labourée avant l'hiver ; elle doit l'être encore à la fin de cette saison, enfin, fumée et encore labourée au moment des semailles, c'est-à-dire en avril, pour le climat de Paris. Il faut environ trois kilogrammes de graine par hectare dans les sols de bonne nature. Il ne faut pas épargner les binages qui contribuent si évidemment à l'augmentation du produit que l'on attend des plantes à grosses racines, qu'elles soient charnues ou non ; il faut également les éclaircir à propos pour maintenir entre les pieds une distance convenable. Si le semis avait manqué dans quelques parties, on regarnirait les clairières avec cet excédent du plant. Les feuilles de betteraves sont du goût de tous les bestiaux; l'abondance du produit que la betterave peut donner, sous ce seul rapport, paie largement les dépenses du labourage, et les racines, mises à l'abri avant les gelées, entretiennent les bestiaux auxquels on les donne, en bon état de santé et de graisse pendant l'hiver, époque où ils manquent généralement de nourriture fraîche; elles contribuent beaucoup à la production du lait ainsi qu'à sa qualité. On lave les racines, on les coupe par tranches, et on les donne crues ou cuites, seules ou mélangées.

Les betteraves que l'on réserve pour graine seront replantées au printemps : on en coupera les tiges lorsque la plus grande partie des graines seront mûres; on les fera sécher lentement dans un grenier, et il sera bon de ne les battre, pour en tirer la graine, qu'au moment de son emploi. Vingt racines en fourniront à peu près un boisseau.

Le grand parti que l'on tire aujourd'hui de la betterave pour la fabrication du sucre, a donné une grande extension à sa culture; et il était dès lors naturel qu'elle entrât dans le système des assolements. Dans ces derniers temps un de nos meilleurs agronomes l'a présentée comme étant la meilleure ou plutôt la seule des plantes sarclées qui, dans le système de l'assolement quadriennal, puisse utilement remplacer la jachère; et il a ainsi lié le perfectionnement universel de notre agriculture avec la fabrication même du sucre de betterave : fabrication qui, par son développement et par ses besoins toujours renouvelés, doit donner le plus grand encouragement à la culture de cette plante, susceptible d'avoir, dès ce moment, un emploi général et un débit certain. En effet, le problème de l'assolement quadriennal consiste à trouver une plante non-épuisante, dont la culture exige, dans le cours d'une année, trois façons (binage, sarclage et buttage), et dont les produits ne donnant pas une denrée déjà indigène, soient en outre d'un emploi général et d'un débit certain; or, la betterave, dans son application à la fabrication du sucre, remplit parfaitement toutes les conditions de ce problème. Nulle autre plante ne peut présenter cet avantage de faire naître universellement sur le sol de la France une denrée de nécessité absolue qu'il fallait aller chercher au-delà des mers, et de donner cette denrée sans froisser d'anciennes habitudes ni d'anciens intérêts, et par conséquent sans craindre ni cultures rivales, ni produits jaloux. On doit observer encore que la plante qui, par la production de ce sucre, rend enfin possible l'amélioration universelle de l'agriculture, fournirait de plus, par son marc, le meilleur de tous les engrais pour les bestiaux; et que cette même plante remplit en outre à tel point toutes les conditions exigées des plantes sarclées, qu'il faudrait encore la substituer à la jachère pour sarcler nos terres, quand bien même elle ne donnerait pas de si riches produits. Ainsi, on peut poser en principe que la culture de la betterave, et la fabrication de son sucre, remplissent toutes les conditions nécessaires pour l'adoption générale d'une plante sarclée dans tous nos systèmes agricoles; et le perfectionnement universel de notre agriculture doit être la suite certaine de la plus grande extension possible donnée à cette culture et à cette fabrication. Soulange Bodin.

BETTERAVE. (*Chimie industrielle.*) La betterave est une plante bisannuelle, appartenant à la famille des *Atriplicées*. Sa culture a acquis une grande importance à cause de l'abondant produit de sa racine qui sert pour la nourriture des bestiaux, ou dont on extrait le sucre qu'elle contient en grande quantité.

Cette plante a un grand nombre de variétés qui sont principalement fondées sur la forme et la couleur de la racine.

La betterave conique a le collet peu convexe, est très large à la partie supérieure, et s'amincit rapidement. La betterave fusiforme est amincie par les deux extrémités, renflée vers le centre, et a le collet très conique. La betterave turbinée a le collet aplati et la forme arrondie, puis terminée en s'amincissant rapidement comme un navet.

La première variété s'enterre jusqu'au collet, et croît dans les sols profonds et meubles; quand ils sont pierreux, elle se divise. Le terrain argileux est celui qui lui convient le mieux: c'est elle qui est cultivée pour l'extraction du sucre. La betterave fusiforme croît presque entièrement hors de terre, et peut par conséquent être cultivée dans un sol peu profond. Son arrachage, qui se fait à la main, est beaucoup plus facile que celui de la betterave conique; mais elle est aussi beaucoup moins productive. La betterave turbinée n'atteint pas un gros volume, et n'est cultivée que dans peu d'endroits.

Les couleurs peuvent n'affecter que l'enveloppe de la racine, ou atteindre toute sa profondeur, ou bien encore s'y trouver par couches qui donnent des cercles concentriques par une section transversale. Les plus communes sont le pourpre, le rose, l'écarlate, le jaune et le blanc.

La betterave conique à peau rose et à cercles concentriques de la même couleur, est la plus recherchée par les fabricants de sucre indigène; mais par le semis, ses graines donnent beaucoup de betteraves blanches, moins de betteraves blanches à peau rose, et encore moins de betteraves blanches à peau rose et à cercles concentriques de la même couleur; ce qui démontre que ces variétés se confondent souvent, mais que la plus constante est la variété blanche. J'ai vu des betteraves conserver leur couleur dans des champs entiers, et je n'ai pu en trouver la cause.

La betterave pourprée est celle qui est cultivée par les jardiniers.

La betterave fusiforme, à peau rose et à couches concentriques de la même couleur, qui porte le nom de *racine de disette*, n'est cultivée que pour la nourriture des bestiaux; elle est sujette à ressentir facilement l'influence de la gelée, et est beaucoup moins productive que la betterave conique, comme il a été dit.

La betterave à sucre étant la plus importante de toutes, nous ne nous occuperons que de sa culture. Tous les soins qu'elle exige doivent avoir pour but de faire qu'un champ rapporte la plus grande quantité de sucre avec le moins de frais possible.

On sait que la nature du terrain peut être considérablement influencée par sa position et par les circonstances géologiques qui l'accompagnent. Avant de fonder une sucrerie, il sera donc urgent de semer quelques betteraves dans les champs environnants pour voir si elles y croissent facilement, et si elles sont de bonne nature. Quoi qu'il en soit, un terrain profond, moitié sablonneux, moitié argileux, est celui qui paraît être le plus avantageux.

La question des engrais est d'une très grande importance, car il est des limites à leur emploi. On a vu que, sans engrais ou avec peu d'engrais, les betteraves étaient petites, donnaient un jus très dense, riche en sucre, et d'un travail facile; mais qu'avec beaucoup d'engrais la récolte était abondante par le nombre et le volume des racines, que leur jus était peu dense, moins riche en sucre, et d'un travail difficile. Si les engrais sont portés à l'excès, le sucre peut disparaître presque entièrement. Il faut donc choisir le cas préférable : il ne paraît pas douteux que les engrais sont nécessaires, et que le produit en sucre est toujours plus considérable lorsque l'on n'en emploie pas trop.

Les betteraves peuvent être semées à la volée ou au semoir, ou bien plantées à la main, ou repiquées.

Le semage à la volée ne mérite pas que l'on s'en occupe; il exige une énorme quantité de semence qui est en partie perdue, et le sarclage est dispendieux et difficile.

L'emploi du semoir est le moins dispendieux de tous; mais, pour en faire usage, il faut un terrain bien égal, parce que le moindre enfoncement fait que le coutre du semoir ne l'entamant pas, la graine est simplement déposée à sa surface. On remédie à cet inconvénient en repiquant de jeunes plantes dans les endroits où la graine a manqué.

Le semoir à brosses et à auge, dont le cylindre ne contient pas la semence, mais est simplement employé à la mesurer est le meilleur de tous pour les céréales, mais ne peut être employé pour les betteraves, à cause de l'inégalité de surface de leurs semences. On fait usage d'un semoir dont le cylindre renferme la graine et présente des ouvertures assez larges, que l'on peut modifier par celles d'un collier qui s'ajuste sur la surface, et peut y recevoir un mouvement circulaire. Ce semoir est disposé de manière que les roues qui le portent sont à une demi-distance des espaces qui séparent les ouvertures par où sortent les graines, pour qu'en revenant sur lui-même, une des roues repassant dans la raie qu'elle a tracée, les lignes de semences soient également espacées. *V.* Semoir.

Bien des agriculteurs préfèrent le plantage qui se fait au moyen de plantoirs, ou avec une espèce de petite charrue portant plusieurs fers qui ouvrent des lignes dans lesquelles on dépose la graine. MM. Harpignies et Blanquet ont fait connaître un triple plantoir formé par la réunion de trois fers coniques sur un même bâtis. Un homme perce les trous, un enfant y dépose les graines, et un autre les ferme. Ce plantoir donne un bon résultat, mais par sa forme il fait que nécessairement les graines que l'on place dans les ouvertures qu'il a faites, sont superposées et se gênent mutuellement; il serait alors préférable d'employer un plantoir à collet (*v.* PLANTOIR). Dans l'un et l'autre cas, les lignes sont tracées au cordeau : on les fait ordinairement à dix-huit pouces de distance.

Le semage dans des sillons est excellent, et il est sans doute impossible de trouver un moyen qui le dépasse, soit par la rapidité de son exécution, soit par la modicité de son prix.

M. de Dombasle a fait de nombreux essais qui l'ont porté à préconiser le repiquage, qui n'a pas tous les inconvénients qu'on lui avait attribués, mais qui, probablement, ne pourra être généralement usité, à cause du grand nombre d'ouvriers qu'il exige.

Lorsque les betteraves commencent à pousser, il faut avoir soin d'extirper les herbes inutiles qui nuiraient considérablement à leur accroissement; mais quand le développement des betteraves a dépassé celui des herbes, ce sont alors celles-ci qui périssent. Le sarclage se fait avec la houe à cheval, ou bien avec la houe à main. Ce dernier moyen est le plus usité parce qu'il est d'un meilleur résultat, quoique plus dispendieux.

M. Pelouze a vu, par des expériences nombreuses, que la richesse saccharine de la racine de betterave augmentait depuis le moment de sa croissance jusqu'au mois de novembre. La pratique a démontré qu'elle s'accroissait encore au-delà. Il est donc de la plus haute importance de n'arracher les betteraves que vers l'époque des gelées, pour en obtenir tout le bénéfice possible. Cependant les grandes exploitations, qui doivent râper au moins pendant cinq mois dans leurs ateliers, sont forcées de commencer vers le 15 septembre, ou vers le 1er d'octobre. Elles perdent un peu de sucre; mais c'est un faible inconvénient, parce qu'à cette époque le travail est facile.

Les betteraves une fois arrachées, on les emmagasine; mais comme les magasins ne suffisent pas toujours, on les enterre dans des silos, qui sont des fossés que l'on remplit de betteraves sur lesquelles on dépose de la paille que l'on recouvre avec la terre du fossé.

Il est d'autant plus important d'arracher les betteraves le plus tard possible, que M. Hamoir de Saultain a vu que, non-seulement elles étaient plus riches, mais qu'elles se conservaient beaucoup mieux. *V.* Sucre de Betterave.

Les betteraves, au moment du travail, sont lavées en les passant dans un lavoir particulier, ou nettoyées à la main. Ce dernier moyen est préféré par les fabricants, parce qu'il permet d'enlever les parties contuses et ulcérées des racines, qui détériorent beaucoup le sucre, et gênent considérablement le travail.

Les betteraves gelées ne peuvent être immédiatement travaillées parce qu'elles sont assez dures pour rompre la râpe; mais M. N. Grar d'Artres a vu qu'en les enterrant elles reprenaient lentement leurs propriétés primitives. La gelée serait donc un excellent moyen de conservation de la betterave, si l'on pouvait toujours convenablement la placer dans des circonstances qui lui permissent de revenir lentement sur elle-même; car ce n'est que le passage rapide du froid au chaud qui déchire le tissu cellulaire, qui la fanne et la flétrit, comme cela arrive dans les circonstances ordinaires. A. Baudrimont.

BEURRE. (*Agriculture.*) L'art de faire le beurre comprend trois opérations principales, qui consistent : 1° à écrémer le lait; 2° à battre la crème; 3° à délaiter le beurre.

Écrémage du lait. La crème donne, en général, un beurre d'autant plus fin et délicat, qu'elle a été levée sur un lait plus nouveau. L'écrémage se fait ordinairement en été, douze heures après la traite, et vingt-quatre heures après, en hiver : on y procède de deux manières. 1° On lève doucement la terrine et on déchire la pellicule crémeuse qui recouvre sa surface; alors, le lait s'échappe par cette ouverture dans une cruche destinée à le recevoir, et la crème reste seule. 2° On débouche l'ouverture pratiquée à la partie inférieure de la terrine, et on laisse couler le lait jusqu'à ce qu'il ne reste plus que la crème.

Battage de la crème. L'intervalle que l'on met entre le moment de la traite du lait et celui du battage de la crème, varie nécessairement suivant la saison et d'autres circonstances. Dès que la crème est dans la barate, on doit la battre sans interruption, jusqu'à ce que le beurre soit fait.

Il faut apporter beaucoup d'attention dans l'emploi des moyens usités pour accélérer l'opération du battage pendant l'hiver : car, comme ils se réduisent tous à l'emploi de la chaleur, ils sont tous aux dépens de la qualité du beurre. Dans les temps très chauds, au contraire, on place la barate dans un bain d'eau fraîche, et l'on met en œuvre tout ce qui peut empêcher la crême de s'aigrir, ou de fournir trop promptement son beurre.

On appelle *délaitage*, l'opération par laquelle, quand le beurre est fait et séparé du fluide au milieu duquel il se trouve dans la barate, on sépare encore quelques portions de ce fluide restées dans les interstices du beurre. Quelquefois on se contente de comprimer faiblement le beurre dans les mains. Cela suffit lorsqu'il s'agit de la préparation journalière de cette substance destinée à une consommation immédiate. L'usage plus général est de le manier fortement et à diverses reprises, et à répéter les lavages jusqu'à ce que l'eau sorte claire. Ce soin est nécessaire pour le beurre de provision, dont la qualité serait promptement altérée par la présence du lait divisé à sa surface. Le délaitage ordinaire s'exécute en jetant le beurre dans des terrines remplies d'eau fraîche où il se raffermit ; on l'y pétrit autant qu'il est nécessaire en pelottes plus ou moins grosses, qu'on place ensuite dans un lieu frais, et que l'on divise finalement en poids d'une livre, ou que l'on réunit en mottes de cinquante, suivant le but que l'on se propose.

Le beurre d'hiver est ordinairement pâle ou blanc ; cela ne diminue rien de sa qualité.

Il arrive quelquefois que le lait de la vache prend une teinte bleue plus ou moins foncée, et c'est dans les départements de la Loire-Inférieure et du Calvados que l'on remarque plus particulièrement ce singulier effet. Le lait bleu n'a aucune action fâcheuse sur l'économie animale ; mais la crême donne du beurre qui est d'une consistance plus molle, d'une saveur moins douce et moins agréable que celle du beurre provenant du lait ordinaire. Il prend bientôt un goût âcre et fort qui diffère de la rancidité, et qu'il ne perd que lorsqu'il est fondu. Les causes qui produisent le lait bleu ont donné lieu à divers préjugés. Des fermiers, bons observateurs, l'ont attribué à l'état dur et coriace des pâturages et des herbes légumineuses, occasioné par l'aridité du sol ou par la sécheresse. La substance qui occasione cette couleur bleue est une moisissure qui se développe sur la crême. Le sel marin, la saignée, l'usage des plantes crucifères, comme la rabette, le colza, l'oximel ou d'autres breuvages dans lesquels on fait entrer l'alun, le foie d'antimoine, la fleur de soufre, l'assa-fœtida, ont débarrassé les vaches de cette affection, dont la mauvaise nourriture, le mauvais régime et la malpropreté augmentent l'intensité.

L'objet principal que l'on se propose dans les grandes fabriques est d'obtenir le meilleur beurre par les procédés les plus faciles et les plus économiques ; et comme le lait de vache n'atteint réellement sa plus grande bonté que quatre mois après le vêlage, c'est aussi vers cette époque que l'on s'occupe d'approvisionnements de beurre. L'automne est aussi la saison la plus favorable, attendu le froid qui succède ; car rien n'est moins favorable à la confection du beurre que la chaleur. Neuf kilogrammes de lait donnent à peu près un demi-kilogramme de beurre, et cette quantité est le produit journalier d'une bonne vache convenablement nourrie.

On trouve le beurre dans le commerce sous les états différents de beurre frais, beurre rance, beurre fondu et beurre salé. Un des meilleurs moyens de conserver le beurre long-temps frais, c'est d'abord de le délaiter parfaitement, de le tenir ensuite dans l'eau fraîche, et de le soustraire à l'influence de l'air et de la chaleur, en l'enveloppant d'un linge mouillé. Le froid prolonge aussi la bonne qualité du beurre. La rancidité provient de l'imperfection du délaitage, et d'un trop long séjour du beurre dans la crême. Le beurre fondu est aussi sujet à devenir rance avec le temps ; et la méthode de prolonger la conservation du beurre, qui mérite la préférence, est celle d'y introduire du sel. Cette opération, quoique très simple, mérite beaucoup de soin dans son exécution pour le choix du sel, sa préparation et la proportion dans laquelle il faut l'employer. Il en faut ordinairement depuis 30 gram. (1 once) jusqu'à 60 gr., par 1/2 kil. ou livre de beurre, suivant qu'il doit être consommé sur les lieux ou envoyé au loin. Pour bien incorporer le sel au beurre, il faut le dessécher au four et ensuite le concasser sans le réduire en poudre. On étend le beurre par couches qu'on pétrit par parties, jusqu'à ce que le beurre soit bien incorporé; ensuite on le distribue dans des pots de grès où on le foule, et qu'on remplit jusqu'à quatre à cinq centimètres (deux pouces environ) des bords. Sept à huit jours après, il se forme dans la masse du beurre, par l'effet du renflement, des interstices qu'on remplit d'une forte saumur; on recouvre le beurre de deux centimètres (un pouce) de sel. Soulange Bodin.

BEURRE. (*Chimie industrielle*.) Le beurre est un mélange de diverses matières grasses que l'on extrait du lait, et notamment de celui de la vache.

Le lait est essentiellement formé d'un liquide nommé sérum ou petit-lait, tenant la matière caséeuse en dissolution, et les matières grasses en suspension. Celles-ci y sont sous forme de globules d'un diamètre excessivement petit, qui échappent à la vue simple. Ce sont ces globules qui, étant moins denses que le sérum, se rassemblent à sa surface avec de la matière caséeuse, et forment la crême. Chacun sait que c'est de celle-ci que l'on extrait immédiatement le beurre.

Les matières grasses du lait, sont : la stéarine, l'oléine, la butirine et l'acide butirique. La première de ces matières est solide à la température ordinaire; les trois autres sont liquides, la dernière est volatile et odorante : c'est elle qui parfume le beurre. Elles sont solubles les unes dans les autres, et chaque globule les renferme probablement toutes quatre.

Le battage de la crême a pour but d'agglomérer les globules en une seule masse. Pour que cela réussisse convenablement, on sent qu'il faut que la matière grasse ne soit ni trop solide, ni trop fluide; il est donc une certaine température qu'il a fallu déterminer : celle qui convient le mieux est 15° centigrades au-dessus de zéro.

La forme des barattes est très modifiée; celle qui a deux enveloppes formant une capacité moyenne dans laquelle on place de l'eau que l'on amène facilement à 15°, est préférable aux autres. Cette température s'obtient en y mêlant de l'eau chaude pendant l'hiver, et en la plaçant dans une cave profonde pendant l'été. Un thermomètre est donc très utile pour la bonne réussite d'une pareille opération.

Il est préférable de se tenir en dessous de 15° plutôt qu'au-delà; car on a remarqué que la température des matières renfermées dans la baratte, s'élevait de quelques degrés pendant le battage (1).

Lorsque le beurre est rassemblé, on se trempe les mains dans l'eau chaude pour qu'elles se mouillent bien; pour qu'il n'y puisse adhérer, on les passe à l'eau froide, et on le malaxe dans l'eau claire à 12 ou 15°, jusqu'à ce qu'il ne la trouble plus. On le met alors en motte, ou on le moule.

Lorsque l'on a suivi exactement le procédé qui vient d'être indiqué, la nature du beurre ne peut plus dépendre que des précautions que l'on a prises pour obtenir la crême, des animaux qui la produisent, et de la nourriture qu'on leur donne.

Pour que la crême monte bien, il faut que la température des caves soit environ de 10°; si elle était plus basse, elle ne se séparerait pas; si elle était plus élevée, elle se séparerait trop rapidement, et le lait s'aigrirait; ce qui lui communiquerait de mauvaises qualités.

La nourriture qui paraît donner le meilleur lait, est celle des prés salants; vient ensuite celle de nos prairies ordinaires. Les fourrages verts de la famille des *Légumineuses* augmentent le lait, lui donnent une forte saveur, et sont d'un usage dangereux, parce qu'ils occasionent la météorisation. Parmi les fourrages secs, le foin de deuxième coupe est le meilleur. Viennent ensuite les balles d'avoine, de blé; le son leur est préférable. Parmi les matières pulpeuses, la carotte occupe le premier rang; vient ensuite la pomme de terre, puis la betterave, et enfin le navet. Quand ces dernières matières relâchent trop les animaux, on y joint du son sec, et quelquefois on y ajoute du sel qu'ils aiment beaucoup.

Quelques fermiers colorent leur beurre en jaune; pour cela il est plusieurs moyens. On fait communément usage de râpure de carottes foncées en couleur, sur laquelle on verse une très petite quantité d'eau, et qu'on laisse macérer pendant huit à dix heures; après ce temps on verse toute la matière dans un nouet que l'on comprime fortement, pour extraire autant de suc que

---

(1) C'est peut-être le seul exemple d'un liquide qui s'échauffe par l'agitation à l'air libre; car ils se refroidissent ordinairement par l'évaporation qui est produite.

possible. Ce suc s'ajoute à la crême avant d'opérer le battage.

On colore aussi le beurre avec la fleur du souci commun. Pour cela on prend les demi-fleurons que l'on alterne par couches avec du sel blanc dans un vase de faïence. Ce mélange donne une liqueur qui se conserve assez long-temps, et peut être employée de même que la précédente.

Sans doute que ces moyens employés pour colorer le beurre, sont plutôt nuisibles qu'utiles; mais pourquoi l'acheteur préfère-t-il le beurre jaune à celui qui ne l'est pas?

Le beurre préparé comme il vient d'être dit, ne peut se conserver long-temps, parce qu'il renferme encore un peu de matière caséeuse qui s'altère rapidement. Pour obvier à ces inconvénients, on le sale ou on le fond. La fusion du beurre a pour but de le séparer des matières étrangères; pour cela il faut le liquéfier simplement, le tenir en cet état pendant quelque temps, et le laisser refroidir: il se fige. On le râcle alors jusqu'à ce que l'on arrive au dépôt qu'il faut séparer: on le fond, et on le refroidit rapidement, en plongeant dans l'eau froide le vase qui le renferme.

On purifie encore mieux le beurre en le fondant dans l'eau contenant un dixième de son poids de sel commun qui, en augmentant sa densité, fait que les fèces se déposent plus rapidement et plus complètement. On laisse figer le beurre dans un lieu tranquille; on le fond de nouveau, et on le refroidit rapidement pour éviter la cristallisation de la stéarine, qui lui donne une saveur détestable.

Il est sans doute inutile de dire que l'on ne saurait employer trop de précautions pour apporter la plus grande propreté dans la préparation du beurre. A. Baudrimont.

BIELLE. (*Mécanique.*) On nomme ainsi une verge inflexible qui transmet, à distance, un mouvement de va et vient qui, dans certains cas, se transforme en mouvement de rotation, ou réciproquement change la rotation en va et vient. Comme les pièces de cette sorte font partie d'un mécanisme à mouvement alternatif, on doit les rendre aussi légères qu'on le peut; mais, avant tout, il faut qu'elles soient réellement *inflexibles*. La forme qu'il convient de leur donner, le mode de leur assemblage, et tous les détails de leur structure varient beaucoup, suivant leur longueur, l'effort qu'elles transmettent, la manière dont elles le modifient, la nature et la direction des résistances qu'elles ont à surmonter. En parlant de machines qui les emploient, on aura l'occasion d'en décrire quelques-unes dont la construction peut servir de modèle.   Ferry.

BIERRE. (*Chimie industrielle*.) Depuis les temps les plus reculés, la fabrication des liqueurs fermentées est répandue chez presque tous les peuples. Parmi celles dont on fait le plus d'usage, on peut ranger la bierre dont la préparation est du plus haut intérêt pour beaucoup de pays où la vigne ne peut croître. Dans ceux où la facilité de se procurer des vins, permet à presque toutes les classes de la société l'usage de cette boisson, la bierre est souvent encore un objet très important de consommation, au moins pendant les saisons chaudes.

Soit qu'on l'emploie comme boisson habituelle, soit qu'elle serve seulement comme moyen de rafraîchissement pendant les chaleurs de l'été, la bierre se prépare généralement par des procédés semblables, auxquels on apporte seulement quelques modifications nécessitées par les habitudes locales, le temps que cette liqueur doit être conservée, et les circonstances dans lesquelles elle doit être placée. L'orge en est le plus ordinairement la base ; mais on emploie aussi, dans quelque pays, le riz et le *holcus spicatus*.

Le produit de l'action de l'eau sur l'orge convenablement préparée, soumis aux conditions convenables pour que la Fermentation alcoolique s'y développe, ne donne qu'une assez faible proportion d'alcool : très peu de temps suffirait pour qu'il subît l'Acétification. Pour l'y soustraire, on y ajoute des décoctions de diverses substances aromatiques ; le plus ordinairement le houblon, et, dans quelques pays, les bourgeons de diverses espèces de sapins ou de pins : ces différentes substances agissent d'une manière analogue par un principe volatil qu'ils lui communiquent. Récemment préparée, la bierre offre un goût particulier, plus ou moins agréable suivant sa force, mais que rend beaucoup plus agréable encore le développement de l'Acide carbonique que l'on y conserve avec soin : la bierre mousseuse, surtout, est plus recherchée pendant l'été, et rafraîchit davantage.

Dans les pays où la bierre sert de boisson habituelle, on la prépare souvent avec un degré de force qui la fait rechercher par ceux qui sont habitués à son usage, mais que beaucoup de personnes supportent difficilement : les bierres brunes sont particulièrement dans ce cas. Ces liqueurs exercent sur l'économie animale une action particulière, et donnent lieu quelquefois, à une ivresse qui offre des caractères très différents de ceux que présente l'ivresse due au vin, et fréquemment plus dangereuse. Quand la bierre a été bien clarifiée, elle offre très rarement ce dernier caractère ; mais si elle renferme en suspension une plus ou moins grande quantité de levure, elle provoque comme le vin ou le cidre doux, divers accidents que leur intensité peut rendre très dangereux.

Pour que la fermentation alcoolique puisse se développer dans l'orge, il faut y déterminer la transformation d'une plus ou moins grande proportion de sa fécule en sucre : c'est le but des premières opérations auxquelles on soumet cette substance.

Tant qu'une graine est sèche, elle ne peut germer : l'embryon qu'elle renferme ne peut se développer que lorsqu'on réunit les conditions suivantes : une quantité d'eau suffisante, la présence de l'air, et une température convenable ; un excès d'eau, une trop haute température pourraient produire des effets tout différents de ceux que l'on veut obtenir ; il est donc de la plus haute importance de diriger cette opération de manière à produire le plus possible de sucre.

Si l'on broyait de l'orge, et qu'on la soumît à l'action de l'eau chaude, la proportion considérable de fécule que renferme cette graine, se convertirait en *empois*, qu'on ne pourrait transformer en matière sucrée que par des opérations assez difficiles ; mais si on l'a soumis primitivement aux conditions convenables pour opérer la germination, les choses se passent d'une manièrere bien différente : l'amidon a disparu en presque totalité, et le sucre qui s'est formé à ses dépens, peut se dissoudre, être facilement séparé des enveloppes de la graine, et subir la fermentation alcoolique.

Une graine quelconque plongée dans l'eau de 10 à 30° de température, et en contact avec l'air, éprouve plus ou moins rapidement un changement remarquable ; elle se gonfle, se ramollit, la pellicule se déchire, et bientôt on voit paraître de petites radicules vertes qui augmentent en très peu de temps ; et du côté opposé on distingue bientôt aussi une ou deux petites feuilles qui, par leur accroissement, donneraient naissance à la tige de l'espèce de plante que cette graine doit produire. Si c'était sur l'orge qu'on opérât, et que l'on fût arrivé à ce terme, la plus grande partie de la fécule qu'elle contient, la totalité même pourrait avoir disparu, mais la substance sucrée qui s'est d'abord produite aurait aussi cessé d'exister ; il importe donc, dans la la confection de la bierre, de conduire l'opération de telle manière que l'on obtienne seulement la formation du sucre, et de l'arrêter au terme où cette substance commencerait à se détruire : heureusement des caractères faciles à saisir, permettre d'y parvenir, c'est le but du *Maltage*.

L'orge qui a cru dans des terrains ou dans des circonstances de culture et de saisons différentes, offre des variations assez considérables sous le rapport du poids des grains : ceux qui sont légers, doivent être rejetés dans la préparation de la bierre.

Pendant quelque temps le commerce fournissait de l'orge qui était mêlée d'une si grande quantité de grains mauvais et de matières étrangères que l'on était forcé de la brasser dans l'eau pour les séparer et ne conserver que les bons grains. Mais les réclamations des brasseurs ont amené une amélioration qui permet maintenant de traiter l'orge d'une manière beaucoup plus simple : on remplit en partie d'eau froide la cuve *trempoire*, et l'on y fait tomber en courant continuel l'orge dont les grains creux ou *manqués* viennent nager à la surface, et peuvent être facilement enlevés avec des écumoirs : ils ne peuvent servir qu'à la nourriture des volailles.

On renouvelle l'eau à plusieurs reprises pour enlever des substances solubles qui nuiraient à la qualité de la bierre par la saveur qu'elles présentent.

L'orge absorbe beaucoup d'eau et se gonfle, et, abstraction faite des *grains manqués*, augmente de 0,45 à 0,47 de son poids ; son volume s'accroît environ de 1,5 : de l'acide carbonique se dégage, la température s'élève successivement, et peut aller jusqu'à 6° au-dessus de celle de l'atmosphère.

Quand l'orge a été suffisamment gonflée, on la retire de la cuve, d'où on a laissé l'eau s'égoutter complétement ; elle doit alors être molle, et s'écraser entre les doigts; sa saveur est légèrement sucrée; on la réunit en tas plus ou moins épais sur l'aire du germoir; la température s'élève et parvient jusqu'à 14 à 15°. On retourne fréquemment la masse, et l'on voit apparaître à la base du grain un point blanc qui indique le développement de la racine qui s'offre bientôt divisée en trois petites branches. Quand elles ont acquis à peu près la longueur du grain, on doit se hâter d'en arrêter le développement ultérieur.

Pour que l'action ait lieu d'une manière régulière, il faut que la température ne soit pas trop basse : si la saison est froide, on augmente l'épaisseur des tas, et on les abrite avec des toiles; dans le cas contraire, on étale davantage le grain sur le sol, et dans tous les cas il y a avantage à conduire l'opération lentement : c'est ce qui se fait en Angleterre.

Il ne suffirait pas, pour arrêter la germination, d'étendre l'orge sur l'aire du *germoir;* il faut la soumettre à l'action d'une température capable de faire détacher toutes les radicules : pour cela on la transporte sur le plancher de la TOURAILLE, dont la température ne doit pas être élevée au point de torréfier une portion du grain, ce qui procurerait une perte au brasseur, mais seulement suffisante pour bien détacher les *touraillons*, pourvu que la totalité de l'orge soit bien sèche : elle est de 60° environ.

Le crible suffit ensuite pour séparer toutes les radicules; elle n'a plus besoin que d'être moulue pour être convertie en *malt*, et servir à la préparation de la bierre. Les meules ordinaires sont employées à cet effet; mais on doit seulement concasser le grain, et non le réduire en farine qui serait difficile à traiter dans les opérations subséquentes. On emploie aussi des moulins formés de deux cylindres froisseurs qui offrent de l'avantage quand la force motrice est variable dans son effet, comme un manége; mais lorsque l'on fait usage d'une machine à vapeur, les meules ordinaires sont préférables. Dans la conversion en drèche, l'orge perd environ 8 pour 100, abstraction faite de l'eau qu'elle contenait. L'eau enlève 1,5; la perte, pendant la germination, s'élève à 3, et les touraillons forment à peu près la même quantité.

Le *malt* ne renfermant plus que de faibles quantités de fécule, sa conversion en bierre s'effectue par deux opérations successives, dont la première a pour but de dissoudre toute la matière sucrée, et la seconde, de convertir le sucre en alcool.

Dans une cuve à double fond, appelée *cuve-matière*, on introduit la drèche dans laquelle on fait arriver de l'eau à 50° environ, en agitant bien pour mêler intimement le malt avec le liquide, et à mesure que le mélange s'opère, on fait arriver l'eau de plus en plus chaude, pour obtenir une température moyenne de 50 à 60°, que l'eau conserve en couvrant exactement la cuve. Après trois heures environ, la liqueur est soutirée et remplacée par une nouvelle quantité d'eau à laquelle on en fait succéder une dernière, qui ne peut être utilisée que pour fabriquer la *petite bierre*.

Les liqueurs provenant de ces opérations, éprouveraient une acétification si prompte, que l'on ne saurait trop tôt se hâter d'y ajouter un principe aromatique qui les empêche de s'altérer : le houblon est employé à cet usage dans la plus grande partie des pays, où l'on fabrique la bierre. Il suffit pour en dissoudre les principes solubles et la quantité des principes volatils nécessaires à l'opération, de le jeter avec le moût, dans une chaudière couverte, où l'on maintient la température au-dessous du point d'ébullition, pendant deux ou trois heures, et de faire bouillir seulement pendant quelques instants. Si on continuait trop long-temps l'ébullition, on perdrait une quantité considérable de principes aromatiques, qu'il importe de conserver.

La quantité de houblon peut varier beaucoup; elle est le plus ordinairement de 0,025 du poids de la drèche.

La filtration du moût au travers d'un tissu métallique, suffit pour séparer le houblon.

Dans toute l'opération on peut substituer le chauffage à la vapeur au chauffage direct : ce moyen déjà employé dans plusieurs brasseries de Paris, offre l'avantage de n'avoir qu'un seul feu à conduire, quel que soit le nombre des cuves que renferme la brasserie.

Si l'on ajoutait de la levure à la liqueur très chaude, on n'obtiendrait pas de fermentation : c'est à 15° en été que cette opération marche de la manière la plus convenable. Il faut se hâter d'y amener le moût, en accélérant autant que possible son refroidissement; le moyen le plus simple consiste à le répartir sur une grande surface, dans de vastes BACS, d'où on le conduit ensuite dans la cuve à fermentation; mais comme l'action de l'air sur lui déterminerait une altération défavorable, on ne peut l'agiter pour augmenter son abaissement de température, et dans les saisons chaudes, il est extrêmement lent; et si la température est supérieure à 15°, on ne peut amener à ce dernier terme celle du moût. Sans nous arrêter à décrire les divers moyens que l'on a tentés pour arriver à ce but, nous nous occuperons immédiatement de ceux qui paraissent devoir offrir le plus d'intérêts, et qui sont fondés sur le principe général du partage de température entre deux corps inégalement chauds.

En faisant passer un liquide chaud dans un tuyau incliné, enveloppé par un autre tuyau dans lequel un liquide froid chemine en sens inverse du premier, on peut obtenir l'abaissement de température de celui-ci, avec le minimum du liquide froid. Les surfaces sont très étendues, le liquide froid arrivant par la partie inférieure, achève de refroidir celui qu'il s'agit de condenser, et se trouve porté au dehors, lorsqu'il s'est élevé vers le point le plus échauffé, après avoir lui-même acquis une assez haute température.

Le réfrigérant de M. Nichols, remplit parfaitement le but que l'on se propose dans la fabrication de la bière: il consiste en trois cylindres concentriques en cuivre étamé, de treize à quatorze mètres de longueur, sur soixante-quatre ou soixante-cinq centimètres de diamètre.

Le premier cylindre est vide, et sert seulement à diminuer la quantité d'eau; le second, qui enveloppe le précédent, porte des canelures peu profondes : c'est entre elles que passe l'eau : le tube extérieur donne passage au moût, et se trouve couvert d'une toile que l'on tient constamment mouillée.

Pour faciliter le refroidissement, de soixante en soixante centimètres, les canelures sont opposées et séparées par une partie non canelée, dans laquelle le moût s'accumule et se mélange pour couler dans de nouvelles canelures. L'évaporation de l'eau qui imbibe la chemise de l'appareil, et qui tombe par un tube percé de petites ouvertures, augmente de beaucoup le refroidissement.

254   BIERRE.

Quelle que soit la température, on peut par le moyen de cet appareil refroidir le moût en très peu de temps : ainsi dans les Bacs, il faut de six à douze heures environ pour arriver à peu près à la température ordinaire, et au moyen de l'appareil dont nous parlons, une heure et demie suffit pour obtenir environ la température constante de l'eau des puits; on peut utiliser pour une foule d'usages de la brasserie l'eau chaude provenant de la condensation; par exemple, celle qui provient du cylindre intérieur, pourrait rentrer immédiatement dans la fabrication pour le service des cuves trempoires, mais elle hâte trop la germination; celle qui sert à l'imbibition de la chemise, et qui se réunit dans l'auge placée au-dessous du réfrigérant, descend dans l'entonnerie, où l'on a besoin d'une grande quantité d'eau pour le lavage des quarts et l'arrosage.

Fig. 205.

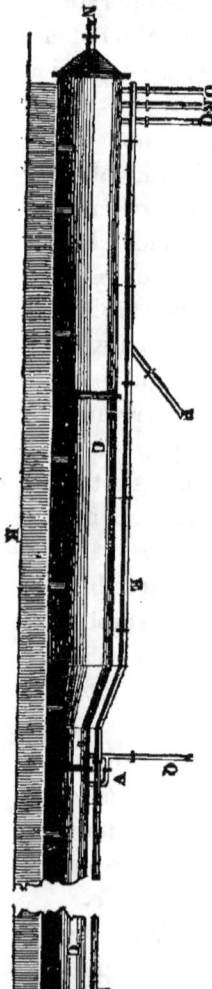

Le refroidissement du moût exige une quantité d'eau égale à celle de ce liquide.

L'eau employée à l'imbibition de la chemise, est à peu près du quart de la totalité, et il s'en vaporise environ $1/10^e$.

La *fig.* 205 offre l'élévation de l'appareil.

C, cylindre recouvert d'une chemise en toile pour refroidir la bierre; E, tuyau perforé de trous versant l'eau sur la chemise de l'appareil; K, auge pour recevoir l'eau de réfrigération de l'extérieur; L, tuyau d'évacuation de ces eaux; M, tuyau d'entrée de l'eau dans l'appareil; N, tuyau d'entrée de la bierre; S, tuyau de sortie; O, tuyau pour conduire l'eau chaude qui sort de l'appareil; T, tuyau d'alimentation du tuyau E; Q, tuyau pour l'évaporation de l'air de l'eau; R, tuyau pour évacuer l'air de la bierre; V, assemblage des cylindres.

Cet appareil important présentait un inconvénient grave

relativement à son nettoyage qui était long et exigeait des ouvriers exercés ; il fallait suspendre pendant un jour le travail pour le remettre en état, et chaque mois il faut nécessairement le nettoyer. Une très simple modification qui y a été apportée par M. Morand, cessionnaire du brevet de M. Nichols, l'a rendu plus solide que l'ancien ; il peut être démonté, lavé et remis en état de service en trois heures par des ouvriers ordinaires, les fuites sont moins fréquentes, et dans tous les cas moins susceptibles d'empêcher l'usage de l'appareil pour le moment où l'on doit s'en servir. Un de nos brasseurs les plus instruits, M. Jeanneret, qui fait usage de l'appareil ainsi modifié, le regarde comme présentant tous les avantages de l'ancien, sans en avoir les désagréments : ce mode de refroidissement est de la plus grande importance pour la bonne fabrication, surtout en été, pourvu que l'appareil soit nettoyé fréquemment ; par son moyen on peut opérer plus vite, ce qui est d'un avantage immense dans les temps de forte fabrication.

Au lieu de cylindres qui, réunis bout à bout, forment le refrigérant, l'appareil actuel se compose de deux demi-cylindres réunis par des plattes-bandes entre lesquelles on place plusieurs doubles de linge qui procurent une fermeture extrêmement exacte ; dans la platte-bande attachée au demi-cylindre inférieur, sont percés, de trente en trente centimètres, des trous qui donnent passage à des boulons dont les têtes sont fraisées, et qui se serrent sur la platte-bande supérieure par le moyen d'écrous.

La *fig.* 206 représente la coupe de l'un des demi-cylindres.

Un tuyau en planches *a* de trois centimètres d'épaisseur, maintenu par des croisillons placés de trente en trente centimètres, retient le cylindre de cuivre, qui forme le noyau. Celui-ci se trouve maintenu à la distance convenable du cylindre canelé par le moyen d'autres croisillons.

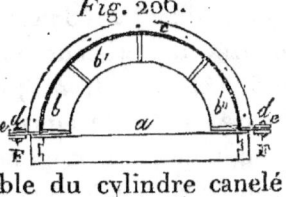

Fig. 206.

$bb'b''$, capacité pour le passage de l'eau ; *c*, capacité pour l'écoulement de la bierre ; *ee*, plates-bandes pour réunir les demi-cylindres ; FF, boulons ; *dd*, écrous pour les maintenir.

Les demi-cylindres extérieurs sont réunis par les plattes-bandes *ee*, au moyen des boulons et des écrous.

Chaque capacité est garnie d'un tube destiné à la sortie de l'air.

La bierre coule dans l'appareil, dans le sens de sa déclivité; l'eau arrive au contraire par la partie inférieure, et sort par la partie la plus élevée.

Le réfrigérant de M. Nichols est tellement simple dans son emploi, et utile pour la fabrication, que l'on a lieu d'être étonné de le voir encore si peu employé : les calculs suivants prouveront jusqu'à quel point il serait avantageux aux brasseurs d'en adopter l'usage.

Pour une brasserie fabriquant douze mille quarts ou neuf mille hectolitres par an, il faut au moins vingt bacs de quatre mètres carrés environ, qui coûtent chacun de 300 à 350 fr. Leur durée moyenne est, au plus, de quatre ans; quand ils se détériorent dans quelques parties, on ne peut les réparer, et leur renouvellement devient indispensable : de vastes terrains, et des constructions extrêmement solides, ainsi que des charpentes fort coûteuses, sont nécessitées pour leur emploi; et avec tout cela, si la température est élevée, on ne peut amener le moût à celle que nécessite une bonne fabrication. Lors de la mise en levain, la fermentation est extrêmement tumultueuse et s'arrête très rapidement, la bierre tourne facilement à l'aigre, et se clarifie mal.

Rien de semblable ne peut avoir lieu dans le réfrigérant de M. Nichols, dont nous signalerons les dimensions, les prix et l'effet utile.

Pour une longueur de treize mètres (quarante pieds) sur les quatre diamètres 37 cent., 8, 32,5, 27,20, et 24,30 (quatorze, douze, dix et neuf pouces), les prix sont de 3,500, 3,000, 2,500 et 2,200 francs; et les quantités de bierre refroidies par heure, de trente à quarante, vingt-cinq à trente, vingt à vingt-cinq et quinze à vingt hectolitres, et l'opération marche également bien quelles que soient les circonstances atmosphériques. Nous ne saurions donc trop insister sur son emploi, qui offre aux brasseurs toute espèce d'avantages.

Une raison qui paraît avoir empêché un certain nombre d'entre eux de l'adopter, n'est réellement que spécieuse, et peu de mots suffiront pour en faire voir le peu de fondement : c'est que le moût est refroidi subitement, tandis que ce refroidissement, dans les bacs est graduel, et que cette cause peut exercer un effet défavorable sur la fermentation.

L'expérience seule suffirait pour répondre à cette objection; mais une très simple observation portera la conviction dans l'esprit de ceux qui veulent raisonner leur travail.

La température convenable, pour une bonne fermentation, varie de 16 à 18°; que le moût emploie douze heures ou six à passer de 80 ou 90° à 15°, ou que ce refroidissement ait lieu en un quart d'heure, toujours est-il qu'il a été successif, et que le liquide a passé par tous les degrés intermédiaires, entre la température initiale et celle qui est nécessaire pour le travail; ce n'est pas comme si le moût devait rester en contact avec un corps dont il dût dissoudre quelques principes, alors le temps que durerait la macération pourrait exercer une grande influence sur la nature du produit; mais l'unique condition à remplir est de refroidir la liqueur au point convenable pour que la fermentation se conduise bien, et les circonstances atmosphériques agissent dans le même sens que l'appareil de M. Nichols, lorsqu'il gèle, ou que la température est seulement de quelques degrés au-dessus de ce point.

Ainsi, tout concourt à faire adopter le réfrigérant dont nous parlons, et le brasseur qui le substituera à ses bacs, y trouvera une économie considérable, et une régularité dans le travail qui est d'une haute importance dans tous les temps, mais surtout dans les saisons de grande fabrication.

Plus récemment M. Tamisier a construit un autre réfrigérant, qui est déjà employé dans plusieurs brasseries.

Cet appareil consiste en une caisse en cuivre étamé, *fig.* 207, formée de deux capacités, et disposées en zig-zags, dans l'une desquelles la bierre coule pour se rendre dans la cuve à fermentation, et dont l'autre donne passage à l'eau destinée à la réfrigération: la surface extérieure est refroidie par le moyen de l'eau qui y tombe en pluie très fine.

Fig. 207.

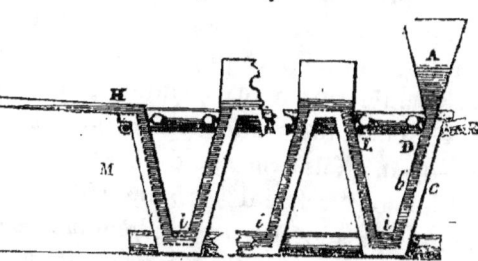

A entonnoir pour l'introduction de la bierre; H, tuyau d'écoulement pour la bierre refroidie; M, tuyau d'introduction de l'eau froide; E, tuyau d'écoulement de l'eau chaude, b, surface de la bierre; c, surface d'eau; L, D, tuyau d'injection de l'eau sur la surface occupée par la bierre; i, i, ouvertures bouchées pour vider le réfrigérant de toute la bierre qu'il renferme.

La quantité d'eau nécessaire pour le refroidissement, paraît être plus grande que celle que demande l'appareil de M. Nichols; mais le réfrigérant de M. Tamisier offre un avantage particulier par la facilité avec laquelle on peut le nettoyer en passant entre chaque plaque un goupillon plat qui permet d'en laver toute la surface, à l'exception de la partie où des tirants servent à maintenir l'écartement; mais il est à craindre que, dans ces points, il ne reste une petite quantité de matière qui se dessèche, et qui altérerait considérablement la bierre.

Quand on a fait passer dans l'appareil, la bierre à refroidir, on vide exactement chaque capacité par le moyen des robinets inférieurs i, i, et qui donnent aussi la facilité d'en nettoyer le fond en se servant d'un goupillon approprié.

On rendrait plus avantageuse l'injection d'eau que répandent à la surface extérieure les tuyaux l', d', en recouvrant chacune d'elle avec une chemise en toile.

Des expériences comparatives n'ayant pas été faites entre cet appareil et celui de M. Nichols, il nous est impossible de nous prononcer sur leurs avantages respectifs, le premier consommera probablement plus d'eau pour la même quantité de moût, mais il demande moins d'espace; sa longueur étant de cinq mètres, et son prix ne s'élève qu'à 3,000 francs environ. Quoi qu'il en soit, au surplus, ces deux réfrigérants sont, sans aucune comparaison, infiniment préférables à tous ceux que l'on avait proposés antérieurement, et dont on avait dit qu'ils ne pouvaient servir pour une grande fabrication, à cause de l'énorme quantité d'eau qu'ils exigeaient.

Le moût refroidi à 15 ou 16°, et mêlé avec de la levure, donne naissance à tous les phénomènes de la FERMENTATION alcoolique; et quand la mousse s'affaisse, il suffit de soutirer la liqueur et de la renfermer immédiatement dans des tonneaux, pour être conservée, ou de la placer dans des quarts, pour lui laisser jeter son écume, et remplir ensuite avec de la bière claire: toujours est-il qu'il faut ensuite la coller; on se sert pour cet objet de COLLE DE POISSON à laquelle, jusqu'ici on n'a pu encore substituer avec un avantage incontestable les colles fabriquées. Nous renvoyons au mot COLLE, ce que nous avons à dire sur cette opération.

Depuis quelques années les brasseurs commencent à employer avec un grand avantage le sirop de fécule, pour faciliter la fermentation du moût, et de grandes quantités de cette substance sont préparées maintenant pour cet usage: on obtient par son moyen de la bière d'une très bonne qualité, mais dont la saveur est un peu différente de celle de la bière pure. Il ne faut faire entrer le sirop de fécule que dans la proportion de 1/15, terme moyen, pour ne pas altérer le goût particulier que recherchent les consommateurs. Le plus grand avantage qu'il puisse offrir, est sur-tout relatif aux derniers lavages du grain fermenté, qui ne peut donner que de petite bière.

La fabrication de la bierre est sur le point de recevoir, sous ce rapport, d'immenses améliorations; mais il y a encore beaucoup de tâtonnements importants à faire avant qu'il soit possible de fabriquer uniquement par ce procédé.

La conversion de la FÉCULE en sucre, par le moyen de la DIASTASE, a paru présenter un grand perfectionnement; mais la quantité de DEXTRINE qui reste mélangée avec le sucre, a offert de grandes difficultés à d'habiles brasseurs, parmi lesquels nous pouvons citer M. Chappelet, relativement à la clarification; ce n'est pas sans doute une raison de se décourager, et l'objet est assez important pour mériter des recherches nouvelles auxquelles les brasseurs ne sauraient se livrer avec trop de persévérance; leur intérêt, bien entendu, les y oblige.

H. GAULTIER DE CLAUBRY.

BIGORNE. (*Technologie.*) Dans les arts mécaniques on se sert de ce mot pour désigner une espèce d'enclume, et une partie de l'enclume ordinaire. Voyons d'abord la première signification. On nomme bigorne une enclume qui a les deux extrémités terminées en apointissant: c'est peut-être de *bicorne* qu'est venu *bigorne*. L'enclume qui porte ce nom, n'est point communément aussi forte que l'enclume ordinaire, il y en a cependant qui pèsent jusqu'à cinquante kilogr. Ce qui la distingue des enclumes proprement dites, c'est son moins de largeur sur la table, et sur-tout la configuration de son pied. L'enclume est seulement posée sur le billot, la bigorne a une soie carrée qui entre dans ce billot; quant à la forme, elle affecte celle du T. On distingue six parties dans une bigorne; la table, la bigorne ronde, la bigorne carrée, la tige, l'embase, la soie. 1° La table est un parallélogramme rectangle en acier trempé, qui se trouve entre les deux bigornes; quelquefois elle s'élève en saillie au dessus d'elles, plus souvent elle est de niveau; quelquefois dans le bigorneau, petite bigorne, elle fait saillie en dehors, des deux côtés; mais ordinairement, dans les grandes bigornes, sa largeur est la même que celle de la base des bigornes. Les arêtes de la table doivent être bien vives; elle doit être parfaitement plane en dessus, à moins que sur une demande particulière on ne lui fasse des canelures et autres cavités servant à l'étampage, et dont nous parlerons au mot ENCLUME.

2° La bigorne carrée est une pyramide couchée, dont la base est le corps et la table de l'enclume; elle doit être parfaitement dressée sur sa surface supérieure. Ses angles doivent être encore plus vifs que ceux de la table : à cet effet, les côtés rentrent en dessous. Cette bigorne n'est pas absolument pointue; elle forme au bout un carré plus ou moins grand, suivant la commande. C'est assez ordinairement sur la naissance de cette bigorne, ou dans la partie de la table qui l'avoisine, qu'est situé un trou carré dans lequel passe la soie du TRANCHET (v. ce mot); ce trou sert en outre à percer à chaud les fers peu épais.

3° L'autre bigorne est un cône couché, dont la base est appuyée contre le corps de l'enclume. Ce cône est incliné de manière à ce que la partie qui se trouve au-dessus est droite et de niveau, dans toute sa longueur, avec la table et le dessus de la bigorne carrée. On réserve la pointe assez aigue, mais cependant pas assez pour qu'elle soit trop fragile.

4° La tige de la bigorne est ronde, octogone ou carrée; mais, dans ce dernier cas, on adoucit les angles; elle est plus ou moins haute, selon la destination de l'enclume; par le haut, elle va en s'élargissant en décrivant une courbe, et se confond dans l'enclume même, dont elle forme le corps; les aisselles ne doivent point former d'angle rentrant; l'enclume pourrait se casser à cet endroit, et elle aurait moins de coup, c'est-à-dire qu'elle pourrait vibrer sous les coups du marteau, sur-tout lorsqu'on frapperait à l'extrémité des bigornes; par le bas, la tige est terminé par un renflement qu'on nomme l'embase.

5° Cette embase doit être solide et bien soudée sur la queue, si elle n'a pas été forgée dans la même pièce; elle doit être *dégraissée* en dessous, c'est-à-dire que les angles qu'elle forme avec la soie doivent être vifs et rentrans; elle doit être dressée en dessous.

6° La soie est la partie qui s'enfonce dans le billot: on ne doit point d'abord l'enfoncer jusqu'à l'embase; les coups réitérés du marteau l'enfonceront peu à peu. Si elle était d'abord enfoncée entièrement, le bois cédant, la bigorne vacillerait.

Telles sont les formes extérieures des bigornes. Comme elles se vendent au poids, on doit choisir celles qui n'ont pas une force disproportionnée en grosseur dans la tige, l'embase et la soie; car ces parties, en fer pur peu ouvragé, ne coûtent au fabricant que 60 à 75 c. le kilogramme, et elles sont vendues dans l'ensemble 2 fr. ou 2 fr. 20 c. le kilogramme.

Cette description des formes extérieures pourra servir aux fabricants; elle sera utile à l'acheteur pour le diriger dans son achat; mais comme il ne suffit pas qu'une bigorne soit belle, et qu'il importe sur-tout qu'elle soit bonne, nous devons entrer quelques détails sur sa fabrication.

La qualité essentielle des bigornes, comme de tout autre enclume, c'est la dureté; et comme il ne suffit pas toujours d'y faire entrer de bonne matière pour obtenir de bons résultats, nous devons, à cet égard, fournir des explications qu'il faudrait donner tôt ou tard en parlant des TAS, des ENCLUMES, des MARTEAUX à forger, et auxquels nous n'aurons plus qu'à renvoyer le lecteur. La dureté, on l'obtient tout naturellement en coulant les enclumes en fonte blanche; mais ce moyen qui offre déjà des inconvénients radicaux pour l'enclume massive et ramassée, est presque impraticable pour les bigornes, à moins qu'elles ne soient soumises à aucun travail pénible. Les enclumes de fonte sont sujettes à se briser, sur-tout par leurs bigornes; elles coûtent de 40 à 50 c. le kilogramme; mais nous n'en conseillons pas l'usage, à moins de cas particuliers; et d'ailleurs, comme on ne voit que très peu de bigornes proprement dites en fonte, nous n'en dirons pas davantage sur ce moyen d'obtenir des enclumes dures.

C'est par une mise d'acier qu'on rend les enclumes dures et en même temps résistantes, cette opération pour être bien faite, exige des soins particuliers pour chaque forme d'enclume, mais au fond est la même pour toutes. On choisit un acier cémenté, ayant du corps, un peu de nerf et bien soudable, les aciers à lime, ceux secs, gris, trop carbonisés, ne seraient pas convenables. Dans une bonne enclume la mise d'acier ne doit point être ménagée, et, en disposant sa matière, le forgeron doit avoir toujours présent à l'esprit ce fait constant, que l'enclume est toujours plus tendre au milieu que sur les rives; aussi voit-on communément des enclumes s'égrèner sur les côtés et s'enfoncer au milieu de la table; assurément c'est en grande partie l'effet de la trempe qui saisit plus promptement les parties saillantes, tandis qu'au milieu le refroidissement est plus lent; mais cela dépend aussi de la fabrication. Tous les forgerons savent que, lorsqu'ils chargent un marteau, c'est un indice de bonne prise s'il se fait dès l'abord un creux au milieu, mais que si ce creux provient des chocs que le marteau éprouve à l'usage, c'est une déformation vicieuse : il en est de même pour les enclumes, si l'enfoncement du milieu a lieu dès le principe, c'est un signe que la soudure est bien faite; mais il en résulte un déchet considérable d'acier, lorsqu'il s'agit de dresser la table et les bigornes, afin de les mettre au niveau de l'enfoncement. Pour prévenir cette perte dans la construction des marteaux, comme dans celle de la table des enclumes, le forgeron agira prudemment s'il creuse son fer dans le centre, et s'il refoule l'acier de manière à former un renflement plus que suffisant pour remplir le creux qu'il a fait; c'est l'inverse de ce qui se pratique ordinairement : on fait bomber le fer au centre de la table, afin de parer à la dépression; mais ce moyen profitable au fabricant est préjudiciable au consommateur; parce que, dans cette fabrication, la table forgée de niveau se trouve nécessairement plus mince à l'endroit de la bombure du fer. Lors de l'usage, cet endroit étant celui qui fatigue le plus et qui prend le moins bien la trempe, doit nécessairement céder : le fer s'enfonce et avec lui la table d'acier qui le recouvre : il convient donc d'accumuler de l'acier dans cet endroit, car alors l'épaisseur compensera ce que la trempe aura de plus faible, et la table ne se déformera pas. On ne sera pas non plus obligé de tremper si dur, et les parties saillantes ne seront plus sujettes à s'égrèner et même à se rompre, comme cela se voit souvent à l'extrémité des bigornes, et de la conique sur-tout. On doit aussi, dans la préparation, amener beaucoup d'acier aux extrémités ; trop souvent la bigorne carrée n'a qu'une table mince, et le fer règne sur ses longs côtés : c'est une cause de déformations ; on peut avoir besoin de frapper le revers, lorsqu'il s'agit de faire un angle très aigu, et qu'on ne peut ramener en-dessus les deux cotés. Dans ce cas, s'il n'y a de l'acier que sur le dessus, on déforme, on arrondit, les angles inférieurs et d'ailleurs, sans cela, la bigorne s'écrase, et le fer refoulé déborde la table. Cette attention doit être encore plus rigoureusement soutenue lorsqu'il s'agit du côté de la bigorne conique ; il faut que l'acier l'enveloppe comme un cornet. Cette bigorne servant à évaser des douilles et des virolles doit être chargée tout autour, excepté peut-être tout-à-fait en dessous, où cela est moins nécessaire. La préparation de la table d'acier devra donc être faite avec soin, réflexion et intelligence.

Lors de la soudure, le forgeron veillera à ce que l'acier ne s'accumule pas en paquet à l'extrémité des bigornes ; cet autre écart a aussi des inconvénients graves ; il faut que le fer vienne partout et y fasse sentir son action résistante. J'ai vu beaucoup de bigornaux enlevés dès les premiers coups du marteau, l'acier non soutenu par le fer se décollait, et l'instrument perdait une de ses facultés essentielles.

La soudure étant faite, lorsque la pièce est redressée et paré, il s'agit de la tremper. Tout le monde peut faire cette opération ; mais elle n'est jamais aussi parfaite que lorsqu'elle est exécutée par celui-là même qui a forgé : il connaît mieux l'acier employé, il sait quels sont les endroits où il importe que le refroidissement soit le plus prompt. On trempe les enclumes de plusieurs manières ; cependant il en est une qui domine toutes les autres, c'est la trempe à l'eau pure. Ici la trempe en paquet ne produirait pas les bons effets qu'on en obtient dans d'autres circonstances ; ce n'est point une dureté de lime qu'il s'agit d'obtenir ici, mais une dureté résistante : assurément si l'acier a été apauvri par des chaudes multipliées et trop fortes, il conviendra d'avoir recours à ce moyen ; mais si l'opération a été bien faite, on sera dispensé d'y avoir recours, et l'enclume en sera meilleure. Voyons donc comment se fait la trempe à l'eau pure.

On conçoit qu'il serait impossible d'obtenir le prompt refroidissement d'aussi fortes masses en incandescence par les moyens ordinaires ; l'immersion d'une forte enclume dans le plus grand cuvier possible, mettrait l'eau en ébullition ; et d'ailleurs il faut remarquer une chose, c'est que dans ces hautes températures il se forme autour du fer chaud une atmosphère produite par le rayonnement du calorique, et qui a assez de force pour soulever l'eau autour du fer, empêcher leur contact, et par suite le prompt refroidissement du fer ; c'est cet air qui soulève l'eau, et occasione un bouillonnement, c'est pourquoi, même pour les objets de peu de volume, on est obligé de les promener dans l'eau, assez vite pour que l'eau se renouvelle, pas assez vite pour que l'eau cède et ne se mette point en contact ; ce qui est cause que les objets agités dans l'eau, avec trop de précipitation, prennent mal la trempe. On doit donc chauffer l'enclume à tremper à proximité d'une grande masse d'eau, et si on ne peut le faire près d'une eau courante, ce qui est toujours préférable, il faut établir une bascule qui permette au trempeur de promener cette masse de fer rouge avec facilité. Lorsque ces précautions sont prises on met le fer au feu. Quelques trempeurs enduisent l'acier d'une couche d'argile délayée, afin qu'il ne s'oxide point trop, et qu'il perde moins de son carbone ; d'autres le mettent à nu ; mais dans l'un et l'autre cas, il convient d'éviter qu'il se trouve dans le plus fort du vent, mais bien en un endroit où arrive la flamme chassée par le vent. On le promène dans le feu pour qu'il chauffe bien également partout où se trouve l'acier ; peu importe que les endroits éloignés, tels que la tige, l'embase et la soie soient ou non chauffés. Il est plus important qu'on ne pense de chauffer également ; sans cette attention, les meilleurs aciers se fendilleront lors du refroidissement : c'est ce qu'on nomme *criquer*; et un acier dans lequel les criques sont fréquentes, ne perd pas seulement la force qu'elles lui enlèvent, il perd encore dans sa nature d'être; il est moins bon. On devra donc chauffer bien également, et avoir l'attention de ne point trop chauffer. Quelques personnes croient réparer un coup de feu de trop, en affaiblissant le vent, et en laissant l'objet revenir au degré convenable; sans doute cela n'entraîne pas à des inconvénients majeurs, mais c'est une mauvaise méthode, et la trempe est moins bonne; car c'est une erreur trop répandue que de croire qu'une haute température produit une trempe plus sûre. Chaque acier a son degré, et le maximum de dureté se trouve juste au point où, au-dessous, l'objet n'est point trempé : c'est ce qui fait qu'un outil tranchant est souvent plus dur à l'endroit où la trempe va cesser, qu'il ne l'était par le bout qui était plus chaud lors de l'immersion. Tous ces détails pourront paraître minutieux à quelques personnes; mais la trempe est une opération d'une trop haute importance pour que nous n'apportions pas tous les soins possibles à la bien faire connaître, et nous y sommes d'autant plus porté, que généralement, c'est parce que l'on n'en a qu'une connaissance individuelle et de pratique, qu'on voit des bons et des mauvais trempeurs, et sur-tout tant de ces derniers. Lors donc qu'on aura atteint le degré justement convenable à l'acier employé, il faudra l'enlever du feu et le frapper de quelques coups légers si on l'a enduit d'une couche d'argile. Ici se termine l'action du feu : passons à l'immersion.

Elle doit se faire du côté où se trouve l'acier; mais si l'on présente simplement la table à plat devant l'eau, l'eau fuira à l'approche du fer rouge, et les angles seuls seront refroidis promptement; il convient de présenter la bigorne par l'angle de l'un de ces longs côtés. Si on a une bascule et qu'on opère dans un bassin d'eau stagnante, il conviendra de faire décrire un grand cercle au bras de la bascule, et de lâcher en même temps la corde qui suspend le fer, afin que la courbe qu'il décrira dans l'eau soit une portion d'hélice. Si on a une eau courante à sa disposition, il suffit de descendre l'enclume dans l'eau, la table à l'encontre du courant. Dans ce cas, plus le courant sera rapide plus la trempe aura de force. Ceci représente la trempe au robinet, dont nous parlerons au mot MARTEAUX, et qui est bien certainement celle qui donne les meilleurs résultats.

Du côté de Nevers, les grosses enclumes sont traînées dans la Loire par un charriot qui y plonge avec elles.

Quand la trempe est bien faite, ce que l'on reconnaît à la dépouille (*v*. Acier), il ne s'agit plus que de faire revenir la pièce trempée, qui serait trop fragile dans l'état où elle se trouve alors : il s'agit de la remettre au feu pour la détremper un peu, c'est-à-dire pour ôter ce que la trempe a de trop d'aigreur. Avant de la chauffer il convient de *découvrir* la pièce, de la blanchir : on emploie du grès pour y parvenir. On frotte toutes les parties d'acier jusqu'à ce qu'elles soient éclaircies. On met alors au feu, mais la pièce tournée en sens inverse de celui qu'elle avait lorsqu'il s'est agi de la tremper. On conçoit, qu'en effet si l'on exposait d'abord l'acier au feu, les angles et les autres parties tenues seraient détrempées avant que le milieu fût revenu au jaune paille : on commencera donc par chauffer la tige en laissant hors le feu toute la partie aciérée ; la chaleur gagnant de proche en proche, les parties extérieures ne s'échaufferont qu'après que le corps sera chauffé. La qualité de l'acier décidera de la couleur à laisser prendre ; si l'acier a du corps, et qu'il soit d'ailleurs dur, on laissera revenir couleur d'or ; on aura alors la meilleure enclume ; si l'acier est sec et dur, on fera revenir gorge de pigeon ; si l'acier est de qualité inférieure, on ne fera point revenir : c'est ce qui a lieu pour la majeure partie des enclumes.

Celui qui achète une enclume doit d'abord la *sonner* avec un marteau pour s'assurer si elle n'est point pailleuse : elle doit rendre un son vif et perçant ; après cette épreuve, il doit passer rapidement sur la table, et sans chocs, une pierre à briquet qui doit produire des étincelles violettes, vives, pétillantes ; il promènera la pierre sur les côtés de la bigorne carrée, autour de la bigorne ronde, et dans tous ces endroits il devra jaillir des étincelles ; enfin, avec la pointe bien friande d'un burin de graveur, ou l'angle d'un tiers-point fin, il tâtera l'enclume dans les mêmes endroits pour reconnaître s'il s'en trouve quelques-uns où la pointe puisse s'engager, ce qui serait un signe, ou qu'il n'y a point d'acier à cet endroit, ou que la trempe n'y a point pris.

Si, par suite de l'usage, on reconnaissait à quelques brèches, à quelques éclats, que la bigorne est trop dure, on la couvrirait de charbons enflammés sur lesquels on soufflerait avec un éventail jusqu'à ce qu'on ait amené la couleur jaune-paille; on chasserait alors les charbons, et l'on répandrait, sur l'enclume, de l'huile, de la graisse, ou même de l'eau. Si, après avoir fait revenir ainsi, on trouvait encore l'enclume trop dure, il faudrait renouveler l'opération des charbons allumés; mais cette fois il faudrait faire revenir à la couleur d'or. Il s'est élevé, à ce sujet une difficulté que des expériences récentes ont levées : on prétendait qu'après avoir fait revenir jaune-paille, l'acier étant moins dur après cette opération, il suffisait de faire revenir une seconde fois jaune-paille pour obtenir un revenu égal à celui qu'on aurait d'abord obtenu, si on avait fait revenir de suite à la couleur jaune d'or; il s'ensuivrait de ce raisonnement qu'en faisant revenir successivement quatre ou cinq fois couleur de paille, on aurait fini par détremper tout-à-fait : ce raisonnement spécieux a été détruit par l'expérience. Il a été prouvé que la couleur paille, obtenue une fois, peut s'obtenir une seconde, mais que, dans ce cas, l'acier reste au degré de dureté qu'il avait après le premier revenu. Ainsi donc, dans notre hypothèse, si après avoir fait revenir couleur d'or, à la seconde tentative, on trouvait encore l'enclume trop dure, il faudrait faire revenir gorge de pigeon à la troisième fois. Quand une partie seulement est trop dure, on peut tenter de chauffer isolément cette partie; mais je dois dire que j'ai échoué dans cet essai; d'autres plus adroits que moi seraient peut-être parvenus à leur but.

Ce que nous venons de dire de la trempe des bigornes, peut s'appliquer à celles de toutes les grosses pièces, autres que celles de taillanderie : on pourra d'ailleurs consulter encore les mots ENCLUME, TAS, TREMPE. PAULIN DESORMEAUX.

BIGORNE. Partie de l'enclume qui va en s'amincissant vers l'extrémité. Quoique ce nom se donne aux deux extrémités, il est plus spécialement affecté à la pointe conique qui se trouve faire partie de la grande majorité des enclumes; tandis que la pointe pyramidale ne se trouve que dans les enclumes dites *bigornes*. PAULIN DESORMEAUX.

BIGORNEAU. Petite bigorne qui se place sur l'établi, ou entre les mâchoires d'un gros étau. On donne encore ce nom à l'extrémité de la bigorne conique. P. D.

BIJOUTIER (*Art du*). Le bijoutier, ainsi que son nom l'indique, est celui qui fabrique et vend les bijoux d'or, d'argent et de matières précieuses. Il y a des rapports intimes entre cette profession et celle de l'orfèvre, du joaillier et autres. Jadis ces professions ne formaient qu'un seul et même corps d'état; mais depuis la suppression des maîtrises, et dans ces derniers temps sur-tout, la profession de bijoutier s'est séparée des autres, et maintenant on comprend, sous ce nom, toutes les fabrications de bijoux, encore bien que l'or et l'argent ne soient plus les seules matières employées. Ainsi, on connaît quatre classes de bijoutiers : 1° *les bijoutiers en fin*; 2° *les bijoutiers en argent*; 3° *les bijoutiers en faux*; 4° ceux qui font les *bijoux d'acier*.

Le bijoutier en fin ne fabrique que des bijoux d'or, *le bijoutier d'argent* fabrique le bijou d'argent, *le bijoutier en faux* fabrique le bijou doré et de krysocale (1). Les ouvriers de ces trois professions peuvent, à certains égards, travailler indifféremment dans chacune d'elles. Enfin, ceux qui font le bijou d'acier, et qui ne portent pas absolument le nom de *bijoutiers*, forment une classe à part. Certaines fabrications dont les produits entrent dans la vente du bijoutier, sont l'objet de métiers distincts. Ainsi, dans une montre, l'*horloger*, le *monteur*, font la principale besogne : si la montre est enrichie de diamants, le *joaillier* concourt à sa confection ; l'*émailleur*, le *guillocheur*, peuvent y avoir travaillé si, très ornée, elle a nécessité leur ministère. D'autres arts, exercés séparément, apportent aussi leur tribut au bijoutier : les *apprêteurs*, les *estampeurs*, les *découpeurs*, les *graveurs*, les *tourneurs*, les *reperceurs*, les fabricants de *molleté-grainti* et fils taraudés, les *sertisseurs*, les *polisseuses*, les *brunisseuses*, etc., etc.

On conçoit qu'il nous est impossible, dans un article de Dictionnaire, telle étendue lui consacrât-on, d'entrer dans l'immense dédale d'une fabrication dont les produits sont variés jusqu'à l'infini. M. Placide Boué, qui a publié en 1832, un très bon ouvrage sur cet art, n'a pu, dans ses deux volumes in-8°, aborder les détails techniques, et s'est renfermé dans les considérations générales ; à plus forte raison devons-nous nous res-

---

(1) Qui est beau, qui brille comme l'or.

treindre à ce qui peut seulement intéresser tout le monde. Les outils principaux sont de petites enclumes : des marteaux de pesanteurs et de formes diverses ; des rosetiers, des mattoirs, des laminoirs, des dés à emboutir, des repoussoirs, des burins, des trusquins, des rifloirs et autres limes servant à réparer les soudures ; des fourneaux, des creusets, des chalumeaux à souder, des rochoirs, des tours en l'air et à pointe, des tourets, des drilles et autres porte-forets, des pierres à dresser et à affûter, des filières simples et doubles servant à fileter ; d'autres à trous unis, servant avec l'aide du banc à tirer, à alonger les fils ou à varier leur coupe ; enfin, d'un grand nombre d'autres ustensiles. Les pièces principales de la fabrication, sont les tabatières d'or, les garnitures de lunettes, les encadrements en or et en argent des pierres précieuses, rondes, carrées, octogones, elliptiques et autres formes ; la fabrication des bagues, chaînes, boucles d'oreilles, bracelets, bandeaux, boucles ornées, etc., etc., lesquelles sont rangées dans les catégories suivantes de fabrication ; gros bijou, parure, partie ouvrante, ajusté, massif, creux, chaîne, grain, canetille, ordre, qui se rapportent à des séries d'objets.

Les connaissances accessoires que le bijoutier doit posséder, et dont l'ensemble fait d'un bijoutier, connaissant son art à fond, un artiste très recommandable, sont : le dessin, l'art de modeler, de ciseler, de graver : il doit avoir des données étendues sur la métallurgie des métaux précieux ; sur la docimasie qui lui enseigne les moyens d'allier l'or suivant des règles fixes ; il doit savoir revêtir sa matière des couleurs qu'elle est susceptible de recevoir ; et c'est parce que nos artistes joignent la plupart de ces connaissances à la bonne foi, que la bijouterie française, et particulièrement celle de Paris, jouissent à l'étranger d'une faveur méritée. Ajoutons à cela que des lois sages et conservatrices des droits de tous, ont contribué à nous donner cet avantage, en rassurant l'acheteur contre la fraude qui entache les produits de la majeure partie des fabrications étrangères.

La pureté de l'or s'évalue par karats : le plus fin a vingt-quatre karats, ou, suivant la nouvelle dénomination mille millièmes. L'or pur, se prêtant difficilement à la fabrication, la loi a permis d'y mêler un alliage ; mais elle a posé des bornes à cette permission. La loi de brumaire an VI, qui est encore en vigueur, détermine trois *titres* auxquels doit se rapporter l'or des bijoux fins.

Le premier titre est fixé à 920 millièmes d'or fin, ce qui correspond à 22 karats 2/32 1/2 environ.

Le second titre est fixé à 840 millièmes or fin, ce qui correspond à 20 karats 5/32 1/8.

Le troisième titre est fixé à 750 millièmes or fin, ce qui correspond à 18 karats.

On tolère trois millièmes de différence ; mais au-dessous de ces trois millièmes, les objets du premier titre rentrent dans le deuxième, ceux du deuxième dans le troisième, ceux du troisième sont brisés : c'est avec l'argent et le cuivre rouge qu'on amène l'or aux divers titres tolérés par la loi : ce dernier métal donne une belle couleur à l'or.

ARGENT.

Premier titre...., 950 millièmes, ce qui correspond à 11 deniers 9 grains 7/10es.

Deuxième titre... : 800 millièmes, ce qui correspond à 9 deniers 14 grains et 1/2.

La tolérance est de 5/1000es, ou 3 grains 4/5es.

L'or fin, amené à 750 millièmes par l'argent, fait l'or vert.

Le même, amené au même titre par le cuivre rouge, fait l'or rouge.

Le même, amené au même titre par le fer, fait l'or bleu ou grisâtre.

Pour descendre l'or du premier titre au deuxième, c'est-à-dire de 920 millièmes à 840 millièmes, il faut ajouter, par once, 54 grains 1/7 d'alliage. Pour descendre du même premier titre au troisième, c'est-à-dire de 920 millièmes à 750 millièmes, il faut ajouter un gros 58 grains d'alliage par once.

Pour descendre l'or du deuxième titre au troisième, c'est-à-dire de 840 millièmes à 750, il faut ajouter 69 grains d'alliage par once.

Pour rehausser l'or, du troisième titre au deuxième, c'est-à-dire de 750 millièmes à 840 millièmes, il faut ajouter, par once, 4 gros 35 grains d'or à 24 karats, ou 1,000 millièmes.

Pour rehausser l'or du troisième titre au premier, c'est-à-dire de 750 millièmes à 920 millièmes, il faut ajouter, par once, 2 onces 70 grains d'or à 1,000 millièmes.

Pour rehausser l'or de deuxième titre au premier, c'est-à-dire de 840 millièmes à 920 millièmes, il faut ajouter, par once, 1 once juste d'or à 1,000 millièmes. *V.* ci-après Alliage et Rehaussement.

La couleur à bijoux se compose d'alun, de salpêtre et de sel de cuisine, tous trois de première qualité, dans les proportions suivantes : sel marin et alun, parties égales; salpêtre, 2 parties. On augmente la force à l'instant de s'en servir, en y ajoutant 10 p. o/o de sel marin, ou bien deux gros par marc d'acide hydrochlorique; l'effet de cette couleur est de corroder à l'extérieur les alliages, et de laisser l'or fin à nu. Voici le moyen d'employer cette couleur d'après M. Raibaut.

« Lorsque les pesées sont faites, on pile le tout ensemble ou séparément, mais de manière à ce que le mélange en soit bien fait. Pour mettre les bijoux en couleur, on les fait d'abord recuire à *feu couvert* dans un coffret de tôle, et sans qu'il y ait le moindre fumeron. Aussitôt que les ouvrages sont refroidis, on les fait dérocher; on décante l'eau seconde ou blanchîment qui doit être remplacé à l'instant par une eau pure et bien claire. Ensuite on met les ouvrages dans un vase de dimension convenable en terre cuite et bien propre; on y joint la quantité de couleur nécessaire; on y verse un demi-verre d'eau, et l'on fait bouillir le tout jusqu'à siccité, en ayant l'attention de se servir d'une petite baguette de bois pour remuer les ouvrages, de manière à ce qu'ils se trouvent entièrement enveloppés par la couleur lorsqu'elle s'épaissit, et que l'eau est presque toute consommée. Alors on verse une seconde fois de la même eau et en même quantité; on fait encore bouillir et sécher comme auparavant, et l'on verse de l'eau pour la troisième fois; mais, aussitôt que la couleur est dissoute, on sort l'ouvrage du vase, et on le trempe de suite dans de l'eau claire et froide. Enfin, on fait sécher les objets mis en couleur; on les *gratte-brosse*, on les brunit, ou on les roule seulement dans la mie de pain rassis, selon leur espèce. »

Une règle de fabrication, qui est importante, et sur laquelle nous insistons, c'est de ne faire usage de la lime que le moins qu'il sera possible, d'employer toujours de préférence le laminoir, la filière et l'emporte-pièce; par ce moyen on fera peu de limaille, laquelle, encore bien qu'elle soit recueillie avec soin, cause toujours de notables préjudices au fabricant.

Les soudures jouent un grand rôle dans la bijouterie; ces petites pièces délicates, fabriquées isolément, doivent être réunies par un ciment qui en forme un tout gracieux. : ce ciment c'est la soudure. Laissons parler M. Boué : « Les proportions des alliages qui constituent les soudures d'or et d'argent, sont indiquées par le nom même que l'on donne à chacune d'elles, puisque ce nom exprime la quantité de métal ou des métaux étrangers qui entrent dans la composition du tout. Dans la bijouterie on ne fait guère usage que de trois sortes de soudures, soit en or, soit en argent. Les soudures d'or sont connues sous le nom de soudure au *quart*, au *tiers*, au *deux* : les soudures d'argent sont appelées au *six*, au *quart* et au *tiers*..... La matière qui fait la base de la soudure que l'on veut faire, soit en or, soit en argent, doit être au moins au même titre des ouvrages qu'elle doit servir à souder; ainsi, lorsqu'il s'agira de faire de la soudure au quart pour souder de gros bijoux d'or au premier titre, il faudra employer trois parties d'or au titre de 920 millièmes, et une partie d'alliage dans les proportions indiquées plus bas. Cette règle est commune à toutes les soudures d'or et d'argent. La soudure d'or ou d'argent doit être fondue au moins deux fois avant de la soumettre au marteau et au laminoir, afin que le mélange des métaux soit parfait. Les lingots de soudure d'or et d'argent ne se forgent qu'à froid; les soudures d'or peuvent être trempées dans l'eau immédiatement après le recuit, sans que cela nuise à leur malléabilité. Il n'en est pas de même des soudures d'argent : il faut, après chaque recuit, les laisser refroidir lentement, afin de ne pas ajouter à leur aigreur naturelle qu'elles tiennent de leur alliage avec le cuivre jaune. Lorsqu'on a forgé la soudure jusqu'à l'épaisseur de deux ou trois millimètres, on la passe sous les rouleaux du laminoir jusqu'à ce qu'elle soit amenée au degré de force que l'on juge convenable pour les objets auxquels elle est destinée. La soudure, ainsi préparée, doit être dérochée et numérotée.

Dans tous les cas, avant d'en faire usage, il est essentiel de la gratter sur les deux côtés, dans la crainte que des corps étrangers, en se fixant à sa surface, ne nuisent à sa fusibilité.

» Les soudures les plus fortes, c'est-à-dire celles dans la composition desquelles le métal principal entre dans de plus grandes proportions, sont destinées aux ouvrages exécutés en métaux des premiers titres, en observant que quand, par leur configuration, ces mêmes ouvrages devront supporter plusieurs soudures successives, les soudures les plus fortes seront toujours employées les premières, par la raison qu'étant moins fusibles, elles supporteront les chauffes ultérieures sans éprouver la moindre altération.

» Les grands ouvrages d'argent ne doivent être soudés qu'avec des soudures, au six et au quart. Les gros bijoux en or, et principalement ceux qui doivent être ciselés et mis en couleur, seront soudés avec la soudure dite au quart et au tiers : la soudure au deux ne doit servir qu'à souder les ouvrages très légers, ou qui ne doivent point être mis en couleur; de même que la soudure au tiers, en argent, doit être réservée pour les ouvrages au deuxième titre, ou pour ce qu'on appelle la petite orfèvrerie.

» Le platine peut être soudé avec tous les métaux ductiles, par la raison qu'il est le moins fusible de tous; mais, lorsqu'il s'agit d'en faire des ouvrages de toilette, l'argent fin, ou au premier titre, est une bonne soudure pour ce métal. S'il s'agit d'en faire des appareils pour les chimistes, et auxquels on soit forcé de faire des soudures, on aura recours à l'or fin, comme étant le seul métal qui résiste à l'action de tous les acides qui n'attaquent point le platine. L'or ou l'argent, employés comme soudure du platine, se traitent comme il vient d'être dit pour les autres soudures, observant beaucoup de propreté pour le corps soudant comme pour le corps à souder, et n'employant pour agent que le borax et une haute température, soit au feu de la forge, soit à la flamme du chalumeau.

» Dans la composition des soudures ci-après, on a toujours choisi les nombres ronds en poids, pour éviter les petites fractions : la quantité ou la dénomination de l'unité adoptée pour le poids total est indifférente ; il suffira toujours d'observer les proportions données pour obtenir une bonne soudure.

SOUDURE D'OR.

Soudure au quart. Pour 96 grammes : Or, au titre désigné, 72 grammes ; argent, premier titre, 16 ; cuivre rouge, 8.

Soudure au tiers. Pour 90 grammes : Or, selon la règle, 60 grammes ; argent, premier titre, 20, cuivre rouge, 10.

Soudure au deux. Pour 96 grammes : Or, selon la règle, 48 grammes ; argent, premier titre, 32 ; cuivre rouge, 16.

SOUDURE DE L'OR, SUIVANT MM. ISABELLE ET ALEXANDRE.

Soudure au 6 = 5 parties d'or, 1 partie d'alliage.
Id.   au 5 = 4 parties d'or, 1 partie d'alliage.
Id.   au 4 = 3 parties d'or, 1 partie d'alliage.
Id.   au 3 = 2 parties d'or, 1 partie d'alliage.
Id.   au 2 = moitié or, moitié alliage.

L'alliage est composé de deux tiers d'argent fin et un tiers de cuivre, excepté seulement la soudure au 2, dont l'alliage doit être composé moitié argent, moitié cuivre. On fera aussi attention que, dans les soudures fortes pour ouvrages émaillés, on doit mettre moins d'argent que dans les autres.

SOUDURE D'ARGENT.

Soudure au six. Pour 120 grammes : Argent, premier titre, 100 grammes ; cuivre jaune, 20 ; somme égale, 120 grammes.

Soudure au quart. Pour 100 grammes : Argent, premier titre, 75 grammes ; cuivre jaune, 25 ; somme égale, 100 grammes.

Soudure au tiers. Pour 90 grammes : Argent, premier titre, 60 grammes ; cuivre jaune, 30 ; somme égale, 90 grammes.

SOUDURE D'ÉTAIN.

Pour réunir les parties mates, pour les raccommodages et l'ajusté : étain fin banca, 2 parties ; plomb, 1 partie.

Comme les soudures, dans la bijouterie, se font communément au CHALUMEAU, nous renvoyons à ce mot pour les détails sur sa construction.

Le moulage, d'après M. Boué.

« La réussite de cette opération dépend de trois opérations essentielles : 1° le choix et la préparation du sable ou des os de sèche ; 2° une grande dextérité pour mouler les objets que l'on veut reproduire ; 3° le degré de chaleur et le coulage de la matière en fusion. Chaque pays fournit ses sables à mouler. Paris se pourvoit aux sablonnières de Fontenay-aux-Roses, dont les sables sont préférables à ceux que l'on trouve le plus près de cette ville. Ces sables sont d'abord d'une couleur jaunâtre, très doux au toucher et un peu gras : quand ils ont servi quelque temps, ils noircissent autant par l'action du feu que par la poudre de charbon dont on fait usage, ainsi qu'on le verra plus bas. Genève tire ses sables à mouler de Saint-Maurice en Valais; Montpellier emploie ceux de Pignan, situé à deux lieues de cette ville. En général, les sables légèrement argileux, et qui, étant un peu humectés, prennent assez de consistance pour recevoir et conserver les empreintes qu'on veut leur donner, sont propres au moulage des métaux. Le tripoli est aussi employé avec succès pour le moulage des objets qui exigent une grande finesse de travail, et qui ne doivent point être reparés après la fonte. La Méditerranée fournit aux départements méridionaux, un poisson appelé *sèche*, dont on retire un corps nommé *os de sèche* : il est très dur d'un côté, et assez mou de l'autre pour recevoir l'empreinte de tous les objets que l'on veut reproduire. Ces os se trouvent souvent avec assez d'abondance sur la plage de la Méditerranée ; mais ceux que les pêcheurs trouvent sur le poisson même, sont préférables aux premiers, qui, ayant été exposés aux rayons du soleil, deviennent plus cassants et moins propres à reproduire l'empreinte des modèles un peu délicats : ces os sont d'un grand secours dans nos ateliers, parce que deux minutes de préparation suffisent pour les mettre en état de recevoir le métal en fusion.

» La première partie de l'opération du moulage consiste à bien préparer le sable que l'on doit employer : ce sable est ordinairement contenu dans un coffre de deux pieds carrés de surface ou de base, sur huit pouces de profondeur. A l'intérieur de chaque face parallèle doivent être placés deux supports en bois portant au fond de la caisse, et ayant environ de quatre à cinq pouces de haut. Sur deux de ces supports repose une forte planche mobile, ayant à peu près un pied de largeur, sur laquelle seront écrasées les mottes de sable qui auraient pu se former à la suite des fontes précédentes. Cette espèce de corroyage se fait avec un cylindre de bois, semblable aux rouleaux des pâtissiers, et dont on fait un usage tout-à-fait analogue à ce qu'on voit faire à ces derniers. Lorsqu'on emploie du sable qui n'a jamais servi, on doit avoir soin d'en extraire toutes les pierres qu'il pourrait contenir, et le soumettre à l'action d'un tamis très fin. Lorsque le sable est trop sec pour conserver les empreintes des modèles que l'on veut reproduire, on l'humecte avec un peu d'eau ou avec de la bierre pour lui donner plus de force de cohésion. Pour qu'il soit au point convenable, il faut qu'après en avoir pressé une poignée dans la main, il conserve la forme qu'on lui aura donnée par cette pression.

» Après cette préparation, on pose les modèles qu'on veut mouler, sur une planche, et on les encadre dans un châssis de bois, et quelquefois de cuivre selon la grandeur des objets que l'on veut reproduire. Tous les modèles doivent être disposés de manière à former autant de rayons, dont le centre commun est formé par ce qu'on appelle le maître-jet, qui communique avec tous les modèles moulés, est lui-même formé par un modèle qui le représente, et que l'on place au centre du châssis sur une planche qui sert d'appui. De petits morceaux de bois de forme demi-cylindrique formeront les modèles des jets de traverse qui lient entre elles toutes les pièces moulées, et favorisent la circulation du métal en fusion dans toutes leurs parties. On doit avoir soin que les objets moulés ne soient point trop rapprochés du châssis, afin que le feu ne s'y communique point. Chaque châssis porte une rainure dans la partie interne de son épaisseur, pour que le sable se loge dedans, et ne fasse qu'un même corps avec lui, de sorte que, dans quelque sens qu'on le retourne, le sable étant bien pressé se maintienne à la place où on l'a mis. Des trous pratiqués, de loin en loin, servent de points de repaire à un autre châssis qui doit former la contre-partie du moule. Après l'arrangement des modèles et des jets, ainsi qu'il a été dit, on les saupoudre légèrement à l'aide d'un petit sac de toile rempli de charbon tamisé, ou avec des cendres aussi tamisées : ceci a lieu pour que les modèles puissent facilement être enlevés des moules qu'ils auront formés dans le sable. Les choses ayant ainsi été préparées, on remplit de sable le cadre que forme le châssis, on le presse dans toutes les directions, soit avec la main, soit avec une espèce de batte de forme triangulaire, ou bien encore avec le rouleau, jusqu'à ce que le châssis n'en puisse plus contenir, et que ce sable soit parfaitement compacte dans toutes ses parties.

» Lorsque ce premier châssis est amené à ce point, on le retourne sens dessus dessous, sur la même planche qui vient de lui servir d'appui, et à l'aide d'un instrument appelé tranche, qui n'est qu'une espèce de lame de couteau, on dégage tout le sable qui entoure les parties inférieures des modèles qui, dans la position actuelle, se trouvent à la surface du châssis. Sans cette précaution, ce sable serait un obstacle à leur enlèvement. Cela fait, on prépare la contre-partie de ce premier châssis, qui est elle-même un autre châssis en tout pareil au premier, et qui s'y réunit à l'aide de chevilles dont il est armé, s'ajustant avec les trous de repère que porte le premier.

» On saupoudre encore les modèles qui sont incrustés dans le premier châssis, et l'on charge de sable le second qu'on a posé dessus, de la même manière qu'il a été dit; après quoi on sépare les deux parties du châssis pour en retirer tout-à-fait les modèles, et rectifier les jets de communication, ainsi que le maître-jet qui doit arriver à l'ouverture du châssis. Après cette rectification, on fait chauffer modérément les deux parties du châssis pour chasser toute l'humidité que le sable pourrait contenir; on les soumet ensuite à l'action de la fumée d'un flambeau de poix-résine, et on les réunit au moyen des chevilles et des trous de repère dont il a été parlé; on les serre fortement l'un contre l'autre, à l'aide d'une petite presse à vis; et étant assuré que le sable a été parfaitement séché par la chaleur qu'on lui a communiquée, le métal peut être coulé avec confiance. L'ouvrier chargé de couler le métal doit s'arrêter au moment où il le voit atteindre l'ouverture du jet. »

Moulage dans les os de sèche. Le moulage dans les os de sèche, est beaucoup plus simple; mais il ne peut être mis en pratique que pour des objets peu volumineux. La première partie de l'opération consiste à dresser, par le frottement sur une pierre bien plane, la partie tendre de l'os. Si les objets qu'on se propose de mouler sont des bas-reliefs, il suffira de les enfoncer dans l'os par la seule action de la pression que l'on favorise en appliquant au revers du modèle un autre corps dur qui sert de pressoir, lequel, sans la moindre percussion, aide à enfoncer le modèle jusqu'au niveau de sa base, si la chose est jugée nécessaire. Lorsqu'on est arrivé à ce point de l'opération, il suffit de tourner l'os sens dessus dessous pour que le modèle s'en détache par son propre poids. On forme alors le jet avec un couteau, en ayant soin d'en faire l'ouverture très évasée pour faciliter l'introduction de la matière. L'os est ensuite soumis à l'action d'une lampe qui lui enlève toute l'humidité qu'il pourrait retenir en élevant sa température au degré le plus favorable pour recevoir le métal en fusion : cette espèce de fumigation a encore l'avantage de boucher tous les interstices de l'os, sans rien enlever à la finesse des empreintes. Cet os, ainsi préparé, est posé sur une espèce de brique bien plane, faite avec de la terre à creusets, et qui, en raison de son emploi, porte le le nom de *contre os*.

Cet appareil, après avoir été légèrement chauffé, est pressé contre l'os de sèche, à l'aide d'une paire de pincettes, entre lesquelles on interpose une feuille de papier pliée en trois ou quatre, afin de faciliter la pression sans écraser l'os, et empêcher en même temps que l'un ou l'autre corps ne s'échappe de la pincette.

Au moment de couler le métal, on appuie le haut de la pincette qui lie les deux corps réunis sur le bord d'une terrine ou bouilloire placée dans la forge où la fonte a lieu. Ce vase doit être à moitié plein d'eau, afin que la matière qui pourra être coulée hors du moule soit facilement recueillie sans déchet et sans perte de temps.

» Les os de sèche servent aussi à mouler de petits sujets de ronde-bosse, quand l'épaisseur de ceux-ci ne dépasse point celle de la partie molle de l'os qui est la seule propre à recevoir les empreintes. Pour parvenir à mouler de pareils sujets, il suffit de dresser, comme il a été dit plus haut, deux os de même grandeur; de placer entre eux le modèle que l'on veut reproduire, et de les presser jusqu'à ce qu'ils se touchent. Par l'effet de cette pression, le modèle s'incruste également dans les deux os, et lorsque ceux-ci se sont joints, à l'aide d'une pointe d'acier, et sans lever le modèle qui est entre les deux os, on fait trois ou quatre trous en dehors de l'objet moulé qui traversent les os de part en part, et qui, après l'enlèvement du modèle, servent de points de repère pour réunir les deux parties dans leur première position. Ces trous recevront autant de chevilles qui feront l'office de celles dont il a été parlé ci-dessus ; cela fait, on sépare les os pour en retirer les modèles ; on forme le jet dans les deux parties ; on échauffe modérément, et on les réunit au moyen des chevilles ; après quoi le métal est coulé comme il a déjà été dit. »

Toutes les fois que cela est possible, on doit avoir, de préférence, recours à l'estampage. Au mot MOULEUR, nous entrerons dans des considérations omises par l'auteur que nous venons de citer, et relatives à la *dépouille*, qui se trouveront alors naturellement à leur place. Nous terminerons notre article par des considérations générales.

ALLIAGE ET REHAUSSEMENT DE L'OR.

Il existe des tableaux, devenus malheureusement assez rares, composés par MM. Isabelle et Alexandre, que nous avons déjà cités, et qui sont d'une grande utilité au fabricant de bijouterie. Ne pouvant les reproduire, nous allons nous efforcer de faire comprendre leur objet, afin de mettre le lecteur à même de les établir lui-même avec un peu de travail. Chacun de ces tableaux contient trois tarifs, six en tout : les trois premiers sont relatifs à l'alliage ; les trois autres, au rehaussement de l'or aux titres déterminés par la loi du 19 brumaire an VI. *Le premier tarif* est destiné, en prenant une once d'or pour point de départ, à exprimer combien il faut d'alliage pour descendre les soixante-deux titres que cette once peut avoir, à partir de vingt-quatre karats ou 1000 millièmes, jusqu'au titre de 22 kar. 2/32 1/2, ou 920 millièmes, premier titre établi par la loi. Les auteurs procèdent ainsi : pour abaisser une once d'or de 24 kar., il faut 50 grains d'alliage ; — pour une once de 23 kar. 31/32, 49 gr. 1/3 ; — *id.* de 23 kar. 30/32, 48 gr. et demi ; — *id.* 23 kar. 29/32, 47 gr. 2/3, et ainsi de suite jusqu'à 22 kar. 2/32, où il ne faut plus qu'un 1/2 gr. pour baisser à 3/2 kar. 2/32 1/2, titre légal et limite du tarif. On voit, d'après cette décroissance, que c'est environ 2/3 de grain qu'il faut mettre en moins qu'à la somme précédente, à mesure que l'or descend par l'échelle de 32/32, c'est-à-dire par chaque trente-deuxième de karat qu'il est baissé de titre; ainsi, après le dernier titre que nous venons de citer, 23 kar. 29/32, viendra 23 kar. 28/32, et l'alliage à ajouter sera 47 grains juste, puisque dans la somme précédente c'était 47 gr. 2/3 qu'il fallait mettre. Cependant cette décroissance n'étant point absolue, il se trouve des variations dans l'échelle; et pour repère, nous indiquons les points suivants : 23 kar. 21/32, alliage 42 gr.; — 23 kar. 20/32, all. 41 gr.; — 23 kar. 19/32, all. 40 1/3, etc., 23 kar. juste, all. 24 gr. juste; — 22 kar. 27/32, all. 20 gr.; — 22 kar. 26/32, all. 19 gr.; — 22 kar. 25/32, all. 18 gr. 1/3, etc.

Le deuxième tarif a pour objet d'allier une once d'or dans les cent vingt titres qu'elle peut avoir, à partir de 24 kar. ou 1000 millièmes, jusqu'au titre de 20 kar. 5/32, ou 840 millièmes, deuxième titre établi par la loi. — Dans ce tarif il se rencontre moins de fractions de grains; voici les premières données : pour une once à 24 kar., il faut 1 gros 38 grains d'alliage; — pour *id.* à 23 kar. 31/32, 1 gros 37 grains; — pour *id.* à 23 kar. 30/32, 1 gros 36 grains; — pour *id.* à 23 kar. 29/32, 1 gros 35 grains, etc., en descendant toujours d'un grain par chaque 1/32, dont le titre s'abaisse, et ainsi de suite jusqu'à 20 kar. 6/32, où il ne faut plus qu'un grain pour que l'or soit baissé à 20 kar. 5/32, limite du tarif. Mais comme cette décroissance n'est pas absolument d'un grain, on trouvera trois nombres fractionnaires tout les six lignes environ; la fraction ne sera jamais que d'un demi-grain. Nous donnons pour points de repère le nombre 22 kar. 22/32, où l'alliage est un gros; et celui 22 kar. 21/32, où l'alliage est 71 gr. 1/2, et ainsi de suite, en descendant jusqu'à 6 grains.

Le troisième tarif a pour objet d'allier une once d'or dans les cent quatre-vingt-douze titres qu'elle peut avoir, à partir de 24 kar., où 1000 millièmes, jusqu'au titre de 18 kar., ou 750 millièmes, troisième titre établi par la loi. Dans ce troisième tarif il ne se rencontre plus de fraction de grains, et la décroissance d'un grain par 1/32 de karat est constante; ce qui rend le tableau facile à faire, en commençant, comme précédemment, d'après les premières données qui suivent : pour allier une once à 24 kar., et la descendre au titre de 18 kar., il faut 2 gros 48 gr. d'all.; — pour *id.* à 23 kar. 31/32, 2 gros 47 gr.; — pour *id.* à 23 kar.

30/32, 2 gros 46 gr.; — pour *id.* à 23 kar. 29/32, 2 gros 45 gr.; — pour 23 kar. 28/32, 2 gros 44 gr., et ainsi de suite, jusqu'à une once à 22 kar. 16/32, où il ne faut plus que 2 gros juste d'alliage; une seconde série commence au titre, venant immédiatement après, c'est-à-dire, une once à 22 kar. 15/32, pour laquelle il ne faut plus qu'un gros 71 grains d'alliage, et ainsi de suite, en descendant jusqu'à une once à 20 kar. 8/32, pour laquelle il ne faut plus qu'un gros. La troisième et dernière série commence au titre venant immédiatement après, c'est-à-dire, une once à 20 kar. 7/32, pour laquelle il ne faut plus que 71 grains, et ainsi de suite, en descendant jusqu'à une once à 18 kar. 1/32, limite du tableau, pour laquelle il ne faut plus qu'un grain d'alliage : au-dessous, l'or est à 18 karats, troisième et dernier titre légal. Nous n'avons point besoin de donner de points de repère : ce travail devant aller tout seul.

On peut sans doute, au moyen d'une règle d'alliage, trouver tous les résultats indiqués dans les tableaux; mais si l'on considère la grande quantité de règles qu'il faudra faire, et le temps qu'on y consacrera, on se déterminera d'autant plus volontiers à composer des tableaux qui prévoient tous les cas, et dispensent d'une opération longue et minutieuse dans un moment où souvent tous les quarts d'heure sont comptés.

Quatrième tarif. Pour rehausser une once d'or de 12 karats ou 500 millièmes et au-dessus, et en faire de l'or à 22 kar. 2/32 1/2, ou 920 millièmes, premier titre légal. Exemple : pour une once d'or à 12 kar., il faut employer 5 onces 1 gros 68 grains d'or fin à 24 kar., ou 1000 millièmes; — pour 1 once à 12 kar. 1/32, 5 onces 1 gros 59 grains; — pour *id.* à 12 kar. 2/32, 5 onces un gros 50 gr.; — pour *id.* à 12 kar. 3/32, 5 onces 1 gros 40 gr.; — pour *id.* à 12 kar. 4/32, 5 onces 1 gros 31 gr., et ainsi de suite pour les trois cent vingt titres jusqu'au titre 22 kar. 2/32 1/2, limite du tarif, pour lequel il ne faudra plus que 5 grains d'or fin. La décroissance sera de 9 grains par chaque 1/32 de karat que le titre montera; tous les trois titres on fera une augmentation de 10 grains au lieu de 9; ou bien, en faisant cette décroissance de 9 gr. 1/2, pour chaque titre, on approchera assez du titre réel pour que la différence ne soit point sensible, et rentre dans les trois millièmes de tolérance. Nous donnons, pour repères, les neuf titres ronds : —pour 13 kar., 4 onces 5 gros 57 gr.; —14 kar., 4 onces 1 gros 45 gr.; — 15 kar., 3 onces 5 gros 33 gr.; — 16 kar., 3 onces 1 gros 22 gr.; — 17 kar., 2 onces 5 gros 10 gr.; — 18 kar., 2 onces 0 gros 70 gr.; — 19 kar., 1 once 4 gros 58 gr.; — 20 kar., 1 once 0 gros 47 gr., —21 kar., 0 onces, 4 gros 35 grains.

Cinquième tarif. Pour rehausser une once d'or de 12 karats au deuxième titre légal de 20 kar., 5/32, ou 840 millièmes. Exemple : pour une once d'or à 12 kar., 2 onces 70 gr. d'or fin à 24 kar.; — *id.* à 12 kar., 1/32, 2 onces 66 gr.; — *id.* à 15 kar., 2/32, 2 onces 61 gr.; —*id.* à 13 kar., 3/32, 2 onces 56 gr., et ainsi de suite pour les deux cent cinquante-six titres jusqu'à 20 kar. 4/32, limite du tarif pour lequel il ne faudra plus que 4 grains d'or fin ; le titre en dessus étant le deuxième titre légal dont il vient d'être parlé, la décroissance sera d'un peu moins de 5 grains pour chaque 1/32 de karat que le titre montera; mais comme la fraction est très faible, on portera la décroissance à 5 grains, sauf à ne la faire que de 4 tous les cinq articles; comme ci-dessus, nous indiquons pour repères les sept titres ronds du tableau, sans leur division par trente-deuxièmes : 13 kar. or fin, 1 once 6 gros 64 gr.; —14 kar., 1 once 4 gros 58 gr.; — 15 kar., 1 once 2 gros 52 gr.; — 16 kar., 1 once 0 gros 47 gr.; —17 kar., 6 gros 41 gr.; —18 kar., 4 gros 35 gr.; — 19 kar., 2 gros 29 gr. Dans ce cinquième tarif, comme dans celui qui précède, on n'aura pas une précision mathématique; mais la différence sera inappréciable.

Sixième et dernier tarif. Pour rehausser une once d'or de 12 karats et au-dessus, et l'amener au troisième titre légal, 18 karats ou 750 millièmes. Exemple : pour une once d'or à 12 karats, mettre une once or fin à 24 kar.; — pour *id.* à 12 kar., 1/32, 7 gros 69 gr.; — pour *id.* à 12 kar., 2/32, 7 gros 66 gr.; — pour *id.* à 12 kar., 3/32, 7 gr. 63 gr., et ainsi de suite jusqu'au titre 17 karats 31/32, limite du tarif pour lequel il ne faudra plus que 3 grains d'or fin; le titre au-dessus étant 18 karats, troisième titre légal. Comme cette décroissance de 3 grains par chaque 1/32, que le titre montera, est uniforme et invariable, nous n'avons point besoin d'indiquer de repères : le tableau sera d'une exactitude mathématique.

FRAUDE.

Après avoir exposé ces données, nécessairement incomplètes, de fabrication, il convient de dire quelques mots concernant la vente des bijoux. « Les coureurs de foires, dit M. Raibaut, dans son *Traité de la garantie*, qui cherchent à faire des dupes, se permettent souvent de marquer les menus objets d'or, fourés de soudure ou à bas titre, d'un poinçon dont l'empreinte est insignifiante, mais qui ressemble à celle d'un *mattoir* (on appelle ainsi un ciselet qui sert à matir l'or et l'argent), afin de faire croire que les objets sont poinçonnés. » L'acheteur doit se tenir en garde contre cette fraude, contre laquelle les inspecteurs ne manquent pas de sévir lorsqu'ils la peuvent constater.

L'administration des monnaies a signalé d'autres abus, que quelques fabricants avaient introduits dans le commerce de la bijouterie, en se servant d'un moyen artificieux pour échapper à la surveillance. Ils présentaient, au bureau de garantie, de petites épingles ou de petits anneaux à bon titre, et qui, par conséquent étaient poinçonnés : ces mêmes épingles, ainsi marquées, servaient à faire des cliquets pour des boucles d'oreille creuses ; ils y tenaient avec des goupilles. L'art. 108 a prévu ce genre de fraude, et ordonne la saisie et la confiscation de tous les ouvrages d'or et d'argent sur lesquels les marques des poinçons se trouvent entées, soudées ou contre-tirées en quelque manière que ce soit.

On appelle *bijoux fourés* ceux qui, étant creux, sont faits d'or au titre à l'extérieur, et sont, à l'intérieur, remplis de matières lourdes destinées à leur donner du poids ; ces ouvrages, jadis tolérés et assujettis à une marque particulière, sont actuellement défendus, et l'acheteur a le droit d'aller dénoncer le bijoutier qui les lui a vendus. Les ouvriers qui fabriquent ces bijoux se nomment *creusistes*. Si dans le bijou creux on a mis avec intention, et pour hausser le poids, plus de soudure qu'il n'en fallait, le bijou peut être dénoncé, encore bien qu'il ne soit point fouré. Cette observation est applicable à tous les bijoux creux, tels que bagues, boucles d'oreilles, entourage de cachets indépendants de la sertissure, faits avec des fils ronds ou carrés, creux dans toute leur étendue, et dans lesquels on a laissé, à dessein, le mandrin qui a servi à les tirer à la filière, afin d'en augmenter le poids.

Les jaserons, chaînes et chaînettes sont souvent trop faibles pour être poinçonnés, et leur essai, sur la pierre de touche, n'est pas toujours une garantie contre la fraude, car ils peuvent être composés de fils recouverts d'or au titre légal, et d'or à bas titre, ou même de métal étranger, dans le centre. Pour reconnaître cette fraude, il faut couper deux ou trois mailles ou chaînons du jaseron à éprouver, les placer sur un charbon où l'on aura pratiqué un petit creux pour les recevoir, et après avoir ajouté un peu de borax, on approchera le charbon de la flamme d'une lampe à souder; alors à l'aide du chalumeau, on mettra en fusion les deux ou trois chaînons qui formeront un petit grain rond qu'on aplatira ensuite sur un tas en frappant dessus avec un marteau, de manière à en former une lentille ou paillette. On prendra cette paillette dans une pince platte, et on la limera sur ses rives; on frottera la partie limée sur la pierre de touche à côté de la trace qu'a laissée la chaîne entière; si l'eau forte attaque plus ce nouveau touchau que le premier, c'est une preuve qu'il y a falsification.

M. Devillers, doyen des bijoutiers de Paris, a bien voulu nous aider de son expérience dans la rédaction de cet article.

PAULIN DESORMEAUX.

BIJOUTIER EN ACIER. (*Technologie.*) Cette industrie a été poussée à un haut degré de perfection, et nos expositions publiques des produits de l'industrie ont mis en évidence des objets d'une richesse et d'un fini précieux. Malheureusement, chez nous, la mode est passagère, et à peine a-t-on eu touché la perfection, qu'elle a changée; ce qui restreint beaucoup maintenant cette branche de fabrication. Exprimons le regret de ce qu'une mode, si bien d'accord avec le bon goût, ait passé trop vite, et formons des vœux pour qu'un caprice heureux la ramène.

Le bijoutier d'acier embrasse, dans sa fabrication, plus d'objets encore que le bijoutier en fin; non-seulement il fait les bracelets, les ceintures, les boucles et autres parties de la parure, mais il entreprend des ouvrages plus compliqués: les pendules, les candélabres. La matière qu'il emploie est l'acier et le fer pur: ses outils sont principalement des découpoirs, des meules, des lapidaires, des limes, des burins, des ciselets, etc. Assez souvent il fabrique en fer doux, sauf à mettre les objets *en paquet* (v. ACIER et TREMPE) pour les recouvrir d'une couche mince en acier dur, qui soit propre à recevoir le poli; car c'est le poli qui fait le principal mérite de ses produits. Pour le donner, il a recours d'abord à l'émeri, en suivant la série de ses numéros les plus fins, puis au *rouge* et à la *potée d'étain*. Quant aux petits objets, tels que têtes de clous à facettes et autres de ce genre, on les roule au baril, comme les aiguilles, ce qui est bien plus expéditif que de se servir des brosses et des buffles. Il nous est impossible d'entrer dans aucun détail de fabrication; une monographie seule pourrait embrasser cette immensité d'opérations diverses. Nous nous tairons également sur les bijoux de fonte, dite *de Berlin*, qui se rapportent bien plus à l'art du fondeur qu'à celui du bijoutier. On a proposé de décarboniser l'acier, sauf à lui rendre son carbone après la manipulation; ce procédé présente des inconvénients : il est facile de décarboniser, on le fait tous les jours pour les planches à graver; mais la recarbonisation n'est pas aussi facile : il vaut mieux employer, dans ce cas, du fer pur, ainsi que nous venons de le dire.

Parmi nos fabricants, M. Frichot, rue des Gravilliers, à Paris, s'est tellement distingué qu'il a attaché son nom à cette fabrication, et qu'il est impossible de parler de l'une sans faire mention de l'autre. Parmi les objets de bijouterie d'acier poli qui lui ont valu une médaille d'or et un rappel, à nos expositions de 1823 et 1827, on admirait sur-tout une garniture de cheminée composée d'une pendule et de deux candélabres. Ces beaux produits, du prix de 25,000 fr., résultaient, d'après l'annonce de M. Frichot lui-même, de l'assemblage de quatre-vingt-onze mille morceaux d'acier, qui présentaient un million vingt-huit mille trois cents facettes, et dont le montage avait exigé deux millions cinquante-trois mille opérations. Après ce fabricant vient M. Provent, rue Salle-au-Comte, qui obtint une médaille d'argent pour ses beaux produits; et enfin, MM. Pauly et Herfort, dont le premier, qui avait exposé des peignes, des croix, des boucles d'oreilles et autres bijoux, obtint une médaille de bronze.

Nous regrettons qu'il ne nous soit point permis de parcourir le champ si vaste qui se développe devant nous; mais nous devons nous renfermer dans d'étroites limites. PAULIN DESORMEAUX.

BILAN. *V*. BALANCE DU COMMERCE.

BILLARD. (*Ébénisterie*.) Grande table ayant des rebords,

sur laquelle on joue avec des billes en ivoire, qu'on lance avec des baguettes nommées *queues*. Ce jeu a pris tellement faveur depuis une quarantaine d'années, qu'il n'y a pas maintenant un petit café de village, qui n'ait au moins un billard. Si l'on n'en faisait abus, le billard aurait cet avantage que, nécessitant un exercice modéré, exigeant un coup d'œil assuré, une main ferme et un certain calcul géométrique, il remplacerait avec profit ces jeux de cartes et de hasard auxquels se livraient nos bons aïeux; mais, malheureusement, beaucoup de gens y passent un tems précieux, et l'on ne voit que trop, dans les petits endroits sur-tout, des jeunes hommes instruits, destinés à fournir une belle carrière, y consommer leur vie sans honneur pour eux, sans profit pour le pays.

Deux conditions dominent toutes les autres dans la fabrication du billard, une immobilité et une horizontalité parfaites; la première s'obtient au moyen de la masse même de la table, ou bien encore, comme cela se voit quelquefois, en scellant les pieds en terre, lorsque le billard est placé dans un rez-de-chaussée : la seconde condition est remplie, si après avoir dressé parfaitement la table, construite avec des bois qui ne soient point sujets à se tourmenter, on dispose les pieds tellement égaux entre eux, qu'un grand niveau placé sur la table, n'indique aucune inclinaison. Jadis on croyait qu'en multipliant les pieds, les traverses et les entretoises, on rendait le billard plus solide : on était dans l'erreur. Ces douze, quinze et même quelquefois dix-huit piliers qui le supportaient, et toute la charpente intermédiaire, le rendaient, à la vérité, lourd et inébranlable; mais cette grande quantité de bois était un obstacle à son immutabilité : il était impossible que tout ce bois fût également sain, également sec, et alors il se faisait des retraits, qui détruisaient la parfaite horizontalité. On a remarqué que les bois présentés sur champ, avaient une grande force, et d'après cette remarque, on a fait en planches sur champ, les traverses et les ceintures. On a réduit le nombre des piliers à six, trois de chaque côté; on a supprimé les traverses et les entretoises du bas, de manière qu'actuellement les pieds sont isolés. On conçoit que le nombre des pieds ayant ainsi été réduit, il devient très facile de les caler; mais, dans les beaux billards, on ne cale point les pieds, parce que ce moyen est long et peu sûr : on met sous le pilier une forte vis dont l'écrou est encastré dans le pilier; la tête de cette vis qui pose sur le plancher, est forée de deux trous qui se croisent. En passant un levier dans la tête de cette vis, on la fait tourner, et, par ce moyen, on alonge ou l'on raccourcit le pied, selon les inégalités du plancher ; ce qui fait qu'on est toujours sûr, sans beaucoup de travail, de mettre le billard d'aplomb. Pour masquer ces vis et en même temps pour garantir le bas des piliers des chocs qui pourraient les détériorer et même les ébranler, on y passe des manchons en bois, haut de deux décimètres environ, y entrant librement, et formant comme le socle de la colonne. Ces manchons sont assez épais et assez lourds pour résister aux coups de pied des joueurs ; ils tournent d'ailleurs sous un coup violent et en amortissent l'effet. Quant aux traverses qui supportent la table, elles sont aussi mises sur champ, se pénétrant les unes et les autres par entaille à mi-bois, et reposant sur des goussets assujettis sur la ceinture.

Ainsi se fait maintenant la partie inférieure, qu'on nomme le bâtis : on l'orne suivant la commande en faisant les piliers de forme élégante, en recouvrant d'un riche placage les traverses de ceinture. Quant aux dimensions elles sont arbitraires, cependant communément la hauteur des bâtis, lorsque la table a $0^m,108$ d'épaisseur, est de $0^m,704$; lorsque cette table n'a que $0^m,081$, ce qui est le plus ordinaire, on élève le bâtis de $0^m,027$, qu'on ôte à l'épaisseur de la table, et alors la hauteur totale est de $0^m,731$. La longueur est variable; mais pour l'ordinaire on lui donne $3^m,898$; la largeur est de moitié de la longueur dans tous les cas. On ne doit employer pour faire ce bâtis, que du chêne très sec, qui a produit tout son effet, qui a été débité long-temps à l'avance, et exposé au grand air.

Lorsque le bâtis est confectionné, il s'agit de faire la table. Assez ordinairement on la fait en deux feuilles, qui, lors de la mise en place, s'assemblent au milieu de la longueur du billard, au moyen d'une forte languette, entrant dans une rainure profonde; au-dessous de la jonction, doit se trouver la traverse du milieu qu'on tient à cet effet plus épaisse que les autres. Cette table est composée à peu près comme les feuilles de parquet, point de Hongrie. Le choix du bois devant servir à la construction de cette table, doit fixer toute l'attention; car, pour peu qu'il travaille, soit qu'il se voile, soit qu'il se déjette, il se manifeste sur la table qui doit être parfaitement dressée, des bosses ou des enfoncements qui détruisent la parfaite horizontalité, encore bien que, d'ailleurs, le bâtis n'ait point bronché. Le meilleur bois à employer ici, c'est encore le chêne; mais comme le degré de sécheresse et de rassis suffisant pour les autres ouvrages, serait encore insuffisant ici, on a recours, dans ce cas, au chêne qui provient des grosses poutres, débris de démolitions de vieilles maisons : au cœur de ces poutres presque pourries par un temps si long qu'il ne pourrait être évalué qu'approximativement, se trouve encore un bois sain, brun, ayant perdu son ressort, mais encore dur. C'est ce bois qui fait les meilleures tables, et comme elles ne sont composées que de petits morceaux, peu importe que ces cœurs de bois soient ou non en grandes masses. Ces tables ne sont composées que de petits morceaux, afin que si, par hasard, un morceau venait à se tourmenter, le mal produit ne fût pas sensible, et que dans tous les cas il s'établit une compensation. Or donc, chacun des deux grands carrés, de deux mètres environ sur chaque côté, dont se compose la table entière, est composé de petits encadrements de $0^m,2$ environ carrés, ayant l'épaisseur de la table, formés de morceaux ayant $0^m,2$ et $0,3^m$ ou $0^m,4$ de longueur, assemblés entre eux à tenons et mortaises chevillés; et les petits paneaux, qu'on fait quelquefois de la même épaisseur, mais qu'on peut sans inconvénient réduire à moitié, sont eux-mêmes composés de petites planchettes juxta-posées, collées, et reposant dans des feuillures pratiquées sur les quatre rives de l'encadrement. Dans les bonnes constructions, on encadre les deux grandes feuilles dans un grand châssis, dont les côtés ont une largeur suffisante, pour que les entailles des blouses ne les affaiblissent point trop. Il va sans dire que les montants et les traverses de ce grand cadre, doivent être du même bois que le restant de la table. Si cependant cela était impossible, on se contenterait d'assembler des morceaux larges et de toute épaisseur à l'endroit des blouses.

Les rebords, qu'on nomme les bandes, sont la troisième partie de l'ensemble, et méritent aussi de fixer l'attention. Elles ne seront pas faites avec le même bois qui a servi à la construction de la table, il serait trop léger, et, ici, il faut du poids; car le rebond est en raison de ce poids, relatif à celui de la bille : on choisira un chêne de fil, sans nœuds, bien sec; mais ayant encore son nerf, son humeur, son élasticité ; on se gardera bien d'y pratiquer à l'extérieur ces gorges profondes de l'ancienne méthode, qui affaiblissaient la bande, et lui ôtaient de son poids; qui étaient d'ailleurs des réceptacles de poussière, et dont les angles coupants offensaient la main : on choisira les formes droites et adoucies sur les angles. L'assemblage des quatre bandes se fait d'onglet avec tenons et mortaises, ou mieux avec clé d'emboîture; en conséquence en débitant les morceaux, il faudra avoir soin de leur laisser, en plus sur la longueur, deux fois la largeur de la bande. Ces bandes se fixent sur la table et sur la traverse de ceinture, à l'aide de fortes vis à têtes encastrées, affleurant le nu de la bande. On conçoit très bien que, dans cet article, nous ne pouvons entrer dans le détail de tous les assemblages; nous n'avons pas la prétention d'enseigner comment on fait un billard à celui qui n'est pas du métier; nous voulons seulement faire connaître au constructeur les méthodes nouvelles, et mettre l'acheteur à même de reconnaître si l'objet qu'il veut acquérir est fait selon les vrais principes. Nous renvoyons pour le surplus à notre *art du menuisier*, dans lequel le billard est traité avec toute la latitude qu'il réclame.

Ainsi se fait la charpente du billard; mais il reste une opération très importante c'est la *garniture* : elle consiste dans la pose du tapis qui recouvre la table, et dans le revêtissement intérieur des bandes par des matières élastiques. Occupons nous d'abord de la pose du tapis : elle se fait, en suivant l'ancienne méthode, de deux manières, soit en clouant d'abord un seul côté, soit en clouant également deux des côtés, un grand et un petit, et en tendant le drap avec les pinces à sangler, et le clouant ensuite des deux côtés opposés sur les champs de la table. Nous ne parlerons de cette opération que pour faire connaître la nouvelle méthode, qui nous paraît devoir être préférée, parce que dispensant de l'usage des clous, et laissant la faculté d'ôter et de remettre le drap à volonté, elle présente deux grands avantages; d'abord de ne point exposer le garnisseur à couper et à détériorer les lisières du drap avec les clous, et puis de permettre de faire très facilement des réparations à ce drap, en cas d'accident, et même de le retendre davantage, lorsque cela devient nécessaire après un certain temps. Cette pose nouvelle se fait à simple ou à double tension : on la fait simple ou double selon que la grandeur du drap le permet. Si l'on a le choix, on doit préférer la double. Commençons par la simple.

On pratique sur la table, sur les traverses d'encadrement, à treize ou quatorze millimètres de la rive, une rainure large de $0^m,014$ environ, et profonde d'environ $0^m,027$; ces mesures ne sont pas d'une rigueur absolue. On ajuste dans ces quatre rainures, des tringles carrées en chêne bien de fil, y entrant très librement. Ces tringles ne sont à vive arête que dans la partie qui doit être en dessus; la partie qui doit arriver près du fond de la rainure doit être très arrondie, et l'épaisseur même de ces tringles pourra être réduite à $0^m,018$ ou $0^m,020$; celles destinées aux longs côtés seront coupées en deux, afin qu'elles ne barrent pas les blouses du milieu, et, en général, on déduira l'espace des blouses sur la longueur des six morceaux de tringles. Les choses ainsi préparées, on adoucira les angles des rainures, principalement du côté opposé à la rive de la table, afin que lorsqu'on tendra le drap, il ne se coupe pas sur ses angles trop aigus, et on enduira la rainure et les tringles de savon pulvérisé. Le tapis sera posé bien à plat sur la table, et, après l'avoir bien égalisé, on commencera à le faire entrer dans une des rainures, dans laquelle on le fixera à l'aide de la tringle qu'on fera entrer dans la rainure à petits coups, en ayant bien soin que le drap ne fasse aucun pli dessous. Lorsqu'on aura ainsi assujetti le drap d'un côté, on répétera l'opération sur la rive opposée, mais en ayant soin de tendre fortement; et si le drap n'était pas assez long pour donner de la prise, il faudrait y coudre une lisière ou une forte toile qu'on ôterait ensuite. On ne frappe pas immédiatement sur la tringle avec le marteau, mais on interpose un coin en bois qui reçoit les coups. On répète la même opération des quatre côtés, en ayant soin de bien étendre le tapis, et de faire en sorte que la tringle affleure partout avec le dessus de la table : on pose les bandes par-dessus.

La double tension se fait par le même procédé, mais en le

compliquant davantage. A cet effet, après avoir pratiqué les rainures dont nous venons de parler, on en fait d'autres semblables sur les quatre champs de la table. On abat les vives arêtes de la table elle-même, et on pose le drap qui doit, dans ce cas, avoir un peu plus de longueur, afin de pouvoir être rabattu sur les champs. On fixe ce drap avec des tringles, comme on vient de le dire, mais sur les champs et sans le serrer autant; il suffira qu'il ne fasse point de plis. Lorsque ce drap sera ainsi fixé tout autour, on fera entrer une tringle dans une des rainures du dessus, comme on l'a dit plus haut; cette tringle ne pourra s'enfoncer qu'en tirant le drap. On répétera l'opération vis-à-vis, et le drap sera tendu; car il aura fallu qu'il s'alonge de deux fois la largeur, et quatre fois la hauteur, d'une tringle. On continue à le tendre de la sorte des quatre côtés du billard. Les tringles, dans ce second cas, comme dans le premier, doivent entrer en totalité et affleurer avec le dessus de la table, afin de ne pas gêner la pose des bandes.

Ces bandes se garnissent de plusieurs manières: commençons par le procédé le plus généralement employé; nous ferons connaître ensuite le perfectionnement. Les bandes du billard doivent être élastiques afin qu'elles puissent repousser la bille qui les frappe; elles doivent être parfaitement dressées afin que le rebond soit régulier, c'est-à-dire qu'il suive, après avoir touché la bande, une ligne inclinée à cette bande, d'un nombre de degrés égal à celui de la ligne qu'il a parcourue avant le contact. On obtient ce résultat, du moins très approximativement, avec la garniture en lisière. Voici comment elle se fait : on choisit de la lisière neuve, laineuse, régulière, fine et ferme, mais de largeur différente, ou bien, on la coupe en deux si elle est de largeur égale; on commence à fixer l'un des bouts de la lisière moins large au bout de la bande qu'on veut garnir, à l'aide de deux broquettes à tête plate, et un peu plus haut que le milieu de la hauteur de cette bande, si les billes sont grosses; sinon au milieu de cette hauteur : on tend bien cette lisière et on la fixe avec deux broquettes à tête plate à l'autre extrémité de la bande. Après cette première bande, on en pose de la même façon une seconde un peu plus large; puis une troisième plus large encore, et ainsi de suite, de plus large en plus large, et en leur faisant faire le bourrelet. Quand la bande est suffisamment garnie, on comprime le tout dans une toile claire fortement serrée, et l'on recouvre toute la garniture avec un drap assorti au tapis, qu'on cloue d'abord dans la feuillure inférieure, ou qu'on fait tenir à tringle et rainure, ainsi qu'il a été dit. On relève ensuite ce drap sur le bourrelet en le tendant bien dans ses deux sens, longueur et largeur, et on le fixe dans la feuillure supérieure de la bande, soit au moyen de broquettes à tête plate, soit avec tringles et rainures : dans l'un et l'autre cas, on cloue un galon dans le coin de la feuillure, et par-dessus tout l'ouvrage.

Mais il est une autre manière moins dispendieuse peut-être, et assurément plus avantageuse : c'est la garniture élastique. Elle exige un changement dans la coupe des bandes : au lieu d'être faites d'un seul morceau de chêne, comme dans la bande ordinaire, elles le seront de deux : l'un, celui du dehors, tout droit et simplement arrondi sur l'angle supérieur externe; l'autre fait en forme de gouttière : mais dont nous ne saurions faire concevoir une idée claire et précise sans le secours d'une figure : soit

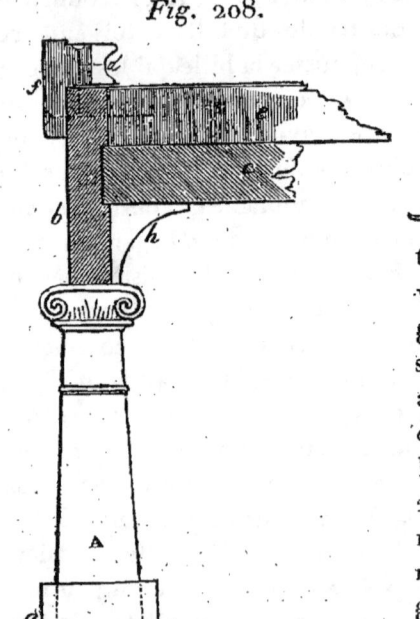

Fig. 208.   Fig. 209.

donc A, fig. 208, l'un des pieds du billard; a, le sabot; b, la ceinture en coupe; c, une traverse longitudinale; h, le gousset qui concourt à la supporter en renforçant son assemblage avec la ceinture; e, la table; f, la bande; d, la bande élastique. Dans la fig. 209, cette même bande garnie est vue en coupe également, mais sur une plus grande échelle.

Déjà, par l'inspection, on doit comprendre que la bande n'est plus d'un seul morceau, mais de deux. La contre-bande f se pose, comme à l'ordinaire, avec des vis, les unes verticales, les autres horizontales; ce n'est donc pas de cette contre-bande dont nous devons nous occuper, mais seulement de la bande élastique, *fig.* 209. On la fait également en chêne; on creuse dans le sens de la longueur une canelure dont la profondeur arrive à peu près à demi-bois; on adoucit les angles, et l'on tient la corne qui sera l'inférieure lorsque la bande sera placée, moins haute que celle qui sera la supérieure, et cela afin, qu'en définitive, l'angle formé par la bande et la table, soit aigu et rentrant en dedans. Nous avons dit plus haut que cette rentrée était nécessaire pour que les billes ne puissent sauter par-dessus les bandes. La coupe de cette bande, non garnie, se voit en *d*, *fig.* 208; elle se voit aussi en *a*, *fig.* 209, représentant la bande garnie.

Pour garnir cette bande et la rendre élastique, on prend de la petite ficelle, bien filée, bien régulière et sur-tout bien sèche : cette dernière condition est tellement de rigueur, que même pendant qu'on l'emploie, on doit se tenir dans un lieu sec et chaud, afin que la ficelle ne s'empare point de l'humidité de l'air. Cette ficelle est destinée à entourer la bande, et comme il faut qu'elle soit bien tendue, voici le procédé dont on se sert : on prend le bout de la ficelle entre les mâchoires d'un étau solidement assujetti, ou bien on l'attache après un clou enfoncé dans un mur, puis tenant la bande couchée sur les deux mains, en travers, le garnisseur fait faire un tour de la ficelle sur la bande; en tirant à lui, et se penchant en arrière, il serre fortement; il fait tourner la bande entre ses mains, et continue de la sorte à enrouler la ficelle dessus, en ayant soin de la tenir toujours tendue, afin qu'elle ne se desserre pas. Il doit veiller aussi avec attention à ce que les tours de ficelle soient absolument serrés les uns contre les autres, et à ce qu'un tour ne remonte pas sur le précédent. Lorsqu'en enroulant de la sorte il est arrivé près de l'attache, il met le pouce sur le dernier tour, le serre fortement pour qu'il ne lâche point, puis développe une nouvelle longueur de ficelle qu'il accroche de même que la première fois, et enroule sur la bande avec le même soin. Si cette ficelle venait à casser, ou n'était pas assez longue, ce qu'il faut éviter autant que possible, il ferait un nœud pour continuer, en ayant soin que ce nœud ne se trouve pas du côté de la canelure, mais sur l'un des trois autres côtés : la ficelle ainsi enroulée sur la bande, est marquée *b* dans la *fig.* 209. Quand la bande en est toute recouverte, on l'arrête, soit en la collant, soit à l'aide d'une broquette à tête plate. On conçoit que cette garniture ne pourrait suffire, même avec le drap qui la recouvre, les chocs de la bille feraient écarter la ficelle, et le drap pourrait se crever; on recouvre donc cette ficelle d'une bande de gros lainage, ou mieux encore de feutre qu'on fait faire exprès chez un chapelier : ce lainage ou ce feutre devront avoir en largeur toute la hauteur de la bande; ils devront régner sur toute sa longueur, être épais de huit à dix millimètres, et être d'une épaisseur bien égale sur toute leur longueur. Ce feutre est visible sur la *fig.* 209, entre *b* et *c* : il est retenu par le drap *c* qui se fixe d'abord, soit avec des broquettes, soit avec rainure et tringle dans la feuillure inférieure de la contre-bande *f*, et qui, après avoir été bien tendu, est fixé par les mêmes moyens dans la feuillure supérieure de cette même contre-bande. Mais avant de poser le feutre et le drap qui le recouvre, il convient de fixer la bande sur la contre-bande, ce à quoi l'on parvient au moyen des clous *d*, *fig.* 209, qu'on fait entrer au fond de la canelure en écartant un peu la ficelle, et en les faisant entrer avec un chasse-pointe sur lequel on frappe avec le marteau.

Comme il n'est pas absolument nécessaire que les longues bandes des côtés soient aussi élastiques que celles des bouts, on peut, lors de la garniture de ces dernières, employer de la corde de boyau au lieu de ficelle; on se servira, pour cet usage, de celle à bas prix que les boyaudiers fabriquent pour les chapeliers.

Nous ne dirons rien de la manière de faire les blouses; tous les menus détails sont connus des constructeurs. Nous passerons également sous silence ces conduits intérieurs qui ramènent les billes faites au joueur : il y avait à l'exposition des produits de l'industrie, en 1827, un superbe billard qui faisait entendre un air différent à chaque bille qui tombait dans la blouse; tout cela sort de la fabrication ordinaire. Quant aux queues que l'on fait en frêne, en amandier, ou en bois des îles, elles sont assez ordinairement l'objet d'une industrie particulière : une des conditions importantes, c'est qu'elles soient faites de droit fil. Les billes de billard sont en ivoire; elles se vendent à l'once :

nous n'en déterminons pas le prix, parce qu'il est variable. Les grosses billes coûtent plus proportionnellement que les petites, et celles de couleur coûtent moins que les blanches. Une belle bille doit être saine, sans fèves : on appelle ainsi des taches d'un blanc mat qui se trouvent dans l'ivoire, et semblent être un corps étranger intercalé dans la pâte : elles doivent être d'un beau blanc poli, brillant et comme transparent; et si elles ont été tirées du cœur de dent, on doit s'assurer qu'il n'y ait point de pièce rapportée qui bouche le trou de ce cœur.

Nous ne nous occuperons pas des règles de ce jeu; elles sont affichées dans toutes les salles de jeu. Nous ne devons d'ailleurs considérer le billard que sous le rapport commercial, c'est-à-dire sous celui de la fabrication et de la vente.   PAULIN DESORMEAUX.

BILLET. (*Commerce*). On appelle *billet* la promesse écrite de payer une somme désignée, à une personne ou à l'ordre de cette personne. Le billet doit être entièrement écrit de la main du signataire, ou porter, écrits de sa propre main, les mots : *Bon pour la somme de*..... suivis de sa signature. L'engagement ne saurait dépasser le montant de la somme ainsi exprimée en toutes lettres par le signataire. Le billet doit indiquer, en outre, l'échéance du paiement, et le lieu où le paiement sera effectué.

Il y a plusieurs espèces de billets. Celui qui est consenti directement à une personne, sans la faculté de transmission; le *billet à ordre*, qui est transmissible par la voie de l'endossement; et la *lettre de change*, dont il sera parlé au mot CHANGE. Le billet à ordre est *causé* valeur en compte, valeur en marchandises, ou valeur reçue comptant. Il est exigible par voie de la contrainte par corps entre négociants, et seulement par les voies de droit entre particuliers.

Le refus de payer à l'échéance, est constaté par un *protêt* qui doit être dénoncé aux endosseurs dans les délais voulus par la loi. Tout billet doit être timbré; mais la loi ne défend pas d'en faire sur papier libre. Dans ce cas, et s'il y a protêt, le billet protesté doit être préalablement timbré, et la loi impose une amende aux contrevenants.   BLANQUI AÎNÉ.

BILLON. *V.* MONNAIES.

BILLON, BILLONNAGE. (*Agriculture.*) Le billonnage ou la culture par billons, est une forme de labourage qui consiste à pratiquer, quelquefois à la pioche, ordinairement à la charrue des planches relevées, ou billons, composées d'un certain nombre de sillons en ados, sur une largeur qui varie, de manière que le milieu des planches soit plus élevé que les bords, et que de chaque côté l'écoulement des eaux superficielles ait lieu dans les rigoles qui les séparent.

Les terres argileuses, fortes, humides, ne peuvent être complétement desséchées et bien cultivées que par le billonnage, qui donne et multiplie à la surface, des pentes factices nécessaires à l'écoulement des eaux surabondantes.

Le billonnage est encore déterminé par le peu de profondeur que présente le sol cultivable, sur un fond de roches calcaires, schisteuses ou granitiques.

Ce genre de culture est très ancien et très répandu. Les Européens l'ont porté en Amérique où il a été modifié et perfectionné.

Dans les pays où il est en usage, on ne pourrait pas, sans lui, récolter de blé, parce que les eaux de la surface feraient périr les céréales en hiver, et que les chaleurs de l'été les dessécheraient promptement dans les terres peu profondes. Lorsqu'il est bien pratiqué, des terres argileuses, froides et humides, produisent, dans certaines années, autant que les terres les plus fertiles. Plus des deux tiers de la France offrent des terrains argileux cultivés de la sorte avec le plus grand succès.

Les soins à prendre pour faire un bon billonnage, sont : 1° de disposer le terrain en planches de sept à huit mètres de largeur, de manière que le centre de chaque planche soit de $0^m,60$ à $0^m,70$ ou à $0^m,80$ environ, plus élevé que le fond des rigoles qui les séparent. Cette hauteur du billon est, en général, déterminée par la compacité de la terre, ou, ce qui revient au même, proportionnée à l'abondance des eaux que présente le terrain et que doivent recevoir les rigoles d'écoulement ; et 2° d'empêcher que ces rigoles ne soient obstruées ou comblées par les terres entraînées de-dessus des ados ; c'est ce qui serait à craindre si les sillons ou ados étaient trop élevés dans le centre de la planche ou du billon.

L'inconvénient du billonnage est de rendre plus difficiles les labours croisés, toujours indispensables, et de faire perdre une partie de terrain d'autant plus grande que les billons sont plus étroits, plus élevés et plus espacés les uns des autres.

Cela a amené, dans le billonnage, des modifications déterminées par la nature du fonds, ou par les circonstances locales. La plus importante consiste à ouvrir de grands fossés d'écoulement, communs entre tous les propriétaires des pièces de terre voisines. Chacune de celles-ci, est entourée et recoupée de fossés parallèles, dont la pente conduit les eaux dans les grands fossés communaux. Ces fossés sont de $0^m,60$ à $1^m,20$ de longueur dans le haut, et de $0^m,30$ à $0^m,50$ dans le fond; au moyen de leurs talus, ils se soutiennent sans s'ébouler.

Lorsqu'on applique le billonnage à la culture des primeurs, on doit de préférence, si on le peut, diriger les billons de l'Est à l'Ouest, afin d'obtenir des ados au Midi, parce que les rayons du soleil y tombant perpendiculairement, les échauffent au point de faire avancer beaucoup la végétation. C'est à ce procédé que Paris doit cette immense quantité de provisions hâtives de toute espèce qui approvisionnent ses marchés, et qui devancent souvent, de huit à quinze jours les productions des terrains qui n'ont pas été billonnés. Soulange Bodin.

BILLOT. (*Technologie.*) Pièce de bois debout sur laquelle on découpe, on hache, etc., ou qui sert à supporter les enclumes, bigornes, tas, etc. Il y a deux espèces de billots, les uns, tels que ceux des bouchers, des charcutiers, des cuisiniers, sont supportés sur trois pieds; les autres, tels que ceux des tonneliers, des forgerons et autres, sont simplement une grosse bûche, courte en proportion de son diamètre, et posée debout sur le plancher. Les meilleurs billots sont faits en orme, et parmi ces derniers, ceux pris à l'embranchement d'un arbre qui se divise en deux, et qui par conséquent ont deux cœurs, sans flaches entre eux, obtiennent une préférence méritée. En général, le billot doit être choisi dans un arbre noueux et tortillard. Après les billots d'orme, ceux de certains frênes sont préférables.

Les horlogers en chambre de Paris ont un moyen de placer les billots qui supportent leurs tas, de manière à ce que les coups de marteau n'ébranlent point les planchers et n'incommodent point les habitants des étages inférieurs : ils placent le billot sur une natte de joncs d'un décimètre ou $0^m,15$ de large, roulée

sur champ et en spirale. D'autres les placent dans un baquet rempli de foin ou de crin ; par ce moyen le billot se trouve comme suspendu, repousse le coup, et ne cause point d'ébranlement.   PAULIN DESORMEAUX.

BINAGE. (*Agriculture.*) Ce mot se présente sous deux acceptions : l'une générale déduite de ses effets physiques, l'autre spéciale tirée de sa forme particulière et de son application méthodique. Sous le premier rapport, on entend par binage tout léger labour donné sur un labour plus profond, dans la vue d'améliorer la surface de la terre ; de la rendre plus pénétrable par les météores et par les gaz de l'air qui l'ameublissent encore et la rendent plus féconde ; d'ouvrir la voie aux racines les plus superficielles ; de détruire plus généralement et plus économiquement que par un simple sarclage les mauvaises herbes qui tendent à s'emparer si vite des surfaces cultivées. Sous le rapport de l'excitation des phénomènes de la vitalité, les résultats des binages sont toujours très sensibles, et quelquefois extraordinaires. On sait combien la faculté qu'ont les sols d'absorber l'eau qui est dans l'air, est liée avec leur fertilité. Cette eau, dans les terres bien ameublies, pénètre sans efforts jusqu'aux racines par l'effet de l'attraction capillaire. Elle est suspendue dans le sol comme dans une éponge, dans un état de division extrême ; de façon que chacune des molécules terreuses en est également imbibée, mais non précisément mouillée : il se forme alors, durant les saisons les plus chaudes et les plus sèches, une alternative d'absorption, d'évaporation et de réabsorption continuelle, suivant les différentes parties du jour ou de la nuit, dont l'intensité est modifiée, sans doute, par la nature des sols, mais qui n'est pas moins favorable au développement de la végétation, au profit de laquelle elle agit mécaniquement et chimiquement. Les binages tendent à augmenter la quantité de la nourriture végétale, en permettant à l'eau qui tient en dissolution les éléments de cette nourriture, de la distribuer aux racines d'une façon plus égale. En favorisant le libre accès de l'air chaud, ils élèvent et régularisent la température du sol ; ils y font pénétrer aussi une grande quantité d'air atmosphérique, et ouvrent ainsi une autre source aux décompositions et aux combinaisons électro-chimiques. Mais l'influence du froid sur le sol, convenablement divisé, n'est pas moins sensible que celle de la chaleur; et il n'est personne qui ne sache les bons effets du labour d'automne qui, en détachant, multipliant les surfaces partielles qui constituent la superficie générale des terrains, expose bien plus à l'action de la gelée cette superficie raboteuse, que si elle était restée battue et rase.

Mais l'opération de cette sorte de binage demande de l'attention et des soins. On choisit, autant que possible, pour le faire, un temps chaud et couvert, qui suive la pluie plutôt qu'il ne la précède. Alors un seul coup de soleil suffit pour faire périr les herbes que l'outil a coupées entre deux terres, et que, dans les travaux plus délicats du jardinage, on achève d'éventer à l'aide du rateau. Il faut y procéder avec ménagement quand on l'applique à des terrains récemment couverts de jeunes plantes encore mal enracinées, afin de ne pas leur faire partager le sort de ces herbes importunes. Au surplus, la nature du sol, l'état des plantes et la constitution de l'atmosphère, fournissent au praticien des indications qu'il ne doit pas négliger.

L'autre espèce de binage est une opération de grande agriculture, qui se pratique plus méthodiquement, et qui a sur-tout rapport à la culture du froment et des autres céréales. Dans ce cas, le binage est la seconde façon donnée à la terre qui doit être ensemencée en froment. Si la première s'exécute en avril, la seconde a lieu deux mois après; si elle commence avant l'hiver, elle se répète après les froids. Elle se pratique au moyen de la charrue. Elle a aussi pour objet d'enterrer les fumiers qui ont été conduits et répandus entre les deux labours; ils se consomment en partie jusqu'à la troisième façon qui les retourne en partie, il est vrai; mais s'il n'y a pas une quatrième façon, le hersage suffit pour les enterrer de nouveau.

Le binage d'été a l'avantage d'approprier le sol, et de le préparer à porter des grains exempts de mauvaises herbes.

L'introduction, dans les assolements, des pommes de terre, des betteraves et des autres plantes sarclées que l'on a substituées à la jachère, a donné lieu à diverses sortes d'instruments à sarcler, houes, ratissoires, etc., qui sont mus à l'aide du cheval, et qui donnent des binages extrêmement faciles et économiques : on ne saurait trop en multiplier l'usage en agriculture. SOULANGE BODIN.

BISAIGUE. (*Technologie.*) Outil qui, dans la main du charpentier, remplace le ciseau, le bédane, et même le rabot du menuisier : son nom lui vient de ce qu'elle est aiguisée par les deux bouts. La bisaiguë est composée de fer et d'acier : sa forme est celle d'un long ciseau en fer : au milieu de sa longueur, sur l'un des champs, est le manche qui n'est autre chose qu'une douille en fer, propre à recevoir un manche en bois qu'on n'y met jamais. D'un bout, la bisaiguë se termine en Ciseau (*v.* ce mot), de l'autre en Bédane (*v.* ce mot). Le côté du Ciseau sert à dresser les surfaces, après que la hache les a préparées. Le bédane sert à vider les mortaises ; le charpentier se sert quelquefois, pour cette opération, du bédane du menuisier ; mais il la fait aussi avec la bisaiguë : dans ce cas il faut beaucoup d'adresse et d'habitude ; de même qu'avec le bout du ciseau, il parvient à dresser presque aussi bien que si le rabot y avait passé ; toute personne peut se servir d'un rabot ; il n'en est pas de même de la bisaiguë ; il faut, pour la manier, la main exercée d'un charpentier.

Cet outil n'offre rien de particulier quant à la mise d'acier, à la trempe et à l'affilage qui le distinguent du ciseau du menuisier. Nous renvoyons donc à ce mot. Paulin Desormeaux.

BISCUIT. *V.* Pain.

BISEAU. (*Technologie.*) Plan incliné commençant à l'une des surfaces d'un objet plat, avec laquelle il forme un angle obtus, et venant aboutir juste à la surface opposée avec laquelle il forme un angle aigu. On distingue, dans les divers outils employés dans les arts et métiers, les outils à un biseau (*v.* Ciseau); les outils à deux biseaux (*v.* Fermoir); les outils à biseaux contrariés (*v.* Foret). L'angle aigu formé par le biseau, et qui n'est autre que le taillant de l'outil, varie selon la destination de l'outil. En général, les outils à couper le bois forment un angle de 35°, variant toutefois selon les outils entre 34 et 38°. Les outils à couper le fer ont 45° : ces mesures ne sont pas invariables, mais elles peuvent servir de guide ; on ne s'en écarte guère dans la pratique, sans inconvénient. Un biseau bien fait doit être droit ; ceux qui sont arrondis sont évités avec soin lorsqu'il s'agit de couper nettement ; les cas où ils sont utiles sont très rares, et forment exception ; les biseaux concaves sont le produit de meules de petit diamètre : ils se redressent toujours, lors de l'affûtage, sur la pierre à l'huile.   Paulin Desormeaux.

BISMUTH. (*Technologie*.) Ce métal se rencontre dans la nature, en faible proportion, le plus habituellement à l'état natif, rarement à celui de sulfure; on l'a trouvé bien plus rarement encore combiné avec l'oxigène. Son extraction ne présente aucune difficulté ; ce métal étant extrêmement fusible, il suffit d'exposer à l'action de la chaleur les minerais qui en contiennent, pour qu'il fonde et se sépare. Cette opération s'exécute en formant des tas de minerais et de charbon auxquels on met le feu. Le bismuth se réunit au milieu des cendres dont on le sépare par le lavage : on le met ensuite, pour le réunir en pains, soit dans des pots, comme le sulfure d'Antimoine, soit enfin en plaçant le minerai dans des tuyaux de fonte placés dans un fourneau, et inclinés. Ces tuyaux d'un mètre soixante centimètres de longueur, et de quarante centimètres environ de diamètre, étant chauffés jusqu'au rouge, on y introduit le minerai, et le bismuth coule par la partie la plus basse, dans des chaudières en fonte que l'on tient chaudes pour le recevoir.

Le métal ainsi obtenu renferme toujours de l'arsenic, et souvent des traces de fer. Si l'on veut l'employer à des préparations chimiques, il faut le purifier : le moyen le plus simple et le plus économique consiste à le pulvériser grossièrement, à le mêler avec 1/10 de son poids de nitre, et à le faire rougir dans un creuset; l'arsenic est transformé en acide qui se combine avec la potasse, et se réunit en un bain à la surface du métal qui forme un beau culot à la partie inférieure, et que l'on sépare facilement quand il est figé.

Le bismuth pur est blanc jaunâtre, cassant, d'une densité de 9,83, fond à 246°, et quand, après l'avoir laissé refroidir lentement, lorsqu'il s'est formé une croûte à la surface, si on la perce pour faire couler lentement le métal encore liquide, il se fait une belle cristallisation en gros cubes qui se réunissent sous forme de trémies; la surface des cristaux se recouvre d'irisations extrêmement brillantes ; tandis que si le métal renferme de l'arsenic, il donne ordinairement des cristaux beaucoup moins volumineux et qui restent blancs.

Le bismuth ne se combine qu'en une proportion avec l'oxigène : cette combinaison peut se faire directement à une température rouge. Le métal brûle et se convertit en une poudre jaunâtre qui, lorsqu'on continue à la chauffer, se convertit en un verre jaune opaque, brun foncé.

On peut obtenir aussi l'oxide en décomposant par la chaleur le nitrate basique préparé, en précipitant par l'eau une dissolution de bismuth dans l'acide nitrique, et calcinant ce précipité jusqu'au rouge.

Traité par l'acide nitrique, le bismuth se dissout facilement; s'il est pur, il ne reste rien; s'il renferme de l'arsenic, il se dépose une poudre blanche d'arséniate de bismuth. Le nitrate cristallise en prismes quadrilatères; quand on le mêle avec de l'eau, il se décompose; on obtient une liqueur très acide, et un précipité de nitrate basique, connu sous le nom de *blanc de fard*.

Le bismuth s'allie facilement avec beaucoup de métaux; on ne fait usage que d'un petit nombre de ces composés; l'un avec le mercure sert à étamer les ballons, les autres, qui contiennent en même temps du plomb et de l'étain (*v.* ALLIAGES FUSIBLES), sont employés pour les RONDELLES FUSIBLES de machines à vapeur.

On emploie quelquefois l'oxide dans la fabrication des émaux; on le mêle avec diverses couleurs pour la peinture sur porcelaine, et la préparation des cires à cacheter colorées.

H. GAUTIER DE CLAUBRY.

BITUMES, PRODUITS BITUMINEUX. (*Technologie.*) Les bitumes sont des substances très répandues dans la nature, et susceptibles de recevoir de nombreuses applications dans les arts.

Les caractères physiques des bitumes sont extrêmement variables : en effet, l'asphalte, qui est noir et solide, et le naphte que l'on peut comparer aux essences les plus fugaces, appartiennent également aux matières bitumineuses. Entre ces deux extrêmes viennent se ranger le pétrole et le malthe, dont la consistance est plus ou moins visqueuse, la couleur plus ou moins foncée. Par la distillation on retire de ces matières de l'huile de naphte, et l'on obtient pour résidu de l'asphalte. D'après la nature de ces produits l'on est porté à considérer le pétrole, la malthe et ses nombreuses modifications, comme des mélanges de naphte et d'asphalte en proportions variables. Cependant cette manière simple d'envisager la composition des bitumes, n'a pas été confirmée par les expériences de Unverdorben sur le pétrole du commerce; les différents produits qu'il en a retirés sont d'une nature assez compliquée.

Les bitumes se rencontrent ordinairement dans des terrains d'une époque très récente. La Suisse, l'Italie et sur-tout la France en possèdent des gisements très importants.

Naphte, Huile de pétrole. Le naphte se trouve en grande abondance en Perse, sur la côte nord-est de la mer Caspienne près Baku. Le terrain de cette localité est formé par une marne très argileuse. Il suffit de percer dans cet argile, des puits de trente à quarante pieds de profondeur pour se procurer une quantité assez considérable de naphte. La ville de Nainanghong possède, dans ses environs, plus de cinq cents sources de pétrole en activité. La plus grande partie du pétrole qui se trouve dans le commerce de l'Europe, vient d'Amiano, dans le duché de Parme.

Le naphte pur s'obtient quelquefois du pétrole par la distillation. Mais quelle que soit son origine, lorsqu'il est purifié, ses propriétés sont les suivantes :

Il est incolore, d'une odeur faible; sa pesanteur spécifique est de 0,758 à la température de 19° centigr.; il bout à 85°; il est insoluble dans l'eau, mais il se dissout en toutes proportions dans l'alcool absolu, l'éther, les huiles volatiles et les huiles grasses. Le soufre et le phosphore se dissolvent à chaud, en faible quantité, dans le naphte. Plusieurs résines, au nombre desquelles ont peut placer la colophane, sont solubles dans cette huile ; mais la gomme laque, le copal et le succin ne s'y dissolvent pas en quantité appréciable. Le caoutchouc, mis dans le naphte, se gonfle considérablement sans se dissoudre.

D'après les expériences de Saussure, le naphte serait composé de 88 de carbone, et de 12 d'hydrogène. Saussure a essayé de purifier le pétrole de Travers, près de Neufchâtel, au moyen de l'acide sulfurique, afin de le rendre propre à l'éclairage ; il parvint, en effet, en faisant subir au pétrole un traitement analogue à celui auquel on soumet l'huile de colza, à lui donner toutes les propriétés du naphte le plus pur. Le naphte et le pétrole sont, dans certains endroits, employés à l'éclairage des rues. On assure que dans l'Inde ces huiles servent dans la préparation de certains vernis. Le naphte sert dans les laboratoires pour conserver les métaux très oxidables.

L'asphalte est solide, noir, ayant l'aspect de la poix. Il fond à la température de l'eau bouillante : sa pesanteur spécifique est de 1,03. Quand il est pur il est insoluble dans l'esprit-de-vin rectifié. L'éther, le naphte, les huiles essentielles et les corps gras paraissent le dissoudre complétement. Au rapport des historiens, les murs de Babylone étaient construits de briques unies par ce bitume.

L'asphalte entre dans la composition des vernis noirs qui servent à recouvrir les objets en fer pour les garantir de la rouille; il entre aussi dans celle de la cire à cacheter de couleur noire.

L'asphalte du commerce vient souvent de la mer Morte; il porte alors le nom de bitume de Judée. L'île de la Trinité en fournit aussi; mais, comme nous le verrons plus bas, il est toujours facile de l'obtenir des bitumes indigènes.

Le malthe est une substance molle, glutineuse, d'un noir tirant au brun; absolument insoluble dans l'eau, soluble en partie dans l'alcool absolu, et en totalité dans l'éther et les huiles essentielles. A la température ordinaire, sa densité est quelquefois supérieure à celle de l'eau; mais à 100° le malthe le plus dense surnage ce liquide. La consistance de ce bitume est assez variable. Dans le département du Bas-Rhin où il existe des exploitations importantes de malthe, on désigne sous le nom de graisse minérale, graisse d'asphalte, le bitume encore assez fluide des mines de Bechelbronn. Celui des mines de Lobsann, qui présente plus de consistance, est nommé goudron minéral.

Le malthe se rencontre ordinairement mêlé à des sables, formant des couches souvent puissantes de sable bitumineux. A Lobsann on obtient le bitume en faisant bouillir le sable dans des chaudières de fonte remplies d'eau. Le bitume, à mesure qu'il se rassemble à la surface, est enlevé à l'aide d'écumoirs. Lorsque le sable est dépouillé du bitume qu'il contenait, il est enlevé et remplacé par du sable neuf. On traite ordinairement quatre-vingt à quatre-vingt-dix kilogrammes de minerai bitumineux. Les écumes de bitume contiennent encore du sable, de l'argile et de l'eau; elles sont versées dans d'autres chaudières où l'on évapore la majeure partie de l'humidité ; de là elles sont portées aux rafinoirs : ce sont de grandes et profondes chaudières en maçonnerie, dont le fond est formé par une calotte sphérique en fonte. On chauffe pendant trente-six à quarante heures pour volatiliser les dernières parties d'eau. Par le repos, le sable se dépose, et on décante le bitume pendant qu'il est encore fluide.

La graisse d'asphalte de Bechelbronn possède la fluidité d'un sirop épais. On l'emploie pour graisser les essieux des voitures. Le goudron minéral de Lobsann a la consistance de la poix ; il est presque opaque, tenace, se ramollissant à la chaleur solaire. En le chauffant, on le rend suffisamment liquide pour pouvoir l'étendre avec le pinceau. C'est dans cet état de fluidité qu'on l'emploie pour enduire le bois qui doit être exposé à l'humidité, comme les poutres des ponts en charpente, et la surface inférieure des parquets placés dans les rez-de-chaussée, l'extrémité des échalas, etc. Mêlé au goudron végétal, le bitume de Lobsann en augmente beaucoup la qualité en l'empêchant de s'écailler. Le goudron minéral, soit seul, soit uni à une certaine quantité de suif, forme une graisse très propre à adoucir les frottements dans les parties des machines à vapeur qui sont soumises à une température élevée. On a proposé dernièrement d'employer les bitumes à préparer du gaz pour l'éclairage.

Soumis à la distillation, le goudron minéral donne une huile volatile fétide, et il reste un bitume d'autant plus solide que la distillation a été poussée plus loin. On peut même, par ce procédé, se procurer de l'asphalte.

Un des principaux usages du bitume de Lobsann est la préparation du mastic bitumineux. On prépare ce mastic en mêlant au bitume bien liquéfié, du calcaire bitumineux desséché et réduit en poudre. Ce produit se rencontre dans le commerce sous forme de blocs du poids de vingt-cinq kilogrammes. Le mastic bitumineux est employé avec le plus grand succès pour couvrir les terrasses qui terminent les bâtiments ; on s'en sert également dans le platelage des ponts, et pour enduire les bassins et les citernes. Pour faciliter l'application du mastic, on fabrique à Lobsann des plaques d'un mètre de longueur, sur $0^m,5$ de largeur, et $0,01$ d'épaisseur. Pour couvrir une terrasse avec ces plaques, on les dispose l'une à côté de l'autre, et on les joint avec du mastic fondu que l'on égalise avec des fers chauds; on tamise sur le joint encore chaud un peu de sable quartzeux. Ce genre de couverture, qui est très économique, commence à se répandre dans les environs de Metz et de Mulhouse. BOUSSINGAULT.

BLANC DE BALEINE. (*Technologie.*) Le blanc de baleine dans son état de pureté, est une substance grasse, d'une parfaite blancheur, presque inodore, insipide, translucide, avec un éclat nacré; elle cristallise en lames ou en aiguilles courbes, dont la forme primitive paraît être le rhomboïde; son toucher est onctueux. Le blanc de baleine fond à une température de 49°, et se vaporise à 360° centigrades; il se prend en masse cristalline par le refroidissement; les alcalis ne l'attaquent que difficilement, et forment avec lui une sorte de savon imparfait, renfermant de l'acide margarique, de l'acide stéarique et de l'éthal. C'est sur cette propriété de n'être point facilement attaquable par les alcalis, qu'est basé l'art d'épurer le blanc de baleine.

Lorsque le blanc de baleine est bien préparé, il ne doit point tacher d'huile le papier sur lequel on le frotte, et rester parfaitement limpide en fondant.

Pur, le blanc de baleine contient : 5,478 oxigène, 81,660 carbone, 12,882 hydrogène.

Dans son état naturel, le blanc de baleine se trouve sous la forme d'écailles cristallines en suspension et en dissolution dans l'huile de quelques cétacées; mais on ne l'extrait, en fabrique, que de la graisse du cachalot macrocéphale (*Physeter macrocephalus*, Cuv.), qui seule le renferme en quantité notable. C'est sur-tout dans une poche graisseuse, placée sur le crâne, qu'il se trouve abondamment.

Lorsqu'on prend un cachalot (*v.* PÊCHE), on en vide, avec soin cette poche graisseuse qui fournit l'espèce d'huile nommée par les Anglais *head matter* (matière de tête). Cette huile est plus blanche et fournit de meilleur blanc de baleine que celle qui est obtenue par la cuisson du corps. Un cachalot ordinaire donne deux, à trois mille kilogrammes d'huile, dont le tiers environ de matière de tête. La qualité du blanc de baleine qu'on en peut extraire, varie beaucoup avec l'âge de l'animal : on a remarqué que les plus vieux étaient ceux qui en fournissaient proportionnellement le plus.

A l'arrivée des navires, l'huile de corps et la matière de tête, sont jetées dans de grandes chausses, faites d'une étoffe de laine assez serrée pour permettre à l'huile de filtrer aisément, sans pourtant laisser passer les écailles cristallines. Dans les exploitations importantes, on dispose ces chausses de laine par longues rangées sur des canaux de bois doublés en plomb ou en fer blanc, qui portent l'huile à de vastes réservoirs souterrains. Au bout de quelque temps on remue avec de grandes spatules le blanc de baleine, qui alors a la consistance d'une épaisse bouillie; on laisse égoutter quelques jours de plus; et le blanc de baleine est arrivé à l'état que les Anglais ont désigné par le nom de *bagged sperm* (sperme passé au sac).

Pour achever de séparer les dernières portions d'huile, on place le *bagged sperm* dans des sacs de toile d'une grande force que l'on soumet à une pression de quatre cent à quatre cent cinquante kilog. au moyen d'une presse hydraulique. Deux jours d'une pression continue suffisent pour dessécher convenablement le blanc de baleine, que l'on retire de la presse sous la forme de gâteaux grisâtres ou d'un jaune plus ou moins foncé. Cette coloration est due à un mélange de sang, d'une matière colorante particulière et de gélatine impure. Pour l'enlever, on traite le blanc de baleine fondu et tenu à cent cinq degrés centigrades environ, par une dissolution de potasse du commerce qu'on y verse peu à peu. L'alcali attaque les diverses substances animales mêlées à la *cétine*, et revient à la surface de la masse liquide en écumes savonneuses et noirâtres. On continue cette opération jusqu'à ce que le liquide ait atteint un certain degré de blancheur et de transparence; on l'arrête alors, et l'on verse dans des refroidissoirs.

Dans cet état, le blanc de baleine fût-il parfaitement blanc, ne pourrait servir à faire de la bougie diaphane, parce qu'il est encore mélangé à une certaine quantité de graisse non cristallisable et à beaucoup d'huile : c'est pour le séparer de ces matières, qui sont plus fusibles, que l'on a imaginé de le presser fortement et vite sous l'influence d'une haute température. On se sert pour cela d'une presse hydraulique horizontale, munie d'un double fond qui reçoit un courant de vapeur.

Lorsque le blanc de baleine de première cuite est refroidi, on le concasse, on le divise en poudre assez fine au moyen d'un cylindre armé de lames inclinées, puis on le met dans des sacs de laine entourés d'un matelas de crin. On dépose une plaque de fer chauffée à la vapeur, entre chaque matelas, et l'on presse rapidement; tout ce qui restait d'huile et de graisse non cristallisable se sépare. On a pris un brevet pour cette opération.

Les gâteaux de blanc de baleine que l'on retire des sacs de laine, sont fort durs et tout-à-fait blancs; cependant il faut les fondre encore et les traiter une seconde fois par la potasse pour détruire les dernières traces de matière colorante; puis, vers la fin de l'opération, lorsque le liquide est parfaitement limpide, on y verse de l'eau pure pour enlever un peu de savon qui reste mélangé au blanc. Il y a dans tout cela une sorte de tour de main d'ouvrier, assez difficile à bien saisir. Cette opération faite, il n'y a plus qu'à verser le liquide dans des cristallisoirs où il forme, en se refroidissant, ces pains si parfaitement blancs qu'on livre au commerce.

Pour faire la bougie diaphane, on fond le blanc de baleine dans une chaudière chauffée à la vapeur ou au bain-marie, afin d'éviter une trop grande élévation de température; on y ajoute cinq pour cent environ de cire blanche; on agite le mélange que l'on coule ensuite dans des moules d'étain assez semblables à ceux qu'emploient les fabricants de chandelles, à cette différence près, qu'ils sont unis dans des caisses de bois et surmontés d'un godet commun.

Les bougies colorées s'obtiennent en mêlant au blanc de baleine du carmin, du jaune de chrôme, de l'outremer, du verdet : ces couleurs sont celles qui altèrent le moins la transparence, tout en produisant une nuance vive.

La lumière que donne, en brûlant, la bougie de blanc de baleine, est à celle que dégage la bougie de cire, comme 14,40 à 13,61, suivant M. Péclet; et bien que le blanc de baleine se fonde à une température moindre que la cire, comme il entre en vapeur aussi beaucoup plus tôt, la bougie de blanc de baleine coule moins, en général, que l'autre. Le principal défaut de la bougie diaphane était, précisément à cause de cette facile volatilisation, de *charbonner* fortement. Les mèches nattées, inventées par M. Cambacérès, ont détruit tout-à-fait cet inconvénient.

Excepté son application à l'éclairage, l'emploi du blanc de baleine dans les arts est très borné ; on s'en sert un peu pour la fabrication des perles fausses ; il entre dans la composition de quelques médicaments, de quelques apprêts pour les étoffes fines ; en Angleterre on en fait des pastilles assez agréables ; enfin, il est probable qu'on pourra en tirer un jour un grand parti pour le moulage, car il ne jaunit pas comme la cire.

L'huile séparée du blanc de baleine et convenablement filtrée, est fort bonne pour l'éclairage ; en Angleterre même on la préfère à toutes les huiles de graine ; mais son principal usage, son emploi le plus avantageux, c'est pour le graissage des machines délicates, à cause de son extrême fluidité et de son peu d'action sur les métaux.

Quelque bien filtrée que soit cette huile, lorsqu'on l'abandonne au contact de l'air, il y reparaît toujours quelques lames de blanc de baleine. L'analogie de composition est d'ailleurs fort grande, et il ne serait peut-être pas impossible d'obtenir une transformation, qui serait pour cette industrie une véritable révolution.

Le blanc de baleine est pour certains pays l'objet d'un commerce important : on peut évaluer à cent cinquante le nombre des navires employés annuellement, par les Américains, à la pêche du cachalot, et à cent trente-cinq mille barils la quantité d'huile rapportée, ce qui représente environ sept cent cinquante mille kilog. de blanc ; quatre à cinq mille personnes sont occupées par cette industrie, qui donne lieu à un mouvement de fonds de près de 30 à 35,000,000 de francs. En Angleterre elle a moins d'importance : quatre-vingt à quatre-vingt-dix baleiniers y font la pêche du cachalot, et rapportent annuellement trois millions cinq cent mille à quatre millions de kilog. d'huile, et trois cent cinquante à quatre cent mille kilog. de blanc. Il y a de l'occupation pour trois mille personnes, et un emploi de fonds de 16 à 18,000,000 de francs. En France, nous sommes bien loin encore de ces proportions : notre pêche qui, depuis quelques années a pris un si grand développement, se borne toujours à la poursuite des baleines proprement dites, et nous sommes forcés d'acheter en Angleterre de l'huile de cachalot ou même du blanc de baleine tout pressé pour alimenter les fabriques de bougies diaphanes.

Avant 1822, l'importation du blanc de baleine était si faible, qu'il n'en est pas même fait mention aux états de balance du commerce.

En 1822 on en a importé 19,691 kilog.
 1823   56,628
 1824   71,728
 1825   135,458

Depuis lors ce chiffre a un peu baissé par suite de l'augmentation des droits de douane.

(Historique.) Il est probable que le blanc de baleine a été connu des anciens, quoi qu'en puissent dire les auteurs de l'*Encyclopédie britannique*. Un passage d'Ovide pourrait même faire croire qu'il était au nombre des cosmétiques dont se servaient les dames romaines. Les médecins du moyen âge qui recherchaient avec tant de soin les productions naturelles curieuses, en leur attribuant à toutes quelques vertus spéciales, n'ont pas manqué de remarquer cette substance, et le nom de *sperma ceti* lui a sans doute été appliqué pour rehausser son prix par une apparence de rareté; mais ce n'est que vers le milieu du siècle dernier, lorsque les Américains et les Anglais s'aperçurent qu'on pouvait l'employer à l'éclairage, que la production du blanc de baleine prit quelque essor, et devint l'objet d'une fabrication importante : c'est probablement aux pêcheurs du Massachussets que l'on doit ce progrès; de là cette industrie passa en Angleterre, puis en France, avec les pêcheurs de Nantucket, que Louis XVI fit venir à Dunkerque en 1784. On ne fit long-temps avec le blanc de baleine qu'une chandelle assez médiocre : on le pressait fort mal, et l'on n'avait d'autre moyen de détruire la cristallisation, que de le couler à une température très basse, ce qui produisait, au lieu des grandes lames qui eussent fait casser la chandelle, une sorte de tissu saccaroïde d'un blanc jaunâtre. Depuis quelques années l'emploi de la presse hydraulique, et de la chaleur pendant la pression, ont changé tout-à-fait cette industrie; on a remplacé le coulage à froid par un mélange de cire qui détruit toute cristallisation sans altérer la translucidité; la mèche grossière par une mèche fine, puis par une mèche nattée, et cette mauvaise chandelle, toute grasse, toute imparfaite des Américains, est devenue l'une des meilleures bougies connues. Maintenant qu'il ne reste que fort peu à faire sous le rapport de la perfection des produits, les améliorations à introduire dans cette industrie doivent sur-tout tendre à la réduction des prix qui sont encore trop élevés.

De Lajonkaire.

BLANC D'ESPAGNE. V. Craie.
BLANC DE PLOMB. V. Céruse.
BLANCHIMENT DES TOILES DE LIN, DE CHANVRE ET DE COTON. (*Chimie industrielle*.) Quand les toiles de lin ou de chanvre ont été tissées, les fils sont enduits d'une substance connue sous le nom de Parou ou Parement, dont s'est servi le tisserand pour faciliter le glissement de son fil. Cette substance s'opposerait au blanchîment du tissu dont la matière colorante ne pourrait être détruite par l'influence des agents à l'action desquels on doit la soumettre. Le fil, lui-même, est formé d'une partie ligneuse qui le constitue essentiellement, et qui se trouve pénétrée ou recouverte d'un grand nombre de couches de la matière colorante. La manière dont cette substance se trouve répartie dans le fil, ne permet pas qu'on l'enlève dans une seule opération : ce n'est que successivement et par couches que, modifiée dans ses propriétés, elle peut être complétement enlevée ou détruite.

Les opérations à faire subir à la toile consisteront donc :

$1°$ A enlever le *parou* dont elle est imprégnée;

$2°$ A décomposer et enlever la matière colorante, au moyen de divers agents qui ne doivent pas altérer le tissu. Ces opérations se divisent en neuf parties distinctes : 1re enlèvement du parou par la fermentation; 2e lavage à la machine à laver ou au *dash-wheel*; 3e débouillage à la chaux; 4e pression des toiles à la machine; 5e lessive; 6e étendage sur pré; 7e immersion et bains d'acide sulfurique; 8e bouillon au savon; 9e apprêt; 10e étendage.

1re Opération. *Enlèvement du parou par la fermentation*. Les toiles écrues que l'on prépare au blanchîment doivent d'abord être soumises à l'action de l'eau chaude pour décomposer le parou qui s'en sépare alors complétement. Pour cela, après les avoir pliée en plis égaux, on les dispose dans le cuvier, ayant soin de jeter de l'eau entre chaque pli afin que les diverses parties de la toile ne soient pas immédiatement en contact. On recouvre le tout d'une couche d'eau, et on abandonne l'opération à elle-même jusqu'à ce que les phénomènes de décomposition du parou se soient présentés, mais en prenant grand soin que la toile elle-même ne s'altère pas, ce qui arrive quand la fermentation est très rapide, et quand les divers plis sont en contact immédiat : il peut arriver alors que le tissu se détériore au point de se déchirer avec la plus grande facilité. C'est à l'ouvrier à bien surveiller l'opération, et à l'arrêter s'il s'aperçoit que la température s'élève trop. Elle doit être maintenue de 30 à 40°. Si la chaleur atmosphérique est assez forte, on n'a pas besoin d'employer de moyens d'échauffement ; dans le cas contraire, il faut faire passer un peu de vapeur dans le cuvier.

Lorque les toiles contiennent peu de parement, la fermentation se développe difficilement : on ajoute alors à l'eau, de la farine d'orge ou de seigle, en petite quantité, qui la déterminent plus rapidement, ou un peu d'acide sulfurique ou de potasse.

Dans tous les cas, des bulles de gaz viennent crever à la surface du liquide ; il s'y forme une pellicule légère qui finit par s'affaisser et tomber par parties au fond. Arrivée à ce terme, la décomposition du parou est terminée.

Le plus ordinairement, on s'empresse de laver la toile sans perdre de temps, dans la crainte que le tissu n'éprouve une détérioration ; cependant beaucoup de blanchisseurs sont d'avis qu'elle peut rester, sans inconvénients, pendant vingt-quatre heures dans le cuvier ; mais dans tous les cas, il faut la laver aussitôt qu'elle en sort.

Il est difficile d'assigner la durée de l'opération ; elle dépend de la température, de la quantité de matière sur laquelle on opère, et de celle du parou, etc. Pour des toiles demi-fines, de $35^m,85$ (trente aunes), sur $0^m 895$ (trois quarts), on laisse les tissus tremper pendant six jours. Pour des toiles fines et très imprégnées de parement, l'opération ne dure quelquefois que vingt-six à trente heures.

BLANCHIMENT DES TOILES.

Si les toiles flottaient en partie à la surface, il faudrait les couvrir de planches que l'on chargerait de poids.

2ᵉ Opération. *Lavage à la machine à laver ou au dash-wheel.* La toile, au sortir du cuvier, doit être lavée avec soin. Ce lavage peut s'opérer soit avec la machine à laver, soit avec le *dash-wheel.* Si l'on peut disposer d'une force de quatre chevaux, ce dernier appareil peut être employé avec beaucoup d'avantage. La machine à laver exige moins de force, et produit de très bons effets. Nous en parlerons d'abord.

Lorsque les pièces de toile ne pèsent que sept à huit kilogrammes, le *dash-wheel* est très avantageux ; mais quand leur poids est de dix à vingt-cinq kilogrammes, cette machine ne peut être mise en usage, et celle que nous allons décrire est préférable.

Fig. 210.

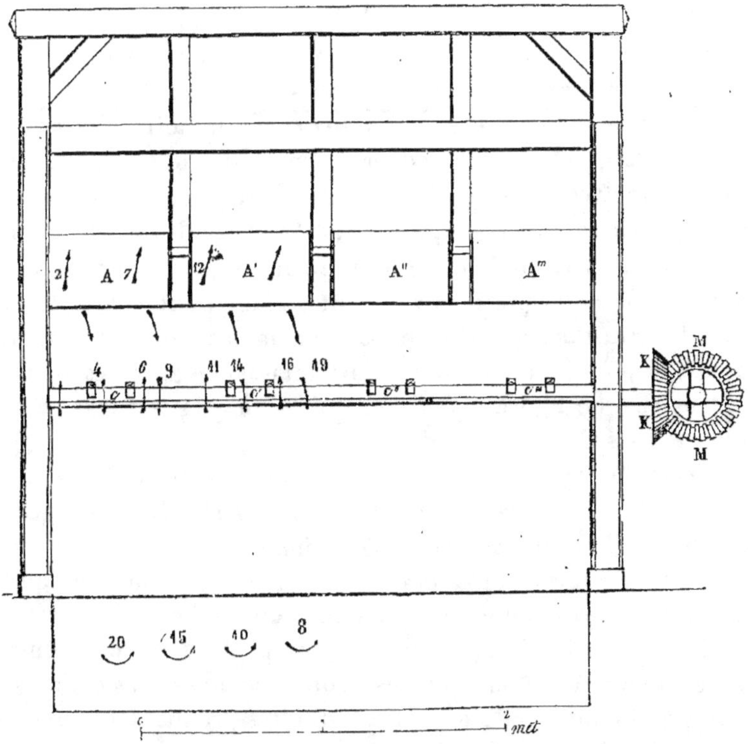

Un système d'engrenage, formé de deux roues d'angles M et K,

314 BLANCHIMENT DES TOILES.

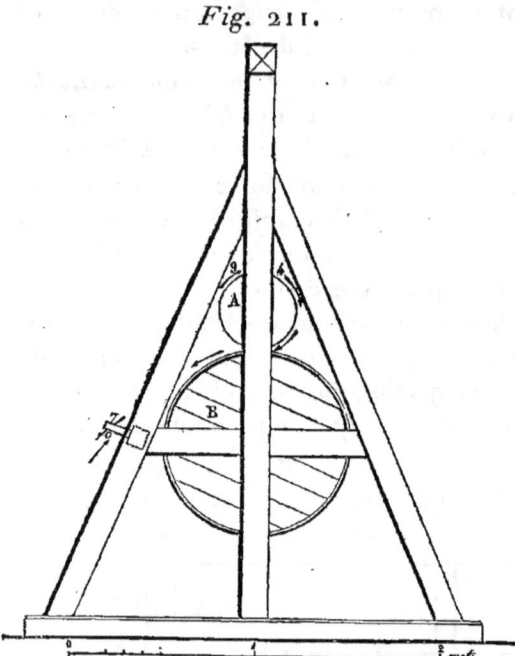

Fig. 211.

met cette machine en mouvement. Pour s'en servir, l'ouvrier placé près de l'une des extrémités, jette le bout d'une pièce de toile sur le petit cylindre A; la toile s'engage entre ce cylindre et le gros B et revient en avant; l'ouvrier saisit le bout de la toile et le jette de nouveau sur le même cylindre en le faisant passer entre les deux arrêts c, c', c'', et laissant faire à la toile une anse, de manière qu'elle plonge dans le cours d'eau, de soixante-cinq centimètres environ : il continue à faire passer la toile deux fois sous chaque cylindre A, A', A'', A''' et entre les arrêts, et un autre ouvrier saisit le bout de la toile au sortir du dernier cylindre, et défile la pièce en la pliant sur un petit charriot qui sert à la transporter. On peut passer à la machine à laver un nombre de pièces indéfini en les attachant les unes après les autres.

Dans chaque figure les chiffres qui accompagnent les flèches indiquent les mouvements des toiles.

Dans la fig. 210, on n'a pas figuré le gros cylindre B.

A, A', A'', A''', petits cylindres entre lesquels et le gros cylindre B, la toile passe pour s'exprimer.

B, cylindre mis en mouvement par une roue d'angle oblique d'un arbre qui communique avec une roue à aubes qui est mue par le cours ou la chute d'eau, et qui peut servir en même temps à élever l'eau dans un réservoir. Quand le gros cylindre est mis en mouvement, les petits cylindres prennent un mouvement semblable.

cc, Arrêts entre lesquels on place les diverses anses de la toile, pour qu'elle passe deux fois sous chaque petit cylindre sans se mêler.

K, roue dentée, mise en mouvement par la roue oblique.

M, autre roue dentée, dont l'axe est mu par une transmission de mouvement de la roue à aubes.

Dans le *dash-wheel*, la toile est lavée d'une manière toute différente. Cet appareil consiste en un tambour de bois, mu sur son axe par le moyen d'un engrenage convenable : ce tambour est divisé en quatre parties par des planches percées de trous ; l'eau s'introduit par le moyen de deux tuyaux qui communiquent avec un réservoir supérieur, de telle sorte que quand le cylindre est en rotation, elle pénètre successivement dans chaque compartiment, et sort par les ouvertures antérieures.

Fig. 212.

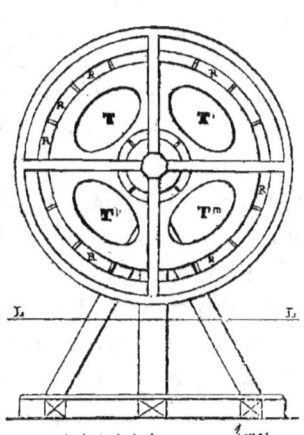

On introduit dans chaque partie du *dash-wheel, fig.* 212, par les ouvertures T, T', T'', T''', deux pièces de toile, et l'on met l'appareil en mouvement en donnant seulement vingt ou vingt-quatre tours par minutes. Si la vitesse était trop grande ou les pièces trop pesantes, la pièce lancée sur l'un des parois y resterait attachée, et ne se laverait pas. Quand l'appareil a la vitesse convenable, les pièces viennent alternativement frapper les deux parois du compartiment, et se lavent très exactement.

Nous renvoyons à l'article Wash-Stock pour la machine de ce nom.

3ᵉ Opération. *Débouillage à la chaux.* Quand les pièces ont été lavées, au sortir du cuvier où la fermentation a eu lieu, on les soumet ordinairement à l'action d'un lait de chaux à une température de 50°, pendant demi-heure environ dans le bac. L'ouvrier fait déliter la chaux dans l'eau, et quand elle est bien délayée il la verse dans le bac, et y fait passer une petite quantité de vapeur par le tube *o* en ouvrant la clé ; en même temps il étend les pièces dans l'un des bacs, et les foule au moyen d'une palette en bois pendant tout le temps de l'opération qui dure un quart d'heure environ pour chaque pièce. Quand l'opération est finie pour l'une d'elles, l'ouvrier engage l'extrémité de la pièce entre les deux cylindres B, C, *fig.* 213, de la crecelle, et

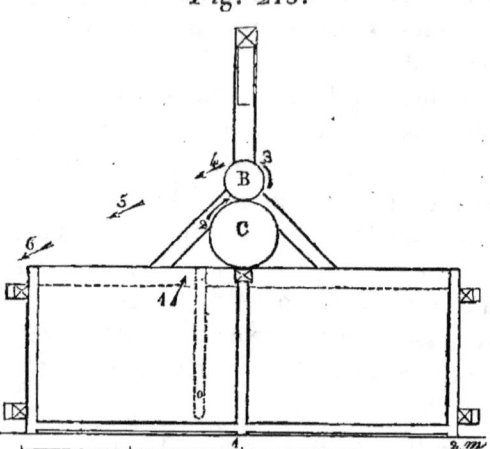

Fig. 213.

la retire par-dessus en mettant les cylindres en mouvement au moyen de la manivelle. On commence une autre opération dans la seconde partie du bac. La toile sortie du lait de chaux est lavée avec beaucoup de soin dans le *dash-wheel*, ou avec la machine à laver.

Cinq cents grammes de chaux suffisent pour passer dix pièces de toile de $35^m,85$ (trente aunes), sur $0^m,895$ (trois quarts) : on en ajoute de temps à autre au bain après en avoir formé un lait bien divisé ; ce bain s'épaissit un peu après plusieurs opérations ; mais on ne change la chaux qu'à la fin du jour.

L'emploi de la chaux offre des inconvénients qui ont déterminé beaucoup de blanchisseurs à y renoncer : l'action de cette substance leur paraît trop forte, et l'expérience leur a prouvé que la force de la toile se trouvait diminuée ; on peut y substituer une lessive de carbonate de soude, formée d'un kilog. de ce sel à 80° non caustifié, pour cent kilog. de toile. Cette proportion, employée dans l'une des meilleures blanchisseries de toile de lin, procure des résultats très avantageux.

4e Opération. *Pression des toiles à la machine.* Quand on porte les toiles dans la lessive, il faut qu'elles soient imprégnées d'eau pour qu'elles se pénètrent facilement, et *également* surtout, de la lessive, ce qui est indispensable pour le succès de l'opération ; mais il y aurait un grand inconvénient à ce qu'elles en continssent une trop grande quantité : cette eau empêcherait la lessive de pénétrer, et l'action de l'alcali s'exercerait à peine. On peut exprimer les toiles par différents moyens : celui de tous qui est préférable, consiste à les faire passer entre des cylindres assez fortement pressés pour que la presque totalité de

BLANCHIMENT DES TOILES.

liquide soit forcée de sortir. La machine *fig.* 214 remplit parfaitement ce but. La toile, apportée dans le cuvier S est défilée par l'ouvrier sur la table Q, et l'extrémité introduite entre les cylindres A, A' que l'on presse à volonté par le moyen des leviers C, C à l'extrémité desquels sont placés des poids : la toile se développe alors sur la table P P. L'extrémité introduite entre les cylindres B B', tombe dans la trémie M qui, par le moyen du levier N, répand la toile en plis égaux sur la table R R, d'où l'ouvrier peut facilement, à cause de la régularité des plis, la transporter au cuvier à lessive.

Fig. 214.

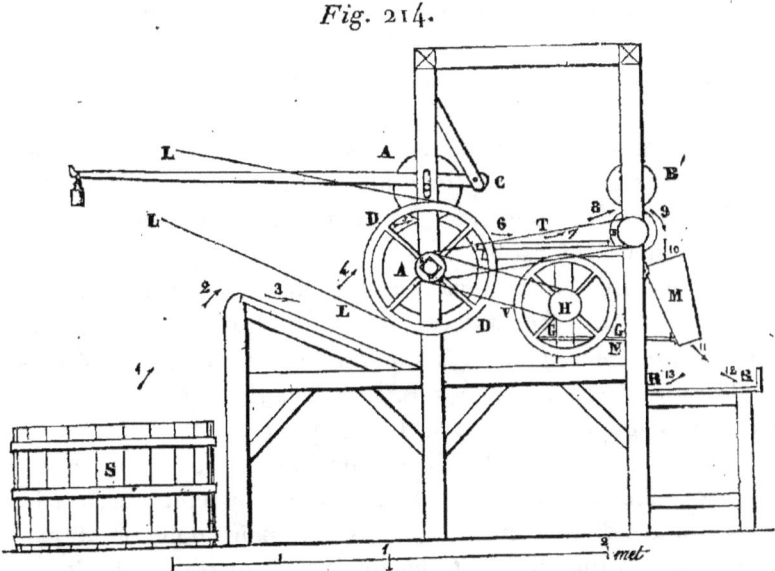

A, gros cylindre sur lequel passe la toile humide.

A', petit cylindre s'appuyant sur le premier au moyen de la pression du levier.

C, levier produisant une pression sur les cylindres.

D, poids que l'on place à une distance déterminée par la pression que l'on veut produire. Ce poids doit être sur chaque levier, de dix kilogrammes environ.

L, L, cuir passant sur la circonférence de la roue pour communiquer le mouvement.

B, B', deux cylindres entre lesquels passe la toile après avoir été pressée par les deux premiers.

V, cuir s'enourlant sur l'axe du cylindre B.

G, G, roue destinée à communiquer le mouvement à la trémie M.

H, axe de la roue G, sur lequel s'enroule le cuir qui communique le mouvement.

N', excentrique qui communique à la trémie M le mouvement.

R, R, table sur laquelle se défile la toile.

M, trémie mise en mouvement par la roue G et le levier N, qui répand la toile en plis égaux sur la table R, R.

S, baquet où l'ouvrier place la toile humide pour la passer à la machine.

T, cuir pour la communication du mouvement aux cylindres B, B'.

5e Opération. *Lessive.* Les lessives peuvent s'opérer au moyen de carbonates alcalins ou de lessives rendues caustiques par la chaux : ces dernières agissent plus vivement peut-être sur la matière colorante, mais sont susceptibles de réagir très fortement aussi sur le tissu, et de l'altérer à tel degré, qu'il peut perdre presque entièrement sa solidité. Les carbonates agissent plus lentement, mais leur action se borne à la décomposition de la matière colorante. Maintenant on se sert, le plus ordinairement, de dissolution de carbonate.

Après s'être assuré du degré alcalimétrique de la soude (*v.* ALCALIMÈTRE), ou de la potasse que l'on emploie, on la fait dissoudre dans la quantité d'eau nécessaire pour immerger entièrement la quantité de toiles que l'on veut traiter, et l'on y place les toiles avec les précautions que nous allons indiquer dans un instant.

Si l'on opère sur des sels de soude ou de la potasse, qui se dissolvent sans laisser de résidu, il suffit de les jeter dans l'eau pour qu'ils se dissolvent. Mais si on employait des soudes brutes, il faudrait les faire dissoudre dans l'eau, dans un cuvier de bois propre, et tirer la liqueur à clair ; ensuite verser de l'eau sur le résidu, agiter et décanter de nouveau après le repos ; on traiterait une dernière fois le marc, et on réunirait toutes les liqueurs dans le cuvier à lessive. Si on ne prenait pas cette précaution, les matières non solubles pourraient altérer les tissus.

Deux moyens peuvent être employés pour opérer la lessive : le chauffage direct de la liqueur, et son échauffement par l'action de la vapeur. Le dernier procédé, employé dans beaucoup d'établissements, offre des inconvénients qui résultent de la pression exercée par la vapeur, et sur-tout de ce que la quantité de celle-ci qui se condense pendant le cours de l'opération, étend la dissolution alcaline de manière à en diminuer, sinon à en anéantir l'action; de telle sorte, que pour qu'elle en exerce une convenable sur la toile, il faut, au commencement de l'opération, l'employer à un degré de force qui peut altérer le tissu.

Une condition importante à remplir dans le lessivage, est de faire passer la liqueur chaude au travers de la masse de toile. Dans le blanchissage ordinaire on y parvient en reversant un grand nombre de fois la liqueur sur le cuvier. Dans l'appareil à vapeur, la lessive, poussée par un tuyau central, s'élève jusqu'au-dessus des toiles, et les immerge complétement; mais ce tuyau lui-même présente, dans son emploi, de graves inconvénients, quoiqu'on ait soin de le revêtir d'une enveloppe de toile; il arrive fréquemment qu'une partie du tissu qui le touche éprouvant l'action directe de la chaleur, se détériore fortement. Voici du reste comment on opère.

Les lessives étant préparées on les verse dans le cuvier à lessive, et l'on y place ensuite les toiles dont on a enlevé le parou, et qui ont été traitées par la chaux, en les couchant par plis à peu près égaux, ayant sur-tout bien soin qu'aucun d'eux ne se touche immédiatement, et qu'il y ait toujours de l'eau entre chacun. Quand la quantité de toile que l'on peut placer dans le cuvier s'y trouve réunie, on place le couvercle que l'on assujettit avec des barres qui passent dans des anses en fer. Pour que la fermeture soit exacte, on est toujours obligé de mettre de vieux linges entre le couvercle et les parois du cuvier, sans cela une partie de la vapeur se perdrait.

Le liquide, porté à la température de l'ébullition, est projeté à la partie supérieure, d'où il retombe au fond par les ouvertures percées dans le double fond, et se trouve de nouveau porté à la partie supérieure, ce qui produit l'effet du coulage de la lessive.

L'opération doit être continuée ainsi pendant trente heures

consécutives, après quoi on cesse de faire arriver de la vapeur, et on laisse refroidir lentement le cuvier en enlevant le couvercle; on soutire alors le liquide par un robinet convenable, ou bien on retire immédiatement les toiles pour les porter à la machine à laver.

Les deux appareils suivants sont employés avec avantage, pour produire économiquement, et sans aucun des inconvénients que nous avons signalés, le lessivage des toiles.

Dans le premier, *fig.* 215, les tissus placés dans le cuvier a, sont immergés dans la liqueur alcaline qui s'élève à la même hauteur dans un cylindre de fonte placé latéralement, et qui communique avec le cuvier par le moyen de deux tuyaux placés, l'un à la partie supérieure, l'autre à la partie inférieure. Le liquide, en se dilatant, s'élève par le tuyau supérieur, se déverse sur les toiles, et une quantité correspondante de lessive retourne par le tuyau inférieur dans le cylindre pour s'y échauffer : le mouvement continuel du liquide produit, de la manière la plus favorable, l'action pour laquelle on en fait usage.

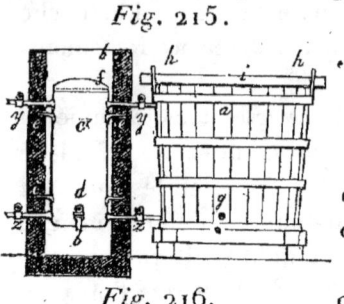

Fig. 215.

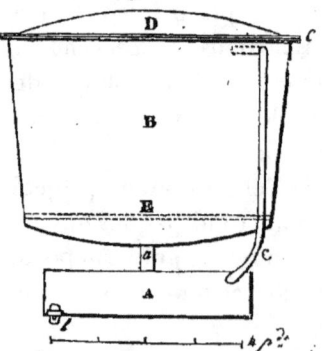

Fig. 216.

a, cuvier.
hh, anses pour retenir les barres.
i, barre pour fixer le couvercle.
g, ouverture pour vider le cuvier.
y, z, tuyaux de communication de la chaudière avec les deux cuviers.
bb, fourneau; c, chaudière; f, couvercle de la chaudière; d, robinet de la chaudière; ee, barres de fer destinées à soutenir la chaudière.

Deux tuyaux du côté opposé communiquent avec un autre cuvier semblable.

Au lieu d'échauffer la lessive dans un vase placé latéralement, on peut la réunir dans un bouilleur, *fig.* 216, situé au-dessous du cuvier, et qui communique avec lui par le moyen d'un tuyau latéral qui vient s'ouvrir à sa partie supérieure. Le bouilleur est placé dans un fourneau qui enveloppe aussi le cuvier.

A, bouilleur; B, cuvier; D, couvercle du cuvier; E, grille sur laquelle reposent les toiles à lessiver; a, tuyau servant à l'injection de la lessive dans le cuvier; e, tuyau de retour de la lessive dans le bouilleur; b, robinet du bouilleur.

Cet appareil est très commode, le service en est très facile; il a été inventé par M. Descroisilles fils, qui a été breveté pour cet objet. On ne pourrait donc le construire sans l'autorisation de l'auteur.

Si les toiles étaient abandonnées quelque temps imbibées de lessive faible, la température s'élèverait sur-tout dans l'intérieur des plis, et les toiles pourraient se détériorer à tel point qu'elles se déchirassent en les touchant; il pourrait même arriver, si elles étaient réunies en grande quantité, que la température s'élevât jusqu'au point de produire une inflammation. Quand les toiles sont imprégnées de lessives fortes, la détérioration est moins rapide; mais elle est toujours à craindre.

On doit aussi n'échauffer les liqueurs alcalines où se trouvent les toiles, qu'avec lenteur; dans le cas contraire, on rendrait le blanchîment beaucoup plus difficile.

Pour cent pièces de toile de $35^m,85$ (trente aunes), sur $0^m,895$ (trois quarts), on emploie à la première lessive trente kilogrammes de sel de soude à $100°$, ou son équivalent en potasse, ou en soude, à tout autre degré. V. ALCALIMÉTRIE.

6e Opération. *Étendage sur pré.* Les toiles sorties de la lessive et lavées à la machine à laver ou au *dash-wheel*, sont exposées sur le pré, qui doit être couvert d'herbe sur laquelle repose la toile; si celle-ci touchait la terre, elle serait très promptement détériorée.

Je n'insisterai pas sur les précautions à prendre pour l'arrosage, la disposition des prés, leur coupure, etc. L'habitude où l'on est d'exposer les toiles sur pré, dans le blanchîment ordinaire, donne lieu aux ouvriers de bien les connaître; je dirai seulement qu'il faut que l'eau soit pure et limpide, sans cela les substances étrangères qu'elles contiendrait se déposeraient sur le tissu, et seraient difficiles à enlever.

L'exposition sur pré doit durer douze jours environ, après quoi on soumet la toile à une nouvelle lessive semblable à la première, et l'on réitère ainsi les lessives et les expositions sur pré de quatre à six fois, selon la nature des toiles.

Après la quatrième ou la sixième exposition sur pré, on donne une lessive avec douze kilogrammes de soude; on lave et on passe les toiles au chlorure de chaux.

7e Opération. *Immersion et bain d'acide sulfurique.* La dissolution de chlorure de chaux étant préparée et marquant 2°, on la verse dans le cuvier C', *fig.* 217, et l'on y immerge les toiles humides et non mouillées; on les brasse dans la liqueur avec une palette pour qu'elles s'en pénètrent bien, et on les abandonne pendant vingt-quatre heures. Au bout de ce temps on les fait passer sans les avoir lavées, dans le cuvier C, contenant de l'eau aiguisée d'acide sulfurique : pour cela l'ouvrier passe le bout de la pièce sous la crecelle A, A', et par le mouvement de la manivelle, la toile se défile d'elle-même, glisse sur la planche P, et tombe dans le cuvier : la liqueur alcaline exprimée, par le moyen des cylindres, retombe dans le cuvier.

Fig. 217.

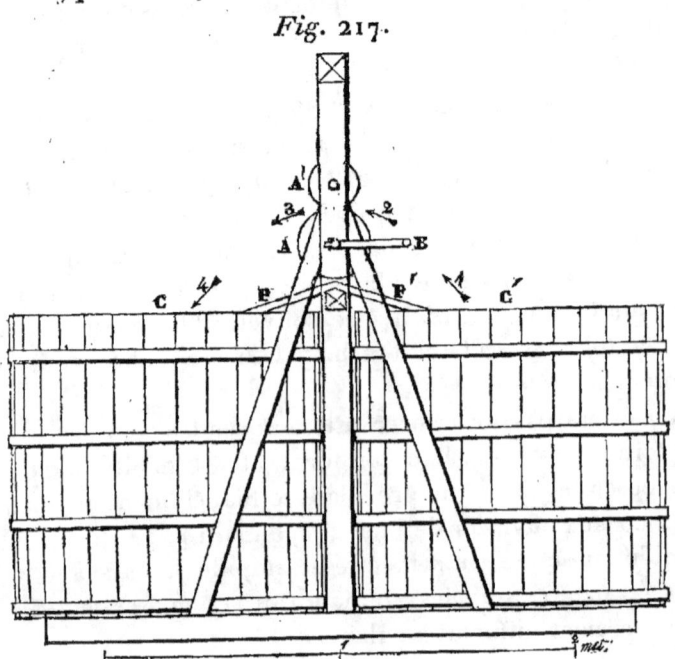

C′, cuvier dans lequel on verse la dissolution de chlorure de chaux.

A, A′, cylindres entre lesquels on fait passer la toile au sortir de l'immersion, pour la plonger dans le bain d'acide sulfurique.

B, manivelle pour mettre les cylindres en mouvement.

P, P, tablettes sur lesquelles s'écoulent les liquides qui sortent par l'expression de la toile, et qui reportent chacun d'eux dans le cuvier convenable.

C, cuvier pour le bain d'acide sulfurique.

Lorsque la toile, encore imprégnée de chlorure, s'imbibe d'eau acidulée, une certaine quantité de chlore se dégage et se répand dans l'atelier. Pour que ce gaz n'incommode pas les ouvriers, il faut que l'atelier soit bien aéré par le moyen d'ouvertures convenables. *V*. VENTILATION.

La toile reste douze heures dans l'eau acidulée : on la retire en la faisant passer entre les cylindres, et au sortir de cette liqueur on la porte sans retard au lavage, qui doit être fait avec le plus grand soin, sans cela, quelque petite que fût la quantité d'acide sulfurique dont la toile restât imprégnée, par la dessiccation, cet acide se concentrant, détruirait entièrement le tissu. On ne saurait trop insister sur cette précaution importante.

Cet effet est tellement marqué, que beaucoup de blanchisseurs ont entièrement abandonné l'emploi de l'acide sulfurique, et préfèrent se servir d'acide hydrochlorique, dont le prix se trouve un peu plus élevé, mais qui leur paraît mieux nettoyer la toile, qui forme des combinaisons plus solubles, et ne laisse aucune inquiétude pour la solidité des étoffes.

Une exposition sur pré, de six jours environ, succède à l'opération dont nous venons de parler : on fait ensuite une lessive, une immersion, un bain acidulé, et on lave alternativement cinq à six fois : le blanchîment doit alors être terminé.

8ᵉ Opération. *Bouillon au savon*. Ordinairement après le dernier lavage, on passe la toile à un bain de savon, dans un bac à laver, semblable à celui que l'on emploie pour passer les toiles à la chaux. On délaie le savon dans la quantité d'eau nécessaire; on élève la température à 50° environ, en y faisant passer un peu de vapeur, et on plonge les toiles dans le bain, en les foulant avec la palette. Au bout de cinq à six minutes on les enlève en les passant à la crecelle comme pour les retirer de la chaux : l'ouvrier jette le bout de la pièce entre les cylindres, et le retire par-dessus le cylindre supérieur : la toile est ensuite lavée à l'ordinaire.

Le savon paraît cependant offrir quelques inconvénients, et de très bons blanchisseurs en font très peu d'usage, se fondant sur ce que les lavages qui suivent cette opération, ne sont pas assez parfaits pour l'enlever entièrement; la petite quantité qui reste donne, à la vérité de la douceur à la toile, et rend son aspect plus agréable, mais la toile est sujette à jaunir.

9ᵉ Opération. *Apprêt*. Les toiles étant complétement blanchies, on les apprête pour leur donner plus d'éclat : leur blanc est mat; elles se froisseraient trop aisément : on leur donne un APPRÊT convenable, en les passant dans de l'eau contenant un peu d'amidon et d'azur.

On commence par faire bouillir une petite quantité d'amidon de pomme de terre avec de l'eau, et on y ajoute la quantité d'AZUR ou d'OUTREMER nécessaire pour obtenir le ton que l'on veut avoir. Cette liqueur est versée dans le cuvier D de la machine à apprêter, *fig.* 218, ou dans une caisse en carré-long que

Fig. 218.

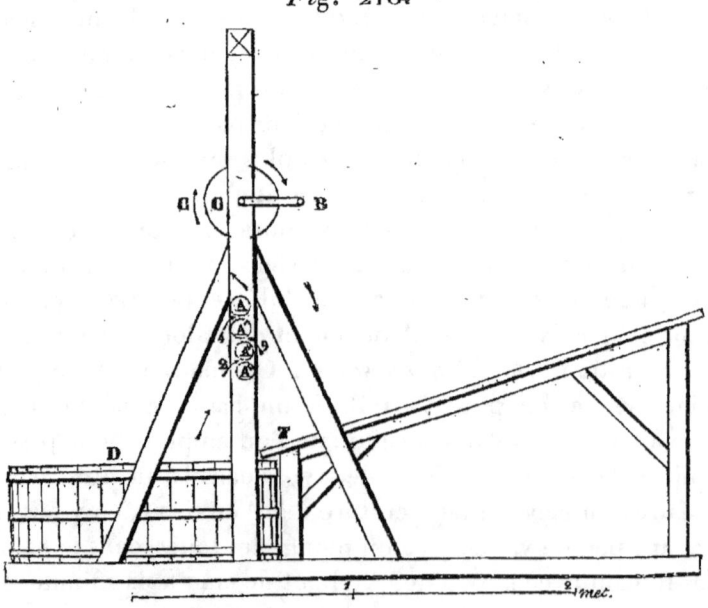

BLANCHIMENT DES TOILES.

l'on place au-dessous de cette machine. L'ouvrier y barbotte la toile, la passe entre les cylindres A, A', A'', A''' de la machine, et l'enroule sur le cylindre C au moyen de la manivelle B. Quand la toile est toute passée, l'ouvrier la déroule et la jette sur la table T.

A, A', A'', A''', cylindres en cuivre, mobiles sur leurs axes entre lesquels passe la toile au sortir de l'apprêt.

C, gros cylindre de bois sur lequel la toile s'enroule.

B, manivelle pour mettre en mouvement le cylindre C.

D, cuvier contenant l'apprêt.

T, T, table sur laquelle on étend la toile quand on la retire de dessus le cylindre C.

Pour être livrée au commerce, la toile n'a plus besoin que d'être pliée et soumise à une pression convenable après avoir été séchée.

Les proportions de matières pour les lessives, le temps d'exposition sur le pré, le nombre des lessives, l'immersion et exposition sur pré, devront varier avec les qualités de toiles sur lesquelles on opère : deux toiles de grosseur différente demandent des différences que l'on ne peut assigner d'avance : c'est à l'ouvrier intelligent à savoir varier les diverses parties de l'opération, de manière à obtenir les résultats qu'il désire.

10ᵉ Opération. *Étendage.* La dessiccation peut s'opérer dans les climats où la température varie peu, par la simple action de l'air; c'est d'ailleurs un moyen plus commode et sans danger; les toiles n'y sont pas exposées aux accidents qu'elles peuvent éprouver dans les séchoirs à étuves.

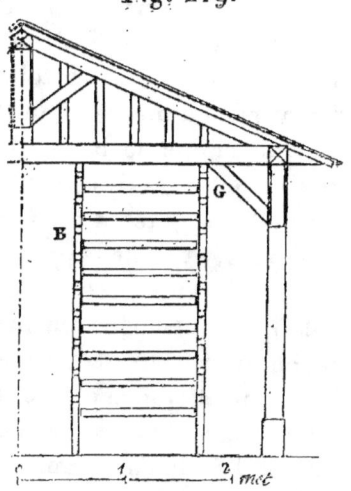

Fig. 219.

Pour rendre l'étendage facile, on attache, à la suite l'une de l'autre, un assez grand nombre de pièces, qui sont apportées à l'étendoir sur de petits charriots, et à l'extrémité de la première on fixe deux longues cordes que l'ouvrier passe sur les rouleaux attachés après les montants B C de l'étendoir, *fig.* 219, et, en les tirant jusqu'à l'extrémité, il étend la toile sur la partie la plus élevée de l'étendoir; il fait successivement la même chose en descendant : il peut ainsi étendre un grand nombre de pièces en peu de temps. L'enlèvement des pièces sèches s'opère aussi facilement que l'étendage,

Les toiles sont placées sur des rouleaux très facilement mobiles sur leurs axes, et qui reposent sur les montants B|, C.

Le séchoir doit être fermé par des persiennes mobiles, comme celles que l'on emploie habituellement, et que l'on n'a pu représenter sur la planche.

Préparation des immersions. Le Chlorure de chaux préparé par les procédés que nous décrirons, est un *sous-chlorure;* quand on le traite par l'eau il se décompose en deux parties : la moitié de la chaux se précipite, et la liqueur contient un chlorure neutre; on la laisse déposer, et on la décante pour l'employer au blanchîment; quand cette liqueur est claire, on la verse dans le cuvier C', *fig.* 218, et l'on y passe les toiles comme nous l'avons indiqué plus haut.

Il est extrêmement aisé, connaissant le titre du chlorure par l'essai au moyen de la liqueur d'épreuve, de savoir la quantité qu'il faut employer pour obtenir une dissolution au degré nécessaire. Je crois inutile d'insister à cet égard : à l'article Chlorures alcalins, seront décrits avec détail les procédés pour déterminer le degré de ces composés si importants.

Préparation du bain d'acide sulfurique. Si l'on mettait d'abord dans l'eau les toiles passées dans l'immersion, et que l'on versât ensuite la quantité nécessaire d'acide sulfurique, on courrait risque de brûler la toile, à cause de l'énorme action de l'acide sur les tissus : il faut donc verser d'abord l'acide dans l'eau, bien agitée avec une palette pour que le mélange soit très exact, et avoir la précaution de ne verser cependant l'acide que peu à peu, parce qu'en raison de la grande chaleur que développe le mélange, une partie de l'acide pourrait être projetée si l'on opérait sur de grandes quantités à la fois.

Je rappellerai ici que les toiles doivent être lavées immédiatement après le bain d'acide sulfurique. Si on les laissait se dessécher, l'acide en se concentrant brûlerait le fil.

L'acide sulfurique doit être employé à 66° de l'aréomètre de

Baumé : c'est le degré qu'il offre habituellement dans le commerce. *V.* Acide sulfurique.

Remarques générales. Je n'insisterai pas sur l'emploi des eaux, qui doivent être de bonne qualité, susceptibles de dissoudre le savon, bien courantes, très claires, et coulant, autant que possible, sur un sol sableux, et contenant peu de substances végétales ou animales en décomposition; et enfin, en quantité considérable, non-seulement pour opérer les lavages et les diverses opérations de blanchîment, mais encore pour mettre en mouvement la machine à laver, ou le *dash-wheel*, et pouvoir élever l'eau nécessaire pour la chaudière, et le service des cuviers, bacs, etc.

Une eau ne peut être bonne pour une blanchisserie que si elle dissout complétement le savon sans le grumeler.

Blanchîment des toiles de coton. Les toiles de coton n'exigent pas, pour être blanchies, un aussi grand nombre d'opérations que les tissus de chanvre et de lin : la matière colorante est beaucoup plus facile à séparer; elles varient du reste suivant qu'elles sont destinées à être vendues en blanc ou à être garancées; les appareils employés sont les mêmes que pour les toiles de lin et de chanvre.

Quand les toiles de coton sont destinées à être vendues en blanc, on leur donne trois lessives : la première à deux degrés, et les suivantes à une force moindre. Si le degré des lessives était plus élevé, on attaquerait fortement le tissu qui pourrait même perdre toute sa solidité : une immersion termine l'opération.

Il existe toujours, à la surface des toiles, des taches de suif ou d'huile qui n'offrent aucun inconvénient pour le blanc, mais qui, dans le garançage, en présentent de très graves. Dans ces points, la matière colorante se fixe solidement, comme sur les toiles qu'on a passé à un bain d'huile qui, dans le rouge d'Andrinople, porte le nom de *bain blanc*; et quand on expose sur pré les toiles garancées, le fond ne se blanchit pas ou se blanchit très mal dans tous les points qui avaient contenu une matière grasse.

Pour détruire ces taches de graisse, on est obligé de donner plusieurs lessives, non pour enlever complétement la matière huileuse, ce qui est extrêmement difficile, sinon impossible ce grand, mais pour la répartir sur une beaucoup plus grande étendue, ce qui en fait disparaître les effets.

Les matières grasses, comme le suif ou l'huile, sont très facilement dissoutes par les huiles volatiles, qui ne les enlèvent pas du tissu, mais les répartissent sur une grande surface, et en atténuent dès lors les inconvénients. Un savon dans lequel on trouverait moyen de faire entrer de l'essence de térébenthine, pourrait être employé avec un grand avantage dans cette partie de l'opération, et son emploi rendrait beaucoup plus facile et plus rapide le blanchîment des toiles de coton qui doivent être employées pour les teintures bon teint. Récemment, un fabricant qui paraît avoir employé un moyen plus ou moins analogue, est arrivé ainsi à des résultats très importants, et qui méritent d'attirer l'attention des blanchisseurs.

Un bain de savon termine, dans tous les cas, le blanchîment des toiles de coton : ce ne paraît pas être à lui qu'est dû le ton jaunâtre que prennent souvent les toiles, mais à la formation d'une matière colorante dont le chlore avait modifié momentanément les caractères. H. Gaultier de Claubry.

BLANCHISSAGE. (*Technologie.*) Le travail du blanchissage paraît si simple en lui-même, qu'il semble inutile de vouloir s'en occuper comme d'un procédé d'art; et, en effet, qu'elle est la ménagère qui, dans la province, ne fait pas, à certaines époques, blanchir sous ses yeux le linge de sa maison ? A Paris, particulièrement, des ouvriers répartis dans des localités plus ou moins convenables, entreprennent ce genre d'opération qu'ils pratiquent quelquefois sur de très grandes quantités.

Le linge qui a servi à tous les usages domestiques, est imprégné d'une quantité plus ou moins considérable de matières de toute espèce qu'il faut enlever avec soin pour le mettre en état de servir de nouveau. Celui qui sert pour le corps, et principalement les parties de vêtements qui ne touchent pas ou sont peu en contact avec la peau, se trouve dans un état très différent du linge plus ou moins grossier employé au nettoyage des appartements et dans les cuisines.

Si toutes les substances, dont le linge se trouve imprégné, étaient de même nature, il serait facile de les enlever par des agents appropriés; mais elles sont si différentes les unes des autres, qu'il semblerait difficile de rencontrer un corps qui pût les dissoudre toutes; heureusement que les alcalis faibles exercent sur toutes une action suffisante pour qu'elles puissent ensuite être entraînées par l'eau, et c'est dans ce but qu'on *coule la lessive*.

Nous n'avons pas besoin d'insister sur la nécessité de séparer les uns des autres les linges de diverses natures; sans cette précaution le linge fin et très peu sale, se trouverait souillé par l'eau qui aurait été en contact avec celui des cuisines, par exemple, dont il partagerait la malpropreté.

Quand on coule la lessive au moyen des cendres, la nature très variable de ce produit fait que la liqueur présente de très grandes différences dans sa force; et dans beaucoup de localités il est difficile de se procurer la quantité et la qualité des cendres convenables pour le lessivage. Depuis un certain nombre d'années, les blanchisseurs de profession emploient beaucoup la soude ou la potasse. Mais la fraude sait habituellement profiter de l'ignorance de cette classe d'industriels, ou de l'impossibilité où elle se trouve de vérifier habituellement la nature des produits dont elle fait usage; aussi les lessives faites de cette manière se trouvent-elles encore très variables, tant par la différence très considérable des degrés des potasses et sur-tout des soudes, que par la substitution de la soude à la potasse que savent faire les fabricants en imitant les caractères extérieurs de celles-ci avec de la soude, que l'on colore par divers moyens que nous indiquerons plus tard.

On a proposé de se servir d'aréomètres pour déterminer le degré des liqueurs alcalines; on a indiqué les quantités de potasse, de soude brute ou de sel de soude qu'il faudrait employer pour des quantités déterminées de linge et d'eau; mais ces données ne peuvent procurer que très peu d'avantages à cause des différences énormes de degrés que présentent les produits commerciaux. En effet, on trouve des sels de soude depuis 65 jusqu'à 92°, des soudes brutes qui marquent de 30 à 60°, et pour les potasses, leur force varie de 30 à 60. Cependant, comme le blanchissage ne peut jamais être dirigé comme une opération chimique à cause de la différence que présente le linge qui y est soumis, et qu'il faut toujours mieux employer un excès d'alcali qu'une trop faible proportion, nous citerons un tableau qui a été donné par M. Robiquet.

Force de la lessive pour les diverses espèces de linge.

	Linge échangé ou mouillé de cuisine.	d'office et de corps.	Linge non échangé ou sec de cuisine.	de corps et d'office.
Lessive de carbonate de soude.....	6°	5°	2°,5	2°
Lessive de potasse..	6°	5°	2°,5	2°
— de soude brute.	6°	5°	2°,5	2°
— de cendres...	7°	6°	3°	2°,5

Composition de la lessive en poids.

Pour 50 kil. de linge sec et très sale : Sel de soude.... 3 kil.
Id.   id.   Potasse de Russie.. 1 250
Id.   id.   Soude brute.... 4

Quantité d'eau pour dissoudre le sel.

	Linge échangé, Litres d'eau.	non échangé, Litres d'eau.
Pour 3 kil. de sel de soude........	25	45
— 1ᵏ,250 potasse de Russie......	25	45
— 4 soude brute..........	25	45

Est-il utile ou non d'*échanger* le linge, c'est-à-dire de le passer à l'eau avant de le mettre dans la lessive. La pratique généralement répandue semblerait indiquer que cette opération est nécessaire ; mais Curaudeau qui s'est beaucoup occupé du blanchissage, prétend qu'elle est mauvaise, parce que la lessive pénètre moins bien le linge, et qu'elle y trouve une assez grande quantité d'eau qui en diminue la force ; on peut objecter à cette opinion que si l'on plonge dans un bain de teinture un tissu ou des fils secs, ils s'en imprègnent difficilement et très inégalement, tandis que s'ils ont été mouillés et exprimés, ils se teignent facilement et d'une manière uniforme, et que quant à la quantité d'eau retenue par le linge, on peut en tenir à très peu près compte dans l'opération, et en employer une moindre proportion pour dissoudre l'alcali.

Le blanchissage à la vapeur paraît offrir des avantages incontestables, sur-tout pour une grande quantité de linge. On peut l'opérer au moyen d'un cuvier en bois placé au-dessus d'une chaudière qui repose dans un fourneau ; le cuvier est fermé par le moyen d'un couvercle assujetti avec des barres, comme dans les appareils employés pour le blanchîment. Le cuvier est ouvert à sa partie inférieure, et porte une grille mobile en bois, recouverte de lames de plomb, sur laquelle on fait reposer le linge. Sur sa circonférence intérieure se trouvent fixées des baguettes en bois destinées à ménager le passage de la vapeur.

Quand tout l'appareil est disposé, on imprègne le linge de dissolution alcaline, et on en exprime l'excès; on range ce linge dans le cuvier garni de draps que l'on rabat à la partie supérieure sur le linge, et pour que la vapeur circule facilement on a disposé d'avance, dans le cuvier, des morceaux de bois autour desquels on range le linge, et que l'on retire ensuite pour former des cheminées. Le cuvier étant bien fermé, on chauffe l'eau de la chaudière, qu'on y a mise exprès, si le linge n'a pas été échangé, et qui s'est écoulé du linge, si l'échangeage avait eu lieu; et l'on continue l'opération pendant un temps qui ne peut être déterminé qu'en raison de la nature du linge.

Dans un appareil dont la chaudière renfermait deux cents litres d'eau, la quantité de linge sec étant de sept cent cinquante kilogrammes, il fallait cent cinquante kilogrammes de houille et un fagot pour allumer le feu, qui durait de six à sept heures.

Ce mode a l'avantage de ne pas fatiguer le linge comme la friction et le battage qu'on lui fait habituellement subir. Suivi et abandonné à un grand nombre de reprises, il paraît cependant devoir être adopté; et un établissement de ce genre vient d'être formé à Vaugirard par M. Harel.

H. Gaultier de Claubry.

BLANCHISSERIES. *V.* Buanderies.

BLANQUETTE. *V.* Soude.

BLÉ. (*Agriculture.*) Nous ne considérerons pas ici le blé, pris en général, sous le rapport de sa culture, et nous remettons à en parler, sous ce point de vue, à l'article Froment, qui est le blé par excellence; nous nous occuperons seulement ici des pratiques les plus usitées pour sa conservation.

La pesanteur spécifique du blé indique la facilité plus ou moins grande qu'il présente à se conserver. Le moins lourd, à volume égal, est toujours celui qui se conserve le moins. Le blé des contrées méridionales a une supériorité marquée sur celui du Nord; la nature des terres exerce aussi, dans cette circonstance, une influence marquée; et l'on voit les qualités particulières d'un blé, semblable sous tous les autres rapports, varier d'un département, et même d'un canton à l'autre, tant pour la valeur du grain que pour la quantité et l'espèce de farine qu'on en obtient.

Il est possible de diviser les blés en deux grandes classes, savoir : les blés tendres et les blés durs. Les blés tendres croissent dans les pays froids, et dans les sols humides et compacts; les blés durs appartiennent aux climats chauds et aux terres sèches et légères. On comprend facilement l'influence que ces états opposés exercent sur la qualité du grain; les mesures de conservation doivent donc être prises d'après ces données.

On conserve le blé en le soustrayant de l'impression de l'air extérieur : c'est le moyen le plus conforme aux lois de la nature.

On conserve le blé dans sa gerbe, dans sa petite paille, en couches plus ou moins épaisses, par l'effet de la ventilation, dans des souterrains, en sacs isolés; et l'on peut encore employer, pour mieux parvenir à son but, la chaleur du soleil, celle de l'étuve, ou même celle du four.

Nous allons passer sommairement en revue ces moyens différents que nous traiterons plus amplement aux articles GRENIERS et SILOS.

Dès que le blé est coupé et mis en gerbes, on le laisse quelque temps dans le champ pour faire évaporer son humidité superflue. On arrange ensuite les gerbes dans la grange, sous des hangards, ou en meules sur le terrain. Il acquiert, dans cette situation, le dernier degré de maturité, conserve le goût de fruit qui lui est propre dans sa nouveauté, et devient plus capable de soutenir les altérations que pourraient lui faire subir de longs transports; il perd une portion de son humidité surabondante, et subit cet effet que l'on appelle ressuiement, et que le simple cultivateur caractérise en disant que le blé a jeté son feu. Mais, pour employer ces moyens, il ne faut pas que le blé ait été récolté humide; et l'on peut y suppléer en serrant le grain dans sa petite paille avec laquelle on peut le mêler et l'étendre dans tout endroit sec et froid sans avoir besoin de le remuer.

La méthode la plus générale consiste, dès que le blé est battu et nettoyé, à le répandre uniformément sur le carreau ou plancher, en couches plus ou moins épaisses, à le remuer à la pelle, et à le passer de temps en temps au crible. En pareil cas, on ne doit point attendre, pour remuer le blé, qu'il exhale de l'odeur, ou qu'il éprouve un commencement de chaleur; et pour cela il faut passer le blé à la pelle tous les quinze jours en été, et tous les mois en hiver, et le cribler tous les deux mois. La ventilation, c'est-à-dire l'art de donner plus d'activité à l'air ambiant, est aussi un procédé efficace auquel il faut recourir, au besoin, lorsque l'on a à redouter pour le blé un air froid, humide et stagnant.

On conserve aussi le blé dans des paniers de paille, qui sont un mauvais conducteur de la chaleur : c'est une sorte de grand panier auquel on donne la figure d'un cône renversé, et qui peut contenir jusqu'à deux setiers environ. Ce panier se démonte en deux ou trois pièces. Dans les grands approvisionnements on tient le blé en sacs isolés au moyen de petits morceaux de bois qu'on fixe à leur circonférence à la partie la plus saillante du sac que l'on distribue par rangées droites dans le grenier, en ne laissant que la place nécessaire pour passer entre les murs. Cette méthode convient aussi aux plantes légumineuses; elle ménage l'emplacement, et elle épargne des soins et des dépenses. Il sera question, au mot Silo, des moyens de soustraire le blé à l'impression de l'air en le mettant dans des fosses profondes, dans des puits, dans des citernes, en couvrant le monceau de blé d'une couche de chaux ou de plâtre, et en mouillant par aspersion la partie extérieure de cette couche qui ne laisse plus alors d'accès à l'air extérieur. On a imaginé divers moyens pour faire périr les insectes qui se seraient propagés dans le monceau de blé; ils sont plus ou moins efficaces, et peuvent les détruire, soit par défaut d'air nécessaire libre à leur respiration, soit en rendant impossible leur accouplement et leur régénération.

L'emploi de la chaleur de l'étuve ou du four est expéditif, mais il demande beaucoup de soins et de précautions pour n'être pas poussé à l'excès. Il est des saisons et des pays où l'action d'un air sec, et les remuements du grenier ne suffiraient pas pour enlever au blé son humidité surabondante ; il est utile alors de le dessécher doucement à l'étuve, tenue à un degré de chaleur que ne donnerait pas à propos la saison et le climat. Mais quoiqu'on ait dit que son action mettait le grain à l'abri des insectes, et qu'on pourrait l'abandonner ainsi au grenier sans avoir besoin de le remuer, des expériences ont prouvé que les insectes trouvaient le moyen d'y vivre, et qu'il n'était pas moins susceptible de s'échauffer et de fermenter, si l'on négligeait de le remuer.   Soulange Bodin.

BLENDE. *V*. Zinc.

BLEU D'AZUR, BLEU DE COBALT. *V*. Cobalt.

BLEU DE PRUSSE. (*Chimie industrielle*.) Le produit de la calcination des substances organiques azotées avec de la potasse, donne naissance à un composé qui, par son mélange avec un sel de fer peroxidé, a la propriété de produire un précipité bleu très employé en peinture, et que les arts préparent en grande quantité.

Toute substance organique azotée, peut servir à la préparation du bleu de Prusse ; mais quoique l'on emploie le plus ordinairement le sang desséché par la chaleur ; les cornes, les sabots de chevaux, et un grand nombre d'autres matières, sont aussi très habituellement mises en usage, soit à leur état naturel, soit après avoir été converties en charbon par la distillation dans des vases clos ; ce dernier procédé paraît offrir des avantages particuliers quand on en veut obtenir le ferro-cyanure de potassium cristallisé, au moyen duquel on prépare ensuite le bleu de Prusse.

Deux procédés différents sont suivis pour l'obtenir : le premier qui consiste à mêler avec du sel de fer la dissolution du produit obtenu par la calcination des matières organiques avec de la potasse ; le second dans lequel on opère la précipitation par le ferro-cyanure de potassium cristallisé : celui-ci peut être pratiqué sans aucun inconvénient dans toutes les localités ; celui-là en offre au contraire de très majeurs, auxquels on peut cependant obvier par des moyens faciles et peu dispendieux.

Nous décrirons d'abord brièvement le premier de ces procédés, et nous nous apesantirons ensuite davantage sur le second qui paraît devoir lui être généralement préféré.

Le sang desséché artificiellement, les cornes ou les autres matières organiques azotées ayant été mêlées avec 1/8 environ de potasse, à laquelle on ajoute un peu de battiture ou de limaille de fer, on introduit peu à peu le mélange dans des creusets en fonte placés dans un fourneau chauffé au bois ou à la houille, et on l'amène, en l'agitant avec un ringard en fer, au point de présenter une fusion pâteuse; on l'enlève avec des cuillers en fer, et on la projette dans de l'eau chaude renfermée dans une chaudière en fonte recouverte d'un dôme en tôle qui ne présente qu'une ouverture d'une dimension telle, que la cuiller puisse y passer facilement : au moment du contact de la matière avec l'eau, il se produit des détonations violentes, et qui pourraient être dangereuses pour les ouvriers si les fragments étaient projetés à distance, comme cela arriverait si la chaudière n'était pas couverte.

L'objet important pour obtenir la plus grande quantité possible de cyanure, est d'avoir une assez forte température, mais avec une flamme fuligineuse; si la chaleur était trop forte, et qu'il y eût sur-tout une trop grande masse d'air avec la matière, une grande quantité de cyanure formé se décomposerait.

La liqueur, après avoir bouilli, est filtrée sur des toiles, et le résidu étant lessivé de nouveau, on réunit toutes les liqueurs pour les précipiter par une dissolution d'un mélange de sulfate de fer et d'alun.

Comme les substances organiques renferment souvent du soufre, et que le sang contient une assez grande proportion de sulfates qui ont été décomposés par le charbon à une haute température, il existe dans la liqueur, des sulfures qui forment avec le fer un précipité noir dont la teinte altère celle du bleu de Prusse. Pour détruire ces sulfures, ou bien on laisse les liqueurs exposées à l'air jusqu'à ce qu'ils soient entièrement décomposés, ce que l'on reconnaît à ce que la liqueur précipite en blanc les sels de plomb, ou bien on expose le plus possible à l'action de l'air le bleu de Prusse obtenu, qui offre une teinte d'autant plus brillante que le sulfure qui l'accompagnait a été plus complétement détruit : ce dernier moyen est le plus habituellement employé.

Quand on mêle la lessive du sang recente avec la dissolution de sultate de fer et d'alun, il se dégage une grande quantité d'A-CIDE HYDRO-SULFURIQUE qui peut donner lieu, non-seulement à des inconvénients graves, mais même à des accidents ; il est facile de s'en préserver en opérant avec un appareil dû à M. D'Arcet, et qui consiste en un tonneau fermé par un couvercle, portant un entonnoir pour introduire les liqueurs ; un agitateur attaché au moyen d'une peau ou d'une vessie, et un tuyau conduisant le gaz dans le cendrier d'un fourneau où l'ACIDE HYDRO-SULFURIQUE se brûle complétement. On verse dans le tonneau la lessive du sang, et on y introduit peu à peu la dissolution saline, en mêlant bien le tout au moyen de l'agitateur : après qu'il ne se dégage plus de gaz depuis un certain temps, on enlève le couvercle, et l'on peut verser la liqueur et le précipité dans les tonneaux destinés au lavage ; celui-ci s'opère avec de l'eau bien aérée pour que le bleu de Prusse, d'abord noirâtre, si la lessive du sang n'était pas restée long-temps exposée à l'air, bleu clair dans le cas où il n'y existerait plus de sulfure, passe successivement au bleu foncé. Quand le précipité est bien réuni au fond des tonneaux, on enlève l'eau surnageante au moyen d'un syphon, ou en débouchant des trous placés à diverses hauteurs, et qui restent fermés avec des chevilles.

Tous les inconvénients que nous avons signalés disparaissent dans le second procédé dans lequel on emploie le cyano-ferrure de potassium ; comme ce sel ne renferme point de sulfure, le précipité est immédiatement obtenu avec une teinte bleu clair, et il suffit de le laver pour l'avoir au degré de pureté et de teinte voulue.

Quand on se sert de sulfate de fer en cristaux verts, le précipité ne passe que lentement au bleu foncé ; il peut même être à peine bleuâtre au moment où il se forme ; mais si on l'a suroxidé, soit en le calcinant légèrement, soit en le faisant chauffer avec un peu d'acide nitrique, le bleu de Prusse a immédiatement une belle couleur bleue, et le lavage n'a plus pour but que d'enlever l'excès de sulfate de fer et d'alun, et le sulfate de potasse qui s'est produit par la double décomposition qui a donné lieu à la formation du bleu de Prusse.

Lorsqu'on calcine légèrement le sulfate de fer vert, il s'en décompose une petite partie qui, par l'oxigène qu'il dégage, fait passer l'autre partie à l'état de sulfate de peroxide, et il es déposé une certaine quantité d'oxide rouge qu'il faut séparer par le lavage; en faisant usage de l'acide nitrique, rien ne se précipite, la liqueur passe au brun-rouge, et pourvu que l'on ai bien dosé la quantité, elle est à peine acide; ce qui est nécessaire pour le succès de l'opération.

La préparation du cyanoferrure de potassium bien cristallisé, est restée long-temps inconnue, et l'Angleterre et l'Allemagne en ont fourni jusqu'à il y a peu d'années à la France. Maintenant beaucoup de fabricants en obtiennent de très beau. Nous décrirons ici le procédé tel qu'il est suivi dans une des meilleures fabriques de Berlin.

La calcination s'opère dans un four à reverbère dont la voûte a une hauteur de $0^m,50$; la sole est horizontale, elle a un mètre de longueur et autant de largeur; la grille placée sur le côté du four, a une longueur de $0^m 48^m,54$, et une largeur de $0^m,21$; l'autel une largeur de $0^m,27$ à $0^m 5$. Une ouverture pratiquée à la partie supérieure de la voûte, est recouverte par une calotte en tôle, portant une cheminée, et qui est soutenue par de petits murs en briques ou des supports en fer. A la partie antérieure du fourneau, se trouve une large ouverture fermée par deux portes en fonte portant chacune, à leur point de jonction, une ouverture d'un quart de cercle, destinée à laisser passer le manche d'un ringard, au moyen duquel on brasse la matière; ce ringard est en fer, et le manche en bois. Pour en faciliter le mouvement, on le suspend au moyen d'une chaîne attachée au plafond.

Pour une opération, on emploie soixante-quinze kilogrammes (cent cinquante livres) de bonne potasse, cinquante kilogrammes (cent livres) de cornes ou de cuir, et trois kilogrammes (six livres) de limaille de fer.

On introduit d'abord la potasse dans le four; elle fond dans l'eau qu'elle renferme, et ensuite elle éprouve la fusion ignée; aussitôt on y projette toute la limaille de fer, et l'on brasse la masse avec le ringard, que l'on doit avoir soin de faire rougir auparavant, parce que sans cela la matière s'y attacherait, et on ne pourrait plus la remuer qu'avec beaucoup de peine. Quand la masse est en fusion complète, on y jette, de dix en dix minutes, une pelle de charbon; quand toute la quantité a été introduite, on donne une forte chaleur pendant à peu près une heure et demie, et l'opération est achevée quand on voit paraître des bulles d'oxide de carbone qui viennent brûler à la surface : on retire alors la matière avec des cuillers qui ont été rougies, et on la projette dans des cylindres en fonte, comme ceux que l'on emploie pour la fabrication du noir animal.

Quand on travaille d'une manière intermittente, la première opération dure vingt-quatre heures, les autres ne durent que vingt, dix-huit, douze et dix heures.

On porte la matière dans des chaudières de fer où on la fait bouillir avec de l'eau; on décante et on traite une seconde fois le résidu par l'eau; quand on a décanté, on le renferme dans des sacs en toile qu'on lave jusqu'à ce que l'eau ne dissolve plus rien, et on évapore. On place quelquefois dans la liqueur, des morceaux de bois sur lesquels les cristaux s'attachent : on les redissout pour faire cristalliser de nouveau.

On obtient, dans l'opération de dix-sept à vingt kilogrammes (trente-quatre à quarante livres) de cyano-ferrure de potassium; on évapore à siccité les eaux mères, et l'on fait rentrer cette potasse dans une autre calcination.

Le noir résidu ne peut être employé pour une nouvelle opération.

Le charbon de corne est celui qui donne le meilleur produit.

Le succès de l'opération dépend de la quantité de charbon que l'on jette dans la potasse. Si la quantité n'était pas assez considérable, on ne pourrait plus juger du moment où l'opération est achevée par les bulles d'oxide de carbone qui viennent brûler à la surface; on reconnaît ce défaut de charbon par des étincelles qui se dégagent à la surface, et qui proviennent de la décomposition du cyano-ferrure de potassium déjà formé. Quand la potasse est une fois bien fondue, on retire le feu, et on ne chauffe plus la masse pendant tout le temps que l'on ajoute du charbon; quand la totalité a été ajoutée, on augmente la température.

La préparation du charbon employé dans la fabrication du

bleu de Prusse, peut se faire dans des cylindres en fonte que l'on emploie pour le sel ammoniac, et ces deux fabrications se lient presque intimement; mais si on veut obtenir seulement le charbon, on se sert avec avantage de l'appareil suivant, *fig.* 220.

Fig. 220.

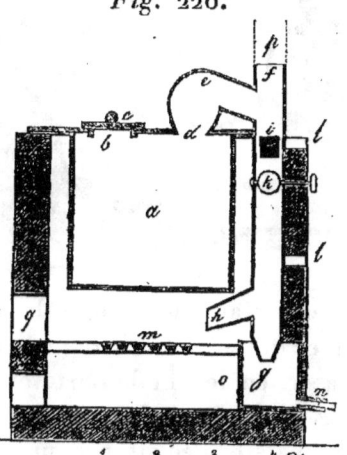

a, chaudière en fonte, portant deux ouvertures, l'une, *b*, servant à y introduire la matière à calciner: elle se ferme au moyen du couvercle *c*; l'autre, *d*, porte un tuyau courbé, *e*, qui communique avec un tuyau vertical *fg* bifurqué à la partie inférieure en *h*; ce tuyau est fixé dans le massif du fourneau par des attaches *l, l*. Lorsque l'on veut commencer l'opération, le feu est allumé sur la grille *m*, et les premiers produits de la distillation, contenant beaucoup d'eau, sont conduits dans la cheminée par le tuyau *p*, en interrompant la communication *g* par le moyen de la soupape *k*; les produits de la combustion parviennent en *f, p*, par l'ouverture *i*. Quand on veut conduire les gaz sur la grille, on ouvre la soupape *k*; les produits huileux tombent dans le vase *o*, d'où on peut les faire sortir par l'ouverture *n*, que l'on tient bouchée au moyen d'une cheville. La grille est alimentée par la porte *q*, que l'on ferme à volonté.

On introduit dans la chaudière, de la corne, du sang desséché, etc., et l'on chauffe d'abord très lentement, et ensuite jusqu'à ce qu'on obtienne un charbon gras, mais qui se pulvérise facilement : huit kilogrammes de cornes ou de sabots, ou dix kilogrammes de sang, fournissent un kilogramme de charbon.

Au lieu de se servir d'un fourneau à réverbère, on peut employer l'appareil, *fig.* 221.

a, est une cornue en fonte de trente-deux centimètres d'épaisseur, de forme pyriforme, un peu inclinée en arrière, et soutenue, à sa partie postérieure, par un tourillon *b*; le col *c* est

Fig. 221.

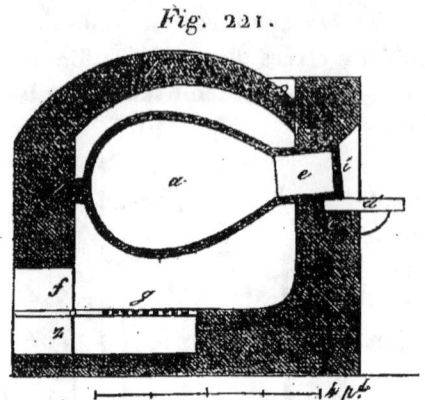

soutenu par deux appendices $e\ e$, et se ferme au moyen d'un tampon placé en i; au-devant de cette ouverture se trouve une plaque d en fonte. Le foyer dont la grille est en g, se ferme en f par une porte; z représente le cendrier, o, la cheminée, et h, la voûte.

Quand on veut fabriquer le ferro-cyanure, on commence par faire rougir la moufle, et on la remplit à moitié avec du sang desséché, ou toute autre substance mêlée de potasse, en tenant la porte ouverte pendant cinq à six heures, jusqu'à ce que la flamme devienne petite, que l'odeur de matière animale brûlée ait presque disparu et soit remplacée par celle d'ammoniaque; on augmente alors le feu, et on remue pendant une demi-heure avec un ringard : quand la flamme disparaît, l'opération est terminée.

Quand on se sert de charbon préparé d'avance par les procédés que nous avons indiqués, on fait d'abord rougir la moufle; et l'on procède comme nous l'avons indiqué précédemment.

Avec vingt-cinq kilogrammes de charbon, et vingt-cinq de potasse, la première opération dure douze heures, les suivantes huit ou sept heures.

L'intensité de la teinte du bleu de Prusse dépend des proportions relatives de sulfate de fer et d'alun employés pour la précipitation : plus la dose du dernier sel est considérable, plus la teinte du précipité s'affaiblit.

Les bleus en pâte sont faciles à préparer, et le commerce en consomme une très grande quantité; mais lorsque cette matière doit être vendue en pains, elle perd beaucoup de sa couleur, et peu de fabricants peuvent en fournir constamment de très beaux.

Du reste, la transformation en pains, et la dessiccation, n'offrent aucune difficulté; la masse, jetée sur des toiles quand le lavage est terminé, se dessèche en partie; on la divise avec un couteau, et on la porte dans une étuve où elle se dépouille constamment. H. Gaultier de Claubry.

BLEU RAYMOND. *V.* Teinture.

BLEUIR L'ACIER. (*Technologie.*) On fait prendre au fer et à l'acier des couleurs diverses en les exposant à des degrés divers de chaleur. Comme ces couleurs sont d'autant plus vives, que le métal est plus poli, et l'acier se polissant mieux que le fer, il est évident que les couleurs seront toujours plus belles sur l'acier. Pour donner aux objets d'acier une belle couleur, soit jaune-paille, soit jaune d'or, soit rouge, gorge pigeon, bleu foncé ou bleu clair, il conviendra d'abord de les tremper afin qu'il soit possible de les polir. Il faudra tremper avec précaution, car ici il ne s'agit pas de rendre l'objet dur pour le faire servir à d'autres usages, mais uniquement pour parvenir à un beau poli. Les objets en fer trempé en paquet se prêteront aussi bien à cette opération que ceux tout acier. Il faudra chauffer bien également, et tremper les pièces délicates et sujettes à se voiler, dans de l'eau peu froide et sur laquelle il sera prudent de répandre un peu d'huile, afin que l'acier chaud, passant par une couche intermédiaire, ne soit point saisi aussi âprement. Sans doute la trempe sera un peu moins dure; mais on évitera les criques et les contournements, et il sera encore assez dur pour recevoir un poli suffisant. Selon la nature des surfaces à polir, on emploie les moyens que l'art enseigne : meules, grès, pierre du Levant broyée, émeri, etc. Tout cela est en dehors du sujet qui nous occupe; et notre attention doit se concentrer sur le moyen de faire prendre la couleur bien uniformément; ce qui n'est pas aussi facile qu'on le croirait, sur-tout s'il s'agit de pièces longues et minces. Il faut, pour que l'opération soit bien faite, que le feu chauffe bien également les pièces polies qu'on y expose. Si une partie se colore avant les autres, l'opération manquera, parce que cette partie est plus chauffée; et il pourra arriver que, lorsque la pièce entière sera parvenue à la couleur, ce point trop chauffé aura dépassé cette couleur. Il faudra donc mettre tous ses soins à ce que le fer soit bien égal partout, et même il sera prudent de retourner souvent la pièce. Les bains de métaux donnent une chaleur à peu près constante, mais la température élevée qui les tient en fusion est trop élevée. Cependant en n'y plongeant l'acier que le temps nécessaire, on obtient, par leur moyen, une couleur égale. Les cendres tamisées et chauffées, offrent aussi une voie commode d'égale répartition de chaleur. Le plus souvent on a recours au feu doux des mottes à brûler, ou simplement au poussier de mottes. Lorsque le feu s'est recouvert de cendres blanches à l'extérieur, on pose les pièces sur ces cendres, et la chaleur leur fait bientôt prendre la couleur : il faut suivre de l'œil les diverses nuances qui se manifestent (v. Acier, Bigorne, Trempe), et lorsque la couleur qu'on veut obtenir a fait invasion, il faut subitement enlever l'objet. Pour celle qui nous occupe, (le bleu), il faut enlever dès que les dernières teintes rouges ont disparus, si on veut un bleu foncé; si on veut un bleu-clair-azuré, on laisse chauffer encore un peu.

Cette couleur, sur-tout la bleue, se conserve assez long-temps, si l'objet n'est point soumis à des frottements journaliers. Quand la pièce doit être maniée souvent, on fixe la couleur au moyen d'un vernis au four; mais alors la nuance est moins pure, moins belle; cependant il faut bien avoir recours à ce moyen pour les objets usuels, tels que boutons, boucles, etc. Nous donnerons, à l'article Vernis, les recettes les plus avantageuses.

Paulin Desormeaux.

BLOCAGE. (*Construction.*) En général, les règles de l'art de bâtir exigent que les *massifs*, murs et autres parties de constructions en maçonnerie, soient formés de matériaux, tels que *moellons*, *meulières*, etc., tous posés par assises de niveau, bien arasés et bien en liaison les uns par rapport aux autres.

Cependant on peut quelquefois se dispenser, sans inconvénient, d'observer cette règle, soit pour des massifs qui ne portent point charge, et qui ne servent en quelque sorte que de *remplissage*, soit même pour des constructions plus importantes, telles que des murs en *fondation* ou même en *élévation*, etc., pourvu qu'on y emploie, en général, des matériaux de qualités et de formes convenables, et sur-tout de bons mortiers. Pour éviter des répétitions inutiles, et présenter, à cet égard, des notions générales, nous renvoyons aux mots Construction, Fondation, Murs, Massifs, etc., ainsi qu'au mot Chemin.

BLUTOIR. (*Agriculture.*) Les blutoirs sont des machines qui ont pour objet :

1° De séparer le bon grain du mauvais grain, des ordures et de la poussière qui s'y trouvent mêlés après qu'il a subi, sur l'aire de la grange, la première épuration du van;

2° De séparer le son de la farine, et les diverses qualités de farines entre elles.

Il y a donc le blutoir à blé, et le blutoir à farine.

Le blutoir à grain est essentiellement composé d'une trémie dans laquelle on verse le froment, d'un crible sur lequel il se répand et s'épure, et d'une ouverture par laquelle il sort.

La trémie est munie, à son ouverture inférieure, d'une porte à coulisse qui, plus ou moins close, facilite ou diminue l'écoulement du grain qu'elle contient.

Le crible, contenu dans un châssis de menuiserie, et bordé des deux côtés et au fond par des planches minces, est fait de mailles de fil de laiton, assez larges pour que le bon froment puisse y passer. Il doit présenter, sur le devant, une pente suffisante, à l'effet de laquelle on ajoute, au moyen d'une mécanique, un mouvement de trémoussement qui détermine le grain à couler régulièrement et peu à peu sur le plan légèrement incliné du crible. Ce qui n'a pas pu passer au travers des mailles, tombe par l'extrémité, en forme de nappe, sur un plan incliné, qui le jette dehors et vis-à-vis la partie antérieure du crible. Ce qui a passé par le crible supérieur tombe en forme de pluie sur un plan incliné où le froment, en roulant, trouve une grille ou toile métallique en fer, dont les mailles sont un peu plus étroites que le premier, pour que le petit grain tombe sur la caisse pendant que le gros se répand derrière le crible.

Sur un des côtés de la caisse est adapté un appareil ventilateur qui, dans le mouvement rapide qu'on peut lui donner, imprime à l'air qu'il frappe une vitesse considérable; le vent chasse au loin la poussière, la paille et les corps légers qui se trouvent dans le grain. Ainsi, le froment versé dans la trémie, coule peu à peu sur le crible supérieur; ce crible, ayant un peu de pente vers l'avant, et étant dans un trémoussement continuel, tamise le froment, et le passe peu à peu en forme de pluie. Dans cette chute il traverse un fort tourbillon de vent, et il tombe ensuite sur un plan incliné où il y a un second crible nommé crible inférieur, et qui sépare le gros grain du petit. Ce blutoir, décrit par Duhamel, est excellent pour séparer du bon grain tous les corps plus légers et plus gros que lui, la poussière, la paille, les graines fines, les grains charbonnés, les mottes formées par les teignes, les crottes de chat, de souris, etc. Pour qu'il produise tout son effet, il faut qu'il soit placé dans le grenier, dans le courant produit par le vent, entre deux croisées opposées. Il y a un grand avantage et une grande économie de temps à s'en servir aussitôt que le grain vient d'être battu.

Dans les blutoirs à farine, il existe trois ou quatre divisions, suivant l'espèce de pain qu'on veut faire, et la bascule est coupée par autant de divisions, en planches, qu'il y a de différentes toiles pour recouvrir le cylindre, en sorte que chaque division de planches forme une espèce de coffre séparé qui renferme une quantité de farine relative à l'étamine qui couvre le cylindre dans cette partie. C'est ainsi qu'on obtient la première, la deuxième, la troisième farine et le gruau.

La bluterie est une partie très intéressante de l'art du meûnier. Son objet est de mettre à part la farine, et l'écorce ou le son. Dans les moulins ordinaires il y a un blutoir qui ne sert qu'à séparer la farine d'avec le son. Mais dans les moulins économiques, les blutoirs sont beaucoup plus compliqués, et ils sont composés de plusieurs lès de diverse grosseur, pour tirer à part, spécialement du froment, la farine, les gruaux blancs, les gruaux bis, le son, et même les rougeurs, c'est-à-dire la pellicule interne du son qui ternit la blancheur des gruaux quand elle y reste mêlée. SOULANGE BODIN.

BOBINE. (*Technologie.*) Terme générique servant à exprimer en général un rouleau sur le milieu duquel on empelotonne des fils métalliques et autres de toute nature, lesquels sont retenus par une partie saillante à chaque extrémité. Presque toujours la bobine est percée, dans son axe, d'un trou destiné à recevoir une broche sur laquelle elle roule, soit lorsqu'on l'emplit de fil, soit lorsqu'on devide ce fil pour l'emploi. Par induction, on donne en mécanique le nom de bobine à tous les objets ou partie d'objets configurés en bobine. Ainsi, l'arbre d'un tour en l'air, d'un bidet, etc., est façonné en bobine dans la partie renflée située entre les collets; pour le tour à pointes, on fait des mandrins-bobine qui servent à recevoir la corde lorsqu'il n'est point possible de la poser sur l'objet qu'on tourne. Quand le diamètre de cet objet, et sa longueur ne s'y opposent point, on pratique, sur l'objet même, une bobine qu'on retranche ensuite ou qu'on fait disparaître suivant les cas. Il y a une observation très importante à faire sur le diamètre des bobines, et que le constructeur ne doit jamais perdre de vue : c'est que ce diamètre doit toujours être en rapport avec la course dont il peut disposer, et avec le diamètre des objets auxquels la bobine doit transmettre le mouvement de rotation. Ainsi, en prenant pour exemple le mouvement alternatif du tour, si nous supposons que la course de la pédale, ou, ce qui revient au même, la puissance de l'arc ou de la perche, soit de $0^m,4$, comme il faut que l'objet fasse deux tours et demi, la bobine à l'entour de laquelle la corde est enroulée, devra avoir 0,05 ou 0,055 de diamètre. Le mouvement rotatif qui résultera de cette dimension, ne sera ni trop accéléré, ni trop lent, lorsqu'il s'agira de couper du bois dont le diamètre ne s'écartera pas beaucoup en plus ou en moins de ce diamètre de la bobine; mais si le diamètre de la pièce à tourner était beaucoup plus petit, on courrait risque de ne plus tourner rond, parce qu'alors le mouvement serait trop lent; s'il était beaucoup plus grand, le mouvement devenant trop rapide, on ne pourrait pas du tout entamer la matière. Il faut donc que le diamètre des bobines soit dans un certain rapport avec les objets auxquels elles doivent transmettre le mouvement. D'une autre part, s'il s'agit de tourner du fer ou de la fonte, ce rapport devra être encore plus restreint; car le fer, et la fonte sur-tout, ne se coupent qu'avec un mouvement bien plus lent que celui nécessaire pour le bois. S'il ne s'agit point de couper, mais seulement de mettre en mouvement, la différence entre le diamètre des bobines et celui des pièces qu'elles doivent entraîner, pourra être plus grande; mais ici encore, selon la pesanteur de ces pièces, il faudra que ce diamètre soit dans des rapports déterminés par la force d'adhérence de la corde sur la bobine. Vainement, pour augmenter cette force, ferait-on faire à la corde un grand nombre de tours sur la bobine tenue, à cet effet, plus longue; cette force s'arrêterait toujours à certaines limites, et serait toujours moindre que celle qui résulte de l'augmentation du diamètre de la bobine. Il est impossible que nous posions ici la limite de ces forces: elle peut être formulée; mais de longs développements seraient indispensables, car le poids très variable des matières mises en mouvement, doit aussi entrer en considération. D'après ce que nous venons de dire, le constructeur devra se tenir en garde en faisant ses bobines, et s'il y a doute, les faire plutôt doubles ou triples, de diamètres différents, que de leur donner plus de longueur pour faciliter l'enroulage de la corde; ce qui est une mauvaise méthode. PAULIN DESORMEAUX.

BOCARD. *V.* MACHINE A PILON.

BOEUF. (*Agriculture.*) C'est le taureau que l'on a châtré pour adoucir son caractère, le rendre plus propre aux travaux de la campagne, et préparer sa chair à prendre l'engrais.

On châtre les veaux depuis l'âge de six mois jusqu'à celui de deux ans.

La taille des bœufs dépend de leur race, des pâturages où ils ont passé leur jeunesse, ainsi que du climat. Il résulte de ces diverses influences, des variations considérables qui se perpétuent lorsque les conditions qui les ont produites n'ont pas été changées. La couleur est indifférente à leur qualité.

Les bœufs réputés les meilleurs, sont ceux qui ont la tête courte et ramassée; le front large; les oreilles grandes, bien velues et bien unies; les cornes fortes, luisantes et de moyenne grandeur; les yeux gros et noirs; le mufle gros et camus; les naseaux bien ouverts; les dents blanches et égales; les lèvres noires; le cou charnu; les épaules grosses; la poitrine large; le fanon pendant sur les genoux; les reins larges; les flancs grands; les hanches longues; la croupe épaisse; les jambes et les cuisses grosses, courtes, nerveuses; le dos droit et plein; la queue pendante jusqu'à terre, et garnie de poils touffus, luisants et fins; les pieds fermes; le cuir épais et maniable; les ongles courts et larges; le caractère doux et obéissant; l'appétit modéré. Le poil hérissé, rude et terne annonce le bœuf de mauvaise constitution.

Une nourriture très abondante et choisie doit être donnée aux veaux que l'on veut convertir en bœufs, si l'on veut qu'ils acquièrent, avec le temps, toute la grosseur dont leur race est susceptible. Des pâturages gras, des herbes longues leur sont donc nécessaires. Lorsqu'on les transporte d'une localité dans une autre, il faut, pendant quelques mois, leur donner chaque jour des fèves concassées, de l'orge bouillie, de l'avoine et autres graines nourrissantes.

On commence à dresser les jeunes bœufs à l'âge de trois ou quatre ans, en les mettant d'abord sous le joug avec un bœuf de même taille, mais déjà formé. On gradue le poids qu'on veut leur faire traîner. Cette éducation est quelquefois difficile, exige beaucoup de patience et de douceur, et n'est guère complète qu'au bout d'une année de soins. Il faut avoir égard aussi, quand on les met au travail, à certaines antipathies indomptables que les bœufs manifestent quelquefois les uns pour les autres. L'âge du travail est communément de quatre à dix, et même quinze ans, après quoi on engraisse le bœuf pour la boucherie.

Il y a diverses manières d'atteler les bœufs à la charrette ou à la charrue. Dans la plus grande partie de la France, on les attèle par les cornes, c'est-à-dire qu'on pose sur la tête de deux bœufs accouplés parallèlement, une pièce de bois entaillée qu'on appelle joug, et que l'on affermit avec de grandes courroies dont on entoure les cornes. La forme des jougs varie d'un canton à un autre. Dans quelques endroits on fait tirer les bœufs du poitrail, comme les chevaux, au moyen d'une bricole de cuir, d'un collier, ou même d'une simple hart passée au cou. Le tirage du poitrail, quoique moins usité, gêne moins l'animal que le tirage par les cornes. On ne ferre les bœufs que dans les pays où le sol contient beaucoup de pierres et dans les montagnes.

L'âge le plus favorable pour engraisser les bœufs est entre sept et dix ans. Toutes les variétés ne sont pas également propres à être promptement engraissées. Les races suisses sont plus difficiles à engraisser que celles de France. De larges côtes, de grosses veines et un poil doux, sont les signes extérieurs qui dénotent une meilleure disposition de l'animal à l'engrais. Les engraisseurs veulent aussi que les bœufs qu'ils achètent aient la tête grosse, les pieds courts, et sur-tout le ventre large. Il y a trois manières d'engraisser les bœufs. Ou bien on les tient constamment dans les pâturages, ce qu'on appelle *engrais* ou *graisse d'herbe ;* ou bien on les tient partie en dehors et partie à l'étable ; ou enfin, ou les tient constamment à l'étable, ce qu'on appelle engrais de *pâture*, ou *pouture*, ou *engrais au sec*.

Le succès de l'engrais dans les pâturages, dépend de la bonne qualité et de la grande abondance des herbes. On donne, dans la Basse-Normandie, aux prairies qui y sont consacrées, le nom d'herbages, et celui d'herbager aux personnes qui se livrent à cette industrie. On proportionne le nombre des bœufs à l'étendue et à la qualité de l'herbage. A mesure que les bœufs prennent de la graisse, ils deviennent plus difficiles sur la nature des plantes. Les animaux qui n'engraissent pas assez promptement dans l'herbage, reçoivent chaque jour un supplément de nourriture en foin, ou en diverses graines, racines, fruits, tourtaux, etc. L'isolement et la tranquillité la plus grande sont nécessaires.

Dans le Limousin, on engraisse les bœufs, partie dans les pâturages, et partie dans les étables. Achetés à la fin de l'hiver, on les nourrit au sec jusqu'à ce que l'herbe soit assez forte dans les pâturages. Dans le commencement, on ne les met dehors que lorsque la rosée est dissipée. Après le mois de mai, on les laisse dehors, nuit et jour, dans des pâturages entourés de haies, où ils ne s'occupent qu'à manger ; quelques-uns prennent assez de graisse pour être vendus avant l'hiver. On renferme les autres, depuis le mois d'août jusqu'aux gelées, dans d'autres enclos où ils trouvent un regain abondant ; alors on les fait rentrer à l'étable, et après avoir saigné ceux qui paraissent en avoir besoin on les nourrit pendant un mois avec des raves coupées. On substitue aux raves, de la farine de seigle mêlée avec de la farine de sarrasin délayées dans de l'eau, et distribuées en deux fois, à raison d'un kilogramme et demi par jour pour chaque tête. Pendant la nourriture aux raves et à la farine, on leur distribue aussi, par jour, en quatre fois, environ quinze kilogrammes de foin. On leur donne aussi des châtaignes. Un sachet de sel suspendu qu'on leur offre à lécher excite leur appétit.

Dans la partie de l'Anjou, qu'on appelle le Bocage, et aux environs de Chollet, on engraisse les bœufs seulement à l'étable.

L'introduction des prairies artificielles, telles que luzerne, sainfoin, trèfle, facilite singulièrement aujourd'hui l'engrais des bestiaux, sur-tout où elle a eu lieu avec quelque étendue, et donne naissance à des spéculations qui ne sont pas moins favorables à l'agriculture qu'à l'industrie. Quoiqu'il faille cinq à six mois pour engraisser complétement un bœuf, lorsqu'on fait l'opération un peu en grand, le profit est considérable.

On a remarqué que les longues marches nécessitées pour le transport des bœufs, des lieux d'engrais aux principaux marchés, améliorait leur chair, en distribuant la graisse plus également dans le tissu cellulaire.

La viande du bœuf, engraissé de *pouture*, est plus savoureuse, et se conserve mieux que celle des bœufs engraissés à l'herbe, et le suif est aussi plus abondant et plus ferme. Le poids des bœufs, engraissés en France, varie communément de deux cents à six cents kilogrammes, et quelquefois plus.

Les principaux produits du bœuf, après sa chair qui se mange fraîche, salée et fumée, sont ses excréments qui donnent de si bon fumier, sa peau, sa graisse, tant solide que liquide, ses cornes et son sang.

Les principales variétés de bœufs de France, sont :

Les *Normands*, qui s'engraissent aisément, pèsent jusqu'à six cents kilogrammes, et sont sur-tout produits par le Cotentin;

Les *Bretons*, qui pèsent au plus deux cent cinquante kilogrammes;

Les *Manceaux*, trois cent cinquante kilogrammes;

Les *Solognaux*, dont la taille est élevée, mais qui n'engraissent pas beaucoup, et pèsent de deux cent à deux cent cinquante kilogrammes;

Les *Angevins*, dont le bout des cornes est toujours noir, le poids de deux cent cinquante à quatre cents kilogrammes, l'engraissement facile, et qu'on appelle des *Cholets*, du nom de la ville du plus fort marché;

Les *Poitevins*, qui pèsent de trois à quatre cents kilogrammes;

Les *Angoumois*, dont le poids n'est pas proportionné à la grande taille;

Les *Gascons*, qui sont les plus hauts de tous, et varient entre trois et quatre cents kilogrammes et au-delà;

Les *Périgourdins* qui, moins élevés que les Gascons, pèsent tout autant;

Les *Limousins*, dont la taille est haute, et le poids de trois à cinq cents kilogrammes;

Les *Berrichons*, pesant plus de deux cent cinquante à trois cents kilogrammes;

Les *Auvergnats*, qui sont gros, et du même poids;

Les *Bourguignons*, qui comprennent ceux du Morvan, du Charolais, du Beaujolais, etc., qui varient de deux cents à trois cent cinquante kilogrammes, et qu'on engraisse à l'herbe pour l'approvisionnement de Lyon;

Les *Francs-Comtois*, qui sont de deux sortes : ceux de la plaine, plus petits, et pesant seulement de deux cents à deux cent cinquante kilogrammes, et ceux de la montagne, plus gros, et allant jusqu'à trois et quatre cents kilogrammes ;

Les *Lorrains*, qui pèsent de deux cents à deux cent cinquante kilogrammes.

Les *Champenois* pesant de deux cent cinquante à trois cents kilogrammes.

Les *Alsaciens*, qui ont la taille forte, et pèsent de trois cents à trois cent cinquante kilogrammes.

Les *bœufs de la Camargue*, qui sont noirs, à demi sauvages, tiennent beaucoup du bufle, sont difficiles à subjuger, et ont la chair de mauvaise qualité.

Outre les variétés de bœufs qui ne forment que des variétés, il y en a qui appartiennent à d'autres races, telles que la race à cornes très longues, de la Romagne, dont les vaches donnent peu de lait, mais dont les bœufs grossissent beaucoup, et prennent bien la graisse; et le bœuf sans cornes, qui prend aussi un gros volume.   Soulange Bodin.

BOIS. (*Agriculture.*) Le mot *bois* signifie tour-à-tour : 1° un massif d'arbres croissant réunis sur une étendue donnée de terrain ; 2° cette substance, plus ou moins compacte et solide, située sous l'aubier, et qui forme le cœur de l'arbre ; 3° le produit ligneux de l'arbre exploité à une époque de maturité où il est devenu propre à divers usages industriels et économiques.

Sous le premier point de vue, le bois est soumis à des opérations agricoles, tendant à accélérer son développement et à perfectionner ses produits; sous le second, il est l'objet des études de la botanique et de la physiologie; sous le troisième, il concourt à satisfaire aux nombreux besoins de la société humaine.

La formation, la culture, l'entretien et l'exploitation des bois seront traités à leurs places respectives.

Nous ne considérerons ici les bois que sous le rapport de leurs différents produits utiles.

Le bois proprement dit, est le produit forestier le plus considérable, et le principal objet de l'économie forestière.

Les produits accessoires des forêts, sont le goudron, la poix, le noir de fumée, la potasse, le tan; la glandée, le pâturage, les récoltes en herbages, et celles que donnent les terrains vagues avant d'être remis en bois. Nous ne parlons pas ici des avantages que l'on retire, suivant les circonstances et les localités, de la chasse, de la pêche et de l'éducation des abeilles.

Relativement aux services qu'ils peuvent rendre, on distingue les bois, d'une part, en bois d'œuvre,

D'une autre part, en bois de chauffage.

Dans l'emploi de toute espèce de bois, il faut faire attention :
1° A l'état sain de l'arbre ;
2° A la différence qui existe entre le vieux et le jeune bois ;
3° A la structure du bois, à sa forme et à son degré d'accroissement ;
4° Au rapport qui doit exister entre une espèce de bois et une autre, relitivement aux divers usages auxquels on les destine ;
5° Aux diverses parties qui composent un arbre, pour savoir si le bois qu'on emploie provient du tronc, des branches ou des racines, et si l'arbre lui-même est venu de semence ou de souche.

Les bois propres aux constructions sont, tant parmi les arbres à feuilles que parmi les bois résineux, des arbres droits et unis qui viennent de semence, et qui parviennent ordinairement à un degré de force et d'élévation considérable.

On les distingue en bois dur et en bois mou.

Comme on ne peut pas compter que chaque tige puisse fournir un beau bois de construction; on les considère comme fournissant, ainsi que les autres arbres, des bois d'œuvre, de métier et de chauffage.

Les principaux assortiments du bois d'œuvre, sont :
    Le bois de fente ;

2° Le bois de sciage ;
3° Le bois d'ouvrages de construction, entier ;
4° Les perches ;
5° Le bois de charronnage ;
6° Le bois propre aux ouvrages de râclerie, et le petit bois d'ouvrage.

Sous la dénomination de bois de fente, on ne comprend que les pièces de bois saines et de différentes grosseurs qui peuvent se séparer facilement dans leur longueur et en droite ligne, et être divisées en plusieurs parties à volonté.

Il y a plusieurs espèces de bois de fente que l'on peut renfermer en deux classes principales, savoir : les billots ou tronçons de fente, et les perches.

Un billot est un arbre de forte dimension dont on peut obtenir des bois de fente, soit longs, soit courts.

Les perches propres à la fente se prennent dans les taillis des bois feuillus, et parmi les jeunes arbres étouffés qu'on enlève des bois résineux.

Les troncs destinés à donner des billots de fente doivent être d'autant plus unis et plus droits que les pièces qu'on en veut tirer par la fente, ont besoin d'être plus longues.

Les principales pièces de fente se tirent des chênes, des hêtres et des bois résineux.

On fait, avec les deux premières essences, suivant leur longueur, des rames, des essieux, du merrain, des jantes, des parties d'instruments d'agriculture, et des ouvrages de râclerie et de tour. Pour ces sortes d'ouvrages on peut abattre les arbres dans toutes les saisons, et la bonté du bois ne peut en être altérée, si on a soin de l'écorcer, de le fendre et de le faire sécher aussitôt qu'il est abattu.

On emploie les bois résineux à faire du merrain propre aux tonneaux qui doivent renfermer des marchandises sèches ; mais les arbres résineux qu'on destine à ces ouvrages, doivent être abattus hors sève, parce que, coupés en été, leur bois se corrompt bientôt.

Les perches de fente servent à faire des cercles, des lattes et des treillages : on les coupe hors sève, tant dans les taillis de bois feuillus que dans les bois résineux.

Les bois de sciage sont tous ceux que l'on divise en plusieurs parties dans leur longueur, soit au moyen de moulins à scies, soit par les scies ordinaires, et que l'on emploie dans les diverses constructions, ainsi que dans les ouvrages de menuiserie, de charronnage et autres.

On peut les ranger tous dans deux classes, savoir les bois droits et les bois courbes.

Les bois droits sont tirés, tant des bois de construction que de toute autre espèce de blocs propres au sciage. On les divise :

1° En deux ;
2° En madriers et en planches ;
3° En croix ;
4° Et en lattes.

Les bois courbes auxquels appartiennent les pièces de bois de chêne propres à la construction des vaisseaux et au charronnage, se divisent en deux, ou en madriers, ou en planches, au moyen des moulins à scie ; mais on se sert de la scie ordinaire pour les partager en croix, c'est-à-dire en quatre.

Quand le bois destiné au sciage est dépouillé de son écorce, aussitôt après qu'il a été coupé, il n'importe dans quelle saison on en a fait l'abatis, parce qu'on le scie lorsqu'il est encore frais ; mais dans le cas contraire on doit l'abattre hors sève.

Les bois de sciage doivent avoir toutes les qualités d'un bois sain et sans défaut vers le cœur.

Leur emploi est très multiplié et très varié ; le chêne, le frêne, le hêtre et tous les autres arbres propres aux constructions, se débitent en deux et en quatre pour la charpente ; on préfère le chêne et le pin dans la construction des vaisseaux ; les bois résineux servent à faire des planches et des lattes : tous les grands arbres peuvent être employés à faire des madriers et des planches.

Sous la dénomination de bois d'œuvre et de construction, entiers, sont renfermés tous les arbres ou portions d'arbres qu'on ne divise ni par la fente, ni par la scie, mais qu'on équarrit ou qu'on arrondit en leur donnant la forme convenue au moyen de la hache ou de la bisaiguë. Tous les arbres de construction sont ou droits ou courbes, et les pièces qu'on en tire sont ou longues ou courtes.

La longueur des pièces exige qu'elles aient au plus haut degré les qualités qui les rendent capables de durée, de force, de support et de résistance.

Les arbres destinés aux constructions doivent être dépouillés de leur écorce le plus tôt possible, et dégrossis : la saison dans laquelle on les abat est indifférente.

Les assortiments de bois qui n'exigent pas une grande dimension, sont pris, soit dans les taillis de bois feuillus, soit dans les bois résineux, et on les coupe hors sève.

Les bois d'ouvrages servent à faire des arbres de moulins, des martinets pour les forges, des poutres, des quilles et des genoux pour les vaisseaux, des vis pour les pressoirs, des ouvrages de mécanique, des manches de marteau, des battoirs, des pilons pour les fouleries, etc.

Les charrons se servent de bois de plus petite dimension pour faire des moyeux : on le trouve ordinairement parmi le bois dur que l'on met en corde pour le chauffage.

Les perches que l'on coupe dans les bois à feuilles et dans les bois résineux, sont employées sans être refendues

On fait, avec les bois durs, des timons, des ridelles, des flèches pour les traîneaux, des leviers, etc. On fait, avec les bois mous, des échelles, des échaffaudages ou poteaux, des tuteurs et des rames pour les grandes plantes grimpantes.

Le bois de charronnage comprend les petits bois qu'on trouve dans toutes les coupes de bois à feuilles, qui, par leur forme particulière, forment des pièces propres à être employées simples dans l'économie rurale. Les qualités essentielles de ces bois sont d'être fermes et immédiatement propres à l'objet de leur destination ; on en fait des manches de charrues, des timons de voitures, des ranchers, des genoux pour les canots, des palonniers, des jougs pour les attelages, etc.

Quant aux bois propres aux ouvrages de râclerie et à de petits ouvrages, on les coupe dans les taillis hors le temps de la sève, et on fait avec ces bois des sabots, des baquets, de grosses cuillers, des ouvrages de marquetterie, des treillages, des fascines, des lattes, de petits cercles, des balais, etc.

Les bois propres au chauffage et à la fabrication du charbon, sont de cinq sortes :

1° Le bois de quartier, les bûches ou bois de cordes ;
2° Les rondins ;
3° Les souches ;
4° Les fagots et les bourrées ;
5° Les copeaux et toute espèce de bois mort, châblis et ramassis.

Le bois de corde est en général l'un des produits les plus considérables de l'exploitation des bois.

Mais parce que l'on n'est pas assez généralement occupé de le remplacer par d'autres combustibles, on réduit souvent en cordes les arbres propres aux ouvrages et aux constructions dont on aurait retiré une bien plus grande valeur.

Les bûches propres à faire du bois de quartier, doivent être assez fortes pour être fendues en deux ou quatre morceaux. On les mesure de différentes manières selon l'usage de chaque pays. En France, les bois de chauffage se vendent par stère ou double stère : le stère contient un mètre cube.

Les rondins se mesurent comme les bois de quartier : ce sont des brins trop faibles pour être fendus en deux ou en quatre, et pour conserver, dans cet état, au moins six pouces de largeur jusqu'à l'écorce.

Comme ce bois est plus jeune, moins dur et moins fait que le bois de quartier, sa valeur est aussi beaucoup moindre : on estime la différence à 3 pour 2.

L'emploi de la hache au lieu de la scie pour préparer les bois de quartier et les rondins, produit, dans leur préparation, un sixième de perte.

Les souches sont cette partie du tronc qui reste en terre avec les racines après l'abattis des arbres.

On doit les diviser, quand elles sont fortes, pour la facilité du transport et de l'emploi.

Burgsdorf dit qu'il faut laisser les souches de chêne au moins dix ans en terre pour donner le temps à l'aubier de se détacher, et pour les travailler ensuite plus facilement.

Les souches procurent un très bon chauffage, et sont préférables à toute autre espèce de bois à brûler : elles servent aussi à la fabrication du charbon.

Le fagotage consiste dans les branches et ramilles que l'on exploite dans les taillis ou qui restent de la fabrication des bois de corde et des cotterets. On leur donne différentes formes suivant l'usage de chaque pays.

Dans toutes les espèces de bois de chauffage, on fait toujours attention si elles sont d'essences dures ou tendres.

Le bois dur est préférable au bois mou, d'autant qu'il contient plus de matière combustible, et l'estimation de sa valeur doit être faite en conséquence.

Les meilleurs bois de chauffage, et en même temps les plus communs, sont fournis par le charme, le hêtre, le chêne, le bouleau et l'aulne. Les bois mous, tels que le tilleul, les peupliers et les saules, donnent un bois de chauffage très inférieur.

Au surplus, on recherche plus ou moins une espèce de bois selon le genre de feu auquel on la destine et le but qu'on se propose.

On calcule que l'emploi de bois qu'on fait en France, soit pour le chauffage, soit pour la cuisson des aliments, soit pour les manufactures à feu, est des sept dixièmes de la consommation totale.

On voit, par les expériences de Hartig, que l'intensité de la chaleur produite par les différentes espèces de bois parfaitement sèches, n'est pas constamment proportionnelle à leur densité dans les divers degrés de l'accroissement.

Ainsi, le chêne qu'on est habitué à regarder comme le meilleur bois à brûler, cède, sous ce rapport, à plusieurs autres, et notamment au sycomore et au pin commun. Il y aurait donc, pour les propriétaires, de grands avantages à cultiver le pin commun qui croît si rapidement, et presque sans frais dans les sables les plus arides, et on remplacerait fructueusement par des sycomores les forêts épuisées par des chênes.

Il est des bois qui, comme le frêne, brûlent aussi bien verts que secs.

Le bois flotté est bien moins avantageux pour le chauffage que ce que l'on appelle, à Paris, le bois neuf; il brûle plus vite, mais il donne moins de chaleur.

Le climat, la nature du sol, et l'exposition influent considérablement sur les qualités des bois destinés aux constructions et aux arts; il est donc utile de connaître d'abord leur origine, et les circonstances sous lesquelles ils ont vécu, ainsi que la pesanteur de chaque espèce de bois, soit en vert, soit en sec.

Les poutres faites de bois vert, offrent plusieurs inconvénients graves. Le bois employé dans les arts n'est jamais trop sec. On obtient l'endurcissement de quelques espèces de bois, le hêtre, par exemple, en l'exposant au feu, non pour le carboniser, mais pour en rendre la fibre plus compacte par une sorte de fusion.

Le bois du chêne aquatique d'Amérique offre le même phénomène à un degré encore plus éminent, et cette circonstance ajoute encore à l'importance de son introduction en grand. Duhamel a prouvé, par une suite de nombreuses expériences, contre l'opinion générale des ouvriers, que le cœur de l'arbre était toujours moins fort que la circonférence (l'aubier enlevé), et que les bois trop desséchés étaient plus faibles que ceux qui l'étaient moins; plus la dessiccation des bois est lente, et meilleure elle est; les bois se fendillent d'autant plus qu'ils se dessèchent plus rapidement. L'époque du desséchement complet est nécessairement subordonné à la grosseur de la pièce et à diverses circonstances. La forme a aussi une action puissante dans ce cas, et le même physicien a acquis la preuve que les bois carrés résistaient moins que les bois ronds.

L'écorcement des arbres sur pied transforme leur aubier en bois parfait, et augmente ainsi la grosseur de leur échantillon; mais les expériences contraires de Varenne de Fenille et de Malus, laissent en doute la question de savoir si cette opération concourt ou non à l'augmentation de leur force.

La préparation de la plupart des produits accessoires des arbres forestiers, tels que le goudron, la poix, la térébenthine, la potasse, le tan, etc., est d'une grande importance dans les arts économiques, et il en sera traité séparément.

Soulange Bodin.

BOIS DE CHAUFFAGE. (*Agriculture.*) Un des plus importants produits forestiers est sans contredit le bois de chauffage; il n'est donc pas moins important pour le propriétaire-planteur qui doit mettre en circulation ces produits, que pour le public qui les consomme, de connaître la qualité et les rapports des bois relativement aux effets qu'ils produisent dans la combustion, afin, par le premier, de déterminer avec précision les essences qu'il peut lui être plus avantageux de cultiver et de multiplier, sous le rapport du chauffage; et par le second, de choisir, en plus parfaite connaissance de cause, l'espèce de bois le plus propre à sa consommation.

Pour s'assurer des rapports de combustibilité des bois entre eux, il fallait conserver le plus haut degré et la durée de chaleur qu'ils produisent à masse égale, et dans des circonstances semblables.

C'est ce qu'a fait Hartig, dans une suite d'expériences faites avec le soin et les précisions requises, sur des bois, soit feuillus, soit résineux, crus, préparés et placés dans des conditions aussi semblables que possible, coupés en temps de sève ou hors de sève, pris sur le tronc et sur les branches, soumis à une dessiccation égale, brûlés à l'air libre ou dans un endroit clos; et il a obtenu, par la comparaison des expériences, les résultats suivants:

Premièrement, que le bois coupé en sève produit un effet à peu près d'un huitième moindre que le bois coupé hors sève;

Secondement, que le bois que l'on brûle à l'air libre ne vaut presque que la moitié, ou, ce qui est la même chose, ne produit que la moitié d'effet qu'une même masse de bois qu'on brûle dans un espace clos;

Troisièmement, que le bois vert ne donne que les trois quarts de la chaleur que produit une même quantité de bois parfaitement sec;

Quatrièmement, que le bois de branches sèches produit un effet d'un cinq sixième moindre de celui qui résulte d'un même poids de bûches sèches de pareille espèce de bois. Si l'on veut savoir, d'après cela, ce que vaut une certaine mesure de bois en branches par rapport à une autre mesure de bois de bûches et de rondins, il suffit de faire peser les deux mesures, lorsque le bois est parfaitement sec, et de calculer le rapport d'après les résultats qu'on obtient.

Le tableau suivant fait connaître, dans un ordre décroissant, le rapport de qualité des différentes espèces de bois de feu, d'après les expériences d'Hartig, et suivant les âges respectifs de ces bois.

BOIS DE CHAUFFAGE.

Ier ORDRE. *Bois d'un accroissement parfait.*

Nos.	NOMS ET AGES DES BOIS.	Valeurs comparatives exprimées en francs.	
1.	Sycomore de cent ans	17 fr.	57 c.
2.	Pin sauvage cent vingt-cinq ans	15	67
3.	Frêne de cent ans	15	51
4.	Hêtre de cent vingt ans	15	40
5.	Charme de quatre-vingt-dix ans	14	86
6.	Alizier de quatre-vingt-dix ans	14	38
7.	Chêne rouvre de deux cents ans	13	14
8.	Mélèse de cent ans	12	71
9.	Orme de cent ans	12	59
10.	Chêne à grappes cent quatre-vingt-dix ans	12	32
11.	Épicéa de cent ans	12	32
12.	Bouleau de soixante ans	11	90
13.	Sapin commun de cent ans	10	99
14.	Saule marceau de soixante ans	10	81
15.	Faux acacia de trente-quatre ans	10	31
16.	Tilleul de quatre-vingts ans	9	64
17.	Tremble de soixante ans	8	91
18.	Aulne de soixante-dix ans	8	13
19.	Peuplier noir de soixante ans	8	91
20.	Saule blanc de cinquante-un ans	7	18
22.	Peuplier d'Italie de vingt ans	6	84

IIe ORDRE. *Bois de moyen âge.*

1.	Sycomore de quarante ans	13	13
2.	Charme de trente ans	12	27
3.	Pin sauvage de cinquante ans	11	97
4.	Frêne de trente ans	11	70
5.	Hêtre de quarante ans	11	58
6.	Chêne à grappes de quarante ans	11	21
7.	Alizier de trente ans	11	14
8.	Acacia de huit ans	9	75
9.	Orme de trente ans	9	55
10.	Saule marceau de vingt ans	9	53
11.	Bouleau de vingt-cinq ans	8	39
12.	Tremble de vingt ans	8	30
13.	Épicéa de quarante ans	7	65
14.	Aulne de vingt ans	7	57
15.	Saule blanc de dix ans	7	47
16.	Tilleul de trente ans	7	24
17.	Mélèse de vingt-cinq ans	7	3
18.	Sapin commun de quarante ans	6	97
19.	Peuplier noir de vingt ans	5	76
20.	Peuplier d'Italie de dix ans	5	7

On voit, par ce tableau, que la qualité du bois de feu varie selon l'âge, et que cette variation n'est pas tout-à-fait la même dans chaque essence, puisque tel bois, le mélèse, par exemple, qui, dans le premier ordre, occupait la huitième place, ne se trouve plus qu'à la dix-septième dans le second; et que tel autre, l'acacia, qui n'avait que la quinzième place dans le premier ordre, occupe la huitième dans le second. Cependant, ces variations ne sont pas nombreuses; et assez généralement les bois qui se trouvent être les premiers parmi ceux d'un accroissement parfait, sont encore les premiers parmi ceux du moyen âge.

La chaleur, occasionée par l'inflammation des combustibles, existe sous deux formes distinctes très différentes : l'une est combinée avec la fumée, les vapeurs et l'air échauffé qui s'élèvent du combustible en feu, et passent dans les régions de l'atmosphère; tandis que l'autre partie, qui paraît n'être point combinée, ou qui n'est combinée qu'avec la lumière, part du feu, sous la forme de rayons, dans toutes les directions possibles. Il est certain que la quantité de chaleur qui s'évapore avec la fumée, la vapeur et l'air échauffé, est beaucoup plus considérable que la chaleur qui émane du feu sous la forme de rayons. Cependant, cette partie de la chaleur rayonnante, est la seule provenant du combustible qui brûle dans une cheminée ouverte, construite d'après l'ancien principe, qui puisse être employée à échauffer un appartement. Quand le feu est clair et vif, il fournit beaucoup de chaleur rayonnante; quand il est étouffé, il n'en produit presque pas, et même cette chaleur est très peu utile. Il est donc très important, sous ce rapport, de considérer la qualité et l'état actuel d'inflammabilité de l'espèce de bois que l'on veut mettre au feu. Hartig a fait connaître la différence mathématique qui résulte, quant aux effets de la chaleur, des différentes circonstances dans lesquelles on brûle une espèce de bois. Il a prouvé qu'un feu clos produisait un effet presque double de celui d'un feu ouvert, et il a fait voir quels étaient les bois qu'il est plus avantageux de brûler de telle ou telle manière. Duhamel s'était assuré des propriétés des différentes espèces de bois, et de leurs qualités, suivant la nature, la situation et l'exposition des terres où ils ont cru, d'après la saison où ils ont été abattus, et leur état vert ou sec. Hartig a en égard à toutes ces circonstances, en comparant ensemble des bois du même âge, crus sur des terrains également propres à chaque essence, coupés dans la même saison, entièrement secs ou verts.

D'ailleurs, une foule de causes influent diversement sur la pesanteur, et par conséquent sur la qualité, comme combustibles, des bois de même espèce, tels que le climat, la nature, la situation et l'exposition des terrains, le degré d'humidité ou de dessèchement de ces bois, la partie du tronc ou des branches d'où l'échantillon provient, l'âge de l'arbre, son état de santé ou de maladie, la saison à laquelle il a été abattu. Les arbres crus dans les pays chauds, dans les terrains secs, dans les situations aérées, et ceux qui sont arrivés au maximum de leur accroissement, sont généralement plus denses et plus pesants que ceux qui se trouvent dans des circonstances opposées; les chênes de Provence et d'Espagne se sont trouvés plus lourds que leurs analogues dans l'intérieur de la France. Dans les arbres sains et vigoureux, le bois est plus pesant au cœur qu'à la circonférence; il est aussi plus pesant près des racines qu'au sommet, parce qu'il y est plus âgé; enfin, le bois du corps, par la même raison, pèse plus que celui des branches. Mais lorsque l'arbre est sur le retour, lorsque le cœur commence à se gâter, à se corrompre, le bois est plus pesant à la circonférence qu'au centre, parce qu'en s'altérant, une partie de la matière propre du bois s'évapore, sans pourtant que son volume éprouve de diminution sensible. SOULANGE BODIN.

BOIS. (RÉSISTANCE DES) *Mécanique*. Les matériaux employés dans la construction des édifices et des machines ont à soutenir des pressions, des chocs, des efforts dont la direction et l'énergie sont connues et les effets calculables; il serait donc très utile de pouvoir déterminer, dans tous les cas, la résistance dont ces matériaux sont capables en raison de leurs propriétés physiques, de leur forme et de leurs dimensions; on serait alors en état de n'employer que ce qui est réellement nécessaire, et de satisfaire à la fois aux conditions d'économie et de solidité. On a fait depuis long-temps, en France et en Angleterre, beaucoup de recherches et d'expériences sur les bois considérés sous ce point de vue; mais elles n'ont pas encore fait découvrir tout ce qu'il importerait de bien savoir. La théorie même n'est pas tout-à-fait irréprochable; elle attribue aux bois une homogénéité qu'ils n'ont point, et leur applique des méthodes de calcul fondées sur cette hypothèse. On se permet de regarder les fibres ligneuses comme parallèles, quoique l'on sache bien qu'elles ne le sont jamais ; et que, dans quelques espèces de bois, elles sont entrelacées d'une manière très compliquée. Les couches qui forment le tissu ligneux varient depuis le tronc jusqu'à la cime de l'arbre, se dilatent et se resserrent suivant l'exposition, etc. La théorie élimine toutes ces particularités de physiologie végétale, afin de simplifier ses formules, et de rendre les calculs praticables : mais c'est aux dépens de l'exactitude des résultats que l'on se débarrasse ainsi des difficultés de l'analyse mathématique ; on ne peut donc attendre des formules ainsi réduites, que des approximations auxquelles il ne faut pas se confier imprudemment, et qui exigent souvent qu'on les rectifie par des observations propres à chaque cas particulier. D'un autre côté, les données fournies par les expériences, sont peu d'accord entre elles, et laissent de l'incertitude sur le choix qu'il convient d'en faire. Cependant elles méritent certainement une entière confiance, quant à l'habileté des observateurs et à l'exactitude des mesures ; mais les matériaux mis à l'épreuve, différaient trop les uns des autres, pour qu'il fût possible d'arriver à des résultats uniformes. Ainsi, les recherches sur la résistance des bois ne satisfont pas encore à tous les besoins des applications ; on y trouvera sans doute des obscurités à dissiper, et des lacunes à remplir. Voyons cependant comment on peut profiter des lumières qu'elles ont répandues.

Résistance des bois à l'écrasement. Les poteaux chargés de poids très considérables, peuvent céder à la pression quand même ils ne se courberaient pas et ne prendraient aucune inclinaison. Suivant Rondelet, il faut, pour écraser un cube de chêne d'un pouce de côté, un poids de cinq mille sept cent soixante à six mille neuf cent douze livres (trois cent quatre-vingt-quinze à quatre cent soixante-deux kilogrammes par centimètre carré). Si la hauteur d'un poteau n'est que de sept à huit fois le côté de sa base, il ne pliera pas sensiblement sous le poids que cette base est capable de supporter. Cependant, cet architecte conseille de réduire la hauteur des poteaux à dix diamètres ou côtés de la base, et la charge à sept cent cinquante livres par pouce carré (environ cinquante kilogrammes par centimètre carré). Ces précautions sont d'une excessive timidité : on a vu des échaffaudages de très grande étendue, et surchargés de matériaux qu'on y entassait, résister pendant plusieurs mois à des poids énormes, au mouvement des constructions, aux déplacements continuels et peu ménagés qu'entraînent les grandes constructions; et le tout était soutenu à la hauteur de plus de dix mètres par quelques sapins dont la section moyenne n'avait tout au plus que trente centimètres de diamètre.

Suivant le même auteur, la force du sapin, employé comme poteau, est à celle du chêne dans le rapport de 13 à 11. Suivant l'ingénieur anglais Rennie, le chêne d'Angleterre serait écrasé sous une charge de deux cent soixante-onze kilogrammes par centimètre carré, et le sapin *blanc* ne porterait que la moitié du fardeau que l'on peut mettre sur le chêne; l'orme serait encore moins solide, et céderait à une pression de quatre-vingt-dix kilogrammes par centimètre carré. Mais quelles sont les espèces ou les variétés de ces arbres qui ont servi aux expériences? On n'est pas entré dans ces détails dont on ne peut se passer; car on n'ignore pas que les différences caractéristiques des végétaux ne sont pas seulement à l'extérieur, qu'elles modifient aussi l'intérieur, le tissu ligneux, sa dureté, son élasticité, toutes ses qualités physiques.

Un ingénieur français, M. Gauthey, auteur d'un *Traité de la construction des ponts*, fixe à cent soixante kilogrammes la pression que le chêne peut supporter par centimètre carré sur une face parallèle aux fibres; et sur une même étendue perpendiculaire aux fibres, la charge peut être de deux cents kilogrammes, sans qu'il en résulte aucune désorganisation. M. Tredgold réduit beaucoup ces charges. Dans son ouvrage sur les *Principes élémentaires de la charpenterie*, il ne laisse placer, sur un centimètre carré de chêne, que quatre-vingt-dix-huit ou cent kilogrammes, si la face chargée est parallèle aux fibres.

Résistance du bois à l'extension. On observe ici un fait qui semble contraire aux lois de la cohésion; le bois résiste mieux à l'extension qu'à la compression. Les expériences de Rondelet ont donné, pour mesure de la force de cohésion du chêne, neuf cent quatre-vingt-un kilogrammes par centimètre carré. M. Tredgold n'a trouvé, pour le chêne d'Angleterre, que cent soixante-trois kilogrammes; mais, suivant M. Barlow, elle serait de six cent quarante-six à huit cent quatorze kilogrammes. Le même ingénieur a mesuré la force de cohésion de quelques autres espèces de bois; voici les résultats de ses expériences ramenés à la surface d'un centimètre carré, et en exprimant les poids en kilogrammes :

- Buis. . . . . 1,398 kilog.
- Frêne. 1,208
- Sapin. 857
- Hêtre. 805
- Poirier. 690
- Acajou. 565

Résistance des bois à la flexion. Quoique le bois ne soit qu'imparfaitement élastique, on ne peut introduire dans le calcul le degré d'élasticité dont il est pourvu. D'ailleurs, la plupart des espèces employées dans les constructions, conservent assez bien leur ressort pour qu'il soit permis de les considérer comme parfaitement élastiques, et on s'est accordé généralement pour leur appliquer les formules analytiques propres aux solides de cette nature. On suppose que la force élastique est proportionnelle à l'augmentation ou à la réduction de volume que le corps a subi, et on représente par E le poids nécessaire pour alonger ou raccourcir, d'une quantité égale à sa propre longueur, un prisme dont la base est l'unité superficielle. Soit donc un prisme posé horizontalement sur deux appuis dont la distance est c, la largeur de la base a, et la hauteur b; soit p, le poids de ce prisme, et P, un autre poids dont il est chargé au milieu de la distance entre les appuis : les formules des corps élastiques donnent l'équation $E = \left(P + \dfrac{5p}{8}\right) \dfrac{c^3}{4\,a\,b^3\,f}$, dans laquelle f est la flèche de courbure au milieu du prisme. En appliquant à cette expression les valeurs numériques fournies par les expériences de Duhamel sur le bois de chêne, on trouvera que, $E = 1,012,000,000$ kilog. D'autres expériences faites par M. Ch. Dupin, donnent pour le chêne 1,688,490,000 kilog., pour le hêtre 1,109,442,000 kilog., et pour le sapin 1,041,784,000 kilog. Quelle que soit la question à résoudre, il faut commencer par obtenir cette expression de la force élastique, et si on manque de données expérimentales, le mieux est de les chercher directement, au moyen d'un échantillon du bois qu'on veut employer.

Il ne s'agit que de prendre un barreau d'un ou deux mètres de longueur, et d'environ trois centimètres d'équarrissage, de le placer horizontalement sur deux appuis, et de le charger à égale distance de ces appuis, d'un poids que l'on augmente jusqu'à ce que la flèche de courbure puisse être mesurée avec exactitude. M. Ch. Dupin avait adopté, pour ses expériences, la longueur de deux mètres, et les plus épais de ses barreaux n'avaient pas plus de trois centimètres. Ces essais, qui peuvent être faits avec célérité et précision, procurent certainement des résultats qu'on peut employer avec confiance.

Si le poids P était réparti sur toute la longueur du prisme de bois, au lieu d'être suspendu au milieu, l'équateur deviendrait
$$E = \frac{5(P\ p)c^3}{8 \times 4\,ab^3 f}.$$

Pour calculer la résistance d'un cylindre de bois dont le diamètre serait $2r$, et la longueur c, on cherchera d'abord celle du prisme de même longueur dont la barre serait $4r^2$, et on la multipliera $\frac{3\,\pi}{16}$: π est le rapport de la circonférence du cercle au diamètre.

Lorsqu'une pièce de bois est soutenue en plusieurs points de sa longueur, il est évident que chacune de ses parties doit être traitée séparément, en raison du poids qu'elle porte et de la manière dont il est distribué.

Résistance des bois à la rupture. On a fait beaucoup d'expériences sur cet objet, mais aucune théorie satisfaisante n'a réuni ces faits épars, ni indiqué les lois de la production des effets. On ne peut donc suivre, pour ces recherches, aucune méthode de calcul qui mérite quelque confiance. D'ailleurs, la connaissance des conditions de rupture ne serviraient qu'à indiquer une limite dont il faut se tenir très éloigné, et dont l'approche est annoncée par les progrès de la flexion; et cet effet de l'action des forces appliquées aux bois, est celui que l'on sait évaluer le plus exactement. Nous pouvons donc nous abstenir d'exposer ici, non-seulement les essais de théories hasardées sur la rupture des corps solides; mais encore les expériences de Buffon, sur le bois de chêne récemment coupé, celles de Bélidor, sur des barreaux de chêne sec, de Rondelet, sur le même bois et sur le sapin. Les résultats de ces diverses mesures sont inconciliables lorsqu'ils peuvent être comparés. On ne remarque pas moins de discordance entre les faits recueillis par les ingénieurs anglais sur la rupture des bois indigènes de l'Angleterre, et de ceux que le commerce apporte dans la Grande-Bretagne, de toutes les parties du monde. Les travaux réunis des savants et des constructeurs, n'ont pas encore assez éclairé la voie qui peut conduire aux connaissances qui nous manquent sur cette classe de phénomènes où la loi de l'action des causes change subitement, et on ne peut douter que la rupture des corps solides n'y soit comprise.

Résistance à la torsion. Les formules applicables aux effets de la torsion sont déduites des mêmes principes que celles de la flexion des corps élastiques ; mais comme la direction de la force qui agit sur ces corps est perpendiculaire à l'extrémité d'un levier mobile autour d'un centre, il faut introduire, dans le calcul, l'expression de ce levier, et la flèche de courbure est transformée en angle de torsion. Le co-efficient qui représente l'élasticité propre de chaque corps est aussi changé, et doit être déterminé par l'expérience. Soient donc T la résistance *spécifique* du corps ; t, l'angle de torsion supposé très petit ; c, la longueur du solide tordu ; R, le bras du levier à l'extrémité duquel on applique le poids P, pour opérer la torsion, et ϖ, le rapport de la circonférence au diamètre du cercle : on aura, pour un cylindre dont le diamètre serait $2\,r$, $T = \dfrac{2\,P\,c\,R}{\varpi\,r^4\,t}$, et pour un prisme dont la base serait le carré a^2, $T = \dfrac{6\,P\,c\,R}{a^4\,t}$. On n'a pas encore de données expérimentales pour trouver d'abord la valeur de la constante T, pour chaque sorte de bois, et ensuite celle de a ou de r, lorsque P et R sont connus, ainsi que la longueur c.   Ferry.

BOIS. (Leur emploi dans les Arts.) *Technologie.* Le bois est la matière ouvrable de la majeure partie des professions, et il entre pour quelque chose dans toutes les fabrications : son emploi est pour ainsi dire général. Nous aurions donc à le considérer sous une infinité d'aspects, si nous entreprenions de traiter ce sujet à fond. Mais la nature de cet ouvrage nous interdit les longs développements, et nous devons nous renfermer dans l'exposé des choses indispensables, et nous attacher sur-tout à constater les applications utiles encore peu connues. Les bois se classent en deux grandes divisions : 1° les bois qui croissent sur le sol de l'Europe centrale, et que l'on nomme bois *indigènes*, et ceux que le commerce nous apporte des régions éloignées, et qui sont désignés sous le nom de bois *exotiques*.

Les bois indigènes fixeront d'abord notre attention. Pour apporter de la méthode dans la description d'une aussi grande quantité de matériaux, on a fait des divisions de *bois durs* et *bois tendres*, *lourds* et *légers*, *foncés* et *blancs*. Nous ne les suivrons pas; nous nommerons les bois suivant l'ordre alphabétique : les classements ne pouvant être justes dans un enchaînement d'espèces qui s'avoisinent les unes les autres.

Abricotier. Nous pourrions renvoyer ce mot à *prunier*; mais cependant comme la greffe apporte des modifications dans le grain et dans la couleur, nous devons en dire deux mots : ce bois, tortillé, assez souvent pourri dans le cœur, est peu employé dans les arts. Les tourneurs ne doivent pourtant pas le dédaigner; car il offre, dans ses parties saines, un assez beau veinage. L'abricotier est sujet aux vers et à la gerce; il se polit assez difficilement; mais malgré ces défauts on parvient à en faire de jolis ouvrages (*v.* ci-après les considérations générales.) Ce bois a été peu étudié.

Acacia. Très recherché par les bâtonniers et les fabricants de chaises : sa couleur tendre, jaune verdâtre, n'est point désagréable; son grain est peu serré, mais cependant assez fin pour prendre le poli, et offrir à l'œil un satinage assez marqué. C'est un bois dur, nerveux, résistant, liant, et quelque peu flexible. Les tourneurs grossiers en font des pilons, des mortiers, des boîtes à conserver le tabac, des toupies pleines et creuses, et même des roulettes de lit, emploi pour lequel il tient le troisième rang, après le gayac et l'amandier. Il sèche facilement et n'est point trop sujet à se gercer.

Alisier. Bois de premier ordre dans les fruitiers sauvageons : c'est après le buis et le cormier le plus dur de nos bois. La couleur de ce bois varie avec son âge; le tronc est ordinairement jaunâtre; le bois nouveau est d'un beau blanc; il est noir d'ébène dans le cœur; mais cette partie noire est difficilement utilisée, attendu qu'elle est sujette à se fendre, que le bois en est sec et cassant. L'alisier sert aux menuisiers à faire leurs *affûtages* (*v.* ce mot), et sur-tout les rabots à moulures; le tourneur lui trouve toutes les qualités qu'il peut désirer : doux comme le poirier, il se tourne mieux; son grain serré et résistant se prête aux moulures les plus délicates; il garde bien le filet des vis les plus fines sans s'égrener : il prend le plus beau poli, et le vernis s'y applique avec facilité. Si on veut herboriser artificiellement ce bois, l'acétate de fer, l'acide nitrique et autres acides concentrés le nuancent de couleurs diverses. En mécanique, l'alisier sert à faire des ALLUCHONS (*v.* ce mot). En général, cet excellent bois peut remplacer, avec avantage, les autres bois durs, dans un grand nombre de cas : des raisons d'économie, et la facilité à se procurer des bois moins parfaits, sont les seules causes de son emploi restreint. L'alisier est sujet à être percé par les vers de la grosse espèce; c'est pourquoi on fera bien de se conformer, à son égard, aux prescriptions générales (*v.* CONSERVATION DES BOIS). Bien ménagé, il ne se gerce pas trop : il est, pour ainsi dire, sans *aubier*. C'est un bois lourd, offrant une grande résistance absolue; d'une résistance relative et respective moins fortes, mais cependant encore très considérables.

AMANDIER. C'est encore un bois de première qualité, peu employé, peu étudié. Les tourneurs et les menuisiers peuvent l'employer avec avantage lorsqu'il est bien sec; les billes qui avoisinent le bas de l'arbre, ont beaucoup de rapport avec le gayac, non-seulement sous le rapport de la couleur, du veinage, mais encore parce que, comme le bois exotique, leur section transversale est polie et luisante; il conserve bien l'huile, lui-même en étant imprégné, ce qui le rend propre à faire des coussinets, usage pour lequel sa grande résistance absolue le rend d'ailleurs recommandable. On fait, avec l'amandier, de très bons manches d'outils tranchants, tels que ciseaux, fermoirs, bédanes et autres sur lesquels on frappe avec le maillet; ils rebroussent plutôt que de se fendre. L'amandier prend un assez beau poli; mais l'huile qu'il contient le rend peu propre à être coloré par les acides, dont elle neutralise l'action : cependant il prend bien le vernis, ce en quoi il diffère encore du gayac qui le prend mal; il est moins sec que ce dernier bois, moins cassant, moins sujet à s'éclater, qualités que les ouvriers spécifient par ce seul mot; il est moins *tac*; aussi en fait-on les meilleures poulies de puits, des cylindres et des rouleaux, moins estimés que ceux en gayac; mais préférables à ceux faits en tout autre bois de France; des alluchons, des bâtons de chaise, des pilons, etc., etc. Ce bon bois est très long à sécher, et lorsqu'il est encore vert, il n'est propre à rien : il se fend en rayonnant suivant la maille; il se fend encore en hélice dans toute sa longueur. Il est peu attaquable par les vers qui peuvent à peine se loger dans son écorce noire, dure, serrée, fibreuse et adhérente. Ainsi, il n'est pas nécessaire de l'écorcer après l'abbattage (*v.* ci-après) : il a beaucoup d'aubier; mais cet aubier est dur et résistant, et diffère peu du bois fait.

AMELANCHIER ou AMELAUCHIER. Bois peu connu et peu étudié. Comme il ne vient pas gros, il sert dans le Midi de la France à faire des cannes, des manches d'outils; il est dur et noueux dans les parties basses du tronc. Les tourneurs y trouvent de quoi faire des tabatières.

ARBRE DE JUDÉE. Il vient dans nos jardins; il a le grain mitoyen entre l'orme et le faux ébénier, et une couleur approchant de celle de l'acacia, mais plus dorée. Ce bois est dur, léger, filandreux, il se polit difficilement; mais lorsqu'il est poli, il offre un veinage rubané fort distingué; son aubier, blanc, tranche agréablement avec la couleur jaune-vert du bois fait; il chatoye, reflète la lumière, et offre une espèce de satinage qui est d'un bon effet : ce bois est peu connu et peu employé dans les arts; et cependant il pourrait l'être avec avantage dans beaucoup de cas, car il est liant, flexible, et pourtant résistant : il se vernit mal.

AUNE. Bois léger, tendre, d'un blanc-rouge, généralement connu : servant à faire des échelles, des chaises d'église, des perches avec lesquelles on fait les échafaudages des maçons, etc. On le débite peu en planches. Nous n'aurions que peu de mots à dire sur ce bois commun, s'il ne produisait point ces loupes ou excroissances qui sont recherchées pour leur beauté par les ébénistes, et qui fournissent un beau placage pour les meubles de prix. *La loupe d'aune*, peu employée, parce qu'elle est rare, est d'une couleur fauve, relevée par des palmettes rouges, et des points bruns; elle joue la lumière, et le poli lui donne des reflets soyeux; elle se colore par les acides, et, après la coloration, lors du poncé, les parties claires ressortent agréablement. Cette loupe se plaque facilement; elle n'exige pas des bâtis solides, car elle n'est point forte comme la loupe de frêne; dans l'emploi elle se comporte comme l'acajou. Ces loupes ne donnent pas ordinairement de grandes feuilles; mais elles entrent avec avantage dans la fabrication des meubles composés de plusieurs espèces de bois, tels que secrétaires, caisses de pianos, etc. En tabletterie on l'emploie à construire de petits coffres dont elle fait à elle seule toute la parure.

Bouleau. Bois blanc et léger, trop mou pour supporter les assemblages. On fait, avec le tronc, des planches grossières servant au remplissage et des balais communs avec le menu branchage. On fait aussi, avec les branches moyennes de cet arbre, de grands cercles pour les cuves.

Buis. C'est le plus dur, le plus compacte de nos bois; il est aussi l'un des plus lourds. Le buis pousse lentement, aussi a-t-on de la peine à s'en procurer de très gros, et d'ailleurs il n'est pas dans sa nature de devenir d'un fort diamètre; il se pourrit au cœur lorsqu'il est parvenu à une certaine grosseur. On en distingue deux espèces : le buis vert et le buis jaune qui est le plus commun; le buis vert est plus tendre et plus facile à travailler que le buis jaune. Ce bois est très employé dans les arts; aussi est-il toujours d'un prix assez élevé : le branchage un peu fort se vend 60 à 70 centimes le kilogramme; le bois moyen, 80 centimes; le gros bois de choix, 1 fr.; les loupes se paient plus ou moins selon leur beauté, et selon qu'elles sont sèches et saines. Leur prix est toujours comparativement plus élevé que celui du bois uni. Le tourneur-tabletier emploie de préférence ce bois pour ses plus beaux ouvrages; il se polit très facilement et sans travail; il prend bien toutes les teintes qu'on veut lui donner; il se vernit aisément. Les menuisiers et les tonneliers s'en servent pour mettre des pièces à la lumière des rabots, des varlopes et des colombes. C'est sur ce bois, pris en bout, que les graveurs en bois font ces gravures en relief, qui s'impriment typographiquement, etc., etc. Il est très sujet à *s'échauffer* : on appelle ainsi un commencement de décomposition, qu'on retarde pendant long-temps, si après qu'il a été séché à l'air, on le tient à l'abri de toute humidité. Il est même prudent d'huiler sa section, ou d'y coller un papier huilé. Le buis, livré à lui-même, pousse droit et de fil ; mais tourmenté durant son long âge par les coupes annuelles qu'on fait de ses branches, il est communément contourné et rabougri, ce qui le fait rechercher des tourneurs, mais force le luthier qui veut un buis sans nœuds, à avoir recours au buis d'Espagne qui pousse plus droit, et qui est peut-être d'une autre espèce, car nous avons remarqué qu'il est plus mou que le buis ordinaire. *La loupe de buis*, improprement nommée *racine de buis*, puisque le bois de la racine diffère très peu de celui de l'arbre, sert à faire des tabatières, de petits nécessaires et autres jolis ouvrages. Si on attendait un caprice de la nature, un épanchement fortuit, pour la production des loupes, elles seraient fort rares et très chères ; car les loupes naturelles sont la plupart du temps si profondément sillonnées dans tous les sens, que la partie loupée disparaît avant que l'outil ait atteint le fond des sillons ; ces loupes naturelles sont d'ailleurs presque toujours creuses ou pourries dans le cœur. Il a donc fallu avoir recours à l'art même pour se procurer un produit naturel, et les loupes ainsi obtenues sont, à peu d'exceptions près, les seules employées. Pour contraindre la nature à produire des loupes, et à les produire saines, on s'empare des branches inférieures de l'arbre ; (on pourrait sans doute se servir aussi des branches supérieures.) on ôte une partie du branchage, et l'on passe sur cette branche des douilles en fer qu'on espace entre elles, plus ou moins, selon que l'on veut que les loupes soient grosses. Le branchage pousse entre les douilles, chaque année on le coupe, et chaque année il s'en produit d'autres à côté qui seront coupés à leur tour ; ceux du bout sont seuls conservés, afin que la branche ne souffre pas ; lorsqu'elle grossit, les douilles deviennent des canaux étroits où la sève coule sans s'arrêter ; elle s'extravase dans les intervalles, enveloppe et recouvre les branchages coupés, et de la sorte il se forme une loupe ronde, à peu près régulière, et traversée seulement par un conduit ligneux de bois de fil qui ne nuit pas à la beauté de la loupe. C'est dans le Jura et la Haute-Marne qu'on trouve les plus belles loupes de buis. Les acides colorent la loupe de buis ; mais ce seul moyen serait quelquefois

24.

insuffisant, sur-tout lorsqu'on veut avoir des teintes rembrunies, parce que le buis étant compacte et peu buvard, ils ne pénétreraient pas assez avant pour n'être pas enlevés par le poli. On doit donc, après que l'ouvrage est dégrossi, et avant d'employer les acides, étendre dessus une teinture de bois d'Inde. Cette compacité du buis est cause qu'il est très difficile de l'herboriser artificiellement (*V.* COLORATION DES BOIS); nous ne conseillons même pas de l'entreprendre : le buis mal herborisé est couvert de rendures noires et opaques, et l'artifice est sur-le-champ reconnu.

CERISIER. Bois peu employé dans les arts : il est tendre, poreux, léger; seulement, vers le cœur, il est assez dur pour remplacer quelquefois, mais imparfaitement, le guignier et le merisier avec lesquels il a beaucoup de rapport. Ce bois n'est point sujet à se fendre; ce qu'il doit peut-être à son tissu peu serré, et à son écorce extérieure qui est transversale et qui le comprime fortement. Cette écorce brûle d'une manière particulière; elle fait explosion comme l'étoupille : elle éclaire vivement. Il est à souhaiter qu'elle soit analysée par les chimistes : peut-être trouveraient-ils à tirer parti, dans l'intérêt de l'industrie, des principes qu'elle renferme. L'écorce de guignier, de merisier et d'alisier, présente aussi, mais moins apparent, le même phénomène.

Ce bois, poreux, prend très bien la couleur, sur-tout lorsqu'il a été préalablement passé à l'eau de chaux. Les faiseurs de chaises peuvent l'employer; mais ils donnent la préférence au merisier.

Le CERISIER MAHALEB, ou bois de Sainte-Lucie, croit particulièrement dans les Vosges, près le village de Sainte-Lucie; son bois est dur, brun et odorant. On en fait des étuis. Le CERISIER A GRAPPES ou PUTIER, ressemble au précédent, pousse dans les mêmes lieux; scié dans un sens incliné au fil, il offre un très beau veinage.

CITRONNIER. Le bois de cet arbre sert à faire de petits objets tournés : quant au citronnier qu'on débite en placage, et dont on fait des meubles, ce n'est pas un bois de France. Nous en parlerons plus bas.

CHARME. Bois de chauffage, bien connu, servant à quelques usages spéciaux. Les menuisiers l'emploient pour faire leurs maillets, et quelquefois à défaut de cormier, d'alisier et d'autres fruitiers, à faire des rabots, des varlopes, etc. Les tourneurs en font des vis, des mandrins. Le charme se fend très difficilement : c'est un bois dur et blanc, dont la maille est très serrée, et qui, cependant ne se polit que difficilement. Comme il est très blanc, lorsqu'il est frais abattu, on a voulu l'employer pour suppléer, à bon marché, le houx qui est très cher ; mais on n'a pas encore trouvé le moyen de l'empêcher de jaunir en séchant ; ce qui a empêché l'ébénisterie, la tabletterie et la marqueterie d'en faire usage.

Châtaignier. Peu employé de nos jours, ce bois était jadis très recherché pour la charpente des combles des grands bâtiments, parce qu'il est peu sujet à la vermoulure, qu'il est léger et résistant. Il offre l'aspect du jeune chêne. C'est de tous les bois celui qui se tourmente le moins, et qui a le moins de retrait, ce qui pourrait le rendre précieux pour faire les bâtis de meubles plaqués. Il se rabotte mal, ne peut recevoir le poli. Sa destination spéciale est de fournir les meilleurs cerceaux : il est même, pour ainsi dire, le seul bois employé à cet usage.

Chêne. Il est le plus connu et le plus employé des bois, et cependant il se polit mal ; son grain est grossier, sa couleur peu remarquable ; ses qualités sont sa durée, sa force comparativement à son poids, son élasticité, et puis il croît partout. On le tire de tous les endroits de la France où il se trouve de grandes forêts. Pour être bon, il faut que l'arbre soit parvenu à un certain âge ; le bois des coupes réglées n'est bon qu'à brûler, l'aubier y tient trop de place : il ne faut pas non plus que le chêne provienne d'arbres trop vieux, parce qu'alors il est dur, noir, lourd, gras sous le tranchant de l'outil, cassant et sujet à la vermoulure. La Champagne et les Vosges produisent de bons chênes ; mais, en France, nous n'avons pas le talent de le débiter d'une manière aussi avantageuse que dans d'autres contrées septentrionales, dont nous sommes les tributaires pour le beau chêne fendu sur maille. Les planches ainsi refendues présentent une moire, résultat de la maille, qui ne se rencontre pas dans nos bois : c'est ce qu'on nomme dans le commerce *chêne de Hollande* ; ces planches semblent avoir été extraites d'arbres beaucoup plus gros que ceux de nos forêts, et sont principalement recherchées par les facteurs de pianos, et les menuisiers en meubles qui en font de très belles armoires. Ces beaux chênes sont presque tous venus sur notre sol, dans les Vosges : on les transporte, dit-on, dans la Hollande, où, pendant deux ou trois années, ils séjournent, submergés dans le fond des canaux. Là, ils perdent la partie extractive, qui est remplacée par l'eau, laquelle ensuite, lors du séchage, s'évapore plus facilement, et laisse entièrement vides les pores, qui sont bientôt comprimés, rétrécis par le retrait du bois : de cette manière les causes de destruction ont disparu. Cet effet n'a pas lieu lorsque le dessèchement et le retrait ont eu lieu avant que la sève ait été entièrement expulsée de ses nombreux conduits ; renfermés par le rétrécissement extérieur, cette sève fermente, et le bois qui d'ailleurs perd par sa présence une partie de son nerf et de son élasticité, devient plus sujet à se pourrir. Il est donc prudent de rafraîchir de temps en temps en les sciant de 13 à 14 millimètres, les bouts des bois mis à sécher. On a proposé de faire bouillir les bois dans l'huile ; sans doute, par ce moyen on pare à plusieurs inconvénients, mais les principaux persistent. La sève est alors remplacée par l'huile qui, une fois sèche, est bien plus incorruptible ; ces bois pénétrés d'huile sèche, deviennent lourds, durs et compactes ; le tourneur peut les employer avec succès, ils ne travaillent plus ; mais en même temps qu'ils ont perdu leur porosité, leur capillarité, ils ont perdu les qualités utiles qui sont la conséquence de la capillarité, la flexibilité, le ressort, et sont devenus ainsi peu propres aux travaux du menuisier et du charpentier ; on doit donc se méfier de ce moyen tant vanté. Nous avons dû consigner de suite cette observation importante qui aurait pu nous échapper : rentrons dans notre examen de l'emploi des bois.

Le meilleur chêne se reconnaît extérieurement à plusieurs signes. Dans sa section transversale il doit avoir peu d'aubier, la couleur du cœur ne doit pas être trop foncée, les couches annuelles doivent être apparentes et festonnées, plus foncées près de l'aubier qu'au cœur ; les rayons divergents de la maille doivent être visibles, continus ; tranchant de couleur avec le bois même, qui doit être plus foncé qu'eux. Le meilleur chêne est aussi celui qui a fait plus de retrait en séchant : cette dernière remarque est applicable au chêne seulement.

Le chêne d'*échantillon* est celui qu'on a scié et débité dans la *vente* d'abattage, en longueur et en grosseur déterminées par l'usage qu'on en doit faire; il prend les noms de *membrures*, *madriers*, *cartels*, *poutres*, *solives*, *chevrons*, *faîtières*, *quenouilles*, etc., etc., selon ses dimensions. Il est amené à Paris par trains dits de bois carré. Le *merrain* est un chêne moins gros, refendu au *coûtre* en forêt, et servant aux doleurs-tonneliers, à faire les douves des tonneaux. Quant aux planches débitées, elles portent les noms de *volige, panneau, trevoux, trois-quarts, feuillets*, et autres qu'il serait trop long de rapporter.

Le chêne est un arbre européen. Dans aucune autre partie du monde il ne réunit autant de bonnes qualités, et ce qu'on a dit du chêne des Florides est encore problématique. Certaines essences doivent obtenir la préférence : on en connaît une soixantaine. Nous ne pouvons entrer dans ces détails de botanique. Le sol favorable aux bons chênes est une glaise compacte et visqueuse, non marécageuse, et plutôt sèche qu'humide. Les terrains bas et marécageux produisent des arbres qui viennent promptement, mais dont le grain est gros et ouvert; qui sont sujets à se tourmenter beaucoup et à une prompte détérioration. Le temps le plus opportun pour leur abattage est entre quatre-vingts et cent ans; sans doute ils profitent bien plus long-temps, mais alors la vigueur abandonne le cœur, le centre, pour se répandre à l'extérieur. C'est pourquoi, dans les vieux chênes, le meilleur bois se trouve situé dans les couches qui avoisinent l'aubier. Le chêne qui a été écorcé sur pied un an avant l'abattage, n'a plus d'aubier, ou au moins, cet aubier a acquis des propriétés qui le rapprochent du bois fait. En général, il est plus dur, plus compacte, plus résistant : mais l'expérience n'a encore rien donné de bien stable relativement à sa durée (*v.* Conservation des bois). Rien de certain non plus ne résulte de la saison choisie pour l'abattage; il y a conflit d'opinion de toutes parts : l'opinion française est pour l'hiver.

La loupe du chêne de France est trop peu importante pour que nous en fassions mention. Celle du chêne de Russie est saine, large et bien frisée; mais elle est à trop petit dessin, et n'a point de couleur; elle prend très bien celle qu'on lui donne à l'aide des acides, et devient alors très belle. (*V*. Ébénisterie et coloration des bois.)

Cognassier. Bois jaune, assez ordinairement noir au cœur. Ce bois est malheureusement trop souvent envoyé au feu comme inutile dans les arts : c'est une perte pour l'agriculteur et pour l'industrie. Son grain fin et serré permet de lui donner un beau poli, et par conséquent de le vernir ; sa couleur est agréable : il est dur et liant : les tabletiers devraient en faire usage. Il est vrai que le cognassier est très sujet à se fendre, et qu'il ne vient jamais bien gros ; mais avec du soin, et une dessiccation très lente on pourrait en tirer un bon parti. (*V*. Conservation des bois.)

Cormier, autrement *Sorbier*. C'est, selon quelques auteurs, le plus lourd de nos bois. Suivant quelques expérimentateurs, il pèse 1030 relativement à l'eau prise pour 1000. Sa couleur est d'un rouge-brun, parfois entremêlée de veines noires et de filets carminés vers le cœur ; il est quelquefois ondulé, ce qui est un signe de bonne qualité. Ce bois, très connu, est toujours rare et cher ; on le trouve dans le commerce en cartels et en quenouille. Comme il est très sujet à se fendre et à se tourmenter, on doit, dès l'abattage, le refendre en deux : tant que le cœur du cormier n'a pas vu le jour, le bois travaille et se gerce. Ce bois, conservé en grume, est bien rarement bon : il est fendillé et traversé par un gros ver qui le détériore en tous sens : c'est le même ver qu'on retrouve dans le poirier sauvage et dans l'alisier. Ce bois dur n'est pas d'un aspect assez flatteur pour être employé dans la fabrication des meubles ou des objets de tour : il se colore par les acides ; mais il n'y gagne rien sous le rapport de la beauté : ce qui le rend précieux ce sont ses qualités utiles. C'est le premier de tous les bois, pour la mise en fût des rabots, varloppes, riflards, colombes, outils de moulures, etc., et tous autres devant être soumis à un frottement fréquent ; il est aussi très bon pour faire toute espèce de vis, mais particulièrement les vis de pressoirs ; usage pour lequel son haut prix ne permet pas toujours de l'employer : les frottements du cormier sont doux et faciles. On distingue le cormier de plaine, et celui de montagne : ce dernier vient moins gros ; mais il est plus dur, plus veiné de noir. Le premier est plus gros, plus plein, plus uni, d'une couleur rousse plus uniformes : il est aussi plus commun.

CORNOUILLER. Petit bois noueux, liant, flexible, à grain fin et serré; dur, pesant, il noircit en vieillissant; il est employé dans beaucoup de professions : les cardeurs de matelas en font des verges avec lesquelles ils battent la laine. On en fait d'excellents manches de marteau, des échelons de première qualité, des manches de couteaux grossiers, des cannes, des bâtons de *quatre pieds* pour l'escrime, etc., etc.

ÉBÉNIER. (FAUX) Bois de jardin, peu étudié, et cependant bon à connaître, parce qu'il pourrait être employé dans une infinité de cas, sur-tout dans la marqueterie lorsqu'il s'agirait d'opposer une couleur sombre aux teintes éclatantes de l'érable, du marronnier et autres bois de couleur tendre. Son bois est dur, son tissu offre, sur la coupe transversale, des couches annuelles très apparentes; les couches médullaires interposées offrent un dessin de dentelle qui plaît à l'œil, où le vert foncé domine. Ce bois est recouvert d'un aubier très apparent qu'on doit enlever lors de l'usage, attendu qu'il est d'une qualité très inférieure au bois fait.

ÉPINE. Bois fin, compacte, lourd, dur, élastique; il s'emploie aux mêmes usages que le cornouiller, avec lequel il a beaucoup de rapports.

ÉRABLE. Bois très important à connaître, et dont on fait beaucoup d'usage dans les arts. Entre toutes les espèces d'érables, quatre principales sont à considérer. L'*érable commun*, ou petit érable de France, couleur blanchâtre, grain serré, susceptible de recevoir le vernis; il est employé par les menuisiers, qui en font des montures de scies, des manches et autres instruments de travail. Débité en planches, il sert à faire des ceintures de table, et même des dessus. L'*érable sycomore* participe des mêmes qualités relativement au grain et à la couleur; mais il est plus ordinairement ondulé, ce qui le fait rechercher par les luthiers pour la fabrication des violons, des guitarres, des harpes et autres instruments à cordes. L'*érable plane*, qui ressemble beaucoup au précédent. L'*érable à feuilles de frêne*, originaire d'Amérique, cultivé en France, dont le bois blanc et dur, est recherché des ébénistes. L'*érable à sucre*, peu commun en France, n'a pas encore été employé dans les arts. *La loupe* d'*érable*, débitée en placage, s'emploie pour faire des meubles et de très jolis ouvrages de tabletterie, tels que nécessaires, petits coffres, pupitres, etc. Quant à ce bel érable argenté, moiré ou moucheté, dont on fait des meubles précieux, il nous vient d'Amérique (*v.* Ébénisterie). L'érable prend toutes les teintes que l'art veut lui donner (*v.* Coloration des bois); et comme il reflète la lumière, c'est un des bois les plus propres à faire des beaux ouvrages. La branche d'érable fournit des perches élastiques dont les tourneurs font beaucoup de cas.

Figuier. Petit bois, blanc, d'un grain moyen, très sujet au retrait; on lui a attribué des qualités qu'il n'a pas : il est peu connu et peu employé dans les arts.

Frêne. Ce bois tient un rang très distingué parmi nos bois; c'est le premier pour le ressort et l'élasticité : il est blanc, d'un grain moyen ; les couches annuelles sont colorées en jaune. Ce bois est préféré à tous les autres pour la fabrication des chaises, des échelles, des brancards de voitures, des ridelles; il donne de bons manches de marteaux, de pioche, de bêche, etc. Le menuisier, le charron, le bâtonnier en font beaucoup de cas; mais ce qui distingue particulièrement le frêne, et en a fait, de nos jours, l'un des bois les plus importants, ce sont ces *loupes* qui sont souvent si grandes, qu'elles envahissent tout l'arbre, et que le bois uni disparaît. Nous en parlerons en passant en revue les bois de placage. *V.* Ébénisterie et Coloration des bois.

Fusain. Petit bois, raide et filé dont les scions sont recherchés, est employé à faire de petits ouvrages, tels que pieds-droits, doubles décimètres, réglettes divisées, des fuseaux, des lardoirs, emplois pour lesquels il remplace le buis qui serait trop cher; sa couleur jaune se prête à cette substitution; mais le principal emploi du fusain, c'est la fabrication de ces crayons faits avec son charbon sec, sonore, léger, dont les traits d'esquisse adhèrent si peu au papier, qu'ils peuvent s'enlever au moindre frottement. Pour faire ces crayons on refend le fusain selon sa longueur en plusieurs morceaux qu'on arrondit à peu près; on fait entrer ces baguettes dans un tuyau de tôle, ou dans un canon de fusil, si on en fabrique peu à la fois; et, après avoir bouché ce canon ou le tuyau par les deux bouts avec de la terre argileuse, on les met dans le feu où on les laisse assez long-temps pour que le bois se réduise en charbon, en ayant soin de ne pas le laisser trop brûler.

Genévrier. Arbuste ne pouvant pas fournir des produits bien importants; mais cependant recherché des tourneurs et des fabricants de petits nécessaires de dames, à cause de son beau veinage, de la finesse de son grain qui se prête bien au poli, et de l'odeur douce qu'il exhale : il est d'ailleurs peu connu et peu étudié.

Guignier. Le bois de cet arbre a beaucoup de rapport avec celui du *cerisier ;* mais il est plus dur, plus serré; sa couleur vert-olive tendre, les nœuds bruns qui le traversent, en font un bois plus ouvrable que le premier; aussi les menuisiers en meubles en font-ils de belles tables, de beaux comptoirs; il est un peu sujet à la *piqûre* : c'est le ver du noyer qui l'attaque ; mais lorsque les meubles, faits en guignier, sont cirés et entretenus, ils sont d'un bon usage; et le ver s'y met peu.

Hêtre. Grand et gros arbre, dont le bois est très employé dans les arts, très étudié et bien connu. Dans certains cantons de la France on le préfère, pour le chauffage, à tous les bois; mais, en général, on ne met que les branches en bûches; le corps de l'arbre et les branches premières sont débités en cartels, madriers, quenouilles, planches et panneaux de toutes proportions. Le grain de ce bois n'est pas très serré; mais il est égal; la maille a cela de particulier que, selon le sens du débitage, elle offre, sur un fond uni, de petits points rouges et brillants auxquels on distingue le hêtre d'avec le noyer, avec lequel il a une ressemblance d'aspect qui fait que les marchands le vendent souvent pour ce dernier bois, dont le prix est toujours plus élevé. Le hêtre se rabotte bien, mais ne prend pas un poli parfait : on ne le vernit pas; plein et homogène, peu sujet à se gercer une fois qu'il est sec, il est le premier bois d'emploi pour les menuisiers en meubles, qui en font des tables, des buffets, des armoires, des fauteuils et même des commodes, sauf à faire les dessus et les devants de tiroirs en noyer. Le hêtre ne s'emploie pas dans la bâtisse; il n'est pas assez liant; assez nerveux : il casse trop net. Mais, dans le meuble, on le met partout. Comme il n'a pas de fil apparent, il se coupe bien en tous sens : il fait des assemblages solides. C'est avec le hêtre que le menuisier construit ses meilleurs établis; il en fait des tables de cuisine, des étaux de bouchers et autres gros ouvrages. C'est le hêtre, débité en feuilles d'un millimètre, ou plus, d'épaisseur, qui fournit à la boissellerie tout le bois qu'elle emploie pour seaux, tamis, boisseaux, litres, litrons et autres ouvrages de serche. Les tourneurs grossiers en font des sebilles, des écuelles, des égrugeoirs, des mortiers et des pilons, des plateaux de balance; il est employé quelquefois par le sabotier, le fabricant de socles, etc., etc.; enfin, dans une infinité de professions, le hêtre est le bois usuel. Ciré et frotté, il se conserve assez bien; mais il est sujet à être piqué par ce même petit ver qui cause tant de ravages dans le noyer. Le hêtre supporte bien le placage : il prend bien la peinture. *V*. Coloration des bois.

Houx. Bois dur, pesant, noueux, d'un grain très fin, d'un beau blanc; il fait les meilleurs manches de marteaux : c'est avec le houx que les tablettiers font les carreaux blancs des damiers et échiquiers. Lorsqu'il a été bien raboté, puis poli, il ressemble à de l'ivoire. Il sert à faire des cannes qui sont fort recherchées. Depuis quelques années la mode a donné à ce bois, déjà rare, un prix élevé qu'il n'avait pas; aussi, depuis ce temps, soit que l'appât du gain ait fait faire des découvertes, soit que l'agriculteur, stimulé par le prix, ait mis plus de soin dans l'élève ou la conservation de ce bois; toujours est-il qu'on voit maintenant, dans les chantiers, des houx d'une grosseur inusitée, dont on fait des feuilles de placage qui ont de quatre à cinq décimètres de largeur. Si le débitage du houx n'est point fait par un homme au fait, le bois perd beaucoup de son prix en perdant de sa blancheur. Nous entrerons, à cet égard, dans quelques détails neufs et indispensables en parlant du marronnier, autre bois à la mode, et qui se trouve dans le même cas (*v*. Marronnier). Le houx, contient beaucoup d'eau, et comme ses pores sont très serrés il la conserve long-temps; mais lorsqu'il est sec et qu'il a fait son retrait, qui est très considérable, il ne travaille plus.

If. Le bois de cet arbre vert, est incontestablement l'un des plus beaux de nos contrées; sa nature sèche et résineuse, son grain fin, ses belles nuances, ses nœuds qui tranchent sur ses couleurs de fond, tous ces agréments concourent à sa beauté; ses qualités utiles sont l'incorruptibilité, son peu de retrait, sa prompte dessiccation, sa fermeté, le poli parfait qu'il est susceptible de recevoir, avec un peu de travail, il est vrai, mais qui, une fois obtenu, dure toujours, et enfin, sa capacité à recevoir promptement le vernis qui s'y place mieux que sur tout autre bois, et qui lui donne un lustre, un brillant, un éclat qui n'appartiennent qu'à lui, et qui sont de longue durée. L'if a encore le mérite que son aubier, d'un beau jaune, est ouvrable comme le bois fait, et qu'il ne fait qu'apporter une nuance de plus dans ses couleurs variées. Son seul défaut, la contre-partie de ses qualités, est de s'effeuiller, de s'égréner facilement lorsqu'on veut faire des vis sur le tour, les couches ayant peu d'adhérence entre elles; c'est ce qui fait que c'est sur-tout comme bois de placage que ce bois occupe un rang distingué. Comme bois plein, il est peu employé, si ce n'est la variété commune qu'on nomme *if uni* ou *if sapin*, qui n'offre point d'accidents de veinage, mais qui est seulement agréablement rayée par des couches annuelles, souvent très rapprochées; car ce bois croît très lentement. L'if uni est employé par les couteliers pour faire des manches de canif et de grattoirs de bureau. Il sert aux bimbelottiers à faire des jouets: on en fait de bonnes règles, des équerres, des T, des pièces carrées; les tourneurs en font des boîtes légères et solides. Quant à l'*if noueux*, il se colore par les acides, et peut être herborisé artificiellement (*V*. COLORATION DES BOIS). L'if noueux ne forme peut-être pas une classe séparée de l'if uni; et nous sommes de l'avis de ceux qui pensent que c'est la différence des sols qui occasione leur dissemblance. Les ifs qui poussent dans les terrains gras, profonds, humides, sont tous ifs unis; ceux, au contraire, qui viennent entre les rochers, sur les pentes escarpées où la terre végétale est rare, sont presque tous ifs noueux. Ces derniers parviennent rarement à une grande hauteur; leurs branches divisées dès le pied, et paraissant même former un bouquet de plusieurs arbres, sont parfois adhérentes les unes aux autres, et sont enveloppées sous une même écorce: un seul arbre contient quelquefois trois arbres bien distincts, liés entre eux par une sève épanchée: c'est à ce signe qu'on peut distinguer l'if noueux qui a beaucoup de valeur d'avec l'if uni qui est un bois ordinaire, car l'écorce est la même, et la section transversale n'offre pas des indices toujours certains ; on n'a pas d'ailleurs toujours la faculté de la faire, surtout lorsqu'il s'agit d'acheter un arbre sur pied. L'if noueux est hérissé de petites branches depuis le pied jusqu'au sommet ; ce sont les repousses que forment ces nœuds qui font un des agréments de ce bois, qui en est traversé du centre à la circonférence, phénomène végétal particulier à l'if : les couches nouvelles en sont toutes traversées, et s'étendent autour de l'arbre en respectant le plus petit filet, en suivant toutes les côtes ou les cavités de tronc ; c'est ce qui lui donne un aspect inusité. Si le terrain dans lequel l'if croît est ferrugineux, ou que par hasard on ait planté des clous dans son bois, le bois a des accidents d'un violet prononcé qui relèvent sa beauté. Ce qu'on dit des effets délétères de ce bois est de pure invention. *V.* Ébénisterie.

Lierre. Ce bois vient rarement d'une grosseur qui permette de l'employer dans les arts : tortueux, tortillé, déformé par des gerces profondes, les tourneurs seuls y trouvent quelques morceaux qui n'offrent rien de remarquable, aussi est-il peu connu et presque jamais employé.

Liége. Variété de chêne. On n'emploie de cet arbre que l'écorce, qui sert à faire des bouchons, des bondes, des semelles, des scaphandres. Les horlogers liment les petites pièces plates sur le liége.

Lilas. Ce bois résineux est le plus pesant de nos bois après le cormier ; son grain est fin, serré ; il se coupe bien ; le fond de sa couleur n'a rien de bien éclatant ; mais il s'y rencontre assez souvent des veines purpurines d'un très bel effet ; il se polit parfaitement bien. Les acides, à l'exception de l'acide nitrique, n'ont pas beaucoup d'action sur ce bois ; mais il reçoit le vernis, qui, dès la première couche, y produit tout son effet. Ce bois est peu étudié, peu employé : c'est un malheur ; nous allons chercher au loin des bois qu'il pourrait remplacer : il a beaucoup d'aubier ; mais cet aubier est dur ; et, comme dans l'if, il possède toute les qualités du bois fait, si ce n'est qu'il est plus sujet à la pourriture lorsque l'arbre est encore sur pied ; une fois abattu, s'il est sain, il se conserve tel. Assez souvent le lilas est tortillé en hélice ; cette disposition permettrait peut-être d'en faire les meilleures vis connues. Nous appelons toute l'attention des ouvriers sur ce bois négligé et abandonné partout à la pourriture, ou livré au feu.

Marronnier. Une mode récente, et basée sur le bon goût, a mis ce bois en grande faveur; son prix s'est de suite élevé, et ce n'est qu'avec beaucoup de peine qu'on s'en procure maintenant dans les chantiers. Ce bois est tendre, mais cependant encore assez résistant pour être facilement travaillé, pour se prêter aux assemblages de la menuiserie, pour conserver la vive arête des moulures les plus déliées; ce qui le fait rechercher c'est son moiré; c'est sur-tout sa blancheur. Cette blancheur existe naturellement dans presque tous les arbres abattus; mais elle se perd promptement si l'art ne s'en mêle. L'eau de végétation du marronnier, comme le suc des pommes ouvertes, jaunit promptement à l'air. Si on laisse le bois sécher par les moyens ordinaires, cette eau, qui le pénètre, le jaunit en s'évaporant, et il n'y a plus de remède : il a perdu toute sa valeur; c'est ce qui a fait que, pendant un temps, le prix du marronnier bien blanc était très élevé, parce que l'observation et l'expérience manquaient encore. Maintenant les scieurs de long savent comment s'y prendre pour que le bois ne jaunisse point, et bien qu'ils aient voulu en faire un mystère, leur moyen est connu. On doit choisir, pour abattre l'arbre, un temps sec et froid. Si on l'a abattu par un temps contraire, il faut l'enfouir, le recouvrir de terre et de branchages, afin qu'il ne se sèche point; mais il convient mieux de l'abattre dans les circonstances indiquées, parce qu'on peut de suite s'occuper du débitage, et que plus cette opération est prompte, mieux la blancheur se conserve. Aussitôt que l'arbre est abattu, après toutefois qu'il a égoutté son eau, on le met sur le chantier, et on le fend avec une scie, à dents écartées; plus on divisera les planches et plus elles seront blanches, pourvu qu'elles sèchent promptement. La sève, dans ces planches minces, se répand tout au-dehors; elle jaunit à l'extérieur; mais comme il n'en reste plus dans le bois, elle ne peut altérer sa blancheur; aussi, la planche étant sèche, et le rabot ayant enlevé la couche jaune très mince qui la recouvre, le blanc du bois paraît pour ne plus s'altérer. On fait avec ce bois toutes sortes d'ouvrages frais et délicats, tels que corbeilles, vases, tables de travail, paniers de dames, pleins et découpés, monopodes sur lesquels on peint à l'huile des fleurs, de fruits, des paysages et même des figures. On vernit ensuite au vernis siccatif, au pinceau.

Merisier. Bois ressemblant au cerisier, mais plus compacte, plus résistant, et supportant mieux l'assemblage. Le merisier est naturellement rougeâtre; mais cette couleur est fugace, et serait promptement passée, si on ne la relevait par une couleur artificielle (*V.* Coloration des bois). Ce bois est bien connu et très recherché par les fabricants de chaises : on en faisait autrefois des commodes, des tables et autres meubles; mais ils faisaient peu de profit, se gâtaient promptement : on lui a substitué le noyer. Le merisier est sujet au ver et à la vermoulure.

Micocoulier. Bois dur, chanvreux, flexible, pesant, sans aubier, peu connu, peu employé dans les arts. Il n'est point sujet à la vermoulure, et dure très long-temps : on en fait des instruments à vent.

Murier. Deux bois portent ce nom : l'un, qui est le mûrier noir, est peu employé; il ressemble à l'acacia, mais il est bien inférieur en qualité étant moins dur, moins liant. Le mûrier blanc donne un bois supérieur en qualité, mais cependant peu étudié et peu employé. Les tourneurs en font des sebilles à poudre et à pains à cacheter; il est difficile à polir, et on le recouvre presque toujours d'une couleur opaque qu'il prend très bien, et conserve long-temps : ce bois devrait être moins négligé : mieux apprécié, son veinage tranché pourrait être utilement employé.

Néflier. Petit bois fruitier, peu connu, peu employé : on en fait des cannes.

Noisetier. Arbre qui ne vient jamais très gros, mais dont le bois, d'un grain fin, serré, est l'un des plus flexibles; sa couleur est blanche; il est fort et léger en même temps; les bonnes qualités de ce bois le font rechercher dans beaucoup de professions : les tonneliers en font des cercles et des fossets; les vanniers le font entrer dans la construction des mannes et des gros paniers; les pêcheurs y trouvent leurs meilleures gaules; les batteurs de laine l'emploient à défaut de cornouiller, etc.

Noyer. Rival souvent heureux de l'acajou, le noyer noir d'Auvergne est un bois doux et liant, susceptible de recevoir un beau poli, et d'être parfaitement verni. Ce bois offre un veinage et des accidents de lumière assez beaux pour qu'on le débite en placage, et qu'on en fasse des meubles dont le prix est aussi élevé que celui de ceux faits avec les bois exotiques les plus rares. Le noyer blanc est moins recherché, mais tient encore un rang distingué parmi nos bois : on en fait des coffres de voitures, des tables, des commodes, des lits, des buffets, des secrétaires; mais, dans ces derniers cas, on choisit celui où il se trouve des accidents de veinage, encore bien qu'il ne soit pas du noyer noir, qu'on n'emploie presque jamais massif. Le noyer se coupe bien sur tous les sens; il est assez résistant pour faire de bons assemblages, prend bien toutes les teintes, qu'on emploie des couleurs opaques ou lucidoniques. Son usage est général : on en fait des boîtes, des palettes pour les peintres, et même des sabots. Comme il vient très gros, on en tire des planches d'une très grande largeur. Ses seuls défauts sont d'être un peu tendre, et d'être sujet à la piqûre d'un petit ver qui le traverse en tous sens; mais le noyer noir y est moins sujet que le blanc, et lorsqu'il est plaqué, il devient tout-à-fait inattaquable, la colle le garantissant par-dessous et le vernis par-dessus. Ce bois fait peu de retrait, c'est pourquoi les sculpteurs en bois l'emploient assez volontiers. Comme il est poreux, on s'en sert pour faire les meilleures meules à émeri. On abat le noyer par un temps sec et froid, et on obtient de bons résultats si on l'écorce un an avant l'abattage.

Olivier. Bois jaune, dur, compacte, exhalant une odeur qui lui est particulière. Les tablettiers en font usage comme auxiliaire du buis. Ce bois peut être employé avec succès pour le meuble; mais, outre qu'il prend mal le vernis, encore qu'il se polisse fort bien, il a un grand défaut qui en restreint l'usage : c'est qu'il se *roule*, c'est-à-dire qu'il est sujet à s'effeuiller, lorsqu'après un certain temps, l'adhérence des couches médullaires qui séparent les couches annuelles vient à se détruire. Ce défaut est d'autant plus à regretter, que ce bois offre un beau veinage; mais, comme il ne se rencontre plus dans les loupes, ces superfétations sont très recherchées, et fournissent une des plus belles matières que le tablettier puisse employer.

Oranger. Ce bois est peu employé, parce qu'on en rencontre rarement : celui qu'on peut se procurer provient ordinairement d'arbres morts sur pied par l'effet de la gelée ou par toute autre cause ; ainsi, ce bois altéré ne peut servir de base aux expériences. Tel qu'on le rencontre, c'est un bois assez dur, léger, d'une couleur jaune qui l'abandonne promptement ; ses couches annuelles sont très rapprochées : les boîtes et les étuis faits avec ce bois ont une odeur agréable, peu prononcée, mais cependant sentie. Il prend assez bien le vernis, mais le garde peu.

ORME. Bois de première qualité pour le charronnage ; bien connu, très employé, il l'est moins que le chêne, peut-être par cette unique raison qu'il est moins commun dans nos forêts ; ce qui tient sans doute à des considérations de culture et de croissance. L'orme se rabotte mal, parce que son grain n'est pas serré ; il se polit difficilement, parce qu'il est chauvreux ; il se vernit mal, ou du moins conserve mal le vernis, parce qu'il est poreux, et qu'une fois pénétré d'huile, l'*asséchage*, opération préparatoire de l'application du vernis, se fait mal, et que l'huile ressort toujours quelque temps après, lorsqu'on a réussi à le vernir ; mais, sous le rapport de l'utile, l'orme occupe un rang distingué, et pourrait être employé encore dans beaucoup de cas où il est négligé ; il n'est pas, comme le chêne, sujet à s'éclater ; il se coupe, comme le hêtre, sur tous ses sens, mais moins bien, à la vérité. Pour les parties courbes, il obtient une préférence méritée, attendu qu'il est fort sur *bois tranché* : qualité que peu de bois seulement partagent avec lui. La couleur de l'orme varie avec l'âge : dans sa jeunesse il est blanc-jaune ; plus tard, il devient rouge-brun dans le cœur : son aubier, comme dans toute espèce de bois, est inférieur au bois fait ; mais il est cependant encore assez résistant. Le poids spécifique de ce bois n'est point fixé : il est un peu moindre que celui du chêne plein ; mais ici encore les expériences n'offrent rien de bien stable, car le poids de l'espèce varie suivant les individus, et même dans chaque individu selon la situation du morceau pris pour échantillon. On doit employer l'orme dans tous les cas où il faut une grande force de cohésion ; ainsi, on en fait de très bons écrous pour les vis de pressoir : on en fait les meilleurs moyeux de roues : lui seul convient pour les jantes, etc., etc. La *loupe d'orme* et l'*orme tortillard* ne sont point des espèces distinctes, mais des cas dans lesquels l'orme reçoit des modifications naturelles qui changent sa contexture ordinaire; comme alors il devient bois précieux, bois de placage, nous renvoyons à l'article Ébénisterie, lors duquel nous passerons ces bois en revue.

Osier. Bois léger et flexible très connu : il sert à faire tous les ouvrages de vannerie; fendu en deux, en trois ou en quatre, il forme la ligature des cerceaux.

Peuplier. On emploie, dans les arts, plusieurs espèces de peupliers : le noir, le blanc, le peuplier d'Italie, celui de la Caroline, de Hollande, etc.; c'est un bois tendre, léger, blanchâtre; on en fait des planches pour les remplissages; mais pour les ouvrages assemblés on y a moins souvent recours; si ce n'est l'espèce nommée *grisard*, qui doit être préférée. Ces bois ne doivent point avoir été flottés, ils doivent être conduits dans des bateaux ou sur des voitures. Le peuplier, dans certaines parties, offre un moiré, un satinage, et même des ronces rares, et qui pourraient être utilisées en ébénisterie, si elles étaient assez fréquentes pour qu'on en pût faire l'objet d'une spéculation.

Pin. Bois blanc et léger, peu employé dans l'industrie; mais d'un grand usage dans les constructions navales.

Platane. Bois un peu tendre, léger, mais dont le grain est très fin : il se coupe bien, et est susceptible de recevoir le poli. Ce bois est une des preuves que les produits de notre sol, plus étudiés, mieux connus, pourraient fournir à l'industrie des matières premières que le commerce va chercher au loin. Il y a quelques années le platane était pour ainsi dire tout-à-fait négligé; quelques ouvriers ont essayé de le travailler, et ils l'ont trouvé très propre à faire des assemblages; assez dur, assez compacte et liant, pour recevoir les moulures les plus délicates. C'est encore un bois blanc, et qu'on peut conserver blanc, mais qui peut prendre les teintes lucidoniques, et être coloré par les acides. Si l'on fait refendre le platane obliquement à son fil, on obtient un veinage fort agréable, une espèce de damasquinure brillante, très avantageuse. Une fois sec, il ne travaille plus : c'est donc un bois dont les ouvriers devraient faire un fréquent usage. Toutes les espèces de platane n'ont pas été étudiées; il s'en trouve qui portent des loupes qui donneraient assurément un placage riche et fleuri.

Poirier cultivé. Ce n'est pas à la beauté que ce bois uni peut prétendre ; il est recherché pour des qualités plus recommandables. La pâte de ce bois, on peut se servir de cette expression, est si fine, qu'on distingue à peine son fil : sous le tranchant de l'outil, il n'en a pas ; il se coupe également bien dans toutes les directions ; aussi est-il recherché spécialement par les sculpteurs et les faiseurs de modèles : les tourneurs en font beaucoup de cas. De tous les bois c'est celui qui s'empare le mieux des couleurs opaques. Le poirier se teint en noir, si avant, que dans les cannes, les encriers, sebiles et autres objets dans lesquels le bois est peu épais, il s'en pénètre de part en part. Le poirier a considérablement restreint l'usage de l'ébène ; poli et verni avec soin, il rivalise tellement avec ce bois cher, que l'œil le plus exercé ne peut reconnaître l'un d'avec l'autre ; il a de plus le précieux avantage de conserver fidèlement les formes qu'on lui a données ; une fois sec, il ne se tourmente plus.

Poirier sauvage. C'est un grand arbre qui vient plus gros que le poirier cultivé : à l'extérieur, il faut un œil habitué à en faire la différence pour ne point le confondre avec le cormier. Sous l'outil il a tous les avantages du poirier cultivé ; mais il est plus dur et reluit sous le tranchant. Ses couleurs sont plus foncées en jaune, et dans le cœur il se trouve des filets d'un noir d'ébène, et d'autres d'un rouge-brun. C'est, en un mot, un bois de premier ordre ; il sert à faire des poupées de tour, des mandrins, des modèles, etc., etc. : il se polit et se vernit bien. Il est aussi susceptible d'être coloré par les acides ; il est sujet à la piqûre du gros ver qui attaque le cormier et l'alisier.

Pommier cultivé. Le bois de tous les pommiers est recherché, mais particulièrement celui qui s'élève en grands arbres ; il sert à faire des vis et des écrous solides, des mandrins, des manches qui doivent fatiguer ; en général, il n'est point beau, se rabotte et se polit mal ; mais il est résistant. Ce bois est connu et apprécié. Les gros vers l'attaquent très souvent.

Pommier sauvage. Ce qui a lieu pour le poirier a également lieu ici, c'est-à-dire que le sauvageon l'emporte de beaucoup sur le pommier cultivé. Si le poirier ordinaire l'emporte sur le pommier, en revanche le pommier sauvage rivalise sans désavantage avec le poirier sauvage, et il a même de plus la beauté du véinage : il n'est point sujet à se fendre. Son cœur découpé est d'un beau rouge ; son aubier, d'un ton jaune, devient rougeâtre au poli à l'huile. Il exhale, lorsqu'on le travaille, une odeur particulière qui n'est point désagréable. Malheureusement ce bois, peu connu, mal apprécié, est confondu dans les forêts avec le bois de chauffage ; et cependant, pour la confection des affûtages, et même pour tous les autres emplois, il peut être substitué au cormier : il est un peu moins dur, un peu moins lourd ; mais il n'est pas aussi sujet à se gercer, et ses couleurs sont plus agréables.

PRUNIER. Pour ce bois, l'art reprend ses avantages ; le prunier cultivé est préférable au sauvageon ; il devient plus gros ; son veinage, sur-tout celui du prunier dit de *Saint-Julien*, est plus agréable. C'est le plus riche en couleur de nos bois ; son grain est fin et serré : il peut prendre un poli de glace que le vernis peut conserver. Ce bois n'a besoin d'aucune teinture ; les acides eux-mêmes y produisent un effet désagréable : ils n'ont d'effet que sur l'aubier, qu'ils ramènent à la couleur du bois fait. Son tissu est soyeux ; il chatoie. Une coupe en prunier, mise en 1827 à l'exposition des produits de l'industrie, a obtenu une mention honorable, que le bois seul a méritée : son éclat était vitreux. On fait, avec le prunier, beaucoup de petits meubles précieux, tels que nécessaires, dévidoirs, des étuis, etc., etc. Il sera difficile d'étendre son usage aux grands meubles, parce que le cœur de ce beau bois est assez souvent pourri. Cependant on rencontre parfois de belles tables entièrement confectionnées en prunier. La couleur du prunier sauvage est gris ventre de biche avec des veines rouges. Le grain est plus fin et plus serré encore que celui du prunier cultivé ; mais l'arbre est moins gros et moins sain.

SAPIN. Bois bien étudié et bien connu, employé dans beaucoup de professions, mais toujours à de grands travaux, dans les constructions marines et autres, et par la menuiserie en bâtiments, pour la menuiserie dormante et les portes d'intérieur. Le sapin nous vient des Vosges, de la Meurthe, de la Moselle, du Puy-de-Dôme, du Cantal. Ceux dont la couche annuelle est serrée, dits *sapins du Nord*, viennent dans les forêts de la Suède et de la Norwège. En général, les sapins de France sont *saignés*, tandis que ceux du Nord ne l'ont pas été; c'est ce qui joint, peut-être à leur grand âge, assure la supériorité de ces derniers. On saigne le bois lorsqu'on en extrait la résine avant l'abattage : l'effet de cette saignée est de vider les pores du bois, ce qui lui ôte de sa force. On ne doit faire usage du sapin que dix-huit mois ou deux ans après la coupe. Les noms des sapins de France, relevés sur le port, sont : sapin *neuf, feuillet*, sapin *ordinaire*, sapin *large*, sapin de *forte qualité, madriers, chevrons*. Ces dénominations se rapportent à des dimensions fixes qui n'ont plus lieu pour les *sapins du Nord*, qui se vendent sur une autre échelle : il nous est impossible d'entrer dans ce détail ; il nous entraînerait trop loin, et n'offrirait d'intérêt qu'à une seule classe de lecteurs.

Le sapin se rabotte bien ; il est trop spongieux pour qu'il soit possible de le polir ; on ne le vernit pas, et on ne le colore jamais par les acides ni par les couleurs transparentes ; c'est toujours d'une couleur opaque qu'on le recouvre. Il est employé dans un grand nombre de professions : les tables d'harmonie des instruments se font en sapin du Nord. Comme tous les bois résineux, il dure long-temps. Son élasticité est mise à profit. Dans certains cas on en fait des ressorts grossiers, etc.

Saule. Bois blanc, léger, tendre et poreux. Il y a plusieurs espèces de saules qui reçoivent des botanistes des noms différents. Entre ces espèces il en est quelques-unes qui produisent un bois plus compacte et moins spongieux que le saule ordinaire ; mais ce bois, qui pousse vite, est toujours trop tendre pour être d'un grand usage dans les arts. Les repousses du saule sont employées en vannerie ; on en fait des cercles ou cerceaux de qualité inférieure : en général, le bois de saule est peu employé.

Sycomore. *V*. Érable.

Sureau. Ce bois pourrait être beaucoup plus employé dans les arts qu'il ne l'est en effet ; mais ici, comme dans beaucoup d'autres circonstances, la production manque à la consommation, et cette dernière est contrainte à demander ailleurs sa matière première. Arbre des hayes, le sureau ne vient jamais très gros ; cependant ses trognes noueuses sont recherchées par les bimbelottiers, par les tourneurs et par d'autres artisans. On fait avec ce bois dur, jaune et flexible, des pieds-de-roi, des fuseaux, des lardoirs et autres ustensiles de travail. Nul doute que, s'ils étaient assurés d'en trouver au besoin, les ouvriers ne trouvassent à en faire une application à beaucoup d'ouvrages pour lesquels ils emploient des bois moins bons, mais qu'ils peuvent toujours avoir sous la main quand ils le veulent. Ce bois se polit bien et prend bien le vernis ; ses branches, creuses et spongieuses, servent aussi dans beaucoup de circonstances.

Tilleul. Bois doux, soyeux, léger, d'un grain très fin ; il est le bois de première qualité pour les sculpteurs, parce qu'il se coupe facilement sur tous les sens. Dans les arts manuels, il sert à faire des polissoirs, des meules à émeri, etc., etc. Il a été bien étudié, et est bien connu.

Tremble. Bois léger, poreux ; il n'est pas employé dans sculpture en bois; mais, dans tous les autres cas, il est auxiliaire du tilleul qu'il est loin d'égaler.

Tuya. Bois peu connu, peu étudié, et qui cependant mériterait d'être employé plus souvent. Ce bois a beaucoup de rapport avec le sapin; mais il est incomparablement plus plein et plus dur : lorsqu'une fois l'odeur forte qu'il exhale est évaporée, ce bois, léger et résistant, est fort agréable ; il se polit assez bien, et ne se tourmente pas.

Vigne. Malheureusement le bois de la vigne est tortillé et presque toujours profondément sillonné ; il ne parvient jamais à un fort diamètre. Quand ils en peuvent trouver des morceaux sains, les tourneurs en font de jolis petits meubles : ce bois est d'ailleurs peu employé.

Yeuse. Chêne vert. On l'emploie comme bois de construction dans certaines localités; mais, en général, il est peu recherché, parcequ'il cède le pas au chêne ordinaire qui se trouve partout en abondance. L'yeuse produit des loupes qui sont fort recherchées par les tourneurs, mais qui ne sont pas assez considérables pour être débitées en placage ; du moins, il n'est pas à notre connaissance qu'il existe des meubles de ce bois. Les acides colorent fortement cette loupe, qui est d'un très bel effet.

Le sol de l'Europe centrale produit assurément beaucoup d'autres arbres, mais la plupart de ceux que nous n'avons pas compris dans notre nomenclature sont plutôt des arbustes que des arbres faits, et n'ont point d'emploi déterminé dans les arts. On voit bien de grands arbres nouvellement importés qui promettent des produits importants ; mais comme ils sont encore rares, et que d'ailleurs la scie et le rabot les ont jusqu'à présent respectés, il nous est impossible de prévoir à quoi ils pourront servir. Nous avons cru devoir spécifier chaque espèce, afin qu'il soit possible de reconnaître de suite à quel usage tel bois qu'on a dans la main peut être employé : quant aux *bois exotiques*, nous les passerons en revue en parlant des matières premières que l'ébéniste emploie.

Considérations générales. Lorsqu'on coupe transversalement un rondin de chêne, on y distingue, au milieu, une partie foncée, c'est le bois fait; autour de ce bois, un cercle moins foncé, qui est l'aubier, ou bois nouveau : ce bois n'a pas encore acquis toutes les propriétés du bois fait; enfin, un cercle brun, qui est l'écorce. L'espace compris entre cette écorce et le centre du rondin, est divisé en cercles concentriques ; ces cercles sont les couches annuelles : on peut, en les comptant, juger approximativement de l'âge du bois. Dans certains bois, elles sont deux à deux ; il faut alors en compter deux pour une seule année : dans ces bois, c'est la sève du printemps et celle de l'automne qui sont marquées. Dans d'autres bois, sur-tout dans les bois exotiques, ce signe ne représente rien ; les couches sont peut-être mensuelles : rien de bien fixe n'a été constaté à cet égard. Indépendamment de ces couches circulaires, dans beaucoup de bois, et particulièrement dans celui pris pour exemple, le chêne, des nervures partent du centre, et se rendent en rayonnant à la circonférence ; ces nervures sont, à ce qu'on présume, les canaux d'alimentation des couches médullaires qui se trouvent entre les couches annuelles. On remarque que, dans la majeure partie des arbres, le bois ne se fend jamais en travers de ces nervures, mais que la gerce suit plutôt leur direction ; ce qui fait que le bois se fend de la circonférence au centre. Cependant, dans certains bois, ceux sujets à se *rouler*, la gerce peut se faire suivant la direction des couches annuelles. Les bois perdent de leur volume en séchant : c'est ce qu'on nomme *retrait*. Ce retrait n'a jamais lieu que sur leur grosseur qui devient moindre ; quant à la *longueur*, elle ne perd pas sensiblement ; dans quelques bois même, il n'y a point du tout de retrait en ce sens : c'est le retrait qui est la cause de la gerce des bois. Comme il a d'abord lieu à l'extérieur, c'est à l'extérieur que la fente se manifeste dès le principe; elle s'approfondit à mesure que les couches intérieures sèchent et font leur retrait. On conçoit que le cercle extérieur devenant plus petit, ne peut plus contenir les couches intérieures, et il faut alors qu'il y ait rupture, et cette rupture a toujours lieu du côté où les couches annuelles sont plus épaisses et moins serrées, lorsque le cœur du bois ne se trouve pas au centre du rondin, comme cela a lieu très communément, le côté exposé au vent du nord prenant moins d'extension. Souvent il y a deux gerces opposées, et le rondin tend à se séparer en deux moitiés; cet effet a lieu lorsque le cœur est à peu près au centre, et que la dessiccation a lieu par deux points opposés. Le retrait s'opérant sur ces deux points, il faut que les deux autres cèdent. Les bois durs et compactes sont cassants; les bois poreux sont plutôt flexibles; il n'y a point d'essence qui réunisse les deux qualités; quelques-uns en sont dépourvus où ne les possèdent qu'à un degré très borné : ce sont les plus mauvais bois. Les bois dont la sève est résineuse sont de plus de durée que ceux dont la sève est aqueuse, ils sont moins sujets au retrait; mais ils sont plus cassants. Le sapin et quelques autres de ce genre forment exception par leur flexibilité : cela vient peut-être de ce qu'il est ordinairement saigné : je ne sache point du moins que le sapin non saigné soit flexible. Dans les constructions, on doit préférer les bois flexibles : pour résister aux frottements, les bois durs et compactes, et sur-tout ceux dont la sève est huileuse. Pour le placage on doit préférer les bois à sève aqueuse, mais dont les pores sont serrés. Presque toujours, dans un arbre abattu en temps opportun, le meilleur bois se trouve au cœur du tronc et près des racines. Dans les grands froids l'aubier des arbres est sujet à périr, il reste alors à l'état d'aubier; il se forme d'autre bon bois par-dessus cet aubier : ces bois ne font jamais bon usage. On nomme bois échauffé celui qui commence à se décomposer; ce qui se reconnaît à la section transversale lorsque le bois est roux et terne dans certains endroits. Le bois qui n'est échauffé que dans son aubier, qui est plus sujet à l'être que le bois fait, peut être considéré comme bon bois. Ce sont les fibres du bois qui font sa force; tout morceau de bois dans lequel les couches annuelles présentent le flanc à la résistance est mal débité; il est moins fort que le même bois qui présente à la résistance le champ de ces mêmes couches.

Voici quelques locutions qu'il est utile de faire connaître :
Bois *affaibli* ; bois élégi dont la force est diminuée par les entailles, des délardements, etc.
— *Apparent*, qui, dans les constructions, n'est pas recouvert par la bâtisse, comme ceux des planchers, ponts, garres, etc.
— *Arcm*, qui a éprouvé les atteintes de l'incendie.
— *Blanc*, qui est mou, poreux, léger, quelle que soit la couleur.
— *Bouge*. Bois droit d'ailleurs, mais sur l'une des faces duquel le retrait a occasioné une ou plusieurs bombures.
— *Cantiban*, qui n'a de flâche que d'un côté.
— *Carrié*, qui est gâté, pourri, etc.
— *Chamblis*, qui a souffert du vent.
— *Charmé*, qui est malade sur pied sans qu'on connaisse la maladie.
— *Coffiné*, naturellement courbé dans le sens de la largeur.
— *Corroyé*, dressé à l'outil.
— *Déchiré*, qui a servi, et qui provient du déchirage des bateaux et autres constructions.
— *En défends*, qui est réservé dans la vente.
— *Encroué*, tombé sur un arbre avec lequel il a entremêlé ses branches.
— *En étant*, sur pied.
— *D'échantillon*. *V*. CHÊNE.
— *D'entrée*, qui n'est pas entièrement sec.
— *Équarri*, d'équarrissage, rendu carré de rond qu'il était lorsqu'il était en grume, ayant au moins $0^m,162$ de côté.
— *A faucillon*, branchages, arbustes ; petites branches à la portée de la main.
— *Flache*, qui a des endroits creux que le corroyage n'aurait pu faire disparaître sans trop de perte : c'est l'opposé de bouge.
— *Gauche*, dont les diagonales décrivent une courbe opposée : le gauche est le plus souvent le produit du travail,

— *Gélif*, qui a des *gélivres* ou *gélivures*, fentes, gerces causées par la gelée.
— *Gisant*, couché par terre.
— *Grume. V.* ci-dessus.
— *Lavé*, blanchi avec la bisaiguë.
— *Marmenteaux*, qui servent étant debout à la décoration des parcs, des jardins.
— *Sans malendres*, sans nœuds, sans gerçures.
— *Mouliné*, pourri, vermoulu.
— *En pueil*, qui n'a pas trois ans d'abattage.
— *Rabougri*, tortu, peu élevé, mal développé.
— *Recepé*, revenu de cep; le premier ayant été coupé pour cause de dommages, de gelée, d'incendie, etc.
— *Refait*, dont on a fait disparaître la bouge et les flaches.
— *De refends*, qui a été fendu en forêt, au coûtre, pour merrain, lattes, échalas, etc.
— *De haut revenu*, futaie de quarante ans passés.
— *Roulé. V.* ci-dessus, page 385.
— *De touche*, qui, étant debout, sert à entourer les murs d'un jardin, d'une maison, etc.
— *Tranché*, dont le fil n'est point parallèle à la coupe. Plus un bois est tranché moins il a de force. En débitant les parties courbes on doit s'appliquer à éviter autant que possible le bois tranché.

Ces dénominations ne sont pas les seules usitées; mais elles sont au moins les principales : elles suffisent dans la plupart des cas. PAULIN DESORMEAUX.

BOIS. (*Construction.*) Dès l'origine des constructions, les *bois* ont dû, plus que toute autre espèce de matériaux, se prêter à une exécution prompte et facile; et, sans vouloir controverser ici la question de savoir quelle a été la nature des premières habitations (nature qui, nécessairement, a dû varier suivant les pays et leurs produits divers), il est permis de penser que, dans l'enfance des industries humaines, alors que des forêts couvraient une grande partie de la terre, abattre quelques arbres plus ou moins grands ou seulement quelques branches plus ou moins fortes, a dû être le moyen le plus naturel et le plus facile d'établir des abris contre la pluie, les vents et les autres intempéries (1).

Pour des constructions d'une civilisation plus avancée, le bois a un avantage particulier; c'est de pouvoir faire, à lui seul, presque tous les frais d'une habitation. C'est d'ailleurs le genre de construction qui convient le mieux à certains pays, soit à cause de la moins grande abondance de matériaux d'autre nature; soit en raison de quelques circonstances locales, par exemple la fréquence de tremblements de terre, auxquels le bois permet d'opposer avec avantage plus de liaison entre les différentes parties d'une habitation, que ne le ferait un autre genre de construction. En Suisse, en Pologne, en Russie, on construit des habitations de ce genre; et dans ces deux derniers pays elles sont établies de façon à se monter et se démonter avec la plus grande facilité, et par conséquent à se transporter à volonté. Nos places mêmes, nos quais nous présentent des *échoppes* de cette nature, et les bâtiments de marine ne sont pas autre chose. On sait aussi quels immenses services le bois rend à l'industrie, en procurant presque à lui seul le prompt et entier établissement d'une foule de hangards, d'ateliers, de magasins ou d'autres constructions de ce genre.

Dans les constructions mêmes dont les principales parties sont en maçonnerie, le bois joue encore un rôle important, puisqu'il sert ordinairement à la construction des combles, des planchers, etc., ainsi qu'à l'établissement des portes, des croisées, etc., etc.

Lors même que, pour rendre un édifice plus durable ou pour le soustraire aux dangers de l'incendie, on en exclut plus ou moins complétement le bois, il est encore indispensable pour la formation des échafauds, des cintres et des autres ouvrages prépa-

---

(1) C'est, en effet, ce que font encore les peuples les moins avancés en civilisation. *Hassenfratz*, auteur d'un *Traité de l'Art du Charpentier* dont malheureusement il ne nous a laissé que le premier volume, y a rassemblé, d'après les récits des voyageurs, les dessins de trente-trois habitations de ce genre, et à l'exception d'une seule (l'habitation d'hiver des Lapons) qui est creusée en terre, toutes sont presque entièrement en bois plus ou moins grossièrement mis en œuvre. De ce fait dérive sans doute l'opinion, peut-être erronée en elle-même, que l'invention des *ordres d'architecture* a eu lieu à l'imitation de la cabane rustique.

ratoires qui servent à la pose des constructions en pierre, en fer, etc.

Enfin, par la propriété qu'ont les bois durs, en général, de se conserver dans l'eau ou même dans un terrain humide (1), ils sont de la plus grande utilité, soit pour une foule d'ouvrages hydrauliques, soit pour les Pilotis et Grillages destinés à remédier à la compressibilité d'un sol où il s'agit d'établir des Fondations.

Ainsi, les *bois*, par l'ancienneté et l'universalité de leur emploi, méritent d'attirer toute l'attention des *constructeurs*. Ils ne le méritent d'ailleurs pas moins par les autres avantages que j'indiquerai ci-après.

Je vais auparavant faire connaître les bois qui sont le plus généralement employés en construction.

Tous les bois sont, à la rigueur, plus ou moins susceptibles de cette sorte d'emploi (2); mais un certain nombre seulement y convient, d'une manière plus spéciale, et chacun d'eux est plus particulièrement propre à tel ou tel ouvrage. Je vais indiquer ceux qu'on emploie le plus ordinairement, en les classant et les groupant, autant que possible, suivant le plus grand degré d'utilité.

Je dois d'abord mettre *le chêne* en première ligne et tout-à-fait à part. En effet, l'abondance avec laquelle il croît dans presque toutes nos forêts; les dimensions assez grandes qu'il y acquiert; la force et la beauté de son bois, sur-tout dans quelques pays, et pour un certain nombre d'espèces; la facilité avec laquelle il se travaille généralement, et enfin, la propriété qu'il possède de se conserver également bien exposé à l'air, dans l'eau ou sous terre, le rendent propre à la plupart des ouvrages pour lesquels les autres bois présentent des avantages particuliers. Aussi, indépendamment de l'usage

---

(1) On en voit des exemples remarquables d'abord par les arbres entiers et non altérés qui se trouvent dans les tourbières où ils sont enfouis depuis plusieurs milliers d'années; ensuite par des pieux ou pilotis qu'on retrouve encore dans divers cours d'eau, et qu'on sait provenir de constructions exécutées par les anciens, etc.

(2) *Hassenfratz* a donné un catalogue de cent soixante-quatorze espèces d'arbres acclimatés en France, et susceptible d'être employés pour la charpente.

considérable qu'en fait la marine marchande et militaire, les constructeurs l'emploient indistinctement aux CHARPENTES de toutes sortes, aux PILOTIS et GRILLAGES pour FONDATIONS, aux *travaux hydrauliques*, et à la MENUISERIE depuis la plus commune jusqu'à la plus soignée. Il est, en outre, particulièrement propre, en le choisissant convenablement, à la confection des *Lattes* pour les couvertures, la maçonnerie, etc.

Je dois placer le *sapin* à la suite du *chéne*, et aussi hors de ligne. Il est moins généralement répandu; mais il croît avec une grande abondance, et acquiert de très grandes dimensions. Son bois a en même temps de la force, de l'élasticité et de la légèreté. Il est, en général, facile à travailler. Aussi est-il fort employé, tant pour la *charpente* que pour la *menuiserie* de toutes sortes. Cependant le sapin proprement dit, malgré la nature plus ou moins résineuse de ses différentes espèces, ne paraît pas susceptible de résister à un long séjour dans la terre ou dans l'eau. Indépendamment des sapins que produisent nos forêts, il nous en arrive par mer des différents pays du Nord; ils portent, à Paris, dans le commerce, le nom de *Sapin du Nord blanc*, par opposition avec les bois qui portent le nom de *Sapin du Nord rouge*, et qui sont des *pins*, dont nous allons parler (1).

Les diverses espèces de *pins* et de *mélèzes*, sont des bois de nature ordinairement fort résineuse, beaucoup moins répandus, et d'une crûe moins rapide que les *sapins*, mais croissant aussi en abondance, et arrivant à des dimensions souvent extraordinaires dans quelques pays montueux et arides; plus légers que le *chéne*; aussi *élastiques* et souvent plus forts que les *sapins*; aussi convenables, enfin, que ces deux espèces de bois à toutes sortes de *charpente*, et à la *menuiserie* en général. Quelquefois seulement leur nature résineuse les rend moins propres à cette dernière destination, sur-tout à la *menuiserie* soignée; mais

---

(1) Pour chacune des années 1825 et 1826, pendant lesquelles les constructions avaient en France une si grande activité, l'importation des bois du *Nord* s'est élevée à 12 ou 15,000,000 francs. On voit par là combien il est à désirer que des plantations bien entendues et d'une importance suffisante, préparent pour des temps éloignés, il est vrai, mais qui ne doivent pas pour cela être hors de nos prévisions, les moyens de suppléer au défrichement de nos forêts, sans recourir aux étrangers.

d'un autre côté elle les rend extrêmement convenables aux *pilotis*, à tous les *travaux hydrauliques*, à la confection des Tuyaux de conduite, des Corps de pompe, etc., puisqu'ils acquièrent, dans l'eau ou dans un terrain humide, la plus grande dureté, et une durée presque indéfinie.

Le *châtaignier* (1) et l'*orme*, l'un et l'autre assez répandus, de grandes dimensions, et d'un bois solide et durable, s'emploient avec assez d'avantage en guise de chêne à la *charpente* et à la *menuiserie*. Ils résistent assez bien dans l'eau, sur-tout employés en *tuyaux de conduite*. C'est ordinairement en *châtaignier* que sont les longues perches qui servent à établir les Échafauds de nos maçons.

Le *frêne* et le *charme* peuvent également, en raison de leur force et de leurs grandes *dimensions*, être employés à la *charpente*, et plus encore à la *menuiserie*.

L'*aune* se conserve très long-temps dans l'eau (2) et convient donc parfaitement aux *pilotis*, et sur-tout aux *tuyaux de conduite*, et aux *corps de pompe*. Du reste, il est peu employé en charpente et en menuiserie.

Le *mûrier* résiste bien à l'humidité, et s'emploie aussi quelquefois en *menuiserie* et même en *charpente*.

Le *hêtre* se conserve également assez bien dans l'eau, mais non pas aux injures de l'air ; dès lors, malgré ses grandes dimensions et sa force assez considérables, il s'emploie peu en *charpente* et même en *menuiserie*.

Le *bouleau*, le *marronnier*, le *saule*, le *tilleul* et les diverses espèces de *peupliers*, principalement le *grisart* et le *tremble*, en raison de leur légèreté et de la facilité avec laquelle ils se travaillent généralement, sont presque exclusivement réservés pour la *menuiserie légère*.

---

(1) On a long-temps pensé que ce bois avait servi à exécuter les belles charpentes d'un grand nombre de nos anciens édifices ; et, en raison de leur excellente conservation, on lui attribuait la propriété de repousser les insectes, et d'être en quelque sorte inaltérable. Mais il paraît qu'une partie au moins de ces charpentes a été exécutée au moyen d'une qualité supérieure de chêne, avec lequel en général le châtaignier a beaucoup de rapport, et que leur conservation tient sur-tout à l'excellent choix du bois dont elles avaient été l'objet.

(2) Il paraît que c'est en *aune* que sont exécutés les pilotis sur lesquels est fondée la ville de Venise, ainsi que la plupart des villes de Hollande.

Enfin le *platane*, le *noyer*, le *sorbier*, le *cormier*, l'*alisier*, le *merisier*, l'*érable*, le *sicomore*, l'*acacia*, le *pommier* et le *poirier* s'emploient aussi quelquefois en *menuiserie*, mais plus rarement, en raison de ce qu'ils sont moins répandus, plus durs, et généralement d'une plus grande beauté, ce qui les fait réserver pour d'autres usages.

Parmi les différents bois que je viens de citer, le *chêne* et le *sapin* sont presque les seuls qui soient employés à Paris, pour les *constructions*, avec le *hêtre*, le *tilleul* et quelques autres bois blancs. Tous les autres y sont presque entièrement inusités, ou n'y sont employés qu'à quelques usages particuliers; mais je n'ai pas moins dû en parler, dans l'intérêt des *constructeurs* en général.

Au premier rang des avantages que présente l'emploi du bois en construction, il faut placer la grandeur des dimensions. Sous ce rapport, Hassenfratz, d'après les recherches auxquelles il s'était livré avec le célèbre Thouin, indique, pour chacune des cent soixante-quatorze espèces d'arbres acclimatées en France, et pouvant être employées en charpente, dont il donne le catalogue, le *minimum* et le *maximum* des hauteurs auxquelles s'élèvent l'arbre lui-même, et en particulier son tronc. C'est cette dernière hauteur qu'il nous importe de connaître, et que j'indique en conséquence dans le tableau suivant. J'y ajoute, d'après l'*Art de bâtir* de Rondelet, les grosseurs ordinaires ou diamètres de ces différents arbres. Du reste, ce ne sont là que des indications plus ou moins approximatives, et en conséquence je n'ai pas craint, pour simplifier le classement qui va suivre, de modifier légèrement quelques-unes des mesures données par ces auteurs.

	Hauteur ordinaire du tronc. Mètres.	Diamètre ordinaire. Centimèt.		Hauteur ordinaire du tronc. Mètres.	Diamètre ordinaire. Centimèt.
Sapin	8 à 30	120	Marronnier	4 à 15	92
Mélèze		100	Châtaignier		72
Peuplier	6 à 20	84	Erable	3 à 15	72
Pin	5 à 20	87	Cormier	4 à 12	45
Platane		92	Acacia	4 à 8	49
Chêne, orme		80	Charme, Merisier, Pêcher		54
Bouleau, aune		75			
Hêtre, alisier	5 à 15	72	Sorbier, Mûrier	3 à 7	42
Tilleul		66	Poirier sauvage		36
Frêne		60	Pommier sauvage	2 à 6	33
Saule		30	Noyer	2 à 5	92

A l'article EXPLOITATION DES BOIS, nous entrerons probablement dans quelques détails sur les *dimensions particulières*, *les échantillons différents* auxquels les principales espèces d'arbres, et sur-tout le chêne et le sapin, se débitent dans les forêts, et se trouvent dans le commerce.

La pesanteur spécifique des bois varie dans des limites assez éloignées, ainsi qu'on va en juger par le tableau suivant, dressé d'après les expériences rapportées par différents auteurs, pour des bois suffisamment secs, ainsi qu'il convient de les employer dans les constructions.

	Poids du mètre cube. kilog.		Poids du mètre cube. kilog.
Chêne.	764 à 994	Érable.	633 à 755
Alisier.	792 à 967	Orme.	597 à 742
Cormier ou sorbier.	659 à 910	Merisier.	714
Mûrier.	626 à 897	Bouleau.	688 à 714
Hêtre.	640 à 850	Acacia.	650 à 702
Frêne.	725 à 850	Tilleul (commun).	434 à 686
Pin.	554 à 815	Noyer (commun).	630 à 682
Mélèze.	500 à 812	Marronnier.	475 à 659
Aune.	510 à 800	Saule.	320 à 585
Pommier.	691 à 793	Peuplier.	346 à 557
Charme.	737 à 783	Sapin.	436 à 550
Châtaignier.	588 à 782	Platane.	538
Poirier sauvage.	661 à 759		

Je dois dire ici quelques mots des précautions qu'il convient de prendre dans l'emploi des bois, et des défauts auxquels ils peuvent être sujets, et qu'il est bon d'éviter.

Il importe d'abord de fixer le choix des bois suivant de la nature particulière de l'emploi qu'on veut en faire. Ainsi, le *sapin* et d'autres bois *tendres* peuvent convenir pour tel système de charpente qui n'exige pas une grande solidité d'assemblage, et ne conviendraient au contraire nullement pour tel autre système d'assemblage qui exige plus de précision ou de rigidité, et qui, en conséquence, réclame l'emploi du *chêne* ou d'un autre bois dur.

Au nombre des bois défectueux, il faut d'abord compter ceux qui, par un certain séjour dans l'eau ou par une exposition suffisamment prolongée à l'air, n'auraient pas été complétement dégagés de leurs sucs végétatifs et de plus suffisamment desséchés, et qui, dès lors, seraient susceptibles de s'échauffer, de se tourmenter, ou même de pourrir promptement, et par conséquent d'occasioner, d'une manière ou d'autre, la détérioration des ouvrages auxquels ils auraient été employés. En général, ce n'est guères qu'au bout d'une ou deux années que les bois sont suffisamment secs pour la *charpente*; mais il faut un temps plus considérable pour la *menuiserie*, et sur-tout pour les bois les plus durs; il faut au moins deux années pour le *sapin* et trois à quatre pour le *chêne*, suivant sa dureté. Un temps plus long ne peut, du reste, qu'être avantageux, et les bons entrepreneurs de menuiserie ne manquent pas d'avoir en magasin des bois de cinq ans, dix ans, quinze ans et plus, qu'ils réservent pour les ouvrages les plus soignés.

On doit éviter d'employer en charpente les bois qu'on appelle ordinairement *gras*, et qu'on a proposé avec plus de raison d'appeler *maigres* : ce sont ceux qui, provenant ordinairement de terrains humides, sont plus tendres, moins forts et moins durables. Ils ont ordinairement les pores grêles et ouverts, les fibres sèches et le ton terne; les copeaux enlevés par la *varlope*, au lieu de se maintenir en rubans, se réduisent en poussière sous les doigts. Du reste, ces bois sont ordinairement susceptibles d'être employés à des menuiseries intérieures, même assez soignées; et ceux qu'on appelle de *Hollande* sont assez généralement de cette nature.

On peut ranger à peu près dans la même catégorie les bois qu'on appelle *sur le retour*, c'est-à-dire ceux qui, au lieu d'avoir été abattus lorsqu'ils étaient encore vigoureux, sont morts sur pied par une espèce de dépérissement du cœur, ou au moins n'ont été abattus qu'après avoir souffert plus ou moins de ce dépérissement. En général, on ne doit employer aux ouvrages qui exigent une certaine solidité, que des bois dont les fibres soient fortes, souples et rapprochées les unes des autres; les copeaux qu'on en enlève ne doivent pas se rompre quand on les plie, ou du moins ils ne doivent se séparer qu'en grandes filandres.

La solidité des bois n'est pas ordinairement diminuée, elle est même quelquefois augmentée, tant par les *nœuds* qui résultent de l'insertion d'une branche sur le tronc, que par une disposition particulière des fibres, ou plutôt une altération de leur ordre naturel, qu'on désigne sous le nom de bois de *rebours* ou bois *tranché*. Mais, comme ces circonstances rendent le travail des bois plus long et plus difficile, et s'opposent même souvent à ce qu'il puisse y être pratiqué des assemblages exacts et solides, ils doivent être proscrits pour tous les ouvrages qui demandent de la précision et de la propreté.

Il en est à peu près de même des *malandres*, sorte de défaut qui consiste dans des veines extrêmement tendres qui se trouvent quelquefois dans le cœur des bois plus ou moins durs, et qui sont dès lors susceptibles d'être attaqués par les insectes.

Mais il faut nécessairement se garder d'employer, dans aucun cas, les bois atteints, soit de fentes concentriques ou *roulures*, soit de fentes en rayons ou *étoiles*, soit enfin de *pourriture*; et il n'importe pas moins de veiller à ce que tout morceau de bois soit entièrement dépouillé de son *aubier* qui, comme les malandres, en donnant prise aux insectes, exposerait à leurs attaques, même les portions saines.

Le principal inconvénient des bois, c'est leur *combustibilité*, inconvénient grave (1), contre lequel il n'a malheureusement été proposé jusqu'ici que des préservatifs plus ou moins insuffisants, ou d'une exécution plus ou moins difficile, tels, par exemple, que de fortes dissolutions d'alun, de vitriol ou même de sel ordinaire. Sans doute, des dissolutions de ce genre, poussées à un degré suffisant, pourraient préserver les bois jusqu'à un certain point, et n'exigeraient probablement pas une dépense considérable; mais elles offriraient une assez grande difficulté d'exécution. (*V.* Enduits Incombustibles.)

Tant que le feu n'est pas poussé à un point extrême, ou prolongé pendant trop long-temps, les bois peuvent être mis à l'abri de ses atteintes par un recouvrement, soit en plâtre, soit en chaux vive, sable et foin haché qu'Hassenfratz dit être employé avec succès en Angleterre, soit en argile dissoute dans une eau de colle et posée en plusieurs couches, ainsi que le propose le même auteur. Mais, indépendamment de ce qu'un feu violent et prolongé finit toujours par faire fendre ces enduits, ils ont tous l'inconvénient de placer les bois dans une

---

(1) On appréciera toute cette gravité en remarquant que les primes d'assurances ne sont que de 1/2 à 1 pour 0/0 sur les bâtiments en maçonnerie, et qu'elles s'élèvent jusqu'à 8 pour 0/0 sur les bâtiments construits en bois et couverts en bois ou en chaume.

situation autre que celle qui est la plus favorable à leur conservation, c'est-à-dire l'exposition à couvert et à l'air libre. On sait, en effet, que les bois enfermés dans les planchers ou les pans de bois en maçonnerie, par exemple, s'échauffent bien plus vite et se conservent moins bien que les bois des planchers ou des combles non maçonnerie.

Telles sont les données générales qu'il nous a paru important de réunir dans cet article. Elles nous permettront d'y renvoyer pour presque tous les bois en particulier, ou du moins de ne consacrer d'articles spéciaux qu'aux plus importants d'entre eux.

GOURLIER.

BOIS DORÉS. (*Technologie.*) Une quantité considérable d'or est employée, pour la préparation des cadres de tableaux et les ornements des palais et des appartements des riches. Pendant long-temps la totalité de ce métal a été perdue; mais depuis cinquante ans on a commencé à l'extraire, et cette opération se fait maintenant sur tous les bois dorés.

Pour dorer le bois on lui donne d'abord quelques couches de blanc que l'on recouvre d'une autre couche d'ocre, et par-dessus on étend l'*assiette* formée de blanc, de sanguine, de mine de plomb et de savon ou d'huile. On humecte cette couche avec de l'eau, et on y applique l'or.

Quand on veut gratter les vieux bois dorés, la quantité de matière à traiter devient considérable, et la main-d'œuvre emporte la plus grande partie du bénéfice.

Le procédé, indiqué d'abord par D'Arclay de Montamy, remplit parfaitement le but que l'on se propose, par sa facilité et son économie.

Le bois doré est mis à tremper pendant un quart d'heure dans une assez grande quantité d'eau chaude pour l'immerger; on le porte ensuite dans un autre vase contenant peu d'eau également chaude, et on le brosse fortement.

Ou bien on imprègne la dorure au moyen d'un pinceau avec une lessive alcaline, et on frotte assez fortement pour enlever l'or et une partie peu considérable de l'assiette. Pour séparer l'or des plafonds des appartements, le dernier moyen est le seul que l'on puisse employer.

Quand on a réuni les matières séparées des bois, on les

traite par un acide, et le plus avantageux est l'acide hydrochlorique qui enlève tout le carbonate de chaux, et les réduit ainsi à un petit volume.

Arrivé à ce terme, on traite le résidu, soit par le mercure, soit par la fusion, comme les CENDRES D'ORFÈVRES. *V.* ce mot.

Si l'on voulait brûler les bois pour en extraire l'or, la quantité de cendres que l'on obtiendrait rendrait l'opération très défavorable.

Les objets dédorés, par le procédé que nous avons indiqué, peuvent être dorés de nouveau en y plaçant seulement l'assiette.

H. GAULTIER DE CLAUBRY.

BOIS DE TEINTURE. (*Technologie. Commerce* (1).) Presque tous les bois employés en teinture possèdent la couleur rouge. Presque tous aussi appartiennent à la famille des légumineuses. On en compte quatorze espèces commerciales qu offrent de nombreuses variétés; mais comme plusieurs d'entre elles ne diffèrent que par les pays qui les produisent, on peut encore les circonscrire davantage en les étudiant par les genres botaniques dont elles proviennent.

FAMILLE DES LÉGUMINEUSES. — *Hœmatoxylon campechianum*. A ce genre appartient *le bois de Campêche* ou *bois d'Inde*. Bois dur, plus dense que l'eau, jaune rougeâtre lorsqu'il est récemment coupé, brunissant à l'air par les émanations ammoniacales, recevant un beau poli; ayant une odeur faible, aromatique, une saveur douceâtre quand on le mâche, teignant la salive en rouge. Mis en contact avec l'eau pure, il lui communique une couleur vineuse, semblable à celle des vins de Bourgogne qui commencent à perdre de leur teinte pour avoir été trop long-temps conservés en bouteille. Si l'on ajoute un alcali à cette liqueur, elle prend une couleur rouge beaucoup plus foncée en brunissant un peu; si au contraire on y ajoute un acide, elle pâlit et devient jaunâtre. Une dissolution d'alun ordinaire la jaunit d'abord, la fait passer ensuite à la couleur du vin, et, enfin, la rend violette dans l'espace de très peu de temps. Le sous-acétate de plomb lui donne une teinte violette très foncée, plus bleue que rouge par réflexion, et plus rouge que bleue

---

(1) Pour l'usage des bois de teinture, *v.* TEINTURE.

par transmission. L'acétate de cuivre lui communique une couleur de vin foncé.

Le bois de Campêche doit sa couleur à une matière colorante isolée par M. Chevreul, qui lui a donné le nom d'hématine. Cette matière, à l'état de pureté, est rouge pâle; l'eau n'en dissout qu'un millième de son poids à la température ordinaire; mais elle en peut dissoudre davantage lorsqu'elle est bouillante; elle prend alors une teinte rouge orangée qui jaunit par le refroidissement. Les alcalis et les acides se comportent avec la dissolution d'hématine, à peu près comme avec la teinture aqueuse de Campêche. Plusieurs oxides hydratés s'y combinent en lui donnant une teinte violette bleuâtre.

Dans le bois de Campêche, M. Chevreul a encore trouvé une huile volatile, une matière grasse, *une matière brune rougeâtre*, une matière glutineuse, de la fibre ligneuse, de l'acide acétique et plusieurs sels.

Ce bois se trouve, dans le commerce, en bûches d'un poids excessivement variable, qui peut aller jusqu'à plus de deux cents kilogrammes. Elles sont généralement dépouillées de leur aubier qui est beaucoup plus pâle que le bois. Il vient de la côte orientale de l'Amérique méridionale et des îles voisines.

La qualité du bois de Campêche varie avec les localités qui le produisent. Voici l'énumération des variétés commerciales, calquée sur le catalogue des produits de la collection de la Bourse de Paris. *Coupe d'Espagne* : en bûches très variables par leur volume, souvent courbées, irrégulières, quelquefois noueuses, coupées en coin très obtus à une de leurs extrémités, et perpendiculairement à leur axe à l'autre extrémité. Ce bois est privé d'aubier. *Coupe d'Haïti* : en bûches dont la section est souvent elliptique, quelquefois courbées et souvent comme tordues dans leur longueur; sillons longitudinaux où l'on trouve encore de l'aubier. *Coupe de la Martinique* : bûches courtes, irrégulières, noueuses, couvertes d'aubier, du poids de cinq à vingt-cinq kilogrammes; couleur moins foncée que celle des bois précédents; qualité inférieure. *Coupe de la Guadeloupe* : semblable à la coupe de la Martinique, qui lui est préférable

Cæsalpinia. Ce genre fournit au commerce un grand nombre

de bois rouges; mais ils varient beaucoup en qualité, suivant les espèces végétales et les pays dont ils proviennent.

Ils présentent tous une couleur rouge vif ou jaunâtre, qui brunit au contact de l'air; ils sont tous moins denses, moins compactes, et reçoivent le poli plus difficilement que le Campêche. Mis en contact avec l'eau, ils ne lui communiquent point une couleur vineuse, mais une couleur rouge clair, qui jaunit un peu par l'addition d'une dissolution d'alun ; l'acétate de plomb tribasique, lui communique une couleur d'un beau bleu par réflexion, qui paraît pourpre par transmission; le nitrate d'argent lui fait d'abord prendre une teinte foncée, brunâtre, qui pâlit ensuite; l'acétate de cuivre en change à peine la teinte; du reste elle se comporte, avec les acides et les alcalis, à peu près comme la teinture de Campêche. Le bois de Fernambouc, et probablement tous les autres bois du même genre, contient du tannin. Cependant on n'observe pas de différence bien sensible entre ce bois et le bois de Campêche dans l'action que les sels de fer exercent sur eux. Il est aussi permis de croire que la matière colorante du bois de Cœsalpinia est la même que celle du Campêche, si ce n'est qu'elle n'a point été obtenue à l'état de pureté; car mise en contact avec les agents chimiques, elle produit un grand nombre de réactions semblables à celles de l'hématine; seulement, dans ces bois, cette matière colorante est associée à d'autres matières qui en modifient l'action dans plusieurs des cas que nous avons fait en partie connaître.

Le bois de *Fernambouc*, qui nous vient du Brésil, est produit par le *cæsalpinia echinata* : ce bois est plus dur et plus dense que les bois du même genre; il se trouve dans le commerce, en éclats ou en bûches demi-cylindriques, dont le poids dépasse rarement trente kilogrammes. Mis en contact avec l'eau, il lui communique une couleur plus belle et plus rouge que celle que tous les bois du même genre pourraient lui procurer à poids égaux; aussi est-il plus estimé et plus rare. Ce bois, lorsqu'il est pulvérisé ou simplement réduit en petits copeaux, se vend, dans le commerce, pour du santal rouge qui est loin d'y être commun ; mais la fraude est facile à découvrir : le santal communique, à l'instant même une couleur rouge vive et foncée à l'alcool; ce qui n'a pas lieu avec les bois des *cæsalpinia*, qui le colorent plus lentement et avec moins d'intensité.

Le *cæsalpinia brasiliensis* produit plusieurs espèces commerciales, dont la principale est le bois de *Brésil*, qui est moins rouge que le bois de Fernambouc; du reste, il possède les mêmes caractères : on le trouve en bûches taillées à la hache, et privées d'aubier. Le *bois de Sainte-Marthe*, qui vient du Mexique, est produit par la même espèce que le bois de Brésil; mais il lui est préférable. Il nous vient en bûches d'un mètre de longueur, recouvertes d'un aubier blanc jaunâtre, que l'on trouve sur-tout dans des sillons profonds qu'elles présentent souvent; elles ont une extrémité conique, et l'autre coupée perpendiculairement à leur axe. Le tissu de ce bois est plus lâche vers la moelle que vers la périphérie. Le *bois de sappan* est rapporté au *cæsalpinia sappan*, qui croît dans les Indes orientales, le royaume de Siam, le Japon, etc. Ce bois est très dense, dur et capable de recevoir un beau poli : sa couleur est plus jaunâtre que celle des autres bois du même genre. Nous le recevons en bûches privées d'aubier, et quelquefois en branches qui présentent un large canal rempli d'une moelle rouge jaunâtre.

C'est probablement au genre *cæsalpinia* qu'il faut rapporter les bois de Caliatour, de Californie, de Nicaragua et de Terre-Ferme. Le *bois de Caliatour*, qui est d'origine indienne, est employé pour teindre la laine, à laquelle il communique une couleur rouge brunâtre. Le commerce nous l'offre en bûches de deux à trois mètres de longueur qui noircissent facilement à l'extérieur. Le bois de *Californie* est très dur, noueux, contourné; sa texture est ondulée; sa couleur est rouge jaunâtre, et passe au violet par l'action de l'air. On le reçoit en bûches d'une grosseur très variable. Le *bois de Nicaragua* est en bûches, quelquefois peu volumineuses, écorcées, tortueuses, présentant des enfoncements et des sillons. Ce bois est plus rouge que le bois de sappan, et moins coloré vers le centre qu'à la circonférence. On le mêle souvent au bois de Sainte-Marthe. Le *bois de Terre-Ferme* ressemble beaucoup au précédent; mais sa couleur est plus jaunâtre; sa texture est à peu près semblable à celle du bois de Californie. On le trouve en bûches façonnées à la hache.

Le *bois de corail* ou de *Condori* passe pour provenir d'un *adenanthera*. Il est dur, dense, serré, rouge jaunâtre sur les bords de la tranche, et rouge vers le centre. Il reçoit très bien le poli, et se trouve en bûches dans le commerce.

Ici se termine l'énumération des bois de teinture provenant de la famille des légumineuses. Ils présentent souvent de si grandes analogies, qu'ils sont plus faciles à distinguer par leur forme commerciale que par leur propre manière d'être.

Le bois de Brésillet a une origine douteuse : on pense devoir le rapporter à un arbrisseau du genre *balsamodendron*; peut-être appartient-il aux légumineuses. On le trouve dans le commerce, en bâtons de quatre à six centimètres de diamètre et dépouillés de leur écorce, mais recouverts d'un aubier bleuâtre. Ils sont rouge-marron dans l'intérieur. La couleur que l'on obtient à l'aide du Brésillet est loin d'atteindre celle qui est fournie par les bois des *Cæsalpinia*.

Les *bois jaunes*, que l'on trouve dans le commerce, sont le fustet, le bois jaune de Cuba, le bois jaune de Tampico, et le Quercitron. Ce n'est guère que par l'examen physique et la forme commerciale qu'il est possible de distinguer ces bois; car les caractères chimiques qu'ils présentent sont à peu près semblables pour tous. Ils communiquent tous à l'eau une couleur d'un beau jaune, excepté le quercitron : cette teinture pâlit par les acides, prend une teinte plus foncée par l'ammoniaque, et devient verte quand on y ajoute une dissolution d'amphi-sulfate de fer.

Le *fustet* est le bois du *Rhus cotinus*, de la famille des térébinthacées, qui croît dans la partie méridionale de la France et de l'Europe. On le trouve dans le commerce en morceaux écorcés, peu volumineux, et souvent en baguettes liées en paquet. Les plus grosses pièces sont noueuses, tortueuses, et tiennent souvent après une partie de la racine qui est plus colorée que le bois qui est jaune-serin, mêlé de vert, peu dense et assez difficile à couper.

Le *bois jaune de Cuba* provient d'une espèce botanique qui n'est pas déterminée, mais qui est probablement une variété du *morus tinctoria* de Linnée, le *tatai-iba*. Ce bois est en bûches cylindriques, rarement fendues en deux, bien mondées d'aubier au moyen de la hache, et sciées perpendiculairement à chaque extrémité. Il est d'un fond jaune-serin, vif, sur lequel on distingue une multitude de petites lignes un peu plus foncées; apparence qui est due à un effet de lumière dépendant de la texture du bois plutôt qu'à une véritable coloration plus intense. La partie extérieure de ce bois prend une couleur brun jaunâtre.

Le bois de Tampico qui, à n'en pas douter, a la même origine botanique que celui de Cuba, est en bûches sciées à une seule extrémité, et taillées coniquement à l'autre. Celui que j'ai vu chez les marchands de bois de teintures est plus foncé en couleur que le bois de Cuba ; observation qui est contraire à ce que disent les auteurs du catalogue de la Bourse, et qui me paraît bien confirmée. Au reste, pour l'origine de ces bois, on peut s'en rapporter à la forme commerciale. La partie extérieure du bois de Tampico qui est exposé aux émanations atmosphériques, est d'un brun noirâtre.

Le *bois de Quercitron*, provient du *quercus tinctoria* de Bartram, qui croît dans l'Amérique septentrionale, et qui vient facilement en France, à la latitude de Paris, est moins jaune que le bois précédent, et il communique à l'eau une teinte jaune, brune et verte tout à la fois. Il est principalement employé pour teindre les cuirs.

Quel que soit le bois que l'on achète, il faut avoir soin de le choisir sain, dépouillé d'aubier, compacte, d'une couleur vive et intense. Mais quelle que soit sa qualité, on ne peut en extraire toute la quantité possible de matière colorante, qu'après l'avoir divisé en copeaux très minces, et même qu'après l'avoir pulvérisé. On atteint ce but à l'aide de moyens très variables. Tantôt ce travail se fait à la main avec la hache, libre ou fixée par une extrémité, la plane, le pilon, etc. ; tantôt, enfin, à l'aide de machines. Le premier moyen est trop dispendieux à cause du faible résultat que peut obtenir un bon ouvrier. Les machines sont donc préférables sous tous les rapports. Il en est qui écrasent, déchirent, contondent ou coupent. Ces dernières l'emportent sur les autres à cause de la beauté et de la facilité du travail.

Pour la construction des machines propres à diviser les bois de teinture, on pourra consulter les *Annales des Arts et Manufactures*, tome II, p. 147 ; les *Brevets expirés*, tom. VIII, p. 157 ; la p. 26 du tom. II du journal l'*Industriel*.

La première de ces machines a beaucoup de ressemblance avec un moulin à café. C'est une noix armée de crochets tranchants qui se meut dans un cône évasé, également muni de crochets.

La deuxième machine porte un cône tronqué, armé de couteaux tranchants, contre lesquels on presse le bois à râper, au moyen d'une pédale.

La troisième machine a atteint une grande perfection dans les mains de M. Antiq. Elle est principalement formée d'un grand cercle métallique se mouvant sur son axe, qui porte à sa surface et près de sa circonférence douze ouvertures par lesquelles sortent douze fers de rabots, tenus dans une position fixe. Le bois y est poussé par une pédale comme dans la machine précédente, et elle en débite 100 livres par heure, ce qu'un habile ouvrier ne saurait faire en un jour.

A chacune de ces machines est fixé un volant pour en régulariser le mouvement. A. BAUDRIMONT.

BOIS DE TEINTURE (Emploi des résidus de). (*Technologie.*) La quantité considérable de bois de teinture que l'on emploie dans les fabriques de toiles peintes particulièrement, pourrait faire désirer de les voir utiliser après qu'ils ont fourni toute leur matière colorante; car, outre la valeur qu'ils peuvent avoir comme combustibles, ils offrent des inconvénients pour les cours d'eaux qu'ils salissent lorsqu'ils sont entraînés, et par les dépôts qu'ils y forment, et qui obligent à des curages plus fréquents.

M. Pimont a eu l'heureuse idée de faire servir ces résidus comme combustibles, de sorte qu'au lieu d'être un objet de gêne pour les fabricants, ils deviennent pour lui un produit utile.

Il est vrai que, considérés sous ce point de vue, les résidus dont nous nous occupons, ne peuvent jamais devenir un objet de grande consommation; mais c'est déjà beaucoup qu'ils soient susceptibles d'être employé sur les lieux et par ceux mêmes pour lesquels ils étaient précédemment un motif d'encombrement.

On fait écouler les eaux qui contiennent les résidus des bains de garance et de son, qui ont servi aux opérations de la teinture, dans une fosse où ces résidus se déposent, et on donne issue aux eaux surnageantes : on place les résidus sur un sol incliné pour les dessécher, et au bout de quelques jours on en mêle 3 parties avec 1 de résidu de bois de Campêche, de Quercitron, de Fernambouc, etc. On fait fermenter pendant plusieurs mois, et on moule la matière comme le tan.

Il résulte, des expériences de M. Pimont, les données suivantes : mille briquettes pesant trois cent quatre-vingt kilogrammes, reviennent à 3 fr.; les dépôts provenant de sa fabrique, pendant une année de travail, ont produit cent cinquante à cent quatre-vingt mille briques.

Deux séries d'expériences ont été faites sur ces briquettes : dans la première on a entretenu pendant douze heures le même degré de chaleur dans un grand atelier, en brûlant successivement, dans le même appareil, de la houille, du bois, de la houille et des briquettes de résidus.

Dans la seconde, on a entretenu, aussi pendant douze heures, le feu sous une chaudière à garance, avec de la houille, de la tourbe et des briquettes.

Ces essais ont prouvé que les briquettes ont offert une économie d'environ deux tiers sur la houille : elles brûlent comme les meilleures tourbes. H. GAULTIER DE CLAUBRY.

BOISSEAU. *V.* MESURES.

BOISSONS. (*Hygiène.*) On entend par ce mot, tout liquide destiné à étancher la soif, et à faciliter la digestion des aliments solides, en favorisant leur dissolution et les changements qu'ils éprouvent de la part de nos organes ; il est aussi des boissons nourrissantes par elles-mêmes ; elles forment alors un aliment mis sous une forme particulière.

L'eau est la boisson la plus générale ; elle fait la base de toutes celles qui sont composées, soit par l'art, soit par la nature ; on pourrait dire que dans ces dernières circonstances, elle ne fait que subir des modifications.

Nous ne pouvons parler ici ni des qualités que doit avoir l'eau potable, ni des moyens de les lui procurer lorsque, par une cause quelconque, elle s'en trouve privée ; nous la supposons douce, agréable à boire, et reconnue, par l'expérience, bonne aux différents usages de la vie.

Les propriétés désaltérantes de l'eau, varient suivant la température à laquelle elle est amenée ; on peut dire, en général, que plus elle se rapprochera de la température du corps de l'homme, moins elle sera bonne pour étancher la soif, et qu'on sera obligé alors d'en boire des quantités considérables pour arriver à ce résultat. Il faut donc tâcher, chaque fois que cela est possible, de l'éloigner de cette température du corps; car autant est nécessaire à la santé l'introduction, dans l'estomac, d'une quantité de liquide proportionnée aux pertes éprouvées par le corps, autant devient nuisible une surabondance, dont l'effet est d'arrêter la digestion, de favoriser la sueur et d'énerver les forces intellectuelles et physiques.

On se trouvera donc beaucoup mieux, de préférer à l'eau tiède, de l'eau aussi chaude que la bouche peut la supporter. Qui n'a pas eu occasion, dans les grandes chaleurs, de reconnaître l'effet puissant de quelques cuillerées de potage pour étancher à l'instant une soif, que plusieurs verres de liquide ordinaire n'avaient fait qu'allumer? Il y a ici, sur les organes où siége la sensation de la soif, une véritable action chimique ou mécanique opérée, soit par la température, soit par la matière fournie à l'eau par le pain. Nous reviendrons bientôt sur l'action de cette dernière substance.

Mais quel que soit l'avantage des boissons chaudes pour étancher la soif, elles sont loin de valoir les boissons fraîches ou froides. Etendons-nous un instant sur cette proposition, si connue et si simple qu'elle pourrait paraître triviale.

L'eau fraîche a l'avantage de plaire et d'agir efficacement sous un petit volume; elle doit alors ses propriétés au changement qu'elle détermine dans l'état et la sensibilité des organes, et sous plusieurs rapports, ses avantages sont immenses.

Mais à côté des avantages que nous présentent les boissons froides, elles ont, dans quelques circonstances, des inconvénients graves que nous allons indiquer, en ne négligeant pas les moyens de les éviter.

Lorsque des boissons très froides sont versées subitement et en abondance dans l'estomac au moment où le corps échauffé, soit par un exercice violent, soit par la chaleur atmosphérique, est couvert de sueur, elles frappent subitement de froid les organes qu'elles touchent[1], et par là déterminent un saisissement qui amène quelquefois une perturbation dont les résultats varient suivant une foule de circonstances, mais dont l'effet le plus constant est une altération profonde des organes de la poitrine et du bas-ventre.

Une chose digne de remarque, bien qu'inexplicable, c'est qu'il faut des circonstances particulières pour que cet effet fâcheux des boissons froides ait lieu d'une manière générale ; nous disons d'une manière générale, parce qu'il n'est pas d'années qu'on n'ait occasion d'en observer chez des individus isolés, mais en si petit nombre, qu'ils ne fixent pas l'attention, tandis qu'ils prennent quelquefois le caractère épidémique.

Une des maladies les plus généralement produites par les boissons froides, est le *choléra-morbus* (celui qui est particulier à notre pays, bien différent de celui qui nous vint de l'Inde). Nous l'avons vu souvent, dans notre jeunesse, se développer chez les faucheurs et les moissonneurs, et dans tous nos étés, les *glaces* en déterminent, à Paris, chez quelques individus. Il y a près de dix ans que des milliers de personnes en furent affectées dans cette ville, et cela dans l'espace de quelques semaines. Pourquoi ce singulier phénomène ne s'est-il pas renouvelé depuis sous cette forme épidémique ?

Il est un moyen bien simple d'obvier à cet inconvénient d'un liquide introduit trop froid dans l'estomac, c'est de soumettre à son action une partie quelconque du corps avant d'en faire usage. Voyons ce que font les gens de la campagne, lorsque couverts de sueur ils viennent se désaltérer à quelques sources ; *ils ont soin d'y plonger les mains pendant quelques minutes* ; d'autres s'aspergent la figure ou se gargarisent avant de rien avaler : respectons ces usages populaires, et profitons des leçons qu'ils nous donnent.

Il faut donc, dans les circonstances où la soif est intense, le corps chargé de sueur, l'excitation générale portée à un haut degré, ne pas verser à la fois, dans l'estomac, une grande quantité d'eau très froide, mais l'y introduire successivement en la conservant et l'agitant dans la bouche dont elle prend la température, et qu'elle tempère par son action spéciale sur la langue et les parties environnantes.

De toutes les boissons connues, l'eau pure n'est pas celle qui étanche le mieux la soif ; elle remplit bien mieux cet objet lorsqu'on l'acidule d'une manière quelconque, avec le vinaigre, avec les acides citrique, tartrique, carbonique et autres semblables, ou simplement avec le jus de certains fruits; de là viennent les grands avantages présentés, sous ce rapport, par les vins blancs acidulés et mousseux, par le cidre, le poiré, et surtout la bierre légère et mousseuse; ces qualités, résultat de la fermentation alcoolique, sont connues de tous les peuples depuis l'origine des sociétés; tous ont trouvé le moyen, par l'emploi de substances diverses, de modifier leurs boissons, et de leur procurer quelques-unes des qualités dont nous venons de parler.

Non-seulement l'eau froide et acidulée diminue la soif bien plus facilement que l'eau pure; elle agit encore comme tonique, non-seulement de l'estomac, mais de l'organisme tout entier; de là les grands avantages qu'elle procure chaque fois qu'il faut résister à l'influence débilitante de travaux pénibles, exécutés à l'ardeur d'un soleil ardent, d'une atmosphère lourde et orageuse, dans des étuves sèches et humides, ou mieux devant des foyers de certaines usines, par exemple, les forges et les verreries.

Que les industriels ne s'y trompent pas: si par une retenue de quelques sous sur le salaire d'une journée, ils réduisent à l'eau pure les ouvriers qu'ils emploient à des travaux rudes et pénibles, ils n'en tireront pas la même somme de travail que s'ils agissaient autrement: nous leur adresserons ici le même langage que dans notre article sur les aliments, et dans leur intérêt, nous leur dirons:

De l'état de l'estomac et de toutes les voies digestives dépendent en grande partie l'énergie musculaire, et la force nerveuse qui commande cette dernière la régit et la fait agir; soignez donc chez vos ouvriers, avec une attention toute spéciale, les fonctions de ces organes; fournissez-leur, ou exigez qu'ils se procurent des boissons alcooliques ou fermentées; exigez-le surtout en été, et employez tous les moyens possibles pour les tenir fraîches; l'économie que vous ferez sur la quantité consommée, vous dédommagera peut-être de la dépense indispensable pour obtenir cette température. Modifiez vos boissons suivant les pays que vous habiterez et la valeur des objets qu'il faudra vous procurer; apprenez à confectionner, à l'aide des matières sucrées, soit naturelles, soit artificielles, ces boissons fermentées si agréables, et qui reviennent à si bon marché; par là, vous n'augmenterez pas seulement la force de vos hommes, vous les préserverez encore de ces maladies graves qui sévissent sur un si grand nombre de ces malheureux à la fin de l'été, qui en font succomber plusieurs, et qui en réduisent un bon nombre à l'inaction complète pendant un temps plus ou moins long.

Parmi les ouvriers auxquels nos observations s'appliquent, nous citerons particulièrement les moissonneurs et les terrassiers; c'est par centaine que ces hommes arrivent tous les ans dans les hôpitaux de Paris, épuisés par la mauvaise nourriture et l'*eau* dont ils se sont gorgés pendant les grandes chaleurs. Nous avons l'habitude de les questionner tous, et de cette manière nous avons pu maintes fois reconnaître la grande influence de la cause dont nous signalons les mauvais effets.

Nous venons d'engager les maîtres et les chefs d'ateliers à se mettre à même de confectionner à bon marché des boissons tout à la fois agréables et salubres; nous devons ajouter qu'ils rendront ces boissons bien plus *désaltérantes* en y faisant tremper quelques tranches de pain préalablement rôties; il semble que les parties de fécule que dissout le liquide, lui procurent de nouvelles qualités bienfaisantes : cet emploi de pain rôti est général dans quelques provinces de France, et c'est par une expérience faite sur nous-même que nous en avons reconnu l'efficacité. Pourquoi en serait-il autrement, puisqu'on sait que l'*eau pannée* est, dans les maladies, une des boissons qui réussit le mieux pour tempérer la soif?

La manière d'introduire, dans l'économie, la quantité de liquide qui lui est nécessaire, n'est pas tout-à-fait indifférente pour prévenir la soif qui survient à la suite de travaux exécutés en plein air, aux ardeurs du soleil. Des observations nombreuses nous prouvent que le besoin de boisson se fera sentir d'autant plus tard, que les aliments auront été pris plus trempés; en d'autres termes, qu'il est bien plus avantageux d'avaler les aliments *saturés* de liquide, si on peut s'exprimer ainsi, que de les manger secs, et de boire ensuite à la fin du repas; dans ce dernier cas l'absorption du liquide est faite à l'instant; tandis que lorsqu'il est intimement uni à la masse alimentaire, cette masse ne le lâche que successivement à mesure que se fait la digestion et que le réclament les besoins de l'économie. Il se fait ici, dans l'estomac, une opération purement mécanique qu'il suffit d'indiquer pour en faire comprendre les avantages.

C'est donc à regret que nous voyons la plupart de nos ouvriers faire, en été, leur repas du milieu du jour avec un morceau de pain sec, et ne prendre le potage que le soir à la fin de leurs travaux; ils devraient adopter un système tout contraire, en renvoyant au soir leur repas sec, et ne se nourrissant dans la journée que de soupe très épaisse; c'est pour avoir éprouvé, sur nous-même et sur plusieurs personnes, les effets avantageux de ce régime, que nous en recommandons l'usage, en nous adressant aux maîtres et à leurs ouvriers.

Nous venons de parler des avantages de l'eau, soit simple, soit acidulée employée comme boisson; il nous reste à dire deux mots des qualités toniques qu'il convient de lui donner quelquefois, et des circonstances qui les réclament.

Dans les temps froids, dans les pays humides et marécageux, dans les travaux qui se font sous terre ou qui nécessitent que le corps, ou simplement quelques parties du corps, restent dans l'eau pendant un temps plus ou moins long, lors, sur-tout, qu'on n'a à sa disposition que des ouvriers phlegmatiques, il faut substituer aux boissons, précédemment étudiées, les boissons toniques et spiritueuses, comme les bierres fortes, les vins épais et généreux, les infusions qui excitent la transpiration, comme celles de thé, de menthe, de sauge, d'oranger, et auxquelles on ajoute une certaine quantité d'alcool; c'est dans ces cas que les habitants du Nord de l'Europe se trouvent très bien d'avaler de la bierre chaude dans laquelle on délaie quelques jaunes d'œufs; ils font également un grand usage de potages confectionnés avec la bierre : au rapport de ceux qui ont parcouru ces pays, il n'est pas de boisson et de nourriture meilleure pour résister à l'influence débilitante du froid.

Quant aux alcooliques purs, on ne peut les employer que pour *tromper* ou pallier la soif; il suffit alors de s'en gargariser; si on les avalait ils ajouteraient à l'ardeur et au malaise intolérable que cette soif détermine : la menthe, le nitrate, le sulfate de potasse, quelques autres sels, et jusqu'à la pyrètre jouissent de la même propriété.

Ce que nous venons de dire, d'une manière bien succincte, sur les boissons, suffit pour faire voir combien est importante à l'humanité l'étude de cette partie de l'hygiène, et pour démontrer qu'il est des circonstances dans lesquelles on peut, avec bien peu de frais, se rendre utile à un grand nombre d'hommes. Espérons que les administrateurs, les entrepreneurs et les chefs d'ateliers profiteront de nos observations, et chercheront à mériter l'honorable titre de sages éclairés, et de vrais philanthropes.
PARENT DU CHATELET.

BOITE A ÉTOUPES. (*Mecanique.*) On nomme ainsi une sorte d'obturateur destiné à fermer tout passage, soit à un liquide, soit à un fluide élastique condensé le long de la tige d'un piston. Dans les pompes *à double effet*, il est indispensable que le corps de pompe soit également fermé aux deux extrémités, et par conséquent il faut que la tige du piston traverse la base supérieure de ce cylindre. Il faut aussi que cette pièce de fer se meuve librement dans l'ouverture qui lui livre passage, et que cependant rien ne puisse s'échapper par le très petit intervalle qu'exige la mobilité. Voici comment on satisfait à ces conditions : on suppose que la tige du piston est calibrée avec soin, rodée dans le sens de sa longueur, et que l'ouverture du couvercle du corps de pompe est aussi juste qu'on ait pu la faire sans gêner le mouvement. Un cylindre creux (c'est la boîte) placé sur le couvercle et qui en fait partie, a un diamètre intérieur qui excède de quelques centimètres celui de la tige du piston; on y met des étoupes que l'on comprime assez fortement pour qu'elles s'appliquent sur toute la surface de la capacité qui les contient, et qu'elles serrent la tige du piston avec cette force de compression. On les imprègne d'huile ou de graisse lorsqu'il s'agit d'empêcher le passage d'un fluide élastique ou d'une vapeur. Afin de maintenir cet obturateur dans l'état où on l'a mis, la boîte est munie d'un couvercle percé comme celui du corps de pompe pour le passage de la tige du piston. Ce couvercle est composé d'un cylindre qui doit entrer dans la boîte et muni de deux brides qui servent à l'attacher à la boîte au moyen de boulons dont on serre les écrous jusqu'à ce que le bouchon presse les étoupes avec une force suffisante.

Une disposition, prise entre beaucoup d'autres, fera de suite

comprendre ce mécanisme : soit a, *fig.* 222, la tige du piston ;
bb, le couvercle du corps de pompe ; cc, boîte faisant partie du couvercle ; d, couvercle de la boîte qu'on voit en plan, *fig.* 223 ; ee, boulons d'assemblage de la partie d, avec la boîte cc, et qui sont attachés à celle-ci au moyen de deux chevilles dont on voit les extrémités en ii : ces chevilles font partie de la boîte ; ff, capacité dans laquelle on met les étoupes.

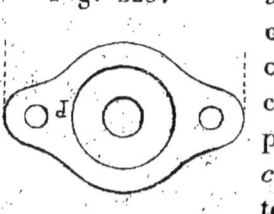
Fig. 222.   Fig. 223.

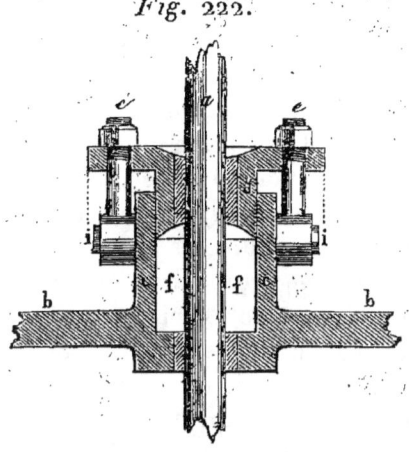

Pour adoucir le frottement de la tige du piston contre les deux couvercles qu'elle traverse, on peut y ajuster une rondelle de bronze, et on prend ordinairement cette précaution pour le couvercle de la boîte. Mais le frottement des étoupes contre cette même tige est le plus considérable, et dépend de l'étendue des surfaces en contact, et de la force comprimante. Le mécanicien aura donc soin : 1° de réduire la hauteur de la boîte à ce qui est rigoureusement nécessaire pour une exacte obturation, et cette hauteur est constante pour toutes les machines de même fonction, quelle que soit d'ailleurs la mesure de leur force ; 2° de ne pas comprimer les étoupes au-delà de ce qu'il faut pour les maintenir exactement appliquées contre la tige du piston.

Les matières végétales flexibles et très divisées, sont les seules propres à remplir les boîtes destinées à servir d'obturateurs ; les matières animales seraient trop ramollies par les graisses, et les huiles à une haute température éprouveraient un commencement de dissolution, et leur masse perdrait son élasticité. FERRY.

BOITE A FORETS. (*Technologie.*) On donne ce nom, dans les arts, à la partie de l'arbre d'un touret, d'un drille, et même d'un simple porte-foret, dans laquelle s'insère la soie des mèches ou des forets. Dans le vilebrequin cette partie se nomme le *baril*. On lui donne toutes sortes de formes. Dans les drilles et autres petits porte-forets, on le fait à *lanterne* ou à dégagement, afin que si les forets, qui doivent toujours être trempés assez dur, viennent à se casser dans la *boîte*, il soit possible de retirer les fragments en les poussant par derrière; dans ce cas, le creux de la boîte est carré et pyramidal, la base se trouvant à l'orifice antérieur. Cette disposition dispense d'avoir une vis de pression; on se contente alors d'enfoncer de force la soie du foret dans la boîte. Mais dans les instruments soignés, le forage de la boîte se fait cylindrique, et alors on met une vis de pression qui, appuyant sur un méplat, ou s'engageant dans un trou pratiqué sur la soie de la mèche, l'empêche de virer dans la boîte qui l'entraîne dans son mouvement de rotation. Ces soies rondes sont d'un ajustage bien plus facile, et on est bien plus sûr que la mèche *tournera rond*, c'est-à-dire qu'elle ne dandinera pas en tournant, ce qui est un vice radical.

PAULIN DESORMEAUX.

BOITE DE ROUE. (*Charonnage.*) On appelle ainsi une garniture quelconque mise à l'intérieur du moyeu d'une roue, dont la destination est de recevoir l'effet du frottement de la fusée de l'essieu, et de s'opposer à ce que le trou du moyeu ne s'aggrandisse trop promptement par l'usage, si le fer frottait immédiatement sur le bois. Cette boîte est ordinairement faite en métal, en cuivre dans les voitures légères et suspendues, en fonte de fer dans les voitures de travail. Pour que cette boîte ne tourne pas dans la roue, mais bien avec la roue, condition essentielle hors de laquelle la boîte n'aurait plus d'objet, elle porte à l'extérieur deux étoquiaux qu'on nomme *oreilles* : ces oreilles s'insèrent dans le plein du bois du moyeu et s'opposent au virement de la boîte. Comme il serait très difficile de faire le trou qui traverse la boîte absolument juste à la grosseur de la fusée, et que, d'ailleurs, en supposant que l'on ait d'abord obtenu cette précision, elle ne tarderait à se détruire, l'usé augmentant la capacité du trou en même temps qu'il diminuerait la grosseur de la fusée, et qu'alors, on aurait promptement ces ballottements et trépidations qui sont une cause incessamment progressive de détérioration rapide, on fait la fusée de l'essieu un peu conique et le trou de la boîte également conique : il devient alors facile de réparer le mal causé par l'usé, puisque, dans ce cas, il suffit de serrer l'écrou extérieur qui termine la fusée, pour faire remonter la roue sur cette fusée et opérer de nouveau la juxtà-position. Lorsque l'essieu n'est pas terminé par une vis avec écrous, mais seulement par une mortaise transversale avec une S, on obtient à peu près le même effet en ajoutant une rondelle de plus entre l'S et le moyeu.

Le frottement d'un métal contre un autre ne tarderait pas à causer un échauffement considérable, et par suite un grippement destructeur, si l'on n'avait soin de lubréfier les parties en contact par un corps onctueux : c'est ordinairement la graisse blanche, dite *saindoux*, qui est employée à cet usage. Pour graisser les roues communes, on se contente de retirer l'S ou l'écrou, d'ôter la roue et d'enduire la fusée de l'essieu de graisse ; mais une disposition plus ingénieuse dispense de ce travail lorsque les boîtes ont été faites avec soin. Au lieu de faire le trou simplement conique, on l'évase en dedans, entre les deux orifices, afin d'y produire une cavité qu'on nomme *chambre*. Cette disposition offre d'abord cet avantage qu'elle diminue en longueur la ligne de frottement et qu'elle confine ce frottement aux deux endroits où il est le plus nécessaire, aux deux extrémités de la boîte ; et ensuite, cet autre qu'elle est un réservoir de graisse, d'où, amollie et rendue fluide par le frottement et la chaleur qui en est la conséquence, cette dernière se répand aux endroits en contact qu'elle lubréfie. Pour n'avoir pas à démonter la roue chaque fois qu'il s'agit de graisser, on fait en avant des rais, sur le moyeu, un trou qui communique avec cette chambre, et par lequel on introduit l'huile ou la graisse rendue fluide, et qu'on bouche ensuite, soit avec une vis, soit avec une cheville de bois, soit même, comme on le voit souvent aux charriots et autres grosses voitures, par un tampon de paille.

Tel est le moyen, et déjà assez perfectionné, actuellement en usage pour la majeure partie des voitures ordinaires ; mais dans tout cet appareil il reste un vice radical, c'est la mise hors d'usage des boîtes par l'aggrandissement journalier et inévitable de leur forage. Au point élevé où la mécanique est parvenue, il est de toute impossibilité que très incessamment on ne trouve pas un système simple, analogue à celui des coussinets, qui permette de tenir l'essieu toujours serré, sans que l'usé, journellement réparé, puisse agir sur autre chose que sur le corps de peu de valeur, sacrifié et mis en contact. Déjà des perfectionnements ont été cherchés ; on a proposé le cuir, le caoutchouc, le carton même, pour remédier aux vices signalés, et, en outre, pour amortir le bruit assourdissant des roues. Ces moyens sont encore neufs, et comme ils sont de la nature de ceux sur lesquels une longue expérience doit seule prononcer en dernier ressort, nous nous abstenons d'autant plus volontiers de les reproduire, qu'ils nous entraîneraient dans de longues descriptions. Si l'expérience parle, nous aurons soin de recueillir ses arrêts, et les mots Essieu et Roue, nous fourniront l'occasion de les faire connaître. Nous dirons au mot Fonte de fer, comment on peut scier la fonte dure et raccourcir une boîte trop longue. PAULIN DESORMEAUX.

BOITOUT. (*Agriculture.*) Les terres cultivables sont sujettes à être inondées : 1.° par la stagnation des eaux pluviales et de celles des fontes de neige ; 2° par des eaux provenant des réservoirs souterrains dans lesquels elles s'accumulent et d'où elles s'élèvent à la surface par l'effet de leur propre pression ; 3° parce que les terrains qui sont dans le cas d'être inondés sont plus bas que tout le pays environnant.

La stagnation des eaux et leur surabondance sont pernicieuses à la plupart des plantes, et en général à toute bonne culture.

Lorsque l'eau séjourne en hiver dans un champ, on ne peut le labourer en temps convenable ; le retard des façons ne lui permet plus de rien rapporter, et souvent il est frappé de stérilité pour toute l'année.

Dans les prairies, la stagnation des eaux fait périr les meilleures plantes, les mauvaises y résistent, les herbes marécageuses se multiplient, et bientôt toute l'étendue de la prairie se détériore.

Le défrichement des champs et des prairies est donc également nécessaire. On a donc dû chercher les moyens les plus propres à l'obtenir.

Dans le premier cas, celui de terrains inondés par la stagnation des eaux pluviales et de celles des fontes de neige, on a eu recours 1° à des fossés ouverts ou rigoles, parmi lesquels on doit comprendre le billonnage; 2° à des rigoles ou fossés recouverts qui ont sur les premiers l'avantage de ne point interrompre la libre circulation des voitures ou de la charrue, de ne point exiger la construction d'un grand nombre de ponts nécessaires pour la communication, et de durer un certain nombre d'années, et souvent pendant plusieurs siècles, suivant la manière dont ils sont faits.

Dans le second cas, celui des terrains inondés par des sources provenant de réservoirs souterrains d'eaux comprimées, on a imaginé de percer la glaise qui empêche l'infiltration des eaux dans les terrains inférieurs, à l'aide de cette même sonde dont le fontainier se sert pour faire jaillir les eaux à la surface; et cette manière de dessécher les terrains inondés est depuis longtemps connue et pratiquée en Allemagne et en Angleterre, ainsi qu'en Italie, pays d'où peut-être elle s'est propagée dans les autres.

Tantôt on a ouvert, dans la partie la plus basse des terrains, des fossés de capacité et de quantité suffisantes pour recevoir toutes les eaux, et l'on a percé, de distance en distance, dans le fond de ces fossés, des coups de sonde pour donner un libre essor aux eaux comprimées et les faire écouler. L'effet de ces coups de sonde et des fossés d'écoulement est de rendre solides en très peu de temps les terrains inondés et même les terrains tourbeux les plus humides. On est même parvenu à se procurer ainsi, et même à élever une grande masse d'eau que l'on a pu employer à des usines ou à des irrigations.

Tantôt on a préféré le percement des puits aux forages à la sonde; ces puits ont produit le bon effet qu'on en attendait, mais ce moyen présente plus de difficulté, et il entraîne plus de dépense que l'autre.

On a obtenu aussi de très bons desséchements en pratiquant des coulisses ou rigoles souterraines et couvertes, au fond desquelles, avant de les fermer, on a donné autant de coups de sonde qu'il était nécessaire pour parvenir à l'entier épuisement des réservoirs souterrains. Il reste encore en France des monuments remarquables de ces rigoles souterraines faites par les Romains et par les Sarrasins à une époque inconnue. Ils attestent que les

Anciens avaient un double système de desséchement et d'arrosement, puisque souvent les eaux de ces rigoles, après avoir été recueillies dans des bassins, ont servi à l'irrigation des terrains inférieurs. C'est par une semblable opération que Fallengon a commencé ses améliorations de culture, en débarrassant son sol des eaux qu'y épanchaient les fontes de neige des montagnes de Gromval, et en les faisant servir à l'irrigation de ses prés, après les avoir recueillis dans une galerie longue de plus de trois cents mètres.

Dans le troisième cas, celui où il s'agit d'obtenir le desséchement de plaines humides sans pente, sans écoulement, ou du moins plus basses que tout le pays environnant, voici quelle a été la méthode employée. On a commencé par déterminer le point le plus bas de la plaine et des marais à défricher, et on l'a pris comme centre de l'opération. On a percé, en outre, un puits ou puisard que l'on a descendu aussi profondément que possible, à travers les terres, les glaises et les tourbes, en les contenant avec des fascines et des planches. On a ensuite rempli le puits avec des pierres brutes, irrégulières, jetées pêle-mêle et amoncelées sans aucun ordre, les unes en dessus des autres, autour d'un tube ou caisse de bois, placé verticalement dans le centre du puits, et destiné à la manœuvre de la sonde. Le remblais fait, on a descendu la sonde dans le coffre, et l'on a percé jusqu'à ce que la tarrière ait atteint quelque terrain primitif capable d'absorber toutes les eaux de la surface ; enfin on a fait sur toute la surface des eaux à dessécher des fossés et des couloirs aboutissant au puisard.

Il existe en divers lieux des puits profonds ou puisards naturels, de diverses formes, profondeurs et diamètres, et auxquels on a donné, suivant les lieux, les noms de boit-tout, bétoirs, boitards, gouffres, entonnoirs et engoule-tout. Ils sont d'une grande utilité pour l'agriculture dans les pays argileux et de terres fortes et humides, pour absorber les eaux que la compacité de ces terres retient à la surface. Ils ont dû donner l'idée de faire des boitouts artificiels ; mais ces derniers sont infiniment loin d'être aussi multipliés que les besoins de l'agriculture le demanderaient, et les propriétaires et cultivateurs doivent être d'autant plus disposés à en établir partout où cela est nécessaire, 1° que presque généralement parlant, on trouve au-dessous des glaises des terrains perméables dans lesquels il y a certitude de faire perdre et disparaître les eaux superficielles ; 2° que ces boitout, une fois établis, remplissent constamment leur but sans aucun frais ultérieur.

L'établissement d'un puits perdu ou boitout est facile et peu dispendieux lorsque le terrain à dessécher est plat ; mais lorsqu'il y a des fondrières et des parties profondes et marécageuses, il exige plus de temps et de soins.

Avant d'entreprendre une opération de ce genre, on doit se pourvoir d'une sonde de fontainier-mineur, de vingt-cinq à trente mètres de longueur, avec ses principaux instruments. Cette dépense peut être évaluée de trois à quatre ou cinq cents francs, suivant les instruments que l'on prend ; si on ne veut pas acheter cette sonde, on peut la louer. On procède à la levée du plan et au nivellement de tout le terrain à dessécher, afin de connaître les endroits les plus bas et multiplier les boitous suivant le nombre des fondrières. Il est bon de faire ensuite un sondage d'exploration sur l'un des emplacements choisis, si on ne connaît pas encore la nature et la compacité du fond du sol. Après cela, on commence l'ouverture du boitout sur un diamètre de cinq à six mètres, et l'on pousse rapidement son creusement par banquettes en spirales, autour du cône ou de l'entonnoir, en soutenant les terres avec des pieux et des branches d'arbres ou des palplanches. Si l'on craint les éboulements, on donne au talus et à l'évasement du cône un angle de cinquante à soixante degrés. La nature des terres détermine la profondeur du puisard, qui peut être de trois à quatre mètres, de cinq à six, et même au-delà. Au fond du cône tronqué que l'excavation présente, on place de grosses pierres brutes en cercles, en laissant entre elles des intervalles dans lesquels on fait entrer de force d'autres pierres irrégulières qui doivent les serrer toutes, laissant des vides ou des interstices pour l'arrivée des eaux. On jette dans le fond du puisard de vieux arbres, des fascines ou des bourrées. Au fond du cône, on fait un sondage de cinq à six mètres de profondeur, jusqu'à ce qu'on atteigne quelque terrain perméable, et l'on place dans le trou du sondage un tube ou coffre en bois d'aulne, d'orme, ou de chêne, dont l'ouverture dépasse le cercle de pierres et les troncs d'arbres de quelques décimètres.

Pour prévenir l'engorgement du tube, on met dessus quelques épines, et sur celles-ci une pierre plate, appuyée sur trois ou quatre pierres placées autour du tube. On remplit ensuite tout le cône du boitout avec des pierres irrégulièrement entassées ou avec des fascines, jusqu'à environ un mètre de la surface de la terre. Dans la circonférence, on ouvre quatre, six ou huit fossés, suivant le terrain à dessécher, d'un à deux mètres de profondeur; on les garnit à leur embouchure dans le puisard, de pierres brutes, de branches et fascines, que l'on recouvrira toujours de pierres brutes. Enfin, et avant de fermer les tranchées, lorsqu'on n'a pas de pierres à sa disposition, on met des fascines, des branches ou des gazons, et l'on recouvre le tout en nivelant les terres pour que les voitures et les chevaux puissent passer partout et dans tous les sens. Ce mode de desséchement une fois établi, l'est pour toujours. Il est d'ordinaire peu dispendieux, et n'est sujet à aucun entretien.

On pourrait, à l'aide de ces boitout, perdre les eaux-mères et infectes, provenant des usines et manufactures, et que trop souvent, dans les villes et faubourgs, on laisse écouler sur la voie publique, à son détriment et au préjudice de tous les voisins, mais c'est une question grave qui sera traitée au mot PUISARTS. SOULANGE-BODIN.

BOMBE. *Artillerie.* Globe sphérique creux, en fonte de fer, projectile d'artillerie, qui se tire au moyen d'une arme courte appelée mortier, pointée sous un grand angle, ordinairement de quarante-cinq degrés. Ce projectile est destiné à écraser, par son poids, briser ou blesser, par ses éclats, et renverser ou incendier par son explosion. Pour que la bombe produise ces effets, on charge sa capacité intérieure d'une certaine quantité de poudre ou de matière combustible suivant l'effet à produire.

Pour porter le feu à la charge intérieure, et au moment où elle doit produire son effet, on emploie une fusée placée dans un trou conique nommé œil; cette fusée, par sa plus ou moins grande longueur, fait éclater la bombe lorsque ce projectile a parcouru une distance déterminée; elle s'enflamme par l'explosion même de la charge du mortier. Autrefois on se croyait obligé de mettre le feu d'abord à la fusée, ensuite à la charge, ce qui rendait très dangereux le tir de ces armes : c'était ce qu'on appelle tirer à deux feux.

Les bombes, actuellement en usage dans l'artillerie française, sont du calibre de 12°, 10° et 8°, pesant, non chargées, soixante-quinze, cinquante et vingt-deux kilogrammes.

Les plus grandes portées de ces projectiles, tirés à chambre pleine, sont de deux mille quatre cent, deux mille et onze cents mètres.

Suivant les circonstances et le but que l'on se proposait, on a cherché à augmenter l'effet de ces projectiles en leur donnant des dimensions plus grandes. Ainsi, sous Louis XIV, les bombes, dites à la Comminges, étaient du poids de deux cent cinquante kilogrammes; et en 1832, au siége de la citadelle d'Anvers, on a vu essayer le *mortier-monstre*, tirant une bombe de cinq cents kilogrammes.

Le moulage des bombes est beaucoup plus parfait maintenant qu'autrefois; il a suivi le progrès des arts industriels. Ce moulage se fait en sable, et les noyaux, pour le vide intérieur qui étaient en terre et tournés sur gabaris, sont actuellement moulés en sable dans des boites en cuivre, *dites à noyaux*.

La partie la plus délicate du moulage, est le placement des mentonnets et des anses : celles-ci sont des anneaux en fil de fer qui, étant soudés d'avance, doivent être placés dans l'intérieur du moule. En France, les bombes ont deux anses; en Suède elles n'en ont qu'une.

On a fait plusieurs essais pour déterminer, au moyen de rainures pratiquées à l'intérieur, le nombre des éclats de la bombe lors de son explosion; mais les difficultés du moulage n'ont pas permis de donner suite à ces essais.

Pour empêcher, autant que possible, que la bombe ne tombe pas sur sa fusée, on a augmenté le poids de la partie opposée à l'œil par un culot qui est aussi destiné à renforcer la paroi de la bombe dans la partie qui doit frapper le corps que l'on veut écraser.

Il serait à désirer que l'on pût déterminer le moment précis de l'éclat d'une bombe : la fusée actuelle est loin de satisfaire à cette condition. Plusieurs essais ont été tentés, à cet effet sans résultats bien satisfaisants. *V.* Fusées.

Pour augmenter l'effet incendiaire des bombes, et en rendre l'approche plus redoutable, on les a garnies de grenades à l'extérieur : quelques essais ont été faits à ce sujet en Suède, en 1820.

Le tir des bombes est assez incertain, parce qu'il a lieu dans une arme très courte, et que la vitesse du projectile étant faible, la force du vent peut facilement en changer la direction.

Les bombes sont aussi souvent employées comme de petits fourneaux de mines appelés fougasses, pour la destruction de travaux en terre; elles peuvent aussi remplacer les pétards dont on usait jadis pour la destruction des portes, des ponts, etc. On a essayé, à Metz, dans ces dernières années, à fixer le point de chute d'une bombe, en l'attachant à un cordeau dont le bout était fixé à un piquet placé au milieu entre le point de départ et le point de chute.

Nous avons dit que le feu était communiqué à la charge intérieure de la bombe au moyen d'une fusée : un préjugé populaire fait supposer la possibilité de prévenir l'explosion en arrachant la fusée, désignée vulgairement sous le nom de mèche; cette action est impossible, puisque la fusée, en bois de tilleul, chassée avec force dans l'œil de la bombe, ne dépasse que de quelques millimètres, et que pour la retirer il faut nécessairement employer un instrument appelé tire-fusée. On ne doit pas croire non plus à la possibilité d'éteindre cette fusée en jetant de l'eau dessus, ou en la couvrant de terre, parce que la composition dont elle est chargée, continue à brûler sous l'eau et dans le vide.   THÉODORE OLIVIER.

BONDE ou **BONDON**. (*Technologie.*) Les tonneaux sont toujours pourvus, à la hauteur du BOUGE, d'une ouverture circulaire destinée à y introduire les liquides qu'ils doivent contenir; cette ouverture se bouche avec un bondon ou une bonde en bois; mais dans quelques circonstances on est embarrassé pour connaître le moment de la placer : ainsi, quand un tonneau renferme un liquide qui éprouve un mouvement de fermentation, le gaz qui se produit doit pouvoir se dégager librement, et l'on est obligé de laisser l'ouverture libre; mais alors le contact de l'air peut réagir de manière à y déterminer l'ACÉTIFICATION. Pour éviter cet inconvénient, M. Payen a imaginé une bonde dont l'effet est très avantageux puisqu'elle permet le dégagement du gaz en même temps qu'elle intercepte le contact de l'air. Elle consiste en un cône tronqué creux en fer-blanc, divisé en deux parties par un diaphragme qui passe par son axe, et qui, fixé à la partie supérieure, ne touche pas la partie inférieure : dans celle-ci se trouve percée l'ouverture d'un tuyau qui vient se terminer à peu de distance de l'autre fond.

Les deux capacités ne peuvent communiquer que par le moyen de l'ouverture laissée par le diaphragme à la partie inférieure, et quand on a versé dans la bonde une certaine quantité d'eau, on obtient une fermeture hydraulique qui ne permet le dégagement des gaz ou la rentrée de l'air que sous une pression de quatre à cinq centimètres d'eau. Pour ajuster cette bonde, on découpe dans un bouchon en liége, une ouverture convenable, au moyen d'un emporte-pièce.

Pour éviter que la rouille ne se mette à l'intérieur de cette bonde, il suffit d'y laisser une eau légèrement alcaline, et quand elle ne sert pas, on n'a même qu'à l'y plonger entièrement.

Cet instrument, très facile à construire, peut offrir de véritables avantages.   H. GAULTIER DE CLAUBRY.

BORAX. (*Chimie industrielle.*) Certains lacs du Thibet laissent déposer, lorsqu'ils se dessèchent par l'action de la chaleur, un sel connu sous le nom de *tinckal*, qui est le borax ou borate de soude : ce sel est très impur, et renferme particulièrement une assez grande quantité d'une matière grasse qu'il est assez difficile d'en séparer. La purification du borax était exécutée très en grand autrefois en Hollande, et c'était de ce pays que ce sel était tiré pour le commerce.

La purification du borax peut s'opérer en le traitant par une dissolution de soude. Le procédé suivant a été indiqué par MM. Robiquet et Marchand.

Le borax brut est jeté dans une cuve avec de l'eau qui le recouvre de quelques centimètres. On le brasse de temps en temps; on ajoute $1/400^e$ de chaux éteinte; on brasse de nouveau, et on abandonne la liqueur pendant vingt-quatre heures; on jette le borax sur un tamis, et on le froisse entre les mains; l'eau entraîne un savon de chaux insoluble qui se dépose facilement.

On fait dissoudre le borax bien égoutté dans deux fois et demie son poids d'eau, on y verse $1/50^e$ de chlorure de calcium, et on filtre sur une chausse ; on le concentre alors à dix-huit ou vingt degrés, et on le fait couler dans des cônes ou dans des trémies doublées de plomb.

La perte est de dix pour cent, qui se compose de matière savonneuse, de sulfate de soude, de chlorure de sodium et d'une quantité extrêmement petite de borax.

M. Payen a proposé de placer trente centimètres environ de borax brut dans des filtres en plomb, dont le fond est recouvert d'une toile tendue sur un grillage de bois, et de les laver *à courte eau*, avec une dissolution de soude caustique à cinq degrés, jusqu'à ce qu'elle sorte peu colorée. Après que le sel est bien égoutté, on en jette dans de l'eau bouillante dans une chaudière en cuivre, jusqu'à ce que la liqueur marque vingt degrés : on y ajoute douze pour cent de carbonate de soude, et on porte dans les cristallisoirs.

Depuis plusieurs années la quantité d'Acide borique extraite des lagonis de Toscane, est devenue si abondante, que l'on ne s'occupe plus de la purification du borax de l'Inde, dont l'importation a presque entièrement cessé. C'est de toutes pièces que l'on fabrique ce sel. En France et en Angleterre, on en prépare de très grandes quantités.

M. Payen, qui a le premier fabriqué le borax artificiel avec M. Cartier fils, a décrit ses procédés, dont nous signalons ce qui est le plus important.

Dans une chaudière de mille litres et contenant cinq cents kilogrammes d'eau bouillante, on verse par vingt kilogrammes à la fois, six cents kilog. de carbonate de soude cristallisé. Lorsque la liqueur est en ébullition, on couvre le feu avec des charbons humides, pour maintenir seulement la température au même degré sans évaporer de liquide : on ajoute par dix kilogrammes à la fois, cinq cents kilog. d'acide borique. Quand l'effervescence a cessé, on couvre le feu avec des cendres ; on ferme la cheminée, et on recouvre la chaudière avec un couvercle de bois, doublé de plomb, sur lequel on place des couvertures de laine : après trente heures on fait couler la liqueur dans des cristallisoirs en plomb d'une grande surface, dans lesquels elle ne doit occuper que vingt-cinq à trente centimètres de hauteur. La cristallisation est achevée au bout de trois jours en hiver et quatre en été. La liqueur décantée sert à dissoudre le carbonate de soude d'une nouvelle opération. Les cristaux, détachés avec un *fermoir* et un maillet de bois, sont dissous dans l'eau, à laquelle on ajoute un dixième de carbonate de soude du poids du borax, et il faut opérer sur mille kilogrammes au moins pour obtenir les cristaux à l'état où les veut le commerce; on verse la liqueur bouillante dans une trémie, dont la petite base a $1^m,66$ de longueur, $0^m,34$ de largeur et $1^m,76$ de hauteur. Ce cristallisoir est doublé en plomb de 0^m028.

Le cristallisoir est enveloppé de matelas en laine, maintenus par un châssis en fer et en bois; la liqueur reste dix-sept à dix-huit jours jusqu'à ce que la température se soit abaissée à trente degrés; le local doit être à l'abri de toute secousse, et la température maintenue à dix-huit degrés.

On lève alors le couvercle par le moyen d'une poulie, on syphonne, et on couvre de nouveau le cristallisoir pour que le changement de température ne fasse pas *craquer* les cristaux : après sept à huit heures, on détache ceux-ci avec un *ciseau* acéré et un maillet.

On tire à la main tous les petits cristaux qu'on refond, et si quelques-uns de ceux qui offrent la grosseur qu'exige le commerce étaient tachés par du borate de chaux et de magnésie qui se précipite quelquefois, on les détache avec une hachette.

L'acide borique pur cristallisé renferme 50 o/o d'eau, et donne 150 de borate de soude; celui de Toscane ne donne que 48 o/o d'acide réel, et ne fournit que 140 à 142 de borax vendable, à cause de la formation des petits cristaux que l'on est obligé de faire redissoudre.

A cet état, le borax cristallise en prismes à quatre ou six pans; il reste transparent dans l'eau ou dans l'air humide, et s'effleurit légèrement dans l'air sec : par des changements de température de quinze degrés, ces cristaux se brisent facilement : c'est un inconvénient pour les ouvriers qui l'emploient : ce sel renferme quarante-sept pour cent d'eau de cristallisation qu'il perd par une température élevée, et alors il éprouve la fusion ignée.

En faisant cristalliser le borax dans des circonstances particulières on peut l'obtenir en octaèdres réguliers, qui conservent leur transparence dans l'air sec et ne se brisent que par la chaleur.

Pour cela on fait dissoudre du borax dans l'eau à cent degrés, de manière que la liqueur bouillante marque trente degrés à l'aréomètre ; on l'abandonne à un refroidissement lent. Aussitôt que la température est descendue à soixante-dix-neuf degrés, il commence à se produire des cristaux octaédriques jusqu'à ce que la température soit arrivée à cinquante-six degrés, au-dessous de ce point les cristaux qui se forment sont prismatiques, et si on veut obtenir les premiers très purs on sépare l'eau-mère, qui ne fournit plus que ceux-ci. Si on tient pendant trois heures en ébullition une dissolution de borax ordinaire, on obtient des cristaux octaédriques, et ceux-ci redissous dans l'eau bouillante, donnent encore des formes semblables.

Le borax octaédrique renferme 29,7 o/o d'eau.

Tous les oxides métalliques se dissolvent dans le borax qui facilite ainsi la soudure des métaux précieux ; aussi tous les ouvriers qui travaillent ces métaux l'emploient-ils avec avantage pour cet usage : ils le réduisent en poudre, en frottant ce cristal sur une pierre dure un peu mouillée. Le borax prismatique se brisant facilement, on en perd beaucoup dans l'opération : celui qui a été fondu par la chaleur est trop dur ; il raye et use la pierre ; le borax octaédrique offre tous les avantages possibles.

Ce dernier sel est fabriqué depuis 1817 par M. Buran, mais il était mêlé avec du borax prismatique. M. Payen a fourni, le premier, au commerce, des cristaux séparés et en a décrit le procédé.

Le borax anhydre renferme trente de soude et soixante-dix d'acide.

On a commencé depuis plusieurs années de faire usage du borax dans la préparation des couvertes des poteries et de la porcelaine. Nous en parlerons au mot Poterie.

H. Gaultier de Claubry.

BOTANIQUE AGRICOLE. (*Agriculture.*) A la science de l'agriculture se rattachent des connaissances très étendues et très diverses, qui non-seulement concourent à son perfectionnement, mais qui la constituent elle-même en quelque sorte, et dont les agriculteurs négligent trop d'étudier et d'utiliser les rapports plus ou moins intimes avec leur art. Dans ce nombre est la botanique.

La botanique agricole comprend les parties de la physique végétale, de la botanique proprement dite, et de la géographie botanique, qui ont des rapports avec l'agriculture. La première dirige l'agriculteur dans l'appréciation des méthodes de culture; la seconde, dans la connaissance, le choix et la nomenclature des plantes cultivées ou dignes de l'être; et la troisième, dans l'art des naturalisations. La physique végétale elle-même, qui est, pour l'agriculture, la plus importante des connaissances humaines, puisqu'elle régit toutes les opérations agricoles relatives aux végétaux, n'a pu prendre son rang, et être cultivée avec quelque soin, qu'à l'époque où les autres branches de la botanique sur lesquelles elle s'appuie nécessairement, ont commencé à atteindre la perfection convenable.

Les cultivateurs sont, en général, trop enclins à croire que les limites de l'utilité pratique sont celles de la possibilité théorique. Cette opinion est contraire à tout principe de perfectionnement; et ils ne font pas attention que la théorie n'est, après tout, que l'ensemble raisonné des expériences et des observations qui ont été faites avant nous.

La botanique, dans le sens le plus restreint de ce mot, comprend encore trois ordres de connaissances, savoir : 1° la connaissance individuelle des plantes; 2° l'art de les nommer; 3° celui de les classer. Or, ne sont-ce pas là des connaissances dont l'agriculteur trouve à faire journellement quelque application? Elles sont indispensables à tous ceux qui sont à la tête d'une exploitation considérable, et qui veulent se soustraire aux routines locales, tenter utilement quelques améliorations dans leurs procédés de culture, et introduire dans leur contrée, des plantes ou des méthodes convenables. Ces études sont plus que jamais devenues nécessaires depuis que le nombre des variétés cultivées s'est si fort augmenté; et l'étude des classifications botaniques et des nomenclatures, quels que soient les systèmes que l'on adopte, est aujourd'hui le seul moyen de dissiper l'obscurité ou de prévenir les erreurs que le défaut d'ordre et de méthode ne laisse que trop facilement s'introduire.

On se fera une idée de ces variétés en jetant les yeux sur le tableau des végétaux qui composent l'agriculture européenne, et par conséquent la plus grande partie de ceux qui entrent dans l'agriculture française.

1° *Plantes céréales ou panaires.* Elles contiennent le froment dont il existe un bon nombre d'espèces intéressantes, et de celles-ci un très grand nombre de variétés qui ne sont pour la plupart connues que dans les lieux où on les cultive, mais qui n'en sont pas moins dignes d'attention ; le maïs, qui offre tant de ressources au Midi de la France et de toute l'Europe, et dont les variétés nombreuses s'approprient à des modes particuliers de culture, suivant les localités ; le seigle, l'orge, l'avoine, le sorgho, le millet, le sarrasin, et quelques autres encore.

2° *Racines nourrissantes qui tiennent lieu de pain.* La pomme de terre occupe le premier rang ; après elle vient principalement la patate dont la culture paraît vouloir prendre une heureuse extension dans nos départements méridionaux ; et le topinambour qui appartient à toute la zône tempérée de l'Europe.

3° *Semences farineuses.* Elles sont principalement fournies par le pois cultivé, dont les variétés, qui s'accroissent annuellement, peuvent se distribuer en trois gros groupes : celui des pois nains, celui des pois à rames qui est beaucoup plus nombreux que les autres, et celui des pois sans parchemin ; le haricot cultivé, qui offre plus de trois cents espèces, variétés, sous-variétés et races, et qui est séparé en deux groupes, suivant qu'il peut ou ne peut pas se passer de rames ; la fève de marais, la lentille, la vesce, le lupin, le pois chiche, et quelques autres, telles que l'arachide appropriée au Midi.

4° *Légumes proprement dits*, dont les principaux sont le chou pommé commun, le chou pommé de Milan, le chou pommé rouge, le chou frisé et le chou vert, le choufleur et chou brocoli, le chou à cent côtes et le chou marin qui, très répandu en Angleterre, commence à paraître sur nos tables. Tous ces choux se trouvent répandus dans les jardins et dans les champs de l'Europe, principalement en France, en Hollande, en Allemagne et en Angleterre. On en connaît une cinquantaine d'espèces, variétés et sous-variétés : après les choux viennent l'asperge, le cardon, le carde et le poireau.

5° *Fruits légumiers*, tels que l'artichaut, le concombre, le melon, la pastèque, la citrouille et les autres cucurbitacées; la tomate et l'aubergine; le piment, le fraisier, l'ananas.

6° *Herbages légumiers.* Les principaux sont: l'oseille, l'épinard, l'aroche, le persil, le cerfeuil, le pourpier et la rhubarbe, si abondante en Angleterre où l'on en a obtenu, dans les les derniers temps, des variétés très vantées.

7° *Racines légumières.* Comme la carotte, le panais, la betterave et le navet, qui servent à la nourriture des hommes et des animaux domestiques; les raves, radis, salsifis, scorsonère, oignons, ail, chou-rave et chou-navet, etc.

8° *Salades*, tels que laitue pommée, laitue romaine, chicorée, céleri et cresson.

9° *Fournitures de salades*: comme ciboule, civette, pimprenelle, estragon, capucine, et autres.

10° Enfin, *les plantes qui servent à l'assaisonnement des mets*: comme la sarriette, le thin, la sauge, le câprier, le concombre à cornichons et le maïs quarantain.

Passons de cette première série, qui renferme des plantes plus particulièrement appropriées à la nourriture de l'homme et des différentes espèces d'animaux qu'il a réduits à sa domesticité, à une autre série qui compose les pâtures, c'est-à-dire les végétaux qui servent seulement à la nourriture et à l'engraissement des bestiaux. Par le mot *pâture* on entend communément les prés, les champs et les montagnes sur lesquels on fait paître les bestiaux à différentes époques de l'année. L'acception de ce mot doit donc être restreinte aux seules herbes qui, s'élevant seulement de quelques pouces au-dessus du sol, ne peuvent être fauchées, ou du moins ne peuvent l'être avec profit, et à celles dont les fanes sèches ne peuvent plus servir de nourriture au bétail, mais qui sont propres à être mangées vertes sur place par les moutons ou autres animaux domestiques. On voit par-là que les pâtures ne sont profitables que dans les pays privés de population, ou sur des terrains maigres, pierreux et sans profondeur, et autres auxquels la routine et l'insouciance croient ne pas pouvoir demander d'autre production. L'existence des pâtures est donc, en général, pour les cantons où elles sont étendues, l'indice du peu de progrès que l'agriculture y a faits; cependant, elles sont quelquefois utiles, soit pour donner de l'exercice aux bestiaux, soit pour alterner avec d'autres cultures. Dans ce cas, il ne faut pas laisser au hasard le soin de les former; et pour éviter qu'elles ne soient bientôt envahies par les mauvaises herbes, il ne faut semer d'autres graines que celles de végétaux recherchés du bétail, et, autant que possible, d'une multiplication abondante. Il faut donc que chaque agriculteur sache reconnaître, chacun dans le pays qu'il cultive, les plantes qui sont propres à former des pâtures nourrissantes et saines pour les bestiaux, et celles qui leur sont nuisibles, pour introduire les unes et expulser les autres. La liste en est considérable, et il ne peut en faire un bon choix qu'autant qu'il sera éclairé par les études de la botanique, qui lui apprendront celles qui sont saines et nourrissantes, ou bonnes; celles que les bestiaux dédaignent, ou inutiles, et celles malfaisantes aux bestiaux, ou vénéneuses.

Ainsi, les pâtures se divisent en naturelles et artificielles. Les plantes qui composent les premières, méritent d'être considérées sous le rapport du site; car, non-seulement les pâtures des montagnes, des plaines et des marais ne renferment pas les mêmes herbes, mais la qualité de ces herbes est susceptible aussi de varier suivant les sites et les expositions; et elles ne conviennent pas d'ailleurs, par leur nature, à toute espèce de bétail. Quant aux pâtures artificielles, qui ne doivent rester qu'un ou deux ans, ou durer un temps indéfini; comme, en établissant ces pâtures, il faut déjà songer à l'espèce de récolte que l'on demandera à la terre quand elles seront détruites, la botanique apprendra quelles sont celles qui ont des racines traçantes et des tiges couchées, telles que la lupuline; ou des racines traçantes et des tiges droites, telles que le trèfle incarnat; ou des racines pivotantes et des tiges droites, telles que le sainfoin d'Espagne, la carotte sauvage et la grande pimprenelle. Elle déterminera aussi quelles espèces doivent être employées, suivant la durée de leur propre existence, à la formation des différentes espèces de prairies. Enfin, elle apprendra quelle est leur influence sur l'épaisseur du sol cultivé, suivant qu'elles seront traçantes ou pivotantes, et par conséquent leur relation nécessaire avec les plantes qui leur succéderont avec plus d'avantage dans la rotation des cultures.

On a vu que les prairies diffèrent des pâtures en ce qu'elles sont susceptibles d'être fauchées, et de procurer par conséquent du fourrage sec. Elles sont spontanées ou naturelles, et semées ou artificielles. Dans les prairies naturelles, il faut favoriser le développement des bonnes plantes, comme le fromental, le paturin, le bromus, le dactyle, l'alopécure; détruire les plantes inutiles, soit parce qu'elles ne produisent que peu ou point de fourrage sec, comme les pâquerettes et le plantain, soit parce que leur végétation, trop hâtive, les fait se dessécher et périr avant la fanaison, comme la scorsonère, la laitue et le caille-lait; soit, au contraire, parce que leur végétation tardive n'offre à la faux qu'un foin imparfait et sans substance nourrissante, comme la laitue vivace et la gesse des marais. Mais il faut faire une guerre encore plus active aux plantes qui nuisent aux récoltes, soit parce que leur fourrage, trop volumineux, ne donne pas, étant desséché, un produit proportionné à la place qu'elles occupent, comme la grande consoude, ou la bardane, soit parce que le bétail rejette leur herbe desséchée, comme les joncs et les scirpes; soit parce qu'elles s'emparent des terrains, et en chassent les bonnes plantes; comme le pas-d'âne, l'hièble et les prêles. Il se rencontre aussi, dans les prairies naturelles, des plantes qui sont malfaisantes aux bestiaux, comme la bugrane et la chausse-trape, et d'autres qui leur sont vénéneuses, comme la renoncule scélérates, la ciguë vireuse et aquatique, le tueloup, le vératre blanc et la jusquiame noire.

On sait toute l'importance que présentent les prairies artificielles, et l'influence qu'elles sont appelées à exercer sur les progrès généraux de l'agriculture. Dans cette section reviennent d'abord se placer les céréales dont les tiges vertes servent à la nourriture des bestiaux au printemps, dont les tiges desséchées les alimentent en hiver, presque en tout pays, en même temps qu'elles leur servent de litière pendant toute l'année. Ces céréales sont souvent mêlées avec d'autres plantes annuelles, comme avec les pois ou la vesce, et forment alors un excellent fourrage que l'on fait manger en vert ou en sec. La plupart des plantes annuelles, bisannuelles ou vivaces que nous avons indiquées comme pouvant servir à la composition des pâtures temporaires, se représentent pour entrer dans celle des prairies artificielles qui, quand on les établit pour durer un certain temps, se font principalement en luzerne, sainfoin et trèfle, auxquels se mêlent fort bien le fromental, la massette, le dactyle, le houlque, le paturin et l'ivraie vivace. On fait encore, en quelques lieux, des prairies avec l'ajonc et le genêt; et l'on peut aussi considérer, sous ce point de vue, certains arbres dont les feuilles vertes ou desséchées sont employées en beaucoup de lieux à la nourriture du gros et du menu bétail, comme le châtaignier, l'orme, le frêne, le chêne et le peuplier.

Il est une autre classe de végétaux dont l'étude est peut-être plus importante encore, à raison de l'application moins directe et plus variée que l'on fait de leur produit : ce sont ceux qui entrent dans les cultures économiques. Ici la botanique peut rendre les plus grands services à l'agriculture, par ses recherches, par ses observations, par ses analyses, par les introductions journalières qu'elle effectue ou qu'elle prépare. Ici l'agriculture s'élève des herbes les plus humbles aux arbres les plus gigantesques; depuis l'humble safran d'automne dont les stigmates sont employés dans la composition des liqueurs spiritueuses et dans l'assaisonnement des mets, jusqu'aux sapins et aux chênes qui fournissent, les uns, la mâture de nos vaisseaux, les autres, la charpente de nos édifices. Les végétaux économiques sont :

1° Ceux qui servent à des préparations usitées dans l'économie domestique, comme le houblon, le tabac, et la chicorée qui remplace le café;

2° Ceux qui donnent des semences oléifères, comme le colza, la moutarde, le navet, le ricin, le grand soleil, le noyer et le hêtre;

3° Ceux qui sont ou peuvent être employés dans la filature, comme le chanvre, le lin, le coton, l'agave d'Amérique et bientôt peut-être à Alger, le phormium et le bananier textile;

4° Ceux qui alimentent l'art de la teinture, comme la garance, le pastel, la gaude, l'indigo, le fustet, etc.;

5° Ceux qui servent à la tannerie, comme le sumac, le redoul et le chêne rouvre;

6° Ceux qui servent aux constructions légères, comme le bois blanc, aux bâtiments civils et maritimes, aux ouvrages de menuiserie, au charronnage, à l'ébénisterie, à la boissellerie, au tour;

7° Enfin, ceux qui donnent des produits particuliers utiles à quelques autres arts, comme la soude, employée dans les savonneries et les buanderies; la cordère à foulon, propre à l'art du bonnetier, du drapier et du couverturier; le houx, dont l'écorce lui donne la glu; la bourgène qui donne le meilleur charbon pour la fabrication de la poudre; le chêne-liége; le mélèze et les pins qui produisent la térébenthine et la résine.

La culture et l'exploitation de tous ces végétaux exigent des soins qui seront d'autant plus fructueux, que celui qui s'en occupe connaîtra mieux leur nature, et par suite le moyen de les améliorer; mais ils n'en exigent pourtant pas de si intelligents, de si assidus, de si étroitement unis à la connaissance de leur organisation, que la grande classe des arbres fruitiers, qui revient ici, offrir à l'homme, sous tant de formes diverses, une si grande masse de produits alimentaires, solides ou liquides. Les arbres ou arbustes à fruits, bons à manger, se divisent en trois groupes, suivant la situation où se trouve plus particulièrement chacun d'eux. Ainsi, les uns dépendent plus particulièrement des forêts; les autres se plaisent et se cultivent en rase campagne; les autres demandent la clôture et la protection des vergers et des jardins. Les arbres et arbrisseaux forestiers sont à fruits juteux, comme l'alisier, le cormier, le merisier, l'érable, la ronce; ou à fruits secs, comme le pin à pignon, le coudrier, le hêtre, le châtaignier des forêts. Les arbres et arbustes champêtres ont des fruits en baies, comme le mûrier, le figuier et la vigne; ou des fruits à osselets, comme le néflier et l'azérolier; ou des fruits à pepins, comme le pommier et le poirier à cidre et à fruits doux, le coignassier et le grenadier; ou des fruits à noyaux, comme l'olivier, le cerisier, le prunier, l'abricotier, le noyer, l'amandier, le noisetier et le pêcher des vignes; ou des fruits capsulaires, comme le maronnier; ou des fruits légumineux, comme le caroubier commun. Enfin, les arbres et arbrisseaux que nous nous plaisons à cultiver dans nos vergers et dans nos jardins, et qui sont partout l'objet de tant de procédés améliorateurs, fondés sur la botanique et sur la physiologie, se divisent en deux sections : l'une, beaucoup plus nombreuse, qui renferme les fruits pulpeux, l'autre, qui contient les fruits secs. C'est sur la première section que s'exerce sur-tout l'horticulture. Elle présente sur-tout le cerisier, dont les quatre souches principales ont donné un grand nombre de sous-variétés; le prunier, dont il y a environ quarante sous-variétés en Europe; l'abricotier, qui demande, en Europe, des zônes tempérées et chaudes; le pêcher dont près de cinquante sous-variétés, couvrent nos espaliers; le prunier et le poirier avec leurs nombreuses sous-variétés, qui sont cultivées en espaliers, en buissons, en quenouilles et en plein vent; l'oranger et le citronnier; le chasselas, le muscat qui, cultivés en treille ou en berceaux dans les jardins des zônes chaudes et tempérées, demandent l'abri de la serre dans les climats froids, où ils sont un des objets les plus intéressants de la culture forcée.

Nous n'avons point parlé, dans ce simple et rapide exposé, des plantes médicinales, des plantes purement botaniques, des plantes qui servent à l'ornement des serres et des jardins, des arbres et arbrisseaux d'agrément, qui concourent à la formation des jardins réguliers ou paysagistes. Nous n'avons fait qu'esquisser le tableau des végétaux, qui entrent plus particulièrement dans le domaine de l'agriculture et de l'horticulture économique. Nous n'avons point parlé de ces beaux et riches arbres fruitiers exotiques, appartenant principalement à l'Amérique du Nord, et que nous aurions tant d'intérêt à introduire en grand dans nos plantations économiques. En voilà bien assez pour convaincre l'agriculteur qui veut conserver ce noble titre, que le premier, l'indispensable moyen d'y parvenir, d'être utile à son pays, de préparer à ses travaux un succès solide et mérité, c'est de commencer par bien connaître et pouvoir classer, autant que sa position le lui permet, cette matière organisée et vivante qu'il est appelé à faire croître, à propager et à améliorer, en acquérant des notions suffisantes de cette science si attrayante, si variée, si féconde, si éminemment utile, qui constitue la botanique agricole.   SOULANGE BODIN.

BOUCHES A FEU. (*Artillerie.*) On désigne sous le nom de bouches à feu les machines employées par l'artillerie pour lancer, au moyen de la poudre, des projectiles de gros calibres. Elles sont de quatre sortes : 1° les canons destinés à lancer des projectiles pleins, nommés boulets; 2° les obusiers qui lancent des *obus* ou *boulets creux*, sous de petits angles;

3° les mortiers propres à tirer des projectiles creux de gros calibres, appelés *bombes*, sous de grands angles, et le plus ordinairement sous celui de quarante-cinq degrés ; 4° enfin, les pierriers, espèce de mortiers employés à lancer des pierres ou des grenades, sous un grand angle et à une petite distance.

Les premières bouches à feu employées après l'invention de la poudre, lançaient des projectiles en pierre d'un très gros calibre ; leur longueur était considérable, et leur poids les rendait peu mobiles ; elles n'étaient employées que dans des positions fixes. Mais bientôt on comprit les importants services qu'elles pouvaient rendre sur le champ de bataille, et l'on fut conduit à en restreindre les dimensions pour pouvoir les traîner facilement à la suite des armées : l'on diminua successivement leur longueur, à mesure que les armées devinrent plus mobiles et les manœuvres plus rapides.

Les bouches à feu sont ordinairement désignées par le poids du boulet pour les canons, et par le diamètre du projectile pour les obusiers et les mortiers. Deux obusiers cependant font exception à cette règle, c'est l'obusier de 24, et celui de *montagne* de 12, qui sont désignés par le poids du boulet ayant le même calibre que les obus que ces armes doivent lancer.

Les bouches à feu actuellement en usage en France sont pour l'armée de terre :

Pièces de campagne. Canons de 12 et 8 ; obusiers de 6° et de 24, et celui de 12 de *montagne*.

Pièces de siège. Canons de 24 et 16 : obusiers de 8° ; mortiers de 12°, de 10°, et 8°.

Pièces de place. Canons de 24, 16 et 12 ; obusier de 8° ; mortiers de 12°, 10° et 8° ; et pierrier de 15°.

Toutes ces bouches à feu, destinées au service de terre, sont actuellement en bronze. Il faut en excepter celles destinées au service des côtes, qui sont ordinairement en fer coulé et d'un calibre supérieur à ceux désignés ci-dessus.

Les bouches à feu employées au service de la marine, sont en fer coulé ; elles sont désignées sous le nom de canons ou de caronades, suivant qu'elles tirent des projectiles pleins ou des projectiles creux. Les calibres sont, en général, supérieurs à ceux de terre. On y emploie des boulets de 48 et 36.

Le métal le plus généralement employé pour les bouches à feu est le bronze. C'est celui qui présente, sous le moindre poids, le plus de ténacité; le fer forgé aurait sur lui de l'avantage, mais les difficultés de la fabrication en ont restreint l'usage aux très petits calibres.

Le bronze est un alliage de 11 parties d'étain et de 100 de cuivre rosette. On a fait de nombreux essais, et à diverses époques, pour remplacer ce métal qui est fort cher et d'un service peu prolongé. (On a vu à Anvers des pièces mises hors de service après le cinquantième coup.) On cherche aujourd'hui à lui substituer le fer coulé, métal depuis long-temps employé en Suède et en Angleterre. La qualité de nos minerais permettra-t-elle d'obtenir ce résultat? Il faut d'autant plus l'espérer que l'art de la métallurgie en France a fait depuis quelques années de très grands progrès, et que des officiers d'artillerie, récemment envoyés en Suède par le gouvernement, en ont rapporté les procédés de fabrication, qu'ils appliquent actuellement dans la fonderie de marine à Ruel, près Nevers; ainsi l'on pourra bientôt comparer des pièces provenant de nos fontes avec celles qu'ils ont fait couler sous leurs yeux à *Acre* et *Finspon*, où l'artillerie suédoise fait fabriquer ses bouches à feu.

En 1824, on a essayé à Stokholm des canons dont le métal était un alliage de fonte et de cuivre, ce dernier y entrant environ pour quatre pour cent. Les expériences ont montré que cet alliage ne pouvait être admis pour les bouches à feu, puisqu'elles ne supportaient pas les épreuves auxquelles sont soumises les pièces en fonte de fer sans alliage.

Théodore Olivier.

BOUCHONS. (*Technologie*.) Une espèce de chêne qui croît dans plusieurs parties de l'Europe, fournit, sous le nom de Liége, une substance extrêmement importante pour les usages auxquels elle est employée ; son élasticité lui permet de fermer exactement des ouvertures pratiquées dans divers vases qui renferment des liquides, comme des tonneaux et des bouteilles de toute espèce.

Après avoir divisé les planches de liége en morceaux d'une grosseur suffisante, on leur donne une forme convenable au moyen d'un instrument très acéré, fixé sur une table; mais comme le liége n'a jamais qu'une épaisseur peu considérable, les plus fortes planches n'outrepassant pas $0^m 0\,25$, on est borné dans la grosseur qu'il est possible de donner aux bouchons, et cet inconvénient se fait sentir encore plus à cause du nombre considérable d'ouvertures dont le liége est rempli, et qui obligent souvent à rejeter des bouchons qui ne pourraient fermer exactement un vase ou un tonneau. On peut se procurer de très gros bouchons en coupant des parallélipipèdes d'une longueur convenable dans une bonne planche de liége, en enduisant les surfaces qui doivent être en contact avec une petite quantité de colle forte, et serrant fortement l'un sur l'autre dans un châssis les morceaux qui doivent former le bouchon après les avoir réunis avec du fil. Quand la colle est desséchée, on taille les bouchons à la manière ordinaire. On peut réunir ainsi un nombre assez considérable de morceaux de liége, et obtenir des bouchons de la grosseur voulue : quand ils sont faits avec soin ils ne laissent rien à désirer.

On fait habituellement les bouchons légèrement coniques, afin qu'ils pénètrent facilement dans les ouvertures qu'ils sont destinés à fermer ; mais on peut les faire cylindriques en se servant, pour les amollir, d'un moyen qui remplit parfaitement le but que l'on se propose, et qui consiste à les comprimer dans les mâchoires d'un étau ou de tout instrument analogue : la flexibilité qu'ils acquièrent, leur permet alors de pénétrer, comme précédemment, dans les ouvertures, avec cet avantage qu'ils y restent plus fortement comprimés à cause de leur forme.

H. GAULTIER DE CLAUBRY.

BOUE. *V.* ENGRAIS.

BOUGIES. *V.* BLANC DE BALEINE et CIRE.

BOUILLEURS. (*Mécanique.*) On nomme ainsi des tuyaux de fonte, de fer ou de cuivre, disposés sous une chaudière avec laquelle ils communiquent par le fond, et dont ils reçoivent le liquide qu'il s'agit de mettre en ébullition. Le but de cette addition faite aux chaudières, est de profiter, autant qu'il est possible, de la chaleur dégagée dans le foyer : il faut donc que le liquide à échauffer soit contenu dans une enveloppe conductrice, pas trop épaisse, d'une grande surface, et soumise, partout, à l'action du feu : les bouilleurs satisfont à toutes ces conditions. En effet, on peut multiplier ces tuyaux jusqu'à ce que leur ensemble, joint à celui de leurs *cols* (tuyaux additionnels qui établissent la communication avec le fond de la chaudière), compose une surface assez étendue, et recevant immédiatement la plus grande chaleur du foyer, afin d'obtenir une vaporisation assez rapide, et d'un volume suffisant. De plus, en diminuant le diamètre des bouilleurs, on pourra diminuer aussi l'épaisseur de leurs parois, et les rendre encore plus perméables au calorique. On ne peut se dispenser de recourir à cet expédient pour les chaudières des machines à vapeur à haute pression, où l'on a besoin d'une vapeur assez comprimée pour que sa force élastique fasse équilibre à une colonne de mercure de cinq à six mètres de hauteur, et même plus. Si on se bornait, dans ce cas, au fond et aux côtés de la chaudière chauffés suivant les procédés ordinaires, comme les parois devraient être très épaisses afin de contenir un fluide élastique aussi comprimé, la chaleur ne les traverserait que lentement, et l'on ne pourrait obtenir un volume suffisant de vapeur qu'en augmentant la capacité de la chaudière, et par conséquent l'épaisseur des parois, c'est-à-dire l'obstacle que l'on veut surmonter. Si on prenait le parti de prodiguer le combustible afin d'obtenir un coup de feu très vif sous la chaudière, on renoncerait à l'un des avantages des machines à haute pression, celui d'une économie dans le chauffage. Au moyen d'un système de bouilleurs, tous ces inconvénients disparaissent à la fois; on peut le disposer de manière que la flamme du foyer et le courant d'air chaud qui l'entraîne, aient à parcourir un long circuit avant de s'échapper par la cheminée. Toutes les parties de l'appareil remplies par le liquide se trouvent exposées au feu; car les bouilleurs sont établis au-dessus du foyer dont le courant enflammé les parcourt par-dessous, revient ensuite par-dessus, en chauffant en même temps le fond de la chaudière; puis à l'une de ses extrémité, il se divise en deux branches, dont chacune suit l'un des côtés pour gagner l'extrémité opposée; et enfin, la cheminée.

Les systèmes des tuyaux bouilleurs d'un petit diamètre et à minces parois, sont le meilleur appareil que l'on ait trouvé jusqu'à présent pour vaporiser l'eau promptement, et avec économie. Lorsque la vapeur est employée comme calorifère, ou de toute autre manière qui ne la comprime point, les tuyaux peuvent être en cuivre, ainsi que la chaudière; mais quel que soit le métal qu'on emploie, toutes les parties de l'appareil doivent être de même matière, afin d'éviter les tiraillements qui résulteraient de la diverse dilatabilité des métaux, si l'assemblage en contenait plus d'un. On ne mettra donc pas des bouilleurs en cuivre sous des chaudières en fer, quoique ce métal soit plus conducteur du calorique, et convienne mieux pour la vaporisation des liquides. Quant à l'assemblage des bouilleurs avec la chaudière par l'intermédiaire de leur col, et à leur disposition dans le fourneau. *V*. le mot CHAUDIÈRE. FERRY.

BOULANGER. *V*. PAIN.

BOULEAU. (*Agriculture*.) Ce genre, de la famille des amentacées, renferme plusieurs espèces, dont le bouleau blanc, qui est le plus répandu, et l'un des plus précieux, appartient à l'Europe, et dont cinq appartiennent à l'Amérique du Nord, et méritent, à divers titres, d'être introduits en grand dans nos cultures. C'est ce qui m'engage à parler ici plus particulièrement de ces espèces exotiques.

1° *Betula lenta*, *black birch*, bouleau noir, bouleau-merisier. Il atteint vingt-deux mètres sur 0^m,65 à un mètre de diamètre; il ressemble beaucoup au merisier par son écorce et par ses feuilles. C'est dans un sol profond, perméable et froid, qu'il prospère le plus. Dans les États des Massachusets, Connecticut et New-Yorck, il est presque aussi estimé par les ébénistes que le cerisier sauvage. Le bois présente une teinte rose qui devient plus foncée à l'air; son grain est fin et serré; il est fort et souple et susceptible d'un beau poli. On en fait des tables, des couchettes, des bois de fauteuils et de sophas, qui prennent, avec le temps, la couleur de l'acajou; les carrossiers s'en servent pour les panneaux des voitures : ces usages font deviner à quels autres il serait encore applicable. On fait, avec ses feuilles et avec son écorce, pulvérisées et desséchées, une infusion agréable, à laquelle on ajoute du sucre et du lait.

2° *Betula lutea*, *yellow birch*, bouleau jaune. Fort bel arbre de 22 mètres de haut, dont le bois, moins foncé que le précédent, sert à faire de beaux meubles, des carcasses de vaisseaux, des jougs pour les bœufs, des traîneaux, des cercles de barriques. Son écorce donne un fort bon tan, et le bois un excellent combustible.

3° *Betula papyracea*, *canoe birch*, bouleau à canot, très multiplié dans le Bas-Canada et autres États situés au Nord du 43° degré de latitude. Le sol où il se plaît le plus, est fertile et couvert de grandes pierres mousseuses. Sa plus grande élévation est de vingt-deux mètres. Le cœur du bois présente un grain brillant, et une force considérable. On l'emploie en menuiserie et en ébénisterie. Une section du tronc de cet arbre, de 0^m 65 à un mètre de long, prise au-dessous de ses premières ramifications, offre, dans la fibre, des ondulations très élégantes, représentant des bouquets de plumes ou des gerbes de blé. On divise ces pièces en planches très minces pour incruster l'acajou et pour d'autres ornements de menuiserie. Ce bois donne un excellent chauffage. L'écorce est employée en bardeaux, paniers, boîtes, portefeuilles, etc. Divisée en feuillets très minces, elle peut suppléer au papier (d'où son nom); on fait des canots, aussi solides que légers, pouvant porter jusqu'à quinze passagers, avec de grands morceaux de trois à quatre mètres de long de cette écorce, que l'on coud ensemble avec les racines fibreuses de la sapinette blanche (*white sprice*, *abies alba*) que l'on a dépouillées de leur écorce en les faisant macérer dans l'eau. Ces coutures sont enduites avec la résine du baumier de Gilead.

4° Le *betula populifolia*, *white birch*, qui ne s'élève guère plus que de huit à dix mètres et le *betula rubra*, *red birch*, dont la plus grande hauteur est de vingt-deux mètres beaucoup moins intéressans que les trois qui précèdent, et qui méritent sur-tout d'être joints au nôtre, le bouleau blanc, dont les habitants du Nord tirent un si grand parti pour couvrir leurs maisons, pour faire des corbeilles, des vases, des chaussures, des cordes, des torches. On en obtient encore : 1° par l'infusion, une couleur rougeâtre propre à la teinture des filets, etc.; 2° par la combustion, une huile empyreumatique qui sert à préparer et à colorer les cuirs appelés *cuirs de Russie*; 3° par la fermentation, une eau légèrement acide, dont on fait du vin, du vinaigre et de l'eau-de-vie. Les feuilles du bouleau ont une odeur agréable, sont du goût de tous les bestiaux, soit fraîches, soit sèches; et dans les lieux où le fourrage est rare, le bouleau blanc, et encore mieux les espèces américaines, pourraient être utilement cultivées, seulement pour la nourriture des moutons. L'écorce est employée, dans le Nord, à tanner les peaux; et le bois acquiert une dureté beaucoup plus grande dans le Nord que dans le Midi.   SOULANGE BODIN.

BOULET. (*Artillerie.*) Projectile en usage dans l'artillerie, de forme sphérique, en fonte de fer, destiné à être lancé par le canon. Dans l'origine ces projectiles étaient en marbre ou en pierre; la densité de la matière étant très influente dans la portée, on aurait dû employer le plomb; mais la cherté de ce métal, et son peu de dureté ont fait préférer la fonte, plus propre d'ailleurs que le plomb à briser les obstacles.

Le poids du boulet détermine le calibre de la pièce qui sert à le lancer. La différence qui existe entre son diamètre et celui de l'ame, s'appelle vent du boulet; ce vent doit être un minimum afin que la portée soit la plus longue possible, mais assez grand pour que le tir à boulet rouge soit possible malgré la dilatation du métal.

Jadis les boulets se coulaient dans des coquilles en fonte de fer, aujourd'hui on les coule dans des moules en sable, ayant reconnu que ce procédé donnait des résultats plus satisfaisants, tant sous le rapport de la sphéricité que sous celui du poli de la surface, chose importante à obtenir pour la conservation de l'ame des pièces. Pour obtenir de la régularité dans le tir des boulets, il faut, outre la plus exacte sphéricité possible, que le centre de figure et le centre de gravité se confondent. En France on est parvenu à ce résultat en retournant le châssis avant l'entière solidification de la fonte, de manière à faire que le vide, produit par son retrait, soit au centre du boulet. Cette opération, pour être faite à propos, exige une certaine habitude de la part de l'ouvrier.

Pour donner à la surface du boulet un poli et une dureté plus grande, on les rabat sous un martinet à concavité sphérique. Cette opération les rend aussi moins susceptibles de s'oxider à l'air.

La réception des boulets se fait au moyen de deux lunettes qui ont les diamètres maximum et minimum de tolérance; ils sont de plus passés dans des cylindres qui ont pour longueur cinq fois le diamètre du boulet : on en vérifie ainsi la sphéricité.

Les boulets ramés sont des boulets ou demi-boulets réunis par une chaîne ou une barre de fer : ils sont employés dans la marine pour briser les mâts et les cordages.

Les boulets creux sont destinés à recevoir une matière incendiaire. Les obus les remplacent actuellement.

Théodore Olivier.

BOURDON. *V.* Orgue.

BOURGÈNE. (*Agriculture.*) *Rhamnus frangula*, Linn. Arbuste du genre des *Nerpruns*, qui se plaît dans les lieux humides. C'est celui de tous les bois indigènes qui fournit le charbon le plus léger. Aussi est-ce celui qu'on préfère pour la fabrication de la poudre à canon. *V.* Carbonisation.

BOURSE. (*Commerce.*) On appelle *Bourses* ou *Bourses de commerce* des lieux publics où se vendent les marchandises, les effets publics et ceux du commerce, sous l'autorisation du gouvernement. Les édifices où se tiennent les réunions, autorisées, de négociants, portent aussi le nom de *Bourses*.

Le gouvernement peut, en France, créer ou supprimer les bourses selon qu'il le juge nécessaire d'après le besoin des villes; ce droit lui a été accordé par la loi du 28 ventose an ix. La ville de Paris n'est pas la première qui ait possédé une bourse de commerce : Rouen et Toulouse en ont eu avant la capitale. La bourse de Paris a été instituée en 1724, et bientôt plusieurs autres villes commerçantes, telles que Bordeaux, Lyon, Nantes, Marseille, en ont obtenu une à leur tour. La destination essentielle des bourses est de faciliter la vente des marchandises, des matières métalliques, la négociation des effets publics, celle des assurances maritimes et de tous les effets dont le cours est susceptible de variations. La cote de ces divers effets sert de régulateur à une foule de transactions commerciales, et malheureusement aussi (*v.* le mot Agiotage) à des spéculations plus ou moins illicites, à des contrats plus ou moins aléatoires, dont nous avons déjà signalé les fâcheux résultats.

On pourrait croire que toutes les négociations se faisant à la bourse sous les yeux, et en quelque sorte, sous la sanction de l'autorité, l'agiotage et la fraude y auront peu d'accès; mais expérience démontre le contraire, et prouve que les transactions ne servent, pour ainsi dire, que de boussole à l'innombrable foule de spéculations avantageuses qui recommencent tous les jours. Des agents de change, et des courtiers connus sous le nom de *marrons*, pullulent autour des courtiers et des agents de change patentés, et n'emploient le ministère de ces officiers que pour légaliser des opérations trop souvent réprouvées par la prudence et par la morale. C'est donc une pure déception que d'offrir au public, comme une garantie que toutes les opérations de bourse sont sérieuses, l'intervention des agents de change nommés par le gouvernement. En Angleterre où il n'y a ni agents de change ni courtiers officiels, le trafic des effets publics s'opère avec la plus grande sécurité, et loin qu'il en résulte quelque dommage pour la morale, ce pays est peut-être celui où il se fait le moins de spéculations purement aléatoires dans le genre des marchés à prime de la Bourse de Paris.

La police de la Bourse s'exerce au dedans et en dehors de ses murs par les soins de l'autorité. Il est défendu de se livrer *ailleurs* à aucune des négociations qui ne peuvent se faire qu'aux lieux et aux heures fixées par des règlements spéciaux. Mais cette défense est violée avec impunité, et quoique à diverses reprises des ordonnances de police aient prohibé les réunions de *marrons* au passage du Panorama et au café Tortoni, ces réunions continuent de se tenir en dehors de la Bourse, et il s'y fait un très grand nombre d'affaires. Le législateur a interdit, du reste, l'emploi de la force armée dans l'intérieur de la Bourse. A Paris, la surveillance est confiée au préfet de police, qui l'exerce par le moyen d'un commissaire, présent à chaque séance; dans toutes les autres villes cette surveillance appartient aux maires.

Tout le monde peut entrer à la Bourse; les étrangers même y sont admis. La loi n'excepte que les commerçants faillis, à moins qu'ils n'aient obtenu leur réhabilitation, et les hommes frappés de peines infamantes. Les femmes sont aussi exclues de l'enceinte de la Bourse; on ne sait en vérité pourquoi, puisque la loi leur permet la profession de marchandes publiques, et qu'en cette qualité elles peuvent avoir le plus grand intérêt à s'occuper de négociations qui réclament l'intervention des courtiers et des agents de change. M. Em. Vincens cite même dans son *Traité de législation commerciale*, des femmes qui ont sollicité les fonctions de courtières.

L'arrêté du 27 prairial an x, porte, qu'à Paris, le préfet de police réglera les jours et heures d'ouverture, de tenue et de fermeture de la Bourse, avec quatre banquiers, quatre négociants, quatre agents de change et quatre courtiers de commerce. Par suite d'une ordonnance de police, du 2 octobre 1809, laquelle a fait, en quelque sorte, loi jusqu'à ces derniers temps, la Bourse était ouverte tous les jours non fériés, depuis deux heures jusqu'à trois pour les négociations d'effets publics, et depuis deux jusqu'à quatre heures pour les opérations commerciales. L'ouverture et la fermeture sont annoncées au son de la cloche; mais la fermeture n'a lieu généralement qu'à cinq heures. De récentes ordonnances de police ont aussi modifié le paragraphe relatif à la tenue des négociations d'effets publics, lesquelles peuvent se faire de *une heure et demie à trois heures et demie* du soir. Ce que la loi n'a jamais permis, c'est la faculté de traiter d'affaires de bourse en dehors de la Bourse, et à d'autres heures que celles que nous venons d'indiquer; mais cette défense est continuellement violée, et chacun sait qu'il se fait beaucoup plus de négociations hors du local et des heures légales de la Bourse qu'à ces heures et dans ce local.

La plupart des règlements de toutes les bourses de France, sont conformes à ceux de la Bourse de Paris. Il existe un lieu séparé, quoique placé à la vue du public, dans lequel les agents de change se réunissent pour la négociation des effets publics et particuliers : ce lieu est connu sous le nom de *parquet*, et l'accès en est interdit, pendant la tenue de la Bourse, à tout autre qu'aux agents de change. Les courtiers ont de même un lieu de réunion isolé, pour s'y livrer à leurs affaires. Un crieur, nommé par les syndics des agents de change, annonçait jadis à haute voix les cotes des effets *publics* négociés sur le parquet; maintenant le crieur est nommé par le préfet de police. L'édifice magnifique actuellement consacré à la bourse de Paris, a été construit aux frais des commerçants de cette ville, au moyen d'un prélèvement sur les patentes; l'État n'a concédé que le terrain : la loi qui le concède, est datée du 17 juin 1809. La loi du 23 juillet 1820 porte que l'entretien des bourses de commerce sera à la charge des commerçants, et sera payé au moyen d'une addition au principal de la patente.

La Bourse de Paris sert de local au tribunal de commerce, et au greffe de ce tribunal. Elle renferme une fort belle collection d'échantillons de matières premières, qui ne sont malheureusement pas assez étudiées, et qui méritent l'attention des industriels.

La Bourse de Londres est un établissement qui diffère, à beaucoup d'égards, de la Bourse de Paris. L'origine en est un peu plus ancienne et remonte à l'année 1700, époque à laquelle les spéculateurs sur les fonds publics se trouvant à l'étroit dans les bureaux de la Banque, choisirent le *passage du Change* pour y continuer leurs opérations. Ces spéculateurs s'organisèrent en une véritable association qui fut signalée dès le principe à l'animadversion publique dans de nombreux pamphlets. « Tout l'art de ces gens-là, disait un auteur contempo-
« rain en 1719, n'est qu'un pur système de déception et de
« fraude ; leur caractère est aussi dégoûtant que leurs occu-
« pations, et ils sont plus nuisibles au pays qu'une invasion
« d'étrangers. Le passage du Change est aussi dangereux pour
« la sûreté publique qu'un magasin à poudre dans une ville
« remplie d'habitants. » Telles étaient les attaques dirigées contre la Bourse, il y a plus d'un siècle. Cette opinion s'est maintenue pendant long-temps jusqu'au moment où la Bourse, devenue l'appui du gouvernement lui-même, en 1802, vit ses opérations prendre un essor immense. Il fallut lui ouvrir un local plus étendu ; on nomma des commissaires, un comité de trente membres, et l'on organisa une corporation régulière, pourvue d'un véritable monopole. On déclara « que le comité
« pour les affaires générales admettrait telles personnes qu'il
« jugerait convenables, *pour suivre ou fréquenter la Bourse,*
« pour y traiter des affaires de courtage et d'agiotage, etc., au
« prix qui aurait été fixé par la commission et les administra-
« teurs. »

Aussi, depuis ce temps, la corporation de la Bourse est-elle devenue une association exclusive et puissante dont les statuts sont plus impératifs que ceux de la Banque d'Angleterre. Le cérémonial observé pour la réception d'un chevalier de l'ordre de la Jarretière n'est pas plus imposant que l'acte d'admission d'un membre de l'association de la Bourse. C'est ainsi que la Bourse s'est élevée au rang d'une communauté plus politique et tout aussi influente que la Banque elle-même, sans avoir dû acheter une charte, et même en évitant les préventions qui s'attachent toujours à cette sorte de privilége. On comptait dans son sein plus de sept cents membres, tous occupés à engager les diverses classes de la société à se débarrasser de leur argent, et il suffit de dire, pour donner une idée de leur influence, que dans l'espace de sept ans (de 1822 à 1829) la somme énorme de soixante-douze millions de livres sterling (dix-huit cent millions de francs) fut empruntée par les puissances continentales sous le patronage de l'association de la Bourse.

Cette association peut être considérée aujourd'hui comme le régulateur souverain de tous les marchés de l'Europe. On ne peut entreprendre avec succès une opération financière sur aucune de ces places avant d'avoir consulté le *comité de la Bourse*, et obtenu son approbation. La simple décision de ce comité composé d'hommes inconnus en dehors de leur cercle immédiat, est plus puissante et produira plus d'effet sur le sort d'un emprunt ou d'une mesure financière que tous les décrets des souverains réunis de l'Europe. La corporation se composait d'environ mille membres en 1824. Ces hommes ont suffi pour déterminer le mouvement qui s'est opéré sur les fonds publics, sur les mines du Nouveau-Monde, sur les actions des compagnies; ils ont fait marcher des armées, créé ou détruit des états dans le Nouveau-Monde, et plusieurs d'entre eux ont décuplé leur fortune dans ces spéculations qui ont ruiné des milliers de familles. C'est ce qui a fait dire en Angleterre que tout spéculateur sur les fonds publics, s'il n'est membre de la corporation, est plus sûrement perdu, que le joueur imprudent qui se laisse entraîner dans une maison de jeu. Néanmoins, la Bourse continue d'être à Londres l'objet de toutes les ambitions et de tous les ménagements. Cette puissance marche l'égale des plus hauts pouvoirs de l'état; elle influe sur la direction des affaires publiques, et elle présente, comme chez nous, l'affligeant tableau d'une institution qui pousse les hommes à s'enrichir sans travailler, à intriguer pour parvenir, sans vertu, sans talent, sans probité, uniquement comme les vils joueurs gagnent au jeu ou à la loterie, par la grâce du hasard, quand ce n'est pas par le chemin du crime. BLANQUI AÎNÉ.

BOURSE. (*Construction.*) Parmi les villes de commerce assez importantes pour avoir une Bourse, il y en a peu (non-seulement en France, mais même à l'étranger) qui possèdent un édifice spécialement construit pour cette destination.

Si nous ne nous trompons pas, jusqu'à ces derniers temps Nantes a été la seule ville de France qui ait joui de cet avantage. Sa Bourse (1), située sur l'un des quais de la Loire, offre un ensemble très remarquable de grandes salles couvertes, accompagnées d'un vaste préau découvert. Elle contient le tribunal de commerce et ses dépendances, comme celle de Paris dont nous allons parler avec quelques détails, espérant qu'ils ne seront pas sans intérêt pour la plupart des lecteurs de cet ouvrage.

La Bourse de Paris, si magnifiquement logée maintenant, l'a été pendant long-temps de la manière la plus incommode et la moins convenable : d'abord dans une partie de l'ancien hôtel Mazarin, où a depuis été établi le trésor royal; puis, pendant la révolution, dans l'église des Petits-Pères; ensuite, dans une galerie du Palais-Royal; et enfin, pendant la construction de l'édifice actuel, dans l'ancien magasin des décors de l'Opéra sur la même place.

Le tribunal de commerce n'était pas mieux placé dans un ancien hôtel, derrière l'église Saint-Merry.

Un décret impérial, du 16 mars 1808, ordonna enfin la construction, sur l'emplacement de l'ancien couvent des Filles-Saint-Thomas, d'un palais destiné à la réunion de ces deux importants établissements; la première pierre en fut posée le 24 du même mois; et les travaux (2) commencés dès la même année, poussés

---

(1) Elle a été exécutée sur les dessins de M. Crucy, commencée en 1791 et achevée en 1809. L'auteur de cet article en a donné les dessins dans le *Choix d'Édifices publics*. Paris, Colas.

(2) M. Brongniart, architecte célèbre, a donné les plans de cet édifice et en a dirigé les travaux jusqu'en 1813, époque à laquelle il mourut. Les constructions étaient alors élevées jusqu'à 2 ou 3 mètres au-dessus du soubassement. Ses *Plans*, publiés par sa famille (Paris, 1814, Crapelet), donnent moyen

avec activité pendant les cinq années suivantes, ralentis ensuite en raison de nos désastres politiques, repris depuis avec une nouvelle activité, sur-tout à partir de l'année 1821, ont été achevés en 1827.

Nous donnons, dans la planche ci-jointe, l'élévation, la coupe et les plans des trois étages principaux de ce bel édifice. Ils nous mettront à même de le faire suffisamment connaître en peu de mots.

Disons d'abord qu'il est situé au centre d'une belle place plantée et entourée elle-même de belles maisons, et que des rues anciennes ou nouvellement percées mettent en communication avec le Palais-Royal, le boulevard, et les rues Richelieu et Montmartre.

L'édifice occupe un parallélogramme d'environ soixante-onze mètres de longueur sur quarante-neuf mètres de largeur, ce qui donne une surface de près de trois mille cinq cents mètres carrés (plus de neuf cents toises ou un *arpent*); sa hauteur est d'environ dix-neuf mètres au-dessus du pavé de la place, mesurés au droit des faces extérieures, et trente mètres mesurés au sommet du comble.

Un soubassement de deux mètres soixante centimètres (huit à neuf pieds) de hauteur, renferme un étage en partie souterrain, formant des galeries et plusieurs caves au pourtour d'un terre-plein au centre, sous la grande salle dont nous allons parler.

On accède au rez-de-chaussée par deux grands perrons occupant, l'un toute la largeur de la face principale, et l'autre, un peu moins large occupant une partie de la face postérieure.

Une colonnade extérieure, qui s'élève dans la hauteur du rez-de-chaussée et du premier étage, règne sur tout le pourtour de l'édifice, et forme, sur la face antérieure, un péristyle A

---

de reconnaître les modifications, du reste peu notables quant à l'ensemble, qu'on doit à son habile successeur, M. Labarre, qui n'est mort qu'après avoir mis la dernière main à ce beau morceau d'architecture. M. de Montalivet, ministre de l'intérieur sous l'empire, avait porté un intérêt tout particulier à ce projet; et il a été également l'objet des soins assidus de M. Chabrol, comme préfet du département, et de MM. Bruyère, Hély d'Oissel et Héricart de Thury, comme directeurs des travaux publics de Paris.

Dictionn. de l'industrie, T. 2, pag. 455.

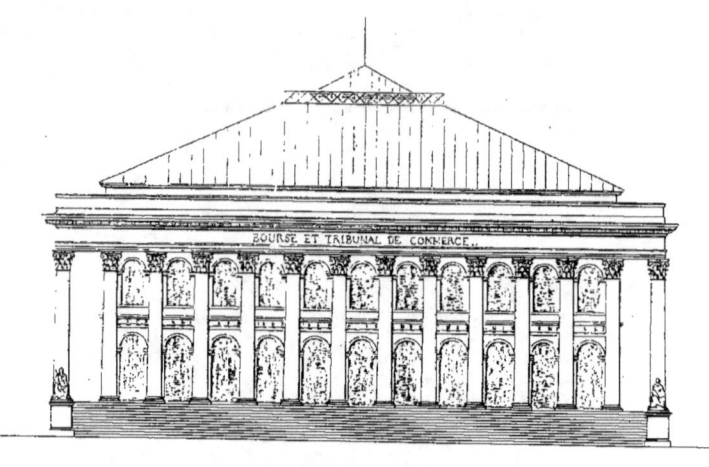

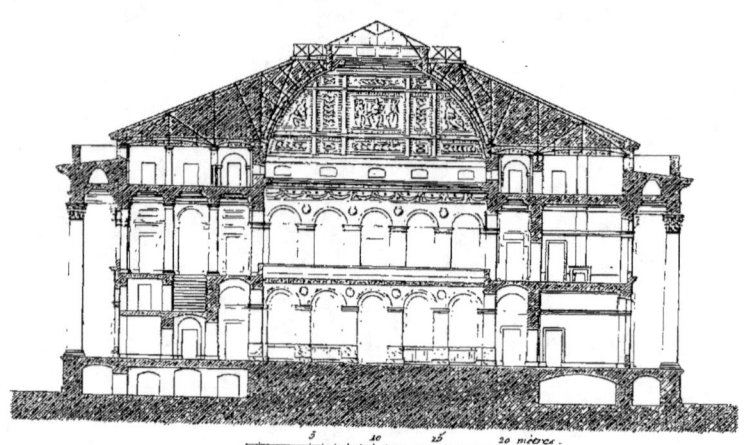

BOURSE ET TRIBUNAL DE COMMERCE DE PARIS (1808 à 1827.)
MM. Brongniart et Labarre, architectes.

Publié par J.B. Baillière, à Paris.

(*fig.* 224) d'une profondeur double de celles des autres galeries B, B, B.

C, est le vestibule de la salle de la Bourse.

D, le vestibule principal du tribunal de commerce, auquel on communique principalement par le grand escalier E.

F, le vestibule particulier des dépendances de ce tribunal ; G, le logement du concierge et H l'escalier qui monte à ces dépendances.

I, grande salle de la Bourse, occupant toute la hauteur de l'édifice. Au centre de la partie du fond est la *corbeille* J, autour de laquelle les agents de change effectuent leurs opérations, et qui est en communication directe avec leur salle de réunion K.

L et M, syndicat et bureaux des mêmes agents. Dans un entresol au-dessus, sont placés les *bureaux des transferts*, dépendants du ministère des finances, ce qui permet d'accomplir, dans la même enceinte, toutes les formalités que nécessite l'échange des *effets publics*.

N, N. Cabinet et bureau du commissaire près la bourse.

O, Salle des Courtiers d'assurances maritimes.

P, Q, R, syndicat, secrétariat et grande salle des courtiers de commerce. C'est dans une de ces pièces qu'est établie une belle collection d'échantillons de matières premières.

Au premier étage (fig. 225). *a, a, a, a*, salle des Pas-Perdus et galeries ; *b, b*, antichambres ; *c, c*, grande et petite salles d'audience du tribunal de commerce ; *d, d*, salles de délibération ; *e*, cabinet du président ; *f*, salle du conseil ; *g* et *h*, chambre de commerce et secrétariat.

Au deuxième étage (fig. 226). 1, 1, 1, 1, Galeries ; 2, salle des faillites ; 3, archives du tribunal ; 4, greffe du tribunal ; 5, greffe des faillites ; 6, enregistrement ; 7, huissiers audienciers ; 8, terrasses.

Nous ne prétendons pas que cet édifice soit sans défauts ; peut-être même, à l'article Colonne, aurons-nous à le citer comme un exemple de l'abus qu'on a souvent fait, au mépris d'une sage économie, de cette sorte de points d'appui, si convenables du reste, quand ils sont bien employés ; mais on ne peut nier le bel effet que cet édifice produit en général ; il est également certain que les divers services qui y sont réunis, sont tous placés de la manière la plus commode, et pour eux-mêmes et pour le public. Enfin, on ne saurait sur-tout donner trop d'éloges au choix des matériaux qui y ont été employés, ainsi qu'à la perfection avec laquelle ils ont été mis en œuvre. Ce point se rattache trop essentiellement à l'industrie des *constructions*, pour que nous n'entrions pas dans quelques détails à ce sujet.

Les fondations ont offert d'assez grandes difficultés. Il a fallu les descendre généralement à environ sept mètres (vingt-un pieds) au-dessous du sol de la place; mais de plus, un fossé dépendant, à ce qu'il paraît, de l'enceinte de la ville, sous Charles VI, et qui traversait cet emplacement diagonalement de l'angle du côté de la rue Vivienne à celui opposé, a forcé à descendre les fouilles, dans cette direction, à un mètre plus bas, et à y enfoncer en outre près de huit cents pilotis d'environ deux mètres soixante centimètres (huit pieds) de longueur, à un mètre d'écartement l'un de l'autre.

Toutes les constructions hors de terre sont en *pierres*, savoir : le soubassement en pierre de *roche*; les perrons en pierres de *Château-Landon*; la partie au-dessus jusqu'à hauteur d'appui, en pierre de *liais*, ainsi que des grandes colonnes dans un tiers environ de leur hauteur, et vingt-quatre d'entre elles dans toute leur hauteur, et la totalité des colonnes de la salle des Pas-Perdus au premier étage. Tout le surplus des murs, colonnes, etc., est en pierres généralement plus tendres et de diverses natures, pour lesquelles on a mis à contribution différentes carrières plus ou moins éloignées de Paris, telles que celles de *Conflans* (principalement pour les chapiteaux et les autres parties sculptées), l'*Ile-Adam*, l'*Abbaye Duval*, *Louvres*, *Saint-Leu*, etc. Il y a été employé en tout plus de quarante espèces ou qualités différentes de pierres.

Les galeries du rez-de-chaussée et du premier étage sont également *voûtées* en pierres ainsi que la salle des Pas-Perdus. Pour tout le surplus de l'édifice, les *voûtes* ou les *planchers* sont exécutés en charpente de fer maçonnée à l'aide de pots en terre cuite, de façon à ne laisser craindre aucune chance d'incendie. Il en est de même du *comble* qui est en outre couvert en *cuivre*, et garni de nombreux PARATONNERRES. Ils devront, à ce mot, être l'objet de quelques remarques.

Le *bois* n'entre, dans la construction de cet édifice, que pour les portes, les croisées, quelques *parquets* et *lambris*, etc.

Si ce choix de *matériaux* est parfait, les soins apportés à leur mise en œuvre ne sont pas moins remarquables.

L'ordonnance corynthienne qui préside à la décoration extérieure emportait nécessairement, par elle-même, un certain degré de richesse : mais l'architecte a eu le bon esprit de le réduire à l'expression la plus simple que ce genre d'ordonnance permettait; et, à l'exception de la sculpture des chapiteaux, cet extérieur n'offre d'autre magnificence que celle qui doit résulter d'une belle disposition et d'une exécution parfaite. On regrette de ne pas voir encore, sur les piédestaux qui accompagnent les deux perrons, quatre grandes statues allégoriques en marbre, qui ont été commandées depuis long-temps à quatre de nos premiers statuaires (1).

L'intérieur de la grande salle, décoré de deux rangs d'arcades, tire sa principale richesse des beaux *marbres* des Pyrénées, qui ont été employés au carrelage, et au revêtement du soubassement des murs et arcades, ainsi que des belles peintures en grisaille, exécutées dans la voûte par d'habiles artistes (2); et enfin, de la lanterne en fer et glaces qui occupe toute la partie centrale de cette voûte.

Le même genre de richesse règne dans tout le surplus du rez-de-chaussée et du premier étage. Ainsi, l'on retrouve dans les principales parties l'emploi des marbres français; la grande salle du tribunal est ornée de peintures et sculptures de plusieurs artistes d'un grand talent (3); enfin, la totalité des croisées de ces deux étages est vitrée en *glaces*.

A l'occasion du CHAUFFAGE A LA VAPEUR, nous aurons occasion de faire connaître l'application remarquable qui en a été faite pour une portion importante de cet édifice.

Une telle construction ne pouvait manquer d'occasioner une dépense considérable. Elle a été, indépendamment de la valeur

---

(1) MM. Cortot, Petitot, Pradier et Roman.
(2) Feu M. Meynier et M. Abel de Pujol.
(3) MM. Blondel, Vinchon et Degeorge, peintres; MM. Laitié, Bra, Debay père et Caillouette, sculpteurs.

de l'emplacement dont la presque totalité a été concédée à la ville par l'État, d'environ. . . . . 7,729,000 fr.
Ce qui porte le prix du mètre carré à plus de. . 2,200 fr.
c'est-à-dire à quatre fois environ le prix auquel revient, à Paris, une maison ordinaire, mais bien bâtie, à quatre ou cinq étages.

Dans cette somme totale on peut distinguer les sommes partielles ci-après :

Honoraires et appointements des architectes, inspecteurs et autres agents attachés aux travaux pendant leur durée (dix-neuf années). . . . 459,000 fr.
c'est-à-dire, à peu près 24,000 fr. par an.
Sommes payées à quatorze artistes (cinq peintres et neuf statuaires) pour les tableaux, statues, bas reliefs, etc. . . . . 186,400(1).
Les sculptures d'ornements, pour les chapiteaux, frises, etc., ont coûté. 282,600
L'horloge, ouvrage de M. Lepaute, a coûté. . . 12,000
Les marbres des Pyrénées, pour matière seulement, non compris main-d'œuvre. 79,400
Les glaces employées aux vitrages, environ. . . 87,300
La couverture en cuivre, pour matière. 77,900 ⎫
Et pour main-d'œuvre. . . . . 27,500 ⎬ 103,400
Et enfin, l'établissement du chauffage par la vapeur, à peu près pour premier établissement, environ. . . . . 86,000 ⎫
Et pour améliorations et extensions, environ. . . . . 34,000 ⎬ 120,000

GOURLIER.

BOUSSOLE. (*Physique.*) La boussole sert dans le lever des plans et dans les voyages sur mer. Dans l'un et l'autre cas, elle se compose principalement d'une aiguille aimantée, portée sur un pivot métallique très délié ; la disposition du reste de l'appareil est en rapport avec le but qu'on veut atteindre.

La boussole de l'ingénieur consiste ordinairement dans une

---

(1) Des détails aussi exacts qu'intéressants de ces sommes et des objets auxquels elles ont rapport, sont donnés par le *Guide dans le Palais de la Bourse* que M. Grégoire a publié (Paris, 1833, Firmin-Didot).

boîte carrée, dans l'intérieur de laquelle est un cercle divisé en degrés et en demi-degrés. L'axe du pivot passe par le centre de ce cercle. L'un des quatre côtés de la boîte est muni d'un alidade à lunette ou à visière. Sur le fond de la boussole est tracé un diamètre du cercle parallèlement à la direction visuelle de cette alidade, et les extrémités de ce diamètre sont marquées des lettres initiales N.-S., parce qu'on place chaque fois la boîte de telle manière que l'aiguille aimantée se dirige librement suivant ce diamètre.

La division du cercle commence à l'une des extrémités de ce diamètre. Cela posé, voici comme on mesure l'angle de deux lignes a et b sur le terrain. L'instrument étant porté sur un pied placé au sommet de cet angle, on oriente la boîte de telle sorte que l'aiguille se place dans la direction N.-S., puis on fait tourner cette boîte sur son pivot jusqu'à ce que la direction de l'alidade se confonde avec celle de l'une des deux lignes du terrain; supposons que ce soit la ligne a, restant toujours dans le méridien, il est clair qu'elle doit faire avec la ligne N.-S. qui a marché parallèlement à l'alidade un angle égal à celui de la ligne a et de la méridienne; cet angle se lira sur le cercle divisé. On pourra, par une opération semblable, déterminer l'angle de cette méridienne avec la ligne b, d'où on conclura par addition ou par soustraction l'angle que font les deux lignes a et b. Il faut veiller pendant l'opération à ce que la boussole demeure horizontale. Cette vérification se fait avec un niveau à bulle d'air, adapté à un des côtés de la boîte.

L'avantage de la boussole est la rapidité dans le levé des angles. Cet instrument est sur-tout précieux quand on a à tracer le cours d'un ruisseau, un chemin sinueux, le contour d'un terrain peu étendu, des îles, des maisons, etc.

L'alidade de la boussole peut se mouvoir dans un plan vertical autour d'un axe qui traverse le côté de la boîte, de manière à permettre de viser des objets placés plus haut ou plus bas que l'observateur.

Ordinairement, la boussole peut être détachée du genou, par lequel elle est réunie au pied à trois branches qui la supporte; de sorte qu'on peut s'en servir comme d'un DÉCLINATOIRE, pour orienter une PLANCHETTE. $V.$ ces mots.

Dans la boussole marine, le cercle divisé n'est pas fixé sur le fond de la boîte; il est porté par l'aiguille et tourne avec elle : l'axe du pivot de l'aiguille passe par le centre du cercle sur lequel est tracée une rose des vents. Une ligne noire, tracée sur la paroi verticale de la boîte, parallèlement à l'axe du pivot, sert à estimer les variations de direction de l'aiguille et du cercle divisé qu'elle porte, par rapport à la boîte. L'angle que fait cette aiguille avec l'axe du vaisseau indique la direction de ce dernier par rapport au pôle. Pour maintenir celui-ci horizontal, malgré les oscillations du navire, on fait porter la boîte à l'aide de deux tourillons sur un cercle qui lui-même s'appuie sur une boîte qui enveloppe l'appareil, au moyen de deux tourillons semblables, dont l'axe est à angle droit avec celui des deux premiers. Cette double mobilité de la boîte intérieure par rapport au cercle intermédiaire et de celui-ci par rapport à l'enveloppe extérieure, permet à la boîte de se maintenir toujours, en vertu de son poids, dans la même situation. Une disposition analogue s'emploie pour la suspension des baromètres de Fortin.

BOUTIQUE. (*Construction.*) Dans les villes, pour peu qu'un quartier soit peuplé et commerçant, l'usage le plus avantageux qu'on puisse tirer du rez-de-chaussée de la partie antérieure d'une propriété, c'est de la disposer en *boutiques*, à l'usage, soit du commerce en général, soit des fournisseurs d'objets nécessaires aux besoins les plus habituels de la vie ; et, quoiqu'au premier coup d'œil, une semblable destination puisse paraître susceptible d'être quelquefois nuisible, ou au moins désagréable au reste de la maison, il est facile d'éviter cet inconvénient par une bonne disposition des localités, et sur-tout en faisant en sorte que, principalement pour certains genres de commerce, toute communication directe, entre la boutique et le surplus des locations, puisse être empêchée, et qu'à cet effet, la boutique ait une communication particulière avec ses diverses dépendances.

En même temps que ce genre de locations est favorable à l'intérêt privé des propriétaires, ainsi qu'à celui des habitants du quartier en rapprochant d'eux les marchands des différents objets à leur usage, il l'est aussi à l'intérêt général en vivifiant le quartier même, en le rendant plus agréable pendant le jour, plus éclairé et dès lors plus sûr pendant la soirée, etc., etc.

Les données relatives à la construction, à l'établissement des boutiques, sont donc dignes de fixer notre attention sous tous les rapports.

Elles se rattachent, du reste, pour la plupart, à ce qui concerne la *construction* en général; cependant il ne sera pas inutile de les considérer ici rapidement d'une manière spéciale.

En ce qui a rapport aux ouvertures que les boutiques nécessitent dans les murs de face, soit pour y donner entrée, soit pour les éclairer, on ne saurait, au gré des marchands d'abord, et dans l'intérêt même des consommateurs, leur donner trop de grandeur afin de procurer tout le jour possible, et les moyens les plus étendus de *montre* et *d'étalage*. Dès lors arrive la nécessité de POINTS D'APPUI, qui, tout en n'occupant que le moins de place possible, offrent toute la résistance nécessaire à la charge des nombreux étages dont les rez-de-chaussée sont ordinairement surmontés. Les pierres les plus dures sont en quelque sorte de rigueur pour former les JAMBES ÉTRIÈRES à la rencontre des MURS *mitoyens* ou *de refend*, ou même des PILES intermédiaires. Ces dernières peuvent être, en diverses circonstances, remplacées par des POTEAUX ou COLONNES en *fer* forgé ou fondu. Enfin, le BOIS peut également être employé à ce dernier usage; mais bien qu'alors on place au-dessous un DEZ en pierre d'une certaine hauteur, le bois étant facilement attaquable, soit par l'humidité, soit par le feu, il est bon de ne l'employer que quand on ne peut faire autrement. A Paris, en même temps que l'administration chargée de la surveillance des constructions ne permet pas des points d'appui en *bois* sous les faces des bâtiments neufs, elle ne permet pas de les établir autrement dans les façades des maisons anciennes et sujettes à ALIGNEMENT, par la raison que de nouveaux points d'appui, soit en pierre, soit en fer, consolideraient ces façades, et éloigneraient le moment où, leur reconstruction devant avoir lieu, la voie publique recevra les rectifications arrêtées.

La *pierre* est sans doute la matière la plus solide en elle-même et la plus durable pour former la partie supérieure de ces ouvertures; mais, indépendamment de ce que cette matière est, proportionnellement, toujours assez chère d'acquisition ainsi que de mise en œuvre, il y a peu de pays où (comme à Lyon, par exemple) on ait des pierres de dimension et de ténacité assez grandes pour en former des PLATES-BANDES MONOLITHES d'une certaine étendue. Force est alors de faire ou des PLATES-BANDES APPAREILLÉES ou des ARCS; mais les unes et les autres sont dispendieux, et exercent de plus une poussée à laquelle il faut opposer des moyens de résistance également assez coûteux. C'est ce qui, à Paris et dans beaucoup d'autres villes, fait presque toujours donner la préférence aux POITRAILS en bois. Tout en convenant qu'ils n'offrent par eux-mêmes qu'une solidité assez précaire, nous ajouterons qu'on peut la rendre plus durable au moyen d'ARMATURES en fer bien combinées. *V.* les différents mots cités dans ce paragraphe.

On donne assez généralement le nom de *devanture* aux fermetures, ordinairement en menuiserie vitrée, dont on garnit ces ouvertures. A Paris, et dans presque toutes les grandes villes, on tolère que ces devantures soient établies un peu en avant ou en SAILLIE du parement extérieur des murs de face. Cette saillie est ordinairement de seize centimètres (six pouces), à Paris. Pour une boutique peu spacieuse, cette extension est assez importante; mais, dans le cas contraire, on fait sagement de ne pas profiter de cette tolérance, la devanture étant dès lors moins exposée au choc des voitures, etc., etc. Seulement, il est nécessaire que toutes les maisons voisines renoncent également à cette extension; sans quoi, celles qui en auraient profité masqueraient d'autant les boutiques voisines.

On sait quel luxe a été apporté, sur-tout dans ces derniers temps, à la confection d'un certain nombre de devantures. Il a consisté principalement : 1° à construire les soubassements en *marbres* plus ou moins riches; 2° à établir le *vitrage* en carreaux de la plus belle qualité et des plus grandes dimensions possibles, quelquefois même en GLACES, dont quelques-unes, dans les plus beaux quartiers de la capitale, sont employées à des dimensions vraiment extraordinaires; 3° à faire, ou au moins à revêtir en cuivre les montants et traverses de séparation du vitrage, quelquefois même les panneaux d'appui des portes et autres parties; 4° et enfin, à décorer de peintures plus ou moins riches, plus ou moins soignées, les panneaux et sur-tout le couronnement de la devanture.

La construction en MARBRE des soubassements est non-seulement un moyen de décoration très convenable, mais elle a de plus l'avantage d'éloigner les parties en bois de l'humidité du sol, et de permettre de tenir plus facilement propres ces soubassements. Il est seulement essentiel de n'employer que des marbres qui ne soient pas susceptibles de se détériorer facilement, soit par l'humidité, soit par quelque choc, et qui gardent bien leur poli. Tels sont principalement, parmi les marbres ordinaires, les bons marbres de Flandre, comme le *Saint-Anne*, le *Malplaquet*, etc., etc. Les marbres de couleur ont sur-tout besoin d'être choisis, sous ce rapport, avec discernement et en connaissance de cause.

La LAVE ÉMAILLÉE, dont nous parlerons en son lieu, est susceptible de fournir un moyen aussi riche que solide et assez peu coûteux d'établir ces soubassements.

La beauté et la grandeur des carreaux du vitrage sont extrêmement avantageuses, tant pour l'aspect extérieur que pour la clarté intérieure. A l'article VERRE, nous ferons connaître les ressources que l'art du verrier peut procurer à ce sujet. Malgré la forte diminution que la concurrence a procurée sur le prix des glaces, ce moyen de vitrage reste toujours beaucoup plus dispendieux, mais il est vrai aussi beaucoup plus riche et beaucoup plus parfait. Nous devons toutefois signaler un inconvénient qu'il produit quelquefois. A une certaine largeur de rue et sous une certaine incidence de jour, un vitrage en glaces, au lieu de laisser apercevoir d'une manière distincte l'intérieur de la boutique dont il forme la devanture, réfléchit l'image des constructions qui se trouvent de l'autre côté de la rue. On conçoit que, partout où cet effet pourrait avoir lieu, il sera prudent de s'en tenir à l'emploi du beau *verre à vitre*, puisque celui des glaces, en exigeant une dépense beaucoup plus considérable, produirait, en partie au moins, un résultat tout-à-fait opposé à celui qu'on se proposait.

De quelque manière qu'on établisse les montants et traverses des vitrages, il est bon de ne leur donner que la largeur que réclame la solidité, afin d'obstruer le moins possible le jour et la vue. Le *cuivre* y convient parfaitement sous le rapport de la richesse. Il a eu pendant quelque temps l'inconvénient de ne pouvoir être tenu propre qu'assez difficilement; mais la chimie a indiqué à cet égard des moyens très satisfaisants, et qui ne réclament plus qu'un peu de temps et de soin. *V*. Nétoyage du cuivre et des meubles.

Il est inutile de dire que les peintures doivent être établies dans un goût approprié au genre de commerce auquel la boutique est destinée, et avec la solidité que réclame toute peinture extérieure et exposée aux injures de l'atmosphère. Nous indiquerons encore la *lave émaillée* comme pouvant remplir ces données plus complétement que tout autre genre de peinture.

Les trottoirs, dont l'usage se généralise dans la capitale, sont venus ajouter un nouvel agrément aux devantures de nos boutiques, en les garantissant du choc des voitures, et en favorisant le stationnement des chalands ou des amateurs.

Quant à l'intérieur des boutiques, la disposition et la décoration dépendant entièrement du genre de commerce, toute donnée générale serait à peu près inutile.

Nous conseillerons seulement de *plancheyer* le sol plutôt que de le *carreler* soit en terre cuite, soit en pierre, soit même en marbre, le plancheyage garantissant mieux du froid et de l'humidité, et pouvant, avec les soins nécessaires, se tenir plus facilement propre.

Les Escaliers qu'on place souvent dans les boutiques pour communiquer aux dépendances ou à un magasin placé au-dessus, etc., etc., sont ordinairement un objet de recherche, soit quant à l'économie de l'emplacement, soit quant à l'élégance, etc. Nous en parlerons à ce mot.

Pour procurer aux personnes qui ne connaissent pas les merveilles de notre capitale, une idée de nos *boutiques*, nous donnons ici une indication de celles de la nouvelle galerie vitrée du Palais-Royal, bâties sur les dessins de M. Fontaine, architecte du roi.

La *fig.* 227 en offre le plan; la *fig.* 228, l'élévation, et la *fig.* 229, la coupe. En voilà la légende. (Les mêmes lettres se rapportent aux mêmes objets dans les trois figures.)

A, Galerie vitrée à double rang de boutiques;
B, Boutique;

C, Cuisine autre dépendance;

D, Entresol;

E, Escalier en fonte, dont le noyau forme le tuyau de cheminée ou de poêle, dont la fumée s'échappe par le candélabre F;

G, Portique sur la cour ou sur le jardin;

H, Terrasse du duc d'Orléans.

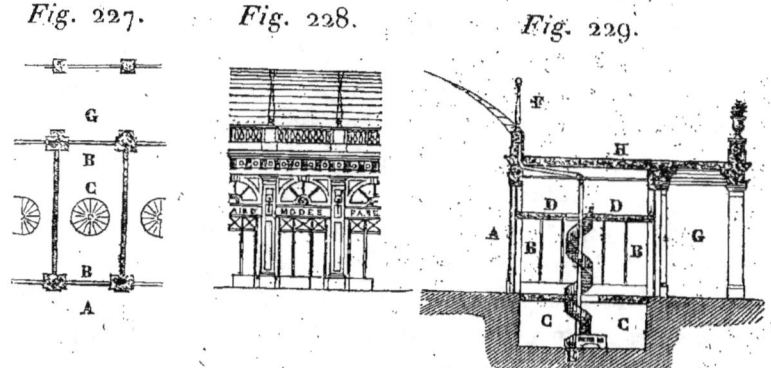

Fig. 227. *Fig.* 228. *Fig.* 229.

GOURLIER.

BOUTURE. (*Agriculture.*) La bouture est une partie que l'on sépare à dessein du végétal auquel elle appartient, pour exciter et maintenir isolément en elle, dans le sol qu'on lui assigne, la force vitale dont elle est douée, et lui donner, par le développement des organes qui lui sont propres, une existence individuelle et complète.

La fin de la bouture est donc la production d'une plante parfaite. On obtient cette plante parfaite en donnant d'abord à la bouture l'organe par lequel elle tient au sol : la racine.

La production ou le développement des racines, est proportionné à l'état de porosité, de dilatation et de mollesse de la substance et de l'enveloppe corticale. Cette disposition est organique dans certaines espèces; dans d'autres espèces elle est passagère, et peut être artificiellement excitée.

On distingue trois parties dans la bouture : le corps, le talon et le sommet.

Dans le corps on considère la *substance* : la bouture est herbacée, charnue ou ligneuse, nue ou feuillée, sèche et cassante, ou molle et flexible; — l'*insertion* ou *point d'attache* : elle est terminale à la tige, terminale aux branches ou latérale à celles-ci; elle en a été détachée avec son talon, au point d'insertion propre, ou elle a été coupée au-dessous d'un nœud, articulation ou œil, dans la longueur de l'entre-deux ou *mérithalle*;—la *dimension*: elle est plus longue ou plus courte, tant à raison de l'organisation propre du végétal qui la fournit, qu'à raison du nombre d'yeux ou articulations qu'on juge à propos de lui laisser.

Dans le talon, on considère le *bois* : il est jeune ou vieux, de l'année, ou de deux ans, et plus ; — la *coupe* : elle est faite au-dessous d'un œil, sur la longueur du mérithalle ou dans le point d'attache du rameau à la branche principale, ou un peu au-dessous du point de jonction du bois de l'année avec le bois de l'année précédente. Elle est généralement horizontale, quelquefois un peu en biais, ou en bec de flûte.

Dans le sommet, on considère la *forme* : elle est terminée ou tronquée : — l'*usage* : dans la forme terminée, ce petit faisceau de feuilles du bourgeon terminal est très important à conserver dans les boutures des arbres et arbrisseaux à feuilles persistantes.

Après les semences, il n'est point de moyen de multiplication plus productif que les boutures, principalement lorsqu'on a besoin de se procurer un grand approvisionnement de plantes. Il est même, dans beaucoup de cas, si difficile d'obtenir de bonnes graines, que l'on est réduit, pour leur propagation, à la seule ressource des boutures.

Quand on a des boutures de quelque importance et de quelque délicatesse à faire, il faut d'abord s'occuper de la préparation du terrain.

Le terrain doit être défoncé, épierré, ameubli, engraissé et convenablement abrité et tenu frais. C'est, en général, au printemps que l'on fait les boutures.

Pour les arbres et arbrisseaux à feuilles caduques, on a soin de couper les rameaux dont on veut tirer des boutures, soit dans le courant, soit à la fin de l'hiver, mais toujours avant le retour du mouvement de la sève. Les boutures étant préparées, on les place à moitié de leur longueur dans des rigoles pratiquées dans une terre douce et fraîche sans être humide, à une exposition abritée et ombragée; on peut les mettre très près l'une de l'autre ; mais il faut se garder de les tenir en bottes ou en fascines, parce que celles de l'intérieur des paquets ne manqueraient pas de s'échauffer ou de se dessécher, et ce serait autant de perdu pour la reprise. Le moment de la plantation arrivé, on ouvre, avec la bêche, sur le terrain préparé et divisé en planches, si cela est nécessaire, des tranchées ou rigoles parallèles dans lesquelles on place les boutures, à la main, en observant, suivant les espèces, la distance convenable entre les plantes et entre les rangs. On ramène la terre la plus meuble au fond de la rigole, et on la tasse avec le pied, plus ou moins doucement, suivant la qualité et l'état du sol. On peut aussi se servir du plantoir, comme dans les repiquages de pourettes. Cela fait, on arrose copieusement à la pomme, pour achever de plomber la terre, et d'en faire descendre les molécules auprès et autour de la base de la bouture; on répand, sur le sol, un peu de litière bien divisée, et l'on renouvelle les arrosements suivant le besoin. On tient le sol en bon état de culture par des sarclages et des binages légers.

Les soins qui viennent d'être indiqués se rapportent sur-tout aux boutures que l'on fait en planches et en grande quantité dans les grandes pépinières, dans la vue de multiplier avec abondance et promptitude certains arbres ou arbrisseaux qui se prêtent à ce mode de propagation, et qui sont recherchés. La plupart des cultivateurs n'y font pas tant d'attention, et ils se contentent, en général, de ficher leurs boutures en terre, une à une, dans un terrain suffisamment ameubli ; mais si l'écorce est tendre par sa nature, ou attendrie par un certain séjour en jauge, la partie enterrée peut s'en trouver dépouillée au point de rendre l'enracinement très difficile, et on en perd souvent beaucoup par cette seule cause dont on ne se rend même pas compte. La légère perte de temps qu'entraîne la pratique des rigoles, est bien compensée par les avantages qu'on en retire.

Il y a une sorte de bouture qui est souvent pratiquée dans les fermes et domaines, sur les bords et les crêtes de fossés, les terrains bas et humides, et autres lieux analogues que l'on veut garnir de bois tendres tels que les saules et les peupliers : ce sont les plançons. Les plançons ne sont autre chose que des branches plus ou moins fortes, tantôt étêtées, tantôt munies de leur sommet, que l'on fiche en terre dans des trous de cinquante à soixante centimètres, préparés au moyen d'une barre de fer ou d'un avant-pieu : cette méthode présente de grands inconvénients dans les terres fortes, et le propriétaire serait amplement dédommagé de la dépense des trous qu'il ferait préparer à l'avance, comme pour une plantation ordinaire.

Lorsqu'on fait des boutures dans l'intention d'en obtenir un jour de beaux arbres, qui reproduisent sans altération la forme et la beauté qui leur sont propres, le choix des branches avec lesquelles on les fait, n'est pas sans importance; car il y a des arbres qui, multipliés de la sorte au moyen de leurs branches latérales, conservent, en s'élevant, la disposition de ces branches latérales, sans pouvoir reprendre, au moins sans de grandes difficultés, l'élan vertical et la ramification régulière qui caractérisent leur espèce; c'est ce qui se remarque dans le *ginko biloba*, *l'araucaria excelsa*, et beaucoup d'autres espèces. On remarque aussi que les boutures faites avec les petites branches latérales de second ordre, qui s'écartent sur un angle plus ouvert, et par leur situation même, de la direction verticale que suit le tronc en s'élevant, donnent des sujets qui restent généralement plus faibles et plus bas que ceux qui proviennent de graines ou de boutures faites avec l'extrémité des branches principales qui constituent le sommet, ou avec le scion terminal de ce sommet lui-même, dans les arbres unitiges. Cette observation peut recevoir d'utiles applications dans la pratique; mais, dans la plupart des arbres, on parvient par des recépages successifs, à obtenir de ces mêmes boutures, des jets élancés et vigoureux qui forment ensuite de très beaux individus.

La propagation continue des végétaux par bouture, altère progressivement la fécondité des espèces qui semblent perdre à la longue la faculté de se reproduire par leurs semences.

Je ne veux pas passer ici sous silence la facilité extraordinaire avec laquelle se multiplie le mûrier multicaule, dont l'introduction due au naturaliste Perrottet, est actuellement regardée, dans tous les pays propres à la production de la soie, comme un des plus grands bienfaits que l'agriculture doive à la botanique. Cette faculté cadre merveilleusement avec le mode le plus propre à la culture et à l'exploitation de cet arbre précieux, puisque celles-ci consistent principalement dans un système de recépages, tels qu'on les pratique pour l'osier, et qui donnent ainsi, chaque année, à l'agriculteur, des moyens immenses de reproduction et de renouvellement. On peut même, avec quelques soins, faire de ces boutures, entre deux sèves, vers la fin de l'été. Ce procédé a été employé très en grand, et avec un entier succès, dans le jardin de Fromont.   Soulange Bodin.

BOUVET. *V.* Rabot.

BOUVIER. (*Agriculture.*) Un bon bouvier, un bon berger, sont des trésors pour une ferme. Le bouvier est celui qui conduit les bœufs, les garde et en prend soin dans l'étable. Il doit être doué de force, d'adresse et de patience. Ses principaux devoirs sont d'étriller et bouchonner ses bœufs tous les matins et tous les soirs; de leur donner à manger aux heures et dans les proportions déterminées, en faisant attention à la qualité des fourrages; ayant soin, chaque soir, de remplir les rateliers, afin que l'animal ait une nourriture suffisante pour la nuit; de les conduire à l'abreuvoir avant de les mener aux champs; de passer souvent en revue les jougs et les courroies; de surveiller l'état des pieds, dans les pays où le ferrage est usité; de tenir l'étable propre en passant le balai sur tous les murs et sur tous les planchers; de renouveler l'air dès que les bœufs partent pour les champs; de faire et renouveler la litière, etc. Un bouvier doit savoir saigner, donner un lavement, et il serait à désirer qu'il eût, dans l'art vétérinaire, des connaissances appropriées à sa position, soit pour prévoir les maladies, soit pour parer aux accidents imprévus.   Soulange Bodin.

BOYAUDERIES. (*Hygiène.*) Les différentes parties dont se compose le corps des animaux, et que les anatomistes modernes ont désignées sous le nom de tissus, subissent la putréfaction lorsque la mort anéantit chez elles la force particulière qui les entretenait dans l'état particulier qui les caractérise. Mais cette putréfaction ne présente pas les mêmes phénomènes dans tous les tissus, elle ne donne pas toujours les mêmes produits, et l'odeur qui s'en échappe offre sur-tout des différences qui n'ont pas échappé aux anatomistes et à tous ceux qui, par état, sont obligés de manipuler les matières animales.

De toutes ces différentes parties, il n'en est pas qui se putréfient avec plus de rapidité et qui, dans cet état, exhale une odeur plus infecte et plus repoussante que le canal intestinal; tout le monde a pu s'en convaincre en observant ce qui se passe sur les cadavres des animaux préparés dans nos cuisines. Mais c'est surtout dans quelques fabriques que l'on est à même de reconnaître jusqu'où peut aller cette odeur, et l'horrible puanteur que répandent ces substances dans l'état de putréfaction où il faut les amener pour leur faire subir les préparations directes que réclament les arts.

Ces arts, en effet, emploient les boyaux pour les cordes d'instruments, pour la fabrication des raquettes, des fouets, des arçons de chapeliers; on en fait des cordes pour suspendre des horloges et pour transmettre certains mouvements d'une roue ou d'un tambour sur un autre; mais c'est sur-tout pour la conservation des substances alimentaires, dans les pays chauds, que les boyaux soufflés deviennent précieux. Nous en fournissons depuis long-temps pour cet objet à l'Espagne, à l'Italie, au Portugal, et c'est à Paris que se confectionne la majeure partie de tous ceux qui entrent dans nos exportations.

L'odeur repoussante et véritablement horrible que renferment et que répandent au loin les petits ateliers destinés à cette fabrication, les fit considérer comme devant avoir un effet très-nuisible sur la santé publique, on voulut les éloigner des habitations, et dès la fin du siècle dernier on était parvenu à les faire sortir de la rue qu'ils occupaient dans un des faubourgs de Paris, et qui porte encore aujourd'hui le nom de rue de la Boyauderie. En quittant cette rue, les boyaudiers allèrent tous s'établir au milieu ou à peu de distance de la voirie de Montfaucon.

Mais ces industriels, en sortant des murs d'enceinte, n'en restèrent pas moins un sujet d'effroi pour tous ceux qui les visitaient ou qui passaient à quelque distance de leurs ateliers; le conseil de salubrité fut souvent consulté à l'occasion de plaintes adressées contre eux; enfin, vers 1820, ce conseil, par l'organe de Cadet Gassicourt, un de ses membres, proposa à M. Anglès, alors préfet de police, de faire les fonds d'un prix qui devrait être donné à celui *qui aurait trouvé le moyen d'assainir l'art du boyaudier*.

Le société d'encouragement chargée par le préfet de distribuer le prix, fit paraître son programme en 1822. On lit dans ce programme : « que rien n'égale l'infection que répandent,

» au bout de quelques jours, les tonneaux dans lesquels on met
» macérer les boyaux, *et qu'il s'en dégage des gaz délétères qui,*
» *dans certaines saisons, peuvent donner aux ouvriers les ma-*
» *ladies les plus graves.* » En conséquence, elle proposait le
prix à celui qui « aurait trouvé un moyen mécanique ou chi-
» mique pour enlever la membrane muqueuse des intestins
» traités dans les boyauderies, *sans employer la macération,*
» *et en s'opposant à la putréfaction.* »

La question fut résolue de la manière la plus complète, et M. Labarraque obtint le prix proposé. A l'aide du chlore en vapeur il assainit les ateliers, et par le moyen des chlorures liquides il n'empêcha pas seulement l'odeur putride de se produire, il fit plus, car il découvrit que cette substance avait la propriété d'altérer la membrane muqueuse, et de la détacher de la membrane fibreuse, ce qu'on n'avait pu obtenir jusqu'alors qu'au moyen de la putréfaction commençante.

Voilà donc le plus infect de tous les arts complétement assaini; on n'aura plus désormais la crainte de voir des maladies déterminées par les émanations qu'il produit. Mais il est souvent moins difficile de découvrir un bon procédé que de le faire adopter aux fabricants et aux ouvriers; les boyauderies en sont la preuve : on n'a jamais pu y introduire les moyens simples et faciles indiqués par M. Labarraque : elles sont aujourd'hui ce qu'elles ont toujours été.

D'où vient cette indifférence si singulière? Elle s'explique aisément par la véritable influence que les émanations putrides ont sur la santé; si, au lieu d'approcher des boyauderies, et de reculer d'horreur à la première impression des émanations qui en sortent, on avait pénétré dans leur intérieur; si on y avait questionné tous les ouvriers, si on avait fait une enquête minutieuse des circonstances dans lesquelles se sont trouvés, non-seulement ces ouvriers, mais encore tous ceux qui, d'une manière directe ou indirecte, permanente ou passagère, se sont trouvés exposés à ces émanations, on aurait facilement acquis la preuve, qu'elles n'ont pas d'influence fâcheuse sur la santé, et qu'on peut les respirer aussi impunément que les odeurs les plus suaves. Si nous parlons avec cette assurance, c'est que nous avons eu le courage de faire cette enquête, et de la répéter un grand nombre de fois. Tout observateur impartial qui fera ce que nous avons fait, arrivera aux mêmes conclusions. Bien avant que la société d'encouragement eût proposée le prix qu'elle destinait à celui qui aurait trouvé le moyen de détruire *les gaz délétères qui peuvent donner aux ouvriers les maladies les plus graves*, un de nos médecins les plus distingués, M. Guersent, avait prouvé, dans un Mémoire, l'innocuité de l'odeur infecte qui sort des boyauderies; mais il est vrai, M. Guersent est un homme qui aime la science pour elle-même, et qui sait revenir sur une opinion quand l'observation lui prouve que cette opinion n'est pas fondée.

Nous nous garderons bien de conclure, de tout ce qui précède, qu'il ne faut pas éloigner les boyauderies du voisinage des habitations; il faut les éloigner, parce qu'elles sont éminemment incommodes et désagréables; ou bien les forcer à mettre en usage les procédés de désinfection si heureusement trouvés par M. Labarraque. Dans un ouvrage destiné aux arts, et qui doit être le Manuel des industriels, nous avons dû envisager les boyauderies dans l'intérêt des arts et de l'industrie; c'est au magistrat à faire ce qu'il juge convenable pour embellir la cité, par l'éloignement de tout ce qui peut affecter péniblement les sens de ses administrés. PARENT DUCHATELET.

BOYAUDERIES. (*Technologie.*) Les intestins des bœufs, des moutons et des chevaux sont employés à la fabrication de divers produits d'une grande utilité dans les arts : avec les premiers on fait tous les boyaux soufflés; ceux de cheval pourraient être utilisés pour les mêmes usages, mais on les fait habituellement servir à la préparation des grosses cordes filées; quant aux intestins de moutons, c'est avec eux que l'on prépare les cordes d'instruments. Nous ne nous occuperons ici que de la fabrication des boyaux soufflés.

Cette fabrication est sans contredit la plus dégoûtante que l'on puisse imaginer : rien n'approche de l'horrible puanteur que l'on ressent dans l'atelier du boyaudier, la nature des opérations auxquelles il se livre l'explique déjà suffisamment; mais quand on pense que les boyaux arrivés des abattoirs, la plupart du temps dans un état de putréfaction commencée, sont jetés dans des tonneaux défoncés, d'où on les tire pour les soumettre aux diverses opérations que nous allons décrire successivement, et qu'on les abandonne à la putréfaction, on se fera facilement une idée de ce travail. Et que l'on ne croie pas que ces substances, déjà si dégoûtantes par elles-mêmes, soient lavées avec soin pour être ensuite nettoyées et travaillées; tout est jeté pêle mêle dans les tonneaux : les morceaux détachés par le couteau, les matières fécales extraites des intestins, l'eau infecte qui se répand des vases où sont les boyaux garnissent le sol de l'atelier dont l'exiguité vient encore ajouter à l'infection. Encore l'été les croisées restent ouvertes; mais lorsque le temps est froid tout est clos, et l'on a peine à s'expliquer comment des individus peuvent s'habituer à de semblables émanations. Ce qui vient encore ajouter à l'infection de l'atelier, est un puisard placé à côté, et dans lequel on jette les excréments et les morceaux de boyaux qui ne peuvent servir; la réunion de tant de matières en putréfaction, fait de l'atelier des boyaudiers l'un des foyers d'infection les plus prononcés. Nous n'avons rien à dire sur la question relative à l'action de ces émanations sur l'économie animale : il en a été parlé dans l'article précédent.

Les intestins sont formés de deux parties principales. Ils sont enveloppés d'une masse de graisse qui y est adhérente, et dont les bouchers séparent la plus grande partie après avoir abattu l'animal. Le peu de soin qu'ils mettent dans cette opération est la cause que les boyaudiers sont forcés de jeter une quantité considérable de morceaux qui ne peuvent servir à cause des perforations qui s'y trouvent.

La séparation de toute la graisse est la première opération à laquelle se borne le boyaudier, et il doit la pratiquer le plus tôt possible, parce qu'elle devient d'autant plus difficile que les boyaux sont plus anciens. Il l'opère, en passant avec adresse un couteau sur l'intestin humide, de manière à séparer toute la graisse et une partie de la membrane péritonéale. Au lieu de retirer, à mesure qu'elle est détachée, cette portion de graisse, le boyaudier la laisse tomber par terre avec les matières fécales qui s'écoulent de l'intestin, on est obligé après coup de la recueillir, et après l'avoir l'avoir lavée de la faire sécher sur des claies pour être fondue : elle ne donne que du suif très commun.
V. Suif.

Les boyaux doivent être ensuite retournés : l'ouvrier y parvient facilement en faisant rentrer avec les doigts la portion qu'il veut invaginer, et faisant couler de l'eau dans l'intestin ; ces opérations ne sont que préliminaires ; la suivante est nécessaire pour faciliter la séparation de toute la membrane péritonéale dont une partie seulement a été enlevée dans le dégraissage ; on abandonne les boyaux dans des tonneaux remplis d'eau, pendant six à huit jours en hiver, et deux à trois en été. La décomposition putride se développe bientôt, et se manifeste par le dégagement de bulles de gaz qui s'élèvent à la surface ; une odeur infecte accompagne cette décomposition. Quand elle est assez avancée, on jette les boyaux dans des baquets en partie remplis d'eau, et des ouvriers les ratissent dans toute leur étendue en les pressant avec l'ongle, et on les jette de nouveau dans l'eau pour les laver; on change plusieurs fois l'eau qui est d'abord très infecte : c'est à ce point que les boyaux peuvent être soufflés ; pour cela l'ouvrier se sert d'un morceau de roseau qu'il introduit dans le bout de l'intestin, et avec la bouche il y insuffle de l'air, et fait une ligature à une distance déterminée par l'état du boyau qui offre souvent des déchirures qui permettent à l'air de s'échapper. On comprend difficilement comment un homme peut se livrer à un travail aussi pénible que cette insufflation : l'air infect qui ressort de l'intestin pénètre dans sa poitrine, et lui occasione une fatigue extrême; aussi ne peut-il continuer que peu de jours de suite ce pénible exercice : l'air qui passe au travers du boyau se répand dans l'atelier, et y porte une infection difficile à rendre.

Les boyaux soufflés sont étendus sur des perches dans un lieu bien aéré; quand ils sont complétement desséchés on les perce pour en faire sortir l'air, et après les avoir réunis en paquet on les porte au SOUFFROIR. Cette opération a pour but de leur enlever leur odeur : elle les blanchit et les rend moins aptes à être attaqués par les insectes.

Il pourrait paraître surprenant qu'arrivée au point où elle est depuis cinquante ans, la chimie n'ait pas procuré quelques moyens de changer un état de chose aussi barbare que le travail du boyaudier, si on ne réfléchissait, d'une part, au peu de rapport des savants avec cette classe d'ouvriers, et sur-tout à la résistance que l'on rencontre pour faire adopter les meilleurs procédés par des hommes, que la routine et une incroyable obstination retiennent dans les voies qu'ils ont toujours suivies. La preuve la plus positive que l'on puisse donner à cet égard, est sans contredit ce qui s'est passé relativement au travail de M. Labarraque, qui a procuré aux boyaudiers les moyens d'assainir leurs ateliers, et de rendre leur travail aussi peu désagréable qu'il était dégoûtant jusques là; et cependant sa persévérance et l'appui de l'administration n'ont pu faire surmonter l'entêtement des ouvriers.

Les plaintes réitérées, à un grand nombre de reprises, contre les boyauderies, avaient engagé le préfet de police à proposer un prix pour un procédé propre à donner les boyaux soufflés sans leur faire subir la fermentation putride. La société d'encouragement qui avait reçu la mission de rédiger le programme et de juger le concours, a décerné le prix au travail de M. Labarraque, qui ne laisse rien à désirer sur cette question.

La potasse carbonatée ou caustique, les acides sulfuriques, nitrique, hydro-chlorique, acétique, le chlore dissous, l'alun ne peuvent être employés, soit parce qu'ils ne détruisent pas la putréfaction, soit qu'ils altèrent plus ou moins les boyaux; l'eau de javelle ou chlorure de potasse, offre au contraire l'avantage d'empêcher la décomposition putride, et de rendre facile la séparation de la membrane muqueuse; mais son prix élevé avait fait rechercher à M. Labarraque, s'il ne pourrait pas y substituer le chlorure de chaux. L'expérience a prouvé que celui-ci empêchait au contraire la séparation de la membrane, et ne pouvait être employé. A l'instigation de M. D'Arcet, il a essayé de faire usage du chlorure de soude qui a donné les résultats les plus avantageux, et qui peut être obtenu à un prix beaucoup moins élevé que celui de potasse.

Après que les boyaux ont été dégraissés et retournés, et pour un tonneau renfermant les intestins grêles de cinquante bœufs, on emploie deux à trois sceaux d'eau contenant 1,500 gr. de chlorure de soude à 12 ou 13° : les intestins perdent complétement leur odeur, la membrane s'en sépare facilement, et l'insufflation s'en fait sans aucun inconvénient; la désinfection est complète, et rien ne se trouve changé au travail ordinaire des ouvriers, ce qui est absolument indispensable quand il s'agit de perfectionnements quelconques à un art.

Le travail de M. Labarraque est d'une grande importance pour l'art du boyaudier, et l'a conduit à d'autres applications très utiles ; mais jusqu'ici ce n'a jamais été que dans quelques cas particuliers qu'il a été possible de faire adopter ses procédés aux ouvriers, malgré les ordres positifs que l'autorité a donnés à cet égard.

Nous avons parlé, à l'article Batteur d'or, de l'emploi de la Baudruche dans laquelle on renferme les feuilles d'or. Voici comment on la prépare :

On détache la partie de la membrane péritonéale qui recouvre le *cœcum* du bœuf, et on la laisse se dessécher. On la fait ensuite tremper dans une faible solution de potasse, et on la ratisse soigneusement ; on l'étend alors sur un châssis en plaçant au-dessous la partie qui adhérait après la membrane musculeuse, et on applique dessus une autre membrane tournée en sens inverse, qui adhère si fortement avec la première, qu'elle semble n'en faire qu'une seule ; et on les détache.

On étend de nouveau la baudruche, et on l'enduit avec une légère dissolution d'alun, et ensuite avec une de colle de poisson dans le vin blanc, à laquelle on ajoute divers aromates ; enfin on y applique une couche de blancs d'œufs.

On voit par les détails dans lesquels nous sommes entrés relativement au travail du boyaudier, qu'il y a de grandes améliorations à apporter dans la disposition et la tenue des ateliers. Nous pensons faire une chose utile en signalant les points principaux sur lesquels elles doivent porter. Ces vues ont été exposées dans le Mémoire de M. Labarraque.

Le bâtiment devrait avoir quinze mètres de long sur cinq à six de large dans œuvre ; être élevé d'un étage, avec grenier. L'atelier de la boyauderie, placé à une extrémité, aurait cinq à sept mètres de long, cinq à six de large, et quatre de haut ; d'un côté se trouveraient trois croisées, et de l'autre deux croisées et une porte, de manière à pouvoir ventiler facilement.

Au milieu, à $1^m,30$ les unes des autres, des solives verticales serviraient à placer les agrafes sur lesquelles on attache les boyaux. Contre les murs, et sur des chantiers en bois ou en pierre, on placerait des tonneaux en bois blanc résineux, cerclés en fer et peints à l'huile, portant une ouverture à la partie inférieure; un tuyau en plomb, garni de robinets, pourrait verser de l'eau dans chaque tonneau. L'atelier étant dallé en pierre, et le sol incliné, les lavages convenables rendraient facile le maintien de la propreté; ils devraient être renouvelés plusieurs fois chaque jour, et opérés tous les soirs après le travail.

Pour que les eaux trouvent un écoulement facile, et ne puissent séjourner sur le sol, l'atelier devrait être placé sur le bord de la rivière, et pour éviter que les morceaux de boyaux qui tombent sur le sol n'y fussent entraînés, l'ouverture de la gargouille devrait être garnie d'une grille ou d'une CUVETTE A LA DÉPARCIEUX.

A côté de l'atelier le sol serait creusé de $1^m,30$ à $1^m,70$, dans un espace de $3^m,30$ sur $5^m,30$ environ. Cette pièce servirait pour la désinsufflation.

Dans le séchoir, vaste et bien aéré, chaque piquet devrait être garni de quatre plaques d'ardoise pour empêcher les rats de grimper et de ronger les boyaux.

Quatre fosses de deux mètres carrés recevraient les déchets et les matières fécales: en les couvrant de terre, et les abandonnant pendant un an, on obtiendrait un excellent COMPOST.

Le SOUFFROIR serait placé à peu de distance.

L'emploi du chlorure de soude éloignerait toute putréfaction; et si on lavait de temps à autre les ateliers avec une faible dissolution de cette substance, ou de chlorure de chaux, on détruirait presque absolument toute odeur.

Le voisinage des boyauderies est non-seulement extrêmement désagréable par l'odeur infecte qu'elles présentent, mais l'énorme quantité de rats qui pullulent dans ces sortes d'établissements, devient une occasion de destruction pour les propriétés peu distantes. H. GAULTIER DE CLAUBRY.

BOYAUDERIES. (*Administration.*) Les boyauderies rangées par le décret du 15 octobre 1810, dans la première classe des établissements insalubres, ne peuvent être formées qu'en vertu d'une ordonnance royale, après l'accomplissement des formalités exigées pour les ateliers qui appartiennent à cette classe, ainsi que nous le verrons au mot Établissements insalubres.

Le décret de 1810 et l'ordonnance réglementaire du 14 janvier 1815 sont les seuls actes généraux applicables à cette industrie. Mais, en outre, elle reste soumise à toutes les prescriptions que les autorités locales jugeraient utiles d'ordonner dans l'intérêt de la salubrité.

Les boyauderies présentent les inconvénients les plus graves, tant sous le rapport de l'infection qui règne ordinairement dans les ateliers, que sous celui de l'écoulement des eaux de lavage et de macération, et de la conservation des débris d'animaux qui ont servi à la fabrication, et qui se corrompant facilement, répandent au loin les exhalaisons les plus incommodes et les plus malsaines.

Pour remédier, autant que possible, à ce que cet état de choses présente de fâcheux, on exige ordinairement que les emplacements sur lesquels doivent être établis les boyauderies soient isolés de cent mètres au moins de toute habitation, et situés, autant que possible, sur le bord d'une rivière ou d'un ru. S'il n'y a pas de cours d'eau, on y supplée par un puits en état de fournir constamment et en toute saison, la quantité d'eau nécessaire aux opérations.

Si la fabrique est située dans le voisinage d'un égout, ou sur le bord d'une rivière, condition qui, pour les établissements de ce genre, est toujours la plus favorable, les eaux de lavage et de macération s'y écoulent naturellement; mais il importe que cet écoulement ait lieu soit par des conduits souterrains, soit par des caniveaux dallés et bien cimentés, et qui puissent être tenus constamment en bon état de propreté, car il y aurait des dangers à laisser ces eaux parcourir un trajet plus ou moins long, pendant lequel elles infecteraient toutes les habitations riveraines. Lorsque l'écoulement ne peut avoir lieu de cette manière, on exige que ces eaux soient reçues dans des tonneaux sur voitures, pour être versées le soir, soit dans une voirie, soit dans un égout, soit dans une rivière. Dans aucun cas on ne tolère l'écoulement de ces eaux dans des puisards, ni sur quelque portion de terrain que ce soit. Les tonneaux destinés à la macération des intestins doivent être placés sous des hangars ou dans un atelier dallé, et ouvert, autant que possible, à tous les vents.

Les dispositions qui précèdent sont l'objet, à Paris, d'une ordonnance de police, en date du 14 avril 1819, et elles s'appliquent non-seulement aux boyauderies, mais encore aux fabriques de cordes à instruments. AD. TREBUCHET.

BRAI GRAS. *V.* GOUDRON.

BRAI SEC. *V.* ARCANSON.

BRASQUE. (*Technologie.*) Lorsque des substances que l'on doit porter à une haute température dans des vases en métal ou en terre, pourraient éprouver quelque altération dans leur contact avec ces vases ou les attaquer; ou bien lorsqu'elles doivent être en contact avec du charbon pour éprouver quelque changement, on enduit les creusets qui les renferment d'une couche plus ou moins épaisse de charbon, soit seul, soit mêlé avec des substances destinées à lui donner de la solidité ; ainsi la brasque est mise en usage quand on veut réduire au feu de forge des oxides réfractaires : on peut préparer certains sulfures très purs en chauffant les sulfates avec du charbon. C'est dans ces mêmes creusets que l'on réduit divers minerais, et particulièrement des minerais de fer, pour connaître les proportions des métaux qu'ils contiennent. Ces différentes opérations sont faites sur de petites quantités et constituent des travaux de laboratoire; mais on brasque aussi de grands appareils, par exemple pour le traitement du fer dans l'affinage de la fonte. Nous renvoyons pour ce dernier objet à l'article FER.

On donne aussi le nom de brasque à l'enduit que l'on applique sur la coupelle employée pour le traitement du plomb argentifère. Sa préparation sera décrite au mot COUPELLATION.

Pour brasquer un creuset destiné à des essais de laboratoires ou la préparation de divers produits, on conseillait autrefois, et quelques personnes suivent encore ce procédé, de mêler la poudre de charbon avec de l'eau légèrement gommée, ou un peu d'empois ou d'argile délayée dans l'eau : mais ces substances présentent plusieurs inconvénients, qui sont de donner trop de dureté à la brasque, de la faire fendiller, et de produire, quand on emploie l'argile, une partie des effets que l'on voulait éviter en se servant d'une brasque, c'est-à-dire l'action d'une matière terreuse, à une haute température, sur les substances que l'on traite. La meilleure brasque, en même temps que la plus simple, se prépare en humectant du charbon en poudre, de manière à en former une pâte que l'on comprime fortement dans des creusets, et dans le milieu de laquelle on pratique une cavité destinée à recevoir la substance que l'on veut décomposer. Quand la brasque est desséchée complétement, on peut se servir des creusets pour toutes les opérations qui exigent l'action du charbon.

Les décompositions que l'on produit de cette manière sont beaucoup plus convenablement opérées que si on mêlait du charbon avec la substance à traiter, parce qu'il serait très difficile, dans la plupart des cas, de déterminer exactement la proportion de charbon absolument nécessaire, et que l'on est toujours obligé d'en employer un excès qui altère le produit, outre qu'il n'empêche pas l'action des creusets eux-mêmes. H. Gaultier de Claubry.

BRASER. (*Technologie.*) Réunir deux parties de métal au moyen d'un intermédiaire, qui est un métal plus fusible. Assez souvent on applique à cette opération le mot *souder*, parce que le métal intermédiaire est nommé *soudure*; c'est un vice dans notre langage technique, mais qu'il est difficile d'éviter, ce mot étant adopté dans un grand nombre de professions, orfèvrerie, bijouterie, ferblanterie, chaudronnerie, etc. Cependant le mot souder ne devrait s'appliquer qu'à l'opération du forgeron, par laquelle il réunit deux morceaux de fer, ou d'acier, ou bien encore fer et acier, par le moyen du feu, sans intermédiaire (*v.* Souder). On est, dans ce cas, contraint d'ajouter les mots à *chaude portée*, pour distinguer cette soudure qui devrait être la seule ainsi nommée; car à *chaude portée* ne signifie rien; et réserver les mots *braser*, *brasure*, pour la réunion de pièces au moyen d'un intermédiaire. Mais il n'en est pas ainsi, et nous devons prendre les choses dans l'état où elles se trouvent. *Braser* signifie donc réunir; *soudure*, le métal plus fusible servant d'intermédiaire; *brasure*, l'endroit de la réunion. Voici comment se fait cette opération : choisissons un exemple pour servir de base à notre démonstration, et supposons qu'il s'agisse de faire une virole en fer d'un diamètre indéterminé.

On commencera par couper, dans une feuille de tôle ou autre fer plat, une bande plus ou moins longue : figurons-nous-la comme une carte à jouer ; on limera carrément les deux petits côtés, le plus droit possible si l'on veut que la virole soit cylindrique, sinon en inclinant, si l'on veut lui donner de l'entrée, la faire conique. On recourbera, sur elle-même, la feuille de métal en approchant l'un de l'autre les côtés qu'on aura limés, qu'on aura soin de ne toucher, ni avec les doigts, ni avec un autre corps pouvant y déposer de la graisse ou des ordures. Lorsque les bouts seront rapprochés, et que la virole aura déjà la forme qu'elle doit conserver en définitive, on la liera avec deux bouts de fil de fer ; puis on placera dans la fente, en dedans, où elle doit être naturellement plus écartée, quelques copeaux de soudure. Pour le fer qui ne fond pas, tout métal pourra servir de soudure ; on choisit ordinairement le cuivre pur, ou le cuivre jaune. On pourrait déjà braser de la sorte, mais il faudrait un feu trop violent, et le fer se détériorerait. Pour n'être point contraint à avoir recours à une température aussi élevée, on emploie un corps plus fusible que le cuivre, qui facilite sa fusion ; c'est d'abord le borax, et à défaut, le verre pilé ou certains sables vitrifiables. On en prend une pincée dont on recouvre les copeaux de soudure ou le lingot de soudure, car il n'est point de rigueur absolue de diviser la soudure ; on ne le fait que pour faciliter la fusion. Dans cet état les choses sont préparées, il ne s'agit plus que de faire fondre.

Pour y parvenir sûrement, on placera, sur les charbons, la douille, un bout tourné du côté de l'opérateur, et autant que possible, de manière à ce que la lumière arrive par le bout opposé, et éclaire l'endroit où doit se faire la fusion ; il va sans dire que cet endroit sera tourné en dessous. Après avoir recouvert le tout de charbon, mais sans boucher l'intérieur et les deux orifices, on fera mouvoir le soufflet. Pendant que le fer chauffera à feu vif, mais cependant modéré, on aura l'œil fixé sur le borax, et l'on tiendra toujours la virole entre les pinces pour l'enlever au moment précis. Après qu'une fumée blanche se sera dissipée, apparaîtra sur la ligne de réunion un point très brillant. Ce point est le cuivre en fusion : on cesse alors le vent, et par un mouvement léger de la main droite, on fait basculer la virole, en l'ôtant du feu, si l'on croit avoir besoin de faire couler le cuivre le long de la fente ; sinon, c'est-à-dire, si l'on juge que le métal a fondu également tout le long, on retire sans incliner la virole et sans précipitation ni secousse : la brasure est faite. S'il en est besoin, on met DÉROCHER, et on lime l'endroit de la jonction, si la virole doit être limée. Ainsi se fait l'opération de braser. Si la virole est de cuivre on emploie l'étain, et en général, comme nous l'avons dit, un métal plus fusible (*v.* BIJOUTIER, *les soudures pour l'or et l'argent*). Les petits objets se brasent au feu du chalumeau. *V.* ce mot.

PAULIN DESORMEAUX.

BRASSERIES. (*Administration.*) Conformément au décret impérial du 15 octobre 1810 sur les établissements insalubres, aucune brasserie ne peut être établie sans l'autorisation du sous-préfet dans les départements, du préfet de police dans le département de la Seine, et après l'accomplissement des formalités voulues pour les ateliers de troisième classe.

Le commerce de la brasserie est soumis, en outre, aux lois sur les boissons ; ainsi, la fabrication, la vente et la circulation de la bière, forment une partie importante des fonctions et des attributions de l'autorité municipale qui a le droit d'examiner cette marchandise, d'en faire constater la qualité, et de poursuivre tous ceux qui débiteraient de la bière gâtée ou contenant des mixtions nuisibles à la santé, délit puni par le Code pénal.

Les anciens réglements de police de la ville de Paris, et les statuts des brasseurs de cette ville, en date du 16 mars 1730, et du mois de février 1780, enjoignaient aux brasseurs de fabriquer leurs bières avec de bons grains bien germés, tels que seigle, orge, avoine et houblon, sans y mettre ivraie, sarrasin et autres ingrédiens nuisibles, tels que poix-résine, poivre long, buis, coloquinte ; etc., sous peine de confiscation et d'amende. Il leur était défendu, en outre, sous peine d'amende et de confiscation, de tenir ou de nourrir dans les maisons où étaient leurs brasseries, aucuns bœufs, vaches, porcs, oisons, etc., à cause de l'infection qu'ils causeraient dans les brasseries qui ne peuvent être tenues dans un trop grand état de propreté.

D'autres ordonnances défendaient aux brasseurs de vendre leurs drêches lorsqu'elles étaient vieilles et corrompues, et aux regrattiers et nourrisseurs de vaches, chèvres et ânesses, d'en acheter sous quelque prétexte que ce fût, à peine de 200 fr. d'amende pour chaque contravention, tant contre les vendeurs que contre les acheteurs.

La plupart de ces dispositions sont encore aujourd'hui en vigueur; mais une ordonnance de police, du 2 février 1810, approuvée par le ministre de l'intérieur, exige, en outre, que les tonneaux ou quarts servant à entonner et à vendre la bière, soient de la contenance de soixante-quinze litres, et portent la marque particulière du brasseur, à l'exception toutefois des tonneaux d'une autre contenance. La loi du 28 avril 1816 porte la même disposition, et exige que l'empreinte de cette marque soit déposée au bureau de la régie.

Une seconde ordonnance, en date du 7 septembre 1813, prescrit aux brasseurs de faire inscrire en gros caractères au-dessus de la principale entrée de leurs maisons, leurs noms et les lettres initiales de leurs prénoms. Cette disposition se retrouve dans la loi de 1816 précitée. L'ordonnance de police du 7 septembre 1813, porte enfin, que les brasseurs qui suspendront ou cesseront leurs travaux, seront tenus d'en faire la déclaration à la préfecture de police, ainsi que ceux qui céderont leurs établissements. Cette dernière déclaration doit être faite dans la huitaine, et les cessionnaires doivent se faire inscrire dans le même délai.

Ce qui précède concerne la surveillance des brasseries, sous le rapport de la salubrité. Mais il est un autre point de vue non moins important sous lequel ces fabriques doivent être envisagées; nous voulons parler de la partie fiscale qui les concerne. Cette partie est régie par des lois spéciales, et par des règlements émanés de l'administration des contributions indirectes.

Les lois les plus importantes rendues sur cette matière, sont celles des 28 avril 1816, 25 mars 1817 et 23 juillet 1820, qui concernent les boissons en général, mais qui traitent aussi, en particulier, du commerce de la brasserie.

Suivant ces lois, il est perçu, à la fabrication des bières, un droit de 3 fr. par hectolitre de bière forte, et de 50 centimes par hectolitre de petite bière. Ce dernier droit s'élève à 75 centimes, lorsque l'hectolitre de petite bière se vend 5 fr. et au-dessus. Ces droits atteignent les bières destinées à la confection du vinaigre; mais alors les brasseurs doivent déclarer la contenance de la cuve dans laquelle toutes les trempes doivent être réunies pour fermenter.

Le droit de fabrication est restitué sur les bières qui sont expédiées à l'étranger ou pour les colonies françaises.

La petite bière, fabriquée sans ébullition sur des marcs qui ont déjà servi à la fabrication de tous les brassins déclarés, est exempte de tous droits, pourvu qu'elle ne soit que le produit d'eau froide versée dans la cuve-matière sur ces marcs; qu'elle ne soit fabriquée que de jour; qu'elle n'excède pas en quantité le huitième des bières assujetties au droit; qu'elle soit livrée de suite à la consommation sans mélange d'aucune autre espèce de bière. Pour s'assurer de l'exécution de cette disposition, les employés de la régie ont le droit de vérifier dans les bacs ou cuves, ou à l'entonnement, le produit de chaque brassin, et de saisir tout excédent à la contenance brute de la chaudière. Si cet excédent dépasse le dixième, cela suppose la fabrication d'un brassin non déclaré, et le droit est perçu indépendamment de l'amende encourue.

L'entonnement de la bière ne peut avoir lieu que le jour; il ne peut être fait d'un même brassin qu'une seule espèce de bière qui, après avoir été retirée de la chaudière, doit être mise aux bacs à rafraîchir sans interruption, les décharges partielles étant défendues.

Les chaudières destinées à la fabrication de la bière doivent contenir six hectolitres et au-dessus, être fixées à demeure, et maçonnées, sous peine de saisie et de confiscation. Les brasseries ambulantes sont interdites, sauf toutefois les permissions que peut donner la régie si elle le juge nécessaire.

La surveillance que la régie exerce sur les brasseries, sous le rapport fiscal, exige nécessairement qu'elle connaisse tous les établissements de ce genre qui viennent à se former. A cet effet, la loi veut que les brasseurs déclarent à cette administration la contenance de leurs chaudières, cuves et bacs, ainsi que la situation de leur fabrique, qui ne doit avoir aucune communication avec les maisons voisines autres que leurs maisons d'habitation; qu'ils ouvrent leurs établissements, à l'exception toutefois de leurs maisons non contiguës aux brasseries, ou non enclavées dans la même enceinte, à toute réquisition des employés de la régie; qu'ils fournissent l'eau et les ouvriers pour vérifier, en présence de ces employés, avant l'empotement, les contenances déclarées, etc. Chaque vaisseau porte un numéro et l'indication de sa contenance en hectolitres.

Ces déclarations une fois faites, il est défendu de rien changer aux contenances des chaudières, cuves et bacs, et d'en établir de nouveaux sans déclarations et vérifications nouvelles.

Le feu ne peut être allumé sous les chaudières que pour la fabrication de la bière, et chaque fois que cette opération doit avoir lieu, le brasseur doit déclarer, au moins quatre heures d'avance dans les villes, et douze heures dans les campagnes : 1° le numéro et la contenance des chaudières, et l'heure de la mise à feu sous chacune; 2° le nombre et la qualité des brassins qu'il doit faire fabriquer avec la même drèche; 3° l'heure de l'entonnement de chaque brassin; 4° le moment où l'eau doit être versée sur les marcs pour fabriquer la petite bière, sans ébullition, exempte du droit, et celui où elle doit sortir de la brasserie.

Si le brasseur veut mettre le feu sous une chaudière supplémentaire, il peut y être autorisé sans être obligé de payer le droit de fabrication, pourvu que cette chaudière ne serve qu'à chauffer les eaux nécessaires à la confection de la bière et au lavage des ustensiles de la brasserie. Cette chaudière doit être vidée aussitôt que l'eau destinée à la dernière trempe en a été retirée.

Les brasseurs peuvent se servir de hausses mobiles qui ne sont point comprises dans l'épalement, pourvu qu'elles n'aient pas plus d'un décimètre (environ quatre pouces) de hauteur, qu'elles ne soient placées sur les chaudières qu'au moment de l'ébullition de la bière, et qu'on ne se serve pas de mastic ou autres matières pour les soutenir.

Les dispositions qui précèdent, et qui sont obligatoires, sous peine, pour chaque contravention, de 200 à 600 fr. d'amende, sont toutes applicables, à l'exception du paiement du prix de la licence, aux particuliers qui ne brassent que pour leur consommation, aux colléges, maisons d'éducation et autres établissements publics. Les hôpitaux seuls ne sont assujettis qu'à un droit proportionnel à la qualité de bière qu'ils font fabriquer pour leur consommation intérieure.

La loi a pensé, avec raison, que l'exécution des dispositions qu'elle renferme serait à peu près impossible dans les villes populeuses, et que la surveillance qu'elle prescrit, sous le rapport des droits de fabrication, y deviendrait à peu près illusoire. Aussi elle permet à la régie de consentir de gré à gré avec les brasseurs de Paris et des autres villes au-dessus de trente mille ames, un abonnement général pour le droit de fabrication. Mais elle ajoute que les brasseurs sont alors solidaires pour le paiement des sommes portées aux rôles, et qu'aucun nouveau brasseur ne peut s'établir s'il ne remplace un autre brasseur compris dans la répartition. Cet abonnement ne comprend toutefois que les bières consommées dans la ville. Quant à celles expédiées hors de ces villes, elles sont soumises, à leur sortie, au droit de fabrication; mais ce droit est restitué lorsque les bières sont expédiées à l'étranger ou dans les colonies françaises.

L'abonnement dont il s'agit est discuté entre le directeur de la régie et les syndics nommés par les brasseurs, et ne devient définitif qu'autant qu'il a été approuvé par le ministre des finances sur le rapport du directeur général des contributions indirectes.

Lorsque l'abonnement est autorisé, les syndics des brasseurs procèdent chaque trimestre, en présence du préfet ou d'un membre du conseil municipal délégué par lui, à la répartition entre les brasseurs, en proportion de l'importance du commerce de chacun, de la somme à imposer sur tous. Les rôles arrêtés par les syndics, et rendus exécutoires par le préfet ou son délégué, sont ensuite remis au directeur de la régie pour qu'il en fasse poursuivre le recouvrement. L'abonnement ne peut être consenti que pour un an. En cas de renouvellement, les brasseurs procèdent, au préalable, à la nomination d'un tiers des membres du syndicat. Les syndics qui doivent être remplacés, la première et la deuxième année, sont désignés par le sort, et ils ne peuvent, dans aucun cas, être réélus qu'après une année au moins d'intervalle.

Pendant la durée de cet abonnement, nul brasseur ne peut accroître ses moyens de fabrication, soit en augmentant le nombre et la capacité des chaudières, soit de toute autre manière.

Au moyen de cet abonnement, les brasseurs sont dispensés de la déclaration qu'ils doivent faire avant chaque mise de feu; mais afin de fournir aux syndics les éléments de la répartition, et à la régie les moyens de discuter l'abonnement pour l'année suivante, ils doivent inscrire sur un registre coté et paraphé, chaque mise de feu, au moment même où elle aura eu lieu.

Les dispositions qui précèdent, concernant l'abonnement des brasseurs, ont fait penser qu'ils étaient privilégiés pour l'exercice de leur industrie, et que leur nombre se trouvait définitivement restreint à celui porté dans l'abonnement général.

Cette opinion, fondée sur l'art. 132 de la loi précitée, portant qu'aucun nouveau brasseur ne pourra s'établir s'il ne remplace un autre brasseur compris dans la répartition, serait certainement aussi contraire aux principes de notre législation commerciale, qu'aux vrais intérêts du commerce et des consommateurs. En décidant que le nombre des brasseurs porté dans l'abonnement ne pourrait être augmenté, la loi n'a voulu que fortifier, *pendant la durée de l'abonnement*, la solidarité des brasseurs. On conçoit, en effet, qu'au moment où l'abonnement est consenti, les brasseurs ne peuvent accepter cette solidarité qu'autant qu'elle porte sur des confrères qu'ils connaissent; mais qu'ils ne peuvent s'engager à l'avance à la partager plus tard avec des personnes qu'ils ne connaîtraient pas. Il était donc juste de leur donner des garanties à cet égard, de les assurer que leur position resterait la même pendant toute la durée de l'abonnement, et qu'ils n'auraient point enfin à encourir une responsabilité qui n'existait point pour eux à la date du traité. Mais, lorsque le terme de l'abonnement est révolu, et suivant l'art. 136 de la loi précitée, ce terme n'est que d'un an, c'est-à-dire, qu'il est nécessaire que l'abonnement soit renouvelé chaque année, la défense de s'établir, à moins qu'on ne soit porté au rôle de répartition, ne subsiste plus; car, dans l'intervalle qui s'écoule entre la fin de l'abonnement et un nouveau traité, il n'y a plus de rôles de répartition, puisqu'il n'y a plus d'abonnés. Les brasseurs retombent alors sous l'empire des lois générales qui laissent à chacun la liberté d'exercer son industrie en se conformant aux lois et réglements de police.

Le nombre des brasseurs ne se trouve donc limité que pendant la durée de l'abonnement annuel qu'ils ont consenti avec la régie, et à l'expiration de cet abonnement rien n'empêche que de nouveaux brasseurs autorisés suivant les réglements sur la matière, ne soient admis à exercer leur commerce, et ne soient en conséquence compris dans les nouveaux rôles de répartition. A. Trébuchet.

BREBIS. (*Agriculture.*) C'est le nom qu'on donne à la femelle du bélier. C'est un animal qu'on trouve dans toutes les parties du globe, sous des variétés de formes et de toisons aussi nombreuses que les climats sont différents. Dans la plupart de ces contrées, on l'élève pour sa chair et pour sa laine. Mais c'est sur-tout en France, en Espagne et en Angleterre que l'éducation des brebis a fait, dans ces derniers temps, de singuliers progrès. Ces animaux sont, en effet, pour les nations policées, une des plus grandes sources de la richesse publique, tant sous le rapport agricole, que sous celui de l'économie domestique et du commerce étranger; ils enrichissent en même temps le cultivateur et l'État.

Les variétés de brebis, quoique difficiles à classer au premier coup d'œil, peuvent être distinguées de deux manières: 1° par la longueur de leur laine; 2° par la présence ou l'absence des cornes. On peut les considérer aussi sous le rapport des lieux où certaines espèces paraissent plus abondantes, où elles atteignent une plus grande perfection, et d'où, par ces considérations, on peut les regarder comme originaires.

Les races de brebis les plus propres à l'agriculture, sont celles qui montrent le plus de tranquillité et de docilité. Quoique ces qualités résultent, en grande partie, du traitement auquel l'homme les a de longue main assujetties, cependant elles se remarquent plus dans certaines races que dans d'autres; et celles qui en sont douées, non-seulement sont plus faciles à gouverner, mais encore elles prennent plus de chair et de graisse que les autres, à nourriture égale.

En général, les races à longue laine exigent de meilleurs pâturages, et les races à laine courte semblent s'accommoder mieux des pâturages montagneux et de qualité inférieure.

Les variétés de ces deux races sont nombreuses en Angleterre; plusieurs sont d'un grand intérêt, et peuvent beaucoup contribuer à l'amélioration de leurs propres races.

La brebis espagnole ou mérinos est celle qui donne la laine la plus fine. Les mâles ont ordinairement des cornes d'une grandeur moyenne, mais les femelles en sont souvent dépourvues.

L'introduction des mérinos est un des plus grands avantages qu'ait jamais pu recevoir l'agriculture française, des hommes dévoués à ses progrès, depuis Daubanton jusqu'à nos jours, et parmi lesquels la reconnaissance nationale environne heureusement encore les Huzard et les Teissier. La ferme de Rambouillet, sous les yeux et par les soins de ces hommes célèbres, a sur-tout puissamment contribué à répandre et à généraliser cette race précieuse, qui a exercé et exerce une si profonde influence sur la régénération des races communes.

Les nombreux moyens proposés pour parvenir à cette amélioration, se réduisent au fond à deux entre lesquels on puisse fixer son choix.

Le premier consiste à se procurer des béliers et des brebis de race pure d'Espagne bien choisis, à les placer convenablement, à les multiplier entre eux, en écartant soigneusement du troupeau les mâles d'une race moins parfaite, et à leur donner enfin tous les soins requis.

Le deuxième se réduit à acquérir des béliers espagnols, et à les allier avec des brebis du pays. Cette méthode, qui est celle du métisage ou croisement, arrive plus lentement à une amélioration, mais elle agit à la fois sur un plus grand nombre d'individus, et elle est au fond un perfectionnement véritable agissant sur une race originairement moins bonne; tandis que le premier n'est, après tout, que l'acquisition et la multiplication d'une race originairement meilleure.

On comblera d'autant plus rapidement la distance existant entre les deux races qu'on veut croiser, que les brebis de la race la plus commune seront plus parfaites dans leur race.

Le choix de ces brebis est donc une chose importante; mais, du reste, on peut, avec les brebis les plus grossières, alliées de génération en génération avec des béliers espagnols purs, arriver à la perfection de la laine à la quatrième génération.

Les cultivateurs intelligents et prévoyants font marcher de front les deux méthodes, et sont par-là toujours pourvus de superbes béliers, dont ils peuvent vendre l'excédent avec profit.

La hauteur de la brebis mérinos varie de vingt-deux pouces à vingt-six, la longueur de trente-huit à quarante-quatre, et la grosseur de quarante-deux à quarante-six ; le poids moyen de celles de Rambouillet, est de 48 kilogrammes (96 liv.), et celles de Perpignan, de 42 (84 livres).

Pour qu'une brebis soit en état de donner un bel agneau, il faut qu'elle ait le corps grand, la croupe arrondie, le dos large, les mamelles amples, les tétines longues, les jambes minces et courtes, la queue épaisse, la laine fine.

Les brebis âgées sont celles qui donnent les plus beaux agneaux, et qui les nourrissent le mieux.

On doit, pour la femelle comme pour le mâle, s'attacher surtout à la vigueur. Outre les signes généraux qui l'indiquent dans toute l'habitude du corps, on s'en assure lorsqu'en saisissant l'animal par une des jambes de derrière, il la retire avec force, avec des saccades brusques, promptes et continues ; l'animal est entièrement sain, lorsque le blanc de l'œil est parsemé de vaisseaux sanguins bien marqués et d'un rouge vif.

Les brebis peuvent concevoir à dix ou onze mois ; mais leurs productions sont d'autant plus belles qu'on attend jusqu'à trois ans. Cependant, dès la deuxième année elles peuvent donner de beaux agneaux, quand elles sont vigoureuses et bien nourries. Elles portent cinq mois : ordinairement l'agnèlement se fait sans difficulté. S'il doit être laborieux, un berger instruit s'en aperçoit et sait y apporter les soins convenables. Le sevrage des agneaux se fait de deux à quatre mois, suivant qu'on les a fait naître à une époque plus ou moins rapprochée de la saison où il y a de l'herbe aux champs. Les jeunes béliers se séparent à quatre à cinq mois des brebis et des agnelles.

Dans les bêtes à laine, comme dans les chevaux et dans les bêtes bovines, l'âge est indiqué par l'état des dents. Ces animaux n'en ont qu'à la mâchoire inférieure ; un bourrelet cartilagineux en tient lieu à la mâchoire supérieure. La première année, les huit dents de devant paraissent ; l'animal porte alors le nom d'agneau mâle ou femelle. Ces dents ont peu de largeur, et sont pointues. La deuxième année, les deux du milieu tombent et sont remplacées par deux nouvelles, plus larges que les six autres qui restent; l'animal porte alors le nom d'anténoirs ou anténoise, c'est-à-dire né l'année d'avant. A la huitième année, aucune des dents pointues ne subsistent plus, et les huit dents sont toutes des dents larges. Dans la race espagnole, la chute des dents pointues est plus rapide; et après la cinquième année, on ne peut reconnaître l'âge que par le plus ou moins d'usure des dents mâchelières.

L'humidité est très contraire à la santé des bêtes à laine; il faut donc, autant que possible, les écarter des terrains mouillés. On est sûr de réussir en faisant des élèves de la race d'Espagne sur des terrains bien sains, parmi lesquels ceux qui présentent des pentes, conviennent le mieux. En général, on doit préférer, pour les troupeaux, des sols sablonneux, crayeux, et tous ceux qui laissent échapper ou filtrer les eaux, et qui se couvrent de chiendent, fétuque, ovine, pimprenelle, etc. On mettra le troupeau à l'abri de la pourriture, en subordonnant l'usage des pâtures, à la saison, à la température, à l'état du jour même, et aux aliments que les bêtes trouvent en rentrant à l'étable. Il peut exister telle pièce de terre que le troupeau ne doive jamais parcourir en sortant de la bergerie; telle autre sur laquelle il ne doive que passer légèrement; une autre où il n'est conduit que pendant les jours humides, telle autre que pendant les grandes sécheresses; tel champ ne peut être pâturé que le matin, tel que ne peut l'être que l'après midi. Des fossés, des puisards, des saignées et rigoles, des changements dans la culture, l'introduction des plantes fourrageuses, suffisent souvent pour opérer dans la qualité des pâturages les plus heureuses améliorations.

Le mérinos se nourrit de toutes les plantes qui conviennent aux races communes : la luzerne, le trèfle, le sainfoin, le bon foin des prés hauts, les pois, vesces, gesses, lupins, la pimprenelle, etc.; mais, avant tout, les bons regains de trèfle ou de luzerne conviennent à merveille aux bêtes à laine de race. On peut y joindre des racines, telles que pommes de terre, betteraves, carottes, navets, topinambours, et même des plantes potagères. Quand on nourrit entièrement à la bergerie, on donne à chaque bête, 1 kilog. à 1^k500 (2 livres à 2 1 1/2 de fourrage par jour; mais on ajoute, pour cinq brebis, prégnantes ou allaitantes, 500 grammes (1 livre) de mélange de féverolles, de pois, ou d'autres espèces de grains, et on y joint aussi du son gras.

Les longues pluies étant infiniment contraires aux bêtes à laine, on a reconnu la nécessité de les abriter. Des hangards ont paru à plusieurs agronomes devoir suffire ; mais, dans les climats froids et humides sur-tout, des bergeries spacieuses, bien percées et bien aérées, placées sur un terrain sec, attenant à une grande cour close, où les animaux aient la faculté d'aller suivant leur instinct, offrent l'abri le plus sûr, le plus commode et le plus sain qu'on puisse se procurer dans tous les lieux et pour toutes les saisons, en ayant soin de les bien nettoyer, et d'en renouveler souvent la litière.

On a autant controversé sur les avantages du parcage que sur ceux des bergeries. On peut parquer, sans inconvénient, et même avec beaucoup de bénéfice, toutes les terres parfaitement saines, pourvu qu'on ne commence à parquer qu'après le temps des froids et des pluies, qu'on laisse les bêtes à laine à la bergerie pendant les premiers mois qui suivent la tonte, et qu'on les y fasse rentrer toutes les fois qu'on craint quelque orage ou une forte pluie. Il est d'ailleurs de la plus grande importance de ne faire sortir le troupeau, soit du parc, soit de la bergerie, qu'après que la rosée est entièrement dissipée.

L'époque de la tonte varie selon les climats et l'âge des animaux. Elle a lieu plutôt dans les pays chauds que dans les pays froids et tempérés. On commence par les bêtes adultes : les agneaux se tondent trois semaines plus tard.

Cet article sera complété aux mots LAINE, TONTE, MÉTISAGE, MOUTON, etc.　　　　　　　　　　　　　SOULANGE BODIN.

BREVETS D'INVENTION. (*Commerce. Industrie.*) On appelle *brevet d'invention* le privilége exclusif assuré à un inventeur, pendant un temps limité, d'exploiter sa propre invention. Ce privilége est connu en Angleterre sous le nom de *Patente*. La délivrance des brevets d'invention est soumise à certaines conditions, et ces brevets eux-mêmes prennent divers noms, selon certaines circonstances. Ainsi, les brevets *de perfectionnement* diffèrent des brevets d'invention, en ce sens qu'il suffit d'une amélioration notable à un procédé connu, pour que l'auteur de cette amélioration soit investi des mêmes priviléges qu'un inventeur; et les brevets d'*importation* sont accordés à ceux qui procurent à l'industrie nationale une machine ou une invention quelconque importée de l'étranger. Ces trois sortes de brevets ne doivent pas être confondues, et sont sujettes à des règles particulières. Nous les passerons successivement en revue.

Les brevets étaient jadis concédés à titre de faveur par la seule volonté du souverain. Plus tard, ils ont été l'objet d'une législation spéciale qui laisse encore beaucoup à désirer. Cette législation, qui date de l'assemblée constituante, a été modifiée sous le consulat et l'empire. On a considéré que le brevet étant un véritable privilége, il n'y avait lieu de l'accorder à quelques personnes que dans l'intérêt général, et que par conséquent il convenait de l'accompagner de certaines restrictions.

Les brevets d'invention ont été institués par les décrets des 7 janvier et 25 mai 1791.

Depuis, ces réglements ont été successivement modifiés par la loi du 12 septembre 1792, qui déclare que les objets pour lesquels il a été obtenu des brevets d'invention, ne sont pas susceptibles de récompenses nationales; par le décret du 25 décembre suivant qui dispose qu'il ne sera plus accordé de brevet d'invention aux établissements relatifs aux finances, et qui supprime l'effet de ceux qui auraient été accordés; par l'arrêté du gouvernement, du 5 vendémiaire an ix, portant que les certificats de demande d'un brevet d'invention, seront donnés par le ministre de l'intérieur; que les brevets seront délivrés tous les trois mois, et insérés au *Bulletin des Lois;* qu'au bas de chaque expédition, il sera dit que le *gouvernement en accordant un brevet d'invention sans examen préalable, n'entend garantir, en aucune manière, ni la priorité, ni le mérite, ni le succès d'une invention;* par le décret du 25 novembre 1806, qui abroge la disposition de l'art. 14 du titre 2 de la loi du 25 mai 1791, en ce qui concerne la défense d'exploiter les brevets d'invention *par actions*, et qui permet en conséquence ce mode d'exploitation, mais avec l'autorisation du gouvernement; enfin, par un décret du 25 janvier 1807, qui fixe l'époque à laquelle commencent à courir les années de jouissance des brevets d'invention, de perfectionnement et d'importation.

Tout inventeur qui désire obtenir un brevet d'invention doit déposer sa demande cachetée au secrétariat général de la préfecture de son département. Cette demande, adressée au ministre du commerce, doit contenir le mémoire descriptif des moyens employés, des dessins ou modèles représentant l'objet de la découverte, et un état double et signé des pièces renfermées dans le paquet. Le pétitionnaire est assujetti, en outre, au paiement d'un droit qui est de 300 fr. pour un brevet de cinq ans; de 800 fr. pour un brevet de dix ans; et de 1,500 fr. pour un brevet de quinze ans, le plus long qui puisse être accordé; plus 50 fr. pour frais d'expédition du brevet. On n'est obligé de payer comptant que la moitié du montant de la taxe; l'autre moitié peut n'être soldée que dans l'espace de six mois, passés lesquels le breveté encourt la déchéance, si la somme totale n'est pas versée au trésor. Si, à l'expiration de la jouissance du brevet, on veut en obtenir la prorogation, l'on doit s'adresser de nouveau au ministre et non au corps législatif, comme l'exige la loi du 25 mai 1791 (art. 8, t. I). La Cour de Cassation a décidé, par un arrêt du 5 mars 1822, que cet article était abrogé.

La déchéance des brevets est prononcée, selon les circonstances, par l'autorité administrative ou par l'autorité judiciaire. Cette déchéance est naturelle à l'expiration du terme du brevet (1); elle est proclamée par le ministre, lorsque l'inventeur n'a pas exploité son invention après deux ans sans motifs valables; et elle peut être prononcée par les tribunaux lorsqu'il est prouvé que le prétendu inventeur n'a rien inventé, ce qui arrive trop souvent. En effet, le brevet n'étant autre chose qu'une simple attestation de l'autorité, et non pas comme on le croit vulgairement, une garantie de la réalité et de l'utilité d'une découverte, ce brevet doit pouvoir être attaqué toutes les fois qu'il n'est pas le prix d'une véritable invention, ou bien lorsque cette invention est nuisible à la sûreté ou à la salubrité publique. L'administration n'a pas voulu, avec raison, se rendre juge de

---

(1) L'administration du Conservatoire des Arts et Métiers, à Paris, a publié, en une collection de vingt-trois volumes in-4°, la description des brevets expirés ou déchus. Cette curieuse collection, accompagnée de nombreuses planches, se continue.

l'importance d'une découverte, parce que son jugement eût été long et difficile, et qu'il aurait entraîné une responsabilité immense. Peut-être aussi a-t-elle cherché à mettre les procédés nouveaux à l'abri d'une communication nécessairement portée devant des juges intéressés à en abuser ou à en dérober la propriété.

La déchéance est encore encourue, si le breveté, en demandant un brevet, a récélé les véritables moyens d'exécution, ou s'il s'est servi, dans ses fabrications, de moyens secrets qui n'auraient pas été détaillés dans sa description; s'il a obtenu une patente pour des découvertes déjà consignées et décrites dans des ouvrages imprimés et publiés; si après avoir obtenu une patente en France, il en a obtenu une pour le même objet en pays étranger; si le cessionnaire d'un brevet d'invention ne remplit pas les conditions et les obligations imposées à son cédant (1); si, enfin, comme nous venons de le dire, le brevet a été obtenu pour un objet que les tribunaux ont jugé contraire aux lois du royaume, à la sûreté publique ou aux réglements de police.

Cette dernière disposition a souvent donné lieu de rechercher si les brevets d'invention concédaient à ceux qui les possèdent, le droit de mettre leurs appareils en activité avant d'avoir obtenu l'autorisation de l'administration, lorsque leur usage présentait des inconvénients graves. « Le brevet, disent les industriels, nous donne la faculté de faire, à nos risques et périls, et par privilége, ce à quoi notre invention peut être propre à quelque profession d'arts ou de métiers qu'elle se rattache. Autrement, l'autorité en exigeant, pour l'exercice de l'appareil inventé, une autorisation spéciale, et en refusant cette autorisation, s'opposerait, par cela seul, à l'exécution d'une condition imposée par elle, donnerait et retirerait tout à la fois, accorderait un brevet et ne permettrait pas à l'inventeur d'en faire usage.

« Telles sont les principales objections opposées par les

---

(1) La propriété d'un brevet d'invention peut être cédée par acte sous seing privé. Le défaut d'enregistrement de la cession sur les registres du secrétariat de la préfecture ne peut être invoqué comme moyen de nullité de la cession par l'inventeur ou par les héritiers. (*C. de Cass.*, 20 nov. 1822.)

brevetés à l'autorité, toutes les fois qu'elle veut soumettre leur industrie aux règles générales de sûreté publique et de salubrité.

» Personne n'ignore de quelle manière se délivrent les brevets d'invention : ils s'obtiennent *sur simple requête et sans examen préalable*, aux risques et périls de ceux qui les sollicitent; et de plus, il est dit au bas du brevet, que le gouvernement n'entend garantir, en aucune manière, ni la priorité, ni le mérite, *ni le succès* d'une invention. Enfin, la loi du 25 mai 1791 semble avoir levé tous les doutes, en déclarant la déchéance des brevets pour les cas où leur objet serait contraire aux lois du royaume, à la sûreté publique ou aux réglements de police.

» Ainsi donc, le gouvernement n'examine pas la question de danger ou d'incommodité, avant de délivrer le brevet. Cet acte ne donne aux parties, d'autre droit que celui de faire l'objet inventé, par privilége et à l'exclusion de tout autre. Mais quant à son usage, à son application à une industrie quelconque, c'est alors qu'il doit être examiné sous le rapport de la sûreté et de la salubrité.

» C'est ainsi que, dans le temps, les premiers appareils autoclaves pour lesquels on avait obtenu un brevet d'invention, ayant causé des accidents graves, tous les détenteurs de ces appareils furent sommés par le préfet de police, d'en suspendre l'usage jusqu'à ce qu'ils eussent été soumis à une commission spéciale composée d'hommes de l'art, à l'effet de connaître les conditions qu'il y avait lieu de leur prescrire dans l'intérêt de la sûreté publique.

» Nous concluerons :

» Que les brevets d'invention restent soumis à toutes les lois et à tous les réglements de police.

» Qu'ainsi, les réglements concernant les établissements insalubres, leur sont applicables;

» Et, qu'enfin, l'autorité municipale a le droit de leur interdire, dans les cas prévus, la fabrication ou l'usage des appareils qu'ils ont inventés. » (Trébuchet, *Code des établissements insalubres.*)

La jouissance d'un brevet date du jour où le certificat de dépôt est accordé. En cas de contestation, le décret du 25 janvier

1807 porte que la priorité d'invention appartient à celui des deux brévetés qui a fait le premier son dépôt au secrétariat général de la préfecture du département.

Les brevets de *perfectionnement* sont ordinairement demandés par les inventeurs eux-mêmes, lorsqu'ils veulent obtenir une prolongation de jouissance de leur invention. Quelquefois ils réclament un brevet nouveau pour des améliorations qui perfectionnent leur découverte; mais le second brevet n'empêche pas le premier d'expirer à son terme, et n'a de valeur que par sa propre durée.

Les brevets d'*importation* sont accordés pour l'introduction en France d'un procédé bréveté à l'étranger. Ils cessent de plein droit d'avoir leur effet aussitôt que le brevet étranger duquel ils émanent est expiré. Ces brevets sont de véritables abus, beaucoup plus nuisibles que profitables au développement de l'industrie nationale, en ce sens qu'ils inféodent à un seul homme la liberté d'importation de procédés étrangers, qui seraient, sans cette restriction, à la disposition de tout le monde.

Tout propriétaire de brevet peut poursuivre les contrefacteurs de sa découverte ou de ses procédés, à moins qu'il ait lui-même livré sa découverte à la publicité, et que volontairement il en ait fait la propriété publique. La loi, que nous croyons très vicieuse sur le premier point, a voulu qu'un simple juge de paix suffît pour prononcer sur le fait, souvent si difficile à établir de la contrefaçon, et *son jugement est exécutoire, nonobstant appel*. L'appel, contrairement aux règles habituelles de la jurisprudence, est porté, non pas devant la juridiction immédiatement supérieure qui est le tribunal de première instance, mais devant la Cour royale. Ainsi, le même juge de paix auquel la loi interdit de prononcer en matière d'intérêts souvent très minimes, peut décider, *lui seul*, du sort d'un établissement immense, faire fermer des ateliers, congédier des milliers d'ouvriers, provisoirement et *nonobstant appel!* Nous ne craignons pas d'appeler *monstrueuse* une telle législation. Déjà l'expérience en a fait ressortir les abus : il est arrivé plusieurs fois que des juges de paix, fort ignorants, ont jugé qu'il y avait contrefaçon où véritablement cette contrefaçon n'existait pas. Leur jugement, affiché à plusieurs exemplaires par des plaideurs intéressés à l'exploiter, a jeté une sorte de défaveur sur la partie condamnée, et l'arrêt de la Cour royale est arrivé trop tard pour réparer le dommage que l'impéritie d'un magistrat secondaire avait causé.

La compétence exorbitante des juges de paix devient bien plus nuisible encore lorsqu'il s'agit des brevets d'importation. Souvent un fabricant habile tire de l'étranger des procédés ingénieux pour améliorer la production, sans prétendre à aucun monopole. Tout-à-coup un *agioteur en brevet*, comme les appelle si justement un économiste célèbre, se pourvoit d'un privilége, et s'avise de poursuivre en contrefaçon le fabricant qui travaillait tranquille sans songer à exclure personne. N'est-ce point un abus que le monopoleur avide ait le droit d'inquiéter le manufacturier laborieux et tolérant!

Nous ne saurions trop prémunir le public contre les abus de la législation des brevets d'invention. Ces brevets ont produit généralement, en France, plus de mal que de bien; ils n'ont jamais fait la fortune d'un seul inventeur recommandable, et ils ont couvert le pays d'une nuée de prétendus inventeurs parasites, qui trompent la crédulité générale par des annonces pompeuses, en excipant de l'approbation que le gouvernement est censé avoir donné à leurs inventions. Ces hommes se gardent bien de dire que tout le monde peut se procurer un brevet, car ce brevet ne peut être refusé; ils s'en servent comme d'un piége où viennent se prendre les acheteurs étrangers à la législation, et c'est le plus grand nombre. Ils affichent leur titre avec affectation, et leur industrie se borne le plus souvent à persécuter des industriels honorables que quelque malheureuse ressemblance ou analogie de procédés expose à des investigations incommodes, ou à des poursuites onéreuses, même lorsqu'elles tournent à la honte de ceux qui les ont intentées.

Il suffit d'avoir suivi avec attention les innombrables procès que l'avidité des monopoleurs brévetés, à tort ou à raison, a suscités aux travailleurs paisibles, pour sentir le besoin d'une réforme radicale de la législation des brevets d'invention. Les hommes sont tellement sujets à se faire illusion sur le mérite de leurs découvertes, et il y a déjà tant de funestes prétentions au monopole dans toutes les classes d'industriels, qu'en vérité il serait urgent de les rappeler à des sentiments plus modérés, en mettant plus de discernement et de sévérité dans la concession des priviléges inévitables. Si l'étendue de cet article me l'eût permis, j'aurais pu citer des exemples vraiment scandaleux de l'abus des brevets d'invention; mais j'en ai dit assez pour appeler, sur ce grave sujet, l'attention des industriels qui étudient le côté philosophique des questions, et qui sentent que, sous ce rapport, comme sous plusieurs autres, nous marchons vers un ordre meilleur.

BLANQUI AÎNÉ.

BREVETS D'INVENTION. (*Technologie.*) La législation sur les brevets a souvent excité de justes plaintes par les lacunes qu'elle présente et les inconvénients graves qui sont résultés de son application. Depuis long-temps déjà des modifications ont été indiquées, et le gouvernement a consulté plusieurs corps savants pour connaître ce qu'il convenait de faire à ce sujet; on s'attendait généralement à ne pas voir la session de 1833 se terminer sans qu'un projet de loi ait été proposé aux Chambres; on ne peut cependant reculer de beaucoup le terme des changements à opérer. Une discussion sur la question de savoir si les brevets sont utiles ou nuisibles à l'industrie, ne serait pas à sa place dans ce Dictionnaire, nous nous y occuperons de quelques questions qui peuvent avoir un intérêt direct pour celui qui veut prendre un brevet, comme pour ceux qui sont appelés à donner leur avis sur les différends relatifs à ces priviléges.

Pour qu'un brevet soit valable, il doit reposer sur un procédé nouveau, ou sur une application de quelque procédé déjà connu, modifié de manière à offrir une différence véritable avec ceux qui ont déjà été décrits et pratiqués.

Une différence essentielle se présente au sujet de brevets relatifs à des procédés chimiques, et à ceux qui ont rapport à un système de mécanique quelconque; dans le premier cas, il faut nécessairement qu'il y ait nouveauté dans la nature du procédé ou dans la manière d'exécuter les opérations. En mécanique, la réunion ou une modification peu considérable de moyens déjà connus et employés, peuvent apporter de telles différences dans les résultats obtenus, que le droit du breveté soit incontestable.

Il est donc de la plus haute importance pour celui qui prend un brevet, et qui ne veut pas seulement en imposer au public par de fastueuses et mensongères annonces qui trompent encore quelquefois, quoique l'on soit généralement bien revenu, à cet égard, de l'erreur qu'un grand nombre de brévetés cherchent encore à propager et à maintenir, qu'un brevet offre la preuve de l'existence d'un bon procédé ou d'une découverte; il est, dis-je, bien important que la description du procédé sur lequel est fondée la demande, soit faite de manière à assurer ou bréveté le droit privatif que la loi lui confère.

Il est de toute évidence qu'un brevet pris pour un objet entièrement nouveau serait absolument inattaquable; ainsi, un corps nouvellement découvert, une machine nouvelle, ou un procédé qui repose sur des moyens particuliers et non encore mis en usage, constituent la base la plus solide d'un brevet. Mais les occasions d'en prendre pour des objets de ce genre, sont assez peu fréquentes pour former presque des exceptions à la règle générale. Dans le plus grand nombre des cas, il ne s'agit que de modifications apportées à des moyens déjà connus, ou de l'application de principes également connus, et c'est ici que la spécification doit être rédigée avec un grand soin pour que le bréveté ne soit pas exposé à perdre le fruit de ses travaux et les avantages qu'ils devaient lui assurer.

Que le procédé repose sur une seule ou sur plusieurs opérations distinctes, il est indispensable que la description signale, d'une manière particulière, les objets principaux, ou le point unique qui en forme véritablement la base : sans cette précaution un brevet, bon en lui-même, pourrait devenir contestable.

Lorsqu'un procédé repose sur une seule opération qui offre une analogie plus ou moindre avec d'autres déjà pratiquées, les différences ne sauraient être signalées avec trop de soin; et comme divers moyens peuvent souvent être indiqués pour parvenir au but que se propose le bréveté, il doit insister sur celui qui constitue le plus particulièrement son invention.

Un assez grand nombre d'opérations secondaires peuvent, dans beaucoup de cas, devenir l'accessoire presque nécessaire d'une opération principale, à la perfection de laquelle elles concourent. Si leur description n'est pas distinguée de celle de l'opération principale, et que le bréveté soit attaqué devant les tribunaux, il est exposé à succomber dans sa défense par l'imperfection de sa spécification; tandis que si elle était fondée sur l'objet qui forme réellement la base du procédé, et que les autres ne fussent présentés que comme moyens de parvenir au but proposé, le breveté pourrait voir confirmer son droit par une sentence judiciaire.

C'est sur ces inexactitudes dans les descriptions, que reposent, dans un grand nombre de cas, les difficultés relatives aux procès sur des brevets. Il appartient à ceux qui veulent en obtenir, de ne pas s'exposer aux inconvénients graves que nous venons de signaler.

Jusqu'ici nous avons supposé que le brevet reposait sur une ou plusieurs opérations nouvelles et qu'une description bien faite pouvait rendre plus ou moins inattaquables; mais il se présente ici une question du plus haut intérêt, qui a d'autant plus lieu de fixer l'attention, qu'un jugement de la Cour royale de Paris, confirmatif d'un jugement d'un autre tribunal, a décidé la déchéance d'un brevet sur ce motif :

Peut-il y avoir droit privatif dans le cas où un brevet est fondé sur un certain nombre d'opérations qui, chacune en particulier, ne seraient pas susceptibles d'être brevetées? ou, en d'autres termes, un brevet peut-il être valable s'il ne repose que sur des procédés déjà connus et employés séparément, mais dont la réunion constituerait un procédé véritablement nouveau?

Il pourrait être telle réunion de procédés déjà connus et employés qui constituerait réellement une invention : ce serait dans le cas où cette réunion seule pourrait procurer un résultat auquel on ne pourrait arriver par d'autres moyens; chaque opération partielle, dans cette occasion, concourrait à un but général qui serait la base du brevet; mais alors il y aurait toujours une opération principale qui devrait être désignée d'une manière particulière, et qui constituerait la différence avec tout autre procédé analogue.

Ceci nous conduit tout naturellement à discuter, en peu de mots, sur ce qu'on doit entendre par *invention*, sous le rapport *industriel*. Dans cette occasion, ce mot a une acception très différente de celle qu'on lui donne dans le langage ordinaire, et il nous semble que l'on ne peut caractériser par cette expression, qu'un *procédé nouveau soit par la nature des matières sur lesquelles on s'exerce, soit par la nouveauté des moyens mis en usage pour l'exécuter, soit par une application, qui n'a jamais été faite, de procédés ou de moyens déjà employés dans d'autres opérations, mais qui constitue alors la partie la plus essentielle du procédé;* car s'ils n'étaient qu'accessoires, et que les principaux moyens ne présentassent aucun caractère de nouveauté, il ne pourrait y avoir d'invention à les avoir réunis.

Sous ce point de vue, la nature de la spécification peut imprimer à un procédé un cachet tout particulier, en faisant ressortir ce qu'il y a de véritablement nouveau dans l'objet pour lequel on demande un droit privatif, et c'est une question sur laquelle les industriels ne sauraient rester indifférents.

La loi ayant établi que la déchéance serait prononcée contre celui qui aurait pris un brevet pour des découvertes déjà *consignées et décrites dans des ouvrages imprimés et publiés*, il est de la plus haute importance de savoir quel genre de description est nécessaire pour invalider un brevet. C'est sur ce point que reposent en grande partie les difficultés relatives aux procès dans les cas de déchéance.

Si un ouvrage publié renferme seulement l'idée théorique d'un fait sur lequel l'expérience n'ait pas encore été appelée à prononcer, il serait injuste de vouloir qu'un industriel ne pût s'en emparer pour créer un procédé manufacturier qui deviendrait son invention, et serait alors patentable : une semblable description ne pourrait être valable pour établir la déchéance.

Si un procédé quelconque a été indiqué d'après des *expériences chimiques*, sans que des *applications* soient résultées de sa publication, la question devient beaucoup plus embarrassante à décider; il faut alors apprécier la difficulté que peut avoir offert la réalisation, en manufacture, du procédé de laboratoire; si le procédé repose sur des principes parfaitement connus, et qu'il ne s'offre aucun obstacle pour le suivre dans l'application, et sur-tout si les opérations qui le constituent, sont de même nature que d'autres déjà appliquées en grand, il peut encore y avoir lieu à déchéance.

Mais si les opérations décrites dans l'ouvrage imprimé ne peuvent être facilement mises en pratique; si elles exigent de la part de celui qui veut les utiliser, la création ou l'emploi de moyens qui n'ont pas été employés, ou qui ne l'ont pas été dans des conditions analogues, la description antérieure peut être insuffisante pour devenir un motif de déchéance.

Enfin, si toutes les parties du procédé ont déjà été décrites, et reposent d'ailleurs sur des principes parfaitement connus, à moins que la manière dont ce procédé est exécuté, ne présente quelque chose de nouveau qui soit particulièrement signalé dans la spécification, comme la partie qui forme la base du brevet, la description faite antérieurement doit être regardée comme suffisante pour remplir le vœu de la loi.

Ici encore s'offre une nouvelle difficulté. Comment devra être appréciée la *description* faite dans un ouvrage imprimé? les magistrats seront-ils seuls juges de sa valeur, faudra-t-il qu'elle soit assez claire, assez précise pour qu'une personne étrangère aux sciences la trouve telle?

Ce n'a pu être là l'intention des auteurs de la loi; car si un certain nombre d'opérations peuvent comporter une description qui soit susceptible d'être comprise par des personnes étrangères à l'étude des sciences; dans un grand nombre de cas, pour des objets de mécanique sur-tout, la description la plus claire, la plus exacte, ne saurait être jugée par d'autres que par ceux qui se sont occupés d'une manière particulière de cette étude, et à tel point, qu'un homme très habile dans une partie des sciences ne serait pas à même de décider la question si elle était relative à une autre partie. On ne saurait donc, d'après cela, exiger qu'une description fût susceptible d'être parfaitement comprise par des hommes qui ne connaîtraient pas, d'une manière approfondie, la science à laquelle se rattacherait l'objet breveté; et la loi n'a pas voulu demander une chose absurde. Il faut donc, pour qu'elle soit remplie, que la description soit telle, qu'elle puisse servir à ceux qui s'occupent, d'une manière particulière, de cette partie des sciences, à exécuter l'objet décrit avec toutes les qualités ou propriétés qu'il doit avoir.

Comme c'est toujours par comparaison que la question de déchéance doit être jugée, la manière dont la description a été faite exerce une immense influence sur la décision qui peut être prise; et nous ne saurions, sous ce point de vue, trop sister sur la nécessité d'une spécification faite de manière à faire ressortir ce qui caractérise véritablement l'invention.

Nous pourrions examiner encore ici un grand nombre de questions intéressantes relatives aux brevets, mais nous craindrions de donner une trop grande étendue à cet article : ce que nous avons dit pourra, il nous semble, être utile à ceux que concerne cet important objet. H. Gaultier de Claubry.

BRIDE. (*Technologie.*) Dans cette pièce de l'équipement d'un cheval, la partie essentielle et la seule dont la forme soit susceptible de recherches dirigées par les sciences d'observation, est le Mors (*v.* ce mot). Tout le reste de la bride appartient à cette section des arts qui reste dans le domaine du *goût*, et qui ne peut être soustraite à l'empire de la mode.

On donne le nom de *brides* à des saillies ménagées à l'extrémité des pièces qui doivent être réunies, afin de consolider leur assemblage. S'agit-il, par exemple, de faire une conduite d'eau avec des tuyaux en fonte de fer? chaque tuyau sera terminé par une plaque perpendiculaire à l'axe du cylindre, si la direction est maintenue, ou partageant en deux parties égales l'angle formé par un coude de la conduite; en donnant à ces plaques une figure carrée, et ménageant un trou dans chacun des quatre coins saillants, les tuyaux seront facilement et solidement réunis au moyen de boulons. Dans chaque cas particulier le mécanicien est guidé suffisamment pour déterminer la situation, la forme et la grandeur des brides qu'il n'a pu se dispenser d'introduire dans un système de pièces; quant à leur épaisseur, il est rare qu'on puisse la faire moindre que celle des pièces qui doivent être assemblées, et souvent on a de bonnes raisons pour augmenter leur résistance, en les rendant plus épaisses. Si l'assemblage est soumis à des chocs, à l'action d'une force appliquée à l'extrémité d'un levier, etc., il faudra plus de matière pour soutenir ces efforts; dans ce cas, le calcul devient nécessaire, et le mécanicien ne manquera pas d'y recourir.

On donne encore le nom de *Bride*, dans les arts mécaniques, à une ceinture de fer ronde, carrée elliptique, ou de toute autre forme, terminée par deux bouts recourbés, dans lesquels passe une vis de pression qui permet de *brider* à volonté, c'est-à-dire de tendre la bride. La bande de fer qui ceint un poêle de faïence est une vraie bride. FERRY.

BRIQUES. *V*. TERRE CUITE.

BROCHES (BANCS A). *V*. FILATURES.

BRONZAGE. (*Technologie*.) On donne à un certain nombre d'objets en plâtre, en bois, en papier ou en carton, une couleur de bronze qui varie suivant la nature des substances employées pour la produire, et se rapproche plus ou moins de la couleur naturelle.

On bronze d'une manière très brillante au moyen de feuilles d'or broyées à la molette avec du miel ou un mélange de gomme; on se sert pour cela des rognures obtenues dans le travail du BATTEUR D'OR. On enduit l'objet que l'on veut bronzer avec une couche d'huile de lin, et l'on y répand ensuite la poudre métallique, par exemple, avec un petit tampon de linge.

On peut employer, au même usage, l'*or mussif* (*v.* ÉTAIN) dont on broie une partie avec six d'os calcinés en poudre fine; on en prend une petite quantité avec un linge humecté, au moyen duquel on le passe sur l'objet que l'on veut bronzer; on le frotte avec un linge sec, et on passe ensuite la pièce au brunissoir.

Quand il s'agit d'appliquer l'or mussif sur le papier, on le broie sans os calcinés avec du blanc d'œuf, un vernis léger ou de l'alcool; on applique la matière au pinceau, et on brunit ensuite.

Quand on plonge, dans une dissolution de sulfate de cuivre étendue d'eau et bouillante, une lame de fer, on en précipite le cuivre, à l'état de poudre fine, qu'on lave facilement en l'agitant plusieurs fois avec de l'eau. Cette poudre, broyée avec six fois son poids d'os calcinés, peut servir à bronzer comme les précédentes.

On veut quelquefois donner à divers objets, une couleur grise presque semblable à celle du fer, que l'on nomme *bronze blanc*; on l'obtient par différents moyens. L'*argent mussif* donne une très belle teinte; on se sert aussi d'étain réduit en poudre extrêmement ténue en coulant ce métal fondu dans une boîte dont les parois sont bien saupoudrées de craie en poudre, et que l'on y agite jusqu'à ce qu'il soit entièrement froid. Cette poudre, passée au tamis et délayée dans une dissolution de colle forte, est appliquée sur l'objet que l'on veut bronzer : on obtient ainsi une couleur mate ; si on veut l'avoir brillante on la brunit.

L'argent mussif se prépare avec partie égale de bismuth, d'étain et de mercure.

Quand c'est le plâtre que l'on veut bronzer en blanc, on le frotte avec de la plombagine.

La fonte de fer bien décapée, plongée dans une faible dissolution de sulfate de cuivre, fait précipiter une petite quantité de cuivre qui adhère à sa surface : le cuivre prend, dans cette circonstance, une teinte rougeâtre qui passe au jaune-brun.

Le bronze, exposé pendant plus ou moins long-temps à l'action de l'atmosphère, se recouvre d'une couche très mince de carbonate qui lui donne une teinte verte connue sous le nom de *patine antique*. On a cherché à l'imiter par divers moyens ; mais quelque anologie que présentent ces teintes artificielles avec celle qui est due à l'action du temps, elles offrent cependant des différences, qu'un œil exercé distingue facilement : les amateurs d'antiquité n'ont pas lieu de s'en plaindre, puisqu'il leur est toujours possible de distinguer les objets véritablement anciens d'avec leur imitation.

Quoi qu'il en soit, on donne aux bronzes destinés à l'ornement des appartements et aux médailles, la couleur de bronze antique, en imprégnant les surfaces au moyen de différents mélanges.

Un grand nombre de compositions différentes ont été indiquées pour produire le bronzage ; beaucoup d'entre elles donnent d'assez bons résultats ; mais la manière d'opérer a une grande influence sur la beauté du produit ; car des ouvriers différents, opérant avec la même composition, obtiennent des teintes souvent assez différentes.

Nous citerons seulement ici quelques-unes des compositions qui, entre les mains de nos meilleurs ouvriers, donnent de belles couleurs.

Le métal, tourné ou riflé étant bien déroché avec l'acide nitrique, on passe la mixtion sur la surface avec un tampon de linge ou une brosse, et on l'y étend bien uniformément.

La nature de l'alliage exerce une très grande action sur la

couleur de bronze obtenue, quel que soit le mélange que l'on emploie pour la développer; comme les alliages qui sont employés pour le moulage des divers objets d'ornements auxquels on donne habituellement cette couleur, sont variables, il en résulte que le bronze, employé d'une manière semblable, peut ne pas donner des résultats analogues.

On étend, sur l'objet à bronzer, de l'acide nitrique, mêlé de deux à trois parties d'eau, la couleur est d'abord grisâtre, mais elle passe ensuite au bleu verdâtre.

On passe à plusieurs reprises sur la surface une liqueur composée de 1 partie de sel ammoniac, 3 de carbonate de potasse et 6 de sel marin dissous dans 12 parties d'eau bouillante, à laquelle on ajoute ensuite 8 parties de nitrate de cuivre : la teinte est inégale et crue mais elle s'adoucit et devient plus uniforme.

On peut obtenir un beau bronze *vert-bleu*, en se servant seulement d'AMMONIAQUE concentrée, avec laquelle on frotte le cuivre et dont on renouvelle l'action pendant un assez long temps.

La base de presque toutes les compositions est le vinaigre et le sel ammoniac. Ainsi, d'habiles ouvriers ne se servent d'autre chose que d'un mélange de soixante grammes de sel ammoniac et d'un litre de vinaigre.

Un autre mélange, qui donne de très bon résultats, est formé de trente grammes de sel ammoniac, huit grammes de sel d'oseille, et dix litres de vinaigre.

Un bon ciseleur de Paris fait usage d'un mélange de sel ammoniac; quinze grammes, sel marin, quinze grammes; esprit de corne de cerf, trente grammes; vinaigre, un litre.

Un autre mélange, composé de vinaigre un litre, quinze grammes de sel ammoniac, quinze grammes de sel marin, et quinze d'ammoniaque, donne de très bons résultats.

On trempe une brosse douce dans le mélange, et on frotte la pièce bien décapée jusqu'à ce qu'elle prenne une belle teinte de bronze : la pièce ne doit être qu'humectée, et au moyen d'une seconde brosse on enlève jusqu'aux traces d'humidité.

Si, après deux ou trois jours on trouve la teinte trop pâle, on recommence l'opération.

On peut opérer à l'air : la couleur vient mieux; le cuivre n'a pas besoin d'être chauffé.

On obtient un bel effet avec les deux compositions suivantes :

Sel ammoniac et sel marin, de chaque, huit grammes ; ammoniac, seize grammes ; vinaigre, demi-litre ;

Sel d'oseille, deux grammes ; sel ammoniac, huit grammes ; vinaigre, un quart de litre.

On passe le mélange avec une brosse presque à sec sur le bronze, et on continue jusqu'à ce qu'on ait obtenu la teinte désirée.

Ces compositions donnent une plus belle couleur en opérant au soleil qu'à l'ombre.

Les médailles sont mises en couleur d'une autre manière : on les plonge dans une sauce dont la composition varie beaucoup aussi.

On mêle bien cinq cents grammes de sous-acétate de cuivre (vert-de-gris) en poudre, avec trois cent trente-trois grammes de sel ammoniac également en poudre ; on en fait une pâte avec une partie d'un verre de vinaigre. Pour s'en servir on en prend gros comme une noix que l'on délaie dans le reste du verre de vinaigre et un litre d'eau ; on fait bouillir pendant un quart d'heure ; on laisse reposer, et on décante la liqueur claire. Pour patiner des médailles, on verse dessus la liqueur bouillante, et on continue l'ébullition pendant cinq à six minutes ; on décante la liqueur, et on lave bien les médailles.

La même liqueur ne peut servir que cinq à six fois, en y ajoutant, à chaque fois, un quart de verre de vinaigre.

Il faut opérer dans une bassine en cuivre ; les médailles sont rangées sur de petits morceaux de bois, de manière à ne pas en toucher les parois, ni se toucher entre elles.

Les médailles doivent être bien essuyées immédiatement, pour ne pas changer de teinte ; desséchées ensuite avec soin, et passées au balancier pour leur donner de l'éclat.

Il arrive presque toujours qu'une partie des pièces a pris une mauvaise teinte ; souvent il y en a qui sont tachées.

On opère de la même manière avec un mélange de 510 parties de vert-de-gris, 250 parties de sel ammoniac, que l'on a délayé avec du vinaigre et broyé sur une table de marbre, et que l'on conserve dans un vase bien fermé : quand on veut s'en servir, on délaie un fragment, comme dans la précédente recette, dans un verre de vinaigre et deux litres d'eau, et on fait bouillir pendant dix à douze minutes.

Pour des alliages contenant du plomb et de l'étain, on obtient un beau bronze avec un mélange de 100 parties de nitrate de cuivre pur et neutre à 18° du pèse liqueur, et de 20 parties de sel ammoniac : on emploie cette liqueur le plus à sec possible.

Nous citerons ici, comme objet de curiosité, la préparation employée en Chine pour bronzer :

On lave le cuivre avec du vinaigre et des cendres, jusqu'à ce qu'il soit devenu parfaitement luisant ; on le fait sécher au soleil, et on l'enduit de la composition suivante : 2 parties de vert-de-gris, 2 de cinabre, 5 de sel ammoniac, 2 de bec et de foie de canard, 5 d'alun, le tout pilé fin et bien mélangé, et on humecte de manière que la composition devienne comme une pâte liquide que l'on répand sur le cuivre ; on l'expose ensuite au feu, on la laisse refroidir, et on l'essuie. On recommence cette opération huit à dix fois. Le cuivre prend une belle apparence, et une telle durée qu'il ne perd rien de sa beauté par l'action de l'air et de la pluie.

On peut aussi obtenir un beau bronze en imprégnant la pièce avec un mélange : 1 partie de sel ammoniac, 3 de crême de tartre et 3 de sel marin dans 12 parties d'eau chaude, à laquelle on ajoute 8 parties d'une dissolution de nitrate de cuivre.

En augmentant la quantité de sel marin, la couleur devient plus claire, et tire sur le jaune ; en la diminuant ou supprimant tout-à-fait ce sel, la couleur devient plus bleuâtre. On accélère l'action en ajoutant une plus grande quantité de sel ammoniac.

On bronze en rouge certains objets en les enduisant avec de l'oxide de fer ; et exposant les pièces à la chaleur, on obtient une teinte semblable en les frottant presque à sec avec une liqueur contenant 1/30 environ de sulfure de potassium, la teinte vire facilement au brun verdâtre.

Pour bronzer les canons de fusil, on les frotte vivement avec du chlorure d'antimoine fondu dont on renouvelle l'action à plusieurs reprises : il faut, pour bien réussir, chauffer doucement le canon.

Le plâtre peut acquérir la couleur du bronze antique, à se

méprendre sur sa nature, tant qu'on n'y porte pas la main, en le pénétrant d'un savon de cuivre qui a été proposé par MM. d'Arcet et Thénard.

On convertit de l'huile de lin pure en savon neutre au moyen de la soude caustique; on y ajoute ensuite une forte dissolution de sel marin, et l'on pousse la cuisson jusqu'à donner une grande densité à la lessive, et obtenir le savon surnageant en petits grains à la surface de la liqueur; on fait égoutter le tout sur un carrelet, et on exprime pour retirer le plus de lessive possible. On dissout ce savon dans l'eau distillée, et on passe au travers d'un linge; on fait dissoudre aussi dans l'eau distillée 80 parties de sulfate de cuivre, et 20 de sulfate de fer; on filtre, et on y verse de l'eau savonneuse jusqu'à complète décomposition. On ajoute alors un peu de sulfate, on agite à plusieurs reprises, et on fait bouillir; de cette manière le savon se trouve mêlé par un excès de sulfate. On lave à grande eau bouillante, et ensuite à l'eau froide; on passe dans un linge, on essuie et on sèche le plus possible.

On fait cuire un kilogramme d'huile de lin pure avec deux cent cinquante grammes de litarge pure en poudre fine; on passe dans un linge, et on laisse déposer à l'étuve : l'huile se clarifie mieux.

On fait fondre ensemble, dans un vase de faïence, à la vapeur ou au bain-marie, huile de lin cuite, trois cents grammes; savon de cuivre et de fer, cent soixante; cire blanche pure, cent, et on tient le mélange fondu quelque temps pour dégager l'humidité. On fait chauffer le plâtre jusqu'a 80 ou 90° centigrades, dans une étuve, et on y applique le mélange fondu. Quand le plâtre est assez froid pour que le mélange n'y pénètre plus, on remet la pièce à l'étuve, on chauffe de nouveau à 80 à 90°, et on continue d'en appliquer de la même manière jusqu'à ce que le plâtre en ait assez absorbé. On le remet alors à l'étuve pendant quelques instants pour qu'il ne reste pas de couleur à la surface : la porosité du plâtre permet à l'enduit de pénétrer dans son intérieur, de telle sorte que, quelle que soit la finesse des traits, ils ne sont jamais *flous*, ce que l'on ne peut obtenir par aucun autre moyen; on peut faire pénétrer l'enduit plus ou moins profondément, suivant que l'on porte la pièce un plus ou moins grand nombre de fois à l'étuve.

Quand la pièce a pris le ton cherché et la quantité de savon qu'on veut y introduire, on frotte légèrement la surface avec un tampon de coton, pour lui donner l'éclat nécessaire; et si l'on veut imiter très exactement les bronzes naturels, on applique sur quelques point culminants un peu *d'or en coquille*. Il arrive quelquefois que des soufflures ou d'autres défauts obligent à mettre une pièce ou un grain sur diverses parties des statues; ces portions ne prennent jamais exactement le même ton que les parties adjacentes: on imite parfaitement cet effet en coupant un morceau de plâtre, et le remplaçant par d'autre plâtre que l'on y coule : la teinte qui se développe sur cette partie est différente de celle de la masse, et cet accident offre une ressemblance de plus avec le bronze naturel.

Ce mode de préparation donne le moyen d'obtenir, en plâtre, des objets qui imitent le bronze de la manière la plus complète ; on peut faire ainsi des médailles, des bustes, des statues même si l'on a une étuve d'une dimension convenable ; mais quelques difficultés se sont présentées dans l'exécution à laquelle ont voulu se livrer diverses personnes. Nous les ferons connaître pour éviter à ceux qui voudraient entreprendre ce genre d'industrie, les écoles faites par d'autres, et leur donner le moyen de faire beaucoup mieux que leurs devanciers.

Nous dirons d'abord qu'avec du soin on peut arriver aux résultats les plus satisfaisants. M. D'Arcet a préparé lui-même divers objets qui ont été pris pour de très beaux bronzes par d'habiles artistes : on peut réussir en opérant plus en grand.

Lorsque le plâtre est gâché avec des quantités d'eau variables, il ne prend pas également le savon, parce qu'il n'est pas également poreux, de sorte qu'en enduisant une surface plus ou moins étendue, on obtient souvent des teintes très variables. Quand les pièces sont de petite dimension, on n'a pas à craindre que cet inconvénient se présente dans quelques parties; mais lorsque ce sont des bustes ou d'autres moulages d'une grande dimension, il se trouve souvent des parties qui prennent la couleur d'une manière très différente, et quelquefois il y en a qui en prennent à peine.

On éviterait facilement cet inconvénient en moulant avec

soin et exprès les pièces que l'on voudrait bronzer, et étudiant un peu les quantités d'eau nécessaires pour obtenir le moulage du plâtre, afin qu'il prît la plus belle teinte : on arriverait à obtenir, même très en grand, les effets que l'on recherche.

Les petites pièces sont trempées dans la composition fondue ; on les secoue, et on les essuie d'un côté pour faire pénétrer la composition qui se trouverait à la surface opposée ; on obtient le même effet en présentant cette surface devant un feu clair.

Pour de grandes pièces on se sert du réchaud de doreur.

On pourrait faire ainsi une foule d'objets, comme des pendules, des vases, des cartels, etc., qui imiteraient très bien les beaux bronzes d'appartement, et dont le prix serait très peu élevé : c'est une industrie dont il est surprenant que l'on n'ait pas encore réussi à doter la société : avec un peu de persévérance on y arriverait facilement.

Le plâtre ainsi enduit peut éprouver impunément l'action de l'air et de l'humidité, même celle de la pluie. *V.* ENDUITS HYDROFUGES.   H. GAULTIER DE CLAUBRY.

BRONZE. (*Chimie industrielle.*) Le cuivre, dont les usages dans les arts sont extrêmement nombreux, ne serait pas assez dur pour résister aux frottements ou à un certain nombre d'autres actions qui exigent une grande résistance. Lorsqu'on le frappe, il ne fait entendre que des sons qui non-seulement manquent d'éclat, mais ne pourraient être perçus qu'à de très faibles distances. Sous ces divers points de vue, il ne saurait être employé pour la confection des bouches à feu, des pièces des machines destinées à supporter une forte pression ou un frottement considérable, ou des cloches et des espèces diverses de timbres. Un autre inconvénient résulterait de son emploi, quand il s'agirait de le tourner, de le forer ou de le soumettre à diverses autres opérations ; il graisse les outils et se travaille d'une manière imparfaite. Allié dans certaines proportions avec divers métaux, particulièrement avec de l'étain auquel, dans quelques circonstances, on ajoute du plomb et du zinc, il acquiert de la dureté, un grain serré, une sonoérité considérable, et devient susceptible de servir à tous les usages que ne pourrait remplir le cuivre lui-même.

Le bronze n'est pas une combinaison fixe dans laquelle il

n'entre que des proportions déterminées de cuivre et d'étain ; suivant les usages auxquels on le destine, on y fait entrer aussi du plomb ou du zinc, fréquemment même l'un et l'autre, et l'alliage quaternaire offre plus ou moins de dureté, de sonorité, de résistance, suivant les quantités qui s'y trouvent.

Dans les arts, les métaux ne sont jamais purs, et l'on emploie souvent dans la fonte du bronze des débris d'objets de même nature, dont la composition est variable ; de sorte que les alliages qui résultent de l'emploi de substances déjà alliées elles-mêmes, offrent des variations assez grandes dans les propriétés ; des altérations plus ou moins profondes peuvent aussi provenir des modifications que les métaux ont éprouvées par des fusions répétées ; et c'est particulièrement dans le moulage des bouches à feu que ces défauts sont sensibles. Lorsqu'il s'agit de fabriquer des objets qui peuvent offrir des résistances ou une dureté assez variable, il y a peu d'inconvéniens à ce que les alliages ne soient pas d'une composition parfaitement semblable dans tous les cas ; mais il est d'une grande importance d'obtenir au contraire des composés toujours identiques, lorsque des variations peu étendues apportent de grandes différences dans les propriétés, sur-tout si l'on considère que les alliages faits avec les proportions les plus convenables, sont exposés à des causes d'altération par la séparation qu'ils peuvent éprouver dans le moulage, et qui donne lieu à une LIQUATION qui est d'autant plus sensible, que les pièces moulées seront plus volumineuses, et que le refroidissement en sera plus long.

Le bronze peut être uniquement composé de cuivre et d'étain ; mais il y entre presque toujours des quantités plus ou moins considérables de zinc et de plomb, quelquefois même du fer : et suivant les usages auxquels on le destine, ces diverses compositions sont plus ou moins importantes. Ainsi, pour la fabrication des CLOCHES et des timbres, dont la propriété principale est de rendre des sons brillants, et dans lesquelles on n'a pas à craindre d'avoir un métal cassant, la dose d'étain se trouve très forte ; elle monte jusqu'à 25 sur 100. Cet alliage se fond facilement, devient très liquide, et se moule bien ; il a une très grande sonorité, mais il est extrêmement fragile. Les canons et les autres bouches à feu, doivent être composés d'un métal qui se moule bien, ait beaucoup de ténacité, et puisse résister aux chocs, au frottement des projectiles, aux variations de température et à l'action de la poudre; la proportion d'étain ne peut aller au-delà de 9 à 10 sur 100. Il en est tout autrement si le bronze doit servir à la confection d'ornements destinés à être dorés; la facilité du travail du doreur et du ciseleur, et la quantité d'or qu'il sera nécessaire d'employer pour la pièce, pourront faire rejeter des alliages qui paraîtraient d'ailleurs très bons sous d'autres points de vue, et les alliages quaternaires offrent ici une supériorité très marquée.

La fabrication du bronze destiné au moulage des statues et d'autres grandes pièces monumentales, exige encore et des proportions particulières, et des qualités que l'expérience seule peut fournir. Des essais malheureux ont été faits à diverses reprises lors de la fonte des statues et des monuments exécutés depuis quarante ans; et une chose que l'on ne saurait trop signaler, parce qu'elle prouve combien l'expérience peut offrir de ressources à des hommes qui savent bien observer, c'est qu'à une époque où les arts chimiques étaient à peine étudiés, lorsque la science elle-même était presque dans l'impossibilité d'éclairer le travail des ateliers, des fondeurs soient parvenus à obtenir des résultats, que depuis on n'a pas atteint, et qu'ils les aient obtenus non pas isolément, ou sur un petit nombre d'objets, ou sur des pièces d'une petite dimension, mais sur le grand nombre de statues colossales qui furent coulées pour l'ornement du palais de Versailles : ces résultats sont dus aux frères Keller. Une occasion vient de se présenter, dans laquelle on pourra facilement juger ce que l'état actuel des arts chimiques offre de ressources : la colonne que le gouvernement fait élever à la mémoire de la révolution de juillet, doit être coulée avec l'alliage des frères Keller. Un de nos plus habiles fondeurs, M. Émile Martin s'est chargé de cette entreprise, dans laquelle ses talents ne peuvent manquer de conduire aux résultats désirables.

L'alliage de cuivre et d'étain qui sert à la confection des cloches, est employé aussi pour celles des tam-tams, et avec une très légère différence à celle des cymbales; sa fragilité, lorsqu'il est moulé par les procédés ordinaires, est telle qu'on ne peut obtenir aucune pièce qui soit susceptible d'être employée : c'est à M. D'Arcet que l'on doit la découverte du procédé au moyen duquel on peut fabriquer ces instruments, et qui consiste à les tremper. Cette industrie, toute nouvelle, ne peut manquer d'acquérir de l'extension; elle permettra de procurer des instruments à un prix extrêmement peu élevé, tandis que les tamtams de la Chine, et les cymbales que le commerce tire de l'Orient, coûtent fort cher.

Nous nous occuperons, dans des articles particuliers, de la fabrication des alliages destinés à ces divers usages. *V*. Canons, Cloches, Cymbales, Statues et Monuments en bronze; Dorure.

Les anciens fabriquaient leurs médailles avec du bronze qui offre l'avantage d'une moindre altération, et de moins de chances de destruction. Dans un travail suivi avec beaucoup de persévérance, et qui a conduit à de très beaux résultats, M. de Puymaurin fils, a réuni tous les documents nécessaires à ce genre d'industrie : nous en parlerons à l'article Médailles.

Dans quelques parties de la France, et particulièrement dans le Jura, la population entière fait usage de vaisselle en bronze, à laquelle on est obligé de donner une grande épaisseur pour qu'elle soit assez solide, parce qu'elle n'est pas trempée. M. D'Arcet a confectionné un certain nombre de ces objets par le procédé des cymbales; ils offrent un tel avantage qu'il y a lieu d'être surpris que cette fabrication ne soit pas encore établie; elle offrirait, sans contredit, de grands avantages à celui qui satisferait aux habitudes locales. Au mot Vaisselle métallique, nous donnerons ce qui peut intéresser sur cette industrie nouvelle.

H. Gaultier de Claubry.

BROYE. (*Agriculture.*) *V*. Chanvre.

BROYEUR DE COULEURS. *V*. Couleurs.

BRUNISSOIR. (*Technologie.*) Instrument servant à *brunir*. On nomme ainsi un dernier poli qu'on donne aux objets d'or et d'argent; le *poli noir* qu'on donne à l'acier, n'est pas, à proprement parler, un *bruni*. On brunit une surface métallique en écrasant avec un corps plus dur les molécules extérieures. L'outil, employé pour cet effet, est le brunissoir qui nous occupe. Les meilleurs de ces outils sont faits avec une pierre dure, rougeâtre, qu'on nomme *sanguine* dans les ateliers, et que les minéralogistes connaissent sous le nom de *fer hématite*. On fait aussi des brunissoirs en agathe, en silex et même en acier; mais ils ne remplissent jamais le but comme la sanguine. On donne à la pierre, des formes différentes, selon le besoin, et on la fait tenir dans une douille de fer qui reçoit un long manche dans son orifice opposé. Lorsqu'il s'agit de brunir une surface, la brunisseuse, ce sont ordinairement des femmes qui remplissent cette fonction, a, près d'elle du savon noir, dissout dans très peu d'eau, et un petit linge au bout d'un bâtonnet qui trempe dans cette dissolution de savon, et qui lui sert à l'étendre sur la partie où doit passer le brunissoir; car cet outil n'opère point à sec. Après avoir enduit la pièce de savon, elle passe le brunissoir sur l'endroit humecté qui ne tarde pas à prendre un poli noir, en comparaison du mat qui l'environne. Cet effet n'est dû qu'à la réfraction des rayons de la lumière qui, au lieu d'être divergents comme sur le mat, forment un faisceau, et se réunissent en un point très brillant, tandis que les autres points paraissent moins lumineux. PAULIN DESORMEAUX.

BRUNITURE. *V.* DORURE.

BRUYÈRE (TERRE DE). (*Agriculture.*) La terre de bruyère est un mélange de sable quartzeux ou siliceux, avec un terreau plus ou moins abondant, produit par la décomposition des bruyères, lichens, mousses et petites herbes de nature sèche qui s'accommodent d'un tel sol. Sa couleur est d'un gris plus ou moins noirâtre. On la dit bonne quand elle contient un tiers de terreau, et maigre quand elle n'en contient qu'un sixième. Dans les enfoncements où les eaux peuvent séjourner, elle prend un caractère plus ou moins tourbeux. Son épaisseur varie de quelques pouces à plusieurs pieds. Elle repose sur un lit d'argile imperméable à l'eau. Souvent il y a, entre le sable et l'argile, un banc peu épais composé de sable agglutiné par l'oxide de fer; il est imperméable aux racines des plantes et aux eaux pluviales.

Les plus grandes contrées de terres de bruyère qu'on trouve en France, sont les landes de Bordeaux, de la Bretagne, de la Sologne et de la Flandre. On les regarde généralement comme des pays stériles; et la très grande difficulté d'en tirer parti au moyen de la culture générale, a fait penser qu'il serait mieux de les mettre en bois. Mais le peu d'épaisseur des sols de bruyère, en général, et le peu de nourriture qu'ils offrent à la végétation, ne laissent guère d'espoir d'y obtenir des arbres d'une certaine grosseur; et dans ces sortes de sols il vaut mieux tenir les bois en taillis. Les arbres qui se voient le plus communément dans les terres de bruyère en plaines, sont le chêne et le bouleau. Parmi les chênes, le chêne tauzin mérite la préférence à cause de sa disposition à tracer; aussi est-il très commun dans une partie des landes de Bordeaux. Les châtaigniers prospèrent dans les terrains de bruyère placés sur des collines, et qui peuvent écouler leurs eaux. La culture des arbres résineux paraît être une de celles qui conviennent le plus aux landes, qu'on peut dessécher par des rigoles quand elles sont trop marécageuses. Le pin maritime et le pin d'Alep conviennent aux parties méridionales de France; le pin sylvestre et le pin, aux parties septentrionales. On tire, dans les landes de Bordeaux, de grands produits en résine et en goudron, des pins maritimes qui y croissent naturellement. Des landes de Bordeaux, le pin maritime a été transporté dans celles des environs du Mans; l'arbre y est un peu plus petit, mais il a acquis plus d'aptitude à résister aux gelées; et les graines de pins tirés du Mans réussissent mieux dans les environs de Paris que celles qu'on fait venir de Bordeaux. Beaucoup d'arbres très utiles croissant naturellement dans les landes de l'Amérique septentrionale, réussiront très bien dans les nôtres. Ils sont signalés dans les annales de Fromont, et cultivés en grand dans cet établissement, dans des vues générales d'amélioration agricole. Le cèdre de Virginie, par exemple (*Juniperus Virginiana*) croît, dans son pays natal, dans les sables les plus purs et les moins profonds, et y devient d'une grosseur remarquable. Bosc, qui l'avait observé sur les lieux, regardait sa culture comme une des acquisitions les plus précieuses que pussent faire les landes de la France, à quelque latitude qu'elles soient, cet arbre ne craignant point du tout les gelées. L'introduction du cyprès chauve (*Schubertia disticha*) fertilise les fonds tourbeux et inondés.

Le pin austral, improprement appelé pin des marais, se plaira dans les sables brûlants de nos landes les plus méridionales, quand il sera mieux connu, et suffisamment observé, et la grande supériorité de ses produits ligneux et résineux en fera, pour ces contrées, une grande source de richesses. Il croît dans les vastes landes américaines, depuis le voisinage de Norfolk, dans la Basse Virginie, jusque dans la partie basse des deux Carolines, sur une étendue de deux cent cinquante lieues en longueur, et de quarante à cinquante en largeur, dans les terrains les plus arides, si légers et si sablonneux, dit Michaux, que les pieds des chevaux y sont toujours couverts par le sable, dans lequel ils enfoncent pour peu que les chemins soient fréquentés. Non-seulement il se plaît ainsi dans la poussière, mais il brave impunément les hivers de la Pensylvanie, habituellement marqués par dix et quinze degrés de froid. Sa grande rareté en France, jusqu'à ce que je l'y aie introduit en grand par mes cultures de Fromont, et le préjugé fondé sur l'impropriété de de sa dénomination de pin des marais, tandis que c'est le pin des sables et des sables brûlants, ont pu seuls s'opposer jusqu'ici à sa culture, que ne repousse certainement point d'une manière générale et absolue le sol de France, dans sa grande variété d'exposition et de climat.

Il est encore d'autres moyens d'améliorer à la longue les landes de bruyère ; ils seront indiqués sous les mots Écobuer, Défrichement et autres. On sent que, lorsqu'à l'aide de travaux bien entendus, on est parvenu à mêler le sable de la terre de bruyère avec l'argile sur laquelle il reposait, il a dû en résulter un tout assez dense pour retenir l'eau des pluies, assez perméable aux racines des plantes, et propre à recevoir les engrais de diverses sortes qu'on veut y enfouir ; et que si, après avoir achevé d'ameublir et de préparer le sol par la culture de haricots, de pois, de choux, de pommes de terre et d'autres récoltes sarclées, on lui confie du blé à la troisième ou quatrième année on aura toute chance de succès, sur-tout si on y a planté des arbres, et si on l'a entrecoupé de haies, capables à la fois de tempérer l'ardeur des étés, et de rompre l'effort des vents, si contraires aux développements de la végétation. On voit de ces beaux résultats dans les bruyères qui couvrent le Hanovre et la Flandre ; et des amis éclairés de l'agriculture ont indiqué les moyens d'en obtenir de semblables dans nos landes de Bretagne.

Soulange Bodin.

BUANDERIES. (*Administration.*) Nous ne comprenons sous cette dénomination que les ateliers en grand où il existe des fourneaux à demeure, des chaudières, et enfin tous les accessoires d'un établissement dans lequel on lave et blanchit le linge, et qui constitue une industrie proprement dite.

Les buanderies sont de deux sortes. Les unes existent sur terre, les autres sur bateaux. Ces dernières sont soumises aux lois et règlements, soit généraux, soit de police locale, concernant la navigation. A Paris, ces bateaux ne peuvent être établis qu'avec l'autorisation du préfet de police. Il est défendu de laver du linge à la rivière ailleurs que dans ces bateaux, à l'exception du port de la Râpée, où les blanchisseuses peuvent laver dans les endroits qui leur sont indiqués par l'inspecteur-général de la navigation. Il est défendu, en outre, d'étendre du linge sur les berges. Cette disposition est imitée de celle de l'ordonnance des Trésoriers de France du 2 août 1774, qui défend d'attacher aux arbres plantés le long des chemins, des cordages pour sécher du linge ou autres objets, et de les étendre sur des haies vives, sous peine de 50 francs d'amende et de confiscation.

Les buanderies qui n'existent point sur la rivière, appartiennent à la seconde classe des établissements insalubres, si elles n'ont pas d'écoulement pour leurs eaux, et à la troisième classe, si cet écoulement existe. Elles subissent donc avant d'être autorisées, une instruction différente, ainsi que nous le verrons au mot ÉTABLISSEMENTS INSALUBRES. Mais, autant qu'il est possible, on oblige tous ces établissements à se débarrasser des eaux qui en proviennent et qui sont une cause réelle d'infection quand elles restent stagnantes, soit dans des puisards qui deviennent promptement étanches, soit dans les trous qui le plus ordinairement sont destinés à les recevoir.

Les différentes méthodes employées pour le blanchissage du linge n'apportent aucune modification à la classification des buanderies, à moins toutefois que ces méthodes n'entraînent l'application d'une industrie ou d'un appareil qui lui-même se trouve classé ; ainsi, par exemple, si on se sert d'une chaudière à vapeur, cette chaudière devra être spécialement autorisée.

Il est bien entendu que nous ne parlons point ici des

établissements particulièrement consacrés au blanchîment, soit des os, soit des tissus et des fils de laine, de soie, de chanvre ou de coton. Ces ateliers n'ont aucun rapport avec les blanchisseries dont nous nous occupons, et qui sont uniquement destinées au lavage du linge de ménage. AD. TREBUCHET.

BUANDERIES. (*Technologie.*) Dans tous les établissements où l'on blanchit des tissus au moyen du savon, les eaux qui ont servi aux opérations doivent trouver un écoulement libre dans un cours d'eau ; leur séjour sur la terre occasione des inconvénients graves par la décomposition qu'elles éprouvent. Pour les blanchisseries de toiles, l'écoulement existe toujours, parce que la quantité d'eau nécessaire pour le travail et la nature des opérations, ne permet pas de se servir d'eaux plus ou moins stagnantes; mais dans les établissements nombreux destinés au lavage du linge sale, la quantité d'eau limitée qu'exige le travail, permet de ne faire souvent usage que de celle des puits. Il n'arrive que trop souvent que les eaux savonneuses ne trouvent d'autre moyen d'écoulement qu'une rigole en terre, terminée quelquefois par un puisard plus ou moins profond.

Le savon dissous dans l'eau distillée, n'éprouve que très lentement une décomposition, et les gaz qui se dégagent offrent peu d'odeur; il en est tout autrement d'une dissolution faite avec de l'eau qui renferme quelques sulfates, comme le sont toutes celles qui coulent à la surface de la terre ; par le simple contact, le savon décompose ces sulfates; il se dégage une quantité considérable d'ACIDE HYDRO-SULFURIQUE qui répand dans l'atmosphère une forte infection, et qui peut exercer une action plus ou moins forte sur l'économie animale, suivant diverses circonstances.

Les puisards sont tout-à-fait inefficaces pour absorber ces eaux; la quantité de matières grasses qu'elles renferment rend ces cloaques très promptement étanches, et l'on est obligé de les remplacer par d'autres qui sont bientôt aussi hors de service. Le plus ordinairement il est préférable de pratiquer, dans le sol, des rigoles qui s'étendent à une assez grande distance des habitations, et qui reçoivent les eaux. Aussitôt qu'elles sont remplies on les recouvre de terre qui absorbe peu à peu l'eau, et on en pratique de nouvelles ; mais si le terrain sur lequel les eaux se réunissent a peu d'étendue, que des habitations s'y trouvent plus ou moins accumulées, l'existence des buanderies devient insupportable : plusieurs localités des environs de Paris ont offert ces inconvénients à un tel degré, qu'on a été forcé de supprimer les buanderies, quand il n'a pas été possible de procurer un écoulement direct aux eaux, et que depuis plusieurs années la position d'un grand nombre d'autres, est devenue intolérable; on ne saurait donc trop insister, dans l'intérêt de cette industrie, sur la nécessité où se trouvent les blanchisseurs de pourvoir au moyen de se débarrasser de leurs eaux.

Les eaux savonneuses employées au lavage des laines et au blanchîment, peuvent devenir une source d'avantages pour ceux qui en obtiennent de très grandes quantités, au lieu d'être une occasion de gêne et souvent d'interminables difficultés, en retirant, par des moyens convenables, les acides gras qu'elles contiennent. Ce procédé, exécuté à Rheims d'après les conseils de M. D'Arcet, et mis ensuite en usage en Angleterre, a offert des avantages toutes les fois que le prix des matières grasses, dans la localité, a permis de tirer parti de celle qu'on a retiré des eaux savonneuses. Nous indiquerons, à l'article EAUX SAVONNEUSES, ce qui est nécessaire de connaître sur ce sujet.

Lorsque des terrains cultivés assez étendus, environnent les buanderies, on peut se débarrasser des eaux, en les répandant immédiatement sur la terre; mais il vaut toujours mieux leur procurer un libre écoulement. Pour les procédés suivis dans le lavage du linge. *V*. BLANCHISSAGE. H. GAULTIER DE CLAUBRY.

BUIS. *V*. BOIS.

BURIN. (*Technologie.*) Mot qui, dans les arts, reçoit une foule d'acceptions différentes. Terme générique servant à désigner toute une classe d'outils. Nous devons parler d'abord de l'acception la plus répandue, la plus connue, c'est-à-dire de celle qui s'applique à l'outil avec lequel le graveur produit ces beaux effets qui en font un artiste distingué parmi ceux qui cultivent les beaux arts. Le burin est tout simplement un petit barreau d'acier carré, affûté par une de ses diagonales, et de manière que la facette usée présente l'aspect d'un rhombe. Cet outil est emmanché dans un manche en forme de champignon, mais dont on retranche une partie du côté où est située la pointe du burin, de manière à ce que cet outil puisse couper étant presque courbé à plat sur la planche. Si on n'ôtait pas cette portion du manche, l'outil formerait, avec la planche, un angle trop ouvert, et s'engagerait trop profondément dans la matière. Les burins doivent être faits avec le meilleur acier possible, lors même qu'ils ne seraient destinés qu'à couper du bois, sauf alors à leur donner une trempe moins dure; mais leur usage le plus habituel étant de couper le cuivre et même l'acier, ils doivent être généralement trempés durs. Les burins anglais jouissent d'une réputation méritée; cependant depuis quelques années nos fabricants, ou du moins quelques-uns, les ont surpassés. Les burins Lavosi, marqués d'une croix et de quatre points, un dans chaque embranchement de la croix, non polis et limés en travers, coupent l'acier revenu bleu. Le burin *grain d'orge* est moins souvent employé; on appelle ainsi un burin dont la coupe est un rhombe plus ou moins alongé; la *facette* de ces burins présente aussi un rhombe, mais bien plus alongé, et la pointe en est très *friande* et sujette à casser. Ce burin sert à faire des tailles fines et profondes : le burin carré les fait plus larges et moins creuses. Le graveur a encore d'autres burins ; car ce nom s'applique à toute une série de petits outils, tels que échoppes, burins elliptiques formant ogive du côté de la pointe, etc., etc. Le graveur sur bois fait plus particulièrement usage du burin losange, et des *burins échoppes* qu'il nomme *langue de chat*.

Les horlogers emploient de préférence les burins carrés, et ceux dont un des côtés est rond, et qu'on nomme échoppes rondes : souvent ces échoppes sont absolument rondes, et offrent une ellipse parfaite sur leur facette usée ; d'autres ont deux méplats, un de chaque côté ; d'autres, enfin, n'ont qu'un méplat en dessous : il est impossible de constater toutes ces formes diverses ; tous ces burins sont employés pour tourner le fer et l'acier ; ce sont les mêmes à peu près que ceux employés par les graveurs. Mais, dans l'horlogerie, on emploie plutôt le côté que la pointe même ; ce qui fait que le burin de l'horloger doit être affûté avec encore plus de soin que celui du graveur.

Il semblerait à voir un burin, que rien n'est plus facile que de le rendre pointu et coupant, et cependant pour être bien faite, cette opération est une des plus difficiles. Communément l'inclinaison du biseau d'un burin doit être de quarante degrés : ce biseau doit être parfaitement droit, non-seulement dans le sens de la longue diagonale du rhombe, mais dans le sens de la diagonale plus courte qui la croise. Cette rectitude est si difficile à obtenir que l'un de nos plus savants artistes, M. Gambey, a cru nécessaire d'inventer un instrument simple pour affûter les burins, au moyen duquel ils sont présentés à la pierre dans l'inclinaison qu'ils doivent avoir, et maintenus d'une manière invariable. On obtient bien sur la meule plane un effet semblable ; mais l'affût, donné par le grès, est trop gros, et le burin ne couperait pas si l'on n'avait recours à la pierre à l'huile (*v.* Affiler et Affuter). En donnant le fil au burin, il faut avoir bien soin d'arrondir le moins possible la facette usée, afin de conserver les angles bien vifs. Les graveurs affûtent aussi le *ventre* du burin, c'est-à-dire l'angle du dessous qui forme la pointe ou le *bec*. Les burins cambrés ont moins besoin de cette dernière opération.

Le burin des serruriers est un outil tout différent, c'est tout simplement ce que dans d'autres professions, le tapissier, par exemple, on nomme le *ciseau à froid*. C'est avec cet outil qu'ils *burinent* dans le fer, c'est-à-dire qu'ils creusent à froid des mortaises, ou qu'ils font sauter des parties qui seraient difficiles à atteindre avec la lime, ou qu'il serait trop long de limer. Un serrurier entendu a recours à cet instrument toutes les fois qu'il le peut, car il ménage le temps et les limes qui coûtent cher. Ces sortes de burins, tout en acier fin, affectent les formes du fermoir ; c'est la plus usitée (*v.* Fermoir), et celle du Bédane (*v.* ce mot) ; mais dans ce dernier cas, il faut faire un contre-biseau, car le biseau simple serait très sujet à s'égrener : le burin affûté en fermoir avance plus l'ouvrage, et résiste plus long-temps si on affûte les biseaux arrondis et de manière à ce que leur rencontre forme *ogive* ; les biseaux affûtés droits, quel que soit leur peu d'inclinaison, sont sujets à s'ébrécher ; mais ils font l'ouvrage plus régulier, et laissent moins à faire à la lime. En burinant, le serrurier frappe sur le burin avec son marteau chargé d'acier trempé, ce qui fait rebrousser et même fendre le haut de son burin qui est d'acier fin, et par conséquent d'un prix assez élevé. Il serait à désirer que l'on trouvât un moyen d'adopter au burin un manche de fer qui reçut les chocs du marteau ; ce dernier en souffrirait moins : c'est un perfectionnement que nous proposons sans espoir toutefois de le voir adopter, car les ouvriers tiennent à leurs habitudes, encore bien même qu'elles soient contraires à leurs intérêts.

Bien d'autres outils portent encore le nom de burins ; mais la plupart sont des gouges plates ou des ciselets. Nous n'en parlerons pas maintenant. PAULIN DESORMEAUX.

C.

CABESTAN. (*Mécanique.*) Machine qui sert à produire une traction horizontale au moyen de l'enroulement d'une corde autour d'un cylindre vertical auquel le mouvement est imprimé par des leviers ou par une roue horizontale. Dans cette machine, l'effet qu'il s'agit d'obtenir est la première donnée du calcul pour déterminer les dimensions de toutes les parties. Voyons d'abord comment elle est construite, et nous passerons ensuite aux calculs du devis de sa construction : Quant aux dimensions de chacune des pièces qui la composent, on supposera qu'il s'agit d'un cabestan mobile que l'on peut transporter tout assemblé aux lieux où il doit agir.

L'élévation, *fig.* 230, suffira pour faire connaître cette machine. On y voit en a, le cylindre autour duquel s'enveloppe la corde de traction, c qui,

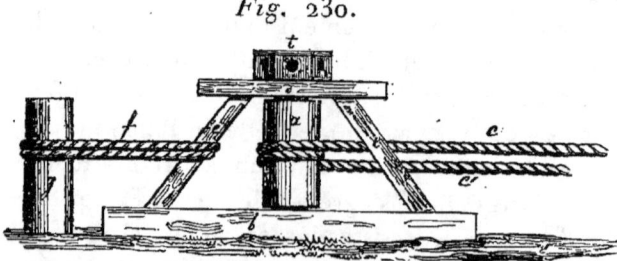

Fig. 230.

après avoir fait deux tours, est déroulée en c' ; une sole b, composée de madriers jointifs, et retenus en contact par des boulons, portant un autre assemblage de madriers assemblés de la même manière, soutenu à $0^m,4$ par quatre jambes de force e, dont les deux antérieures seulement sont représentées dans le dessin ; les autres en sont exactement couvertes. Le tourillon inférieur du cylindre ou tambour est retenu dans une crapaudine entaillée dans la sole b, et l'autre traversant la pièce d et la tête ou chapeau t, lieu d'application de la force motrice, doit être capable de résister à la torsion qui, dans cette machine, peut aller jusqu'à vingt mille kilogrammes, à la surface de la partie comprise entre la tête et le tambour. Les cordages f, jetés autour des deux jambes de force au-delà de la corde c, et qui enveloppent aussi le poteau g fortement enfoncé et retenu dans la terre, servent à *amarrer* le cabestan : il convient que ces cordages soient dans le même plan horizontal que la corde c. Comme le tourillon inférieur n'éprouve aucune torsion, si ce n'est celle qui provient du frottement, on peut le réduire aux dimensions de l'axe d'une roue chargée d'un poids double de la traction suivant la corde c.

La tête est percée de trous et de mortaises pour y loger l'extrémité des leviers auxquels la force motrice est appliquée. La hauteur du centre de ces mortaises, au-dessus du sol, ne doit pas excéder $1^m,6$, afin que les leviers ou barres se trouvent tout au plus à la hauteur de la poitrine des ouvriers de taille moyenne. Il vaut mieux multiplier les barres au lieu d'appliquer plus d'un homme à chacune. Lorsqu'on est dans la nécessité de faire agir à la fois un grand nombre d'hommes, comme dans les cas où il s'agit de transporter avec vitesse des masses très pesantes, la multitude des barres sera remplacée avantageusement par une grande roue dont la circonférence sera garnie d'autant de chevilles d'environ $0^m,7$ de longueur, que l'on veut employer d'ouvriers. Dans les cas les plus ordinaires, l'emploi des barres est suffisant, et par conséquent préférable. La tête est cylindrique, armée de frettes de fer, l'une au-dessous et l'autre au-dessus des mortaises, dont l'entrée peut être garnie aussi de lames de fer, ainsi que l'extrémité des barres qu'on y ajuste, et qui exercent sur l'entrée une pression qui est rarement au-dessous de six cents kilogrammes.

Cette construction du cabestan est plus simple que celle que les marins emploient sur les vaisseaux pour les manœuvres de force. Dans les cabestans marins, il n'y a point de tourillons en fer, tels que ceux que l'on peut admettre dans cette machine employée à terre. Le tambour est converti en cône tronqué, pour empêcher la corde de *descendre* le long de l'axe vertical de rotation, ce qui produit un autre mauvais effet, en forçant le cordage à glisser sur la surface qu'il enveloppe, puisque chacune de ses révolutions le force à s'enrouler autour de circonférences inégales. L'admission de tourillons en fer diminue beaucoup la résistance causée par le frottement, et permet de réduire aussi le diamètre du tambour à ce qu'exige rigoureusement la grosseur des cordes que l'on y applique. C'est ainsi que les machines peuvent devenir moins volumineuses, d'un transport moins incommode, sans rien perdre de la puissance dont elles doivent être capables.

Supposons maintenant que la corde c soit tendue avec une force de quatre mille kilogrammes : comme cette traction est exercée à la hauteur de $0^m,8$ à $0^m,9$ au-dessus du sol, on a la mesure de la résistance du poteau d'amarre à cette même hauteur; car on sera parfaitement en sûreté contre sa rupture, si on le prend tel qu'on puisse lui faire porter huit mille kilogrammes à $0^m,9$ de son encastrement (v. Bois (Résistance des). Chaque couple de jambes de force est dans le même cas, et soumise à la même mesure, puisque l'une de ses fonctions est de servir d'attache aux cordages d'amarres, et que l'une ou l'autre couple peut s'en acquitter indistinctement. On connait aussi, dans ces pièces, le lieu d'encastrement, et la distance au point d'application de la charge, ainsi que sa direction; on a donc tout ce qu'il faut pour faire usage des formules de la résistance des bois. Quant aux pièces b et d, leurs dimensions varient peu, depuis les mesures qui conviennent aux plus puissantes machines jusqu'aux plus petites : de huit à dix centimètres d'épaisseur, un mètre de largeur au plus, et environ trois mètres de longueur. Il ne reste donc plus que les pièces mobiles, c'est-à-dire le tambour, ses tourillons et sa tête, dont on ait à déterminer les dimensions horizontales, car celles de la hauteur sont déjà fixées. On doit introduire ici un nouvel élément, la résistance due à la raideur des cordes (v. Cordes). L'ingénieur devra chercher d'abord la plus petite longueur que l'on puisse donner au diamètre du tambour, et augmenter ce *minimum*, soit d'un sixième, soit même d'un quart, lorsqu'on a besoin de manœuvres un peu accélérées; les hommes qui font tourner le tambour fournissent une plus grande somme de force, si leur vitesse n'excède pas un mètre par seconde. Cette somme de force, multipliée par le temps et la force motrice dont il faut faire le meilleur emploi, soit en allant plus vite au moyen d'un plus gros tambour et d'une moindre force de traction, soit en augmentant cette force aux dépens du temps dont il faudra faire une plus grande consommation. Supposons que l'on ait six ouvriers pour la manœuvre du cabestan, outre celui qui déroule la corde, les marins estiment que leurs forces réunies seront de soixante-quinze kilogrammes, avec une vitesse d'un mètre; les frottements et la raideur de la corde feront perdre une partie de cette force, en sorte qu'on ne pourra guère compter que sur soixante-dix kilogrammes effectifs; puisque la traction est de quatre mille kilogrammes, il faut que le rapport entre la puissance et la résistance, ou entre la longueur du levier et le rayon du tambour, soit $\frac{4000}{70} = \frac{400}{7}$. Ainsi, si ce rayon ne pouvait être moindre que $0^m,147$, la longueur du levier serait $\frac{14^m,7.4}{7} = 8^m,4$, ce qui n'est pas inadmissible : mais en portant cette longueur à dix mètres, le rayon du tambour pourra être augmenté dans le rapport de 42 à 50, et deviendra $0^m,175$, ce qui convient encore mieux.

Lorsque la force d'un cabestan ne suffit pas pour imprimer le mouvement à une charge très pesante, on peut y suppléer par l'intermédiaire d'un ou de deux Mouffles dont un seul réduirait la traction sur le tambour à un tiers ou un quart de celle que la charge exige, et le second opérant la même réduction sur la tension de la seconde corde, on n'aurait plus besoin que du neuvième ou du seizième de la force qu'il eût fallu appliquer directement à la charge. On a souvent recours à cet expédient pour amener de très gros blocs de pierre au lieu de leur destination, au moyen de cabestans d'une force médiocre. Ferry.

CABLE. (*Technologie.*) Grosse corde servant à soulever les fardeaux, et à amarrer les vaisseaux. La fabrication des cables, se rattache à celle de toutes les autres cordes de chanvre que nous examinerons au mot Cordier. Quant à ce qu'on nomme *cable de fer*, comme ce sont absolument des chaînes à mailles, nous renvoyons au mot Chaîne pour ce qui le concerne. Les *cables plats*, d'invention plus récente, offrent deux perfectionnements, d'abord ils ne sont pas sujets à se détordre lorsqu'ils tiennent des fardeaux pesants en suspension, comme cela n'a que trop souvent lieu pour les cables ronds; ensuite ils présentent plus de points de contact à la poulie ou à l'arbre du treuil sur lesquels ils adhèrent plus fortement. D'une autre part, en mécanique sur-tout, il résulte de l'emploi des cables plats ou courroies, une diminution notable des frottements et plus de force : en effet, si vous supposez une corde ronde engagée dans une poulie à gorge ronde, si la corde emplit bien la gorge, elle frottera sur la demi-circonférence, ce qui donnera beaucoup de force, mais en même temps beaucoup de frottement. Si la corde ne remplit pas la gorge de la poulie, elle ne touchera qu'au fond sur une ligne plus ou moins large, il n'y aura plus alors de frottement sensible, mais aussi il y aura beaucoup moins de force. Si la gorge de la poulie est angulaire, la corde frottera peu et aura deux lignes de contact. Cette disposition est plus avantageuse que les deux premières; mais il y a encore nécessairement un peu de frottement, et l'on n'obtient que deux lignes de contact, c'est-à-dire une force moyenne. Dans l'emploi du cable plat, les frottements sont nuls, et l'on obtient une force au moins égale à celle qui est le résultat de notre première supposition, c'est-à-dire celle où la corde ronde emplira exactement une gorge ronde. A ces considérations se joignent la facilité d'embrayer et désembrayer, et d'autres qu'il serait trop long d'établir, et qui font que généralement maintenant on donne la préférence aux cables plats.

Les *cables plats* se font à quatre, six ou huit *aussières*. On entend par ce mot, une corde composée directement avec des fils. Nous n'entrerons point dans le détail de cette fabrication : ceux qui auraient intérêt à la connaître pourront consulter la première série n° 1 des *Annales des Arts et Manufactures*; le peu que nous en pourrions dire ne serait pas suffisant pour éclairer l'exécution sur un travail assez compliqué; nous devons seulement faire observer qu'il ne faut pas que la corde soit trop plate, parce qu'alors elle perd beaucoup de sa force et de son adhérence : le constructeur doit, à cet égard, se renfermer dans des appréciations de convenance et d'habitude; car il n'est pas encore venu à notre connaissance que des expériences aient été faites à cet égard, et par nous-même, nous ne savons rien de bien positif : seulement nous nous sommes aperçu que l'emploi d'une courroie trop plate avait de graves inconvénients.

En 1827, M. Hortier fils, de Nantes, a exposé des câbles ronds, fabriqués d'après le procédé *Hubert*, qui sont, à grosseur égale, plus forts que les cordages ordinaires, dans la proportion de 7 à 4; l'armateur qui les emploie dans un navire de quatre cents tonneaux, épargne cinq mille kilogrammes en poids, et 4,000 fr. en argent; tels sont du moins les termes du rapport du jury central : « il est constaté, ajoute-t-il, qu'une mine qui usait en trois ou quatre mois un cable ancien de neuf pouces, faisait durer huit à neuf mois un câble de six pouces trois quarts de M. Hortier. »

En 1834, M. Pavy jeune a exposé des câbles faits avec une matière filamenteuse qu'il nomme *Sbarrach* ou *Soie végétale*, qui lui a servi aussi à confectionner des tapis très élégants, et d'autres objets fort remarquables. Le brevet d'invention que ce fabricant a pris, porte sur l'application de cette matière à une foule d'autres usages. C'est presque la seule employée par les sauvages pour leurs cordes d'arc; c'est avec elle qu'ils lient leurs flèches, qu'ils cousent leurs vêtements grossiers. Quoi qu'il en soit, l'industrie est redevable à M. Pavy, d'avoir le premier pensé à en faire l'objet d'une grande exploitation sans laquelle le public n'aurait pas été appelé à jouir des avantages que doit procurer l'emploi de cette matière. Plusieurs filaments d'une nature presque semblable, portent des noms divers selon les régions qui les produisent; les différences ne sont pas encore assez tranchées pour que, dans ce grand nombre de fils, il n'y ait encore confusion et incertitude. Lorsque l'étude, l'usage, l'expérience auront concouru à nous éclairer sur ces matières, les différences ressortiront; on donnera un nom propre à chacune d'elles, et les qualités spéciales de l'une et de l'autre, seront reconnues et classées; jusques là nous ne pouvons encore que noter les avantages généraux de cette fabrication nouvelle. Les filaments dont il s'agit, portent les noms de *Pitte*, *Phormium-tenax*, *Abaca*, *Sbarrach*, *Agave*, fils d'*aloës*, etc. Les fils du *pitte* (nous employons ce mot, reçu dans le commerce, sans prétendre le consacrer) sont ronds, transparents, homogènes, coniques, d'une nature approchant de celle du crin ; gros par leur base comme cinq crins tordus ensemble, et allant en diminuant jusqu'à n'avoir plus que la grosseur d'un crin ; leur longueur varie et parvient jusqu'à $1^m,5$ et plus ; ils s'amollissent dans l'eau, y prennent de la flexibilité, mais ne gonflent pas. Ce fil n'est pas celui que M. Pavy emploie ; il sert à d'autres usages (*v.* Pitte) Cependant on ne peut s'empêcher de reconnaître qu'il existe une grande similitude entre eux, si l'on choisit dans le pitte les fils anguleux, et dans le sbarrach les fils moins aplatis. Quant aux fils dont sont formés les câbles de M. Pavy, ils diffèrent du pitte en ce qu'ils se rapprochent évidemment de la nature de notre chanvre ; ils en ont l'aspect, l'odeur, la contexture ; les brins sont plus gros, plus longs ; mais il est probable que s'ils étaient soumis aux mêmes manipulations que le chanvre, ils donneraient une filasse à peu près semblable. M. Pavy se propose d'appliquer bientôt, à la fabrication des tissus, cette matière, à laquelle, par une préparation chimique, il peut donner beaucoup de souplesse et de flexibilité. Dans l'état naturel, elle conserve un peu de raideur qui ne nuit pas dans la fabrication des cordages, attendu que la torsion des fils y est très faible, et contient une matière gommeuse qui rend les cordages plus beaux d'aspect et moins altérables à l'humidité. Il paraît que les câbles ou cordes de même diamètre, faits avec cette *soie végétale*, sont du double plus forts que ceux faits en chanvre ; et que les traits de charrue, quoique moins gros de moitié, durent le double de temps. Nous pouvons affirmer, que le poids des nouveaux câbles est infiniment moindre que celui des cordes en chanvre. Ils se vendent maintenant 1 fr. 30 c. la livre à Paris, et ceux de chanvre 75 c. ; mais comme une livre de la première matière fait un câble deux fois aussi long que pareil poids de chanvre, les prix comparatifs sont 65 c. et 75 c. ; d'où résulte une économie de 15 c. par livre, et en outre l'avantage d'avoir des cordages beaucoup plus faciles à manier. Les armateurs français et américains, ceux sur-tout qui font la pêche du Nord, la société des coches d'Auxerre, plusieurs grandes entreprises de Paris, et autres, achètent avec empressement de ces cordages depuis quelque temps, et déclarent s'en bien trouver. Ils trouvent qu'ils résistent mieux que les cordages ordinaires, et qu'ils durent beaucoup plus long-temps. Le ministère de la marine a fait déjà quelques achats à la maison Pavy. On consomme aussi, pour traits de charrue et de voitures de charge, beaucoup de cordes faites avec cette matière. Comme elle prend très bien la teinture, on en fait aussi des traits de voitures bourgeoises fort élégants, des guides et des licols. Ces mêmes cordages teints, remplacent les cordons de soie pour sonnettes, les torsades des tentures. On fabrique aussi, avec cette matière, des glands qui imitent bien la soie, et sont peu coûteux. On confectionne encore avec elle cette petite corde qu'on appelle *fouet*, parce qu'elle s'attache à l'extrémité des fouets des cochers : elle commence à être fort recherchée pour cet usage. Si, comme cela paraît prouvé, ces cordes présentent une force égale sous un volume réduit de moitié, cette seule considération, à part les autres, aura des conséquences infinies pour les arts mécaniques : les poulies, les axes des poulies, l'écartement des chapes seront réduits de moitié; en réduisant les longueurs on réduira les diamètres proportionnellement, les frottements seront moindres, etc., etc.

Câbles en caout-chouc. A la même exposition de 1834, MM. Rattier et Guibal, connus par le bel emploi qu'ils ont fait récemment du caout-chouc ou gomme élastique à la fabrication d'étoffes élastiques, et de tissus imperméables, ont soumis à l'approbation du jury, des cables construits avec des fils de la même matière, étirés et ayant perdu l'excès de l'élasticité qui en rendrait, dans la majeure partie des circonstances, l'emploi peu applicable. Ces câbles sont une véritable nouveauté; ils sont offerts à l'industrie avec modestie par les inventeurs qui lui disent : voici un produit nouveau, non encore étudié, qui pourra s'employer dans quelques cas : ces cordes, nous en convenons, sont moins fortes que les cordes de chanvre; mais elles se recommandent par des qualités qui leur sont particulières; elles sont imperméables, et par conséquent non hygrométriques; séjournant dans l'eau, elles ne pourriront pas; exposées à la pluie, au vent, à la poussière, elles ne se détérioreront pas promptement comme les cordes de chanvre; elles conserveront leur force à la cave comme au grenier; et si vous avez mesuré leur force dans le temps de la plus grande chaleur, vous pouvez compter qu'elles ne trahiront jamais votre confiance; car la chaleur seule peut momentanément les amollir, et la température s'abaissant, elles reprendront toute leur rigidité; elles ne saliront jamais les objets qu'elles supporteront, parce que, comme le crin, l'eau peut bien les traverser, mais non jamais pénétrer leurs filaments, et en entraîner la partie extractive. Ils disent au mécanicien : voici des cordes qui haperont vivement sur les poulies, et dont l'élasticité correspondra à ce que vous avez trouvé d'avantageux dans l'élasticité des lanières de cuir. » C'est bien déjà quelque chose; il ne s'agit pas toujours de la force : si ces câbles peuvent être livrés à des prix modérés, nul doute que dans bien des cas ils ne remplacent avec avantage la corde de chanvre. Nous ne saurions prévoir les applications que l'industrie saura faire de cette nouvelle corde; il faut pour cela qu'elle descende dans toutes les mains; que l'horloger l'applique à son archet; que le pêcheur en compose sa ligne; que le maçon en fasse le lien de ses échafaudages, etc. Toujours est-il que, dès à présent, nous pouvons féliciter MM. Rattier et Guibal de leur heureuse application, et faire des vœux pour qu'elle se popularise.   PAULIN DESORMEAUX.

CABOTAGE. (*Commerce*.) On appelle cabotage la navigation qui se fait de côte en côte, ou plutôt de cap en cap, ainsi que l'indique le mot espagnol *cabo*, cap, d'où lui est venu cette dénomination. Le *petit* cabotage, dont les limites ont été établies par une vieille ordonnance du 18 octobre 1740 qui subsiste encore, comprend les bâtiments qui naviguent sur les côtes de France, sur l'Océan et sur la Méditerranée, et même à l'entrée du Sund. Le *grand* cabotage s'entend de la navigation de la mer du Nord, de la Baltique et de la Méditerranée; ou en d'autres termes, de toutes les côtes européennes. Les navires employés à cette navigation, portent le nom de caboteurs. Ils sont commandés par des chefs qui reçoivent, selon leur capacité, le titre de maître au grand ou au petit cabotage. Cette capacité est constatée par des examens auxquels il serait à désirer qu'on apportât une plus grande sévérité, sur-tout dans les ports de la Méditerranée.

Le cabotage peut être considéré comme une sorte de communication vicinale. C'est par le cabotage que se fait la meilleure partie du commerce européen, et cette industrie exige des

connaissances maritimes et commerciales très variées. Les Anglais et les Hollandais y excellent, mais les premiers tendent à supplanter toutes les autres nations au moyen de la navigation à la vapeur, laquelle est inapplicable, jusqu'ici, aux voyages de long cours, mais singulièrement propice aux relations de côte en côte, qui exigent de la célérité et de l'exactitude. Au moment où nous écrivons, des relations sont établies, par bateaux à vapeur, entre Marseille et Naples; entre Toulon, la Corse et Alger; entre Trieste et Corfou; entre Malte et Constantinople; entre Londres, Calais, Ostende, Anvers, Rotterdam et Hambourg; entre Hull et Stockolm, par le canal de Gothie; entre Lubeck et Saint-Pétersbourg; entre Falmouth et Lisbonne; entre l'Angleterre, l'Écosse et l'Irlande, par plus de cinq cents bateaux à vapeur, de sorte qu'on peut considérer une révolution dans le cabotage comme tout-à-fait probable avant vingt-cinq ans.
BLANQUI AÎNÉ.

CACAO. (*Commerce.*) On donne le nom de cacao à la semence du cacaoyer, *Theobroma cacao*, L., de la famille des *malvacées*, de Jussieu, maintenant placé dans la famille des *bittueriacées* Le cacao est généralement ovoïde, aplati, irrégulier, long d'environ deux centimètres, recouvert d'un épisperme fragile, d'un brun-gris jaunâtre, terreux, au-dessous duquel se trouve une cuticule très mince, qui n'est pas toujours apparente, et qui recouvre immédiatement l'amande, qui est brune, odorante, qui possède une saveur fade et légèrement âcre; dans cette amande, et du côté de la cicatricule, se trouve l'embryon qui est cylindroïde, aplati, et comme invaginé dans l'axe même de l'amande qu'il divise en plusieurs parties.

L'amande du cacao renferme une matière grasse, soluble dans l'éther froid, et dans l'alcool bouillant, qui porte, lorsqu'elle est isolée, le nom de *beurre de cacao*. C'est elle qui donne le liant à la pâte de chocolat qui, comme personne ne l'ignore, se fait avec le cacao.

Les semences du cacao sont renfermées dans un fruit alongé et profondément sillonné, qui en contient quelquefois une trentaine, au milieu d'une pulpe blanchâtre légèrement acide.

On trouve dans le commerce un grand nombre d'espèces de cacao qui portent les noms des pays qui les fournissent. Ceux qui s'y rencontrent le plus ordinairement sont les cacaos de Caraque, de Maragnan, de la Martinique et de l'île Bourbon. Il en est cependant un plus grand nombre d'espèces qui méritent d'être décrits.

Le *Cacao de l'île Bourbon* est généralement d'un petit volume, arrondi et recouvert d'un épisperme peu adhérent. On nous l'expédie dans des double nattes de jonc.

Le *Cacao de Caraque* est volumineux, épais, recouvert d'un épisperme irrégulier, terreux, d'un gris jaunâtre; la saveur de la semence est légèrement astringente; son odeur est quelquefois ambrée. Nous le recevons dans des toiles de chanvre.

Le *Cacao de Cayenne* est d'une forme peu régulière, ce qui est peut-être dû au mélange des semences de plusieurs espèces botaniques, notamment de celles du *Theobroma guyanensis*, Wild. L'épisperme de ce cacao est grisâtre. On nous l'envoie dans des toiles de chanvre et dans des futailles.

Le *Cacao de Maragnan* est ovale, quelquefois courbé et creusé sur un côté, recouvert d'un épisperme peu rugueux, d'un brun noirâtre, tant soit peu adhérent à l'amande qui est peu colorée. On l'emballe dans des toiles de coton ou de chanvre.

Le *Cacao de la Martinique* est ovale, aplati, plus large du côté du hile que du côté opposé, légèrement concave, de couleur rougeâtre; sa chair violâtre a une saveur peu agréable. Il nous parvient dans des toiles de chanvre, ou dans des futailles.

Quelle que soit l'espèce de cacao que l'on achète, il faut le prendre bien nourri, dense, d'une couleur vive, d'une odeur et d'une saveur agréable. *V*. CHOCOLAT.   A. BAUDRIMONT.

CACHEMIRE. *V*. CHALES.

CADASTRE. (*Administration*.) (1) Le cadastre a pour objet d'établir et de maintenir la répartition de la contribution

---

(1) Autrefois on écrivait *capdastre* et on donnait ce nom au registre sur lequel était consignée l'assiette des tailles. Ce registre contenait la qualité, l'estimation, et le nom des propriétaires des fonds de chaque communauté ou paroisse. Faut-il croire avec Ménage que *cadastre* dérive de l'italien *catasto* ? avec Borel, qu'il vient du mot languedocien *cadun* (chacun)? avec Rageau de *capitularium*, nom donné au registre qui contenait les cadastres, et enfin de *caput* et de *capitastrum*, avec ceux qui pensent que ce terme a été employé

foncière, proportionnellement à l'étendue, à la qualité et au revenu absolu ou relatif de chaque propriété.

Avant 1790, les impositions qui portaient sur les terres, et qui variaient suivant les localités, telles que la taille dans une partie des provinces, la subvention dans une autre partie, et les vingtièmes dans toutes, furent supprimées, et on voulut adopter un mode uniforme de contribution qui ne portât que sur les revenus des biens fonds; mais il ne fut pas facile d'établir une répartition générale, c'est-à-dire de fixer, pour chaque département, la somme que devait payer chacun des propriétaires de son ressort. On étudia divers projets : ceux-ci voulaient prendre pour base le nombre des arpents, ceux-là le nombre des habitants, d'autres voulaient combiner la superficie et la population; enfin, le mode qui parut offrir le moins d'inconvénients fut celui de calculer les impôts anciens de tout genre que supportait chaque département, et de répartir la nouvelle contribution foncière au marc la livre de ces anciens impôts.

Ce mode fut adopté par l'Assemblée constituante, le 23 novembre 1790, et devint loi de l'État, le 1er décembre de la même année. Le 28 août 1791, une seconde loi fut rendue sur cette matière, et ce fut dans cette loi que l'on jeta définitivement les premiers fondements du cadastre. Le 23 septembre 1791, on prescrivit, par une loi, de diriger le mode d'exécution des plans des communes vers la confection d'un cadastre général, qui aurait pour base les grands triangles de la

---

pour les impositions sur les têtes avant de l'être pour les impositions sur les biens ?

Aucun de ces mots ne nous semble rendre raison de l'origine de capdastre, autant que *capitas*, terme de basse-latinité qui signifie contenance, et qui dérive de *capere*, contenir. Le cadastre, en effet, est une opération qui fait connaître la contenance des propriétés par l'arpentage et leur valeur par l'expertise.

Avant la révolution, plusieurs provinces, notamment le Dauphiné, le Languedoc et la Provence avaient eu leur cadastre particulier. Mais malgré les projets de Charles VIII et de Colbert, le cadastre général n'existait point encore. Inutilement demandée par les assemblées électorales de 1789, et décrétée par l'assemblée nationale, cette grande opération ne reçut un commencement d'exécution qu'en 1802.

carte de l'Académie des Sciences. Enfin, un décret de la Convention, du 21 mars 1793, ordonna l'organisation du cadastre général et du bureau de direction.

En vertu de ces lois, le cadastre fut établi, mais il fut presque aussitôt arrêté dans sa marche par les troubles politiques. Cependant, lorsque la tranquillité commença à renaître, on s'en occupa de nouveau; mais la répartition entre les départements, les arrondissements et les communes, établie sans bases fixes, suivant les intrigues de chaque département, et laissée, pour les communes sur-tout, à la merci d'un répartiteur, chargé de faire la matrice des rôles, c'est-à-dire d'inscrire chaque propriétaire, et de déterminer le revenu foncier d'après lequel sa taxe devait être réglée, offrit les plus grands abus, les plus grandes irrégularités; et, jusqu'en 1802, de vives réclamations s'élevèrent sur tous les points de la France. On essaya alors de mesurer et d'évaluer par masses de culture dix-huit cents communes; on tenta ensuite de généraliser cette opération, mais on n'obtint encore aucun résultat satisfaisant, et pensant que l'obstacle naît de ce que le cadastre par masse de culture ne faisait pas connaître les contenances des propriétés particulières, on adopta le cadastre parcellaire au commencement de 1808; mais on eut le tort de vouloir appliquer ce dernier mode à la péréquation générale, et de remonter ainsi du plus petit au grand. Il en résulta des irrégularités choquantes dans la répartition de l'impôt, des réclamations réitérées, et on arriva, après de longs essais, à reconnaître que la seule manière de procéder sur des bases équitables, était de se borner à la seule répartition individuelle, de ne plus se fixer d'après des revenus réels, absolus, mais simplement d'après des revenus relatifs que les propriétaires détermineraient eux-mêmes comme classificateurs. Ce dernier mode fut donc définitivement arrêté et régularisé par la loi de finances du 31 juillet 1821. Une ordonnance royale, du 3 octobre 1821, fut rendue pour l'exécution de cette loi; et enfin, le règlement général du 10 du même mois, annexé à ladite ordonnance, completta tout ce qui concernait cette opération, dont l'exécution fut ramenée à des formes plus simples, et réduites à celles strictement nécessaires.

Les plans du cadastre sont levés parcellement, c'est-à-dire

par parcelles de propriété, par les soins d'un géomètre en chef nommé par le préfet. Le plan est levé à l'échelle d'un à deux mille cinq cents, c'est-à-dire, qu'une longueur de deux mille cinq cents mètres sur le terrain, occupe un mètre sur le papier, et, qu'en général, deux mille cinq cents mesures quelconques qu'on voudra imaginer, seront représentées sur un plan du cadastre par une seule de ces mesures. Préalablement à l'arpentage parcellaire, le géomètre doit procéder à la délimitation des communes, afin que les contestations de limites puissent être terminées avant de commencer cette dernière opération. Ces contestations sont jugées par les préfets. La triangulation doit aussi précéder l'arpentage parcellaire. Elle consiste à établir un réseau de triangles dont on observe tous les angles, et dont on détermine la longueur des côtés à l'aide de ces angles, et d'un seul côté mesuré sur le terrain. Ce côté s'appelle *base*, et l'on apporte d'autant plus de soins dans sa mesure que l'on est certain de reproduire, par le calcul trigonométrique, la même exactitude pour la longueur cherchée des autres côtés non mesurés, pourvu toutefois que les angles aient été suffisamment bien observés, ce qui n'est pas difficile.

L'ouverture des travaux de l'arpentage est annoncée par un avis que le préfet fait afficher dans la commune à arpenter, et dans les communes circonvoisines.

Le géomètre ne doit lever les propriétés que d'après les jouissances existantes au moment où il opère.

A mesure qu'un plan est levé, le géomètre en chef en fait calculer les masses, et en porte les contenances dans un premier cahier; il fait ensuite procéder au calcul des contenances de toutes les parcelles et des parties non imposables qui ne forment point de parcelles : les contenances de détail sont l'objet d'un second cahier, dont la récapitulation générale est contrôlée par le premier.

Le calcul des contenances étant terminé, le géomètre en chef complète le tableau indicatif qui a déjà reçu dans ses premières colonnes, au moment du levé du plan, les noms des propriétaires, la situation et la nature de chaque parcelle, en y portant les contenances dans deux colonnes, dont l'une les exprime en mesures métriques, et l'autre en mesures locales. Le tableau indicatif contient une dernière colonne qui est réservée pour le classement sur le terrain, et qui est remplie ultérieurement par le contrôleur des contributions directes.

Pour mettre les propriétaires à portée de vérifier les désignations et les contenances données à leurs fonds, le géomètre en chef réunit dans un bulletin, pour chaque propriétaire, toutes les parcelles qui sont éparses, sous son nom, dans le tableau indicatif. (On appelle *parcelle* toute portion de terrain qui se distingue de celles qui l'environnent par la différence, soit du propriétaire, soit de la nature de culture).

Enfin, le géomètre en chef présente, dans un état récapitulatif, le nom de chaque propriétaire, et le total de son bulletin en mesures métriques. Cet état est terminé par une récapitulation dont le total doit présenter la contenance imposable de toute la commune. Ces bulletins sont communiqués aux propriétaires, et signés par eux.

La minute du plan devant servir pour tous les renseignements dont l'administration peut avoir besoin, le géomètre en chef fait une copie de ce plan pour la commune. Ensuite il établit, en réduisant les feuilles du plan parcellaire, à l'échelle d'un à dix mille, un tableau d'assemblage présentant la circonscription de la commune, la division en sections, les principaux chemins, les montagnes, les rivières, la position des chefs-lieux et des forêts royales et communales. Il est fait deux copies de ce tableau, dont l'une est mise en tête du plan destiné pour la commune; l'autre doit concourir à la confection de la nouvelle carte de France.

Les travaux, dont il vient d'être question, doivent s'opérer par canton, et l'ordre des travaux doit être combiné de manière que les communes désignées pour être arpentées, dans une année, reçoivent leurs états de section et matrices de rôles dans l'année suivante.

Le propriétaire qui désire se procurer un extrait du plan parcellaire, en ce qui concerne ses propriétés, doit s'adresser au géomètre en chef. Ces extraits sont payés d'après un tarif arrêté par le préfet.

Le conseil municipal est chargé d'expertiser le cadastre parcellaire conjointement avec les plus forts imposés à la contribution foncière, et qui doivent se trouver en nombre égal à celui des membres du conseil, et choisis de manière que toutes les natures de propriété se trouvent représentées. On examine ensuite en combien de classes chaque nature de propriété doit être divisée à raison des divers degrés de fertilité du terrain, et de la valeur du produit; et une fois cette classification arrêtée, on s'occupe du tarif d'évaluation pour lequel le conseil municipal adopte telle échelle qu'il juge convenable, pourvu qu'elle puisse exprimer les valeurs comparatives des deux extrêmes.

Le directeur des contributions directes est chargé de la rédaction des états de sections, des matrices de rôle, du rôle cadastral, et de tous les travaux d'expédition et de calcul relatifs à la répartition individuelle. *Les états de section* contiennent pour chaque section séparément, les noms des propriétaires, les numéros du plan, les cantons ou lieux dits, la nature de la propriété, la contenance et le revenu de chaque parcelle, l'indication des classes; *les matrices de rôles* réunissent sous le nom de chaque propriétaire toutes les parcelles qui lui appartiennent, et comprennent tous les détails des bulletins rédigés par le géomètre en chef, et tous ceux des états de section. Elles sont disposées de manière à pouvoir suivre les mutations des propriétés que chaque propriétaire acquerra. *Le rôle cadastral* indique sur le recto du premier feuillet le montant de la contribution foncière de la commune, tant en principal qu'en centimes additionnels, le montant de son revenu cadastral, et la proportion dans laquelle chaque propriétaire doit, comparativement à son revenu cadastral, acquitter la contribution. Les feuillets suivants sont divisés en quatre colonnes: la première est destinée aux émargements; la deuxième indique les noms prénoms et surnoms, profession et demeure du contribuable, son revenu et la somme totale qu'il doit payer en principal et centimes additionnels, écrite en toutes lettres; la troisième présente le revenu cadastral ou allivrement du contribuable, en chiffres; et la quatrième doit contenir, en chiffres, la somme totale à payer. Le rôle est terminé par une récapitulation des additions, par page, tant des revenus que du montant de la contribution; les totaux doivent donner les mêmes sommes que celles qui sont portées dans la première page du rôle.

Les états de section, les matrices et le rôle cadastral sont approuvés par le préfet. Chaque propriétaire doit être averti de leur retour dans la commune pour en prendre connaissance et réclamer s'il y a lieu; un délai de six mois est accordé à cet effet, et passé ce délai aucune réclamation n'est admise à moins qu'elle ne porte sur des causes postérieures et étrangères au classement. Les réclamations présentées sous la forme de pétition et sur papier libre, sont remises au maire de la commune. Elles sont instruites par le contrôleur des contributions, qui doit prendre l'avis des propriétaires classificateurs dont nous avons parlé plus haut. Il transmet ensuite toutes les pièces au sous-préfet, qui les renvoie au préfet avec son avis. Celui-ci les communique au directeur des contributions directes, et il est ensuite statué par le conseil de préfecture.

Tout acquéreur, cessionnaire, héritier, légataire ou nouveau propriétaire à quelque titre que ce soit, doit faire une déclaration des biens qu'il a acquis, à la mairie de la commune où ils sont situés.

Telles sont les principales opérations du cadastre, et les résultats qu'elles produisent. Nous n'avons pas cru qu'il entrât dans le plan de cet ouvrage de donner de plus longs développements à cette matière qui ne doit être traitée à fond que dans des livres spécialement consacrés à l'examen de notre système financier. Mais les rapports du cadastre avec l'économie rurale et industrielle, avec les travaux d'art dont un grand nombre tient place dans le Dictionnaire de l'industrie, ne nous permettaient pas de passer sous silence cet important sujet. « Il est cependant à regretter, dit Favard de Langlade, que le nouveau règlement du cadastre qui a simplifié avec avantage tout le travail relatif au classement, à la répartition, à la confection des rôles et des mutations, et qui, sur-tout en transformant les anciennes expertises en des évaluations factices, mais proportionnelles, en a fait si heureusement une affaire de famille; il est, disons-nous, à regretter que ce règlement n'ait pas amélioré l'exécution de la partie d'art. Telle qu'elle s'exécute d'après les instructions existantes, elle suffit sans doute aux besoins présents du cadastre, mais non aux besoins futurs. On doit désirer de donner une certaine fixité aux plans du cadastre, et d'en rendre le renouvellement facile. Or, les instructions n'imposent pas toutes les obligations qui pourraient amener ces avantages. Il faudrait, par exemple, que tout ce qui est fixé sur le terrain, et peut comprendre des espaces de dix à vingt hectares fût, déterminé de la manière la plus certaine, c'est-à-dire trigonométriquement, une fois pour toujours. Alors, quand il s'agirait de renouveler les plans, les masses seraient identiques avec ce qu'elles auraient été trouvées une première fois, et les nouveaux levés parcellaires en deviendraient plus exacts, plus faciles et moins dispendieux. Mais ces avantages et celui, en outre, de pouvoir rattacher, dès à présent, les bornes des propriétés aux sommets de ces polygones immuables et conservateurs, et de retrouver ces bornes de la manière la plus précise dans le cas d'usurpation de la part des voisins, ne sont pas les seuls qui recommandent la détermination trigonométrique de pareils polygones; ce serait encore comme offrant des moyens toujours assurés à l'administration publique pour les besoins de tous les services civils et militaires qui exigent des levées de plans. »

A. Trébuchet.

CADENAS. (*Technologie.*) Sorte de serrure renfermée dans une enveloppe de fer ou de cuivre, et qui n'est point fixée à demeure après la porte ou le couvercle, ou tout autre fermeture dont elle est destinée à empêcher l'ouverture. Les cadenas et leurs mille formes sont connus de tout le monde : leur description circonstanciée pourrait trouver utilement sa place dans un traité de serrurerie : ici elle serait inopportune. Il y a des cadenas à *secret* : dans les uns le secret réside dans une construction particulière de l'intérieur; dans les autres c'est un cache-entrée habilement dissimulé qui forme tout l'artifice. Il y a d'autres cadenas qu'on nomme *à combinaison*, et dans ce genre un mécanicien de Paris, exposant en 1827 et 1834, a fait à peu près ce qu'il y a de mieux : ces cadenas s'ouvrent sans clé; il s'agit seulement de ranger, suivant une ligne donnée, les divers anneaux ou rondelles dont ils sont formés; cette ligne donnée, on l'obtient en conservant dans sa mémoire un nom ou une série de chiffres : ainsi, en supposant que le cadenas ait quatre anneaux ou quatre rondelles, et que chaque rondelle ait intérieurement dix encoches ; pour que les quatre encoches qui doivent se trouver en ligne directe se trouvent dans cette position, il y aura dix mille combinaisons à essayer. Si on grave un alphabet ou une série de chiffres à l'intérieur de chaque anneau, il y aura un mot tel que *Numa*, ou un chiffre tel que 1834, qui représentera la ligne directe hors de laquelle il sera impossible d'ouvrir le cadenas; et, si on se figure qu'il est loisible au propriétaire du cadenas ouvert de changer à volonté cette ligne directe, on concevra facilement comment, à l'exposition de 1827, on a pu voir un cadenas qui offrait soixante-quinze mille combinaisons. En général, l'usage des cadenas est restreint aux cas où il faut absolument y avoir recours; hors ces cas on préfère la serrure, qui est plus commode et plus sûre; nous disons plus sûre, car souvent un cadenas fort cher, et qu'il serait impossible de crocheter, cède à un coup de lime qui tranche l'anneau, ou à l'effort d'un levier qui le brise facilement. Si l'anneau du cadenas est en acier trempé, et nous pensons qu'on doit toujours le faire ainsi, on se prémunit contre l'effet des limes, et c'est toujours quelque chose; mais reste l'effort du levier contre lequel tous les cadenas sont en général impuissants; à moins que l'ouvrier ne se soit appliqué à braver ses efforts, non-seulement dans la construction du cadenas, mais encore dans celle des pitons qui le retiennent, en ne laissant que peu de passage; afin que le levier soit plutôt brisé que le cadenas; malheureusement ces conditions que nous indiquons sont rarement remplies; c'est à l'acheteur à y prêter attention, et à forcer l'ouvrier à ne point faire une mauvaise répartition de son travail et de son temps en mettant toutes les garanties sur un point, tandis que l'autre point s'en trouve absolument dépourvu.

Paulin Desormeaux.

CAFÉ. (*Commerce.*) Dans le commerce on connaît, sous le nom de café, la semence de plusieurs espèces du genre *Coffea*, qui appartient à la famille des *Rubiacées*.

Les *Coffea* sont des arbrisseaux dont l'espèce principale, celle qui fournit le meilleur café du commerce, est originaire de l'Arabie Heureuse. Quelques auteurs pensent qu'elle est également originaire de l'Éthiopie, et il en est même qui ont avancé que les Arabes l'avaient tirée de ce pays. Quoi qu'il en soit de ces diverses opinions, il est bien connu que c'est de l'Arabie que provient l'espèce nommée *Coffea Arabica*. Van Horn la transporta à Batavia, en 1690, et de là à Amsterdam, en 1710. D'Amsterdam elle fut apportée en France, en 1713, par Pancras, et offerte à Louis XIV. M. Ressons, lieutenant-général de l'artillerie, offrit également un caféyer au Jardin des Plantes de Paris, et c'est de là que furent extrais les caféyers qui peuplèrent les colonies occidentales. Les pays orientaux les tirèrent directement d'Arabie, d'où il furent transportés à l'île Bourbon, vers 1717. Mais avant ces époques, l'usage du café était déjà répandu en Europe, quoiqu'il y coutât fort cher. Il y fut introduit par l'Italie d'abord, ensuite par l'Angleterre, où le premier café fut établi à Londres, en 1652. Ce n'est qu'en 1669 qu'un établissement de ce genre fut fondé à Paris, et c'est le café *Procope*, actuellement existant dans la rue Saint-Germain-des-Prés, qui passe pour avoir été le premier.

Le fruit du caféyer est une baie de la grosseur d'une petite cerise, renfermant deux semences qui sont généralement ovales, convexes en dehors, concaves ou planes du côté qui regarde l'axe; côté qui est sur-tout remarquable par un sillon longitudinal. L'embryon est droit, sa radicule est aplatie, obtuse, et les cotylédons sont foliacés. Entre la pulpe et les semences il existe une enveloppe membraneuse, fragile, lorsqu'elle est desséchée, que plusieurs botanistes ont, à tort, considérée comme une arille, car elle appartient à l'endocarpe. Parmi les cafés du commerce, on en trouve quelquefois qui sont couverts de cette enveloppe; mais il arrive plus communément, et sur-tout à certaines espèces commerciales, d'être recouvertes d'une pellicule très mince, qui est souvent caractéristique.

La semence du caféyer varie beaucoup en volume; sa couleur est tantôt jaunâtre, tantôt grisâtre ou verdâtre. Sa consistance est dure, cornée, élastique; aussi serait-elle fort difficile à pulvériser au moyen du pilon, avant d'avoir subi la torréfaction. M. Robiquet en a extrait une matière fortement azotée, blanche, ou pour mieux dire incolore; mais paraissant blanche à cause de la ténuité de ses cristaux qui sont presque aussi déliés que la soie, dont ils ont l'apparence. Elle a reçu le nom de *Caféine*. On ne peut lui attribuer qu'une partie des propriétés du café.

Les caféyers s'obtiennent presque toujours de graines, afin

d'en altérer l'espèce le moins possible; car on a vu qu'il n'y avait qu'à perdre par d'autres moyens de reproduction. A l'île Bourbon, on les plante en quinconce, en les mettant à sept pieds de distance les uns des autres : ils poussent rapidement. Cependant, dans les premiers temps de leur croissance, on a besoin d'enlever les herbes qui naissent à l'entour d'eux; mais bientôt après ils s'élèvent et empêchent toutes ces plantes de croître, et cela d'autant plus que leurs rameaux s'étendent à fleur de terre ; à dix-huit mois ils donnent déjà quelques fruits, et à trois ans ils sont en plein rapport.

Le café le meilleur et le plus recherché est celui de Moka; vient ensuite celui de l'île Bourbon. Parmi les cafés d'Occident, celui de Cayenne a une bonne réputation.

Café de l'île Bourbon. On en connaît de deux principales sortes dans le commerce : le *fin* et l'*ordinaire*. Le premier est en petites semences, assez bien assorties de grosseur, de couleur variable, *jaune* ou *verte* ; peu pelliculé, à sillon peu profond, et d'une odeur suave ; le second est mal assorti de forme et de couleur ; son odeur est moins agréable que celle de la première variété. Les cafés de l'île Bourbon nous viennent formant des balles de 50 ou de 25 kilog., renfermées dans des nattes de jonc.

Le café de l'île Bourbon est produit par une variété du *Caffea Arabica* de Linnée. Cela n'offre pas le moindre doute, surtout pour la première espèce commerciale. Il faut bien distinguer ces cafés d'une autre espèce, probablement originaire de l'île Bourbon, qui porte le nom de *Café marron*. Ce café est remarquable par sa forme qui est arrondie par une extrémité, mais très alongée par l'autre ; ce qui le distingue de tous les cafés connus. Il est rare dans le commerce, et ne sera jamais usité à cause de ses mauvaises qualités. C'est la semence du *Coffea Mauritania* de Lamarck.

Le *Café du Brésil* est volumineux, assez régulier, peu alongé, de couleur jaunâtre ou verdâtre, peu pelliculé. Nous le recevons dans des futailles ou dans des sacs de toile.

Le *Café de Cayenne* est peu convexe, irrégulier, d'un vert sombre, et recouvert d'une pellicule très apparente qui en modifie la couleur en la faisant paraître nacrée. On l'emballe dans des futailles et des toiles de chanvre.

CAFÉ.

Ce café est produit par une variété du *Coffea Arabica*, originaire d'Arabie; mais il existe à la Guyane Française plusieurs espèces de *Coffea*, dont les semences ne sont d'aucun usage.

Le *Café de la Guadeloupe* est ovale, alongé, assez volumineux, régulier, d'un vert grisâtre sombre, presque jamais pelliculé. Expédié dans des futailles et dans des toiles de chanvre.

Le *Café de la Havane* est petit, régulier, partagé inégalement par le sillon, quelquefois roulé; ce qui est dû à une cause dont il sera question en parlant du *café Moka* : sa couleur généralement pâle, tire plus souvent sur le vert que sur le jaune; il est recouvert d'une pellicule rougeâtre, adhérente. Il nous parvient dans des futailles ou dans des enveloppes faites avec des écorces d'arbres.

Les *Cafés de Java et de Sumatra* ont beaucoup d'analogie; ils sont forts, alongés, d'une couleur jaune ou brune, quelquefois presque noire. Le café de Sumatra est pelliculé, et la variété vert pâle de Java est recouverte de son endocarpe membraneux: leur odeur est forte. Emballés dans des toiles de Gunny.

On a fait connaître, plus haut, l'origine du café de Batavia, qui est la capitale de Java; nul doute que celui de Sumatra en a une semblable.

Le *Café de la Martinique* est assez gros, ovale, plat d'un côté où se trouve le sillon qui est large, sur-tout vers le milieu de sa longueur, et quelquefois contourné; odeur agréable, saveur peu prononcée. Il nous vient dans des futailles ou dans des sacs de toile de chanvre.

Le *Café Moka* est excessivement variable dans sa forme, sa grandeur et sa couleur; mais il est généralement plus arrondi ou plus roulé que les autres cafés; son odeur forte et agréable est sur-tout caractéristique. Bien des semences sont encore recouvertes de l'endocarpe; d'autres sont pelliculées, et toutes sont souvent salies par de la poussière, ou mêlées avec des pierrailles.

On remarque, dans le café Moka, un grand nombre de semences qui sont arrondies, et dont les bords involutés forment un sillon profond, différent du sillon caractéristique. La forme de ces semences est due à l'avortement de celle qui devrait se trouver dans l'autre moitié du fruit; ce qui a permis cette disposition particulière.

Quelle que soit l'espèce de café que l'on achète, il faut, autant que possible, le choisir non avarié, d'une couleur vive, et d'une odeur agréable.   A. BAUDRIMONT.

CAFÉ. (*Économie domestique.*) Le café n'acquiert toutes les qualités que l'on recherche en lui, que lorsqu'on l'a torréfié. Sans cette opération, le breuvage que l'on en préparerait serait fade et nauséeux. La torréfaction exige donc quelques soins. Le meilleur appareil, pour torréfier le café, est, sans contredit, celui qui est formé d'un cylindre creux qui se meut sur un axe au-dessus d'un foyer. Le mouvement qu'on lui imprime facilement au moyen d'une manivelle, est régulier et également réparti. Quand on ne possède pas cet appareil, on peut fort bien s'en passer. Il suffit alors d'avoir une poêle de tôle neuve, ou un simple plat de terre, placé sur un fourneau ardent, et d'agiter continuellement le café avec une spatule de bois. Il faut avoir soin d'appliquer le feu graduellement; mais pourtant il ne faut point le faire lentement: si l'on chauffait trop rapidement, la partie extérieure du café serait brûlée avant que la partie interne fût suffisamment grillée, et si l'on chauffait trop lentement, on volatiliserait le principe aromatique avant d'avoir opéré la torréfaction. Cette opération est terminée lorsque le café a acquis la couleur de l'enveloppe du marron. Si l'on dépasse cette teinte, la semence est charbonnée et n'est plus sapide ni odorante.

Pour pulvériser le café on fait usage de moulins qui portent une noix tranchante, et leur usage est supérieur à tout autre moyen, parce qu'ils donnent une poudre égale, et à grains que l'on gradue à volonté en faisant varier la position de la noix au moyen d'une vis.

Lorsque l'on prépare le café à l'eau, on a plusieurs indications à remplir: dissoudre les principes amer et colorant, et ne point perdre de principe aromatique. On parviendrait à ce but en versant de l'eau bouillante sur du café, dans un vase fermant bien, et filtrant ensuite; mais alors il faudrait faire réchauffer la liqueur; opération que l'on ne pourrait faire sans volatiliser une partie du principe aromatique. C'est un grand perfectionnement d'avoir réuni, dans un seul appareil très simple, la dissolution à une température élevée dans un vase fermé, et la filtration qui marche en même temps. Cela s'obtient au moyen d'un réservoir cylindrique qui s'ajuste sur une cafetière ordinaire, dont le bec se ferme à volonté. A la partie inférieure du réservoir est une lame de métal percée d'un grand nombre de petits trous qui permettent le passage de l'eau, et ne laissent point sortir le café que l'on y place, et que l'on tasse bien; ensuite on verse de l'eau bouillante dessus, et l'on ferme le couvercle supérieur : et cette eau, en traversant le café, se charge de ses principes. Il résulte encore un avantage considérable de la construction de ce genre d'appareil, c'est que le liquide supérieur chasse le liquide inférieur sans presque se mêler avec lui, et que, par ce procédé, on extrait à peu près tout ce qu'il est possible d'obtenir. Les filtres de papier, placés dans un entonnoir métallique, ou les chausses coniques, sont mauvais, parce que le liquide de la partie supérieure peut s'écouler latéralement sans traverser le café qui est à la partie inférieure.

On a considérablement modifié l'appareil qui vient d'être décrit : il en est qui chauffent l'eau, la versent sur le café, et avertissent quand la filtration est terminée, etc. Toutes ces additions qui sont à peine utiles n'ajoutent rien à la bonté du café.

Il est bon de dire ici que les vases métalliques, à surfaces courbes et polies, sont ceux qui conservent le mieux la chaleur, et qu'ils doivent être préférés pour la préparation du café par infusion.

Dans tous les cas, on ne peut que diminuer les qualités du café en le faisant bouillir dans l'eau.

Le café au lait doit être préparé avec du lait bouillant, dans lequel on verse une infusion de café aussi concentré que possible, pour ne point en diminuer la qualité.

Les cafés de l'Occident, récoltés dans des saisons pluvieuses, sont moins aromatiques que ceux de l'Orient. Pour les rendre plus agréables, il est bon de les mêler avec un quart ou un tiers de café de Moka ou de Bourbon.

On a cherché à remplacer le café par une foule de succédanées; mais aucune plante n'a pu lui être substituée. Les semences du petit houx, le gland, les graines des rubiacées, les marrons torréfiés ne peuvent en approcher. On a cependant remarqué que les semences à périspermes cornés, étaient celles qui avaient le plus d'analogie avec lui. La racine de chicorée torréfiée, où les menus des fabriques de betteraves, ne donnent qu'un caramel amer qui colore l'eau sans lui communiquer le parfum du café.

Quant à l'usage du café, il se trouve tellement répandu, qu'il n'est pas douteux qu'il n'entraîne guère d'inconvénients; il est même des personnes qui en ont pris une telle habitude, qu'elles ne pourraient s'en priver.

Chacun sait que le café dispose à la veille; mais on n'a pas généralement remarqué qu'il soit très nuisible à tous ceux qui ont des affections nerveuses, et que son usage peut être même dangereux pour ceux qui ont des maladies du cœur dont il excite les contractions d'une manière très remarquable. A. BAUDRIMONT.

CAGNARDELLE. *V.* MACHINE.

CAILLOUX. (*Construction.*) *V.* CHEMIN, CONSTRUCTIONS, MAÇONNERIE, MATÉRIAUX, MASSIFS, MORTIER, MURS, etc.

CAISSE. (*Agriculture.*) On emploie, en culture, différentes sortes de caisses, dont la forme varie comme la destination. Les unes sont destinées à faire des semis et des repiquages de végétaux, quelquefois rares et précieux, susceptibles d'être introduits un jour dans la grande agriculture, mais dont la jeunesse exige quelques soins : ce sont des boîtes carrées ou oblongues, plus ou moins grandes, mais que l'on peut transporter, suivant l'état de la saison et du ciel, sous les expositions ou dans les abris les plus propices. Les autres, composées de panneaux, de pieds droits, et de fonds percés, assemblés avec plus ou moins de solidité et d'élégance, suivant l'art du menuisier et du serrurier, et plus profondes que larges, sont destinées à contenir et à conserver en bonne végétation des plantes d'agrément, des végétaux utiles qu'on ne peut confier à la pleine terre qu'à une époque avancée de leur vie; ou des arbres fruitiers que l'on veut se ménager de pouvoir placer à volonté dans des serres à différentes températures, pour en forcer les fruits. Un troisième ordre de caisses, sont celles qui servent au transport des plantes en nature d'un lieu à un autre. Il en sera question au mot EMBALLAGE. Enfin, il y en a qui servent à faire voyager des plantes dont la végétation n'a pas de repos marqué, et à les transporter à des distances qui exigent plusieurs mois et même plusieurs années de voyage, avec la faculté de leur donner, durant une longue traversée, les soins qu'elles auraient dans une serre ou dans un jardin. On en parlera au mot SERRE PORTATIVE. On donne encore le nom de caisse, au coffre en menuiserie sur lequel on place des panneaux de verre pour former les châssis des couches. SOULANGE BODIN.

CALAMINE. *V.* ZINC.

CALANDRAGE. (*Technologie.*) Les toiles de coton destinées à divers usages pour lesquels il est nécessaire qu'elles présentent un lustre et une raideur qui diminuent leur propension à se plisser, sont soumises à une opération particulière qui dispose leur surface de la manière la plus convenable, et qui consiste en un frottement exercé par le moyen de corps pesants. Ainsi, les toiles employées pour doublures d'habits, par exemple, sont calandrées après qu'elles ont été soumises à toutes les opérations préliminaires qui sont nécessaires pour leur donner les qualités que l'on y recherche.

Si on se contentait de faire passer entre deux cylindres qui les comprimassent, les toiles de coton apprêtées, leur surface s'unirait, mais le tissu ne recevrait pas ce glacis qui le préserve de l'altération à laquelle sont soumises les étoffes employées dans les vêtements et à divers autres usages.

On se sert bien de cylindre pour calandrer, mais on donne alors à l'étoffe un mouvement de va-et-vient qui procure sur chaque point l'action répétée de la pression et du frottement; mais, ce moyen qui avait paru devoir produire des résultats plus convenables que l'ancien procédé, n'est cependant pas préféré, et paraît même être moins avantageux. Aussi le calandrage par blocs est celui auquel on paraît devoir s'accorder à donner le choix.

Des blocs en marbre d'un poids considérable, sont susceptibles de recevoir un mouvement de va-et-vient, par une action très simple : l'étoffe, étendue sur une table de marbre, est soumise au frottement de ces blocs, et prend en peu de temps, sous l'action combinée du poids et de la friction, le lustre qu'on cherche à lui procurer, et en même temps du corps qui lui donne plus de solidité et de résistance.

CALCAIRE. (*Technologie.*) Le carbonate de chaux de diverses formations constitue une des parties les plus importantes de beaucoup de terrains. D'une nature chimique toujours semblable, il s'offre sous une foule de formes et d'apparences différentes depuis l'ALBATRE ancien et les marbres, jusqu'aux pierres à bâtir les plus grossières, et aux craies. Des propriétés physiques particulières que présentent les variétés nombreuses d'un même composé chimique, et dont la principale est la dureté, dépendent les usages auxquels on l'applique, sous ce point de vue il nous faudrait descendre dans des détails trop étendus. Si nous voulions nous occuper ici de tout ce qui a rapport à l'emploi des carbonates de chaux, nous outrepasserions beaucoup l'étendue qu'il convient de donner à cet article. Nous ne présenterons donc ici que quelques généralités, et nous traiterons aux mots CIMENT ROMAIN, CHAUX (PIERRE A), CRAIE, MARBRE, PIERRE A BATIR, ce qui sera particulier à ces divers objets. Nous avons déjà donné à l'article ALBATRE, ce qui concerne cette substance.

Les carbonates de chaux naturels sont rarement purs; on peut citer tout au plus quelques variétés de marbres blancs qui ne renferment que des quantités extrêmement petites de substances étrangères; la plupart du temps ils contiennent des mélanges de diverses substances terreuses, qui peuvent leur procurer des propriétés différentes suivant la manière dont elles y existent. Lorsque les calcaires servent, comme les marbres, à la sculpture ou à la décoration, leur teinte, la nature de leur grain et le plus ou moins beau poli qu'ils prennent, sont les caractères auxquels on doit s'arrêter pour les choisir; dans les constructions, la dureté de la pierre, sa division en blocs plus ou moins épais, la facilité de la travailler, et sa résistance à l'écrasement, à la nitrification et à la gelée, sont les propriétés qu'il s'agit de considérer. Quand il est question de préparer de la chaux suivant qu'on veut qu'elle soit grasse ou hydraulique, on choisit le calcaire renfermant de la silice et de l'alumine grossièrement ou intimement mélangées; on prend d'ailleurs, pour cet usage, des calcaires plus ou moins grossiers; tandis que les craies, quoique chimiquement de même nature, ne pourraient être employées à cause de l'état de division qu'offrent leurs parties.

Les craies sont elles-mêmes employées à divers usages, parmi lesquels on peut citer la préparation des couleurs en détrempe, pour lesquelles on leur donne des façons dont nous dirons quelques mots à l'article Craie.

Tous les calcaires autres que les marbres, sont susceptibles, dans des circonstances convenables, de se nitrifier, ce qu'on appelle vulgairement *salpétrer;* ceux-là éprouvent plus facilement ce genre d'altération si funeste pour la conservation des habitations, qui offrent plus de sérosité et moins de dureté. Dans quelques localités où les craies sont abondantes, la Nitrification se propage avec une extrême facilité, à tel point que l'on a établi des ateliers pour extraire les nitrates, en grattant seulement la surface de ces craies que l'on traite ensuite comme matériaux salpêtrés. On peut citer particulièrement la Roche Guyen, et Mouceaux, département de Seine-et-Oise, comme offrant, au plus haut degré, ce genre d'altération.

Le carbonate de chaux est souvent employé comme fondant, dans les traitements métallurgiques : on le connaît sous le nom de Castine.

Sous le rapport de l'agriculture, les calcaires offrent aussi un grand intérêt par l'utilité que l'on peut retirer de leur action dans un grand nombre de circonstances, et cette courte énumération prouve combien est étendu l'emploi de ce minéral.

H. Gaultier de Claubry.

CALCUL. Presque tous les arts ont besoin de calculer, de rechercher des rapports numériques entre les diverses parties des formes qu'ils exécutent, entre des poids ou des volumes, etc. Quelques-uns ont trouvé, pour leur usage particulier, des méthodes dont ils se contentent; d'autres ont pris le parti d'emprunter à la science ses méthodes générales, et ceux-là sont, à coup sûr, dans la bonne voie; à mesure que l'instruction mathématique se répandra, les arts qui ont besoin de précision seront les premiers à profiter de ce progrès des connaissances usuelles : on verra se répandre en même temps l'usage des instruments qui offrent sur-le-champ des calculs tout faits, et qui, très multipliés chez nos voisins d'outre-mer, sont presque totalement inconnus dans les ateliers français. Nous parlerons de ces instruments sous les noms qu'ils portent, soit en Angleterre, soit dans les parties de la France où ils se sont répandus; et au mot Machine arithmétique, on trouvera la description des différents mécanismes imaginés pour convertir en opération manuelle un travail dont on aurait pensé que l'intelligence seule pût se charger.

Les Constructions géométriques sont une autre sorte de calcul qu'il importe autant de propager que celui des nombres, mais qui ne peut encore être exécuté par des machines. C'est pourtant par ces constructions que l'on parvient le plus sûrement à la détermination des formes dont la précision rigoureuse est si importante pour l'art des machines, pour l'horlogerie, etc. Les connaissances de cet ordre ne peuvent encore être converties en habitudes manuelles, ni appliquées par des machines. Ferry.

CALE, CALER. (*Technologie.*) Ces termes d'atelier sont d'un usage universel; et comme ils ont passé dans le discours ordinaire sans changer d'acception, ils n'ont pas besoin d'être expliqués. Remarquons seulement que ce moyen de fixer provisoirement la position respective des pièces d'un assemblage n'est destiné qu'à préparer et rendre plus facile la consolidation définitive. S'il en reste quelque chose lorsque l'assemblage est fait, il faut que les cales soient de la matière qui eût tenu leur place si elles n'eussent pas été nécessaires. Les architectes ont tort de laisser, dans leurs constructions, ces lames de bois très destructibles que les maçons emploient pour *caler* les pierres : un vide réel remplacera tôt ou tard ces supports qui sont, il est vrai, d'un emploi fort commode, au moment où on les place.

Dans la marine, on nomme *cale* la partie de la capacité du navire qui est au-dessous du niveau de l'eau. Ferry.

CALE. (*Construction.*) Morceau ou plaque d'une étendue plus ou moins considérable, mais toujours proportionnellement assez mince; le plus ordinairement en bois; quelquefois aussi soit en carton, soit en plomb ou autre métal; qu'on pose sous les extrémités d'un bloc de pierre, d'une pièce de bois ou de fer, etc., pour empêcher que la charge porte sur les angles des points d'appui et la fasse éclater.

Nous indiquerons principalement, en parlant de la Pose des pierres, les précautions qu'on doit apporter, tant dans le choix de la matière que dans le mode d'emploi des cales, pour s'assurer les avantages qu'elles doivent procurer sans s'exposer aux inconvénients qui pourraient en résulter sans ces précautions. Gouelier.

CALÉFACTEUR. *V.* Cuisson des viandes.

CALICOT. *V.* Toiles de coton.

CALORIQUE. (*Physique.*) (1) On désigne sous ce nom la matière subtile qui produit les phénomènes de chaleur. Nous l'appelons *matière*, bien qu'elle soit impondérable et incoërcible, parce que ce mot désigne tout ce qui tombe sous nos sens; ainsi l'électricité et la lumière sont des matières. On désigne aussi ces substances, qui peut-être sont identiques, par le nom de *fluides*, en l'accompagnant de l'épithète *impondérables*, pour les distinguer des gaz et des liquides.

Il est peu d'études aussi fécondes en applications industrielles que celle du calorique. Nous passerons successivement en revue dans ce Dictionnaire, les résultats auxquels elle a conduit; mais dans ce premier article nous nous bornerons à exposer les principes généraux de cette branche de la physique.

Pour expliquer les faits de la chaleur, on a adopté deux hypothèses. Suivant la première, le calorique est une matière qui s'accumule en quantité plus ou moins grande dans les corps, et est lancée des uns aux autres avec une grande vitesse; c'est là l'hypothèse de l'*émission*. Dans la seconde, on suppose que l'espace vide et les pores des corps sont remplis d'un fluide qui, sans se déplacer, communique aux corps les effets calorifiques par des vibrations plus ou moins rapides; aussi porte-t-elle le nom d'hypothèse des *vibrations*. Quoique les locutions dont nous nous servirons dans cet article soient empruntées, pour la plupart, à l'hypothèse de l'émission, nous nous hâtons de prévenir nos lecteurs que nous ne voulons qu'énoncer les faits, sans acception d'aucun système particulier.

Les principaux effets calorifiques sont les suivants:

1° La sensation produite chez les animaux;

---

(1) La nature de cet ouvrage nous faisant une loi de nous borner aux notions théoriques applicables à l'industrie, nous avons dû exposer les lois principales de la chaleur, sans entrer dans les détails des procédés qu'ont suivis les physiciens pour les découvrir. Si cette marche ne nous eût imposé l'obligation de faire l'historique de chaque découverte, nous aurions pu faire comprendre à nos lecteurs tout ce que les travaux de MM. Dulong, Petit, Gay-Lussac, Lavoisier, Laplace, Leslie, Despretz, Dalton, etc., etc., ont demandé de tact, de patience et d'habileté.

2° L'émission que font sans cesse les corps d'une portion de leur chaleur ;

3° L'absorption par les corps d'une partie de celle que les autres leur envoient ;

4° La réflexion de l'autre partie de cette même chaleur : dans ces divers cas, l'action calorifique se transmet en ligne droite ;

5° La propagation de la chaleur dans les corps ; il en est qu'elle traverse en ligne droite, comme le ferait la lumière à travers ceux que nous appelons transparents ;

6° La dilatation plus ou moins grande des corps, par suite d'un accroissement de chaleur (il y a très peu d'exceptions à cette loi) ;

7° Le changement d'état des corps ;

8° L'influence de la chaleur sur l'état électrique des corps, et réciproquement.

9° Son action dans les phénomènes chimiques, etc., etc.

L'importance du rôle que joue la chaleur dans les recherches scientifiques, dans l'industrie et dans les habitudes de la vie commune, a fait chercher un moyen de reconnaître et de noter ses degrés d'intensité plus ou moins élevés. Nos sensations, si variables chez chacun de nous, si diverses chez les différents individus, ne pouvant nous donner d'indication précise à ce sujet, on a dû choisir un des autres effets de la chaleur. Or, le plus facile à observer de tous, c'est la dilatation des corps. On a appelé Thermomètres les instruments dans lesquels cet effet de dilatation est examiné. Comme nous donnerons plus tard des détails nombreux sur les différentes espèces de thermomètres (*v.* ce mot) et sur leur comparaison, nous nous bornerons ici à dire que les degrés de ces instruments ne mesurent pas l'intensité du calorique. Le zéro de notre thermomètre est le point correspondant à la fusion de la glace, et non pas le zéro ou l'absence de la chaleur. Le vingtième degré, par exemple, indique que la matière dilatable observée dans le thermomètre a pris un accroissement sensiblement double de celui qu'elle avait pris en passant de 0 degré à 10 degrés, et non pas que la chaleur qui correspond à 20° soit le double de celle qui correspond à 10°. On entend par température d'un corps le degré d'un thermomètre qui, mis en communication avec lui, resterait immobile.

Dans quelque état que soit un corps, qu'il y ait ou non

d'autres corps à sa proximité, dans le vide ou dans une atmosphère, il perd de son calorique. De chaque point de sa surface s'échappent des rayons calorifiques qui s'affaiblissent à mesure qu'ils sont plus inclinés sur la surface. D'où il suit que si ce corps existait seul, il se refroidirait constamment. Quand donc plusieurs corps sont en présence, chacun d'eux rayonne indépendamment des autres. Cette faculté, qu'on désigne sous le nom de *pouvoir émissif*, varie suivant la surface du corps rayonnant, quelle que soit du reste la nature de ce corps à l'intérieur. (Par surface nous entendons, non la surface mathématique, mais les premières couches de la substance jusqu'à une très petite profondeur). Aussi, lorsqu'on change la surface, le pouvoir émissif change-t-il? Voici quelques résultats qui, sans être très exacts, peuvent donner une idée de ces différences dans l'émission.

Nature de la surface.	Nombres proportionnels aux pouvoirs émissifs.
Noir de fumée.	100
Eau.	100
Papier à écrire.	98
Verre ordinaire.	90
Encre de Chine.	88
Glace.	85
Mercure.	20
Plomb brillant.	19
Fer poli.	15
Étain, argent, cuivre, or.	12

En général, les surfaces brillantes, polies, sont celles qui émettent le moins.

Chaque corps se trouvant sur le passage de quelques-uns des rayons émanés des autres, il en *absorbe* une partie et *réfléchit* le reste. Ce pouvoir absorbant varie avec la nature de la surface, de la même manière que le pouvoir *émissif*. On conçoit que sans cette proportionalité compensatrice, il y aurait des corps qui gagneraient ou perdraient à l'échange, et qui iraient toujours en se refroidissant ou en s'échauffant. En vertu de ces émissions et absorptions réciproques, les corps les plus froids recevant plus qu'ils n'émettent, et les plus chauds émettant plus qu'ils ne reçoivent, arrivent peu à peu à une égalité de température. Parvenus à ce point, ils continuent à rayonner comme s'ils existaient seuls, et se maintiennent, comme l'on dit, dans un *équilibre mobile*.

Puisque le pouvoir absorbant varie suivant les surfaces, proportionnellement au pouvoir émissif, il est évident que le pouvoir réflecteur doit varier aussi, et dans un sens opposé aux deux premiers. Si 100 représente l'intensité du calorique qui vient frapper un corps, et si 40 est l'intensité de la partie absorbée, il est clair que 60 représentera le calorique réfléchi. C'est dans ce sens qu'on dit que le pouvoir réflecteur est complémentaire du pouvoir absorbant et par conséquent aussi du pouvoir émissif, qui est proportionnel au second. Il en est, au reste, des deux premiers pouvoirs, comme du dernier, c'est-à-dire qu'ils dépendent non pas de la surface mathématique des corps, mais des premières couches jusqu'à une certaine profondeur : une foule d'applications usuelles vérifient tous les jours ces faits.

Les poêles à surface rugueuse et noirâtre sont ceux qui envoient le plus de chaleur. Les vases à surface terne sont ceux qui, devant le feu, s'échauffent le plus promptement; les parois des cheminées qui réfléchissent le mieux la chaleur sont celles qu'on a revêtues de plaques métalliques polies ou de carreaux de terre recouverts par un émail brillant. Les caffetières les plus brillantes sont celles dans lesquelles l'eau se maintient chaude le plus long-temps.

La manière dont nous avons présenté l'émission a dû faire pressentir à nos lecteurs qu'à mesure qu'on s'éloignera d'une source calorifique, la quantité de chaleur reçue par une même étendue de surface, un centimètre carré, par exemple, ira toujours en diminuant. Les calculs et l'expérience sont d'accord sur cette loi : « l'intensité de l'action calorifique émanée d'une même » source et reçue par une même surface, est en raison inverse du » carré de la distance; » c'est-à-dire que cette action sera réduite au quart, au neuvième, etc., quand la distance deviendra le double, le triple, etc.

La *réflexion* de la chaleur est, comme celle de la lumière, soumise à une loi de direction. « Le rayon calorifique se réflé- » chit en faisant avec la surface du corps réflecteur un angle

» égal à celui qu'il faisait en la frappant » Cette loi a permis de construire des miroirs qui concentrent, en un point nommé *foyer*, un grand nombre de rayons et y produisent une haute température. Il suffit, en effet, de donner aux divers éléments de la surface de ce miroir, une direction telle que ces rayons soient réfléchis vers ce même foyer. *V*. Miroirs ardents.

Le calorique traverse certaines substances comme la lumière fait pour les corps transparents, mais son intensité est moins grande après cette transmission, et si on le fait passer de nouveau à travers un second corps transparent, il éprouve une nouvelle diminution. Plus est basse la température du corps d'où émanent les rayons, et moins est grande la quantité de calorique qui peut traverser un de ces milieux transparents. Ainsi la chaleur d'un boulet rouge éprouvera une grande déperdition après avoir traversé un carreau de verre, tandis que celle d'un soleil ardent ne sera que légèrement affaiblie. On peut concevoir dès lors pourquoi les rayons du soleil, une fois entrés dans un lieu fermé par une croisée, ne peuvent en sortir aussi facilement, et accumulent dans ce lieu une chaleur plus grande que s'il était ouvert. Ces rayons traversent en effet les carreaux presque sans déperdition, quand ils viennent du dehors à l'état lumineux ; mais une fois qu'ils ont été absorbés par le sol et les meubles de ce lieu, ils passent à l'état de chaleur obscure, et ne peuvent plus traverser les vitres dans la même proportion. Le même principe servira à expliquer l'effet des doubles croisées ; celui des vitraux, des serres et des cloches à melons, qui n'ont pas pour seul objet de préserver les plantes de l'action de l'air.

Réfraction. En passant d'un milieu transparent dans un autre, par exemple de l'air dans le verre, ou réciproquement, les rayons du calorique éprouvent une déviation semblable à celle que subit la lumière, et qu'on appelle réfraction. Cette déviation plus ou moins grande, suivant l'obliquité du rayon par rapport à la surface par laquelle il passe d'une substance dans l'autre, permet, en donnant à cette surface une courbure convenable, de faire converger un grand nombre de rayons réfractés vers le même point : c'est là la fonction de ce qu'on appelle communément *Verres ardents*.

Outre cette propagation à distance à travers le vide ou à travers des substances transparentes, il y a la propagation du calorique à travers les corps opaques, laquelle peut être aussi expliquée par un rayonnement de molécule à molécule dans l'intérieur de ces corps; de sorte que l'on peut dire d'une manière générale : que la chaleur est un fluide qui se déverse de toutes parts proportionnellement à l'excès de la source d'où il émane sur les points environnants.

Cette propagation à travers les corps opaques s'opère plus ou moins facilement suivant leur nature; par exemple, elle s'opère mieux par les métaux que par les terres et les bois. On exprime cette différence en disant que ces corps sont plus ou moins conducteurs du calorique. On doit remarquer de quelle importance il est pour les arts que cette *conductibilité* varie suivant les substances. Si le charbon, si les combustibles, en général, conduisaient comme les métaux, il serait souvent impossible d'allumer le feu. En effet, la chaleur au lieu de s'accumuler dans la partie qu'on veut enflammer, se disséminerait dans toute la masse du combustible. Le peu de conductibilité des briques, de la maçonnerie, est utilisée pour s'opposer à la déperdition du calorique des fourneaux. Dans une foule de circonstances la conductibilité des métaux est mise à profit.

Les corps qui conduisent mal le calorique, sont par cela même sujets à se briser, quand on chauffe brusquement une de leurs parties isolément. Les objets en verre, en faïence, éprouvent souvent cet effet; cela tient à ce que la partie soumise à l'action du feu se dilate, tandis que le reste de la substance, qui n'est pas encore parvenue à la même température, est dans un état de plus grande contraction : de ce désaccord naît la rupture. Il y a, du reste, un autre élément qui influe beaucoup sur ce résultat; c'est la situation respective des molécules du corps. Ainsi, les verreries, les porcelaines, les faïences qui ont été convenablement recuites, supporteront une chaleur élevée sans se briser. Nous renverrons nos lecteurs aux articles Élasticité, Trempe, où ce sujet sera traité avec plus de détails.

Mesures approximatives de la faculté conductrice dans quelques substances solides.

Or.	1,000
Platine.	»
Argent.	973,0
Cuivre.	898,2
Fer.	374,3
Zinc.	363,0
Étain.	303,9
Plomb.	179,5
Marbre.	23,6
Porcelaine.	12,2
Terre des fourneaux.	11,4

Les liquides jouissent d'une conductibilité extrêmement faible; ainsi, en brûlant de l'esprit-de-vin sur de l'eau, fera-t-on à peine varier un thermomètre placé dans ce liquide à quelques centimètres plus bas; mais, grâces à la mobilité des liquides, on peut chauffer facilement toute leur masse en plaçant le foyer de chaleur au-dessous. Les couches liquides, placées au fond du vase, se *dilatent* en effet en présence de cette source, deviennent spécifiquement plus légères que les couches supérieures, s'élèvent pendant que celles-ci descendent pour prendre leur place. Ce renouvellement successif des couches du fond, rend assez prompt l'échauffement des liquides : il est le principe des calorifères à eau chaude, employés dans les serres et dans les maisons d'habitation. *V*. CALORIFÈRES.

Les gaz sont comme les liquides, infiniment peu conducteurs du calorique; mais, comme dans les liquides, il s'y produit des courants ascendants et descendants, dont nous avons déjà parlé dans l'article ATMOSPHÈRE. On verra plus loin aux articles CHEMINÉES, FOURNEAUX, VENTILATION, quel parti l'industrie sait tirer de cette propriété.

A mesure que la température des corps s'élève, leurs dimensions vont croissant : cette propriété, appelée *dilatation*, a été observée avec un soin particulier dans presque toutes les substances.

Nous avons déjà donné, dans l'article ATMOSPHÈRE, la loi

générale de la dilatation des gaz. L'uniformité de cette dilatation, dans toute cette classe de substances, a engagé quelques physiciens à construire des *thermomètres à air*, auxquels on doit ensuite rapporter la marche plus ou moins irrégulière des autres thermomètres.

En effet si l'on compare la marche de la dilatation des liquides et des solides à celle des gaz, on trouve qu'elles sont à peu près les mêmes, tant que l'on ne fait pas varier beaucoup la température; mais quand les expériences embrassent une grande partie de l'échelle thermométrique, on trouve que les solides et les liquides se dilatent de plus en plus comparativement aux gaz.

Les tableaux qui suivent contiennent les principaux résultats des observations faites sur ce sujet. Nous les faisons précéder de quelques explications préliminaires :

1° La dilatation des corps est, dans ces tableaux, rapportée à la marche du thermomètre (centésimal) à mercure, qui est le plus commode à consulter, et celui qui sert encore de terme de comparaison dans toutes les applications de la chaleur aux arts.

2° Par suite de la dilatation des solides, la capacité des vases croît avec la température de la même quantité dont croîtrait une masse pleine de même matière qui remplirait le vase.

3° Par suite de cet accroissement de la capacité des vases, on conçoit qu'un liquide contenu dans un tube gradué, tel qu'un thermomètre, avancera d'un nombre de degrés moins grand que si le tube ne s'était pas dilaté. Cette dilatation visible, s'appelle *apparente*, par opposition à la dilatation totale du liquide qu'on appelle *absolue*. Ainsi, les degrés du thermomètre ne sont autre chose que des portions égales de l'accroissement *apparent* de volume que prend le mercure contenu dans le verre. Il est évident que *la dilatation absolue se compose de la dilatation apparente, plus, de la dilatation propre de la portion du vase qu'occupe le liquide.*

4° Non-seulement les solides et les liquides se dilatent de plus en plus comparativement aux gaz, mais chacun d'eux suit une marche particulière; il résulte de là que l'accroissement de volume ou de longueur qu'éprouve une de ces substances pour une variation d'un degré du thermomètre à mercure, doit être différente suivant que l'on opère à une température plus ou moins élevée. Quand on opère entre des limites assez rapprochées, cette variation est négligeable. Ainsi, on supposera qu'entre les points de la glace fondante et de l'eau bouillante, la dilatation, pour un degré du thermomètre centésimal à mercure, est le centième de celle qui a lieu quand on passe de l'un de ces deux points extrêmes à l'autre.

5° Les dilatations sont toujours rapportées à l'état où se trouve le corps à la température de la glace fondante. Ainsi, le nombre 0,002849, qui correspond au plomb, exprime que chaque dimension de ce métal se dilate moyennement de 2849 cent millionièmes de la longueur qu'elle avait à 0°. Ces nombres, variables suivant les substances, s'appellent *coefficients* de dilatation.

6° Les physiciens ont appelé dilatation *linéaire*, l'augmentation de chaque dimension des corps sous l'influence de la chaleur; dilatation *superficielle* et *cubique*, celles de la surface et du volume. La géométrie donne le moyen de calculer ces deux dernières dilatations quand on connaît l'autre. Quand la dilatation superficielle n'est pas considérable, et tel est le cas ordinaire, on peut supposer qu'elle est le double de la première, et que la dilatation cubique est le triple de celle-ci. Soit, par exemple, un cube en cuivre d'un décimètre de côté; si ce côté augmente d'un dixième de millimètre, c'est-à-dire d'un millième de sa longueur, le volume croîtra de trois millièmes environ de décimètre cube, et chacune de ces faces augmentera en étendue de deux décimètres carrés.

Dilatation moyenne linéaire de quelques corps solides pour $1°$ centésimal entre $0°$ et $100°$.

Zinc.	0,0029420
Plomb.	0,0028490
Étain de Falmouth.	0,0021730
Étain des Indes.	0,0019364
Argent de coupelle.	0,0019084
Argent au titre de Paris.	0,0019084
Cuivre jaune ou laiton.	0,0018903
Cuivre rouge.	0,0017211
Or au titre de Paris, recuit.	0,0015128
Or de départ.	0,0014661
Fer rond passé à la filière.	0,0012315
Fer doux forgé.	0,0012210

Acier............................	0,0011500
Fer fondu......................	0,0011100
Tube de verre sans plomb........	0,000897
Glace de Saint-Gobin...........	0,0008900
Flint-glass anglais............	0,0008012

Un exemple suffira pour faire comprendre l'usage de ces tables. On demande quelle sera, à 80°, la longueur d'une tige de cuivre jaune qui est de $3^m,24$ à 10°. Calculons d'abord l'état de la règle à 0° (coefficient du cuivre jaune = 0,00189).

Soit x, la longueur de cette règle à 0°. Pour un degré centésimal, l'alongement est de 0,00189 de x, et, pour 12°, $12 \times 0,00189$ de x.

Donc $x(1+12 \times 0,00189) = 3^m,24$, d'où $x = \dfrac{3^m,24}{1+12 \times 0,00189}$.

Remontons maintenant de 0° à 80°.

L'accroissement, pour 80°, sera $80 \times 0,00189$ de la longueur à 0°. Donc la dimension cherchée est

$$\dfrac{3^m,24}{1+12 \times 0,00189}(1+80 \times 0,00189) \quad (1).$$

Pour les dilatations superficielles et cubiques, on opérera de même en doublant et triplant les coefficients de la table ci-dessus.

Tableau de la dilatation moyenne de quelques liquides pour 1° centésimal, entre 0° et 100° (dilatation apparente dans le verre).

Noms des Substances.	Densité.	
Eau............................	»	0,000466
Acide hydro-chlorique.........	1,137	0,000600
Acide nitrique................	1,40	0,001100
Acide sulfurique..............	1,85	0,000600
Éther sulfurique..............	»	0,000700
Huiles d'olive et de lin......	»	0,000800
Essence de térébenthine.......	»	0,000700
Eau saturée de sel marin......	»	0,000500
Alcool........................	»	0,001100
Mercure.......................	»	0,000156

---

(1) Soient généralement d le coefficient d'une substance, on aura, en passant d'une température t à une autre t', l et l' étant les dimensions de ces corps à ces températures, $l' = \dfrac{l(1+dt')}{1+dt}$

Les calculs de dilatation, pour les liquides, sont les mêmes que pour les solides. *V*. page précédente.

Nous avons dit que la loi de l'accroissement de volume, par suite de l'élévation de la température, souffre quelques exceptions. L'eau et les dissolutions des sels dans l'eau en sont des exemples. En descendant jusqu'à 4° environ, l'eau se contracte de plus en plus; mais en descendant plus bas elle se dilate de nouveau. On reviendra, à l'article Densités, sur ce sujet curieux, qui a été l'objet d'expériences nombreuses et délicates, faites par notre confrère, M. Despretz.

Les résultats suivants appuient ce que nous avons dit de la dilatation croissante des liquides et des solides comparée à celle des gaz.

Si on porte du fer, du cuivre, du platine, du verre et du mercure à une température telle qu'une masse de gaz se dilate trois fois autant que si on l'avait seulement portée de 0° à 100°, l'accroissement en volume du fer sera 3,73 fois ce qu'il éprouverait dans les mêmes circonstances; celui du cuivre, sera 3,29; celui du platine, 3,12; celui du verre, 3,53; celui du mercure, 3,14 (dilatation absolue).

Il serait superflu de rappeler ici tous les avantages que tire l'industrie de la dilatation des corps, et tous les inconvénients qui résultent de cette même propriété. Nous nous contenterons de signaler, parmi ces derniers, l'effet produit par la dilatation des chaudières, des couvertures en métal pour les habitations, des pièces de fer dans les constructions. On a trouvé, presque dans tous les cas, le moyen de corriger cet effet nuisible. *V*. Compensateurs.

Un des faits les plus importants de la théorie du calorique, c'est la différence dans la quantité de chaleur nécessaire pour élever la température des différents corps d'un même nombre de degrés. Pour l'eau, par exemple, cette quantité est trente-trois fois plus grande que pour le mercure.

On désigne habituellement, sous le nom de *calorique spécifique*, la quantité de chaleur nécessaire à chaque corps, pour l'élever d'un degré du thermomètre. On a trouvé qu'elle croît dans les solides et les liquides à mesure que la température s'élève; mais cette variation est négligeable quand le changement de température est peu considérable. Voici quelques-uns des principaux résultats :

Tableau des capacités calorifiques moyennes de quelques substances solides et liquides ; celle de l'eau étant prise pour unité.

	Entre 0° et 100°.	Entre 0° et 300°.
Eau.	1,0000	»
Plomb.	0,0282	»
Mercure.	0,0330	0,0350
Étain.	0,0475	»
Platine.	0,0335	0,0355
Antimoine.	0,0507	0,0547
Argent.	0,0557	0,0611
Zinc.	0,0927	0,1015
Cuivre.	0,0940	0,1013
Fer.	0,1098	0,1218
Verre.	0,1770	0,1900
Vinaigre.	0,9200	»
Huile d'olive.	0,3096	»
Acide sulfurique (densité, 1,84). . . .	0,3500	»
Acide hydro-chlorique (densité, 1,53).	0,6000	»
Acide nitrique (densité, 1,30).	0,6614	»
Alcool (densité, 0,817).	0,7000	»
Alcool (densité, 0,793).	0,6220	»
Éther sulfurique (densité, 0,76). . . .	0,6600	»
Éther sulfurique (densité, 0,715). . .	0,5200	»
Essence de térébenthine (dens., 0,872).	0,4620	»

A l'aide de ces tables on calculera facilement la quantité de chaleur qu'absorbera ou que rendra une masse d'un poids donné d'une des substances indiquées, en passant d'une température à une autre, comparativement à ce que peut absorber ou rendre l'eau pure dans les mêmes circonstances. Ainsi, une masse de cuivre de deux kilogrammes, pour monter de 0° à 15°, exigera et absorbera quinze fois les quatre-vingt-quatorze millièmes de ce qu'absorberont deux kilogrammes d'eau pour monter d'un seul degré. Il serait bon que dans les questions de chaleur appliquées aux arts, on admît généralement une unité de mesure.

On pourrait prendre, pour simplifier les calculs, la quantité de chaleur nécessaire à un poids métrique d'eau pour l'élever de un, ou de dix, ou de cent degrés.

Nous ferons remarquer, à cette occasion, que l'on peut exprimer de différentes manières la quantité de chaleur nécessaire à la variation des corps en température. En considérant le calorique spécifique de l'eau comme constant, même à de hautes températures (ce qui est contre les faits), on dira : *la chaleur nécessaire pour élever un kilogramme de mille cinq cents degrés*, au lieu de *la chaleur nécessaire pour élever d'un seul degré mille cinq cents kilogrammes*. La première expression est inexacte, mais elle donne le même résultat numérique.

Quant à la détermination du calorique spécifique des gaz, nous renverrons nos lecteurs aux traités spéciaux de physique, attendu le peu d'applications qu'offrent la plupart des résultats obtenus, et l'incertitude qui accompagne plusieurs d'entre eux. Nous nous bornerons à dire, que l'air absorbe, en passant d'une température à une autre, et lorsqu'on lui permet de se dilater, de manière à conserver la même force élastique, les deux cent soixante-sept millièmes de ce qu'absorberait un même poids d'eau dans les mêmes circonstances. Il faut remarquer qu'il y a ici deux effets : 1° le gaz monte en température; 2° il se dilate. Il faut donc, de cette chaleur absorbée, faire deux parts : celle qui tient à l'élévation en température, et celle qui est nécessaire pour la dilatation. Aussi quand on chauffe une masse d'air dans un lieu fermé, la dilatation étant impossible, la chaleur nécessaire pour élever sa température est-elle beaucoup moindre. On a trouvé que le rapport des deux quantités de chaleur absorbées, dans les deux cas, était de $1,421$ à 1.

Parvenus à un certain degré de température, les solides se liquéfient, et absorbent, dans ce changement d'état, une certaine quantité de calorique, variable suivant leur nature, et sans que leur température subisse aucune variation. Cette chaleur est dite *latente*. Pour fondre, par exemple, un kilogramme de glace, il faut autant de chaleur que pour élever un kilogramme d'eau de 0° à 75° centigrades. Nous donnons ci-après un tableau des températures de fusion de quelques corps.

Tableau des points de fusion de quelques substances (températures centigrades).

Mercure	−39°	Sel marin	⎫
Glace	0°	Chlorure de potassium	⎬ A peu près à la température rouge.
Suif	33°	Chlorure de calcium	
Sperma-ceti	49°	Verre	⎭
Stéarine	43 à 49°	Argent	⎫ Température rouge plus élevée que les précédents.
Cire	61 à 68°	Cuivre	
Phosphore	42°	Or	
Potassium	58°	Cobalt	
Sodium	90°	Nickel	⎭
Iode	107°	Plâtre	⎫
Soufre	109°	Phosphate de chaux	
Etain	213°	Chrome	⎬ Fusion au feu de forge le plus violent.
Bismuth	283°	Fer	
Plomb	322°	Manganèse	
Nitre	⎫ A peu près à la température rouge.	Poterie commune	⎭
Potasse			
Soude			
Zinc			
Antimoine	⎭		

Le retour à l'état solide ne se fait pas toujours à la même température. Ainsi, de l'eau peut être abaissée à plusieurs degrés au-dessous de zéro sans se solidifier, pourvu que la masse ne soit nullement ébranlée, et qu'il ne s'y établisse pas de courants. Le moindre choc, la présence du plus petit cristal de glace, déterminent alors la congélation subite de toute la masse.

On a comparé les poids que peut fondre de diverses substances la même quantité de calorique.

Noms des Substances.	Température de leur fusion.	Poids.
Eau	100	1 kil.
Sperma-ceti	56	$0^k,9$
Cire d'abeilles	60	$0^k,78$
Etain	219	$0^k,27$

Les quantités plus ou moins grandes de chaleur, peuvent être aussi bien mesurées par les poids de telle substance qu'elles sont capables de fondre, que par ceux des masses d'eau qu'elles peuvent élever de 1°. D'après les résultats que nous venons de donner :

750 kilogr. d'eau élevés de 1°.
 1   —   — élevé à 750°.
 10   —   de glace   fondue.
 9   —   de sperma-ceti *id.*
 7,8 —   de cire   *id.*
 2,7 —   d'étain   *id.*,

représenteront la même dose de calorique.

Quand un corps solide est liquéfié par une cause autre que l'action d'un foyer de chaleur, par une action chimique, par exemple (*v.* Froid, Mélanges frigorifiques), l'absorption de la chaleur nécessaire à cette fusion, se fait aux dépens de la chaleur des corps voisins, et de la température du corps lui-même. Le retour des liquides à l'état solide, peut, en sens inverse, produire de la chaleur.

La vaporisation diffère de la fusion en ce que celle-ci exige, pour chaque corps, un certain degré de chaleur, tandis que la première a lieu à toutes les températures. Nous renverrons à l'article Vapeurs, l'étude de cette théorie importante dont on a fait tant d'heureuses applications à l'industrie.

Nous terminerons cette esquisse rapide des principes généraux de la théorie de la chaleur par l'indication des sources de chaleur et de froid. Les sources de chaleur sont : 1° le soleil ; 2° la pression, la percussion et le frottement ; 3° les actions chimiques. Quant à la seconde, nous mentionnerons d'abord le *briquet à air*, comme exemple de l'effet de la condensation subite des gaz. Le dégagement de la chaleur produit par le frottement et la percussion des solides, est une cause de perturbation dans une foule de circonstances ; nous citerons entre autres le frottement des essieux contre les moyeux des roues, et celui des tourillons dans les machines. On sait que quelques peuplades sauvages allument le bois à l'aide du frottement ; on a même construit des appareils pour chauffer les liquides et opérer la cuisson des aliments par ce procédé. Quant aux actions chimiques, elles sont les source où nous puisons ordinairement le calorique. La combustion n'est elle-même qu'une action chimique : dans les briquets à acide sulfurique, c'est une action chimique, d'un acide sur la préparation qui garnit l'allumette, et dans le briquet à silex ; le frottement échauffe une particule de fer qui brûle ensuite à l'air.

Les sources de froid sont : 1° le rayonnement vers les espaces planétaires par une nuit sereine : c'est ainsi qu'on fait de la glace au Bengale (*v.* Glace); 2° la liquéfaction par des procédés chimiques (*v.* Mélanges réfrigérants) : c'est ainsi qu'on refroidit au-dessous de zéro les *Sirops glacés* ; 3° la vaporisation des liquides (*v.* Vapeurs); 4° la dilatation de l'atmosphère qui baigne les corps à refroidir, due à une diminution de pression. Non-seulement dans cette circonstance, la masse atmosphérique absorbe, pour se dilater, une partie du calorique des corps en contact, mais il y a aussi transformation d'une partie de son calorique sensible en calorique latent, et par conséquent abaissement de température. On sait qu'un thermomètre très impressionable, mis sous le récipient d'une machine pneumatique, descend d'un grand nombre de degrés dès les premiers coups de piston. Sainte-Preuve.

CAMÉLÉON. (*Technologie.*) Le Manganèse est susceptible de former plusieurs composés avec l'oxigène; deux d'entre eux sont acides, et peuvent se combiner aux bases avec lesquelles ils donnent des sels colorés : un seul peut avoir de l'intérêt, parce qu'il a ou peut avoir quelque usage dans les arts : c'est le manganate de potasse.

On prépare cette combinaison en faisant rougir dans un creuset 2 parties de nitrate de potasse, et 1 d'oxide de manganèse naturel (vulgairement appelé manganèse), tous les deux en poudre et bien mélangés. On élève peu à peu la température, et on continue à chauffer tant qu'une allumette qui offre seulement quelques pointes en ignition, se rallume vivement en la présentant à l'entrée du creuset; après l'avoir laissée refroidir on le plonge dans l'eau, et on l'y abandonne pendant quelque temps; on obtient une liqueur vert-foncé. On ne peut ni filtrer ni faire bouillir la liqueur sur le résidu, elle se décolorerait; on la décante, et on traite le résidu par de l'eau pour dissoudre ce qui y reste. La liqueur exposée à l'air passe au rouge : on la conserve dans des bouteilles.

Si, au moyen de ce sel, on trace sur le linge des caractères, en imprégnant ensuite la place avec de l'ammoniaque ou avec une forte eau de cendres, et qu'on laisse écouler quelque temps avant de laver, on obtient une couleur brune qui résiste ensuite à l'action de l'eau et même de la lessive, et l'on peut par conséquent se servir de ce moyen pour marquer le linge sans avoir à craindre, comme cela a lieu avec la rouille, de voir le tissu s'altérer et se déchirer.

H. GAULTIER DE CLAUBRY.

CAMME. (*Mécanique*). On nomme ainsi les dents d'une roue lorsqu'elles sont en très petit nombre, et séparées par de grands intervalles, en sorte que leur action n'est pas continue, mais intermittente. Les roues garnies de cette sorte de dents sont ordinairement employées à faire mouvoir des marteaux, des pilons, et en général à opérer des percussions : elles peuvent servir aussi à produire un mouvement alternatif, comme pour des souffleries, etc. ; dans ce cas il faut que le temps d'une révolution soit partagé en deux parties égales, dont l'une est la somme des durées de l'action des cammes.

La figure des cammes est assujettie aux mêmes conditions que celle des dents de roues d'engrenage, et on la trace de la même manière, depuis le point du premier contact jusqu'à celui d'échappement ; pour le reste de leur contour, il ne s'agit que de satisfaire à ce qu'exigent la solidité du mécanisme et la liberté du mouvement. C'est dans les forges que l'on rencontre les plus grandes difficultés de ces constructions : on les choisira donc pour en donner un exemple.

Fig. 231.

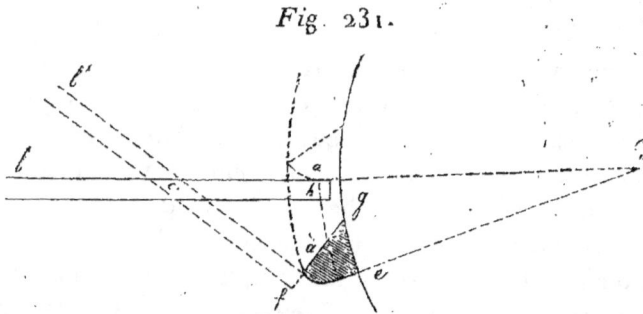

Soient ab, le manche d'un marteau auquel on imprime le mouvement autour d'un axe passant par le point c, au moyen d'une roue dont l'axe passe par le point d, et dont le rayon est de. On suppose que la levée du marteau est telle, que le point a est transporté en a', et que le manche prend alors la position

$a'\,b'$: c'est alors que la camme l'abandonne. En ce moment la pression exercée par la roue n'est soutenue que par une arête dans la camme aussi bien qu'à l'extrémité du manche du marteau : il est donc nécessaire, pour la solidité de ces arêtes, et la conservation de la régularité des mouvements, que ces deux lignes soient dans le même plan perpendiculaire à $a'\,b'$. Ce plan continué jusqu'à la surface de la roue qu'elle rencontre en g, devient une des faces de la camme. Que l'on prenne l'épaisseur qu'elle doit avoir pour résister à la pression qu'elle produit, et qu'on décrive avec cette mesure, comme rayon, un cercle qui passe par a', et dont le centre soit sur la droite $a'\,g$; qu'on mène ensuite du centre d une tangente à ce cercle, on aura tout le contour $g\,a'\,e$ de la camme. Le point de contact situé sur le prolongement du rayon $d\,e$, transporté en h, sur $a\,b$, est le lieu de l'application initiale de la camme contre le manche du marteau.

Cette méthode de construction peut être facilement étendue à tous les autres emplois des cammes. Quant à la matière dont on doit les faire, la plus dure et la plus solide est certainement a meilleure. Pour faire mouvoir de très gros marteaux, les roues devront être armées de cammes d'acier trempé ; dans ce cas, elles sont préférables, à tous égards, à la meilleure fonte.

FERRY.

CAMPÊCHE. *V.* Bois de teinture.

CAMPHRE. (*Commerce, Industrie.*) Le camphre pur est solide, incolore, transparent, très aromatique ; sa saveur est chaude et brûlante ; son poids spécifique est de 0,9887 ; il est éminemment volatil, et ses vapeurs, par la condensation, prennent une disposition cristalline, en trémies et en frondes de fougère, qui dérivent du cube. Approché d'un corps en ignition, il brûle avec flamme sans laisser de résidu.

Si l'on gratte un morceau de camphre avec un instrument tranchant au-dessus d'un vase contenant de l'eau dont la surface n'est salie par aucun corps gras, les particules du camphre qui viennent à toucher l'eau, se meuvent en tournant sur elles-mêmes, quelquefois avec une grande rapidité. Ce mouvement paraît dû à la forme des grattures qui, étant courbées, ont une extrémité mouillée, tandis que l'autre est émergée, et à l'évaporation rapide du camphre dont la vapeur, en s'échappant, trouve dans l'air la résistance nécessaire pour les faire mouvoir. On arrête ce mouvement en touchant la surface de l'eau avec une parcelle de corps gras, fluide, qui y forme une nappe très mince. Le cérumen des oreilles l'arrête instantanément. Le camphre est très soluble dans l'éther sulfurique; l'alcool le dissout avec un peu moins de facilité. Quoique très peu soluble dans l'eau, quand on le met en contact avec elle, il lui communique cependant de la saveur et de l'odeur. Si l'on verse de l'eau dans une dissolution alcoolique de camphre, elle se trouble à l'instant même, parce que corps est séparé; mais une très grande quantité d'eau finit par le redissoudre: ce qui est peut-être dû à l'extrême division du camphre à l'instant où il se précipite.

Le camphre que l'ongle raye et divise facilement, est assez compressible et élastique pour s'écraser sous le pilon et ne point se pulvériser. On ne l'obtient en poudre qu'en l'arrosant de quelques gouttes d'alcool qui en facilite beaucoup la division.

Comme le camphre est peu soluble dans l'eau, et qu'il est quelquefois utile de l'unir à ce liquide, voici comment on l'y tient en suspension : on le pulvérise, comme il vient d'être dit, on le dissout dans une petite quantité de jaune d'œuf, puis on y ajoute par petites portions de l'eau que l'on peut augmenter ensuite. On obtient ainsi une espèce d'émulsion qui retient le camphre dans toutes ses parties. Le même but serait atteint si l'on dissolvait le camphre dans une huile fixe, si dans cette huile on ajoutait le quart de son poids de gomme de mimosa pulvérisée, et si, après avoir ajouté le mélange, on ajoutait d'un seul coup deux fois autant d'eau que de gomme, si l'on agitait encore, et si, enfin, on versait le reste de l'eau en commençant par de très petites quantités à la fois sans cesser d'agiter.

Le camphre se trouve dans le commerce sous deux états différents : brut ou raffiné.

Le *Camphre brut* est en petits grains agglomérés et salis par une matière brune et huileuse. Son odeur est si caractéristique qu'il n'y a aucune difficulté pour le reconnaître. Il faut choisir celui qui paraît le plus sec et le moins sale. On nous l'expédie dans des caisses doublées de plomb, ou dans des barils.

Le *Camphre raffiné* jouit de toutes les propriétés du camphre pur. On le trouve en masses convexes d'un côté, concaves de l'autre, beaucoup plus minces sur les bords que vers le centre.

Pendant long-temps le camphre n'était raffiné que par les Hollandais, qui faisaient un secret de leur procédé; mais depuis plusieurs années on en obtient de parfaitement beau en France.

Pour purifier le camphre on recommande de le mêler avec environ un cinquantième de son poids de chaux vive : cette addition a pour but de rendre plus fixes les matières impures. Le mélange est introduit dans un matras à fond plat, que l'on remplit au tiers, que l'on bouche avec des étoupes, et que l'on enterre dans un bain de sable jusqu'à la naissance du col. On chauffe assez rapidement pour opérer la fusion totale du camphre, et éviter ainsi un boursoufflement qui salirait le vase qui le renferme. Aussitôt que le camphre est fondu, on découvre toute la partie vide du matras, et l'on diminue le feu pour n'obtenir qu'un faible bouillonnement que l'on soutient jusqu'à l'entière volatilisation du camphre; ce qui dure huit, dix et même douze heures, selon que ce corps est en plus ou moins grande quantité.

Après le refroidissement on casse le matras, et l'on en retire le camphre en pains que l'on recouvre d'un papier bleu noirâtre.

Les miettes de camphre, et les morceaux de verre qui en retiennent, sont placés dans une espèce d'alambic de cuivre où on les sublime de nouveau.

On peut disposer un fourneau sur lequel on mène plusieurs opérations à la fois.

Le camphre est un produit naturel très abondant dans la famille des laurinées, et dans celle des labiées; il provient principalement du *Laurus camphora*, L. (camphrier du Japon).

Pour l'obtenir, les Japonais coupent et fendent le bois des tiges et des racines en petits morceaux qu'ils placent dans un filet qu'ils suspendent dans un alambic dont la cucurbite est en fer et le chapiteau en terre cuite. Ils y versent de l'eau, et la recouvrent du chapiteau après l'avoir rempli de chaumes de riz sur lesquels le camphre vient se condenser.

Le *dryobalanops camphora* de Coleb. produit aussi du camphre qui est très estimé dans l'Inde, parce qu'il est plus pur que le précédent qui l'emporte cependant de beaucoup sur lui lorsqu'il est raffiné. Le camphre du dryobalanops ne s'obtient point par distillation ; on se contente de le recueillir dans l'écorce et même dans l'intérieur de l'arbre que l'on abat et que l'on fend ; il s'y trouve en grains brillants qui reçoivent différents noms suivant leur volume. On les nomme *Cabessa* lorsqu'ils sont gros comme l'extrémité du doigt, *Barriga* lorsqu'ils ont le volume d'un petit pois, et *Pée* lorsqu'ils sont pulvérulents.

Thomson prétend que le camphre du *Laurus camphora* est très rare dans le commerce, et que c'est de lui que le camphre s'extrait immédiatement, tandis que le camphre du dryobalanops serait celui que nous recevons habituellement. Que cette opinion soit bien ou mal fondée, elle ne change rien à ce qui vient d'être dit des propriétés et de la purification du camphre.

Les racines du cannellier contiennent du camphre que l'on exploite quelquefois.

C'est principalement une espèce de lavande qui, dans la famille des graminées, fournit une huile volatile dans laquelle beaucoup de camphre se solidifie. On peut l'en extraire par la pression dans des corps poreux : on obtient une masse blanchâtre qu'il faut sublimer pour la purifier et lui donner une forme commerciale.

Le camphre doit être conservé dans des vases bien bouchés et dans un lieu froid à cause de son extrême volatilité.

On l'a quelquefois falsifié avec du camphre artificiel que l'on obtient en faisant parvenir du gaz chlorhydrique, dans de l'huile volatile de térébenthine placée dans un mélange réfrigérant.

La fraude peut se reconnaître en faisant passer la vapeur du camphre au travers d'un tube de porcelaine rougi par le feu. Cette vapeur est décomposée, et l'on obtient du gaz chlorhydrique qui, dissous dans l'eau, donne, avec les sels d'argent, un précipité blanc, très dense, insoluble dans l'acide nitrique, et soluble dans l'ammoniaque. A. BAUDRIMONT.

FIN DU TOME DEUXIÈME.

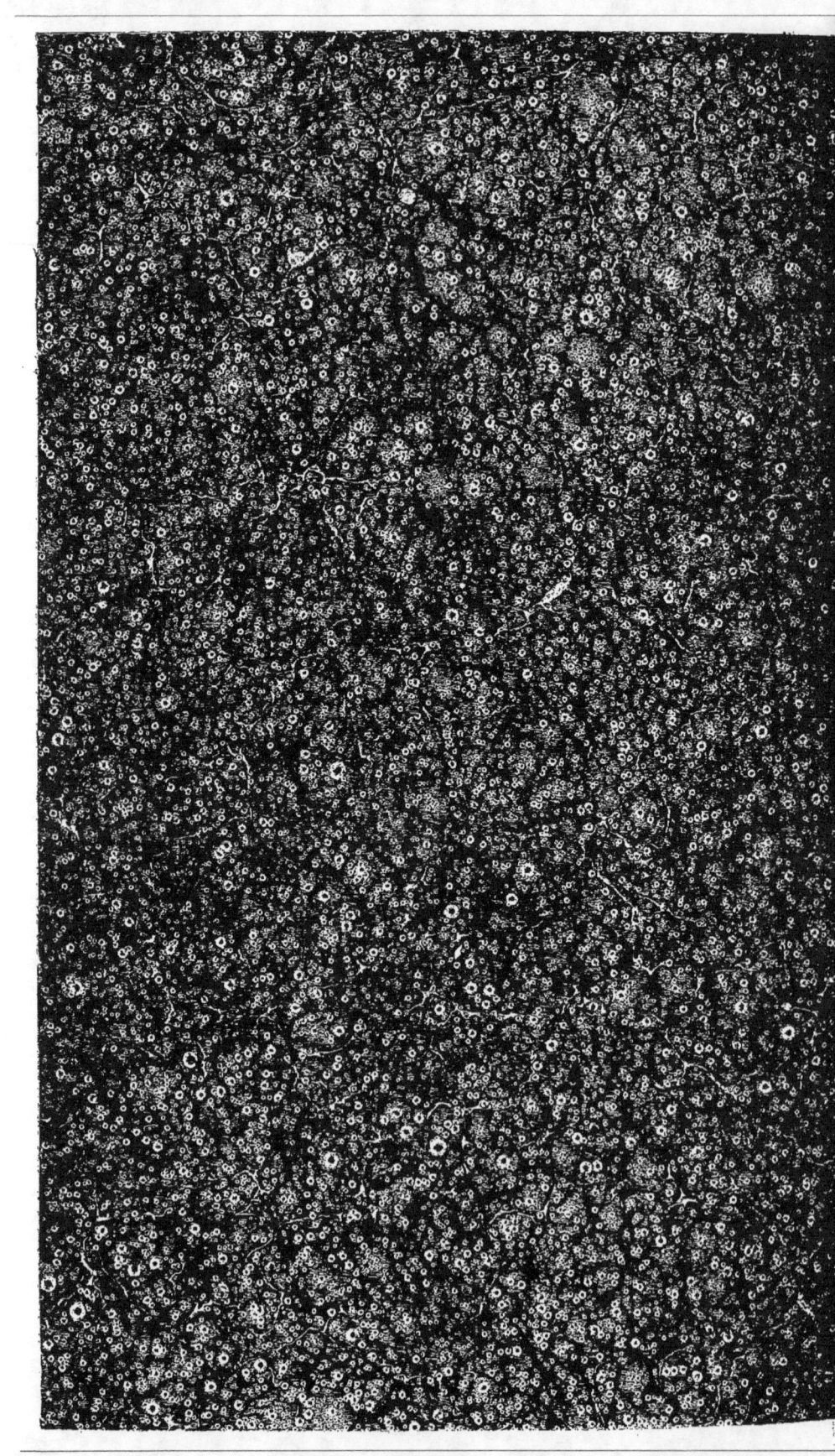

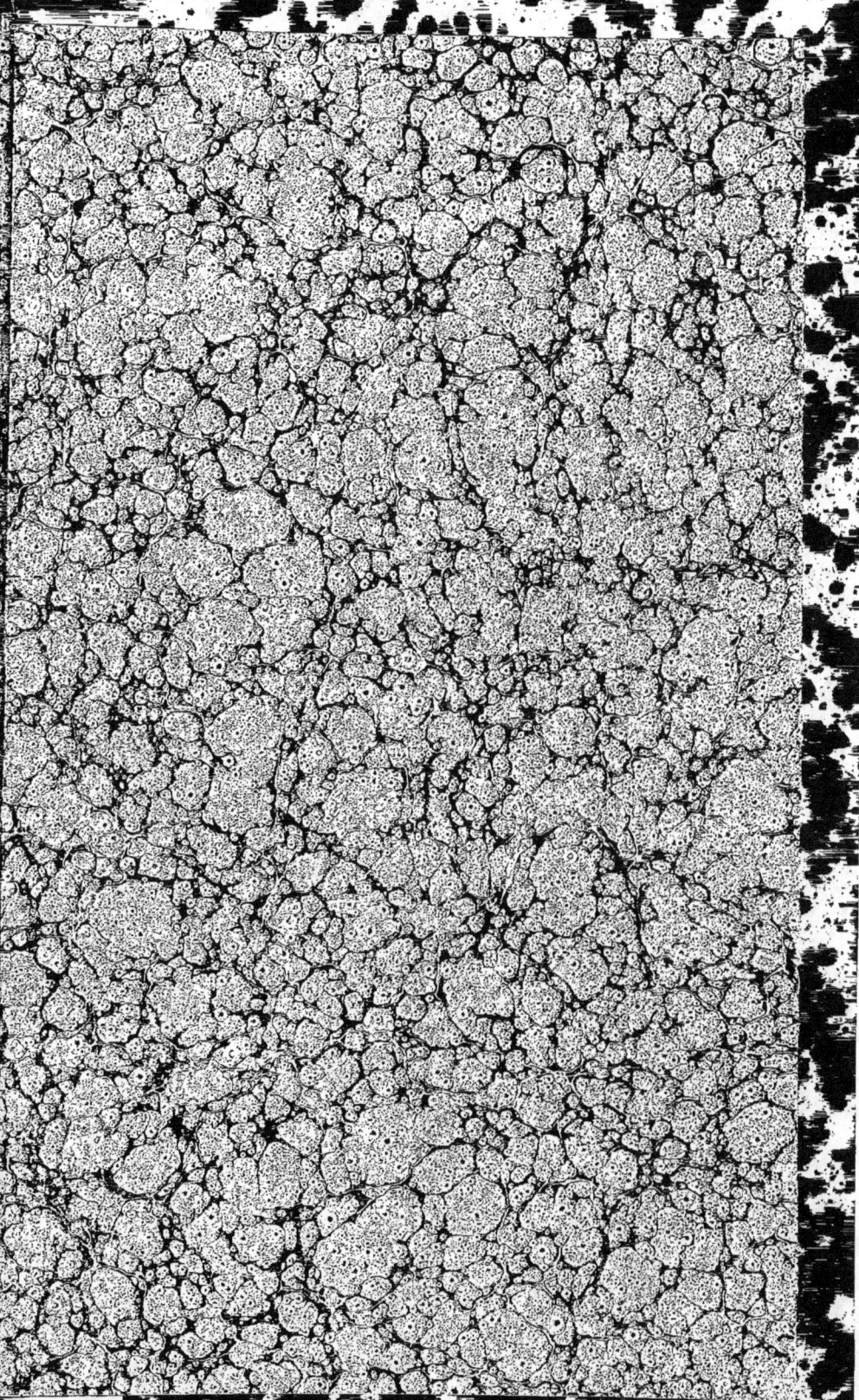

www.ingramcontent.com/pod-product-compliance
Lightning Source LLC
Chambersburg PA
CBHW050418240426
43661CB00055B/2193